KB039608

형법총론 강의

김신규

박영사

머리말

한반도 서남단 푸른 바다위에 비단결같이 수놓아진 천사의 섬 신안 앞바다의 그윽한 정취와 천혜의 자연경관인 서해안 갯벌의 일몰을 조망할 수 있는 전남 무안군 청계면 승달산(僧達山) 자락에 옹골차게 터 잡은 목포대학교 청계캠퍼스에서 형사법을 가르친 지도 어언 30년의 성상(星霜)이 지났다. 그 동안 필자는 변호사시험·사법시험·행정고시·경찰간부시험을 비롯한 각종 국가시험의 출제·채점위원으로 참여하였던 경험과 대학강의안을 토대로, 각종 국가시험의 준비서로서 또한 연구자들의 형사법에 대한 체계적·종합적인 이해를 돕기 위한 길잡이 역할을 충실히 수행할 수 있는 교과서를 간행하겠다는 생각으로 2009년에 청목출판사에서 형법총론을 상재한 후 개정판까지 출간한 바 있다. 그러나 이 교과서를 출간한 이래로 10여 년의 세월이 흐르는 동안 사법시험은 폐지되었고, 변호사시험·경찰간부시험을 비롯한 각종 국가고시의 출제경향이나 법률개정 및 판례의 내용도 많이 추가·변경되었다. 이러한 시대변화의 흐름을 기존 교과서에서는 제 때에 담지 못한 아쉬운 점이 많았던 터에 이번에 최근까지의 판례와 학설 및 법률개정 내용을 반영하여 박영사에서 새롭게 형법총론을 출간하게 되었다.

이 책의 핵심은 무엇보다도 각종 국가고시를 준비하는 독자들에게 최근까지의 중요한 학설과 판례를 종합정리하고 필자의 견해를 제시함으로써 수험생과 수강생 및 연구자들에게 도움을 주고자 하였으며, 특히 다음과 같은 몇 가지 점에 유의를 하였다.

첫째, 복잡하고 어려운 형법이론을 가능한 한 체계적으로 빠짐없이 설명함으로써 형법학을 처음으로 접하는 사람뿐만 아니라 심화학습자나 실무가를 위해서도 반드시 필요한 이론과 중요한 판례를 모두 소개하고자 한 점이다.

둘째, 학설을 표현하는데 있어서 다수설 및 소수설이라는 용어를 가능한 한 지양하고, 통설에 가까운 견해를 지배적인 학설로 표현하였다. 왜냐하면 통설과 다수설 및 소수설은 그 견해를 취하는 학자들의 수에 따른 판단으로서 판단시점이나 대상의 범위에 따라 그 수가 달라질 수 있기 때문이다. 따라서 독자들은 주로 통설 또는 지배적인 학설에 관심을 가지면서, 나아가 다수설과 소수설에 대하여는 그 수보다는 견해의 대립 내용에 관심을 기울이면 충분하다고 생각한다.

셋째, 외국의 학설과 견해는 필요한 범위에서 제한적으로만 인용하고, 형법학의 학습에 있어서 지나친 외국문헌에 따른 생소한 번역부분은 형법학을 이해하는 데 있어서 일정부분 장애가 되기 때문에, 이러한 부분은 과감히 생략하거나 일상용어로 가능한 변경하여 독자들의 이해를 돕고자 하였다.

넷째, 변호사시험·행정고시·경찰간부시험을 비롯한 각종 국가고시를 대비하는 수험생의 입장을 최대한 고려하여, 최근까지의 중요한 학설과 판례는 최대한 반영되도록 노력하였다.

이러한 필자의 의도에도 불구하고 미진하거나 변경된 학설과 판례 및 법령 부분은 앞으로도 계속 보정하기로 한다. 아울러 학문이나 수험공부에 왕도는 없으므로 **"호시우보"**(*虎視牛步*)의 기상과 **'범사에 감사하는 긍정적인 삶'**의 태도가 독자들을 성공과 행복의 문으로 인도하는 첩경이 되고, 나아가 모든 국민의 품격있는 삶을 위해 계층·세대·이념·지역간 갈등해소를 위해 늘 소통하는 사회, 자유와 민주, 대화와 설득, 정의와 복지와 평화라는 가치들이 강물처럼 도도히 흐르는 **열린 사회**가 되기를 희망해본다.

지난 해 촛불민심으로 탄생한 문재인 정부는 박근혜 정부의 국정농단 사태를 비롯한 이명박 정부 하에서의 각종 비리의혹에 대하여도 적폐청산이라는 기치 하에 수사와 재판이 진행 중에 있으며 근자에는 법원의 사법농단이 인구회자(人口膾炙)되고 있다. 그 절차나 방법이나 결과의 정당성에 대하여는 갑론을박의 극단적인 대립이 난무하여 법제도와 운용에 대한 신뢰가 땅바닥으로 추락하니 실로 안타까운 일이다. 법치주의와 법의 존엄성에 대한 이해도 백가쟁명이다. 필자는 이러한 혼돈의 소용돌이 속에서는, 특히 법률가들에게 냉철하게 근본 법정신으로 돌아가 나무와 숲을 모두 보면서 어느 한 쪽에 기울어지지 않는 **"윤집궐중"**(允執闕中)의 자세가 필요하다는 점을 강조해두고 싶다.

끝으로 이 책의 출간을 위해 원고교정에 도움을 준 필자의 제자이며 대학과 경찰교육원에서 강의를 하고 있는 김재한 법학박사에게 이 자리를 빌어 고마움을 전하며, 아울러 어느 해보다도 무더운 초열대야의 폭염과 출판사의 바쁜 사정에도 불구하고 2

학기 개강에 맞추어 본서의 편집과 교정을 위해 애써주신 박영사 김선민 부장님, 이영조 차장님을 비롯한 출판사 임직원 여러분께도 감사의 마음을 전한다.

아무쪼록 이 책을 읽는 독자들이 **'처음은 미약하지만 그 끝은 창대하리라'** 는 믿음과 **'일근천하무난사'**(一勤天下無難事)의 성실함으로 올곧게 나아감으로써 목표를 성취하는데 큰 도움이 되기를 희망하며, 나아가 초심을 잃지 않고 '더불어 모두가 행복한 사회'를 위해 우리 사회의 밀알이 되고 따뜻하고 좋은 이웃이 되기를 기원해본다.

2018년 8월 숭달산 기슭 연구실에서
중암(中巖) 김신규 근배

차 례

제1편 서 론

제1장 형법의 기본개념

제2장 형법학의 역사적 개관

제 3 장 죄형법정주의

제 4 장 형법의 적용범위

제2편 범 죄 론

제1장 범죄의 기본개념

제 2 장 구성요건론

제3장 특수한 범죄형태

제4장 위 법 성

제 5 장 책 임 론

제6장 미 수 론

제 7 장 공범이론

제3편 죄수론 및 형벌론

제1장 죄 수 론

제 2 장 형벌과 보안처분의 이론

참고문헌

[국내문헌]

권오걸,	형법총론,	형설출판사	2005
김성돈,	형법총론,	성균관대학교	2008
김성천/김형준,	형법총론(제3판),	동현출판사	2005
김일수/서보학,	새로쓴 형법총론(제11판),	박영사	2006
김태명,	판례형법총론(제2판),	피앤씨미디어	2016
김혜정/박미숙/안경옥/ 원혜욱/이인영	형법총론,	피앤씨미디어	2018
남흥우,	형법총론,	박영사	1983
박상기,	형법총론(제7판),	박영사	2007
배종대,	형법총론(제9개정판),	홍문사	2008
성낙현,	형법총론(제2판),	동방문화사	2011
손동권,	형법총론(제2개정판),	율곡출판사	2005
손해목,	형법총론,	법문사	1996
신동운,	형법총론(제3판),	법문사	2008
신동운/한인섭/이용식/ 조국/이상원,	로스쿨 형법총론,	박영사	2009
안동준,	형법총론,	학현사	1998
오영근,	형법총론(보정판),	박영사	2005
유기천,	개정 형법학(형법강의),	일조각	1980
이영란,	형법학 총론강의(제3판),	형설출판사	2011
이재상/장영민/강동범,	형법총론(제9판),	박영사	2005
이정원,	형법총론,	문영사	1998
이형국,	형법총론연구 Ⅰ,	법문사	1984
이형국,	형법총론연구 Ⅱ,	법문사	1986

이형국,	형법총론(개정판),	법문사	1996
임광주,	형법학,	두성사	2015
임 웅,	형법총론(개정판 보정),	법문사	2005
정성근/박광민,	형법총론(제4판),	삼지원	2008
정영석,	형법총론(제5전정판),	법문사	1987
정영일,	형법총론(개정판),	박영사	2007
조준현,	형법총론(3정판),	법원사	2004
진계호,	형법총론(제5판),	대왕사	1996
차용석,	형법총론강의,	고시연구사	1988
천진호,	형법총론,	준커뮤니게이션즈	2016
최병천,	판례중심 형법총론,	피앤씨미디어	2017
하태훈,	형법사례연습(제4판),	박영사	2014
허일태,	형법연구(Ⅰ),	세종출판사	1997
황산덕,	형법총론(제7정판),	방문사	1982

[독일문헌]

1. Lehrbuch

Baumann/Weber, Strafrecht, Allgemeiner Teil, 9.Aufl. 1985 (Baumann/Weber)

Baumann/Weber/Mitsch, Strafrecht, 11.Aufl. 2003 (Baumann/Weber/Mitsch)

Herrmann Blei, Strafrecht Ⅰ, 16.Aufl. 1975 (Blei)

Bockelmann/Volk, Strafrecht, Allgemeiner Teil, 4.Aufl. 1987 (Bockelmann/Volk)

Udo Ebert, Strafrecht, Allgemeiner Teil, 3.Aufl. 2001 (Ebert)

Walter Gropp, Strafrecht, Allgemeiner Teil, 2.Aufl. 2001 (Gropp)

Georg Freund, Strafrecht, Allgemeiner Teil, 2.Aufl. 1998 (Freund)

Fritjot Haft, Strafrecht, Allgemeiner Teil, 9.Aufl. 2004 (Haft)

Hillenkamp, 32 Probleme aus dem Strafrecht, Allgemeiner Teil, 10.Aufl. 2001 (Hillenkamp)

Günther Jakobs, Strafrecht, Allgemeiner Teil, 2.Aufl. 1991 (Jakobs)

Hans Heinrich Jescheck, Lehrbuch des Strafrecht, Allgemeiner Teil, 4.Aufl. 1988 (Jescheck)

Hans Heinrich Jescheck/Thomas Weigend, Lehrbuch des Strafrecht, 5.Aufl. 1996 (Jescheck/Weigend)

Kristian Kühl, Strafrecht, Allgemeiner Teil, 5.Aufl. 2005 (Kühl)

Maurach/Zipf, Strafrecht, Allgemeiner Teil, 7.Aufl. 1987 (Maurach/Zipf)

Maurach/Gössel/Zipf, Strafrecht, Allgemeiner Teil, Tb. 2, 6.Aufl. 1987 (Maurach/Gössel/Zipf)

Peter Noll, Strafrecht, Allgemeiner Teil, 1, 1981 (Noll)

Harro Otto, Grundkurs Strafrecht, Allgemeine Strafrechtslehre, 7.Aufl. 2005 (Otto)

Claus Roxin, Strafrecht, Allgemeiner Teil, Band Ⅰ, 4.Aufl. 2006 (Roxin)

Claus Roxin, Strafrecht, Allgemeiner Teil, Band Ⅱ, 2003 (Roxin)

Eberhard Schmidhäuser, Strafrecht, Allgemeiner Teil, 1982 (Schmidhäuser)

Stratenwerth/Kuhlen, Strafrecht, Allgemeiner Teil1, 5.Aufl. 2003 (Stratenwerth/Kuhlen)

Otto Triffterer, Östereichisches Strafrecht, Allgemeiner Teil, 1985 (Triffterer)

Hans Welzel, Das Deutsche, Strafrecht, 11.Aufl. 1969 (Welzel)

Johannes Wessels/Werner Beulke, Strafrecht, Allgemeiner Teil, 36.Aufl. 2006 (Wessels/Beulke)

2. Kommentar

Bernd von Heintschel−Heinegg, Münchener Kommentar zum Strafgesetzbuch, 2003 (Verfasser, MK)

Tröndle/Fischer, Strafgesetzbuch, 53.Aufl. 2006 (Tröndle/Fischer)

Foregger/serini, Strafgesetzbuch, 3.Aufl. 1984 (Foregger/serini)

Wolfgang Joecks, studienkommentar StGB, 5.Aufl. 2004 (Joecks)

Jesch Strafgesetzbuch, Leipziger Kommentar, 10.Aufl (LK)

Jähnke/Laufhütte/Odersky, Strafgesetzbuch Leipziger Kommentar, 11.Aufl 1992 (LK)

Karl Lackner/Kristian Kühl, StGB, 25.Aufl. 2004 (Lackner/Kühl)

Rudolphi/Horn/Samson, Systematischer Kommentar zum Strafgesetzbuch, 6.Aufl 1995 (SK)

Schönke/Schröder/Lenckner－Cramer－Eser－Stree/Heine－Perron－
Sternberg Lieben, StGB, 27.Aufl. 2006 (Sch/Sch/Verfasser)
Rudolf Wassermann/Kurt Seelmann, Kommentar zum Strafgesetzbuch,
1, 1990 (Verfasser, AK)

[일본문헌]

前田雅英, 刑法総論講義 第4版, 2006
井田 良, 刑法總論の理論構造, 2005
板倉 宏, 刑法總論, 2004
大谷 實, 新版刑法講義總論, 2000
山口 厚, 問題探究 刑法各論, 1999
山口 厚, 刑法總論, 2005
山中敬一, 刑法總論 Ⅰ Ⅱ, 1999
日高義博, 刑法各論講義 ノート 第3版, 2005
松宮 孝明, プチゼミ⑧ 刑法總論, 2006
曽根威彦, 刑法總論, 1996
淺田和茂, 刑法總論, 2005

제 1 편

서　　론

제 1 장 형법의 기본개념

제 1 절 형법의 의의와 성격

Ⅰ. 형법의 의의와 형법학의 연구범위

1. 형법의 의의

형법은 **범죄와 형벌 또는 보안처분에 관한 법**이다. 즉 형법이란 일정한 행위를 범죄로 규정하고, 이에 대한 법률효과로서 일정한 형사제재(형벌 내지 보안처분)를 규정하고 있는 국가법규범의 총체이다. 이와 같이 형법의 의의를 일정한 범죄행위를 성립요건으로 하고 이에 대한 법률효과로서 형벌(또는 보안처분)을 규정하고 있는 법규범의 총체라고 정의하는 경우에, 이러한 의미의 형법을 '**실질적 의미의 형법**' 또는 '**광의의 형법**'이라 부른다.

이와 달리 '**협의의 형법**' 또는 '**형식적 의미의 형법**'이란 1953년 9월 18일 법률 제293호로 공포되고 같은 해 10월 3일부터 시행되어온 '**형법이라는 명칭을 가진 법률**', 즉 **형법전**을 의미하는 것으로 한정하여 이해하는 경우를 말한다.

형식적 의미의 형법, 즉 형법전에는 그 내용이 범죄의 일반적인 성립요건과 법률효과인 형벌 또는 보안처분에 관하여 규정하고 있는 총칙과 개별범죄의 성립요건과 법률효과에 관하여 규정하고 있는 각칙으로 크게 나뉘어 구성되어 있으므로 실질적 의미의 형법의 핵심적인 내용이 대부분을 차지하지만, 형사적 제재를 내용으로 하지 않는 규정인 실질적 의미의 형법이라 볼 수 없는 부분도 포함되어 있다.

반면에 실질적 의미의 형법은 협의의 형법을 기본내용으로 하면서도, 행정상의 단속을 목적으로 한 법률 중에서 형사제재가 수반되는 내용을 규정하고 있는 법률, 이른바 '**행정형법**'과 특별한 범죄행위와 그에 대한 형사제재를 규정하고 있는 '**특별형**

법'을 포함하게 된다. 따라서 실질적 의미의 형법과 형식적 의미의 형법은 그 내용이 동일하다고 할 수 없다.

2. 형법학의 의미와 연구대상

현행 형법규범에 관한 해석학인 형법학의 연구대상은 범죄와 형벌 또는 보안처분에 관하여 규정하고 있는 모든 법률이나 규정이 그 대상이 되므로, **'형식적 의미의 형법'**(기본형법 또는 일반형법)을 기본으로 하면서도, 범죄와 형사제재를 규정하고 있는 다른 모든 법률, 즉 특별형법[1]·행정형법 등 **부수형법**(기본형법에 수반된 형법)도 포함하는 **'광의의 형법'**(또는 **실질적 의미의 형법**)이 된다.

형법은 형사법의 한 분야로서 형사법(최광의의 형법)에는 광의의 형법, 형사소송법, 형의 집행에 관한 법률 등이 있고, 형사법을 학문적으로 연구하는 형사법학에는 형법학, 형사소송법학, 행형학(교정학)이 있으며, 범죄의 원인과 대책을 연구하는 범죄학 내지 형사정책도 여기에 속한다.

형법학은 다시 **광의의 형법학**과 **협의의 형법학**으로 나눌 수 있는데, 광의의 형법학에는 협의의 형법학 이외에 **형법이론**, **형법사학** 및 **비교형법학** 등이 포함된다. 형법이론은 범죄와 형벌의 본질에 관한 법철학적 논쟁을 다루며, 형법사학은 형법의 역사적 변천과정을 연구하고, 비교형법학은 각국의 형법을 비교법적으로 연구하는 학문분야이다.

반면에 협의의 형법학이란 **형법해석학**, 즉 실정형법의 해석과 체계화에 기여하는 것을 목적으로 하는 학문이다. 오늘날 형법학 교과서는 이러한 실정형법의 규범적 의미를 체계적으로 해석하여 그 의미를 명백히 밝히는 작업을 주로 하고 있으며, 대부분의 국가에서도 형법학 분야에서 일차적으로 가장 중시하여 다루는 분야이기도 하다. 형법총론이나 형법각론의 교과서의 내용은 대체로 이러한 실정형법규범의 해석학이라 할 수 있다.

현재 우리나라에서 사용하고 있는 형법이라는 명칭은 '형벌에 관한 법'이라는 의미인데, 이는 독일 형법을 **형벌법**(Strafrecht)이라 명명하고 있는 것을 계수한 일본이

---

1) 실질적 의미의 형법, 즉 죄형법규가 들어 있는 법률로는 형식적 의미의 형법(형법전)을 비롯하여 **특별형법**(군형법, 국가보안법, 특정경제범죄가중처벌법, 특정범죄가중처벌법, 폭력행위 등 처벌에 관한 법률, 경범죄처벌법 등), **행정형법**(조세범처벌법, 관세법, 도로교통법, 건축법 등), 기타 노동조합 및 노동관계조정법, 가정의례에 관한 법률, 상법의 벌칙규정 등이 있다.

이를 형법이라고 번역하여 사용한 데서 유래한다. 이와 달리 영미법국가에서는 형법을 **범죄법**(Criminal law)이라 부르고 있는데, 전자가 범죄에 대한 법적 효과인 형벌에 중점을 둔 명칭이라면, 후자는 범죄라는 사실에 중점을 두고 붙여진 명칭이다. 형벌법이든 범죄법이든 모두 범죄와 형벌을 내용으로 하고 있으므로 그 명칭에 따라 특별히 의미가 달라지는 것은 아니다.

형법이 규정하고 있는 범죄행위에 대한 **형사제재로서의 형벌**의 종류에는 사형, 징역, 금고, 자격상실, 자격정지, 벌금, 구류, 과료, 몰수 등 9가지가 있다(제41조).[2] 또 다른 형사제재로는 범죄예방적 성격이 강한 **보안처분**이 있는데, 이것은 범죄로부터 사회를 방위하고 범죄자의 사회복귀를 효과적으로 도모하기 위해 부과되는 처분이다. 현행법상의 보안처분에는 보호관찰, 치료감호, 보안관찰, 보호처분 등이 있다.[3]

그 밖에 형벌과 보안처분 이외의 제3의 형사제재수단으로 **'범칙금납부통고처분'**이 있는데, 경범죄처벌법[4]에 위반한 경범죄 중에서 20만원 이하의 벌금이나 구류 또는 과료의 형에 해당하는 경미범죄에 대해서는 경찰서장, 해양경찰서장 및 제주특별자치도지사 또는 철도특별사법경찰대장에게 통고처분이라는 처분권을 부여하여 범칙행위자가 범칙금을 납부할 때는 형사사건이 종결되도록 하는 처분이다. 통고처분을 불이행할 경우에는 경찰서장 또는 해양경찰서장은 즉결심판에 관한 절차법에 따라 즉결심판을 청구하게 된다. 그 밖에도 도로교통법 제156조와 제157조에 위반한 경우에 경찰서장 또는 제주특별자치도지사에 의한 범칙금납부 통고처분을 들 수 있다.

이와 달리 질서위반행위규제법에 따른 과태료부과처분을 비롯한 각종 행정질서위반행위에 대한 과태료는 행정제재에 불과하다.

---

2) 우리 형법상 인정되고 있는 **사회봉사명령**이나 **수강명령**은 자유형의 대체수단으로서 자유박탈 없는 제재수단이다. 그 외에도 원상회복제도 등이 제3의 제재수단으로서 논의되고 있다.

3) 종래에는 사회보호법에 의한 보안처분인 '보호감호'제도가 있었으나, 2005. 8. 4. 사회보호법이 폐지되었다. 그러므로 현행법상으로는 소년법에 의한 **'보호처분'**, 보호관찰 등에 관한 법률에 의한 일반적인 **'보호관찰'**, 치료감호법에 의한 **'치료감호'**, 보안관찰법에 의한 **'보안관찰'**이라는 광의의 보안처분이 있다.

4) 경범죄 처벌법 제3조 제1항에 경범죄 중, 10만원 이하의 벌금, 구류 또는 과료에 해당하는 경범죄의 종류가 빈집에의 침입 등 40가지이고, 동조 제2항에 20만원 이하의 벌금, 구류 또는 과료에 해당하는 경범죄로는 암표매매 등 4종류가 있으며, 동조 제3항에는 60만원 이하의 벌금, 구류 또는 과료에 해당하는 경범죄로는 관공서에서의 주취소란과 거짓신고의 2종류가 있다.

Ⅱ. 형법의 성격

1. 형법의 법체계상의 지위

(1) 형법은 공법이다

법체계상 공법과 사법으로 법을 분류할 때 형법은 공법에 속한다. 공법이란 일반적으로 국가 또는 공공단체의 공권력의 행사를 규제하는 법이지만 사법은 사인간의 관계를 규율하는 법이다. 형법이란 범죄자에 대하여 개인적 제재가 아닌 범죄로부터 사회를 방위하고자 하는 공익목적을 위한 국가형벌권의 작용에 관하여 규정하고 있으므로 공법에 속한다.

(2) 형법은 사법법이다

법은 국가권력작용의 내용에 따라 입법법, 사법법, 행정법으로 분류할 수 있는데, 형법은 재판에 적용되는 법이므로 사법법이다. 입법에 관한 법인 입법법이나 행정에 관한 법인 행정법이 아니다.

(3) 형법은 형사실체법이다.

형법은 공법 중에서도 재판의 대상인 형사사건의 실체에 관한 법이다. 즉, 형법은 범죄의 예방과 범죄의 사후처리를 위한 형벌권 행사에 관한 법이라는 점이 특징이다. 특히 형법은 범죄의 성립요건과 형벌권의 발생요건에 관하여 규정하고 있으므로 형사실체법이지만, 형사소송법은 이러한 형법을 토대로 범죄자를 발견하고 범죄사실을 확인하며 이에 따른 적정한 형벌권의 실현을 위한 절차와 방식(수사절차와 공판절차 등)을 규정하고 있으므로 형사절차법이다.

2. 형법규범의 성질

형법은 존재법칙과 구별되는 당위규범의 하나로서 사회생활을 규율하는 규범의 일종이다. 형법규범의 논리구조 내지 성질을 살펴보면 다음과 같은 특징을 지닌다.

(1) 가설적 규범

종교규범이나 도덕규범이 명령적·단언적 형식을 취하고 있는데 반해, 형법은 일정한 범죄행위를 법률요건으로 하여 형벌이라는 법률효과를 부과하는 가설적 판단형식을 취하고 있다. 예컨대 형법 제250조 제1항의 보통살인죄는 “사람을 살해한 자는 사형, 무기 또는 5년 이상의 징역에 처한다”라고 규정하고 있는데, 이 규정은 ‘만약 사람을 살해하는 행위를 한다면 그에 따른 법적 효과로서 규정된 형벌을 부과한다'는 의미를 지니고 있다. 따라서 형법은 **가설적 규범**의 형식을 취하고 있다.

(2) 행위규범과 재판규범

형법규범은 일반 국민이 행해서는 안 되는, 즉 금지되는 일정한 행위유형과 요구(또는 명령)하는 행위유형을 준수하도록 하는 **금지규범** 또는 **명령규범**의 형태로 이루어져 있다. 이러한 규범의 내용에 따라 일반 국민은 적법행위와 위법행위를 구별하여 자기행위의 준칙으로 삼게 되므로, 형법규범은 일반 국민에게는 행위규범으로서 작용하고, 법관에게는 행위자에 대한 유·무죄 판단을 하는 데 있어서 재판의 준칙이 되므로 재판규범으로서의 성격을 지니게 된다. 따라서 형법규범을 준수해야 할(명령이나 요구에 따라야 할) **수명자**(受命者)또는 **수범자**(受範者)는 법관을 포함한 모든 국민이 된다.

(3) 평가규범과 의사결정규범

형법은 인간행위 중 어떤 행위가 법질서에 위배되는 범죄행위인가 여부를 판단하도록 기준을 제시하고, 또한 이에 따라 일반 국민이 위법행위를 결의하지 않고 적법행위를 결의하도록 의무를 부과하는 역할을 한다. 따라서 형법규범은 적법행위와 위법행위에 대한 가치판단(평가)을 하도록 하는 **평가규범**인 동시에, 행위자로 하여금 적법한 의사결정을 가능하도록 하는 **의사결정규범**이기도 하다.

3. 행위형법으로서 성격

형법은 개별 구성요건에 기술되어 있는 범죄행위와 그에 대한 형사제재를 내용으로 하기 때문에 원칙적으로 **행위형법**으로서의 성격을 지닌다. 행위자의 성격이나 생활행태 등 행위자의 장래의 범죄적 위험성에 대한 형사제재는 예외적이라고 할 수 있다, 누범가중, 양형규정, 원인에 있어서 자유로운 행위, 인식없는 과실, 금지착오의 회피가능성 등은 **행위자형법**의 예에 해당한다.

4. 위험형법의 등장과 현대형법의 과제

현대사회는 자연과학과 산업문명의 발달로 인해 편리해졌지만, 이러한 문명의 이기로 인해 인류의 생존에 일상적인 대규모의 위험이 존재하게 되고 이것이 현실화될 위험을 항상 지니게 되었다(가스시설, 원자력, 화학물질 등). 이와 같이 위험이 상존하고 새로운 위험원이 끊임없이 양산되는 현대 위험사회에서는 그 위험이 현실화되면 엄청난 피해를 야기하게 되므로 사전에 위험의 현실화를 예방하기 위하여 형법의 기본관점도 변화해야 한다는 것이 위험형법의 등장배경이다.

위험형법은 종래의 책임에 따른 응보보다는 예방사상을, 특별예방·소극적 일반예방보다는 적극적 일반예방사상을 형사입법의 정당성의 근거로 제시하면서, 형사규제도 '새로운 법익'이 아니라 '새로운 행위'를 그 대상으로 삼아야 한다는 입장이다.

따라서 위험형법에서는 ① 형법의 보충적인 법익보호사상은 완화되거나 포기되어야 하고(보편적 법익개념의 확대, 피해자 없는 범죄영역의 확대, 특별형법의 비대화, 환경형법이나 여성보호형법 분야의 형법최우선수단화 등), ② 결과범 이전 단계의 광범위한 처벌(추상적 위험범 영역의 확대, 미수 예비의 처벌확대 등) 등 **예방입법** 내지 **상징입법화** 경향을 긍정적으로 용인하게 된다.

그러나 이러한 위험형법의 등장은 전통적인 법치국가적 형법의 근본틀인 형법의 **보충성원칙, 비례성의 원칙, 책임주의원칙** 등을 훼손할 우려가 있다. 그러므로 현대형법은 위험사회의 도래와 함께 등장한 위험형법의 현실적 필요성을 받아들이면서 그 적용의 한계는 법치국가 형법의 기본원칙을 훼손하지 않는 범위 내에서 그 유용성을 찾아 나아가야 하는 과제를 안고 있다.

제 2 절 형법의 기능

형법의 기능이 무엇인가에 대하여는 견해의 대립이 있다. 법의 본질과 불가분의 관계에 있다고 보는 입장에서는 형법의 기능을 **보호적 기능, 보장적 기능, 규범적 기능**(**규제적 기능** 내지 **규율적 기능**이라 부르기도 한다)으로 나누거나,[5] 또는 형법의 기능은 형법규범의 논리적 구조의 결론에 지나지 않는다는 견해도 있다.[6]

그 외에도 형벌의 기능과 형법의 기능을 구별하는 입장에서는 범죄에 대한 억압적·예방적 기능은 형법의 본질적 기능이 될 수 없다는 견해도 있다.[7] 그러나 형벌은

5) 신동운, 4면; 유기천, 8면; 진계호, 27면; 손해목, 9면; 정성근/박광민, 6면.
6) 정성근/박광민, 6면.
7) 정성근/박광민, 7면; 정영석, 19면.

범죄행위에 대한 법률효과로서 형법의 핵심내용을 구성하므로 형벌의 기능을 형법의 기능에서 특별히 제외해야 할 이유가 없다.

그러므로 아래에서는 형법의 본질적 기능을 **보호적 기능, 보장적 기능, 사회보호적 기능**으로 나누어 살펴보기로 한다.[8)]

1. 보호적 기능

형법은 사회질서의 기본가치를 보호하는 기능을 가진다. 사회질서를 위한 기본적 가치에는 법에 의해 보호하는 이익 또는 가치인 법익과 사회윤리적으로 보호하는 행위가치가 있다. 그러므로 형법의 보호적 기능이란 법익보호와 사회윤리적 행위가치(또는 심정가치라고도 함)를 보호하는 기능을 말한다. 이를 구체적으로 살펴보면 다음과 같다.

(1) 법익보호와 사회윤리적 행위가치의 보호

1) 법익보호

국가공동체는 공동체의 평화스러운 질서유지를 위해 불가결한 가치를 보호할 수 있도록 형벌이라는 가장 강력한 국가제재수단을 지닌 형법이라는 규범을 마련해 두고 있다. 형법은 이러한 질서유지를 위한 불가결한 가치를 보호하기 위하여 형법각칙에 **보호법익**(형법규범에 의해 보호되는 이익 또는 가치)을 침해하거나 위태롭게 하는 행위, 즉 범죄행위를 보호법익의 형태에 따라 체계적으로 유형화하여 규정해두고, 이에 위반하는 행위에 대하여는 형벌을 부과하도록 함으로써 법익을 보호하는 역할을 하는 것이다.

형법에 의해 보호되는 보호법익은 일반적으로 개인의 생명·신체·명예·재산 등 개인과 관련된 보호가치인 **개인적 법익**, 공중의 생명·신체·재산·문서에 관한 사회적 신뢰 등 사회질서유지와 관련된 보호가치인 **사회적 법익**, 국가의 존립·유지와 관련된 보호가치인 **국가적 법익**으로 3분류된다.

그런데 형법에 의해 보호를 받는 가치인 보호법익은 가능한 한 구체적·개별적으로 파악하여 이를 침해하거나 위태롭게 할 때 비로소 처벌하도록 해야지, 이를 추상화·관념화하여 이해하게 되면 그 적용범위가 상대적으로 넓어지고 가변적이 되어 법

---

8) 그 외에 보호적 기능과 질서유지적 기능으로 나누는 견해와 규제적 기능, 보호적 기능, 보장적 기능 및 질서유지적 기능으로 나누는 견해도 있다.

적용자의 자의적 의사에 따라 처벌범위의 확대를 가져오게 된다. 그러므로 죄형법규는 법익침해를 범죄로 규정하는 **'침해범'**을 원칙으로 하며, 법익침해의 위험을 범죄로 규정하고 있는 **'위험범'**은 예외에 속한다고 보아야 한다.[9)]

2) 사회윤리적 행위가치의 보호

형법은 가치적·관념적 대상인 법익에 대한 침해 내지 위험이라는 결과발생에 대하여 부정적 평가를 내림으로써 법익보호적 기능을 수행하지만, 동시에 법익침해 내지 위험이라는 결과를 발생시킨 행위 자체의 성질도 평가하여 사회윤리적 가치에 부합되지 않는 행위에 대해서도 부정적 평가를 하게 된다. 그러므로 형법은 법익뿐만 아니라 사회윤리적 행위가치(사회윤리규범 또는 사회윤리규범에 합치되는 행위를 할 의무)도 보호하는 기능을 수행하게 된다.[10)]

말하자면 형법의 법익보호적 기능이 법익침해 내지 위험이라는 **결과불법**이 발생하지 않도록 하는 기능이라면, 사회윤리적 행위가치의 보호기능은 **행위불법**이 발생하지 않도록 하는 기능이라 할 수 있다. 범죄행위는 법익침해 또는 위험이라는 결과발생과 사회윤리적 의무위반이라는 성질을 모두 지니고 있으므로, 형법상 불법행위의 실체란 결과반가치(결과불법)와 행위반가치(행위불법)로 이루어져 있다고 할 수 있다.

(2) 형법과 보충성의 원칙

형법이 어떠한 사회윤리적 행위가치를 보호할 것인가라는 점은 형사정책적 가치판단의 문제이다. 그런데 형법은 다른 법률과 달리 형벌 또는 보안처분이라는 가장 강력한 법적 제재가 수반되므로 형법이 보호해야 할 법익이나 사회윤리적 행위가치는 공동생활의 평화유지를 위해 **필요불가결한 최소한·최후적인 수단**에 그쳐야 한다. 이를 형법의 **'보충성의 원칙'**이라 한다. 형법은 이러한 보충성의 원칙에 의해 형사제재 이외의 다른 법적 제재(민사·행정제재)에 적합한 비윤리적 행위에 대하여는 가능한 **'형법의 비범죄화'**가 요구되어지며, 종교규범이나 윤리규범에 의해 자율적으로 규제되어야 할 비윤리적·비종교적 행위는 종교규범이나 윤리규범의 자율적 규제의 대상이고, 형법의 규제대상이 되는 범죄행위는 공동체의 평화유지를 위한 필요최소한의 규제에 한정되어야 한다는 것이다. 따라서 경미하거나 단순한 비윤리적 행위에 관한 죄

9) 山中敬一, 刑法總論 I, 16면.

10) 김일수/서보학, 30면; 이재상/장영민/강동범, 8면; 이형국, 28면; 임 웅, 8면; 정성근/박광민, 8면; 조준현, 10면.

형법규에 대하여는 이를 과감히 폐지하는 방향인 **'형법의 탈윤리화'**가 요구되어진다.

2. 보장적 기능

형법은 국가형벌권의 자의적인 행사를 방지하도록 범죄와 형사제재의 내용을 미리 정해둠으로써 **범죄인뿐만 아니라 일반국민의 자유와 인권을 보장하는 기능**을 지닌다. 이러한 형법의 보장적 기능을 이루기 위해 죄형법정주의가 근대형법 이래로 중요한 원칙이 되었다. 죄형법정주의에 의해 어떠한 행위를 범죄로 하고, 이에 대해 어떤 형벌을 과할 것인가를 미리 일반국민에게 예고함으로써 예측가능성에 따른 행동의 자유를 보장하고, 동시에 범죄인에게도 법률에 정해진 범죄 이외의 행위로는 범죄가 되지 않으며, 법률에 정해진 형벌 이외의 형벌은 부과하지 않게 된다.

이러한 형법의 기능을 **'보장적 기능'**이라 하고, 보장적 기능은 일반 국민의 인권을 보장하는 기능도 하지만, 특히 범죄인에게는 법률에서 규정한 범위 내에서만 형벌을 부과할 수 있게 됨으로써 피고인의 인권을 보장하게 된다. 이런 측면을 강조하여 '형법의 보장적 기능'을 **'범죄인의 마그나 카르타(Magna charta)적 기능'**(리스트가 처음으로 이렇게 불렀다)이라 한다.

3. 사회보호적 기능

형법은 인간 공동생활의 법질서를 침해하는 범죄에 대하여 형벌 또는 보안처분이라는 제재수단을 행사함으로써 사회질서를 유지하고 보호하는 기능을 수행한다. **'사회보호기능'**을 **'질서유지기능'**이라 부르기도 한다. 말하자면 범죄로부터 사회를 보호하기 위해 형사제재수단을 미리 강구해둠으로써 범죄를 억제하는 예방적 기능을 수행하여 사회질서를 유지하고자 한다.

또한 형법은 형벌예고에 의하여 일반국민을 위하(威嚇)함으로써 일반국민이 범죄를 범하지 않도록 예방하는 **일반예방적 기능**과 범죄인이 재범을 범하지 않고 법질서를 준수하는 정상적인 사회인으로 복귀할 수 있도록 지원하는 **특별예방적 기능**도 함께 지닌다.

오늘날에 와서는 범죄인의 재범방지와 사회복귀를 효율적으로 지원·관리하기 위한 **보안처분**제도를 둠으로써, 범죄로부터 사회를 방위하고 범죄인을 개선·교화하는 형법의 특별예방적 기능이 강화되기에 이르렀다.

제 2 장 형법학의 역사적 개관

제 1 절 형법의 역사

Ⅰ. 형법의 역사적 발전단계

동·서양을 막론하고 국가 내지 다양한 사회집단체의 통치와 질서유지를 위해 필요한 법규범을 만들면서부터 형법의 역사는 시작되었으므로 형법의 역사는 법규범 중에서 가장 오랜 역사성을 지녔다고 할 수 있다. 형법의 역사는 각 민족이 처한 역사적 상황이나 국가형태에 따라 달리 전개되어 왔지만, 형벌제도의 변화에 따라 형법의 역사를 시대적으로 구분해보면 대체로 ① 복수형시대, ② 위하형시대, ③ 인도주의·박애주의 형벌시대, ④ 형벌의 과학화시대의 4단계로 발전되어 왔다고 할 수 있다.

1. 복수형시대

형법의 기원, 즉 형벌제도의 기원은 복수에 있었다. 국가적 형벌 내지 공형벌이 집행될 수 있는 국가적 법률체계를 갖추지 않았던 원시씨족이나 부족사회에서는 사적 응보 내지 복수가 그 사회를 유지하는 수단이었다. 즉 범죄자인 가해자에 대한 피해자의 응보적 복수가 정의로 여겨졌다. 이 시대에는 사적 보복감정에 따른 복수형이 지배하였으므로 형벌의 내용은 잔혹하고 엄격했다.

그 후 이러한 초기 복수형 시대의 잔혹한 형벌을 완화하는 방법으로서, ① "눈에는 눈, 이에는 이"(탈리오 법칙)라는 동해보복사상과 ② 피난처제도 및 ③ 속죄형 제도 등이 등장하게 되었다. 즉 복수를 하더라도 피해자가 입은 손해와 같은 정도의 해악을 가해자에게 행하거나, 피해자가 피난처라는 일정한 장소로 도피한 경우에는 복수를 금지하든지 또는 가해자에 대한 복수 대신에 가해자로부터 피해자에 대한 속죄로서 곡식, 가축, 금전 등으로 배상받는 이른바 **속죄형제도**가 시행되었다. 특히 금전배상형인 속죄금제도는 오늘날 벌금형제도의 기원이 되었다. 사형벌시대인 복수형시대는 이후에 통일적인 국가법질서가 확립되면서부터는 공형벌시대가 되어 **사형벌**(私刑罰)은 금지되게 되었다.

2. 위하형시대

사형벌시대인 복수형시대는 국가권력에 의한 국가법질서를 확립하고 유지하기 위한 수단으로서 국가기관에 의한 형벌집행이 이루어지는 공형벌(公刑罰)시대, 즉 **'형벌의 국가화'** 시대로 발전되게 되었다. 이때의 형벌은 전제군주의 강력한 국가통치수단으로서 집행되었기 때문에 엄격하고 잔혹한 형벌집행이 이루어졌으며, 이를 통해 국민에게 위하감(공포심)을 심어주는데 목적이 있었으므로 형벌은 응보적·위하적 성격을 나타내었다. 전제군주국가시대의 형벌은 동·서양을 막론하고 이러한 위하형의 시대라 할 수 있고, 이때는 범죄와 형벌의 내용이 법률로서 명확히 규정되어 있지도 않았을 뿐만 아니라 규정된 법률도 국가권력자의 자의에 의해 적용되고 집행되었으므로, 이른바 **죄형전단주의**(罪刑專斷主義) 내지 **죄형천단주의**(罪刑擅斷主義)의 시대라고 할 수 있다.

3. 박애주의적 형벌시대

18세기에 들어서면서 계몽사상에 영향을 받은 유럽국가의 경우에는 개인주의 내지 자유주의의 영향을 받아 종래의 죄형전단주의적인 국가권력에 의한 자의적인 형벌권 행사를 저지하기 위하여 범죄와 형벌의 내용을 범죄행위 이전에 법률로서 명백하게 규정해두어야 한다는 죄형법정주의 사상을 받아들이게 되었다. 이로써 역사적으로 오랫동안 진행되어 왔던 잔혹한 형벌과 자의적인 법집행방지를 위한 **범죄와 형벌의 법률화**, 즉 죄형법정주의가 실현되게 되었으며 종래까지의 잔혹한 위하형시대에서 **인도주의**와 **박애주의**적인 형벌시대가 열리게 되었다. 이러한 형벌제도의 획기적인 변혁은 계몽주의 형법사상가인 이탈리아의 베까리아, 독일의 포이어바흐 등을 비롯하여, 철학사상가인 칸트나 헤겔 등 이른바 관념철학자들의 사상적 배경이 크게 작용하였다.

4. 형벌의 과학화시대

19세기 후반에 이르러 서양에서는 누범·소년범의 격증과 더불어 자연과학이 크게 발전하게 됨으로써 범죄원인에 대한 자연과학적 성찰이 중시되게 되었다. 범죄원인에 대한 이러한 자연과학적·실증적 원인분석을 통해 범죄에 대하여 응보적 의미의 형벌만으로는 범죄예방을 위해 별로 효과가 없다는 점을 깨닫기 시작하였다. 그리하여 형벌의 목적도 범죄자에 대한 응보에 그치는 것이 아니라 범죄자의 반사회적 성격을 개선·교화함으로써 정상인으로 재사회화 내지 **사회복귀**시키는 데 있다는 것으로 변화하게 되었다. 즉 형법의 내용은 죄형법정주의를 기본적 사상으로 하지만 범죄자 개인의 **재사회화**를 위해 형벌은 개별화·과학화되어야 한다는 것이다.

이와 같이 범죄와 **형벌의 인격화·개별화**를 위해 과학적·실증적으로 연구한 대표적인 학자로는 이탈리아의 롬브로조와 독일의 리스트를 들 수 있다.

Ⅱ. 우리나라 형법의 발달사

우리나라는 1905년 근대적 의미의 최초의 형법전인 **"형법대전"**이 제정되기 전까지는 중국형법의 영향 하에 있었다. 고려시대에는 중국의 당률을 계수·모방하여 제정된 **"고려형법"**이 시행되었으며, 조선시대에는 중국의 대명률을 토대로 한 **"경국대전"**이 사용되었다.

일제시대에는 1911년 **"조선형사령"**에 의하여 일본형법이 의용되었다(이를 의용형법 또는 구형법이라 부른다).

현행 형법은 1953년 9월 18일 법률 제293호로 제정·공포되고 같은 해 10월 3일부터 시행되어 왔고, 1975년과 1988년에 일부 규정의 개정이 있었으나 본격적인 개정작업은 미루어져 왔다. 그러던 중 1985년 6월 법무부에 형사법개정특별심의위원회가 설치되어 본격적인 형법개정추진작업을 진행하게 되었다. 그 결과 1992년 형법개정법률안이 국회에 제출되고 이를 토대로 법제사법심사소위원회가 대안을 작성·제출하여 1995년 12월 2일 국회 본회의에서 이 대안이 심의·의결되어 같은 해 12월 20일 법률 제5057호로 공포되고, 1996년 7월 1일부터 개정된 법률이 시행되기에 이르렀다.

1995년 개정된 내용을 살펴보면 형법총칙에서는 보호관찰, 사회봉사명령·수강명령 등의 보안처분제도를 도입하고 벌금형의 액수를 현실화하였으며, 형법각칙에서는 컴퓨터관련범죄, 편의시설부정이용죄, 자동차 등 불법사용죄 등 신종범죄 및 인질관련범죄를 신설하고 법정형을 조정하였다. 2001년 12월 29일에는 '컴퓨터 등 사용사기죄'(제347조의2)에서 "권한없이 정보를 입력·변경"이라는 내용을 삽입하도록 개정하였다. 2004년 1월 20일에는 경합범의 범위를 축소하여 "판결이 확정된 죄"를 "금고 이상의 형에 처한 판결이 확정된 죄"로 개정하였고(제37조 후단), 2005년 3월 31일에는 민법상 호주제도의 폐지로 이와 관련된 범인은닉·증거인멸죄 기타 친족간의 범행에 따른 특례규정의 개정이 있었으며, 2005년 7월 29일에는 경합범 및 집행유예의 요건과 실효에 대한 일부개정(제39, 62, 63조)이 있었다. 또한 2010년 4월 15일에는 유기징역의 상한을 상향조정하여 행위자의 책임에 따라 탄력적으로 형 선고를 가능하게 하고(제42, 55, 72조), 강간 등 성폭력범죄의 경우 상습성이 매우 높으므로 성폭력범죄를 억제하고 잠재적 피해자를 보호하기 위하여 성폭력범죄의 상습범을 가중처벌하기 위한 규정을 신설하였다(제305조의 2).

제 2 절 형법사상과 형법학파

형법사상 내지 형법에 대한 기본관념은 형법을 해석·적용하거나 형사입법을 하는데 있어서 죄형법정주의와 더불어 중심적인 지도원리가 되기 때문에 전제적 관념으로서 요구된다. 즉 형법이 범죄와 형벌에 관한 법이므로 범죄에 대한 기본관념인 '범죄관'과 형벌에 관한 기본관념인 '형벌관'의 확립이 필요하다. 이러한 형법의 기본관념에 대한 인생관, 세계관, 우주관 등의 차이에 따른 법철학적인 논쟁을 '형법이론'이라 하고, 이러한 논쟁은 역사적으로 독일 형법학계에서는 19세기 말엽부터 종래의 범죄관이나 형벌관을 비판하면서 등장한 근대학파(신파)와 고전학파(구파) 사이의 격렬한 논쟁에 의하여 점화되었다. 아래에서는 고전학파와 근대학파의 형법사상과 역사적·철학적 배경 및 그 내용을 살펴보기로 한다. 고전학파는 다시 이탈리아의 베까리아(Beccaria)와 독일의 포이어바흐(Feuerbach)의 일반예방사상을 중심으로 하는 전기고전학파와 칸트(kant), 헤겔(Hegel), 비르크마이어(Birkmeyer) 등의 응보형사상을 중심으로 하는 후기고전학파로 나누어진다.

Ⅰ. 고전학파(구파)

1. 초기계몽기의 형법사상

계몽이란 과거부터 내려오던 사상이나 제도를 이성에 비추어 재검토하는 비판적인 시대정신이다. 따라서 계몽기의 형법사상도 형법을 신(神)의 의사에서 유래하는 것이 아니라 사회계약에 의해 성립된 국가가 가진 합리적인 제도로 봄으로써, 형벌의 의의는 응보가 아니라 범죄예방이고, 국가권력도 절대적인 것이 아니라 합리적 제한을 지녔으므로 자의적인 형벌권 행사를 방지하기 위해서는 국가권력에 대한 제한이 필요하다고 보았다.

그러나 이러한 계몽사상에도 초기의 위로부터의 계몽인 계몽절대주의 형법사상과 자유주의적인 계몽사상에는 현저한 차이가 있다. 위로부터의 계몽인 독일계몽절대주의 형법사상이 반영되어진 법전으로는 프리드리히 대제시대 전부터 계획되어, 칼 수바레쯔(Carl Gottlieb Suvarez, 1746－1798)와 클라인(Ernst Ferdinand Klein, 1743－1810)에 의해 기초되었고 프리드리히 빌헬름 2세 시대에 완성되어진 **프로이센 일반란트법**(Allgemeines Landrecht, 1794)을 들 수 있다.

이 법전에는 형법도 포함되어 있는데, 이것에 의해 중세의 형법을 한꺼번에 받아들인 결과가 되기도 했지만, 다른 한편으로는 일체의 자의를 배제하고 모든 재판관의 법창조 활동을 방지하여 모든 위법행위를 규제하고자 하였기 때문에 1577조에 이르는 방대한 조문수를 가진 경찰국가적 예방구성요건을 가진 법전이 되었고, 여기에서는 계몽절대주의의 형법사상이 전형적으로 나타나고 있다. 이 당시 국민의 안전을 도모하는 것이 국가의 임무라고 하여, 거기에서는 형법도 응보형주의가 아닌 **예방형법**이 되어야 한다는 점을 강조하고 있다. 이와 같이 **위하적 일반예방**을 강조한 형법사상은 **계몽사상**과 **절대주의국가사상**이 결합해서 형성되어졌다고 할 수 있다.

2. 전기 구파의 형법사상

계몽절대주의의 일반예방론적 형법이론은 그 후 특별예방론적인 형법이론을 경유하여, 사회계약론적인 계몽사상의 영향을 받은 **자유주의적인 형법이론**으로 발전한다. **자유주의 형법이론**은 **합리주의적인 일반예방론**을 기초로 하는 형법이론이며, 죄형균형을 중시하는 점에서 **고전학파**(구파) 또는 **전기구파**라고 부르기도 한다. 대표적인 학자인 베까리아와 포이어바흐의 형법사상을 살펴보면 다음과 같다.

(1) 베까리아의 형법사상

근대형법의 기본사상은 1764년 익명으로 출간된 작은 책자인, 이탈리아의 케자르 베까리아(Cesare Beccaria, 1738-1794)가 쓴 "범죄와 형벌(Dei delitti e delle pene, 1794)"이라는 책에서 출발한다고 할 수 있다. 이 책의 내용 중에 앙시앙 레짐의 형사제도에 대한 통렬한 비판은 결국 프랑스혁명(1789년)을 야기하는데 일조를 하게 되었고, 이로 인해 1791년 프랑스 형법전 가운데에는 근대형법의 대원칙인 죄형법정주의, 죄형균형주의, 사형폐지론, 신분형법의 폐지 등 그의 주장이 반영되기에 이르렀다.

이러한 베까리아의 형법사상은 그 당시 계몽적 사회사상가인 몽테스키외(Charles Louis Montesquieu, 1689-1755)의 **삼권분립론**이나 루소(Jean-Jacques Rousseau, 1712-1778)의 **사회계약론**으로부터 많은 영향을 받았다.

(2) 포이어바흐의 형법사상

포이어바흐(Feuerbach, 1775-1833)는 Kant학파의 영향 하에 **심리적 강제설**을 주장하여, 이른바 **소극적 일반예방론**을 명확히 하였다고 할 수 있다. 즉 그는 형벌의 목적은 일반인으로 하여금 범죄를 범하지 못하도록 예방하는데 있고, 이를 위해서는 육체적인 고통만으로는 충분하지 않고 심리적인 강제가 필요한데, 인간은 언제나 합리적인 이성적 존재로서 자신의 행위로 추구하게 될 이익과 불이익(불쾌, 고통)을 비교하여 후자가 전자보다 클 때는 이를 회피하게 된다는 것이다. 따라서 범죄로 인해 얻게 되는 쾌락보다 그로 인해 받게 될 고통인 형벌이 크다는 것을 알게 함으로써 심리적으로 강제하게 되어 범죄를 방지할 수 있게 되는데, 이를 위해서는 국가가 법률로 범죄와 형벌을 규정하고 이를 엄격하게 집행함으로써 그 효과를 볼 수 있다는 것이다. 이러한 포이어바흐의 심리적 강제설은 그 당연한 귀결로 범죄와 형벌의 내용은 법률로서 미리 규정해두어야 한다는 **죄형법정주의**의 사상적 토대가 되었다.

(3) 전기구파(前期舊派) 형법사상의 특징

계몽절대주의의 형법관은 일반예방론이지 응보형론이 아니며, 또한 베까리아 및 포이어바흐의 형법사상도 응보형론의 선구라고 할 수 없다. 응보형론에 입각한 것만을 **고전학파** 내지 **구파**라고 할 수 없으며, 오늘날에 와서는 일반예방론에 입각하면서 죄형법정주의나 객관주의를 강조하는 고전학파 내지 구파도 있었다는 사실이 밝혀지고 있는데, 이러한 형법사상을 전기구파의 형법사상이라 부른다.

특히 포이어바흐의 일반예방론은 계몽절대주의의 일반예방론이나 특별예방론과 결별하면서, 자유주의 형법의 관점에서(사회계약론) 개인의 합리적인 행동을 기초로 하고(공리주의), 인격의 존엄을 지키면서(칸트철학) 일반예방론을 전개하였으므로 전기구파 형법사상의 대표적인 것이라 할 수 있다.

이와 같이 전기구파의 형법사상은 국가관이나 인생관에 있어서 **합리주의적·공리주의적 사상**이 지배하게 되었고 형벌론도 상대주의적이어서, 동일한 고전학파에 있어서도 칸트·헤겔의 절대적 응보형론 내지 헤겔의 도의적 국가관을 사상적 기반으로 하는 후기 구파와는 현저한 차이를 나타낸다.

3. 후기구파의 형법사상

(1) 후기구파 형법사상의 철학적 배경

1) 후기구파 탄생의 배경

"국가는 최고의 도의체이다"라는 헤겔의 국가철학에 있어서는 국가의 권위, 도의적 우월성이 전면으로 나와서 범죄에 의해 동요되어진 국가의 권위를 회복하는 것이 형벌이라고 한다. 이러한 헤겔의 형벌사상은 1840년대 이래로 헤겔철학을 신봉하는 형법학자에 의해 확산되어졌다.

19세기 후반에는 자본주의와 산업의 발달로 자본가와 노동자의 격심한 계급적 대립을 초래하여 평등한 시민사회질서가 급격하게 해체되었다. 도시화가 급속히 진행되고 목가적인 공동체가 붕괴되면서 빈곤과 범죄 등의 사회문제가 속출하였다. 이러한 혼돈과 분열의 시대에는 개인의 이성보다도 개인을 초월한 민족정신이 요구되었다. 어떤 한 민족의 역사에서 유래하는 민족정신은 그 민족으로부터 형성되며 국가는 또한 민족으로부터 이루어지므로, 개인은 이러한 국가와 민족에 소속됨으로써 자유를 향유할 수 있게 된다는 것이다. 이러한 시대정신에 기초하여 전개되어진 국가주의와 자유주의의 혼합된 **관념적·철학적 형법사상**이 후기구파의 형법사상이다.

2) 칸트의 형법사상

임마누엘 칸트(Immanuel Kant, 1724-1804)는 그의 저서인 '도덕형이상학'(1797) 제1부의 '法論'에서 그의 법철학사상을 전개하면서, 법은 국민의 복지를 위해서 있는 것이 아니라 자율로서의 자유를 위해 존재하는 것으로 생각했다. 그리하여 이러한 자유가 방해되어질 때에 그것을 억지하기 위해 강제력을 가진 법이 필요하고, 그것이

형벌권의 근거가 된다는 것이다. 그러나 인격은 자기목적이며, 결코 무엇을 위한 수단이어서는 안 되므로 형벌은 범죄자가 죄를 범한 것을 이유로 해서만 과해져야 하며, 다른 선을 촉진하는 수단으로 과해져서는 안 된다는 것이 그의 철학이라고 할 수 있다.

결국 칸트 형법사상은 응보가 형벌의 근거이며, 균등한 원리가 과형의 원리라는 것이다. 즉 **동해보복(同害報復)의 법칙**, 이른바 **탈리오 법칙**(Ius talionis; like for like; "눈에는 눈을, 이에는 이를")이 칸트 형벌론의 특징이므로, 그의 형벌론은 **절대적 응보형론**으로서 인권보장적 요소와 엄벌주의적 요소의 양면성을 모두 지녔다고 할 수 있다.

3) 헤겔의 형법사상

빌헬름 프리드리히 헤겔(Wilhelm Friedrich Hegel, 1770－1831)이 그의 저서 '법철학'에서, "이성적인 것이야말로 현실적이며, 현실적인 것이야말로 이성적이다"라고 표현한 말은 너무도 유명하다. 그에 의하면 "국가란 현실적·이성적인 존재이며, 도의관념이 현실화되어진 것이며 법질서도 마찬가지이다. 이때 범죄란 법의 자의적인 부정이며, 형벌은 이러한 법의 부정에 대한 부정이므로, 형벌을 통해 범죄에 의해 동요된 권위를 회복하는 것이 국가의 권리이다. 동시에 형벌을 받는다는 것은 범죄자도 이성자·답책자로서 행위하였으므로 형벌이 선고·집행되어지는 것은 범죄자의 권리이기도 하다"는 것이다.

이러한 헤겔의 형벌론은 범죄는 법의 부정이고, 형벌을 통해 법의 부정인 범죄를 부정함으로써 법의 권위를 회복한다는 입장이므로 **변증법적·절대적 응보형론**이라 할 수 있다. 헤겔이 포이어바흐의 심리적 강제설에 대하여, "개를 향해서 매를 치켜드는 것과 같은 것이다"라고 비판한 것은 이 학설이 사람을 명예나 자유를 추구하는 존재가 아니라 개와 같이 취급한다는 점에 있다.

(2) 후기구파의 형법사상

1) 헤겔학파의 형법사상

헤겔의 형법사상은 19세기 중반기에 독일 형법학자들에게 커다란 영향을 미쳤다. 이러한 형법학자들은 헤겔리아나(Hegelianer)라 불리어지고, 정치적으로는 보수적이며 법적으로는 자유주의적이었다. 헤겔의 형법사상을 이어 받은 대표적인 형법학자로는 아벡(Abegg), 쾨스트린(Koestlin), 핼쉬너(Haelschner), 베르너(Berner) 등이 있다.

2) 빈딩의 형법사상

칼 빈딩(Karl Binding, 1841－1920)은 그가 저술한 '**규범론**'에서 절대적 형법이론을 설명하면서 절대적 응보형론을 주장한 대표적 학자이다. 빈딩은 헤겔학파의 형이상학적 형법학을 벗어나, 실정형법의 규범구조를 분석하는 것으로부터 출발하는 새로운 실증주의적 방법을 제시하였다. 그는 선행하는 행위의 금지 또는 명령이라는 규범과, 예컨대 '타인의 재물을 절취한 자…'라는 형법규범을 구별하여, 범죄의 본질을 이 규범위반에서 구했다. 그의 형벌론은 절대적 응보형론이지만 형벌의 부차적인 목적으로서 특별예방을 부정하지는 않았다. 그러나 그의 형법사상은 법률의 권위와 규범의 명령에 근거지어진 것이고, 형벌의 정당화도 형벌법규 자체에서 구했다. 따라서 그의 형법사상은 지극히 권위주의적·도덕주의적이었다. 빈딩에 의하면 형벌이란 "법의 위엄이라는 근본에 범죄자를 복종시킨다"고 하는 것이며, "법이라는 항상 우월한 권력"에 복종시키는 것이라고 보았다.

한편 빈딩은 리스트에 의해 대표되는 신파형법학의 목적형론에 대항하여 다툰 구파의 기수였다. 빈딩의 보수적·권위주의적 형법사상은 그 당시(1871년) 독일이 통일되어 국가의 권위와 권력이 전면으로 나올 필요가 있었던 시대적 배경과 무관하지 않았다고 보여진다.

그 밖에 고전학파의 대표적인 응보형론자로는 **비르크마이어**(Karl von Birkmeyer, 1847－1920)를 들 수 있는데, 그는 신파의 기수인 리스트(Liszt)와 격렬한 논쟁을 벌인 것으로 유명하다.

고전학파(구파) 형법이론의 내용은 전·후기와 학자에 따라 그 내용에 차이가 있지만, 전체적으로 정리해보면 다음과 같은 특징을 지닌다고 할 수 있다.

① 계몽철학의 영향으로 개인주의, 자유주의 및 법치주의를 사상적 배경으로 하고 있다.

② 인간은 자유의사를 가진 이성적·자율적 존재이다.

③ 범죄를 비난하는 것은 범죄자의 사회적 위험성 때문이 아니라 자유의사에 따른 범죄행위이므로 도의적 비난을 받아야 한다(의사책임, 도의적 책임).

II. 근대학파(신파)

1. 초기근대학파의 생성

(1) 근대학파의 탄생배경

근대학파는 특히 이탈리아의 **실증학파**와 독일에서는 리스트의 형사사회학파에 의해 대표된다. 근대학파가 발생한 것은 19세기 후반의 자본주의의 발달에서 유래한다. 독일에서는 산업화가 진행되어 사회변동이 야기되었고 실업·빈곤 등의 사회문제가 발생했다. 이것이 범죄의 증가, 특히 누범·상습범 및 소년범의 격증을 초래하였고 종래의 국가관은 동요하여 자유주의국가에 대신하여 복지국가·예방국가가 국가의 이상형이 되었다. 그리하여 자유주의 국가관에 기초를 두고 범죄를 인간의 자유의사와 이성의 소산으로 본 고전학파의 형법이론으로는 이러한 범죄의 격증에 대처할 수 없게 되었다.

다른 한편으로 자연과학과 기술이 현저히 발달하여, 물리학이나 생물학을 모델로 하여 사회과학에 있어서도 사회현상이나 사회진화의 법칙성을 탐구하게 되었다(사회진화론). 범죄도 이성적인 인간의 자유의사에 근거하여 범하는 것이 아니라 소질과 환경에 의하여 결정되는 인과법칙에 따른 현상이라고 이해하였다. 따라서 범죄예방에는 과학적인 범죄원인규명과 예방대책이라는 유효한 수단이 필요하고, 형벌도 이러한 과학적 견지에 기초하여 범죄예방목적을 추구해야 한다고 하게 된다.

(2) 이탈리아 실증학파의 범죄이론

범죄원인을 실증적·과학적으로 연구하여 형사정책에 도움을 주고자 하는 연구는 19세기 말경에 이탈리아에서 시작되었다. **범죄인류학**적 방법으로 과학적인 범죄학연구를 최초로 한 사람은 **롬브로조**(Cesare Lombroso, 1835－1909)이다. 롬브로조는 범죄자는 일정한 정신적·신체적 특징이 있으며, 그러한 특징을 가진 자는 생래적 범죄인(**생래적 범죄인론**)이고, 그것은 원시인의 야만적 소질이 격세유전(**격세유전설**)되는 데 기인한다고 설명하였다. 이러한 롬브로조의 과학적인 설명의 명제는 나중에 영국의 정신의학자인 **고링**(Charles Goring, 1870－1919)의 실증적 연구에 의해 근거가 없는 것으로 비판을 받았지만, 최초로 과학적·실증적 방법을 사용하여 범죄원인을 규명하고자 한 점에 그 의의가 크다고 할 수 있다.

페리(Enrico Ferri, 1856－1929)는 롬브로조가 인류학적 요소만으로 범죄원인을 설명한 것을 수정하여, 범죄발생원인에는 **인류학적 요소** 외에 기후 등의 **물리적 요소**와 정치·경제 등의 **사회적 요소**도 필요하다고 주장하였다. 즉 페리는 이러한 범죄발생의 3요소가 일정한 포화상태가 되었을 때 범죄가 발생한다고 보는 **'범죄포화의 법칙'**을 주장하였다. 즉 범죄는 범죄자의 자유의지에 의해 발생하는 것이 아니라 이러한 소질과 환경에 의해 발생하므로(결정론) 범죄자에 대하여 도의적 비난을 할 것이 아니라 범죄로부터 사회를 방위하기 위해 사회방위처분을 하는 것이 필요하다는 사회적책임론을 주장하게 된다. 페리의 형법사상에는 사회방위론적 관점에서 사회적으로 위험한 성격에 대한 처분을 하는 것이 형법이라고 하는 근대학파의 전형적 사고를 나타내고 있다. 그의 형법사상은 그가 기초한 1921년 이탈리아 형법초안(Enrico Ferri: 엔리코 페리초안)으로 구체화되기도 하였다. 이 초안은 행위자의 위험성에 근거하여 사회방위처분을 도입하여 철저하게 근대학파의 사상을 구체화한 것이었다.

그 외에 실증주의 법학자인 **가로팔로**(Raffaele Garofalo, 1851－1934)는 범죄를 **자연범**과 **법정범**으로 구별하여, 범죄의 본질은 자연범에 있고 범죄의 원인은 범죄자의 성격 중 특히 **이타적인 정조**가 결여된 성격에 있으므로 형벌도 범죄자의 악성을 기준으로 정해야 하고, 이를 판단하기 위해서는 **범죄심리학**적 연구가 필요함을 주장하였다. 그는 범죄로부터 사회를 방위하기 위한 사회방위처분이 필요하지만, 과실범을 처벌해서는 안되고 범죄적 악성이 개선되기 어려운 범죄자에 대하여는 유형이나 사형제도가 필요하다는 입장을 취하였다.

2. 리스트의 근대학파 형법이론

(1) 형사사회학파의 형법사상

프란츠 폰 리스트(Franz von Liszt, 1851－1919)는 1889년에 네덜란드의 **하멜**(G. A. van Hamel, 1842－1917), 벨기에의 **프린스**(Adolf Prins, 1845－1919)와 함께 국제형사학협회(IKV: Internationale Kriminalistische Vereinigung)를 창설하여 근대학파 형법학을 세계적으로 넓힌 근대학파의 거장으로서 명성을 떨치고 있다.

리스트의 업적의 오늘날의 의의는 그가 범죄와 형벌을 비로소 현실적인 사회생활현상으로 실증적으로 파악하여, 이것에 의해 형법과 형사정책 사이에 가교를 만든 점에 있다. 그의 형사정책사상은 **'형법에 있어서 목적사상'**(1888년)으로 표명되어지고 있다. 그의 출발점은 과학적·실증적 방법이다. 리스트의 학설은 범죄의 원인으로서 범죄자 개인의 소질 등 개인적 원인보다 사회적 원인을 우선시 함으로써 **형사사회학파**라 불린다.

(2) 리스트의 목적형주의

리스트는 **다윈**(Charles Robert Darwin, 1809－1882)의 진화론과 **예링**(Rudolf von Jhering, 1818－1892)의 목적합리주의에 영향을 받아 형벌은 범죄에 맹목적으로 반동을 가하는 충동적인 응보형으로부터 의식적인 목적형으로 진화한다고 인식하여 목적형을 주장한다. 목적형의 내용은 사회학적 관점으로부터 분류되어진 행위자 유형에 상응해서 선택되어진다. 즉 그는 **기회범인**에게는 위하형을, 개선가능하여 개선이 필요한 **상태범인**에게는 교육형을, 개선불가능한 상태범인에게는 장기간 또는 종신의 격리(무해화)가 합목적적인 수단이라고 하였다.

그러나 리스트는 형사정책의 한계도 의식했다는 점을 유의해야 한다. 그 점은 그가 **최상의 사회정책은 최상의 형사정책**이라고 말한 점에서도 나타난다. 다른 한편 **'형법은 형사정책이 극복할 수 없는 장벽이다'** 라고 말한 점은 리스트의 법치국가적 형법관을 나타내고 있다. 리스트는 형법에 관해서는 법치국가적, 자유주의적 요청을 강하게 의식하고 있어서, 형법을 **'범죄자의 마그나 카르타'** (Magna Charta des Verbrechers)라고 해서, 개인의 자유보장기능을 강조하였다. 이 점은 그의 범죄론에서도 반영되고 있다. 리스트의 범죄론은 오히려 객관주의이며, 행위자의 의사의 위험보다도 오히려 법익침해를 범죄의 본질로 인식한다. 리스트의 형법사상은 형벌론에 있어서 **목적형주의**와 범죄론에 있어서 **객관주의**라는 이원론이 그 특징이라고 할 수 있다.

(3) 교육형주의

독일의 리프만(Liepmann)과 이탈리아의 란짜(Lanza) 및 스페인의 살다나(Saldana)에 의하여 주장된 **교육형주의**는 리스트의 목적형주의의 내용을 더욱 구체화한 이론으로서 근대학파의 특징을 보다 뚜렷이 나타내고 있다. **리프만**은 범죄인에 대하여도 인간으로 존중해야 한다는 전제에서 형벌도 인도적인 교육형이 되어야 재범을 방지할 수 있다고 주장하였으며, **란짜**는 국가는 헌법국가를 대신하여 교육국가여야 하므로, 감옥에서도 도덕적 문맹의 퇴치를 위해 형벌의 목적도 교육이어야 한다고 강조하였다. 또한 **살다나**도 형벌의 본질은 선악의 문제가 아니라 사회에 공헌을 할 때 정당성이 있으므로 형벌집행이 사회에 유익할 때만 집행되어야 한다고 주장하였다.

(4) 신사회방위론

리스트의 특별예방주의 사상은 이탈리아의 **그라마티카**(Gramatica)와 프랑스의 **앙셀**(Marc Ancel)에 의하여 사회방위이론으로 발전하여 오늘날에도 이를 지지하는 학자가 있다. 그라마티카는 1961년 그가 출간한 '사회방위의 기초'에서 종래의 행위에 기초한 형벌 대신에 행위자에게 적합한 보안처분으로 대체해야 한다는 **'급진적 사회방위론'**을 주장하였고, 이와 달리 앙셀은 **'신사회방위론'**을 주장하여 형사책임에 근거한 형벌을 인정하면서도, 사회방위는 자유와 책임에 대한 교육 내지 치료의 의미를 지닌 범죄인에 대한 예방적 조치가 되어야 한다고 하여, 범죄인의 사회복귀에 치중하는 견해를 주장하였다.

제 3 절 형법학파의 특징과 형법이론

형법이론이란 범죄와 형벌 또는 보안처분과의 관계를 규율하는 법규범의 총체인 형법의 해석, 적용 및 입법론에 관한 법철학적 이론으로서 그 시대의 인생관, 세계관 및 우주관의 차이에 따른 논쟁의 소산이다. 따라서 이러한 형법관의 차이는 형법연구의 출발점이자 종착역이라 할 수 있을 정도로 형법 전영역에 걸쳐서, 역사적으로 신·구학파를 형성하면서 대립·전개되어 왔다. 이에는 범죄의 본질에 관한 관점의 대립인 **범죄이론**과 형벌의 본질 및 목적에 관한 관점의 대립인 **형벌이론**으로 나누어진다.

형법이론에 관한 학파의 대립은 19세기 말부터 20세기 초에 걸쳐서 독일 형법학에서 전개된 **고전학파**(구파)와 **근대학파**(신파)의 논쟁으로 인해 본격적으로 시작되었고, 오늘날의 체계적인 형법학의 성립과 발전도 결국은 이러한 학파 간의 치열한 대립과정 속에서 서서히 형성, 발전되어 왔다고 할 수 있다.

이하에서는 먼저 역사적으로 형성되어온 고전학파와 근대학파가 대립하는 주된 내용을 살펴보고, 다음으로 그로부터 형성된 범죄이론과 형벌이론의 구체적인 내용을 검토하면서 형법학 전반에 걸쳐서 대립되는 주요 쟁점이 무엇인가를 개관해보기로 한다. 역사적으로는 범죄의 본질에 대한 논쟁보다 형벌의 본질과 정당성에 관한 논쟁이 먼저 이루어졌으므로 형벌이론부터 검토한다.

Ⅰ. 형법학파의 특징

1. 고전학파(구파)의 특징

고전학파(klassische Schule)란 근대학파(neue Schule)가 등장한 이후에 종래의 전통적 입장에 서 있는 학파에 대하여 붙여진 이름이다. 고전학파는 계몽철학의 개인주의나 자유주의 사조를 바탕으로 하면서 사상적으로는 칸트나 헤겔의 응보형주의와 베까리아나 포이어바흐의 일반예방이론 및 객관주의 범죄이론과 결합되어 있는 자유주의적 법치국가이념 하에 형성된 형법사상을 말한다.

이러한 고전학파의 특징으로는 (1) 인간은 누구나 이성적 자유의사를 가진 존재이고(**자유의사론**), (2) 형사책임의 근거로는 인간이 자유의사에 의해 반도덕적 행위를 했으므로 비난을 받아야 하며(**도의적 책임론 또는 행위책임론**), (3) 형벌은 고통과 해악을 내용으로 하면서도 형벌의 목적은 일반사회인의 범죄예방에 두고 있고(**상대적 응보형론**), (4) 형벌은 범죄행위와 균형을 이루도록 부과되어야 하므로 부정기형은 허용되지 않으며(**죄형균형론, 부정기형금지**), 과거의 범죄행위에 상응하는 형벌과 장래의 범죄예방을 위한 보안처분은 구별된다는 입장(**이원론**)을 취한다는 점 등을 들 수 있다.

2. 근대학파(신파)의 특징

근대학파란 19세기 후반 산업혁명에 따른 자연과학의 발달로 인해 자연과학적 연구방법인 실증주의적 사고의 등장과 더불어, 자본주의의 발달에 따른 부산물로서 누범과 소년범의 격증현상에 직면하면서, 종래의 전통적인 형법학이 실천적 측면에서 무력화되자 이를 극복하기 위한 방안으로서 형법학을 실증적으로 연구하면서 등장한 형법이론학파이다.

근대학파는 이탈리아의 롬브로조, 페리, 가로팔로 등 실증주의 학자들에 의해 처음으로 주장되어 독일의 리스트(Liszt)가 그 토대를 확립하였고, 이어서 교육형이론을 처음으로 주장한 리프만(Liepmann), **인도주의적 교육형이론**을 주장한 란짜(Lanza), **실용주의적 교육형이론**을 주장한 살다나(Saldana) 등의 교육형이론으로 발전하였으며, 나중에는 그라마티카(Gramatica)의 **급진적 사회방위론**과 앙셀(Ancel)의 **신사회방위론**으로까지 발전하게 되었다. 근대학파는 형벌이론에 있어서는 **특별예방주의**를, 범죄이론에 있어서는 **주관주의**와 결합되어 있는 형법사상이다. 범죄와 형벌에 대하여 실증적인 연구를 중시하므로 '**실증학파**' 또는 '**사회학파**'라고도 한다.

근대학파의 특징으로는 (1) 인간이 이성적 존재로서 자유의사를 가졌다고 보는 것은 주관적 환상에 불과하고 범죄인의 범죄행위는 일반인과 달리 유전적 또는 후천적 소질과 환경에 의해 결정지어진다는 점을 실증적인 자료를 통해 주장하고(**결정론**), (2) 위험성이 있는 범죄인에 대하여는 범죄로부터 사회를 방위하기 위해 사회방위처분이 필요하며(**사회적 책임론 또는 성격책임론**), (3) 형벌의 목적은 일반인에 대한 형벌예고(위하)나 형벌집행(응보)을 통한 일반예방적 기능보다는 범죄인을 개선·교화시켜 재범을 방지하는 **특별예방**에 있고, (4) 형벌은 과거의 범죄행위에 대한 응보형이 아니라 장래의 범죄예방을 목적으로 하는 **교육형** 내지 **목적형**이 되어야 하므로 **부정기형**을 인정하며, 형벌과 보안처분의 관계에 대해서도 양자는 그 성질이 같다고 이해한다(**일원론**).

3. 양 학파에 대한 비판과 현행형법의 태도

고전학파(구파)의 객관주의는 추상적인 인간으로서의 이성적 인간만을 상정한 이론이며, 근대학파(신파)의 주관주의는 인간을 정신적 인격체로서의 인간으로 보지 못하고 단순한 생물학적 유기체로서만 이해한 오류를 범하고 있다.

고전학파와 근대학파가 취한 범죄이론에 관한 객관주의와 주관주의, 그리고 형벌이론에 관한 응보형주의와 목적형주의는 어느 일방의 입장만을 주장하는 견해로는 설득력이 없다고 하겠다. 구체적 행위자로서의 인간을 고려할 때 극단적인 예외를 제외하고는 자기의 행위를 스스로 결정하는 측면과 소질과 환경 등에 의해 결정지어지는 측면도 무시할 수 없다. 그러므로 고전주의 이론을 토대로 하면서 근대학파의 주장을 일면 수용하는 입장인, "**신고전주의**"를 기초로 하여 인간행위의 목적지향성을 고려하는 **목적주의적 사고**를 종합적으로 고려해 판단하는 입장이 타당하다고 생각된다. 즉 현실적 인간은 '**결정지어지면서 결정하는 인격적 존재**'이기 때문이다(**상대적 비결정론**). 현행형법은 주관주의와 객관주의를 절충한 입법태도를 취하고 있다.

Ⅱ. 형법이론

1. 형벌이론

형벌의 정당성의 근거와 본질에 대한 논쟁은 형법뿐만 아니라 법철학에서도 주요 논쟁점이다. 형벌의 목적에 대한 다툼의 역사는 곧 형법의 역사라 할 만큼 그 논쟁은 오래되었다.

(1) 응보형주의

1) 응보형주의의 의의

형벌의 본질은 범죄에 대한 정당한 응보, 즉 해악에 있다는 것이다. 다시 말해서 형벌의 본질은 장래의 범죄예방적 목적이 아니라 범죄라는 해악에 대한 보복적 반동으로서의 응보 그 자체에 있다는 사상이다. 범죄에 대한 절대적 응보이므로 **절대설**이라고도 하며, 이 이론은 형벌의 목적보다는 본질에 관한 이론이라 할 수 있다. 응보형주의는 이성적 합리적인 인간상을 전제로 한 자유주의적·개인주의적 사상의 산물이다.

2) 응보형주의의 내용

응보형주의에서 말하는 응보란 범죄에 대한 반동으로서의 고통 내지 해악을 부과하는 것이며, 이때의 고통의 정도는 범죄와 균형을 이루는 등가적 보복이나 동해보복을 내용으로 한다. 즉 범죄는 법질서에 대한 침해로서 악이므로 이에 상응하는 반동인 형벌도 고통 내지 해악이어야 한다는 것이다.

응보형의 근거에 대하여 ① 칸트(Kant)는 정의의 명령에서 찾는 **정의적 응보설**, 특히 정의를 실현하기 위해서는 범죄로 인한 피해와 동등한 가해가 필요하다는 **동해보복설**을 주장하였으나, ② 헤겔(Hegel)은 국가존립을 위한 이성의 회복을 위해 응보가 필요하다는 **이성적 응보설**을 주장하였다. 헤겔에 의하면 형벌은 논리적·변증법적 필연이고, 응보는 침해된 이성의 회복에 있다는 것이다. 즉 범죄가 법의 침해이고 부정이므로, 부정된 법을 회복하기 위해서는 형벌에 의한 침해에 대한 침해, 즉 부정의 부정을 실현함으로써 법질서를 회복시키는 것이 논리필연적이라는 것이다. 즉 법(정) → 범죄(반: 부정) → 응보(합: 부정의 부정)라는 과정을 통해 법이 회복된다는 것이다. 헤겔은 칸트와 달리 동해보복설을 주장하지는 않고 침해된 가치에 상응한 제재, 즉 **등가치응보론**을 주장했다.

그 외에도 ③ 빈딩(Binding)은 침해된 법의 권위회복 또는 법의 권위에 대한 복종을 위해서는 범죄자에 대한 응보가 요구되어진다는 **법률적 응보설**을, ④ 코헨(Kohen)은 범죄에 대하여 응보를 과하는 것은 국가의 도덕적 의무라는 **도덕적 응보설**을 주장했다.

3) 응보형주의에 대한 비판

가. 가 치 응보형주의는 형벌이 해악으로서의 성질을 본질적으로 지니고 있음을 의미한다. 또한 형벌이 책임과 일치할 것을 요구하며 위험성에 근거한 형사제재를 부정한다. 그러므로 응보형주의는 형벌의 **책임주의 원칙**의 확립에 공헌했다.

나. 문 제 점 응보형주의가 책임주의 원칙의 확립에 공헌하여 국가형벌권의 자의적인 행사를 제한하는 기능을 수행하지만, 형벌의 목적이나 정당성에 대해서는 합리적인 근거를 제시해주지 못한다. 응보형주의의 문제점으로는 다음과 같은 점이 지적되고 있다.

첫째, 형벌은 정의·도덕·윤리·이성 등을 위해 악에 대하여 응보하는 것이 아니라 법질서와 법익보호를 위해 과해지며, 둘째, 책임주의는 형벌권 발생의 필요조건이지만 충분조건은 아니므로 형벌권의 내용적 한계를 해명해주지 못하고, 셋째, 누구에게 무엇을 응보해야 하는가라는 점에 대한 형사정책적 결정에 아무런 기준을 제시하지 못한다.

(2) 목적형주의

목적형주의는 형벌의 목적 내지 의미를 행위자의 범죄행위에 대한 응보에 두는 것이 아니라 장래의 범죄예방에 있다고 보는 견해이다. 이 견해는 형벌 그 자체를 목적이 아니라 범죄예방을 위한 수단에 불과하다고 보기 때문에 **상대설**이라 불린다. 목적형주의는 그 사상적 배경으로 인도주의, 사회주의, 합리주의 및 공리주의와 결합되어 있고, 이것은 다시 **'일반예방주의'**와 **'특별예방주의'**로 나누어진다.

1) 일반예방주의

가. 의 의 이 견해는 형벌의 목적을 일반사회인인 잠재적 범죄인에 대한 위하(威嚇)에 의한 범죄예방에 있다고 보는 입장이다. 일반예방주의에는 형벌위하에 의한 잠재적 범죄자에 대한 범죄예방을 의미하는 **'소극적 일반예방'**과 일반인의 규범의식강화를 통해 적극적으로 법질서를 준수토록 하는 **적극적 일반예방**(이를 **'통합적 일반예방'**이라고도 한다)이 있다.

소극적 일반예방의 입장에 있는 학자로는 이탈리아의 베까리아,[1] 포이어바흐 등을 들 수 있다. 형벌의 목적을 적극적 일반예방에 있다고 보는 입장으로는 록신(Roxin), 뮐러-디에츠, 야콥스(Jakobs) 등 오늘날의 학자들을 들 수 있고, 이 입장은 **상대적 응보형주의**라고 할 수 있다.

나. 일반예방주의에 대한 비판 일반예방주의에 대하여는 다음과 같은 비판이 제기된다.

첫째, 일반예방주의는 합리적 이성적 인간상을 전제로 하나 범죄 후 처벌되지 않는다고 생각하는 자에게는 의미가 없으며, 적극적 일반예방이론도 형벌이 인간의 규범의식을 강화시킨다는 것을 경험적으로 설명할 수 없다.

둘째, 일반인의 범죄예방을 위해 범인에게 형벌을 가하는 것은 범인을 범죄투쟁의 수단으로 보는 것이므로 인간의 존엄과 가치에 배치되며, 일반인을 잠재적 범죄인으로 보는 것도 마찬가지이다.

셋째, 다른 사람을 위하하기 위한 형벌은 가혹성을 띠게 되어 국가에 의한 폭력을 초래할 수 있다. 적극적 일반예방이론의 경우도 정당한 형벌을 제한하기 위한 명백한 기준을 제시하지 못하므로 '책임주의'와 조화되기 어렵다.

넷째, 범죄자에 대한 개선·교육이라는 형벌목적이 요구되지 않는다.

2) 특별예방주의

가. 의 의 형벌의 목적을 범죄인의 개선·교화를 통한 정상인으로의 사회복귀(재사회화) 및 범죄인의 재범방지에 있다고 보는 이론이다. 이 이론은 19세기 중엽 이후 자본주의의 발전에 따른 산업화로 재범·상습범이 격증하고 자연과학이 발전함에 따라, 종래의 자유의사를 전제로 한 응보형주의의 한계를 극복하고자 형벌의 본질을 자연과학적·실증적으로 규명하고자 하는 데서 비롯되었다.

나. 내 용 특별예방주의는 그롤만(Grolmann)이 '형법학의 기본원칙'(1789년)이라는 논문에서 최초로 주장하여 체계화하였고, 이탈리아의 실증주의학파인 롬브로조, 페리 및 가로팔로에 의해 본격적으로 주장되기 시작하였으며,[2] 독일의 리스트(Liszt)가 목적형주의를 주장함으로써 정착하였다고 할 수 있다. 즉 리스트는 예링

---

1) 베까리아(Beccaria)는 사회계약사상에 기초하여 범죄와 형벌(1764년)이라는 책을 저술한 고전학파의 선구자라 할 수 있다. 그는 여기에서 죄형법정주의, 죄형균형론, 사형폐지론 등을 주장하였다.

2) 위의 세 사람은 이탈리아학파·범죄인류학파의 3인이라 불린다.

(Jehring)의 목적사상에 영향을 받아 '**형법에 있어서 목적관념**'(1882년)이라는 제목의 독일 마르부르크대학 강연에서 '**처벌되어야 할 것은 행위가 아니고 행위자이다**'(이를 마르부르크 강령이라 한다)라는 유명한 발표를 하여 신파이론의 거두가 되었다. 나중에 리스트는 네덜란드의 하멜(Hamel), 벨기에의 프린스(Prins) 등과 함께 국제형사학협회(IKV)를 창설하여 새로운 형사정책과 형법개정운동을 주도하였다. 그 외에 리스트의 영향을 받은 리프만(Liepmann), 란짜(Lanza) 및 살다나(Saldana)가 교육형주의를, 이탈리아의 그라마티카(Grammatica)와 프랑스의 앙셀(Marc Ancel)은 사회방위론을 주장하였다.

(3) 결합설(절충설)

결합설은 형벌의 본질에 관한 응보형주의와 목적형주의의 대립을 지양하고, 양 입장의 장점을 결합하고 절충하여 설명하고자 하는 이론으로서 오늘날 지배적인 견해이다. 그러나 절충설에도 결합의 내용에 따라 다음과 같은 차이가 있다.

1) 동위적 절충설

형벌은 본질상 범죄에 대한 응보로서의 성질을 지니지만 책임의 범위 내에서 일반예방과 특별예방의 목적도 고려해야 한다는 입장이다. 즉 책임은 형벌의 상한을 제한하고 형벌의 하한은 일반예방과 특별예방에 의하여 결정된다는 것이다. 이 입장은 예방의 목적 때문에 책임주의가 희생되어서는 안 된다는 입장으로서 절충설의 다수가 이 입장을 취하고 있다.

2) 변증론적 절충설

형벌의 목적을 형법실현단계별로 구분하여, 형벌예고단계에서는 일반예방을, 형벌선고단계에서는 응보를, 형벌집행단계에서는 특별예방의 이념이 지배되어야 한다는 견해이다.

3) 예방적 절충설

형법에서 응보적 사고를 완전히 배제하고 예방목적만을 형벌의 목적으로 이해하여 형법실현의 각 단계마다 그 단점들을 상호 보충하여 제거함으로써 장점만이 나타나도록 이들을 변증론적으로 합일시키려는 견해이다. 즉 형사입법단계에서는 일반예방이 압도적으로 우위이고, 형사소송단계에서는 일반예방보다 특별예방의 상대적 우위를, 형집행단계에서는 특별예방이 압도적 우위에 의하여 형벌목적이 실현된다는 입장이다.

2. 범죄이론

형벌의 기초가 되는 범죄의 본질은 무엇인가, 범죄를 어느 측면에 중점을 두고 고찰할 것인가에 관한 이론을 범죄이론이라 한다. 이에 관해서는 객관주의(고전학파, 구파)와 주관주의(근대학파, 신파)의 대립이 있다.

(1) 객관주의

객관주의는 형법적 평가의 중점을 범죄행위와 결과 또는 위험이라는 외부적·객관적 사실에 두고 형벌의 종류와 경중도 이에 상응하게 결정되어야 한다는 견해를 말한다. 그러므로 객관주의를 **행위주의·사실주의·범죄주의·객관주의·현실주의**라고도 한다. 범죄행위는 범죄자의 소질이나 환경 때문이 아니라 자유의사를 가진 인간에 의한 자율적 결정에 의해 행해지므로 이에 대하여는 그에 상응한 응보를 받아야 한다는 입장을 취하게 된다(**비결정론, 개인주의, 응보형주의** 또는 **일반예방주의**). **고전학파(구파)**에 의해 주장되는 범죄이론이다.

객관주의는 형사책임의 정도에 대하여 외부적·객관적으로 표출된 범죄사실의 양에 따라 결정하게 되므로 국가형벌권의 자의적 남용으로부터 개인의 자유와 권리를 보장할 수 있게 된다.

(2) 주관주의

주관주의란 형법적 평가의 중점을 범죄의 주관적인 측면, 즉 행위자에 두는 입장으로서 형의 경중도 범죄사실이 아니라 범인의 악성 내지 **반사회적 위험성**에 의해 형벌이 결정되어야 한다는 견해를 말한다. 주관주의도 범죄의 객관적 요소인 행위나 결과 등을 전적으로 무시하는 것은 아니지만 행위를 행위자의 범죄적 성격의 징표에 불과하다고 이해하기 때문에, 이를 **범인주의·성격주의·범죄징표주의**라고도 한다. 또한 주관주의는 인간이 자유의사를 가졌다고 고전학파가 상정한 것은 환상에 불과하다고 하여 자유의사를 부정하면서, 범죄는 소질과 환경에 의해 결정지어진다고 보는 자연과학적 **결정론**을 취한다. 형벌이론으로는 **특별예방주의**와 결합되어 있는 **근대학파**(신파)에서 주장하는 범죄이론이다.

(3) 객관주의와 주관주의에 대한 평가와 형법해석상의 차이

1) 양 주의에 대한 평가

범죄란 행위자의 행위와 결과의 소산이므로, 범죄의 주관적 측면인 행위자나 행위자의 의사와 객관적 측면인 행위와 그 결과의 복합체라 할 수 있다. 따라서 범죄를 평가함에 있어서는 어느 한 요소만을 중심으로 평가하는 입장은 타당하다고 할 수 없다. 객관주의가 형법적 평가의 기초를 객관적인 범죄사실에 둠으로써 국가형벌권을 제한하여 개인의 인권을 보장한다는 장점이 있으나 범죄자의 사회적 위험성으로부터 사회를 방위한다는 측면에서는 무력한 점이 있고, 반면에 주관주의가 범죄자의 악성 내지 사회적 위험성에 중점을 두어 사회방위라는 측면을 강조하여 행위가 아닌 행위자 중심으로 평가하는 것은 인권보장을 침해할 우려가 있다.

그러므로 현실적 구체적인 인간의 행위란 소질과 환경에 의해 영향을 받으면서도 스스로 결정하는 것이라고 이해하는 것이 옳다. 즉 인간은 **상대적 의사자유**를 가진 존재로서 범죄의 본질에 대하여도 주관주의와 객관주의를 절충하여 평가하는 절충설이 타당하며, 이것은 오늘날 일반적인 경향이기도 하다. 우리 형법도 기본적으로는 객관주의(행위중심주의)에 입각하고 있으면서 주관주의를 고려한 절충적 태도를 취하고 있다고 볼 수 있다. 즉 형법각칙의 구성요건을 보면 "…행위를 한 자…"를 처벌하고 있고, 형법총칙에 미수범을 예외적으로 처벌하면서(제29조) 임의적 감경사유로 규정한 점에서도 알 수 있다.

2) 양 주의에 따른 형법해석상의 차이

객관주의는 범죄행위와 결과라는 객관적 요소에 중점을 두고 형벌을 과해야 한다는 입장이므로 **'행위중심주의'**이고, 주관주의는 행위자의 반사회적 악성을 형법적 가치평가의 중심대상으로 삼기 때문에 **'행위자중심주의'**의 범죄이론이다. 그러나 어느 입장에 의하더라도 범죄의 성립에 객관적 요소와 주관적 요소가 모두 필요하다고 보는 점에서는 차이가 없다.

따라서 순주관적 측면인 고의·과실·목적, 인과관계론과 같은 객관적 구성요건요소, 위법성이론 등에서는 주관주의와 객관주의의 대립이 없다.[3)]

그러나 **착오론**, **책임론**, **미수론**, **공범론** 및 **죄수론** 분야에서는 객관주의와 주관주의의 대립이 현저하게 나타난다.

가. 사실의 착오론 사실의 착오와 관련하여 객관주의는 행위자가 인식한 사

3) 과실범에 있어서 주의의무위반에 대한 기준에 관하여 주관설과 객관설의 대립에 대하여, 객관주의는 주관적 주의의무위반을 과실로 이해하며, 주관주의는 객관적 주의의무위반을 과실로 이해하게 된다는 견해도 있다.

실과 발생한 사실이 구체적으로 부합하거나 구성요건적으로 부합하는 범위 내에서 일치할 때에만 고의기수를 인정하는 **구체적 부합설** 또는 **법정적 부합설**의 입장을 취하게 되나, 주관주의는 행위자의 인식사실과 객관적으로 발생한 사실이 추상적으로 부합하더라도 고의기수를 인정하는 **추상적 부합설**을 주장하게 된다.

나. 책 임 론 　객관주의는 **도의적 책임론**을 전개하고 책임능력의 본질을 **범죄능력**으로 이해함에 반해, 주관주의는 **사회적 책임론**을 전개하고 책임능력의 본질을 **형벌적응능력**으로 이해하게 된다. 책임판단의 대상으로 전자는 **행위책임**을, 후자는 **행위자책임**을 주장하게 된다.

다. 미 수 론 　**객관주의**에 의하면 **미수**와 **기수**를 **구별**하여 미수의 형은 기수보다 감경할 것을 주장하게 된다. 이에 반해 **주관주의**에 의하면 범죄의사를 가졌다는 점에서는 **미수와 기수를 동일하게 평가**하므로 미수범을 기수범보다 반드시 형을 경하게 할 필요는 없다고 하게 된다. 또한 범죄실행의 착수시기에 관하여도 전자는 객관적인 **범죄실행행위를 기준**(객관설)으로 하는 데 반하여, 후자는 행위자의 주관적인 **범죄의사의 표동**(주관설)이 있는가를 기준으로 하게 된다.

나아가 불능범과 불능미수의 구별에 관하여도 객관주의는 위험성의 판단기준을 객관적인 기준에 두게 되므로 **객관설**(또는 **구체적 위험설**)의 입장을 취하게 되나, 주관주의는 **순주관설**의 입장에서 주관적인 **법적대적 의사표현**이 확실히 없을 때만 불능범이 되고 그 외에는 모두 불능미수가 된다고 한다.

절충적인 견해로는 **추상적 위험설**(법질서에 대한 위험설)과 **인상설**이 있다.

라. 공 범 론 　공동정범의 본질에 관하여 객관주의는 행위의 정형성을 강조함으로써 범죄를 공동으로 하여야 한다는 **범죄공동설**의 입장을 취함에 대하여, 주관주의는 각자의 행위의 위험성이 징표되면 족하므로 **행위공동설**의 입장을 따르게 된다.

협의의 공범인 교사범이나 종범에 있어서도 전자는 행위의 정형성을 요구하므로 **공범종속성설**을 취함에 대하여, 후자는 교사, 방조행위 자체가 위험성의 징표이므로 **공범독립성설**을 주장하게 된다.

그러므로 공범의 미수에 대하여 전자는 이를 예비·음모에 불과하다고 보나, 후자는 이를 미수범으로 처벌해야 한다는 입장을 취하게 된다.

마. 죄 수 론 　객관주의는 죄수를 결정하는 기준에 관하여 **행위표준설**, **법익표준설** 또는 **구성요건표준설**을 주장하나, 주관주의는 **의사표준설**을 취하게 된다.

3. 형법이론의 결합(절충)화 경향

이미 살펴본 바와 같이 19세기 말부터 시작된 고전학파와 근대학파의 대립이 형법이론의 기본적인 대립구조를 명확히 하고 있다. 19세기 말부터 20세기 초에 걸쳐서 격렬한 신구학파의 논쟁은 양자 모두 지나치게 관념화되어 주장됨으로써 현실성을 상실하고 있다.

고전학파의 절대적 응보형은 지나치게 관념적이다. 범죄로 인해 사회가 위협받고 있을 때 범죄의 예방에 도움을 주는 형벌이 부과되지 않는다면 공리적이지도 합리적이지도 않지만, 절대적 응보형은 범죄예방이라는 실천적인 목표로부터 지나치게 초연하므로 현실적이지도 않다. 그 형벌론은 국가의 도의적 우월성을 전제로 하는 것이며, 자유주의와 민주주의 국가체계에는 부합되지 않는다. 이 학파의 이론적 전제가 되고 있는 형이상학적인 의사의 자유를 인정하는 것에 의해 인간의 행위라 하더라도 인과법칙에 따르는 것으로서, 범죄라는 인간행위의 원인을 과학적으로 탐구하는 기운을 상실하게 하여, 과학적인 범죄예방전략을 발달시키는 것을 방해하게 된다.

다른 한편 근대학파의 형벌론이나 범죄관은 범죄생물학적, 범죄사회학적인 범죄원인이 범죄행위자의 성격에서 구해져, 그 원인을 극복·제거하는 것이 범죄예방에 연결된다고 인식하는 한, 범죄행위와 형벌(처분)과의 비례·균형은 이론상 문제가 되지 않는다. 이러한 순수한 **사회방위론**에 의하면, 처분의 유무나 양은 행위책임과 독립한 것이며, 행위의 실행이 없더라도 범죄를 행할 **'성격의 위험성'**이 있으면 형사처분의 대상이 될 수 있다. 이것은 행위자가 행한 법익침해 및 행위자가 부담해야 할 책임을 초월하여 형사제재를 과하는 것을 인정한다는 의미이고, 형사제재에 대하여 객관적으로 사태의 악화를 막는 것이 어렵다는 것을 의미한다. 그러한 의미에서 이러한 형사제재의 구상은 법치국가원리나 자유주의에 반하고 인권보장이 결여된 것이라고 하지 않을 수 없다.

양 학파는 각각 순수한 이념형으로는 자기를 관철할 수 없다는 점을 인식하면서 비로소 각각 상대화되어, 유화적인 방향으로 나아가기 시작하였다. 그것은 **절충주의** 내지 **결합주의**(Vereinigungstheorie)로 불리어, 현재는 보다 고전학파에 가까운 절충주의인가, 보다 근대학파에 가까운 절충주의인가라는 분류는 가능하더라도, 기본적으로는 극단적인 응보형론도 극단적인 예방형론도 드물게 되었다.

특히 1960년대 이래로 형법이론에 있어서 대립은 형벌 내지 범죄의 본질론에 대한 대립으로부터, 헌법상의 가치를 기초로 하여 범죄를 어떻게 처리하는 것이 국민일반의 법익을 보호하면서 범죄자의 인권도 배려하는 범죄론 내지 형벌론인가에 초점이 맞추어져 있다.

제 3 장　죄형법정주의

Ⅰ. 죄형법정주의의 의의

「**법률이 없으면 범죄도 없고 형벌도 없다**」는 근대형법의 기본원리를 죄형법정주의라고 한다. 이 원칙은 인간의 행위 중 어떤 행위가 범죄가 되고 그에 따른 처벌은 어떤 것인가를 행위 이전에 성문의 법률에 의해 미리 규정되어 있어야 한다는 원칙이다. 죄형법정주의는 역사적으로 이에 대응하는 개념인 죄형전단주의(罪刑專斷主義)로 인한 전제군주의 자의적인 국가권력의 행사로부터 시민의 기본권을 보장·확대해가면서 성숙된 형법의 최고원리이며, 오늘날에 와서는 각국의 헌법상의 원칙으로까지 발전하였다.

우리 헌법도 국가형벌권의 남용으로부터 국민의 자유를 보장하기 위해 제12조 제①항에서는 「누구든지 법률과 적법한 절차에 의하지 아니하고는 처벌, 보안처분 또는 강제노역을 받지 아니한다」, 제13조 제①항에서는 「모든 국민은 행위시의 법률에 의하여 범죄를 구성하지 아니하는 행위로 소추되지 아니한다」고 하여 죄형법정주의를 규정하고 있으며, 형법은 제1조 제①항에서 「범죄의 성립과 처벌은 행위시의 법률에 의한다」라고 규정하여 죄형법정주의를 명문화하고 있다.

Ⅱ. 연혁과 사상적 기초

1. 연　　혁

1215년 영국의 마그나 카르타 정신은 17, 18세기의 자연법사상과 결부되어 죄형법정주의를 절차적으로 보장한 사상적 시원이라 할 수 있다. 죄형법정주의는 포이어바흐가 1801년 그의 교과서에서 처음으로 언급하고, 1810년 나폴레옹 형법전에서 죄형법정주의 원칙을 규정한 후, 오늘날에는 거의 모든 국가의 형법전에 편입되어 형법 이론의 기본원리로서 확립되었다.

2. 사상적 기초

죄형법정주의의 사상적 기초가 된 것은 몽테스키외의 법의 정신과 포이어바흐의 심리적 강제설이다.

(1) 몽테스키외의 「법의 정신」

몽테스키외(Montesquieu)는 그의 저서 "법의 정신"에서 국가권력의 전단적인 행사로부터 국민의 자유와 권리를 보장하기 위해서는 국가권력을 입법, 사법, 행정의 세 가지 기능으로 분류하고 각기 독립된 기관에 분장하여 행사하도록 함으로써 상호견제와 균형을 유지하도록 해야 한다는 삼권분립론을 주장하였다. 그의 삼권분립이론은 사법권의 경우에도 사법기관이 자의적으로 사법권을 행사하는 것이 아니고 범죄와 형벌의 관계를 미리 법률로 정해 두고 그에 따라 엄격히 적용할 것을 요구하게 되므로, 그의 이론은 죄형법정주의의 형성에 사상적 기여를 했다고 할 수 있다.

(2) 포이어바흐의 「심리적 강제설」

포이어바흐(Anselm von Feuerbach)는 형벌의 목적이 **일반예방**이고, 이는 합리적이고 이성적인 인간이 범죄를 행함으로써 얻는 쾌락보다 그것으로 인한 형벌이라는 고통이 더 크다는 점을 계산하여 범죄를 저지르지 않도록 심리적으로 강제함으로써 일반인의 범죄를 예방하는 것이라고 보았다. 그는 범죄예방이라는 형벌의 목적을 효과적으로 달성하기 위해서는 범죄와 형벌의 관계를 규율하는 법률이 필요하고, 이러한 법률위반에 대하여는 형벌을 집행하는 것이 필요하다고 주장한다. 즉 포이어바흐의 **심리적 강제설**은 ① **형벌예고에 의한 심리적 강제**와 ② **형벌집행에 의한 심리적 강제**가 형벌의 목적이라고 이해하는 입장이라 할 수 있으며, 이러한 그의 견해는 죄형법정주의의 사상적 기초가 되었다.

Ⅲ. 죄형법정주의의 현대적 의의

1. 죄형법정주의의 가치

전통적인 죄형법정주의 이론은 개인의 자유보호에만 치중함으로써 사회이익이나 범죄격증에 대한 유효한 사회방위대책을 세울 수 없게 할 뿐만 아니라 성문법의 완전무결성을 전제로 한 이론이므로 그 파생적 원칙의 내용도 합리적으로 설명하지 못한다. 한편 심리적 강제설도 이성적 인간관을 전제하였으나 현실적 인간은 반드시 합리적인 계산에 의해 행동하지 않는 충동적인 면도 있다.

19세기 말부터 산업화·도시화에 따른 범죄의 격증, 특히 누범이나 소년범의 증가 등으로 인해 새로운 범죄대책이 요구되게 되었다. 이에 따라 형벌의 개별화와 탄력적 적용의 필요성이 대두되고, 사회방위사상이 등장하면서 **죄형법정주의**도 폐지 또는 완화되어야 한다는 주장이 강하게 제기되었다.

그리하여 1926년 소련 형법이나 1935년 독일 형법은 죄형법정주의를 포기하는 규정을 두기에 이르렀으나 그로 인해 국가권력의 자의적인 행사로 국민의 자유와 권리를 침탈당하는 역사적 경험을 하고 난 제2차 세계대전 후인 1946년과 1958년 형법개정을 통해 다시 죄형법정주의를 규정하기에 이르렀다.

2. 죄형법정주의와 법치국가원리

죄형법정주의는 법치국가원리에 근거를 두고 있다. 즉 죄형법정주의는 국가권력의 자의적인 형벌권행사로부터 국민의 자유와 권리를 보호하기 위해 미리 범죄와 형벌의 내용을 법률로 규정해두고 그에 따라 적용함으로써, 국민의 **법적 안정성**과 **예측가능성**을 담보하게 하여 국민의 법적용에 대한 신뢰를 보호하고 자유를 보장케 한다.

그런데 종래의 형식적 법치국가원리에 따른 죄형법규는 형식적 정의에 불과할 뿐이므로, 오늘날에 와서는 실질적 법치국가원리인 실질적 정의에 부합하는 죄형법규가 요구된다. 따라서 현대에 와서 **죄형법정주의**는 종래의 '법률이 없으면 범죄도 없고 형벌도 없다'는 형식적 법치국가원리에 그치는 것이 아니라, 실질적 법치국가원리에 기초한 실질적 정의에 부합하도록 **'적정한 법률이 없으면 범죄도 없고 형벌도 없다'**는 원칙으로 변화하였고, 입법권과 법관의 자의적인 행사로부터 국민의 자유와 권리를 보장하기 위하여 **형사입법** 및 **형법해석과 적용**에 있어서도 지도적인 역할을 수행하고 있다.

Ⅳ. 죄형법정주의의 내용

죄형법정주의의 구체적인 내용 내지 파생적 원칙으로는 법률주의, 소급효금지원칙, 명확성의 원칙, 유추적용금지원칙, 적정성의 원칙을 들 수 있다.

1. 법률주의

(1) 의 의

국민의사의 대의기관인 국회에서 제정된 **"형식적 의미의 법률"**에 의해서만 죄형법규를 규정할 수 있다는 원칙을 **법률주의** 내지 **성문법주의**라고 한다. 국회에서 제정된 법률이 아닌 하위규범인 명령, 조례, 규칙은 물론 관습법이나 판례로서는 형벌법규를 창설할 수는 없다는 점에서 이를 **"관습형법배제의 원칙"**이라고도 한다. 이런 점을 고려해본다면 공모공동정범을 인정하고 있는 일본과 우리나라의 학설과 판례는 죄형법정주의에 위배된다는 비판을 면할 수 없다.[1)]

한편 국회에서 제정된 형벌법규 중에, 죄형법규의 일반적·포괄적인 내용만 규정하여 처벌의 근거는 법률에 있으나, 그 구체적인 범죄구성요건이나 형벌의 세부사항의 내용은 입법기술상 또는 부득이 한 사정으로 인해 하위법규인 명령이나 규칙 등에 위임되어 있는 형벌법규를 **"백지형법(공백형법)"** 또는 **"공백규정"**이라 하며, 그 세부사항을 규정하고 있는 하위법규인 다른 법률, 명령, 규칙 등을 **"보충규범(충전규범)"**이라고 한다.[2)]

사회현상의 복잡화, 전문화로 인해 형사처벌법규 모두를 국회에 의한 형식적 의미의 법률로 규정한다는 것은 사실상 불가능하므로 형사위임입법이 불가피하게 된다. 그러나 이 경우에는 인권보장적인 관점에서 엄격한 제한이 필요하다.

일반적으로 법률에 의한 위임입법의 한계가 어디까지인가가 논란이 되나, **통설과 헌법재판소의 결정**에 의하면 일반적·포괄적 위임입법은 허용되지 않지만, **개별적·구체적인 위임은 허용**된다는 입장이다. 죄형법규의 위임과 관련하여 헌재는, ① 긴급한 필요가 있거나 미리 법률로써 자세히 정할 수 없는 부득이한 사정이 있는 경우에 한

---

1) 임 웅, 19면.

2) 유해화학물질관리법 제35조 제1항에 대하여, 대통령령인 유해화학물질관리법시행령 제22조에 구체적으로 환각물질에 관하여 규정하고 있다.

정되고, ② 백지형법에 의해서도 처벌이 되는 행위의 대강을 일반인이 예측할 수 있어야 하며, ③ 위임하는 경우에도 형벌의 종류와 그 상한과 폭에 대하여는 명확히 정하여 위임해야 한다는 입장을 취하고 있다.[3)]

판례가 **위임입법의 한계를 벗어난 위헌법률**로서 죄형법정주의에 위반된다고 판시하고 있는 법률로는, ① **구복표발행·현상기타사행행위단속법 제9조**[4)]와 ② "약국을 관리하는 약사 또는 한약사는 보건복지부령으로 정하는 약국관리에 필요한 사항을 준수하여야 한다"는 **구약사법** 제19조 제4항의 규정을 위반하는 자를 처벌한 **동법 제77조**,[5)] ③ **구총포·도검·화약류등단속법** 제2조 제1항에 근거하여 총포의 범위에 총의 부품까지 포함한다고 규정한 **동법 시행령 제3조 제1항**,[6)] ④ "제1항의 규정에 의한 공공의 안녕질서 또는 미풍양속을 해하는 것으로 인정되는 통신의 대상 등은 대통령령으로 정한다"고 규정한 **구전기통신사업법 제53조 제2항**,[7)] ⑤ "단체협약에 위반한 자"라고만 규정한 구 노동조합법 제63조의3,[8)] ⑥ '정부관리기업체'라고 규정한 **구특정범죄가중처벌등에관한법률 제4조 제1항**,[9)] 그리고 ⑦ "환자의 진료 등에 필요한 당직의료인을 두어야 한다"는 의료법 제41조의 명시적인 위임 범위를 벗어나 당직의료인의 수와 자격 등 배치기준을 규정하고 이를 위반하면 의료법 제90조에 의한 처벌의 대상이 되도록 규정한 **의료법 시행령 제18조 제1항**[10)] 등을 들 수 있다.

이에 반해 **위임입법의 한계를 벗어나지 않는다**고 판시한 법률로는, ① 청소년유해매체물의 판매, 대여, 배포나 시청, 관람, 이용의 제공을 금지하고 유해매체물의 결정을 청소년보호위원회에 위임하고 있는 **청소년보호법 제17조 제1항**[11)]과 ② **군형법 제47조 명령위반죄**의 구체적 구성요건의 내용을 명령에 위임한 경우,[12)] ③ 환각물질을 "흥분·환각 또는 마취의 작용을 일으키는 유해화학물질로서 대통령령으로 정하는 물

---

3) 헌재 1991. 7. 8, 91헌가4.
4) 헌재 1991. 7. 8, 91헌가4.
5) 헌재 2000. 7. 20, 99헌가15.
6) 대판 1999. 2. 11, 98도2816.
7) 헌재 2002. 6. 27, 99헌마480.
8) 헌재 1998. 3. 26, 95헌가20.
9) 헌재 1995. 9. 28, 93헌바50.
10) 대판 2017. 2. 16, 2015도16014－전원합의체.
11) 헌재 2000. 6. 29, 99헌가16.
12) 헌재 1995. 5. 25, 91헌바20.

질"로 규정한 **유해화학물질관리법 제35조 제1항,**[13] ④ 식품첨가물을 보건복지부장관 또는 식품의약품안전청장으로 하여금 고시하도록 규정한 **구식품위생법 제7조 제1항,**[14] ⑤ 생산·판매가 금지되는 유사석유제품의 개념을 시행령에 위임한 **석유사업법 제26조,**[15] ⑥ 과대광고 등의 범위 및 기타 필요한 사항을 보건복지부령에 위임한 **식품위생법 제11조 2항,**[16] ⑦ 구 국가공무원법 제65조 제4항의 위임을 받아 제정된 구 국가공무원복무규정 제27조 제2항 제4호,[17] ⑧ 철도안전법 제47조 제6호에 근거하여 "철도종사자의 허락 없이 여객에게 기부를 부탁하거나 물품을 판매·배부하거나 연설·권유 등을 하여 여객에게 불편을 끼치는 행위"를 규정하고 있는 **철도안전법 시행규칙 제80조 제3호,**[18] ⑨ 화약류의 발파와 연소에 관한 기술상의 기준을 대통령령에 위임하는 구 총포·도검·화약류 등 단속법 및 위 기준을 따르지 아니한 경우 형사처벌하는 구 총포·도검·화약류 등 단속법 제72조 제6호 중 '제18조 제4항의 규정에 의한 기술상의 기준에 따르지 아니한 사람' 부분[19] 등을 들 수 있다.

그 밖에 의료기기 판매업자의 의료기기법 위반행위에 대하여 보건복지가족부령이 정하는 기간 이내의 범위에서 영업정지를 명할 수 있도록 규정한 구의료기기법 제3조 제1항에 대하여는 헌법불합치결정을 하였다.[20]

(2) 관습형법금지의 원칙

법률주의는 오랫동안 인정되어 온 법사회의 관행인 관습법, 즉 관습형법을 형법의 직접적인 법원으로 인정할 수 없다는 원칙을 의미하기도 하므로, 이를 **"관습형법배제의 원칙"**이라고도 한다. 관습법은 민법이나 상법 등에 있어서는 직접적인 법원(法源)이 되나, 형법의 직접적인 법원이 될 수는 없다. 따라서 관습법에 의해 새로운 범죄구성요건을 창설할 수는 없다. 그러나 **관습법은 간접적인 형법의 법원**으로서 성문형법규정을 해석하는 데는 영향을 미치게 된다. 예컨대 새신랑을 동네 청년들이 발바닥을 때린 경우에는 특수폭행죄의 구성요건에는 해당하지만 그 지역의 관습법을 고려

13) 대판 2000. 10. 27, 2000도4187.
14) 대판 2000. 10. 27, 2000도1007.
15) 대판 2001. 7. 27, 2001도2950.
16) 대판 2002. 11. 26, 2002도2998.
17) 대판 2014. 5. 16, 2012도12867.
18) 대판 2015. 4. 23, 2014도655.
19) 헌재 2017. 9. 28, 2016헌가20.
20) 헌재 2011. 9. 29, 2010헌가93.

하여 형법 제20조의 사회상규에 해당하지 않은 행위로 해석할 수 있으며, 이러한 해석은 죄형법정주의의 취지에 반하지 않으므로 허용된다는 것이 일반적인 견해이다. 그 외에도 형법 제18조의 부작위범에서의 보증인적 지위, 제180조의 수리방해죄에 있어서의 수리권(水利權) 등의 해석에 있어서는 관습법이 실제로 그 내용을 형성하기 때문에 죄형법정주의의 취지에 반하지 않는다. 또한 죄형법규의 해석에 있어서는 민법, 행정법 등 다른 법률에 의해 그 의미내용을 확정해야 하는 경우도 있다. 예컨대 절도죄에 있어서 '타인의 재물'에 대한 판단은 민법에 의해 결정된다.

2. 소급효금지의 원칙

형법은 효력발생 이후의 행위에 대해서만 적용되고, 시행 이전의 행위에 대하여는 소급하여 적용되지 않는 것이 원칙이다. 소급효금지의 원칙을 통해 국민은 법률생활에 대한 안정성과 예측가능성이 담보되어 국민생활의 자유를 보장받게 된다. 만약 이 원칙이 무시되어 행위시에 범죄가 아닌 행위를 사후 입법을 통해 소급적용하여 처벌하게 되면, 형벌의 목적인 응보적 의미도 범죄예방적 의미도 없어져 결국 형벌부과가 무의미해지게 된다.

형법 제1조 제1항에 "범죄의 성립과 처벌은 행위시의 법률에 의한다"고 하고, 헌법 제13조 제1항에 "모든 국민은 행위시의 법률에 의하여 범죄를 구성하지 아니하는 행위로 소추되지 아니한다"는 규정을 두어 이러한 소급효금지의 원칙을 명문화하고 있다.

(1) 형사사후입법금지의 원칙

소급효금지의 원칙이란 사후입법에 의한 법률의 소급효를 금지한다는 원칙을 말한다. 즉 사후입법에 의하여 구성요건을 새로 만들거나 형을 가중하는 것은 허용되지 않는다는 원칙이다.

(2) 소급효금지원칙의 적용여부가 문제되는 경우

소급효금지의 원칙의 적용여부가 문제되는 경우로는 ① 형벌이 아닌 보안처분에도 적용되는가, ② 실체법이 아닌 형사소송법에 대하여도 적용되는가, 그리고 ③ 판례를 변경할 경우에도 적용되는가라는 점이다.

1) 보안처분에의 적용여부

형벌에 대하여 소급효금지원칙이 적용되는 것은 당연하다(이른바 형벌불소급의 원칙). 그러나 과거의 범죄행위에 대한 형사제재라기보다는 장래의 범죄의 위험성으로부터 행위자를 보호하기 위한 합목적적 조치인 보안처분에도 소급효금지원칙이 적용되어지는가에 대하여는 다음과 같이 학설이 대립한다.

가. 소급효부정설 보안처분도 형사제재이고 형벌에 버금가는 자유제한이므로 형벌불소급의 원칙이 적용된다는 견해이며, **다수설**의 태도이다.

나. 소급효긍정설 보안처분은 형벌이 아니므로 소급효를 인정해도 죄형법정주의에 위배되지 않는다는 입장으로서 **소수설과 판례**의 태도이다. 판례는 행위시가 아니라 재판시의 법률에 의해 보안처분을 하는 것은 장래의 위험성에 대한 사회방위조치이므로 소급효금지원칙에 위배되지 않는다고 판시하고 있다.[21] 이 문제에 대하여 독일형법은 제2조 제6항에 **보안처분의 소급효를 인정**함으로써 입법적으로 해결하고 있다.[22]

2) 형사절차법에의 적용여부

소급효금지의 원칙은 실질적 의미의 형법, 즉 범죄와 형벌에 관하여 규정하고 있는 실체법에 대해서만 적용되고, 절차법인 형사소송법에는 적용되지 않는 것이 원칙이다.

그러나 소송법의 규정이라 하더라도 그 내용이 가벌성과 관련된 규정일 때에는 소급효금지의 원칙이 적용되지 않느냐에 대하여 견해가 대립되고 있다. 예컨대 ① **친고죄를 비친고죄로 개정하는 경우**와, ② **공소시효를 연장하는 경우**가 특히 문제된다.

가. 전면적 소급효긍정설 소급효금지원칙은 실질적 의미의 형법에만 적용되므로 소송법의 규정에는 소급효가 전면적으로 허용된다는 입장이다.[23] **헌법재판소**는 공소시효가 완성되기 전에 공소시효를 연장하는 개정을 하여 소급효를 인정하는 **부진정소급효**는 물론 공소시효 완성 후에 공소시효를 연장하여 소급효를 인정하는 **진정소급효**의 경우에도 소급효금지의 원칙에 위배되지 않는다고 합헌결정을 하였다.[24] **대법원**

---

21) 대판 1997. 6. 13, 97도703; 대판 2012. 6. 28, 2012도2947; 헌재 2012. 12. 27, 2010헌가82, 2011헌바393 병합; 헌재 2016. 12. 29, 2015헌바196.

22) 이에 대하여 범죄의 가벌성과 처벌필요성에 관련된 소송법 규정에는 소급효금지이 적용되어야 한다는 소수설도 있다.

23) 임 웅, 22면.

24) "헌정질서파괴범죄의 공소시효에 대한 법률", "5.18민주화운동 등에 관한 특별법"에서 공소시효 진행정지를 규정한 것은 합헌이다(헌재 1996. 2. 16, 96헌가2, 96헌바7, 96헌바13 병합).

도 같은 태도를 취하고 있다.[25)]

나. 제한적(부분적) 소급효부정설 소송법의 규정에는 원칙적으로 소급효금지의 원칙이 적용되지 않지만 제한적으로 소급효금지의 원칙이 적용된다는 절충설로는, ① 형사절차법이 **가벌성과 관련되는 경우**에는 소급효금지원칙이 적용되어야 한다는 견해[26)]와 ② 개정된 신법 시행 이전에 고소기간이 만료되었거나 공소시효가 완성된 경우에는 소급효금지원칙이 적용된다는 견해[27)]가 있다. 후자의 입장은 기간만료 후에 소추가 가능하도록 하는 것은 실질적으로 새로운 범죄구성요건을 만드는 것과 동일하다고 보기 때문이다.

다. 전면적 소급효부정설 헌법 제12조 제1항의 "…법률과 적법한 절차…"는 행위시의 법률과 적법한 절차를 의미하므로 절차법의 규정을 소급하여 적용하는 것도 허용되지 않는다는 견해로서 소수설의 태도이다.[28)]

독일의 통설과 판례도 소송법적 규정은 절차에 관한 규정에 불과하므로 소급효금지의 원칙이 적용되지 않는다고 해석하고 있으나, 소수설은 소송법적 규정이라 하더라도 범죄의 가벌성 및 처벌의 필요성과 관련된 때에는 적용되어야 한다는 견해를 취하고 있다.

라. 사 견 법에 대한 국민의 신뢰와 예측가능성은 범죄와 형벌을 규정한 실체법적 규정에 대한 요구이지 절차법적 규정에 대한 것은 아니다. 따라서 소송법적 규정에는 원칙적으로 소급효금지의 원칙이 적용되지 않는다고 보아야 한다. 그러나 신법시행 전에 이미 고소기간이 경과하거나 공소시효가 완성되었을 때는 실질적으로 가벌성의 유무에 관한 실체법적 내용이므로 비록 소송법적 규정이라 하더라도 소급효금지의 원칙이 적용된다고 보는 **'제한적 소급효부정설'**이 타당하다.

3) 판례 변경의 문제

판례변경의 소급효 문제란 행위시의 판례에 의하면 처벌되지 않는 행위로 소추되었으나 그 사이에 판례가 변경되었거나 판례를 변경하여 변경된 판례의 소급효를 인정할 수 있는가가 문제된다. 이에 대하여는 소급효긍정설과 제한적 소급효부정설 및 소급효부정설이 대립한다.

---

25) 대판 1997. 4. 17, 96도3376.

26) 정성근/박광민, 18면.

27) 김일수/서보학, 62면; 박상기, 31면; 배종대, 95면; 신동운, 41면; 이재상/장영민/강동범, 21면.

28) 오영근, 60면; 김영환, "공소시효와 형벌불소급의 원칙"(형사판례연구 5), 25면.

가. 소급효긍정설 소급효금지의 원칙은 입법과 관련된 원칙이므로 사법부인 법관의 법해석에는 이 원칙이 적용되지 않으므로 신판례의 소급효를 인정할 수 있다는 입장이다.[29] **판례**도 형법조항에 관한 판례의 변경은 법률조항 자체의 변경이 아니므로 행위 당시의 판례에 의하면 처벌대상이 되지 아니하는 것으로 해석되었던 행위도 판례변경에 의해 소급적용하더라도 헌법상의 평등의 원칙과 형벌불소급의 원칙에 위배되지 않는다고 판시하고 있다.[30]

독일의 통설과 판례도 판례가 불리하게 변경된 경우에는 신판례에 의하여 입법자의 의사가 비로소 올바르게 인식되는 것이므로 소급효금지의 원칙이 적용되지 않는다는 입장이다.

이 견해에 따라 신판례의 소급효를 인정하더라도 행위자가 행위당시의 판례를 신뢰하여 처벌되지 않는 것으로 오인한 경우에는 형법 제16조의 정당한 이유 있는 법률의 착오에 해당하여 책임이 조각될 수 있다.

나. 제한적 소급효부정설 동기설의 입장에서 판례변경의 동기에 따라 법관의 법적 견해의 변경에 기인하는 법창조활동인 경우에는 소급효금지의 원칙이 적용되고, 단순한 법상황의 변경에 기인하는 법해석활동인 경우에는 소급적용이 허용된다는 견해이다.[31] 이를 구분설이라고도 하며, 이 견해에 대하여는 판례변경이 법창조활동인가 법해석활동인가를 구별하는 것이 어렵고, 또한 법관이 피고인에게 불리한 법창조활동을 한다는 것은 피고인에게 불리한 유추적용과 다름없으므로 이는 판례변경의 소급효문제가 아니라 유추적용금지의 원칙에 위배 여부가 문제된다는 비판이 가해진다.

다. 소급효부정설 판례도 규범과 마찬가지로 일반인에게 인식되어 있으므로, 이러한 판례에 대한 국민의 신뢰와 법적 안정성을 보호할 필요가 있으므로 소급효금지의 원칙이 적용되어야 한다는 견해이다. 피고인에게 불리한 방향으로 판례의 변경을 소급적용해서는 안 된다는 입장으로서 **다수설**의 입장이기도 하다.[32]

라. 사　견 생각건대 ① 소급효금지원칙은 소급입법금지의 문제이고 법률의 해석문제는 사법판단의 문제이므로 구별되어야 하고, ② 법원의 기존법률에 대한

29) 김일수/서보학, 65면; 박상기, 32면; 손동권, 44면; 안동준, 19면; 이재상/장영민/강동범, 23면.
30) 대판 1999. 9. 17, 97도3349.
31) 김일수/서보학, 65면.
32) 배종대, 98면: 손해목, 61면; 신동운, 44면; 이정원, 20면; 이형국, 46면; 정성근/박광민, 20면; 정영일, 39면; 조준현, 85면; 진계호, 85면.

새로운 해석은 소급적인 처벌이 아니라 법률에 대한 정확한 의미를 인식하는 데 불과하며, ③ 판례변경으로 의한 소급처벌로 인해 기존판례에 대한 신뢰보호의 문제는 법률의 착오에 의하여 충분히 보호될 수 있고, ④ 상고심에서 무죄를 선고하면서 종래의 판례를 변경하는 것도 허용되지 않는다고 해야 할 것이므로 **소급효긍정설**이 타당하다.

한편 **피고인에게 유리하게 판례를 변경한 경우**에 있어서 소급효를 인정할 것인가에 대하여는, ① 형벌불소급의 원칙은 행위자에 대한 부당한 처벌을 방지하기 위한 원칙이므로 피고인에게 유리하기 때문에 이를 전면적으로 인정해야 한다는 견해와 ② 법률변경의 동기에 따라 소급효 인정 여부를 결정해야 한다는 동기설의 대립이 있다.

생각건대 피고인에게 유리하게 판례가 변경된 경우이므로 소급효를 배제해야 할 이유가 없으므로 전면적으로 소급효를 인정하는 견해가 타당하다. 대법원은 인지(認知)의 소급효를 친족상도례에 관한 규정에 적용된다고 판시하고 있다.[33]

형법 제1조 제2항에 "범죄 후 법률의 변경에 의하여 그 행위가 범죄를 구성하지 아니하거나 형이 구법보다 경한 때에는 신법에 의한다"고 하고, 같은 조 제3항에 "재판확정 후 법률의 변경에 의하여 그 행위가 범죄를 구성하지 아니하는 때에는 형의 집행을 면제한다"고 규정하여, 범죄의 성립과 양형에 있어서 피고인에게 유리한 사후입법의 소급효를 예외적으로 인정하고 있다.[34]

3. 명확성의 원칙

명확성의 원칙이란 죄형법규의 내용을 명확하게 규정해야 한다는 원칙을 말한다. 형벌법규의 내용이 불명확하고 추상적일 때에는 국가형벌권의 행사에 있어서 자의적인 해석이 이루어져 죄형법정주의가 위태롭게 된다. 또한 국민생활의 예측가능성과 법적 안정성을 위해서도 명확성의 원칙이 요구된다고 하겠다. 영미에서도 판례법상 확립된 **'불명확에 의한 무효이론'**(void for vagueness)이 일반원칙으로 확립되어 죄형법규의 명확성을 요구하고 있다.

죄형법규의 명확성이란 구성요건의 내용의 명확성과 형벌의 명확성을 그 내용으로 한다. 헌법재판소도 "범죄의 구성요건에 관한 규정이 불명확할 경우에는 국가형벌

---

33) 대판 1997. 1. 24, 96도1731.

34) 임 웅, 24면.

권의 자의적인 행사가 가능하게 되어 개인의 자유와 권리를 보장할 수 없으므로 죄형법정주의에 위배된다"고 선언하고 있다.

(1) 구성요건과 형사제재의 명확성

형벌법규의 구성요건과 형사제재의 내용이 명확해야 한다. 구성요건이 보호하고자 하는 구체적인 보호법익 자체를 법관의 판단에 위임하는 것은 명확성의 원칙에 반한다. 예컨대, **"공공의 질서"**라는 법문에 대한 독일 바이에른 헌법재판소의 판결이나, 대법원이 외국환관리규정상의 **"선량한 풍속 기타 사회질서에 반하는 행위"**라는 법문에 대한 판결에서, 이러한 법문은 구성요건의 명확성의 원칙에 반하는 내용이라고 판시하고 있다.[35] 이러한 형벌법규는 국민으로 하여금 구체적인 경우에 어떠한 행위가 금지되는지를 예측할 수 없게 하기 때문이다.

그러나 헌법재판소는 개정 전 **'집회와 시위에 관한 법률' 제3조**의 "현저히 사회불안을 야기할 우려가 있는 집회 및 시위"라는 법문에 대하여는 합헌결정을 하였다.

그러므로 예컨대 '행실이 불량한 자', '민주주의적 사회질서의 원칙을 침해한 자'라는 표현 등은 구성요건의 명확성이 결여되므로 죄형법정주의에 반하는 법률이 된다.[36]

구성요건이 어느 정도 특정되어야 명확성의 원칙에 반하지 않는다고 판단할 것인가가 문제된다.

1) 예견가능성 문제

이에 관해서는 일반인이 무엇이 금지된 행위인가를 예견할 수 있어야 한다. 이때

35) 대판 1998. 6. 18, 97도2231(전원합의체). " …'도박 기타 범죄 등 선량한 풍속 및 사회질서에 반하는 행위'라는 요건은, 이를 한정할 합리적인 기준이 없다면, 형벌법규의 구성요건요소로서는 지나치게 광범위하고 불명확하다고 할 것인데 외국환관리에 관한 법령의 입법목적이나 그 전체적인 내용, 구조 등을 살펴보아도 사물의 변별능력을 제대로 갖춘 일반인의 이해와 판단으로서도 그 구성요건요소에 해당하는 행위유형을 정형화하거나 한정할 합리적인 해석기준을 찾기 어려우므로, 죄형법정주의가 요구하는 형벌법규의 명확성의 원칙에 반한다.…"고 판시하고 있다.

36) 헌법재판소는 "경범죄처벌법(2012. 3. 21. 법률 제11401호로 전부개정된 것) 제3조 제1항 제33호의 '(과다노출) 여러 사람의 눈에 뜨이는 곳에서 공공연하게 알몸을 지나치게 내놓거나 가려야 할 곳을 내놓아 다른 사람에게 부끄러운 느낌이나 불쾌감을 준 사람'에 대해서 '지나치게 내놓는' 것이 무엇인지 그 판단 기준을 제시하지 않아 무엇이 지나친 알몸노출행위인지 판단하기 쉽지 않고, '가려야 할 곳'의 의미도 알기 어려워 죄형법정주의의 명확성원칙에 위배된다"고 판시하고 있다(헌재 2016. 11. 24, 2016헌가3).

그 판단기준에 관하여 대법원은 "사물의 변별능력을 제대로 갖춘 일반인의 이해와 판단"을 기준으로 삼고 있고,[37] 헌법재판소는 "통상의 판단능력을 가진 사람이 그 의미를 이해할 수 있었는가"를 기준으로 제시하고 있다.[38]

그러나 규범적 구성요건요소는 일반인도 그 의미를 제대로 파악할 수 없게 된다. 따라서 법관이 해석을 통해 어떤 행위가 범죄를 구성하는가를 확정할 수 있을 정도로 특정되어 있을 것을 요한다고 할 수 있다.

2) 가치판단문제

명확성의 원칙은 법률이 사법에 대하여 신뢰할 수 있는 확고한 기초를 제시해야 한다. 따라서 법률이 가치판단(구체적인 보호법익)을 법관에게 위임한 때에는 명확성의 원칙에 반한다. 그러므로 법률은 보호요소, 규범의 목표, 형법적 결단이 표현되어 있어야 한다. 따라서 "이 법과 이 법에 의한 명령에 위반하여", "도박 기타 범죄 등 선량한 풍속 및 사회질서에 반하는 행위"라는 규정은 명확성의 원칙에 반한다고 하겠다.

3) 구체화의 가능성과 비례성의 원칙

용어사용이 어려움 없이 구체화할 수 있는 경우에는 명확성의 원칙에 반한다. 또한 형벌과 법익보호와 침해 사이의 비례성도 고려해야 한다.

(2) 제재의 명확성(절대적 부정기형금지의 원칙)

죄형법정주의는 구성요건의 명확성뿐만 아니라 형벌의 명확성도 요구한다. 따라서 형벌은 형선고시에 그 기간이 명시되는 정기형이어야 한다. 부정기형은 형의 선고시에 기간을 특정하지 않고 그 기간이 형의 집행단계에서 결정되는 형을 말한다. 이러한 부정기형에는 형의 종류 또는 형의 장·단기가 전혀 특정되지 않은 '절대적 부정기형'과 형의 종류 및 형의 상한·하한이 특정되어 있는 '상대적 부정기형'으로 나누어지고, 또한 법률이 부정기형을 규정하고 있는 경우인 부정기법정형과 형의 선고시에 부정기형을 부과하는 경우인 부정기선고형으로 구분해 볼 수 있다. 이 경우에 죄형법정주의의 내용으로서 형사제재의 명확성이란 절대적으로 부정기인 법정형과 선고형은 금지한다는 것을 내용으로 하며, 이를 '절대적 부정기형금지의 원칙'이라 한다.

그러나 상대적 부정기형은 수형자의 교정교육의 효과를 고려한 형벌 개별화사상과 보안처분의 예방적 성격을 고려하여 소년범이나 상습범에 대하여 널리 인정되고

---

37) 대판 2014. 1. 29, 2013도12939.

38) 헌재 1992. 2. 25, 89헌가104.

있는 제도로서 제재의 명확성에 위반한다고 할 수 없다. 우리나라에서는 **'소년법'** 제60조에서 소년범에 대해서만 상대적 부정기형을 인정하고 있다.[39]

한편 보안처분은 과거의 범죄행위에 대한 제재인 형벌과는 달리 장래의 위험성에 대한 예방적 처분이므로 그 기간이 절대적으로 정기일 것을 요하지 않지만 절대적 부정기처분주의를 취하는 것은 죄형법정주의에 위배된다.[40] 현행 **'치료감호법'**에 의한 치료감호[41]나 **'보안관찰법'**의 보안관찰처분[42] 등은 상대적인 부정기 처분으로 규정되어 있다.

그러나 형벌이나 보안처분의 상대적 부정기(형)의 탄력적 운용에 있어서도 사법기관에 의한 엄격한 심사가 필요하며, 행정기관의 재량적 판단에 포괄적으로 위임하도록 하는 것은 사실상 죄형법주의의 토대를 무력화시킬 우려가 있으므로 허용되지 않도록 입법적 개선이 요망된다.

4. 유추적용금지의 원칙

이 원칙은 형법규정의 해석과 관련하여 유사사항에 죄형규정을 적용하거나 적용되는 것으로 해석하는 것은 금지된다는 원칙이다. 즉 죄형법규의 해석에 있어서는 법문이 지닌 문리해석에 충실한 해석이어야 하고, 따라서 유추해석은 금지된다는 원칙을 말한다. 문언이 지닌 가능한 의미의 범위를 벗어나 유사한 사안도 포섭하는 것으로 해석하여 죄형법규를 적용하도록 허용하는 경우에는 피고인의 인권이 침해되기 때문이다.

---

39) 소년이 법정형 장기 2년 이상의 유기형에 해당하는 죄를 범한 때에는 그 형의 범위 안에서 장기와 단기를 정하여 선고한다. 다만, 장기는 10년, 단기는 5년을 초과하지 못한다(소년법 제60조 제1항). 소년인지의 여부의 판단은 심판 시, 즉 사실심 판결 선고시를 기준으로 하여야 한다(대판 2000. 8. 18, 2000도2704).

40) 종전의 사회보호법 제9조 제2항에서 치료감호에 관하여 절대적 부정기처분주의를 채택하였던 것은 죄형법주의에 위배되는 규정이었고, 인권침해와 위헌논란으로 이 법은 폐지되었다.

41) 치료감호시설에의 수용은 15년을 초과할 수 없다. 다만, 제2조 제1항 제2호(마약류나 알코올)에 따라 피치료감호자를 치료감호시설에 수용하는 때에는 2년을 초과할 수 없다(동법 제16조 제2항).

42) 보안관찰처분의 기간은 2년으로 한다(동법 제5조 제1항). 법무부장관은 검사의 청구가 있는 때에는 보안관찰처분심의위원회의 의결을 거쳐 그 기간을 갱신할 수 있다(동조 제2항). 그러나 '보호관찰 등에 관한 법률'상의 보호관찰이나 '소년법'상의 보호처분은 그 기간이 대체로 정기로 규정되어 있다.

죄형법규를 해석할 경우에는 일차적으로 문언의 의미를 밝히는 문언적 해석(문리해석)으로부터 시작하고, 그 문언의 의미가 다의적일 때에는 법률의 제정목적과 입법취지(역사적 해석) 및 전체적인 법률과의 체계적 관련성을 고려한 논리해석(체계적 해석)을 보조수단으로 사용하게 된다. 이때에도 형법해석의 중점은 문언에 따른 법률의 객관적 의미와 목적을 밝히는 데 있으므로, 문언의 의미를 법률의 의미와 목적에 따라 확장해석할 것인가 또는 축소해석할 것인가의 여부를 판단하게 된다.[43] 확장해석을 할 경우에도 그 한계는 **'문언의 가능한 의미 내'** 에서만 가능하다고 해야 할 것이다.[44]

그런데 유추해석이란 일정한 사항을 직접 규정하고 있는 법규가 없는 경우에 그 사항과 유사한 사항을 규정하고 있는 법규를 그 사항에 적용하는 것을 말하며, 유추해석은 법해석이라기보다 법률의 흠결을 법관에 의하여 보충하는 법관에 의한 법 창조인 일종의 입법에 속한다고 할 수 있다. 따라서 죄형법규의 해석은 문리해석을 통한 엄격해석이 원칙이고, 법률의 목적을 고려하여 '문언의 가능한 범위 내'에서 확장해석은 허용되지만 유추적용은 금지된다.[45] 예컨대 형법 제309조의 출판물에 의한 명예훼손죄에 있어서 텔레비전은 '신문·잡지·라디오 기타 출판물'이라는 문언의 가능한 범위 내에 포섭할 수는 없으므로 제307조의 단순명예훼손죄로 처벌할 수밖에 없다.

또한 피고인에게 유리한 규정을 축소해석하는 경우(이른바 제한적 유추)에도 피고인에게 불리하므로 죄형법정주의에 위배된다. 예컨대 영아살해죄의 행위주체로 '직계존속'이라는 규정을 '생모'에 국한하여 축소해석하는 것은 피고인에게 불리한 결과를 가져오므로 허용되지 않는다고 하겠다.[46]

---

43) 현행법상 확장해석의 예로는 제333조의 강도죄에 있어서 '폭행'개념에 마취행위를 포함시키는 경우이고, 축소해석의 예로는 제327조 절도죄에 있어서 '재물'개념에 부동산을 제외시키는 해석을 하는 경우를 들 수 있다.

44) 따라서 예컨대 가소린차에 기차를 포함할 수는 없으며, 화물자동차를 마차에 포함시켜 해석할 수는 없는 것이다.

45) 오영근, 61면; 이재상/장영민/강동범, 29면; 임 웅, 26면.

46) 형법 제52조, 국가보안법 제16조 제1호 및 공직선거법 제262조에서 '자수'라는 단어를 사용하고 있는데, 형법 제52조와 국가보안법 제16조 제1호에서의 자수를 범행이 발각되고 지명수배된 후의 자진출두도 이에 포함되는 것으로 판례가 해석하고 있으므로, 이것이 통상 단어의 관용적 용례라고 할 것인바, 공직선거법상의 자수를 '범행 발각전'의 자수로 제한하여 해석하는

나아가 유추적용금지의 원칙은 모든 형벌법규의 구성요건과 가벌성에 관한 규정에 준용되고, 위법성 및 책임의 조각사유나 소추조건 또는 처벌조각사유인 형 면제사유에 관하여도 그 범위를 제한적으로 유추적용하게 되면 행위자의 가벌성의 범위는 확대되어 행위자에게 불리하게 되는바, 이는 가능한 문언의 의미를 넘어 범죄구성요건을 유추적용하는 것과 같은 결과가 초래되므로 허용되지 않는다고 할 것이다.

그러나 비록 유추해석이라 하더라도 피고인에게 유리한 유추해석은 가능하다고 보아야 한다.[47] 따라서 범죄성립을 조각하거나 형벌을 감경하는 사유에 대한 유추는 허용된다. 또한 죄형법규가 아닌 소송법의 규정도 원칙적으로 유추해석이 허용된다.

5. 적정성의 원칙

적정성의 원칙이란 행위 시에 어떤 내용의 죄형법규라도 존재하면 족한 원칙이 아니라 죄형법규의 내용이 실질적 정의에 부합하는 내용을 구비해야 한다는 원칙을 말한다. 실질적 정의에 부합되는 적정한 죄형법규가 아닌 법률에 따른 위에서 상술한 죄형법정주의의 4가지 파생원칙이 지켜진다고 하더라도 피고인의 인권보장은 구두선에 그치게 된다. 왜냐하면 이미 죄형법규 자체의 내용이 비록 형식적 정의에는 부합할지라도 실질적 정의에는 배치되는 악법을 내용으로 하기 때문이다.

따라서 죄형법규의 내용은 실질적 법치국가원리에 따라 헌법 제10조에서 보장하는 인간으로서의 존엄과 가치에 부합되도록 죄형의 종류와 내용의 적정한 균형성이 요구되어진다(**죄형균형의 원칙, 비례성의 원칙**). 또한 형사제재는 개인의 자유와 권리를 침해하는 강력한 국가제재이므로 사회의 공존과 공영을 확보하기 위한 최후수단으로서 보충적으로 필요한 만큼만 행사되어야 한다(**최후수단성, 보충성, 필요성의 원칙**). 그리고 형사제재의 내용도 인간으로서의 존엄과 가치에 배치되지 않도록 잔혹하고 비인도적 방법이어서는 안 되며(**인도주의 원칙**), 형벌의 정도도 책임의 한도 내에서만 부과

것은 단순한 목적론적 축소해석이 아니라 형면제사유에 대한 제한적 유추를 통하여 처벌범위를 실정법 이상으로 확대하는 것으로 죄형법정주의의 파생적 원칙인 유추해석금지원칙에 위배된다(같은 취지로 대판 1997. 3. 20, 96도1167－전원합의체판결).

47) 김일수/서보학, 76면; 박상기, 34면; 배종대, 99면; 안동준, 21면; 이재상/장영민/강동범, 29면; 임 웅, 27면; 정성근/박광민, 16면.

되어야 하고(책임주의 원칙),[48] 행위의 당벌성의 범위를 초과하는 과도한 형벌은 금지된다(과잉금지의 원칙)고 하겠다.[49]

48) 헌재 2003. 11. 27, 2002헌바24 – 전원재판부("법정형의 종류와 범위를 정할 때는 헌법 제37조 제2항이 규정하고 있는 과잉입법금지의 정신에 따라 형벌개별화원칙이 적용될 수 있는 범위의 법정형을 설정하여 실질적 법치국가원리를 구현하도록 하여야 하며, 형벌이 죄질과 책임에 상응하도록 적절한 비례성의 원칙을 지켜야 한다. … 그런데 특정범죄가중처벌 등에 관한 법률(이하 특가법) 제11조 제1항에서는 마약 매수의 영리범·상습범, 단순범, 미수범, 예비범·음모범의 경우를 가리지 않고 일률적으로 영리범·상습범의 법정형과 동일한 사형·무기 또는 10년 이상의 징역에 처하도록 하고 있다. 또한 특가법은 매수한 마약의 양과 위험성의 정도, 마약사용의 결과로 타인의 신체에 상해나 사망을 일으켰느냐의 여부 등 죄질이나 비난가능성의 정도를 구별하지 않는다. 결국 위 특가법조항은 그나마 존재하던 마약류관리에 관한 법률상의 단순범과 영리범의 구별조차 소멸시켜 불법의 정도, 죄질의 차이 및 비나가능성에 있어서의 질적 차이를 무시함으로써 죄질과 책임에 따라 적절하게 형벌을 정하게 하지 못하는바, 책임과 형벌간의 비례성원칙과 실질적 법치국가원리에 위반된다").

49) 헌재 1992. 4. 28, 90헌바24(구특정범죄가중처벌등에관한법률 제5조의3 제2항 제1호에서 교통사고 운전자가 피해자를 치사하고 도주하거나 도주 후에 피해자가 사망한 때에 사형·무기 또는 10년 이상의 징역에 처하도록 규정한 것은 과실로 사람을 치상하게 한 자가 구호행위를 하지 아니하고 도주하거나 고의로 유기함으로써 치사의 결과에 이르게 한 경우에 살인죄와 비교하여 그 법정형을 더 무겁게 한 것은 형벌체계상의 정당성과 균형을 상실한 것으로서 헌법 제10조의 인간으로서의 존엄과 가치를 보장한 국가의 의무와 헌법 제11조의 평등의 원칙 및 헌법 제37조 제2항의 과잉금지의 원칙에 반한다).

제 4 장 형법의 적용범위

형법의 적용범위란 ① 어느 때에 행해진 범죄행위와 ② 어떤 장소에서 발생한 범죄행위, ③ 그리고 어떤 사람에 대하여 형법이 적용되는가라는 문제이다. 형법의 적용범위는 형법의 법률적 효력이 미치는 범위를 의미하므로 그 대상영역인 시간, 장소, 사람에 따라 시간적 적용범위, 장소적 적용범위 및 인적 적용범위로 나누어진다. 형법은 제1조 내지 제7조와 부칙에 이에 관한 규정을 두고 있다.

Ⅰ. 시간적 적용범위

형법의 시간적 적용범위는 어느 때에 행해진 범죄행위에 대하여 형법이 적용되는가의 문제로서, 이를 **시제형법**(時際刑法)의 문제라고도 한다.

1. 행위시법주의와 재판시법주의

일반적으로 법률은 제정되어 시행된 때부터 폐지될 때까지 효력을 갖게 되고, 행위시와 재판시 사이에 법률의 변경이 있을 때에는 구법(행위시법)이 아니라 보다 진보된 신법(재판시법)을 우선 적용하는 것이 원칙이다. 그러나 형법에 있어서는 죄형법정주의의 소급효금지원칙에 따라 재판시법(신법)의 소급적용을 배제하고 행위시법(구법)주의를 취하게 된다.

형법의 시간적 적용범위와 관련해서 문제되는 경우로는, ① 행위시에는 범죄가 되지 않았으나 후에 처벌법규가 만들어져 범죄로 되는 경우(소급효금지), ② 행위시에는 범죄행위가 되었으나 재판시에는 죄형법규가 폐지된 경우(한시법의 추급효문제), ③ 행위시와 재판시 사이에 형벌의 경중에 변경이 생긴 경우이다.

(1) 원칙 : 행위시법주의(구법주의)

형법은 제1조 제1항에 "범죄의 성립과 처벌은 행위시의 법률에 의한다"고 규정하여 '**행위시법주의**'와 '**소급효(遡及效)금지의 원칙**'을 선언하고 있다.

(2) 예외 : 재판시법주의(신법주의)

형법 제1조 제2항은 "범죄 후 법률의 변경에 의하여 그 행위가 범죄를 구성하지 않거나 형이 구법보다 경한 때에는 신법에 의한다"라고 규정하여 행위시법주의 원칙에 대한 예외규정을 두어 행위자에게 유리하게 법령의 개폐가 있을 때에는 재판시법주의(신법주의)를 취하고 있다. 여기에서 말하는 '범죄 후'란 '**범죄행위종료 후**', 즉 구성요건에 해당하는 행위의 종료 후를 의미하므로 실행행위 후의 결과발생을 포함하는 것은 아니다. 형의 경중을 비교할 때는 형법 제50조에 의하여 법정형을 기준으로 비교하고 주형 및 몰수와 같은 부가형도 포함하여 비교하여야 한다. 실행행위 도중에 법률의 변경이 있을 때에도 실행행위 종료시의 신법이 적용된다.[1)]

또한 '법률의 변경'이란 문언은 '**총체적 법률상태의 변경**'을 의미하며,[2)] 법률뿐만 아니라 명령, 조례, 규칙, 백지형법에 있어서 보충규정 등을 포함하는 개념이고, 형법뿐만 아니라 형법에 영향을 미칠 수 있는 다른 법률도 포함된다.[3)]

행위자에게 유리하게 법령이 개폐되는 경우로는 ① 행위시법에 의하면 범죄가 성립하였으나 재판시법에 의하면 범죄가 성립하지 않는 경우, ② 행위시법의 형보다 재판시법의 형이 경하게 변경된 경우이다.

①의 경우에는 행위자에게 유리한 재판시법이 적용되고, 법원은 형소법 제326조 제4호의 "범죄 후의 법령개폐로 형이 폐지되었을 때"에 해당하므로 **면소판결**을 하게 된다.

②의 경우에는 형이 경해진 재판시법을 적용하게 된다. 그러나 행위시와 재판시 사이에 여러 차례의 법률변경이 있어서 **중간시법**이 있는 경우에는 모든 법령을 비교하여 행위자에게 가장 유리한 법을 적용하여야 한다.

---

1) 1995년 개정형법 부칙 제3조 참조.

2) 김일수/서보학, 45면; 배종대, 122면; 이재상/장영민/강동범, 39면; 임 웅, 52면; 정성근/박광민, 46면.

3) 예컨대 존속살해죄에 있어서 직계존·비속의 범위나 친족상도례에 있어서 친족의 범위에 대한 민법의 변경도 포함된다.

2. 한 시 법

형법 제1조 제2항의 재판시법주의에 대한 예외로서 한시법을 인정할 것인가가 문제된다.

(1) 한시법의 개념

한시법의 개념에 대하여는 견해가 대립한다. 즉 ① **협의의 한시법**(限時法)이란 형벌법규에 유효기간이 명시되어 있는 법률만을 한시법으로 보는 입장을 말하며, **다수설**의 태도이다. ② 이에 반해 **광의의 한시법**이란 협의의 한시법뿐만 아니라 **일시적 사정에 대처하기 위하여 제정된 법령**, 즉 임시법도 포함하여 한시법으로 보는 입장이다. 예컨대 1988년의 올림픽기간시위금지법, 대통령의 긴급명령(헌법 제76조) 등을 들 수 있다.

③ 그 외에 광의의 한시법 중 그 실효동기가 **사실관계의 변경으로 인한 경우만 한시법**으로 보는 입장도 있다.

독일에서는 한시법의 개념을 법령의 실질적 의미에 따라 광의로 이해하므로, 한시법의 추급효 문제에 대해서도 동기설의 입장을 취하는 것이 **독일의 통설과 판례의 입장**이다.

우리나라의 지배적인 학설은 한시법을 협의의 의미로 한정하지만 판례는 동기설의 입장에서 광의의 한시법을 인정하고 한시법의 추급효를 인정하는 태도를 취하고 있다. 한시법의 문제는 한시법의 개념을 어떻게 이해할 것인가라는 점보다 형법 제1조 제2항의 재판시법주의의 예외를 인정하여 한시법의 추급효를 인정할 것인가에 있다.

(2) 한시법의 추급효(追及效) 문제

형법 제1조 제2항의 신법주의는 법규범본질론에 근거한다. 한시법의 추급효를 인정하는 일반규정을 명문화하고 있는 독일의 경우도 있으나, 명문규정이 없는 우리 형법상으로는 한시법에 대하여 유효기간이 지난 후에 과거의 행위에 대하여 실효된 과거의 법률에 추급효를 인정하여 처벌할 수 있는가가 문제된다.

1) 추급효부정설

이 학설은 ① 형법 제1조 제2항은 재판시법, 즉 신법주의를 취하고 있는데 반해 한시법의 추급효를 인정하기 위해서는 행위시법주의를 취해야 하는데 이에 대한 명확한 법적 근거가 없고, ② 이미 실효된 과거의 법률을 재판시에 추급하여 적용하는 것은 죄형법정주의의 실질적 의미에 위반된다는 것을 근거로 한시법의 추급효를 부정하는 견해로서 **우리나라의 다수설**이다.[4)]

2) 추급효인정설

이 학설은 ① 유효기간이 정해진 한시법이라 하더라도 실효되기 전의 법위반행위는 비난할 가치가 있고, 행위시의 범죄행위에 대하여 재판시에 추급효를 인정하더라도 죄형법정주의에 반하는 것이 아니며, ② 한시법의 추급효를 인정하지 않으면 법의 실효성과 법적용의 공평성을 해치고 유효기간 만료일이 가까워지면 범죄가 증가하게 된다는 것을 논거로 들고 있다.

3) 동 기 설

법률변경의 동기에 따라 추급효 인정여부를 결정해야 한다는 견해로서 **대법원 판례**의 입장이다.[5)] 이 견해는 **단순한 사실관계의 변화**일 때는 가벌성이 소멸되지 않으므로 **추급효를 인정**해야 하지만, **법적 견해나 법률이념의 변경**에 기인하는 경우에는 행위에 대한 가벌성이 소멸되므로 **추급효를 부정**해야 한다는 입장이다.

4) 결 어

한시법의 추급효를 인정하는 것은 죄형법정주의에 위배되는가? 동기설을 취하는 경우에 사실관계의 변화와 법적 견해의 변경을 어떻게 구별할 수 있는가? 이는 법해석을 통해 해결되는가, 아니면 입을 통해 해결할 문제인가? 등이 문제된다.

생각건대 한시법이론에 있어서도 법해석상의 한계는 죄형법정주의의 소급효금지의 원칙이라 할 수 있다. 추급효를 긍정하는 학설은 범죄행위시에 처벌규정이 존재했기 때문에 죄형법정주의와 무관한 법규범 본질론의 문제라고 반론을 제기하지만, 이러한 해석은 형법 제1조 제2항에 위배되어 죄형법정주의에 정면으로 배치되는 견해이다. 또한 판례가 취하고 있는 동기설은 법령개폐의 동기를 사실관계의 변화인가와 법적 견해의 변화인가에 따라 상대적으로 추급효를 인정하기도 하고 부정하기도 한다. 이러한 해석은 법령변경의 동기의 판단을 법관의 판단이나 학설에 일임해버리는 결과가 되기 때문에 자의적인 해석을 배제하기 어렵다. 따라서 한시법의 추급효를 부정하는 견해가 타당하며, 입법론적으로 한시법의 추급효를 인정하기 위해서는 형법

---

4) 김일수/서보학, 49면; 박상기, 46면; 배종대, 129면; 정성근/박광민, 51면.

5) 독일의 통설과 판례의 입장이다.

제1조 제2항에 대한 예외규정을 두어 한시법 문제에 대한 논란을 종식시키는 것이 국민의 법률생활의 안정성과 예측가능성을 위해 바람직하다고 하겠다.

판례가 사실관계의 변화로 본 경우로는, ① 계엄포고령을 위반한 경우,[6] ② 도로운송차량법시행규칙의 정비기간을 개정한 경우,[7] ③ 부동산소유권이전등기에 관한 특별조치법을 폐지한 경우,[8] ④ 식품위생법령상 수입식품의 유통기한표시를 자율화한 경우,[9] ⑤ 공산품품질관리법에 의한 공업진흥청의 품질검사지정상품에서 제외한 경우,[10] ⑥ 거주자가 수출대금의 영수를 위하여 외국통화표시수표를 휴대수입 이외의 방법으로 수입하는 경우에 한국은행총재의 허가를 받을 필요가 없게 외국환거래규정이 개정된 경우,[11] ⑦ 개발제한구역 내 비닐하우스 설치행위 등을 신고없이 할 수 있도록 법령이 개정된 경우[12] 등이다.

이와 달리 **법적 견해의 변경**으로 본 경우로는, ① 견육(犬肉)을 검사를 받지 않고 판매목적으로 진열하는 행위는 축산물가공처리법위반행위이나 동법 시행규칙의 개정으로 개를 검사품목에서 제외한 경우,[13] ② 계량법시행령이 화학용부피계에 대하여 검정제도를 폐지한 경우,[14] ③ 구청소년보호법상의 숙박업소출입금지행위가 개정된 청소년보호법(1999. 7. 1.부터 시행)상 고용유해업소로 변경된 경우,[15] ④ 자동차관리법

---

6) 대판 1982. 10. 26 82도1861(계엄령 해제에 따른 계엄기간 중의 계엄포고위반의 죄에 대하여는 행위당시의 법령에 따라 처벌되어야 하고, 계엄해제를 범죄 후 법령의 개폐로 형이 폐지된 경우와 같이 볼 수 없다).

7) 대판 1980. 7. 22, 79도2953(비업무용 자가용의 정기점검기간의 변경).

8) 대판 1988. 3. 22, 87도2678(부동산소유권이전등기 등에 관한 특별조치법이 실효된 것은 법률이념의 변경에 따른 것이 아니라 이 법률을 존속시킬 필요성이 없다는 고려에서 폐지된 것이므로, 이 법 시행당시의 위법행위에 대한 가벌성이 없어지는 것은 아니므로 추급효를 인정해야 한다).

9) 대판 1997. 2. 28, 96도2247(수입냉동감자에 대한 유통기한 규정의 폐지), 대판 1996. 10. 29, 96도1324(유자차성분배합기준의 변경).

10) 대판 1989. 4. 25, 88도1993(공업진흥청의 품질검사지정상품에 관한 고시의 변경).

11) 대판 2005. 1. 14, 2004도5890.

12) 대판 2007. 9. 6, 2007도4197.

13) 대판 1979. 2. 27, 78도1690(이 경우는 범죄 후 법령개폐로 형이 폐지된 경우에 해당하여 행위시법에 의한 추급효가 인정되지 않고 면소사유가 된다).

14) 대판 1983. 2. 8, 81도165.

15) 대판 2000. 12. 8, 2000도2626(이 경우는 범죄 후 법률의 변경에 의하여 그 행위가 범죄를 구성하지 아니한 경우에 해당하여 재판시법이 적용되고 행위시법의 추급효는 부정된다).

시행규칙의 개정으로 폐차업자는 폐차시 원동기를 압축·파쇄 또는 절단하지 않고 원동기 등 기능성장치를 재사용할 수 있도록 변경된 경우,[16] ⑤ 형법 제257조 제1항의 가중적 구성요건을 규정하고 있던 구 폭력행위 등 처벌에 관한 법률 제3조 제1항을 삭제하는 대신 같은 구성요건을 형법 제258조의2 제1항에 신설하면서 법정형을 구 폭력행위 등 처벌에 관한 법률 제3조 제1항보다 낮게 규정한 경우[17] 등이다.

(3) 재판확정 후 법률의 변경에 의해 범죄를 구성하지 않게 된 경우

형법 제1조 제3항에 의하면 "재판확정 후 법률의 변경에 의하여 그 행위가 범죄를 구성하지 아니하는 때에는 형의 집행을 면제한다"고 규정하고 있다. 이 규정은 재판이 이미 확정되었으므로 유죄판결의 효력은 그대로 유효하지만, 형이 확정되지 아니한 자와의 형평성을 고려하여 형확정자에 대하여는 **형집행만을 면제**하도록 한 것이다.

(4) 백지형법과 보충규범의 변경·폐지

1) 백지형법의 의의

형벌의 전제가 되는 구성요건의 전부나 일부를 다른 법률이나 명령 또는 고시 등으로 보충해야 할 공백을 가진 죄형법규를 말한다. 예컨대 형법 제112조의 중립명령위반죄나 물가조절에 관한 임시조치법 등 대부분의 경제통제법령이 이에 해당한다. 백지형법의 공백을 보충하는 규정을 **보충규범** 또는 **충전규범**이라 한다. 행정형법, 경제형법의 영역에 많이 존재한다.

백지형법에 있어서 형법규정은 그대로 두고 보충규범(다른 법률이나 명령, 고시 등)만을 개폐한 경우에 이를 형법 제1조 제2항의 법률의 변경에 의한 형의 폐지에 해당하는가, 그리고 이를 긍정하는 경우에 추급효를 인정할 것인가가 문제된다.

2) 보충규범의 개폐는 법률의 변경에 해당하는가?

가. 소 극 설 보충규범의 개폐는 법률의 변경이 아니라 그 전제인 구성요건의 변경에 지나지 않으므로 형법 제1조 제1항에 의해 **행위시법이 적용**되어 처벌된다는 입장이다.[18] 이를 **'전면적 처벌설'**이라고 한다.

나. 적 극 설 보충규범의 개폐도 구성요건의 내용의 변경으로서 형법 제1조 제2항의 **법률의 변경**에 해당하므로, 보충규범이 폐지되면 추급효를 부정해야 한다는

---

16) 대판 2003. 10. 10, 2003도2770.

17) 대판 2016. 1. 28, 2015도17907.

18) 진계호, 82면; 황산덕, 35면.

학설로서 우리나라의 지배적인 견해이다.[19] 이 입장에서는 면소판결을 하게 되므로 '**전면적 면소설**'이라고도 한다.

다. 절 충 설 절충설에는 ① 보충규범의 개폐가 구성요건 자체를 정하는 법규의 개폐에 해당할 때는 법률의 변경에 해당하고, 단순히 구성요건에 해당하는 사실의 변경에 해당할 때는 법률의 변경이 아니라고 하는 견해[20]와 ② 보충규범의 개폐는 당연히 법률의 변경에 해당하지만, 한시법이론에 의하여 보충규범의 추급효를 인정해야 한다는 견해[21]가 있다. 전자의 경우에는 보충규범의 개폐가 법률의 변경에 해당하는 경우에는 제1조 제2항이 적용되어 재판시법을 적용하고, 사실의 변경에 해당하는 경우에는 동조 제1항이 적용되어 행위시법을 적용하게 된다.

라. 사 견 생각건대 형법 제1조 제2항에서 말하는 법률의 변경이란 '**총체적 법률상태의 변경**'을 의미하므로 보충규범의 개폐도 당연히 법률의 변경에 해당하여 범죄가 성립되지 않는다고 보는 적극설이 타당하다.

3) 고시(告示)의 변경과 추급효문제

한시법의 추급효에 관한 논의는 백지형법의 경우에 실질적으로 문제된다. 예컨대 경제통제법령에 있어서 죄형법규는 백지형법으로 규정되어 있고 그 공백을 충전하는 충전규범은 행정처분의 일종인 고시인 경우가 많은데, 이때 고시의 변경을 법률의 변경으로 볼 것인가, 법률의 변경에 해당한다고 할 경우에 추급효를 인정할 것인가가 문제된다.

고시의 변경도 사실상 백지형법에 있어서 보충규범의 변경에 불과하여 총체적인 법률상태의 변경인 법률의 변경에 해당한다. 따라서 재판시에 고시가 폐지되었다면 사실상 **법률의 변경**에 해당하므로, 그 유효기간 중의 위반행위에 대하여 공소가 제기된다면 법원은 재판시에는 이미 고시가 폐지되어 범죄를 구성하지 않으므로 추급효를 부정하여 **면소판결**을 하게 된다.

---

19) 김일수/서보학, 51면; 박상기, 48면; 배종대, 132면; 손동권, 47면; 오영근, 82면; 임 웅, 57면; 정성근/박광민, 54면.

20) 남흥우, 59면.

21) 이재상/장영민/강동범, 46면.

Ⅱ. 장소적 적용범위

어떤 장소에서 발생한 범죄에 대하여 우리 형법이 적용되는가라는 문제를 형법의 장소적 적용범위, 즉 **'국제형법'**의 문제라고 한다. 국제형법은 국제법이 아니라 국내법의 문제이다. 이러한 형법의 장소적 적용범위에 관하여는 아래와 같이 4가지 원칙이 있다. 우리 형법은 속지주의를 원칙으로 하면서 속인주의와 보호주의로서 보완하는 입장을 취하고 있고, 예외적으로 세계주의에 입각하여 규정된 형벌법규도 있다.

1. 속지주의의 원칙

우리 형법 제2조에는 속지주의(屬地主義)를 제4조에는 기국주의(旗國主義)를 규정하고 있다. **속지주의**란 자국의 영역 내에서 발생한 모든 범죄는 범죄인의 국적에 관계없이 자국형법을 적용한다는 원칙을 말하며, **기국주의**란 자국의 영역 밖에 있는 자국의 선박이나 항공기 내에서 발생한 범죄에 대하여는 자국의 형법을 적용한다는 원칙을 말하므로 속지주의의 특별한 경우라 할 수 있다. 속지주의는 국가주권에 근거를 두고 있으며 소송경제상의 장점이 있어서 대부분의 국가가 취하고 있는 입법주의이다. 그러나 속지주의는 국외에서 발생한 범죄에 대하여 실질적으로 형벌권을 행사할 수 없는 문제점이 있으므로 다른 입법주의에 의한 보완이 필요하다.

헌법 제3조에 "대한민국의 영토는 한반도와 그 부속도서로 한다"라고 하고, 형법 제2조에 "본법은 대한민국의 영역 내에서 죄를 범한 내국인과 외국에게 적용한다"라고 하여 속지주의원칙을 규정하고 있으며, 북한지역도 대한민국의 영역에 속하므로 당연히 우리 형법의 적용을 받게 된다.

또한 형법은 제4조에 "본법은 대한민국영역 외에 있는 대한민국의 선박 또는 항공기 내에서 죄를 범한 외국인에게 적용한다"라고 규정하여, 대한민국의 선박 또는 항공기 내에서 죄를 범한 외국인은 속지주의의 연장으로서 **'기국주의'**에 의하여 우리 형법의 적용을 받게 된다.[22)]

---

22) 대판 1997. 11. 20, 97도2021 – 전원합의체(캐나다 국적의 피고인이 북한의 지령을 받기 위해 북한에 들어가고 중국을 경유하여 대한항공을 타고 한국에 잠입한 행위는 대한민국의 영역 내와 대한민국의 항공기 내 및 대한민국의 통치권이 미치지 아니하는 제3국에 걸쳐서 이루어진 행위이므로 형법 제2조, 제4조에 의하여 대한민국 형법이 적용되어야 한다).

2. 속인주의

속인주의란 **자국민의 범죄에 대하여 자국형법을 적용한다는 원칙**을 말한다. 국적법에 의해 대한민국의 국적을 가진 자는 한국 형법의 적용을 받는다는 원칙을 말하므로 **국적주의**라고도 한다. 형법은 제3조에 "본법은 대한민국의 영역 외에서 죄를 범한 내국인에게 적용한다"고 하여 속인주의를 규정하고 있다.[23] 속인주의는 자국민의 외국에서의 일반범죄에 대하여도 자국형법을 적용하는 **'적극적 속인주의'**와 외국에서 자국 또는 자국민의 법익을 해하는 자국민의 범죄에 대해서만 자국형법을 적용하는 **'소극적 속인주의'**가 있다.

그런데 속인주의를 취하게 되면 ① 자국 내에서 자국민의 법익을 해하는 외국인 범죄를 처벌하지 못하는 단점이 있고, ② 자국민이 외국에서 범죄를 범한 경우에 속인주의에 의하여 자국형법의 적용을 받는 이외에 외국의 속지주의와 충돌하게 되며, ③ 나아가 이중국적자의 경우에는 각 나라의 속인주의가 상호충돌하는 문제가 발생한다.

대법원은 한국인의 미국문화원 방화사건에서 국제협정이나 국제관행에 의하면 미국문화원이 치외법권지역이지만, 이곳에서 행해진 범죄에 대하여 미국이 재판권을 주장하지 않는 이상 우리나라의 형사재판권도 미친다고 판시하고 있다.[24]

3. 보호주의

보호주의란 **자국 또는 자국민의 법익을 침해하는 범죄**에 대하여는 범죄지나 범죄인의 국적에 관계없이 자국형법이 적용된다는 원칙을 말한다. 보호주의는 실질주의라고도 하며 속지주의와 속인주의를 보완하는 장점이 있으나 자국과 자국민을 보호하

---

23) 대판 2001. 9. 25, 99도3337(필리핀에서 카지노의 외국인 출입이 허용되어 있다 하여도, 형법 제3조에 따라 피고인에게 우리 형법이 당연히 적용된다). 대판 1996. 11. 12, 96누1221(북한주민도 내국인에 포함된다).

24) 대판 1986. 6. 24, 86도403(국제협정이나 관행에 의하여 대한민국 내에 있는 미국문화원이 치외법권지역이고 그 곳을 미국영토의 연장으로 본다 하더라도 그 곳에서 죄를 범한 대한민국 국민에 대하여 우리 법원에 먼저 공소가 제기되고 미국이 자국의 재판권을 주장하지 않고 있는 이상 속인주의를 함께 채택하고 있는 우리나라의 재판권은 동인들에게도 당연히 미친다 할 것이며 미국문화원측이 동인들에 대한 처벌을 바라지 않았다고 하여 그 재판권이 배제되는 것도 아니다).

기 위하여 자국형법을 적용하기 때문에 외국과 충돌이 발생할 수 있다. 따라서 보호주의의 대상이 되는 범죄의 범위를 법률로서 제한하는 입법례도 있고 국제협약에 의하여 조절하기도 한다.

형법은 제5조에 보호주의를 취하여 외국인의 국외범을 처벌하고 있다. 즉 ① 내란의 죄, ② 외환의 죄, ③ 국기에 관한 죄, ④ 통화에 관한 죄, ⑤ 유가증권, 우표와 인지에 관한 죄, ⑥ 문서에 관한 죄 중 제225조 내지 제230조(공문서등의 위조·변조, 자격모용에 의한 공문서등의 작성, 허위공문서작성등, 공전자기록위작·변작, 공정증서원본등의 부실기재, 위조등 공문서의 행사, 공문서등의 부정행사), ⑦ 인장에 관한 죄 중 제238조의 죄(공인등의 위조, 부정사용)에 대하여는 외국인의 국외범에 대하여도 형법이 적용된다.

또한 제6조에 "대한민국 영역 외에서 대한민국 또는 대한민국 국민에 대하여 형법 제5조의 죄 이외의 죄를 범한 외국인에 대하여도 적용한다. 단, 행위지의 법률에 의하여 범죄를 구성하지 아니하거나 소추 또는 형의 집행을 면제할 경우에는 예외로 한다"고 규정함으로써, 보호주의에 입각하여 외국인의 국외범에 대하여도 우리 형법을 적용할 수 있음을 명시하고 있다.[25)][26)]

4. 세계주의

세계주의란 범죄지와 범죄인의 국적을 불문하고 인류공동의 이익을 위하여 반인도적·반문명적 범죄에 대하여는 사회방위의 국제적 연대성을 강조해 자국형법을 적용한다는 원칙을 말한다. 형법 제5조 제4호와 제207조 제3항에 의하면 외국인이 외국

---

25) 대판 2002. 11. 26, 2002도4929(형법 제239조 제1항의 사인위조죄는 형법 제6조의 대한민국 또는 대한민국국민에 대하여 범한 죄에 해당하지 아니하므로 중국 국적자가 중국에서 대한민국 국적 주식회사의 인장을 위조한 경우에는 외국인의 국외범으로서 그에 대한 재판권이 없다).

26) 대판 1997. 7. 25, 97도1142(중국 국적의 조선족선원 7인이 사실상 한국회사의 소유이지만 형식상 니콰라과 선적인 원양어선 페스카마호 내에서 선박을 강취하기 위하여 선장 등을 살해한 경우에는 우리 형법이 적용된다); 2017. 3. 22, 2016도17465(내국 법인의 대표자인 외국인이 내국 법인이 외국에 설립한 특수목적법인에 위탁해 둔 자금을 정해진 목적과 용도 외에 임의로 사용한 데 따른 횡령죄의 피해자는 당해 금전을 위탁한 내국 법인이므로 그 행위가 외국에서 이루어진 경우에도 행위지의 법률에 의하여 범죄를 구성하지 아니하거나 소추 또는 형의 집행을 면제할 경우가 아니라면 그 외국인에 대해서도 우리 형법이 적용되어(형법 제6조), 우리 법원에 재판권이 있다).

에서 외국통화를 위조한 경우와 형법 제31장의 약취·유인 및 인신매매죄의 죄는 대한민국 영역 밖에서 죄를 범한 외국인에게도 적용하므로 세계주의를 규정한 경우이다.[27)]

일반적으로 세계주의는 마약거래, 해적행위, 인신매매, 인질, 통화위조, 테러행위, 항공기납치 등 반인륜적·반문명적 범죄에 대하여 범죄지와 범죄자의 국적을 불문하고 자국형법을 적용하는 경우를 말한다. 대법원은 중국 민간항공기 납치사건에서 항공기운항안전법, 토쿄협약, 헤이그협약에 의하여 외국인의 국외범에 대하여도 적용하였다.[28)]

2013년 4월 5일 개정형법은 제296조의2(세계주의)를 신설하고 "제287조부터 제292조까지 및 제294조는 대한민국 영역 밖에서 죄를 범한 외국인에게도 적용한다"고 규정하여 세계주의를 명시적으로 도입하였다.

5. 이중처벌의 완화

세계 각국은 형법의 인적 적용범위에 관하여 다양한 입법주의를 취하고 있기 때문에 동일한 범죄행위에 대하여 외국형법과 우리 형법에 의한 이중처벌이 가능하다는 문제가 발생한다. 이중처벌과 관련하여 헌법은 제13조 후단에 "동일한 범죄에 대하여 거듭 처벌받지 아니한다"라는 **이중처벌금지의 원칙**(일사부재리의 원칙)이 있으나, 이는 국내법상의 원칙이므로 외국형법에 의하여 처벌받은 자가 국내형법에 의해 재차 처벌받을 수도 있다.

그러나 범죄자의 입장에서 보면, 이것은 부당한 이중처벌이므로 이를 완화할 필요가 있다. 이에 대하여 형법은 개정 전에는 외국에서 집행된 형에 대하여 임의적 감면규정을 두었으나, 2015. 5. 28. 헌법재판소의 헌법불합치 결정에 따라 이를 개정하여 외국에서 집행된 형에 대하여 반드시 이를 산입하도록 하였다. 즉 형법 제7조의

---

27) 통화에 관한 죄와 유가증권에 관한 죄를 보호주의에 관한 규정으로 보는 견해도 있다(오영근, 82면; 이재상/장영민/강동범, 49면).

28) 대판 1984. 5. 22, 84도39[중국민강항공기 납치사건: 항공기운항안전법 제3조, '항공기내에서 범한 범죄 및 기타 행위에 관한 협약'(토오쿄협약) 제1조, 제3조, 제4조, '항공기의 불법납치 억제를 위한 협약'(헤이그협약) 제1조, 제3조, 제4조, 제7조의 각 규정들을 종합하여 보면, 민간항공기 착륙국인 우리나라에도 경합적으로 재판관할권이 생기어, 우리나라의 항공기운항안전법은 외국인의 국외범까지도 적용대상이 된다].

외국에서 집행된 형에 대하여 "죄를 지어 외국에서 형의 전부 또는 일부가 집행된 사람에 대해서는 그 집행된 형의 전부 또는 일부를 선고하는 형에 선입한다"고 개정[29] 함으로써 국내에서의 이중처벌을 완화하고 있다.[30]

그 밖에 **'국제수형자이송법'**(2003. 12. 31. 제정·시행)에는 외국과의 조약체결을 전제로 외국에서 자유형을 선고받은 대한민국 국민을 일정한 요건 하에 국내로 이송하여 국내에서 그 자유형을 집행할 수 있도록 규정하고 있다.

6. 형법의 실효성확보

외국에 있는 자국민이나 외국인에게도 우리 형법이 적용된다. 그러나 실질적으로 우리나라의 형사재판권을 행사하여 형벌을 부과하는 형법적용의 실효성을 확보하기 위해서는 무엇보다도 이러한 범죄인에 대한 신병확보가 중요하다. 이를 위해 우리나라는 현재 외국과 범죄인인도조약(국내법으로는 **범죄인인도법**), 국제형사사법공조조약(국내법으로는 **국제형사사법공조법**)을 맺고 있으며, 범죄혐의자 등에 대한 범죄수사상의 국제적 협력을 위한 기구로 국제형사경찰기구(Interpol)가 있다.

Ⅲ. 인적 적용범위

형법의 인적 적용범위란 형법이 어떤 사람에게 적용되는가라는 문제이다. 우리

---

29) 형법 제7조(외국에서 집행된 형의 산입)를 2016년 12. 29. 전문개정.

30) 헌재 2015. 5. 28, 2013헌바129(외국에서 실제로 형의 집행을 받았음에도 불구하고 우리 형법에 의한 처벌 시 이를 전혀 고려하지 않는다면 신체의 자유에 대한 과도한 제한이 될 수 있으므로 입법자는 국가형벌권의 실현과 국민의 기본권 보장의 요구를 조화시키기 위하여 형을 필요적으로 감면하거나 외국에서 집행된 형의 전부 또는 일부를 필요적으로 산입하는 등의 방법을 선택하여 청구인의 신체의 자유를 덜 침해할 수 있음에도, 이 사건 법률조항과 같이 우리 형법에 의한 처벌 시 외국에서 받은 형의 집행을 전혀 반영하지 아니할 수도 있도록 한 것은 과잉금지원칙에 위배되어 신체의 자유를 침해한다); 대판 2017. 8. 24, 2017도5977－전원합의체(형법 제7조에서 '외국에서 형의 전부 또는 일부가 집행된 사람'이란 문언과 취지에 비추어 '외국 법원의 유죄판결에 의하여 자유형이나 벌금형 등 형의 전부 또는 일부가 실제로 집행된 사람'을 말한다고 해석하여야 한다. 따라서 외국에서 무죄판결을 받은 사람은, 설령 그가 무죄판결을 받기까지 상당 기간 미결구금되었더라도 이를 유죄판결에 의하여 형이 실제로 집행된 것으로 볼 수는 없으므로, '외국에서 형의 전부 또는 일부가 집행된 사람'에 해당한다고 볼 수 없고, 그 미결구금 기간은 형법 제7조에 의한 산입의 대상이 될 수 없다).

형법은 대한민국의 영역 내에 있는 내외국인 모두에게 적용됨을 원칙으로 하며, 이에는 국내 헌법상·국제법상 특례규정이 있다.

1. 국내법상의 특례

(1) 대통령의 특권

대통령은 내란 또는 외환의 죄를 범한 경우를 제외하고는 재직 중 형사상의 소추를 받지 아니한다(헌법 제84조). 이 규정은 헌법상 대통령의 형사상의 특권조항으로서 대통령은 재직 중에는 위의 범죄를 제외하고는 국가의 소추권행사가 헌법에 의해 장애를 받게 되어 **공소시효가 정지**되는 것으로 보아야 한다.[31] 그러나 퇴직 후에는 정지된 공소시효가 다시 진행되므로 형사소추도 가능하다.

(2) 국회의원의 면책특권

국회의원은 현행범인 경우를 제외하고는 회기 중 국회의 동의없이 체포 또는 구속되지 아니하며(헌법 제44조 제1항), 국회의원이 회기 전에 체포 또는 구금된 때에는 현행범인이 아닌 한 국회의 요구가 있으면 회기 중 석방된다(제44조 제2항). 또한 국회의원은 국회에서 직무상 행한 발언과 표결에 관하여 국회 외에서 책임을 지지 아니한다(헌법 제45조). 국회의원의 면책특권은 신분 중의 행위에 대하여는 국회의원 신분의 상실 후에도 인정되므로 **인적(신분적) 처벌조각사유**로 봄이 타당하다.[32]

2. 국제법상의 특례

(1) 치외법권을 가진 외교사절

국제법상 치외법권을 가지는 **외국의 원수**, **외교관**(대사, 공사, 영사 등) **및 그 가족**, **내국인이 아닌 종자**(從者)에 대하여는 주재국의 형사재판권이 미치지 않는다.[33] 따라

31) 헌재 1995. 1. 20, 94헌마246.

32) 김일수/서보학, 56면; 박상기, 49면; 오영근, 81면; 임웅, 62면.
대통령과 국회의원에 대한 특례규정의 성격에 대하여, ① 형법이 적용되지 않는 예외적인 경우라는 견해도 있으나, ② 대통령이나 국회의원도 당연히 형법의 적용을 받고, 다만 대통령은 내란·외환의 죄를 제외하고는 재직중 형사상의 소추를 받지 않을 뿐이며, 국회의원에게 인정되는 면책특권도 인적 처벌조각사유에 해당할 뿐이다.

33) 1961년의 Wien 협약 제31조 제1항에는 “외교관은 접수국의 형사관할권으로부터의 면제를 누린다.”라고 규정하여 면책특권을 인정하고 있다. 이 경우에 ① 형법의 적용이 배제되는지, 또는 ② 형법은 적용되지만 인적 처벌조각사유에 해당하는지, 아니면 ③ 재판권을 행사할 수 없는

서 이러한 외국사절 등에 대한 공소가 제기된 경우에 법원은 형사소송법 제327조 제1호의 '피고인에 대하여 재판권이 없는 때'에 해당하므로 **공소기각의 판결**을 선고하게 된다.

(2) 외국군대

주한미군의 경우에는 "미군의 지위에 관한 한미행정협정"(SOFA: Status of Forces Agreement, 1967. 2. 9. 조약 제232호)에 의해 협정 내용에 따라 일정 부분 형사재판권의 행사가 배제되고 있다.

경우에 해당하는 지에 대해 학설이 대립한다. 한미행정협정에 대해서도, ① 형법의 적용이 배제된다는 견해와, ② 형법이 적용되지만 재판관할권의 행사가 제한될 뿐이라는 견해가 대립한다.

제 2 편

범 죄 론

제 1 장 범죄의 기본개념

제 1 절 범죄의 의의와 종류

Ⅰ. 범죄의 의의

형법은 범죄와 형벌 및 보안처분과의 관계를 규율하는 법규범의 총체를 말한다. 이때 범죄의 개념을 어떻게 이해할 것인가라는 점은 범죄이론(범죄론)의 연구대상 내지 범위인 동시에 이론형법해석학에 있어서 범죄이론의 출발점이기도 하다.

1. 범죄의 개념

(1) 형식적 범죄개념

형식적 범죄개념(der formale Verbrechensbegriff)이란 **죄형법규에 의하여 형벌을 과하는 행위**를 범죄로 이해하는 입장이다. 죄형법규에 범죄로 규정하고 있는 행위를 범죄로 이해하고, 이러한 범죄는 **구성요건해당성과 위법성 및 책임의 3요소**로 이루어지므로 범죄란 구성요건에 해당하고 위법하며 유책한 행위를 의미한다고 말하게 된다. 형식적 범죄개념은 죄형법정주의에 의한 형법의 보장적 기능과 형법해석의 기준이 되는 범죄개념이다. 그러나 형식적 범죄개념은 어떤 행위를 범죄로 해야 할 것인가에 대한 판단의 준거기준을 제시하지 못하는 결점이 있다.

(2) 실질적 범죄개념

법질서공동체가 어떠한 행위를 범죄로서 처벌할 수 있는가, 즉 범죄의 실질적 요건이 무엇인가를 밝히는 범죄개념이다. 따라서 범죄란 형벌을 과할 필요성이 있는 불법을 내용으로 하는 **'공동생활의 존립과 기능을 현저히 침해하는 사회적 유해성'** 또는 **'법익을 침해하는 반사회적 행위'**를 말한다. 단순한 반도덕성이나 반윤리성만으로는 실질적 범죄라 할 수 없다. 따라서 실질적 범죄개념은 입법자가 무엇을 범죄로 규정할 것인가에 대한 기준을 제시해주므로 **'형사정책적 범죄개념'**이라 할 수 있고, 직접적으로는 형법해석의 기준이 될 수는 없으나 간접적으로는 형법해석에도 관련된다고 할 수 있다.

형식적 범죄개념과 실질적 범죄개념은 상호보완적 관계에 있다. 전자는 가벌성판단에 유용한 체계적인 범죄인식의 방법론을 제공하고 법관에 의한 자의적인 법적용과 해석을 방지하는 역할을 하며, 후자는 가벌성이 있는 범죄의 실체를 제공해주므로 입법자에 의한 자의적 입법을 방지하는 형사입법의 지침역할을 수행한다. 따라서 형식적 범죄개념은 실질적 범죄개념에 의하여 그 내용이 충족되어 형성되고, 형법해석과 적용은 이러한 형식적 범죄를 대상으로 하게 된다.

2. 실질적 범죄의 본질

실질적 범죄개념의 본질이 무엇이냐에 대하여는 권리침해설, 의무위반설, 법익침해설, 법익침해와 의무위반의 결합설이 있다.

(1) 권리침해설

범죄를 개별적인 권리침해로 이해하는 입장으로 포이어바흐에 의해 주장되었다. 그러나 이 학설은 권리침해를 내용으로 하지 않는 범죄를 설명할 수 없고, 권리로 법에 의해 인정된 것이므로 순환론에 빠지는 모순이 있다.

(2) 의무위반설

범죄를 의무위반으로 이해하는 입장으로 갈라스(Gallas)가 주장하였다. 과실범은 주의의무위반을 전제로 하고 고의범의 경우도 작위범은 부작위의무위반이고 부작위범은 작위의무위반이라는 점에서는 일면 타당하나, 모든 범죄를 의무위반만으로 이해할 수 없다는 점을 간과하고 있다. 예컨대 과실범의 경우에 주의의무위반이 있지만 결과가 발생하지 않는 경우에는 과실범의 미수가 되는데 우리 형법은 과실범의 미수를 처벌하지 않고 있다. 따라서 범죄란 의무위반만이 아니라 법익침해 내지 위험이라는 결과의 발생이 요구된다고 하겠다.

(3) 법익침해설

법익침해 또는 **법익침해위험**이라는 **결과반가치**만을 범죄의 본질로 이해하는 입장으로서 종래에는 통설이었다. 그러나 범죄는 법익침해 또는 침해의 위험이라는 결과반가치만으로는 범죄의 본질을 파악할 수 없다. 예컨대 생명이라는 법익이 침해된 사망이라는 결과만으로는 살인죄인지 과실치사인지 또는 상해치사인지 구별할 수가 없다. 행위자의 내심적 의사를 고려함으로써 비로소 구별이 가능하게 된다. 따라서 행위자의 행위반가치인 고의의 내용과 과실유무를 고려해야만이 범죄의 본질을 제대로 파악할 수 있게 된다.

(4) 법익침해와 의무위반의 결합설

법익침해와 의무위반의 결합설은 범죄의 본질을 법익침해 또는 위험이라는 결과반가치와 행위실행의 방법과 정도라는 행위반가치를 모두 고려하여 파악하는 견해이다. 불법의 실체는 결과반가치와 행위반가치로 이루어져 있으므로 **결합설이 타당**하다.

(5) 결 어

실질적 의미의 범죄개념은 시대와 장소에 따라 법익침해 내지 침해의 위험성과 의무위반의 내용은 달라질 수 있으므로 가변적이라 할 수 있다. 따라서 현저한 법익침해 내지 침해의 위험성 및 의무위반행위는 범죄이고, 이에 반해 그것이 경미한 경우에는 범죄라고 할 수 없다.

Ⅱ. 범죄의 성립조건·처벌조건·소추조건

1. 범죄의 성립조건

형식적 범죄개념은 구성요건해당성, 위법성, 책임성이라는 범죄성립의 3요소를 개념요소로 하고 있다. 즉 형식적 범죄란 구성요건에 해당하고 위법하며 유책한 행위라 할 수 있다. 범죄의 성립요소를 충족하여 어떤 하나의 범죄가 완성되는가를 심사하여 판단하기 위해서는 이러한 범죄성립요소에 대한 단계적 심사가 이루어지는 것이 사고경제적으로 필요하고 논리체계적이다. 따라서 범죄성립요소에 대한 심사는 **구성요건해당성판단 → 위법성판단 → 책임판단**의 순으로 행해진다.

(1) 구성요건해당성

구체적인 사실이 범죄의 구성요건에 해당하는 성질을 구성요건해당성이라 한다. 형법 각 본조에 기술되어 있는 추상적인 불법행위의 유형을 **'추상적 구성요건'** 또는 **'법적 구성요건'** 이라 하고, 여기에 해당하는 구체적 사실이 발생한 경우에는 구성요건해당성이 있다고 평가하게 된다. 구성요건에 해당하는 구체적인 범죄사실은 **'구성요**

건해당사실'이라 한다. 예컨대 형법 제250조 제1항의 살인죄에 있어서 "사람을 살해한 자"라는 기술이 구성요건이다. 이러한 구성요건에 해당하는 구체적인 사실이 발생하여 이러한 구성요건에 부합된다고 평가될 때 구성요건해당성이 있다고 평가하게 된다. 모든 죄형법규는 이러한 구성요건과 이에 따른 처벌을 내용으로 한다.

(2) 위 법 성

구성요건에 해당하는 구체적인 사실이 법질서전체의 입장에 비추어 보아 허용되지 않는다고 부정적 가치판단을 받게 될 때 위법하다고 평가하게 되는데, 위법성이란 구성요건에 해당하는 행위의 법률상 허용되지 않는 성질을 말한다. 구성요건에 해당하는 사실이 발생한 경우에 이미 구성요건 자체가 불법행위유형을 규정하고 있으므로 특별한 사정이 없는 한 원칙적으로 구성요건에 해당하는 행위는 위법성을 추정하게 한다.

그러나 예외적으로 구성요건해당성이 있는 경우라 하더라도 특별한 사정으로 인해, 예컨대 정당방위로 사람을 살해한 경우와 같이 비록 살인죄의 구성요건해당성은 있지만 법률상 허용되는 행위로서 위법성이 조각되어 범죄가 성립되지 않는 경우도 있다. 이와 같이 구성요건에 해당하는 행위라 하더라도 일정한 사정으로 인해 법질서에 의하여 허용됨으로써 위법성이 조각되는 경우를 **위법성조각사유** 내지 **정당화사유**라 한다. 형법의 제20조부터 제24조까지 규정되어 있는 정당행위, 정당방위, 긴급피난, 자구행위, 피해자의 승낙에 의한 행위가 이에 해당한다.

(3) 책 임

일정한 행위가 구성요건에 해당하고 전체적인 법질서에 배치되어 위법하다고 평가되더라도 이러한 불법행위를 한 행위자 개인을 비난할 수 있는 사정이 존재해야만 범죄가 성립한다. 즉 위법행위자의 유책한 행위가 있어야 한다. 책임이란 위법행위를 한 행위자 개인에 대한 **비난가능성**을 말한다. 이때 행위자에 대한 비난을 불가능하게 하는 사유를 **책임조각사유** 내지 **면책사유**라고 하며, 비난의 정도를 감경시키는 사유를 **책임감경사유**라고 한다.

책임조각사유로는 책임무능력자인 형사미성년자나 심신상실자, 정당한 이유 있는 법률의 착오, 강요된 행위 등을 들 수 있고, 책임감경사유로는 한정책임능력자인 심신미약자, 농아자 등이 여기에 해당한다.

2. 범죄의 처벌조건

범죄는 그 성립요건을 충족하더라도 범죄에 대한 **형벌권을 발생시키는 전제조건**이 충족되어야만 처벌이 가능하다. 이때 범죄에 대한 형벌권발생의 전제조건을 **'처벌조건'** 또는 **'가벌성의 요건'**이라 하고, 처벌조건에는 **'객관적 처벌조건'**과 **'인적 처벌조각사유'**가 있으며, 인적처벌조각사유를 **'소극적 가벌성의 조건'**이라 부르기도 한다.

범죄의 처벌조건은 범죄의 성립요건이 아니고, 일단 성립된 범죄의 형벌권을 발생시키는 전제조건이므로 특별한 사정이 없는 이상 당연히 가벌성이 충족된다. 따라서 ① 처벌조건이 결여되어 형벌권의 발생이 저지되는 경우에도 **정당방위**는 가능하며, ② **처벌조건에 대한 착오**는 고의나 위법성인식의 내용이 아니므로 범죄성립에 영향이 없고, ③ 처벌조건이 결여되더라도 **공범성립**은 가능하나 **간접정범**은 성립될 수 없으며, ④ 처벌조건이 결여되더라도 범죄는 일단 성립하므로 무죄판결이 아니라 **'형의 면제판결'**이라는 실체재판을 하게 되고, ⑤ 범죄성립요건이 결여되어 무죄판결을 받으면 **형사보상청구권**이 발생하나, 처벌조건이 결여된 경우에는 원칙적으로 형사보상을 청구할 수 없다.

(1) 객관적 처벌조건

범죄의 성립여부와 관계없이 형벌권의 발생을 저지하는 외부적·객관적 사유를 말한다. 예컨대 파산범죄의 파산선고가 확정된 때, 사전수뢰죄의 공무원 또는 중재인이 된 때 등이 이에 해당한다.

(2) 인적 처벌조각사유

행위자의 특수한 신분관계로 인하여 이미 성립된 범죄에 대해 형벌권의 발생을 저지하는 사유를 **인적 처벌조각사유** 또는 **신분적 처벌조각사유**라고 말한다. 예컨대 중지미수에 있어서 자의(自意)로 중지한 자, 친족상도례(親族相盜例)에 있어서 배우자·직계혈족·동거친족, 국회의 면책특권에 있어서 국회의원 등의 신분이 이에 해당한다.

3. 범죄의 소추조건

어떤 범죄가 성립하고 형벌권이 발생하더라도 그 범죄를 소추하기 위해서는 소송법상 일정한 조건이 필요하다. 이 조건을 **'소추조건'** 또는 **'소송조건'**이라 하며, 이는 공소제기의 유효요건이므로 유·무죄에 관한 실체재판을 할 필요없이 **'공소기각 등**

의 **형식재판'** 을 통해 소송을 종결하게 된다. 이와 같이 소추조건은 실체법상의 범죄성립이나 가벌성과는 관계없는 형사소송추행의 유효요건이므로 형법소송법의 연구대상이다. 그러나 형법전에는 개별범죄의 성격에 따라 친고죄와 반의사불벌죄를 기술하고 있으므로 이에 대하여 언급하기로 한다.

그 밖에 특별법에 의해 행정관청의 **'고발'** 을 소추요건으로 규정하고 있는 경우도 있다. **조세범처벌법 제21조**[1]**나 관세법 제284조 제1항,**[2] **독점규제 및 공정거래에 관한 법률 제71조 제1항**[3]을 들 수 있다. 이것은 행정범에 있어서의 전문성, 합목적성, 자율성 등을 고려한 규정이다.

(1) 친 고 죄

고소권자의 고소가 있어야 공소를 제기할 수 있는 범죄를 말한다. 고소란 수사기관에 범죄사실을 신고하여 가해자를 처벌해달라는 의사표시를 하는 것을 말하는데, 이러한 고소가 있어야 비로소 소추할 수 있기 때문에, 이를 **'정지조건부범죄'** 라고도 한다. 친고죄를 규정하고 있는 입법취지는 ① 범죄자를 처벌하는 과정에 피해자의 명예훼손 등 오히려 피해자에게 불이익을 초래하게 될 우려가 되는 범죄의 경우에 피해자의 의사를 존중하거나 ② 범죄피해가 경미한 경우에 피해자의 의사를 존중해주려는 데 있다. **사자의 명예훼손죄, 모욕죄, 비밀침해죄, 업무상비밀누설죄** 등이 여기에 해당한다.

(2) 반의사불벌죄

반의사불벌죄란 피해자의 명시한 의사에 반해서 검사가 공소를 제기할 수 없는 범죄를 말한다. 반의사불벌죄는 친고죄와 달리 피해자의 의사와 관계없이 공소를 제기할 수 있으나 피해자가 처벌을 원하지 아니하는 의사표시를 한 때에는 처벌할 수 없으므로, 이를 반의사불벌죄 내지 **'해제조건부범죄'** 라고도 한다. **폭행죄, 존속폭행죄, 협박죄, 존속협박죄, 명예훼손죄, 출판물 등에 의한 명예훼손죄, 과실치상죄** 등이 여기에 해당한다.

---

1) 이 법에 따른 범칙행위에 대해서 국세청장, 지방국세청장 또는 세무서장의 고발이 없으면 검사는 공소를 제기할 수 없다(조세범처벌법 제21조).

2) 관세범에 관한 사건에 대하여는 관세청장이나 세관장의 고발이 없으면 검사는 공소를 제기하지 못한다(관세법 제284조 제1항).

3) 독점규제 및 공정거래에 관한 법률 제66조 및 제67조의 죄는 공정거래위원회의 고발이 있어야 공소를 제기할 수 있다(동법 제71조).

Ⅲ. 범죄의 종류

죄질의 경중에 따라 프랑스에서는 **중죄**(重罪), **경죄**(輕罪), **위경죄**(違輕罪)로 나누고, 독일에서는 **중죄**(重罪: Verbrechen)와 **경죄**(輕罪: Vergehen)로 나누기도 한다. 우리나라에서는 보호법익의 유형에 따라 개인적 법익에 대한 죄, 사회적 법익에 대한 죄 및 국가적 법익에 대한 죄로 유형화하여 범죄의 의미를 검토하는 것이 일반적이고, 우리 형법전의 입법체계는 대체로 국가적 법익에 대한 죄와 사회적 법익에 대한 죄 및 개인적 법익에 대한 죄의 순으로 기술되어 있다.

1. 결과범과 형식범

구성요건상 일정한 행위와 결과의 발생을 필요로 하는 범죄를 **결과범**(또는 **실질범**)이라고 하며 살인죄, 상해죄, 강도죄, 손괴죄 등 대부분의 범죄가 여기에 속하고, 상해치사죄를 비롯한 결과적 가중범도 여기에 속한다. 이러한 결과범에 있어서는 행위와 결과 사이에 **인과관계 및 객관적 귀속**이 필요하다.

그런데 결과범에 있어서 결과가 무엇인가에 대하여, ① 이를 사실상의 관점에서 **외계에서의 물리적·화학적 변화**라고 이해할 수도 있지만, ② 가치적 관점에서 **법익침해 또는 법익침해의 위험**이라고 이해할 수도 있다. 그러나 침해범과 위험범이 가치적 관점에서 보호법익에 대한 침해 또는 침해의 위험에 따라 구별되는 것과는 달리, 결과범과 거동범은 사실상의 관점에서 외부적 결과가 필요한가에 따라 구별하는 것이 타당하다.[4] 예컨대 추상적 위험범으로 해석되는 제164조의 방화죄는 ①의 견해에 의하면 방화행위가 소훼(燒燬)라는 상태에 도달하는 결과가 발생해야 방화기수가 되는 결과범이 되지만, ②의 견해에 의하면 거동범이 된다.

한편 구성요건상 결과의 발생이 요구되지 않고 일정한 행위만으로 성립되는 범죄를 **형식범**(또는 **거동범**)이라 한다. **폭행죄**, **주거침입죄**, **무고죄**, **위증죄** 등이 여기에 속한다. 형식범은 일정한 행위만으로 범죄가 성립하고 결과발생이 불필요하므로 인과관계 내지 객관적 귀속이 문제되지 않는다. 그러나 형식범이라 하더라도 구성요건적 행위를 완성하지 못한 경우에는 미수범이 성립할 수 있다. 예컨대 주거침입죄는 형식범이지만 타인의 주거에 대한 신체침입행위를 완성하지 못한 경우에는 주거침입죄의

---

4) 임 웅, 83면.

미수범이 된다.

2. 침해범과 위험범

구성요건의 해석에 의해 보호법익에 대한 침해정도에 따라 침해범과 위험범(위태범)으로 나눌 수 있고, 위험범은 다시 **구체적 위험범**과 **추상적 위험범**으로 나누어진다. 침해범과 위험범을 구별하는 실익은 기수·미수 및 인과관계의 필요성 여부에 있다. 즉 침해범의 경우에는 행위와 법익침해의 결과 사이에 인과관계가 문제되어 법익이 침해되어야 기수가 되지만, 위험범의 경우에는 행위로 인한 법익침해의 위험만으로 기수가 성립된다. 따라서 기수와 미수는 결과범에 있어서는 결과발생 여부에 의하여, 침해범에 있어서는 법익침해 여부에 의하여 구별되어진다.

(1) 침해범

구성요건이 보호하는 보호법익에 대한 현실적 침해발생을 필요로 하는 범죄를 말한다. 살인죄, 상해죄, 과실치사죄 등이 이에 해당한다.

(2) 위험범

보호법익에 대한 침해의 위험발생만으로 성립하는 범죄를 말한다. 유기죄, 방화죄, 통화위조죄, 업무방해죄, 명예훼손죄 등이 이에 해당한다. 위험범은 다시 법익침해의 **위험발생정도**인 구체적 위험발생과 일반적 위험발생에 따라 구체적 위험범과 추상적 위험범으로 나누어진다.

1) 구체적 위험범

법익침해의 **구체적·현실적 위험발생**을 요건으로 하는 범죄를 말한다. 구체적 위험범은 **'위험발생'**이 구성요건요소로 규정되어 있으므로 구체적 위험의 인식은 고의의 인식대상이 된다. 예컨대 자기소유건조물 등에의 방화죄(제166조 제2항)는 구성요건의 내용상 방화행위로 인하여 '공공의 위험'이 구체적·현실적으로 발생할 것을 필요로 하므로 구체적 위험범에 속한다. 그 외에도 일반물건 등의 방화죄(제167조 제1항), 중상해죄(제258조), 자기소유건조물 또는 일반물건에 대한 실화죄(제170조 제2항) 등이 이에 해당한다.

2) 추상적 위험범

법익침해의 **일반적·추상적 위험**이 있으면 구성요건이 충족되는 범죄를 말한다. 추상적 위험범에 있어서 추상적 위험은 구성요건의 요소가 아니므로 고의의 인식대상이 아니다. 예컨대 **현주건조물 등 방화죄**(제164조 제1항)는 현주건조물 등에 방화행위를 하면 일반적인 공공의 위험, 즉 추상적 위험이 발생하여 구성요건이 충족되는 추상적 위험범에 속한다. 그 외에도 추상적 위험범으로는 공용건조물 등에의 방화죄(제165조), 타인소유건조물 등에의 방화죄(제166조) 등이 있다. 추상적 위험범은 대부분 **형식범**에 속한다.

이에 반해 **위험인식의 정도**에 따라 **구체적 위험범**과 **추상적 위험범**을 구별해야 한다는 반대 견해[5]도 있다. 또한 결과범이고 침해범인 범죄(예컨대 살인죄, 강간죄 등)도 있지만, 결과범이면서 추상적 위험범인 범죄(예컨대 제164조의 방화죄, 제314조 제2항의 컴퓨터업무방해죄 등)도 있다. 이것은 결과범은 구성요건내용상의 사실상의 개념이고, 침해범은 구성요건해석상의 개념이기 때문이다. 따라서 기·미수의 구별에 있어서도 결과범은 사실적인 관점에서 판단하지만, 침해범은 가치적인 관점에서 판단하게 된다.

3. 계속범과 상태범

법익침해 내지 위험발생의 시기와 기수시기 및 범죄행위의 종료시기가 일치하느냐에 따른 구별이다.

(1) 계 속 범

계속범의 개념을 어떻게 볼 것인가에 대하여는 ① 구성요건적 행위가 시간적 계속성을 요하는 범죄를 계속범으로 보는 입장[6]과 ② 기수가 된 이후에도 범죄행위가 계속되는 것으로 평가되는 범죄를 계속범으로 보는 입장[7]의 대립이 있다. 생각건대 계속범이란 범죄완성(기수) 이후부터 범죄행위의 실질적 종료시까지 범죄행위가 계속되어 법익침해 내지 위험발생이 계속되는 범죄를 의미하지, 범죄완성에 어느 정도의 시간적 계속성이 요구되는 범죄를 의미하지 않는다. 따라서 **주거침입죄, 퇴거불응죄, 음화소지죄, 다중불해산죄, 직무유기죄, 체포·감금죄, 약취·유인죄** 등이 여기에 해당하며, 기수시기(범죄행위의 형식적 종료)와 범죄행위의 실질적 종료시기가 일치하지 않는다.

---

5) 정성근/박광민, 76면.
6) 이재상/장영민/강동범, 77면.
7) 임 웅, 85-86면.

(2) 즉 시 범

구성요건적 결과인 법익침해 또는 법익위태화의 결과발생과 동시에 범죄가 완성되고(기수범) 범죄행위도 종료되는 범죄를 **'즉시범'**(卽時犯) 또는 **'즉성범'**(卽成犯)이라 한다. 예컨대 살인죄, 상해죄 등 대부분의 범죄가 여기에 해당한다.

(3) 상 태 범

구성요건적 결과발생과 동시에 범죄는 즉시 완성되나(기수범), 완성된 이후에도 법익침해적인 위법상태가 계속되는 범죄를 말한다. 이러한 상태범의 경우에는 위법상태가 계속되더라도 그것이 새로운 법익이나 종래의 침해된 법익을 초과해서 법익을 침해하지 않는 이상, 기수범죄 이후의 행위자의 행위는 불가벌적이 된다(이를 이른바 **불가벌적 사후행위**라 한다). 예컨대 절도죄의 경우에 절도범이 절취물을 횡령·손괴하더라도 절도죄 이외에 따로 범죄가 성립되지 않는다. 강도죄, 사기죄, 공갈죄, 횡령죄, 배임죄 등이 이에 해당한다.

즉시범과 계속범을 구별하는 실익은 ① 공소시효의 기산점과, ② 기수 이후의 공범(방조범)성립여부, ③ 정당방위의 성립여부 등에 있다. 첫째, **공소시효의 기산점**은 기수가 된 때부터가 아니라 범익침해 내지 위태화라는 **범죄행위를 실질적으로 종료한 때부터**이므로 계속범은 기수시기와 공소시효의 기산점이 다를 수 있지만, 즉시범 내지 상태범은 기수시기와 공소시효의 기산점이 같다. 둘째, 계속범의 경우에는 기수범이 된 이후에도 방조범이 성립할 수 있으나, 즉시범의 경우에는 기수범이 된 이후에 방조범이 성립할 수 없다. 셋째, 정당방위는 위법한 침해행위가 계속되는 동안 가능하므로 계속범의 경우에는 기수 이후에도 침해행위가 종료될 때까지 정당방위를 할 수 있다. 즉시범은 기수범 성립과 동시에 법익침해가 종료되므로 기수범 성립 이후에는 침해의 현재성이 없으므로 정당방위가 불가능하다.

4. 일반범과 신분범 및 자수범

(1) 일 반 범

일반인 누구나 범죄행위의 주체로서 정범자가 될 수 있는 범죄를 일반범이라 한다.

(2) 신 분 범

구성요건이 일정한 신분을 가진 자를 행위주체로 제한하고 있는 범죄를 신분범이라 한다. 이때 신분이란 범인의 인적 관계인 특수한 지위나 상태를 말한다.

1) 진정신분범

일정한 신분있는 자에 의해서만 범죄가 성립하는 경우을 말한다. 예컨대 위증죄, 수뢰죄, 횡령죄 등을 들 수 있다. 진정신분범의 경우에 신분없는 자도 신분자와 신분범의 공동정범이 될 수 있다. 그러나 신분범이고 자수범인 위증죄의 경우에는 신분없는 자가 공동정범이 될 수 없다.

2) 부진정신분범

신분없는 자에 의하여도 범죄는 성립하나 신분으로 인하여 형이 가중되거나 감경되는 범죄를 말한다. 존속살해죄, 업무상횡령죄, 영아살해죄 등이 이에 해당한다. 부진정신분범에 있어서 신분없는 자는 그 죄의 정범이 될 수는 없으나 공범이 될 수는 있다.

신분범에 있어서 공범의 성립문제에 대하여는 형법 제33조가 적용된다. 진정신분범인 수뢰죄에 있어서는 뇌물인줄 알고 수뢰한 공무원의 처인 경우에는 제33조 본문에 의하여 수뢰죄의 공동정범이 성립된다. 그러나 부진정신분범인 업무상횡령죄의 경우 업무에 종사하지 않는 자는 제33조 단서에 의하여 단순횡령죄로 처벌된다.

(3) 자수범

자수범이란 행위자 자신의 직접적인(자수적인) 구성요건의 실현에 의하여 범죄의 특수한 행위반가치가 실현됨으로써 성립하는 범죄를 말한다. 예컨대 위증죄(제152조 제1항)에 있어서는 '법률에 의하여 선서한 증인'이 직접적으로 허위의 진술을 하는 경우에만 위증죄가 성립하게 된다.8) 자수범에 있어서 구성요건을 직접 실현하지 않는 자는 단독정범이나 공동정범, 간접정범이 될 수 없으나, 협의의 공범인 교사범이나 종범의 성립은 가능하다. 그러므로 위증을 하도록 교사하거나 방조한 자는 **위증교사·방조범**으로 처벌된다.

5. 작위범과 부작위범

작위범은 신체적 거동에 의하여 구성요건적 행위를 실현하는 범죄이고, 부작위범은 구성요건적 행위를 부작위(법적 작위의무 불이행)에 의하여 실현하는 범죄를 말한

---

8) 준강간죄에 대하여는 자수범이라는 견해와 자수범이 아니라는 견해가 대립한다. 준간강죄는 심신상실 또는 항거불능상태에 있는 부녀자에 대하여 정신이상자를 사주하여 간음하게 하는 간접정범의 성립이 가능하므로 자수범이 아니라는 입장이 타당하다고 생각된다.

다. 부작위범에는 **진정부작위범**과 **부진정부작위범**이 있다.

6. 고의범과 과실범

범죄행위시에 범죄자의 내심적 의사의 상태에 따른 구별이다. 고의범은 행위자가 행위시에 범죄의 의미와 결과를 인식하고 그 결과를 인용하거나 의욕하는 경우를 말하고, 과실범은 행위자가 범죄결과를 예견하고 회피해야 할 주의의무를 위반하여 구성요건적 결과를 실현하는 범죄를 말한다.

7. 단일범과 결합범

단일범은 구성요건상 단일한 행위로서 성립되는 범죄이고, 결합범은 단일행위로도 범죄가 성립되는 행위를 포함한 두 개 이상의 행위가 결합되어야 성립할 수 있는 범죄를 말한다. 전자로는 살인죄, 상해죄, 폭행죄, 절도죄 등 대부분의 범죄가 여기에 속하고, 후자의 예로는 강간죄(폭행 또는 협박행위와 간음행위의 결합), 강도죄(폭행 또는 협박행위와 재물취득행위의 결합) 등을 들 수 있다.

8. 자연범과 법정범

자연범 내지 **형사범**이란 행위의 성질상 그 자체가 반도덕적이고 반윤리적이므로 이를 처벌하는 법률의 제정을 기다릴 필요없이 당연히 범죄로 평가되는 범죄를 말한다. 살인죄, 강도죄, 강간죄 등이 이에 해당한다.

법정범 내지 **행정범**이란 그 행위 자체가 반윤리적, 반도덕적 성질을 띠는 것은 아니지만 국가가 행정목적을 달성하기 위하여 법률에 의하여 처벌규정을 둠으로써 비로소 범죄가 되어 반사회성을 띠는 것으로 평가되는 범죄를 말한다. 행정상의 각종 단속법규나 각종 인·허가위반, 보고의무나 신고의무위반에 대한 제재 등이 이에 해당한다.

그러나 자연범과 법정범의 구별은 그 기준이 애매하다고 할 수 있고, 본질적·절대적으로 구별이 가능하다고도 할 수 없다. 왜냐하면 양자를 구별하는 기준이 되는 행위 그 자체의 반윤리성 여부는 그 사회의 도덕관념에 따라 가변적이고 상대적이기 때문이다. 예컨대 교통관련 단속법규에 위반하는 행위는 행정상의 단속목적으로 처벌규정을 두었지만, 오늘날에 와서는 교통법규위반행위의 성질이 반윤리적 행위라고도 볼 수 있기 때문이다.

따라서 자연범과 법정범의 구별은 상대적인 것으로서, 전자는 처벌대상인 행위가 반윤리적·반도덕적 성격을 강하게 지닌 범죄이고, 후자는 행정목적달성을 위해 합목적적·기술적 성격을 강하게 띠는 범죄라 할 수 있다.

자연범과 법정범의 구별실익은 입법정책에 있어서 유효한 기준이 될 것이다. 즉 자연범과는 달리 행정범의 경우에는 형법총칙의 일부적용배제규정, 양벌규정, 인과관계 추정규정, 벌금형을 과태료 등의 행정제재로의 전환, 영업허가취소나 영업정지처분이나 행정관청의 고소·고발의무의 부과 등에 관한 규정의 설정에 대하여 보다 적극적인 입장을 취하게 될 것이다.

제 2 절 형법상 행위론

Ⅰ. 서 론

1. 행위론의 의미

범죄를 '구성요건에 해당하고 위법하며 유책한 행위'라고 정의하는 것은 '범죄는 행위이다'라는 기본명제를 전제로 하고 있다. 즉 범죄행위가 형법적 평가의 대상이 되기 위해서는 존재론적 혹은 규범론적으로 최소한 행위로서의 성질을 지녀야 함을 의미한다. 그리고 이러한 범죄행위라는 실체를 대상으로 한 구성요건해당성, 위법성, 책임이라는 평가개념은 이러한 범죄행위의 속성 내지 술어적 의미를 지니고 있다. 따라서 형법학에 있어서 범죄가 무엇이고 어떤 요소로 이루어져 있는가를 체계적으로 밝히기 위해서는 먼저 행위개념의 본질을 밝히는 작업이 선행되어야 한다.

그러므로 형법상 행위란 무엇인가에 대한 논의인 행위론은 범죄론의 출발점인 동시에, 형법학이 인간행위를 전제로 가치평가를 내리는 규범해석학이므로 인간행위의 의미를 정확히 파악하는 것이야말로 형법학의 출발점이라고도 할 수 있다.

또한 법치국가의 원리에서 보더라도 형벌을 가하기 위해서는 인간의 행위를 전제로 하고, 이때에 형법상의 비행위는 처음부터 형법상의 평가대상에서 제외시키는 것이 논리적으로나 사고경제적으로도 정당하고 합목적적이기 때문에 형법상 행위개념을 어떻게 이해할 것인가가 중요하며, 이러한 점을 고려해보면 형법상 행위개념은 **존재론적 내지 규범론적으로 전구성요건적(前構成要件的) 행위개념**이 되어야 한다.

지금까지 역사적으로 격심한 논쟁을 벌이면서 발전되어온 행위론에는 **인과적 행위론, 목적적 행위론, 사회적 행위론, 인격적 행위론** 그리고 **행위론거부의 입장**[9] 등이 있다.

범죄체계론상 인과적 행위론, 목적적행위론 및 사회적행위론은 구성요건의 앞 단계에서 형법상의 행위인가 여부를 판단하므로 **'전(前)구성요건적 행위론'**이며 오늘날 지배적인 견해이기도 하다.

이에 반해 형법상 행위론에 대한 논쟁을 무의미하다고 하여 부정하는 행위론 거부의 입장에서는 독자적으로 형법상 행위개념을 정립하지 않고 구성요건단계에서부터 인간의 행위가 구성요건에 해당하는 구성요건적 행위인가를 판단하게 되므로 **'구성요건적 행위론'**이라 할 수 있다.

아래에서는 각 행위론의 내용을 역사적으로 발전되어온 순서에 따라 그 당부를 검토하기 전에, 먼저 행위개념의 정립은 이론형법학에서 어떠한 기능을 수행하거나 수행해야 하는가에 대하여 먼저 살펴보기로 한다.

2. 행위개념의 기능

형법상 행위개념을 독자적으로 정립해야 하는 이유와 그 내용을 파악하기 위해서는 역설적으로 형법상의 행위개념이 지닌 기능을 살펴봄으로써 이러한 기능을 가장 효과적으로 수행하는 행위개념을 찾을 수 있다. 동시에 이러한 기능적 행위개념의 정립과 독자적인 평가단계를 상정하는 필요한 이유이기도 하다.

형법상 독자적인 행위개념의 정립이 필요하다는 입장에서는 작위, 부작위, 고의행위, 과실행위 등 다양한 범죄행태를 모두 포섭하여 설명할 수 있는 상위의 행위개념이 되어야 하므로 일반적으로 구성요건의 앞 단계에서 행위개념을 정립하는 **전(前)구성요건적 행위개념**을 취하게 된다.[10] 그리고 이러한 행위개념의 기능을 가장 잘 설명할 수 있는 행위론의 입장을 지지하게 될 것이다.

---

9) 오영근, 107면; 허일태, "형법상 행위개념의 재구성", 차용석교수화갑기념논문집, 1994, 3면 이하 참조.

10) Bockelmann, Eser, Gallas, Klug, Noll, Roxin, Schmidhäuser, Schönke/schröder/Lenckner 등.

그러면 이러한 행위개념은 어떠한 기능 내지 역할을 수행하는가에 대하여 **마이호퍼**(Maihofer)는 **한계기능, 분류기능, 결합기능**으로 분류하여 이를 설명하고 있는데, 그 내용을 살펴보면 다음과 같다.[11]

(1) 한계기능(한계요소)

형법상 행위개념은 형법상 의미있는 행위와 의미없는 행위를 구별하여 한계지우는 기능을 수행해야 한다. 말하자면 행위자의 의사작용이 없는 단순한 거동이나 조건반사적 동작(예컨대 수면 중의 무의식적인 동작)은 인격의 표현이라고 볼 수 없으므로 이러한 행위는 형법상의 행위개념에서 제외되는 한계기능을 충실히 수행할 수 있는 행위개념이 되어야 한다. 한계요소로서의 기능은 **행위개념의 실질적 기능**을 의미한다.

(2) 분류기능(근본요소)

형법상의 행위개념은 작위와 부작위, 고의행위와 과실행위 등 다양한 범죄행태를 모두 포섭하여 설명할 수 있는 통일된 개념이 되어야 한다. 이러한 기능을 **'근본요소로서의 기능'** 또는 **'기본요소로서의 기능'**이라고도 한다. 행위개념은 범죄체계상 상위개념이 되어야 한다. 분류기능은 **행위개념의 논리성**을 의미한다.

(3) 결합기능(결합요소)

범죄구성체계를 고려해볼 때 형법상 행위개념은 범죄체계론의 출발점이 되고 이러한 범죄체계의 각 구성부분은 행위개념을 통하여 서로 연결되는데, 이를 행위개념의 연결요소로서의 기능 또는 결합요소로서의 기능이라 한다. 즉 형법상의 행위개념은 **행위 → 구성요건해당성 → 위법성 → 책임 → 형벌**의 순서로 행해지는 불법판단과 책임판단 등의 가치판단을 연결하는 기능을 수행해야 한다는 것이다. 이러한 기능을 **'연결요소로서의 기능'**이라고도 하며, 결합기능은 **행위개념의 체계성**을 의미한다.

Ⅱ. 인과적 행위론

1. 내 용

인과적 행위론이란 19세기 자연과학적 사고의 영향을 받아 성립된 자연주의적 행위개념이다. 이에 의하면 행위란 **"유의한 신체적 행태"**, **"일정한 의사에 의한 신체적**

---

11) Jescheck은 행위개념의 기능을 한계기능, 분류기능, 정의기능, 결합기능으로 분류하고 있다. 정의기능이란 '범죄는 행위이다'라고 정의내릴 경우에 행위가 지닌 기능을 말한다.

동작 또는 태도", "일정한 의사에 의한 외계의 변화야기" 등 행위자가 어떤 의사를 가지고(유의성) 그에 따른 신체적 태도(동작 또는 정지)만 있으면 형법상의 행위로 보는 입장이다. 이 견해는 행위자가 가진 유의성을 신체적 태도를 야기하는 자연과학적 원인에 불과하다고 보기 때문에 **'자연주의적 행위론'** 또는 **'인과적 행위론'**이라 하게 된다.

인과적 행위론은 행위개념 속에서 행위자의 의사내용을 고려하지 않는 행위론이다. 따라서 행위자의 의사내용인 주관적·정신적인 요소는 책임단계에 가서 비로소 검토하게 되며, 행위, 구성요건해당성, 위법성 심사단계까지는 객관적으로 인과적인 외부세계의 변화만을 고려하여 판단하면 충분하다는 입장을 취하게 된다.[12)]

2. 비　　판

그러나 인과적 행위론은 다음과 같은 비판을 면할 수 없다.

(1) 행위자의 의사내용을 행위단계에서 고려하지 않고는 구성요건단계에서 구성요건해당성을 확정지을 수 없는 범죄체계론상 어려움이 발생한다. 예컨대 갑의 행위로 을이 사망한 경우에 갑의 내심적 의사내용을 고려함으로써 비로소 살인죄, 상해치사죄, 폭행치사죄, 과실치사죄 등 어느 구성요건에 해당하는지를 파악할 수 있게 된다. 이 점은 행위자의 의사내용이 행위요소임을 의미한다.

(2) 부작위범에 있어서 작위의무 불이행이라는 부작위행위를 합리적으로 설명할 수 없게 된다. 즉 부작위행위는 자연과학적 의미에서 결과발생에 인과적으로 기여하는 외부적 신체적 태도라 할 수 없으므로 이를 설명할 수 없게 된다. 자연주의적·인과적 행위론으로는 규범적·가치평가적인 행위개념을 포섭할 수 없게 된다.

(3) 인과적 행위론은 결과발생에 인과적으로 기여한 원인행위는 무한히 연쇄적이므로 직접적인 실행행위와 의미연관이 없는 원인행위까지도 자연주의적·인과적 의미에서는 행위에 포함되므로 행위개념을 정립하는 목적인 한계기능을 제대로 수행하지 못하게 된다. 예컨대 살인범의 살인행위가 결과발생의 직접적 원인행위이지만 더 나아가 인과적 의미에서는 살인범을 출산한 행위도 인과적 행위에 포함되는 것으로 이해해야 하는 오류가 생긴다.

---

12) 베링(Beling), 리스트(Liszt), 메츠거(Mezger), 바우만(Baumann), 베버(Weber) 등의 입장이다.

III. 목적적 행위론

인과적 행위론이 행위를 '**유의적(有意的)인 인과적 과정**'으로 보는데 반해서, 목적적 행위론은 인간행위의 본질을 '**목적활동의 수행**'으로 이해하고 있다. 즉 인간은 결과를 예견하고 예견된 결과를 실현하기 위하여 인과관계를 지배·조종하는 목적적 활동을 한다는 것이다. 목적적 행위론은 이러한 행위의 **인과성**과 **목적성**에 기초한 사물논리적 구조에 따른 **존재론적·현상학적 행위개념**을 정립하고자 하는 이론이다. 목적적 행위론은 1930년대 독일의 형법학자 벨첼(Welzel)이 주장한 이래로 2차 대전 후에는 지배적인 학설이 되었고, 우리나라에도 1950년대에 소개되기 시작하여 1970년대 전반까지 다수학자의 지지를 받았던 적이 있다.

인간행위의 본질이 자연과학적 인과성에 있는 것이 아니라 행위자가 일정한 목표를 설정하고 그가 알고 있는 인과적 지식을 이용하여 이를 실현하기 위하여 목적적으로 지배·조종하는 **목적활동성**에 있다고 하여, 구성요건실현의사인 고의를 목적성과 동일시한다. 따라서 고의는 행위요소인 동시에 주관적 구성요건요소가 된다. 목적적 행위론의 입장을 따르는 학자로는 니제(Niese), 부쉬(Busch), 마우라흐(Maurach), 슈트라텐베르트(Stratenwerth) 등을 들 수 있다.

1. 내 용

(1) 인간행위는 **목적활동성의 작용**이고 행위자의 목적성은 행위자의 실현의사, 즉 고의이다.

(2) 목적성은 고의범에 있어서는 법적구성요건의 실현의사이므로 **목적성**은 고의와 동일하다. 따라서 구성요건적 행위에 있어서 고의는 책임요소가 아니라 **주관적 구성요건요소**가 되며, 불법의 실체를 이루는 **주관적 불법요소**가 된다.

(3) 과실행위의 본질은 주의의무위반에 있으므로, 과실범에 있어서도 구성요건적 결과 이외의 사실을 지향한 목적적 행위가 있으므로 과실행위도 목적적 행위라고 한다. 예컨대 등산객을 동물로 오인하여 총을 발사하여 사망한 경우에 살인에 대한 목적적 행위가 아니라 동물에 대한 사냥행위가 목적적 행위라고 설명한다.

2. 평가 및 문제점

목적적 행위론은 20세기 형법학에 있어서 행위론으로는 결정적인 지지를 얻지 못했지만, **범죄론체계**를 크게 변화시키는 데는 결정적 역할을 하여 형법학의 코페르니쿠스적 전환을 가져왔다. 즉 종래 인과적 행위론이 책임요소로 인정해오던 고의·과실은 주관적 구성요건요소 내지 주관적 불법요소의 지위를 갖게 되었고, 위법성인식이 고의에서 분리되어 독자적인 책임요소가 되어 법률의 착오시에 책임설에 의해 해결하게 되었으며, 위법성이론에서도 주관적 정당화요소가 일반화되었다.

그러나 목적적 행위론이 행위론으로서의 기능을 충실히 수행할 수 있느냐에 대하여는 다음과 같은 비판을 면할 수 없다.

(1) 목적적 행위론은 인과적 행위론의 **자연주의적 인과독단**(因果獨斷)으로부터는 해방되었지만 **자연주의적 목적독단**에 빠져 있다. 또한 목적성을 고의와 동일시함으로써 구성요건적 고의가 법질서에 의해 결정되기 때문에 구성요건에 선재하는 행위개념이 될 수 없으므로 진정한 존재론적 행위개념이 아니다.

(2) 과실행위는 목적적 조종의 방향이 구성요건적 결과 이외의 일상적인 행위이므로 조종과정의 과실은 행위의 목적성의 요소가 될 수 없다. 목적적 행위론은 **과실범**의 목적성을 설명하는 데는 실패했다고 할 수 있다. 따라서 고의범과 과실범의 통일된 행위개념의 정립이 불가능하다.

(3) 규범적으로 기대되는 행위를 하지 않은 것을 부작위라고 하는데 잠재적 목적성이라는 개념으로는 **부작위범**을 설명할 수 없다. 부작위는 목적적 의사활동이나 인과과정에 대한 목적적 조종이 없으므로 목적적 행위라 할 수 없고 존재론적으로는 행위가 아니다. 따라서 부작위범을 포섭하여 설명할 수 없다.

(4) 목적적 조종의사가 없는 **자동화된 행위**나 **격정적**(激情的) **행위**는 목적적 조종이 없으므로 행위개념에 포함시킬 수 없다.

Ⅳ. 사회적 행위론

사회적 행위론은 특별한 철학적 기반없이 인과적 행위론이나 목적적 행위론을 비판하면서 등장한 이론이다. 즉 인과적 행위론이나 목적적 행위론이 자연주의적·존재론적 관점에서 행위개념을 파악한 데 반해, 사회적 행위론은 이들의 존재론적 방법과 규범적·평가적 방법을 절충하여 행위개념을 파악하는 입장이다. 인간의 의사에 의한 **지배가능성** 또는 **예견가능성**이라는 측면과 행태의 **사회적 중요성** 내지 **사회적 의미성**을 강조한다. 따라서 사회적 행위론은 **존재론적 방법**과 **규범적 방법**을 절충한 행위개념이라 할 수 있다. 행위의 존재론적 소여를 인정하면서 그것에 대하여 사회적 의미내용에 따라 행위개념을 판단하려는 이론이다. 즉 내적 의사에 따른 외적 결과인 존재론적 소여와 사회적 의미내용(행위의 사회적 의미성 내지 중요성)을 합쳐서 사회적 행위가 된다는 것이다.

현재 우리나라나 독일에서도 사회적 행위론이 지배적인 견해이다. 그러나 사회적 행위론은 통일된 행위론이라 하기 어려울 정도로 학자에 따라 다양한 차이가 있지만, 대체로 ① **객관적 행위경향**에 중점을 두는 견해(Eb. schmidt, K. Engisch, Meihofer)와 ② **주관적 목표설정**에 중점을 두는 견해(Jescheck, Wessels) 및 ③ **행위의 인격적 구조**를 중시하는 견해(Arthur Kaufmann, E. A. Wolf)로 나눌 수 있다.

1. 사회적 행위론의 내용

(1) 슈미트의 사회적 행위론

사회적 행위론의 창시자로서 슈미트(Eb. Schmidt)는 행위란 단순한 육체활동이 아니라 객관적·사회적으로 이해해야 한다는 것이다. 따라서 그는 '행위란 그 결과가 다른 사람의 생활영역에 미치고 규범적 관점에서 **사회적 의미통일체**로 나타나는 유의적 행태'라고 정의한다. 슈미트의 행위론은 인과적 행위론이 행위를 '유의적인 거동'이라고 이해한 것에서 거동성을 배제하고, **'사회적 의미성'**을 요구함으로써 행위개념을 규범적 관점에서 정립하고자 한 점이 특색이다.

(2) 객관적 사회적 행위론

엥기쉬(K. Engisch)는 슈미트의 사회적 행위론을 지지하면서 그는 행위란 '예견할 수 있는 사회적으로 중요한 결과의 유의적(有意的) 야기(惹起)'라고 정의하였다. **마이호퍼**(W. Maihofer)는 행위를 '사회적인 인간의 행태' 또는 '객관적으로 예견가능한 사회적 결과에 대한 객관적으로 지배할 수 있는 일체의 행태'라고 정의하여, **'객관적 예견가능성'**과 **'객관적 지배가능성'**을 강조하였다.

(3) 주관적 사회적 행위론

예쉑(Jescheck)은 형법상 행위란 '사회적으로 의미있는 인간의 행태'라고 정의하면서, 인과적 행위론이나 목적적 행위론의 자연주의적·존재론적 행위개념을 토대로 하면서 이를 규범적인 평가개념으로 포섭하여 규범·평가적 행위개념을 정립하고 있다. 즉 그는 행위개념은 인과성과 목적성 및 법적 행위기대의 상위개념으로서 '사회적 중요성'을 강조하고 있다.

베셀스(Wessels)는 행위를 '인간의 의사에 의하여 지배되거나 지배될 수 있는 사회적으로 의미있는 인간의 행태'라고 정의하고 있다.

(4) 사회적 행위론에 대한 평가

사회적 행위론은 대체로 '인간의 의사에 의하여 지배가능하고 사회적으로 의미있는 인간의 행태'라고 정의할 수 있다. 따라서 이 행위론에 의하면 인간의 의사에 의한 지배되지 않는 생리적 반사운동과 무의식 행위 및 절대적 폭력 하의 행위는 형법상의 행위에서 제외되므로 한계요소로서의 행위개념의 기능을 수행할 수 있게 된다.

또한 사회적 행위론은 고의범과 과실범, 작위범과 부작위범, 기수범과 미수범 등 모든 범죄행위를 '사회적 의미성'이라는 규범평가적 개념속에 모두 포섭함으로써 근본요소로서의 행위개념의 기능을 충실히 수행한다는 점이 특색이라 할 수 있다.

그러나 행위의 '사회적 중요성'의 판단에는 구성요건이 그 기준이 되므로 전구성요건적 행위개념이 되지 못한다는 점과 사회적 중요성이라는 규범적 기준의 포괄성 때문에 행위개념의 한계기능을 제대로 수행할 수 없다는 비판도 있다.

2. 인격적 행위론

(1) 내 용

이 이론에 의하면 인간은 물질, 생명, 심리와 정신으로 구성된 복합적 존재이고, 인격적 존재로서의 인간은 정신적 자기의식과 자기처분의 능력을 가진 자이므로, 형법상의 행위개념은 인격적 인간의 행위를 의미한다고 보는 입장이다. 록신(C. Roxin), 아르투어 카우프만(Arthur Kaufmann), 볼프(E. A. Wolf) 등이 주장한 이론으로서, 행위란 '인격의 발현' 또는 '인격의 객관화'이므로 형법상 행위란 '인격의 표현으로 의사에 의해 지배되거나 지배가능한 인과적 결과에 대한 책임있고 의미있는 형성'이라고 정의한다.

따라서 인격적 행위론에 의하면 인격의 발현이라고 볼 수 없는 무의식적·조건반사적인 행위는 행위개념에서 제외되게 된다. 인격적 행위론도 크게는 '인격의 발현'이라는 가치평가적 기준을 토대로 행위개념을 정립하게 되므로 크게는 사회적 행위론 속에 포섭하여 이해할 수 있는 행위론이다.

(2) 비 판

인격적 행위론이 **인격의 객관화**를 형법상 의미있는 행위라고 파악하므로, 무엇을 기준으로 인격의 표현이라 할 수 있는가는 그 사회적 의미에 따라 다르게 된다. 또한 인격적 행위론이 말하는 인격의 표현이란 인간의 거동을 인격의 표현이라 할 수 있으므로 그 내용이 공허하게 되어, 결국 인격적 행위론은 형법상 의미있는 행위와 형법상 의미없는 비(非)행위를 준별해주는 한계기능을 충실히 수행할 수 없게 된다.[13]

V. 행위개념의 부정론

독자적인 행위개념의 정립을 거부하는 입장으로서 **'전(前)구성요건적 행위개념'**이란 **'裸(발가벗은)의 행위개념'**으로서 이것으로부터 체계적인 결론을 도출할 수도 없고 그 실익(實益)도 없다고 하여 행위론을 부정하거나 거부하는 입장을 말한다.[14] 즉 형법상 행위란 구성요건에 해당하는 행위를 의미하므로 형법상 독자적인 전 구성요건적인 행위개념은 불필요하며, 형법상 행위론이란 구성요건론의 일부에 불과하다고 보는 입장이다.

그러므로 이 입장에서는 구성요건에 해당하는 구체적인 행위, 예컨대 살인행위, 절도행위, 강간행위 등만이 형법상 의미있는 행위이고, 구성요건에 해당하지 않는 행위에 대하여 논의하는 것은 형법상 무의미하다는 것이다.

VI. 소극적 행위론

1. 의 의

행위개념을 **'회피가능성'**이라는 관점에서 전개하고 있는 일련의 이론을 **소극적 행**

13) 이재상/장영민/강동범, 90면.

14) 오영근, 111－114면.

위론이라 한다. 적극적인 작위 대신에 부작위를 형법적 책임의 기본범주로 삼으면서 행위개념을 정립하고 있기 때문에 소극적 행위론이라 불린다.

카어스(Kahrs)는 행위란 '행위자가 그 결과를 회피할 수 있었고, 법이 회피를 명하였음에도 불구하고 그 결과를 회피하지 않는 것'이라고 정의하고, 베렌트(Behrendt)는 '구성요건에 해당하는 상황의 회피가능한 불회피'라 하며, 헤르츠베르크(Herzberg)는 '보증인적 지위에서 회피가능한 것을 회피하지 않는 것'이라 하고, 야콥스(Jakobs)는 간단하게 '회피가능한 결과야기'라고 한다.

2. 비 판

소극적 행위론은 회피가능한 것을 회피하지 않은 것을 형법상 행위로 보기 때문에 부작위개념의 설명에는 적합하나 작위개념의 설명에는 불충분하고, 결과발생을 회피한 예비행위나 미수행위는 행위에서 제외될 위험이 있다. 또한 회피가능성의 판단은 구성요건을 토대로 하기 때문에 구성요건 이전 단계에서 형법상 행위유무를 판단하는 전(前) 구성요건적 행위개념이 될 수 없다는 비판을 면하기 어렵다.

Ⅶ. 형법상의 행위개념

형법상의 행위라고 하기 위해서는 최소한 다음의 요건이 필요하다. 즉 첫째, 자연현상이나 동물에 의한 침해가 아닌 사람의 행위이어야 하고, 둘째, 내면적 사고만이 아닌 외부적 신체적 형태로 나타나야 하며, 셋째, 수면중의 무의식적인 거동이나 절대적 폭력하의 행태나 외부적 자극에 의한 신체반사운동[15]이 아닌 행위자의 의사에 의하여 지배가능해야 한다.

이러한 행위개념은 지금까지 논의된 어느 행위론에 의하더라도 큰 차이가 없다고 할 수 있다. 그러나 형법상 행위개념은 앞에서 살펴본 행위개념의 기능을 고려해보면, 고의범과 과실범, 작위범과 부작위범, 기수범과 미수범 등 모든 범죄행위를 포섭할 수 있는 상위의 행위개념이 되어야 하고 한계기능을 수행할 수 있어야 한다.

어떤 행위론을 취하느냐에 따라 가벌성의 유무나 정도에 차이가 있는 것은 아니

15) 이를 자동화된 행위, 격정적 행위, 무의식적 명정상태에서의 행위와 동일하게 취급하여 행위성을 인정하는 견해도 있다.

지만, 범죄체계구성을 위한 수단[16]으로서도 합일태적 범죄체계와 어울리고, 전구성요건적 행위개념을 인정하면서 행위개념의 기능을 잘 수행할 수 있는 **사회적 행위론**이 타당하다고 생각된다.

Ⅷ. 행위개념과 범죄체계론

범죄란 구성요건에 해당하고 위법하며 책임있는 행위이다. 즉 범죄란 구성요건해당성, 위법성, 책임의 3요소로 구성되어 있고, 이러한 범죄성립요소는 다시 각기 다른 요소들로 구성되어 있다. 이때 이러한 범죄를 구성하는 개별요소들을 어떻게 체계적으로 배치함으로써 범죄심사의 유용성과 형법의 통일적 체계성을 구축할 것인가, 즉 범죄체계에 관한 논의를 범죄체계론이라 한다. 행위론은 이러한 범죄체계론의 기초이기 때문에 행위론의 대립은 범죄체계를 형성하는데 큰 영향을 미쳤다.

즉 인과적 행위론은 고전적 범죄체계를 형성하였고, 목적적 행위론은 목적적 범죄체계를 발전시켰다. 그러나 사회적 행위론은 독자적인 범죄체계를 형성하지는 못하였지만 고전적 범죄체계나 목적적 범죄체계와 결합하거나 절충하는 형태의 범죄체계를 나타낸다.

그러면 범죄체계를 어떻게 구성할 것인가에 관한 논의는 어떠한 실익이 있는가를 살펴볼 필요가 있다. 즉 범죄체계론은 첫째, 범죄구성요소에 대한 체계적·과학적 분석의 틀을 제공함으로써 구체적인 사건에 대한 법의 해석과 적용에 있어서 법관의 자의를 배제하고 평등을 기할 수 있고, 둘째, 범죄성립 여부에 대한 심사를 범죄체계를 통한 분석적·과학적·합리적 사고를 통해 단계적·체계적으로 판단하게 함으로써 피의자나 피고인의 인권을 보장하게 하며, 셋째, 구체적인 범죄사건의 범죄성립여부를 판단함에 있어서 체계적·과학적·분석적으로 접근하게 함으로써 법적용자의 사고논리의 체계성과 명료성을 가져와 법적용의 경제성과 능률성을 도모하게 하는 장점이 있다고 할 수 있다.[17]

현재 우리나라에서의 범죄체계론으로는 독일과 유사하게 고전적 범죄체계, 신고전적 범죄체계, 목적적 범죄체계 및 신고전적·목적적 범죄체계(합일태적 범죄체계)를

16) 배종대, 162－178면.
17) 임 웅, 113면.

들고 있는 것이 일반적이다.[18)]

그 내용을 살펴보면 다음과 같다.

1. 고전적 범죄체계

고전적 범죄체계는 인과적 행위론을 토대로 "객관적인 것은 불법으로, 주관적인 것은 책임으로"라는 명제를 유지하고 있다. 19세기의 자연주의·실증주의의 영향하에 자유주의적 법치국가 사상에 토대를 두고서, 베링(Beling)이 처음으로 주장하였고 리스트(Liszt)에 의해 체계화가 완성되었다고 할 수 있다.

고전적 범죄체계론은 인과적 행위론에 기초를 두고 범죄를 객관적 요소와 주관적 요소로 엄격히 구별하여, 객관적 요소는 구성요건해당성과 위법성에 속하고 모든 주관적 요소는 책임에 속한다고 이해한다. 그리하여 구성요건해당성은 순객관적·설명적·기술적·몰가치적 요소로 이루어진 구성요건요소에 대한 **객관적인 사실판단**이고, 위법성은 이러한 요소에 대한 **객관적인 가치판단**이라는 것이다. 이때 위법성의 본질에 대하여는 법규범위반이라는 형식적 관점에서 이해하는 **형식적 위법성론**을 취하고, 불법의 본질은 행위반가치가 아니라 **결과반가치**에 있다고 보게 된다. 나아가 책임은 **주관적인 사실판단**으로서 책임의 본질은 행위자의 **주관적·심리적 사실관계**로서의 고의·과실에 있고, 이것은 책임판단의 대상으로서 책임형식이 된다는 **심리적 책임론**의 입장에 있다. 책임능력은 책임조건으로 보고 있다. 이 체계를 개관하면 다음과 같다.

범죄행위 ⇒ ▸불법 ⇒ • 행위(신체적 거동과 외부세계의 변화)
• 구성요건해당성(객관적·설명적인 구성요건요소에 대한 객관적 사실판단)
• 위법성(형식적 위법성론에 의한 구성요건요소에 대한 객관적 가치판단)
▸책임 ⇒ 행위자의 주관적·심리적 요소인 고의·과실에 대한 주관적 사실판단

18) 김일수/서보학, 103면; 박상기, 56면; 배종대, 157면; 이재상/장영민/강동범, 93면; 임 웅, 114면; 정성근/박광민, 94면.

2. 신고전적 범죄체계

20세기 초에 이르러 고전적 범죄체계론의 골격을 유지하면서 그 내용에 수정이 가해졌는데, 이 수정된 체계를 신고전적 또는 목적론적 범죄체계라고 한다. 이 입장은 인과적 행위론에서 출발하지만 행위를 외부적·자연적 사상(事象)으로만 보지 않고 규범적 의미를 받아들여 부작위의 행위성을 설명하고, 구성요건에도 **주관적 요소**와 **규범적 요소**가 존재한다는 것을 보편적으로 받아들이는 입장으로서 메츠거(Mezger), 자우어(Sauer), 프랑크(Frank) 등이 대표적인 학자이다.

신고전적 범죄체계론의 특색은 위법성의 본질을 사회적 유해성과 같은 실질적 관점에서 이해하고(**실질적 위법성론**), 책임의 본질은 행위자의 고의·과실이라는 심리적 관계가 아니라 행위자의 의사형성에 대한 규범적 평가 내지 비난가능성에 있다는 **규범적 책임론**의 입장을 취한다. 따라서 행위자에 대한 책임비난에는 책임능력과 고의·과실 및 적법행위에 대한 **기대가능성**이 있어야 한다는 것이다. 이 체계에 의하면 책임은 책임능력, 책임형식(고의·과실), 기대가능성으로 이루어져 있다. 이 체계를 개관하면 다음과 같다.

범죄행위 ⇒ ▸불법 ⇒ • 행위(행위개념에 있어서 행위의미의 고려, 인식없는 과실, 부작위를 포함)
• 구성요건해당성(주관적·규범적 구성요소의 발견)
• 위법성(실질적 위법성론의 입장)
▸책임 ⇒ 책임의 본질은 비난가능성(규범적 책임개념, 기대가능성 관념의 발견)

3. 목적적 범죄체계

목적적 범죄체계는 현상학, 실존철학을 사상적 배경으로 하여 형법체계의 신형상을 기치로 내걸고 등장한 목적적 행위론자에 의해 형성된 목적적 행위개념에 따른 범죄체계이다. 이 체계는 종전의 인과적 행위론에 따른 범죄체계가 고의·과실을 책임요소로 파악한 데 비하여, 고의·과실을 일반적인 주관적 구성요건요소로 보는 입장이다. 이 체계는 고의·과실이라는 주관적 요소를 불법의 영역에 편입함으로써 불법의 실체에 대하여 **인적 불법론** 및 **행위반가치**를 강조하고, **주관적 정당화요소**를 위법성조각사유의 주관적 요소로 일반화하였다. 또한 고전적·신고전적 범죄체계에서는 책임요소이던 고의·과실이 이 체계에서는 구성요건요소로 편입됨으로써 위법성인식(가능성)이 고의와 별개로 독립된 책임요소로 남게 되어 책임개념은 **순수한 규범적 책임론**이 되었다. 그 외에도 위법성조각사유(정당화사유)에 대한 착오를 금지착오로 해석함으로써 엄격책임설의 입장을 취하게 된다. 결국 목적적 범죄체계에 의하면 책임은 책임능력, 위법성인식(가능성), 기대(불)가능성으로 이루어진다. 이 체계를 개관하면 다음과 같다.

범죄행위 ⇒ ▸ 불법 ⇒ • 행위(존재론적 행위개념, 목적활동의 수행, 부작위범은 고의·과실범 이외의 제3의 범죄행태)
• 구성요건해당성(고의는 구성요건의 주관적 요소)
• 위법성(행위자관련적 인적 행위불법론)
▸ 책임(순수한 규범적 책임론, 위법성인식에 대한 착오는 금지착오)

4. 신고전적·목적적 범죄체계(합일태적 범죄체계)

신고전적 범죄체계와 목적론적 범죄체계를 결합한 범죄체계이므로 합일태(合一態)적 범죄체계라고 한다. 이 체계론은 행위의 인과성과 목적성을 받아들이면서 사회적 중요성 내지 인격의 표현이라는 규범적 상위개념에 의하여 포섭하는 사회적 행위개념 내지 인격적 행위론의 입장에 의할 때 자연스럽게 이해될 수 있으나, 오늘날에 와서는 행위론과 관계없이 점차 그 지지를 넓혀가고 있고 우리나라의 지배적인 견해이다.[19)]

이 체계도 목적적 범죄체계와 같이 불법의 실체는 결과반가치와 행위반가치로 이루어져 있다는 이원적·인적 불법론을 취하고, 위법성인식을 고의·과실과 분리된 독립된 책임요소로 보는 점에서는 같다. 그리고 불법판단에 있어서도 행위반가치와 결과반가치를 동일하게 취급하여 위법성조각사유의 전제사실에 대한 착오에 관하여 제한적 책임설의 입장을 취해 그 법적 효과에 있어서는 구성요건적 착오와 동일하게 취급한다.

---

19) 김일수/서보학, 105면; 박상기, 60면; 신동운, 90면; 이형국, 78면; 이재상/장영민/강동범, 94면; 임 웅, 116면.

그러나 이 체계의 중요한 특색은 고의·과실에 대하여 불법을 근거지우는 주관적 구성요건요소인 동시에 책임요소라고 보는 점에 있다. 즉 **고의·과실의 이중적 지위**를 인정하여, 구성요건요소로서의 고의는 행위자의 **행위반가치**를 나타내고, 책임요소로서의 고의는 행위자의 **심정반가치**의 판단대상이 된다는 것이다. 이 체계를 개관하면 다음과 같다.

범죄행위 ⇒ ▸불법 ⇒ • 행위(고의·과실·부작위범을 포섭하는 사회적 행위론)
• 구성요건해당성(구성요건적 고의=행위반가치, 객관적 과실=객관적 주의의무위반)
• 위법성(이원적·인적 불법론)
▸책임 ⇒ 책임고의=행위자의 심정반가치, 주관적 과실=주관적 주의의무위반

제 3 절 행위의 주체

I. 서 론

형법상 행위의 주체는 모든 자연인이다. 즉 생존해 있는 모든 사람은 연령이나 정신상태(정신이상자), 인격의 성숙(미성년자) 여하에 관계없이 행위의 주체가 될 수 있다. 문제는 정신적·육체적인 존재가 아닌 사람의 집단이나 재산집단에 대하여 법인격이 부여된 법인(사단법인, 재단법인)도 행위의 주체가 될 수 있는가에 있다. 이것이 법인의 범죄능력에 관한 문제로 다루어진다.[20] 만약 법인의 범죄능력을 인정하게 되면 범죄의 주체가 형벌의 객체가 되는 것은 논리필연적으로 당연하므로 법인처벌에 있어서 법률상 별다른 문제가 발생하지 않는다. 그러나 법인의 범죄능력을 부정하는 경우에는 법인을 처벌하는 양벌규정을 책임원칙과의 관계에서 어떻게 정당화할 수 있는가, 즉 법인의 형벌능력 및 처벌근거를 어떻게 이해할 것인가가 문제된다.

---

20) 범죄능력과 행위능력을 동일한 의미로 사용하는 학자도 있지만, 범죄능력이란 행위능력과 책임능력을 포함하는 개념이므로 양자는 구별되어야 한다. 여기서 행위능력이란 불법을 행할 능력을 말하며, 책임능력이란 범죄능력 또는 형벌적응능력이라 할 수 있다.

Ⅱ. 법인의 범죄능력

1. 법인의 본질과 범죄능력과의 관계

법인의 범죄능력에 대해 게르만법계에서는 법인은 정신적 윤리적인 인격체가 아니기 때문에 행위능력이나 책임능력이 없다고 보고 있으며, 실용주의적 형법관에 기초한 영미법계에서는 법인 처벌의 사회적 필요성을 고려하여 법인에 대해서도 범죄능력을 인정하고 있다.

우리나라에서는 전통적으로 법인의 범죄능력[21]을 부정해왔으나, 근래 경제형법이나 환경형법 등 행정형법영역에서는 자연인에 대한 처벌뿐만 아니라 법인자체에 대한 처벌의 필요성이 대두되었고, 현실적으로 처벌규정이 존재함으로써 법인의 범죄능력을 재검토해야 한다는 주장이 제기된 것이다.[22] 법인의 본질과 관련하여 **법인의제(擬制)설** 또는 **법인부인설**의 입장을 취해온 대륙법계는 일반적으로 법인의 범죄능력을 부정하여 왔으나, 기르케(Gierke)가 주장한 **법인실재(實在)설**이 민법에서 통설의 지위를 차지하게 되자 리스트(Liszt) 등이 법인의 범죄능력을 인정해야 한다는 주장을 하기도 하였다. 민법상의 법인실재설의 입장을 형법에 그대로 적용한다면 법인의 범죄능력을 인정하는 것이 논리적이라 할 수 있다.

그러나 사법상의 법률효과의 귀속과 형법상의 범죄능력이 일치해야 하는 것은 아니므로 법인의 범죄능력의 문제는 **이론적·형사정책적 고려**의 결과에 따라 달라질 수 있다고 보아야 한다. 따라서 법인의 본질과 법인의 범죄능력은 논리적으로 필연적인 관계가 있는 것은 아니며, 법인실재설을 취하더라도 법인의 범죄능력을 인정해야 하는 것은 아니다.[23]

2. 학설의 대립

법인이 범죄능력을 가질 수 있는가에 대하여는 크게 부정설과 부분적 긍정설 및

---

21) 법인의 범죄주체성을 인정하는 명문의 규정을 두고 있는 미국(미국 모범형법전 제13조)이나 법인에게 형사제재가 아닌 과태료 등 행정제재를 법제화한 독일(질서위반법 제30조)이나 스위스(환경보호법 제62조)의 경우에는 입법론적 대립만 있다.

22) 김일수/서보학, 137면; 이재상/장영민/강동범, 96면; 정성근/박광민, 87면.

23) 법인실재설이 지배하는 독일에서는 법인의 범죄능력을 부정하지만, 법인의제설이 지배하는 미국에서는 오히려 법인의 범죄능력을 긍정하는 해석을 하고 있다.

긍정설의 대립이 있다.

(1) 부 정 설

법인의 사회적 중요성을 인정하더라도 법적 중요성과 구별되며 또한 의사연관이 없는 법인은 범죄행위의 주체가 될 수 없다는 견해이다. 우리나라와 독일·일본의 **통설**[24]**과 판례**[25]의 입장이기도 하다.

부정설의 논거로는, ① 범죄는 자연인의 의사활동에 따른 행위인데, 법인은 정신적인 의사와 육체가 없으므로 의사활동을 할 수 없으므로 **행위의 주체**가 될 수 없으며, ② 법인을 처벌하는 것은 범죄와 관계없는 법인을 처벌하는 것이 되어 개인책임과 **자기책임의 원칙**에 반하는 결과가 되고, ③ 법인의 행위는 실제로 **법인의 기관**인 자연인에 의해 행해지므로 자연인에 대한 형사책임으로 충분하며, ④ 법인의 인격은 설립목적에 제한된 범위에서 법인격을 가지므로 범죄행위는 **법인의 설립목적**범위에 속하지 아니하고, ⑤ 법인에 대하여는 형법이 규정하고 있는 가장 중요한 형벌인 **사형과 자유형**을 집행할 수 없으며, ⑥ 책임은 불법행위에 대한 비난가능성인데 법인에 대하여는 **사회윤리적인 비난**을 할 수 없고, ⑦ 법인의 기관의 범죄로 법인이 취득한 재산적 이익의 박탈은 형벌 이외의 수단으로도 달성할 수 있다는 점을 들고 있다.

(2) 부분적 긍정설

일반적인 형사범에 대해서는 법인의 범죄능력을 부정하면서도, 윤리적인 요소가 미약하고 합목적적·기술적 성격이 강한 행정범에 대하여는 인정하는 견해[26]이다. 그 외에도 법인의 범죄능력을 일반적으로는 부정하지만, 법인처벌의 명문규정이 있는 경우에만 범죄의 주체가 되어 법인의 범죄능력을 인정할 수 있다는 견해[27] 등도 이에 속한다.

(3) 긍 정 설

법인의 사회적 역할이 증대되어 기업의 반사회적 활동도 격증하고 있는 현실에

---

24) 박상기, 71면; 배종대, 212면; 손동권, 106면; 손해목, 218면; 이형국, 110면; 이재상/장영민/강동범, 100면; 조준현, 120면.

25) 대판 1984. 10. 10, 82도2595－전원합의체(… 법인이 배임죄의 주체가 될 수 없고 그 법인을 대표하여 사무를 처리하는 자연인인 대표기관이 타인의 사무를 처리하는 자, 즉 배임죄의 주체가 된다); 대판 1994. 2. 8, 93도1483.

26) 유기천, 108면; 임 웅, 77면.

27) 신동운, 112면; 오영근, 143면.

비추어 볼 때 법인의 범죄능력을 인정해야 할 형사정책적 필요성이 있고, 또한 이론상으로도 이를 인정할 수 있다는 견해이다.[28]

긍정설의 논거로는, ① 법인의 범죄능력을 부정하는 것은 법인의제설이나 법인실재설에 의하면 긍정되며, ② 법인의 의사는 기관을 통해서 행사되므로 법인의 의사능력과 행위능력을 인정할 수 있고, ③ 법인의 기관의 행위는 기관 구성원 개인의 행위인 동시에 법인의 행위라는 양면성을 지니므로 양자에 대한 처벌도 이중처벌이 아니며, ④ 책임능력을 형벌적응능력이라 해석하면 법인도 책임능력이 있게 되고, ⑤ 법인의 사회적 존재로서 활동하는 행위는 법인설립목적 내에 속하므로 법인도 범죄행위를 할 수 있으며, ⑥ 법인에 대하여도 효과있는 재산형과 자격형이 가능하고, 법인에 대한 생명형과 자유형에 해당하는 법인해산과 영업정지를 할 수 있으며, ⑦ 법인의 반사회적 행위를 예방하기 위해서는 범죄능력을 인정할 필요가 있다는 점을 들고 있다.

(4) 비판 및 사견

부분적 긍정설에 대하여는 다음과 같은 비판이 가능하다. 첫째, 행정범에 대해서만 범죄능력을 긍정하는 견해에 대하여는 행정범의 개념 자체가 애매하고, 설령 행정형법의 특수성을 고려한다 하더라도 행정상의 의무위반으로서 형사범죄이므로 형법의 책임주의원칙을 배제할 수 없다는 비판을 피하기 어렵다. 둘째, 법인처벌의 명문규정이 있는 경우에만 법인이 범죄의 주체가 될 수 있다는 견해는 원래 행위의 주체가 될 수 없는 법인의 행위를 인정하는 근거가 될 수 없으며, 범죄의 주체와 형사책임의 주체를 혼동한 결과에 불과하다. 따라서 부분적 긍정설은 타당하다고 할 수 없다.

긍정설에 대하여는 다음과 같은 비판이 가능하다. 첫째, 법인은 법인의 기관인 자연인을 통하여 행위하므로 법인의 행위란 관념적 소산에 불과하다고 할 수 있다. 긍정설이 자연인의 행위를 법인의 행위로 평가할 수 있다고 하거나, 법인도 형법규범의 수명자이므로 의무위반행위를 인정해야 한다고 하여 규범평가적으로 법인의 행위를 인정하고자 한다. 그러나 형법상 행위는 **정신적 의사연관**이 최소한 요구되고 이러한 정신적 의사연관이 없는 **법인의 행위능력**은 부정될 수밖에 없으므로 법인은 범죄행위의 주체가 될 수 없다.

둘째, 책임을 행위자의 불법행위에 대한 윤리적 비난가능성이라 이해할 경우에

28) 김일수/서보학, 137면; 정성근/박광민, 87면.

법인에게는 책임을 물을 수 없다. 긍정설은 책임을 **법적·사회적 책임**이라고 하여 책임이 반드시 윤리적 책임일 필요가 없다고 하거나, 법인의 기관인 자연인이 행위하므로 의사연관의 문제도 자연인과 마찬가지로 해결하면 족하다는 견해도 있다. 그러나 책임이란 적법하게 행위할 수 있는 행위능력을 가진 자에 대한 개별적 비난가능성을 의미하므로 법인의 범죄능력은 부정된다.

셋째, 법인에 대하여는 사형 또는 자유형을 과할 수 없더라도 이에 상응하는 **법인해산**이나 **영업정지**의 방법을 고려할 수 있다고 하지만, 이것은 형법상의 형벌이 아닐 뿐만 아니라 사형 또는 자유형에 상응한 형벌이라 볼 수도 없다.

따라서 문제는 법인의 범죄능력을 인정하여 법인을 처벌해야 할 형사정책적 필요성이 있는가에 있다. 생각건대 범죄능력과 책임능력은 원칙적으로 동일해야 한다. 다만 예외적으로 법인에 대하여 형사책임을 규정하고 있는 것은 형사정책적 입법에 따른 결과이지 이론적 결과의 산물은 아니다. 그러므로 법인의 사회적 활동이 증가함에 따른 처벌의 필요성이라는 사회적 요구가 있다고 하더라도 범죄능력은 부정되며, 그 활동범위 내에서만 제한적으로 형사책임을 물을 수 있다고 생각된다.

따라서 법인처벌규정이 있더라도 법인은 범죄행위의 주체가 될 수 없다는 **부정설**이 타당하다.

Ⅲ. 법인의 처벌

법인에 대한 법적 제재의 필요성이 있다고 하더라도, 법인에 대한 형사제재는 자연인에 대한 형사제재를 전제로 한 현행 형벌수단으로서는 그 적합성을 찾기가 어렵다. 그러므로 법인에 대하여는 형벌 이외의 제재수단인 범칙금, 부담금 또는 범죄수익몰수제도 등을 통해 해결하는 것이 바람직하다고 할 수 있다.

그러나 법인의 사회적 활동증가로 인해 오늘날 법인 자체에 대한 형사처벌의 필요성이 강하게 대두됨으로써 각종 행정상의 단속법규에는 형사처벌규정이 현실적으로 규정되어 있다. 아래에서는 이러한 처벌규정의 법적 성질에 대하여 살펴보기로 한다.

1. 범죄능력과 형사책임

범죄행위의 주체가 행한 범죄행위에 대하여 그 법률효과로서 책임을 묻는 것이기 때문에 범죄능력과 형벌능력은 일치하는 것이 원칙이다. 그런데 각종 **행정형법**에는 범죄행위자 이외의 법인에 대하여도 처벌하는 **양벌규정**을 두고 있다.[29)]

법인의 범죄능력을 인정하는 견해에 의하면 법인은 자신의 불법행위에 따른 책임이므로 당연히 법인이 형벌의 객체가 될 수 있다. 그러나 법인의 범죄능력을 부정하는 경우에는 형벌능력이 있는가에 대하여 견해가 대립되지 않을 수 없다. 이에 대하여 법인은 범죄능력이 없으므로 당연히 **형벌능력**도 부정된다는 소수견해도 있으나, 법인에 대한 처벌규정이 있는 행정형법의 경우에는 윤리적 색채가 약하고 합목적적·기술적 성격이 강하므로 행정적 필요에 따라 처벌할 수 있다고 하여 **범죄능력**은 부정되지만 **형벌능력**은 긍정하는 견해가 다수설의 태도이다.

2. 법인처벌의 법적 성질

양벌규정에 의하여 법인을 형사처벌하는 경우에 법인의 형사책임의 근거 내지 법적 성질이 무엇인가에 대하여는 다음과 같은 견해의 대립이 있다.

(1) 무과실책임설

법인에 대한 처벌규정은 범죄주체와 형벌주체의 동일성을 요구하는 **형법의 일반원칙** 내지 **책임주의에 대한 예외**로서 행정목적을 위한 형사정책적 고려에 의해 제정된 규정이므로 정책적으로 무과실책임을 인정해야 한다는 입장이다. 자기의 행위가 아닌

---

29) 조세범처벌법 제3조, 관세법 제280조, 대외무역법 제215조, 선원법 제148조, 하천법 제87조, 항공법, 제179조, 수도법 제64조, 마약류 등 관리에 관한 법률 제68조, 약사법 제78조, 문화재보호법 제94조 등을 그 예로 들 수 있다. 양벌규정의 유형에는 3가지가 있다. 제1유형으로는 법인 또는 사업주가 사전 또는 사후에 직접행위자의 위반행위를 알고도 이를 방치·방관하거나 교사한 경우에 그 공범책임을 근거로 처벌하는 경우(근로기준법 재116조, 선원법 제148조 제2항), 제2형으로는 법인이나 사업주의 종업원의 업무집행에 대한 선임감독의무위반에 대하여 과실책임을 묻는 경우(선원법 제148조 제1항, 하천법 제87조, 구건축법 제57조), 제3의 유형으로는 법인이나 사업주의 과실을 따지지 않고 구성원의 과실에 대하여 책임을 묻는 경우(공직선거 및 선거부정방지법 제260조, 식품위생법 제79조, 도로교통법 제116조, 수산업법 제100조)이다. 그 외에 항공법 제179조, 수도법 제64조, 건축법 제81조, 공중위생관리법 제21조, 자동차관리법 제83조 등도 제3의 유형에 속한다.

타인의 행위에 대한 처벌이므로 넓은 의미에서 일종의 **전가(轉嫁)책임이론**이다.[30)]

(2) 과실책임설

법인에 대한 처벌규정을 법인의 종업원의 선임·감독에 대한 과실에 대하여 과실책임을 묻는 것으로 해석하는 견해이다. 이 견해는 다시 ① 법인에게 과실이 없었다는 것을 증명하지 못하면 과실이 추정된다는 **과실추정(推定)설**,[31)] ② 법인의 과실은 당연히 의제되므로 법인은 처벌을 면할 수 없다는 **과실의제(擬制)설**, ③ 법인에 대한 처벌은 법인 자신의 과실행위에 기인하므로 법인의 과실이 필요하다는 **과실책임설**,[32)] ④ 종업원의 위반행위은 법인의 기관의 감독의무해태로 인한 것이므로 법인 자신의 자기책임이며, 법인기관의 종업원에 대한 **관리·감독의무위반**에 기초한 부작위책임이라고 하는 **부작위감독책임설**[33)]로 나누어진다.

(3) 결 어

판례는 법인처벌규정이 있는 양벌규정의 법적 성격에 대하여 일관된 입장을 보이지 않고 있다. 예컨대 구공중위생법 제45조의 규정이 법인의 과실을 추정한 것이라는 **과실추정설**의 입장을 취하고 있으나,[34)] 이와 달리 구건축법 제57조에 관하여는 법인 또는 자연인이 위반행위를 분담하지 않는 경우에도 처벌할 수 있다는 규정이라고 판시하여 **무과실책임설**의 입장을 보이고 있다.[35)] 또한 구미성년자보호법의 양벌규정(현행 청소년보호법 제54조)은 영업주의 종업원에 대한 선임감독상의 과실로 인하여 처벌하는 것이라고 판시하고 있고,[36)] 식품위생법 제47조(현행 식품위생법 제79조)의 양벌규정에 대해서도 같은 태도를 취하여 **과실책임설**의 입장을 취하고 있다.[37)]

한편 학설은 법인이 범죄의 주체가 될 수 있다고 해석하는 견해는 대체로 과실책임설을 취하며, 법인의 범죄능력을 부분적으로 긍정하는 부분적 긍정설은 법인처벌규정이 있는 범죄의 경우에만 범죄능력을 인정하여 법인의 과실책임설이나 **부작위감독과실책임설의 입장**을 취하고 있다.

30) 유기천, 108면; 황산덕, 78면; 배종대, 215면.
31) 진계호, 100면.
32) 신동운, 110면; 오영근, 145면; 이재상/장영민/강동범, 104면.
33) 김일수/서보학, 139면; 임 웅, 81면; 정성근/박광민, 93면.
34) 대판 1992. 8. 18, 92도1395.
35) 대판 1999. 7. 15, 95도2870 – 전원합의체.
36) 헌재 2009. 7. 30, 2008헌가10.
37) 대판 1977. 5. 24, 77도412.

생각건대 형법상 행위의 주체는 자연인에 한정되고 법인의 행위능력은 부정되므로 법인의 범죄능력을 전제로 하는 과실책임설은 타당하다고 할 수 없다. 그러나 행정형법의 양벌규정에 따른 법인에 대한 처벌은 법인의 종업원에 대한 관리·감독의무를 소홀히 한 과실이 있으므로 **부작위감독과실책임**이라고 보는 입장이 타당하다. 다만 입법론적으로는 형사정책적인 이유로 법인을 처벌할 필요성이 있는 경우에도 가능한 한 형벌이 아닌 **행정벌로서의 범칙금을 부과**하는 방안이 바람직하다.

한편 헌법재판소는 2009년 7월 30일 종업원의 의료법 위반행위에 대하여 법인의 과실유무를 따지지 않고 법인을 처벌하도록 규정하고 있던 구의료법 제91조 제2항의 양벌규정에 대하여 위헌결정을 하였다.[38] 이에 따라 개정된 의료법에서는 종업원 등이 의료법을 위반했다 하더라도 법인 등의 책임을 묻기 위해서는 법인 등이 의료법위반행위를 방지하기 위하여 해당 업무에 관하여 **상당한 주의와 감독을 게을리 한 경우, 즉 과실이 있는 경우**에만 형사책임을 물을 수 있도록 개정하였다. 즉 법인의 형사책임을 묻기 위해서는 법인에게 **감독과실**이 있는 있어야 한다는 점을 명백히 하였다.[39]

〈보호객체와 행위객체의 구별〉

(1) 보호객체

보호의 객체란 구성요건에 의해 보호되는 **가치적·관념적 대상인 법익**, 즉 **보호법익**을 말한다. 보호법익이란 법률가의 법령해석이나 입법자의 주요 관심대상으로서, 형법에 의하여 침해 내지 위험이 금지되어 있는 **개인과 공동체의 이익 또는 가치**를 말한다. 살인죄의 경우에는 타인의 생명, 절도죄의 경우에는 타인의 재물에 대한 소유권 내지 점유, 상해죄에 있어서는 사람의 건강이라는 가치이다. 이와 같이 보호법익은 가치적·관념적인 것으로서 법규범의 보호의 대상이 된다. 모든 범죄는 형법이 보호하고자 하는 가치 또는 이익을 침해하거나 위태롭게 할 때 처벌되므로 보호법익이 없는 범죄는 없다고 하겠다.

(2) 행위객체

구성요건에 기재되어 있는 **물적 대상**을 행위객체라 한다. 행위객체는 범죄자의 관심대상으로서, 예컨대 절도죄에 있어서 '타인의 재물'이나, 살인죄의 경우에 살인행

38) 헌재 2009. 7. 30, 2008헌가10.

39) 부정청탁 및 금품 등 수수의 금지에 관한 법률 제24조 참조.

위의 대상인 '사람'을 말한다. 그러나 모든 범죄에 있어서 행위객체가 요구되는 것은 아니다.

범죄 중에 행위객체가 없는 범죄로는 **다중불해산죄, 단순도주죄, 퇴거불응죄** 등을 들 수 있으며, 일반적으로 행위객체는 범죄의 물적 공격대상이 되는 피해자나 피해물을 말한다. 이와 달리 보호객체인 보호법익은 형법에 의하여 보호되는 가치적·관념적 대상으로서, 모든 범죄에 있어서 이에 대한 침해 또는 침해의 위험이라는 결과의 발생이 요구된다.

제 2 장 구성요건론

제 1 절 구성요건의 일반이론

범죄란 구성요건에 해당하는 유책한 행위이므로, 구성요건해당성이란 범죄성립의 제1요소이다. **구성요건론**이란 이러한 구성요건해당성 평가의 대상인 구성요건의 개념, 구성요소, 분류, 기능 등에 관하여 연구하는 분야를 말한다.

Ⅰ. 구성요건과 구성요건해당성의 의의

구성요건이란 형벌을 과하는 근거가 되는 **불법행위의 유형**을 추상적으로 기술한 것을 말한다. 입법자는 형법규범이 금지하거나 요구하는 행위를 위반한 각종 불법행위를 일일이 기술하지 않고 이들을 유형화하여 다양한 불법행위를 포섭할 수 있도록 정형적·추상적으로 기술하고 있다. 이와 같이 **구성요건**이란 형벌법규에 기술되어진 불법행위의 유형, 그 자체로서 **정형적·추상적인 개념**이고, **구성요건해당성**이란 어떤 구체적인 행위(범죄구성사실)가 이러한 법적 구성요건에 기술되어진 범죄의 정형적인 기술에 일치하는 것으로 평가되는 경우를 말한다. 또한 **구성요건해당성판단**이란 법적 구성요건을 대전제로 하여 소전제인 범죄구성사실이 해당하는가 여부를 판단하는 논리과정을 말한다.

Ⅱ. 구성요건이론의 발전사

구성요건이란 용어는 1581년 이탈리아의 Farinacius가 **'증명된 범죄사실'**(corpus delicti)이라는 의미를 가진 **절차법적 요소**를 포함하는 개념으로 처음 사용하였다. 1796

년에는 클라인(v. Klein)이 이를 독일어로 Tatbestand라고 번역하였으며, 19세기에 이르러 포이어바흐(Feuerbach) 및 슈튀벨(Stübel)에 의하여 구성요건 개념은 범죄성립요소 전체를 의미하는 **실체법상의 용어**로 바뀌었다. 그 후 1906년에 베링(Beling)이 '범죄론'이라는 논문에서 범죄 3단계론을 주장하면서 Tatbestand라고 이름을 붙인 것을 일본의 형법학자들이 구성요건(構成要件)이라고 번역한 데서 유래한다.[1)]

구성요건을 어떻게 이해하느냐에 따라 범죄론의 체계구성, 위법성조각사유의 성질 내지 위법성조각사유의 전제사실에 관한 착오의 문제 등에 있어서 견해가 달라질 수 있다. 아래에서는 베링(Beling) 이래로 본격적으로 논의되기 시작하여 발전되어온 구성요건이론의 내용을 살펴보기로 한다.

1. 베링(Beling)의 구성요건이론

베링은 범죄는 구성요건해당성과 위법성 및 책임이라는 3요소로 이루어져 있고, 이를 단계적으로 검토하여 범죄성립여부를 판단해야 한다는 **범죄 3단계론**을 주장하였다. 그는 **구성요건**은 가치판단이 들어 있지 않고 행위의 외적 측면에만 관계된다고 보아 구성요건의 성격은 순수하게 **기술적**이고 **객관적**이며, 외부적이고 몰가치적(가치중립적)인 것으로서 주관적 요소는 배제되어야 하는 **객관적 사실판단**이라고 주장하였다. 그리고 **위법성**은 이러한 구성요건에 해당하는 행위를 전제로 하여 그것에 대하여 전체적인 법질서의 입장에서 순수하게 **객관적으로 내려지는 부정적 가치판단**을 말하며, 나아가 **책임**이란 위법평가가 내려진 행위에 대하여 행위자 개인에 대하여 내려지는 **주관적인 가치판단**이라는 것이다.

그리하여 그는 '**범죄란 구성요건에 해당하고 위법하며 유책한 행위**'라는 유명한 **범죄 3단계론**을 주장하면서, 구성요건은 위법성의 징표가 된다고 보았다. 베링의 **순객관적·몰가치적 구성요건이론**은 후세에 많은 학자들에 의해 지지를 받게 되었다.

그러나 그의 이론은 마이어(M. E. Meyer)에 의한 규범적 구성요건요소의 발견과 메츠거(E. Mezger)에 의한 주관적 불법요소의 발견에 의해 수정이 불가피하게 되었다.

2. 마이어(M. E. Meyer)에의 구성요건이론

베링의 구성요건이론에 의하면 구성요건은 몰가치적·가치중립적인 요소로 이루

1) 이형국, 형법총론연구 I, 137면.

어진 사실의 기술에 불과하다고 보았으나, 마이어(M. E. Meyer)는 구성요건에도 **규범적 요소**가 있음을 발견하고 베링의 구성요건이론을 비판하였다. 즉 구성요건의 내용을 살펴보면 위증죄에 있어서 '허위의 진술'이나, 절도죄에 있어서 '타인의 재물'과 같은 내용은 사실적 개념이 아니라 규범적인 개념인데도 불구하고, 베링이 구성요건을 가치중립적인 사실판단으로 본 것은 범죄구성사실 자체인 구성요건과 범죄구성사실에 대한 가치판단 내지 법률판단인 구성요건해당성을 혼동했기 때문이라는 것이다.

이와 같이 마이어가 **규범적 구성요건요소**를 발견함으로써 구성요건은 기술적·설명적 요소뿐만 아니라 규범적 요소로 구성되어 있다는 점이 밝혀지게 되었으며, 또한 구성요건은 불법행위유형을 기술한 것이므로 위법성과 관계되어 결코 가치중립적·몰가치적인 것이라 할 수 없다. 따라서 구성요건해당성의 판단도 인간의 행위 중에서 형법규범에 따른 가치판단을 통해 불법인가 또는 적법인가에 관한 **가치판단 내지 법률판단**을 행하는 것이므로 구성요건은 결코 가치중립적일 수 없다는 점이 밝혀지게 된 것이다. 그러나 이때까지도 구성요건에는 주관적 요소가 없다고 보았다.

3. 주관적 불법요소의 발견

'구성요건은 주관적 요소로부터 분리되어야 하고, 위법성은 객관적 가치판단이다' 라는 베링의 주장은 이후에 주관적 구성요건요소의 발견과 **목적적 행위론**의 등장으로 그 타당성을 잃게 되었다. 즉 인과적 행위론자인 메츠거(Mezger)가 특수한 주관적 구성요건요소로서 목적·불법영득의사 등을 발견하고, 목적적 행위론자인 벨첼(Welzel)이 **주관적 구성요건요소로서 고의**를 일반화함으로써 구성요건이 순객관적이라는 주장은 설득력을 잃게 되었다.

구성요건에 주관적 요소가 있다는 것을 발견하게 된 계기는 역사적으로 위법성 판단자체와 위법평가의 대상과 관련된다. 즉 위법성이 순수한 객관적 가치판단인가에 대하여 1911년 **나글러**(Nagler)가 객관적 불법은 개별적인 주관적 경향을 떠나서는 의의가 없다고 하였고, **헤글러**(Hegler)는 프랑크(Frank)의 규범적 책임론의 영향 하에 모든 주관적 요소가 책임에 속하지 않는 것처럼 객관적인 것만이 위법성이 되는 것은 아니라고 하였으며, **마이어**(M. E. Meyer)는 목적·경향 등의 내심적·주관적 요소를 책임요소가 아니라 위법성 여부를 확정하는 위법요소라는 **주관적 위법성조각사유의 이론**

을 전개하였다.[2] 그 후 메츠거(Mezger)는 이에 한걸음 더 나아가 특수한 범죄인 목적범·경향범·표현범의 경우에는 주관적인 목적·경향·내심적 상태의 표현 등의 **특수한 주관적 불법요소**를 구성요건요소로 인정하였다.[3]

이러한 과정에서 **위법평가 자체**는 객관적이지만 **위법평가의 대상**은 주관적 요소가 포함되어야 한다는 견해가 지배적인 견해가 되었다. 그리하여 **목적범**에 있어서 목적이나 미수범에 있어서 **범죄의사** 등의 주관적 요소가 예외적으로 위법평가의 대상이 된다고 보기에 이르렀다.

그러나 **목적적행위론**이 등장하면서 범죄행위를 **목적적 조종활동**으로 이해하여 존재론적으로 파악함으로써 목적범이나 미수범뿐만 아니라 모든 범죄구성요건에 주관적 불법요소가 일반적으로 존재한다고 하여 고의·과실을 주관적 불법요소로서 구성요건요소에 해당한다고 하는, 이른바 **'인적불법론'**을 주장하였고, 이러한 주장은 행위론과 관계없이 받아들여져 오늘날 통설의 지위를 차지하게 되었다.

그리하여 고의범의 불법은 법에 의해 비난받는 행위자의 의사활동인 고의와 행위의 태양 및 방법 등의 **행위반가치**와 법이 금지하고 있는 결과인 법익침해 또는 침해의 위험이라는 결과의 발생이라는 **결과반가치**로 이루어져 있다고 이해하게 됨으로써, 고의는 불법의 핵심적인 일반적 주관적 구성요건요소가 되었다.

Ⅲ. 구성요건의 개념과 유형

1. 구성요건의 개념

(1) 최광의의 구성요건

최광의의 구성요건이란 **'가벌성의 모든 전제조건'**을 총괄하는 개념을 말한다. 즉 범죄성립요건으로서 모든 불법요소와 책임요소뿐만 아니라 처벌조건까지를 포함하는 개념이다. 이것을 **총체적 구성요건**이라 하기도 한다.

---

2) 이재상/장영민/강동범, 109－110면 참조.

3) 메츠거(E. Mezger)는 범죄구성요건 중에 예외적으로 초과주관적 불법요소가 필요한 범죄로 목적범·경향범·표현범의 3종을 들고 있다. 즉 내란죄, 통화위조죄, 영리약취유인죄와 같이 주관적 목적이 요구되는 **목적범**에 있어서의 **'목적'**과 강제추행죄와 학대죄, 음행매개죄, 공연음란죄와 같은 **경향범**에 있어서의 **'주관적(내적) 경향의 표출'**, 그리고 모욕죄, 위증죄와 같은 **표현범**에 있어서는 **'내심적 상태의 표현'**이 초과주관적 불법요소라고 한다.

(2) 광의의 구성요건

이것은 '**범죄구성요건**'을 말한다. 불법과 책임을 근거지우는 모든 요소를 말한다. 즉 불법구성요건과 책임구성요건을 합친 구성요건을 말한다.

(3) 협의의 구성요건

죄형법규에 의하여 추상적·정형적으로 기술되어 법규범에 의하여 금지·요구되는 불법행위의 유형을 구성하는 모든 요소, 즉 형법각칙이나 특별형법 등에 기술되어 있는 불법행위의 유형을 말한다. 따라서 이것을 **불법구성요건**이라 한다.

2. 구성요건의 유형

(1) 총체적 구성요건

소추조건을 배제한 가벌성의 모든 전제조건을 포함하는 구성요건을 총체적 구성요건이라 한다. 객관적·주관적, 성문·불문, 적극적·소극적인 구성요건이 모두 포함된다. 갈라스(Gallas)나 예쉑(Jescheck) 등이 주장하였다.

(2) 범죄구성요건

형법각칙의 죄형법규 중에 적극적으로 가벌성을 구성하는 모든 전제조건들의 총체를 범죄구성요건이라 한다. 즉 **불법구성요건**과 **책임구성요건** 및 **객관적 처벌조건**을 범죄구성요건이라 하며, 이를 **광의의 구성요건**이라고도 한다. 총체적 구성요건 중에서 위법조각사유와 책임조각사유를 제외한 불법내용과 책임내용을 근거지우는 모든 요소를 말한다.

(3) 불법구성요건

금지된 행위인 **범죄의 불법내용을 근거지우는 모든 요소를 유형적으로 기술해 놓은 것**을 불법구성요건이라 하며, 이를 '**협의의 구성요건**'이라고도 한다. 불법구성요건은 **선별기능**(당벌적인 행위를 가려내는 행위), **지시기능 또는 정향기능**(국민들에게 행동방향을 설정해주는 기능), **징표기능**(불법구성요건이 실현되면 정당화사유가 존재하지 않는 한 위법하다는 것을 추단케 하는 기능)의 3가지 기능을 가진다. **범죄 3단계론**에서 말하는 구성요건이란 불법구성요건을 말한다.

(4) 허용구성요건

성문·불문의 위법성조각사유(정당화사유)를 **소극적 구성요건** 또는 허용구성요건이라 하며, **허용규범**이라고도 한다. 정당방위와 같은 위법성조각사유를 말한다.

(5) 보장구성요건

'법적 구성요건'이라고도 한다. 이는 죄형법정주의, 특히 형법의 보장적 기능을 강조하는 관점에서 총체적 구성요건보다는 좁은 개념으로 **법률에 의해 규율되는 가벌성의 전제조건을 모두 총괄하는 구성요건**을 말한다. 따라서 법률에 의하여 규율되지 않는 **초법규적 위법성 또는 책임조각사유는 제외**된다. 범죄구성요건, 위법성, 책임, 모든 처벌조각사유 및 감면사유를 포함하는 개념이다.

(6) 총체적 불법구성요건

소극적 구성요건요소이론을 주장하는 학자들의 견해이다. 불법을 근거지우는 적극적 요소와 불법을 배제하는 소극적 요소를 총괄하여 총체적 불법구성요건이라 한다. 이에 의하면 불법구성요건과 허용구성요건(위법성조각사유)을 고려하여 총체적 불법구성요건이 인정되면 구성요건단계에서 행위의 적법성여부가 판단되고, 다음으로 책임판단이 이루어지게 된다.

(7) 책임구성요건

어떤 특정한 범죄의 전형적인 표지이면서도 불법에는 관계 없이 오로지 그 범죄의 책임내용을 배타적·직접적으로 형성하는 표지로서 법률에 기술되어 있는 것을 책임구성요건이라 부르기도 한다. 즉 불법이 아니라 책임내용을 근거지우는 요소를 말한다. 예컨대 영아살해죄에 있어서 '치욕은폐 등의 동기'는 책임구성요건에 속한다고 할 수 있다. 책임에만 영향을 주는 내적 상황인 주관적·심정적 표지이기 때문이다.

그러나 책임능력, 위법성인식, 책임조각사유 등은 '특정한 범죄의 전형적인 표지'가 아니라 모든 범죄의 일반적인 표지이기 때문에 책임구성요건에 속한다.

(8) 벨첼의 봉쇄적 구성요건과 개방적 구성요건

벨첼(Welzel)에 의하면 봉쇄적 구성요건은 금지의 실질이 남김없이 규정되어 있으므로 구성요건자체에서 위법성이 인정되지만(예컨대 살인죄), 개방적 구성요건은 구성요건표지의 일부만이 기술되고 나머지 부분은 재판관에 의해 구성요건의 내용을 보충하도록 위임되어 있으므로 위법성은 구성요건 자체에서 나오지 않고, 구성요건 밖의 다른 적극적 위법요소에 의해 위법성이 인정된다(예: 독일 형법 제240조의 강요죄, 제253조의 공갈죄)는 입장을 취하고 있다. 예컨대, 과실범에 있어서 **주의의무**나 부작위범에 있어서 **작위의무**의 내용은 법관의 법해석에 의해 보충되어야 하며, 이는 기술되어 있지 않은 **불문의 구성요건요소**라는 입장이다.[4] 그러나 형법상 금지되는 모든 불법행위의 실질은 구성요건에 남김 없이 기술되어 있어야 한다는 불법구성요건의 본질을 고려할 때, **개방적 구성요건**의 개념은 부적절하다는 견해가 지배적이다.[5]

(9) 기본적 구성요건과 수정적(파생적) 구성요건

기본적 구성요건이란 유사한 범죄행위유형 중에서 가장 본질적이고 공통적인 요소로 이루어진 구성요건으로서 유사범죄유형의 기초가 되는 구성요건을 말한다. 형법 각칙은 대체로 보호법익에 따라 범죄유형을 장별로 편제하여 기술하고 있다. 예컨대 형법 제24장의 살인의 죄에는 살인죄를 비롯하여 존속살해죄나 영아살해죄 등이 기술되어 있다. 여기서는 살인죄의 구성요건이 가장 기본적이므로 살인죄가 기본적 구성요건이다.

수정적 구성요건 내지 파생적 구성요건이란 기본적 구성요건에 대하여 불법내용이나 책임내용의 차이로 인하여 형벌의 가중이나 감경이 있는 구성요건을 말하며, 이를 가감적 구성요건이라고도 하는데, 가감적 구성요건에는 형벌이 가중되는 **가중적 구성요건**과 형벌이 감경되는 **감경적 구성요건**이 있다. 예컨대 형법 제250조 제1항의 보통살인죄에 대하여 존속살해죄는 보통살인죄보다 형이 중하므로 가중적 구성요건이고, 영아살해죄는 형이 가벼우므로 감경적 구성요건이다.

다시 파생적 구성요건은 가중·감경의 내용이 불법인가 책임인가에 따라 **불법가중적·감경적 구성요건**과 **책임가중적·감경적 구성요건**으로 나누어진다.

예컨대 존속살해죄(제250조 제2항)는 보통살인죄와 비교하여 불법은 동일하지만 존비속관계로 인해 직계비속인의 패륜성에 대한 윤리적 비난가능성이 높아 형을 가중하므로, 존속살해죄는 책임가중적 구성요건이고, 제251조의 영아살해죄는 영아를 살해하게 된 직계존속의 사정을 고려하여 형을 감경하는 경우이므로 책임감경적 구성요건이 된다. 그러나 제252조 제1항의 촉탁·승낙에 의한 살인죄는 피해자의 촉탁·승낙이 있었으므로 불법 자체가 보통살인죄에 비하여 가벼우므로 불법감경적 구성요건이다.

---

4) 이형국, 150면.

5) 박상기, 83면; 이형국, 151면; 이재상/장영민/강동범, 113면.

Ⅳ. 불법구성요건의 요소

불법구성요건(협의의 구성요건)을 구성하는 요소 내지 표지는 기술적 요소와 규범적 요소, 객관적 요소와 주관적 요소 및 기술된 요소 및 기술되지 않은(불문) 요소 등으로 나눌 수 있다.

1. 기술적 구성요건요소와 규범적 구성요건요소

(1) 기술적 구성요건요소

기술적 구성요건요소란 구성요건의 문언이 외부세계의 사상(事象)을 사실적·대상적으로 기술했기 때문에 사실의 확정만으로 그 의미를 알 수 있는 요소를 말한다. 예컨대 사람, 살해, 재물, 건조물, 상해 등과 문언이 이에 해당한다.

(2) 규범적 구성요건요소

규범적 구성요건요소란 구성요건의 문언이 재물의 타인성, 불법영득의사, 문서, 공무원, 음란성, 공연성 등과 같이 사실의 확정과 더불어 법률적 가치판단(배우자, 직계존속, 공무원, 중재인, 재물의 타인성 등)이나 사회적·경제적 가치판단(음란, 명예, 문서, 공공의 위험, 공공의 안전, 업무, 신용, 방해, 훼손, 불법영득의사 등)을 거쳐야 그 의미를 파악할 수 있는 요소를 말한다.

그러나 양자의 구별은 절대적인 것이 아니고 **상대적**이라 할 수 있다. 예컨대 문언이 '사람'인 경우에도 살인죄의 객체는 살아 있는 사람을 말하는데, 이때 생존한 사람은 사실판단으로 충분한 경우도 있지만 그 한계선상의 문제, 즉 사람의 시기(始期)와 종기(終期)에 대하여는 규범적 가치판단이 있어야 하기 때문이다.

비록 양자의 구별이 경우에 따라서는 상대적이지만, 이러한 구별은 고의론과 착오론에서 중요한 의미를 갖는다. 즉 고의의 인식내용과 관련하여 기술적 요소의 경우에 있어서는 고의는 사람의 오감의 작용에 따른 육감적 인식(**사실 또는 사물의 인식**)으로 족하지만, 규범적 요소일 경우에는 평가에 따른 **의미의 인식**을 요한다. 또한 기술적 구성요건요소에 대한 착오는 항상 **사실의 착오**이지만, 규범적 구성요건요소의 착오에 있어서는 **의미의 인식이 결여된 경우**에는 **사실의 착오**(구성요건착오)가 되지만, **의미의 인식을 잘못한 경우**에는 **법률의 착오**(금지착오)가 된다.

2. 객관적 구성요건요소와 주관적 구성요건요소

구성요건요소는 행위자의 심리 내지 정신세계의 외부에 존재하는 **객관적 요소**와 내부에 존재하는 **주관적 요소**로 구별할 수 있다.

(1) 객관적 구성요건요소

구성요건의 객관적 요소란 행위의 외적 발생형태를 결정하는 상황으로 **행위의 주체, 행위의 객체, 행위태양 및 수단, 행위상황, 결과, 인과관계** 등이 이에 속한다.

① 행위주체는 모든 자연인이 될 수 있고, 법인이 행위주체가 될 수 있는가에 대하여는 학설의 대립이 있으나 법인 자체가 정신적 의사능력이 없으므로 부정하는 견해가 타당하다. 행위주체와 관련하여 일정한 신분을 요하는 범죄를 **신분범**이라 한다.

② 행위의 객체는 자연적·물리적 관점에서의 사람이 인식할 수 있는 대상으로서 구성요건에 명시되어 있다. 가치적·관념적 대상인 보호의 객체와는 구별된다. 예컨대 살인죄에 있어서 '사람'이나 영아살해죄에 있어서 '분만 중 또는 분만 직후의 영아'가 행위의 객체이나, 명예훼손죄(제307조)에 있어서 '명예'는 보호법익이다. 행위객체가 없는 구성요건[6]도 있지만 보호법익이 없는 범죄는 없다.

③ 행위의 태양이나 수단이란 범죄행위의 수단이나 방법으로 개별적 구성요건에 명시적으로 기술되어 있다. 예컨대 살해, 절취, 위조, 기망 등의 행위태양을 말한다. 구성요건이 특수한 행위태양을 요구하는 경우에는 가중처벌하고 있는 경우도 있다. 예컨대 특수폭행죄(제261조)는 '위험한 물건을 휴대하고' 폭행한 경우인데, 이때는 단순폭행죄보다 형을 가중하고 있다.

④ 행위의 결과는 결과범의 경우 구성요건적 결과가 발생해야 한다. 이때의 결과는 사실적 관점에서의 '외부세계의 물리적·화학적 상태의 변화'를 말한다.

⑤ 인과관계란 결과범에 있어서는 행위와 결과 사이의 인과관계가 요구되고, 이는 기술되지 않은 구성요건요소이다.

⑥ 행위상황이란 구성요건적 행위가 일정한 상황 하에서 행해질 것을 요하는 범죄가 있는데, 이러한 행위상황도 객관적 구성요건요소이다. 예컨대 야간주거침입절도죄에 있어서 '야간'이나 해상강도죄에 있어서 '해상에서' 등이 이에 해당한다.

---

6) 다중불해산죄(제116조), 단순도주죄(제145조 제1항), 퇴거불응죄(제319조 제2항) 등이 이에 속한다.

(2) 주관적 구성요건요소

구성요건의 주관적 요소란 행위자의 내심의 관념세계에 속하는 심리적·정신적 구성요소로서 고의범에서의 **고의**, 과실범에서의 **과실**이 일반적인 주관적 구성요건요소이다.

그러나 특정한 범죄의 경우에는 일반적 주관적 구성요건요소로서의 고의를 초과하는 주관적 요소를 필요로 하는데, 재산범죄 중 영득죄에 있어서 **불법영득의사** 내지 **불법이득의사**, 통화위조죄(제207조)와 같은 **목적범**에 있어서의 '행사할 목적', 강제추행죄(제298조)와 같은 **경향범**에 있어서 성욕의 흥분·자극이라는 주관적 경향의 표출, 모욕죄(제311조)와 같은 **표현범**에 있어서 내심적 상태의 표현 등이 초과주관적 불법요소이다.[7)]

그러나 범행의 **동기나 이유**는 범죄 자체의 실현의사인 고의와 구별되므로, 이것은 구성요건요소가 아니고 형의 양정에 있어서의 고려사항일 뿐이다.

목적범이란 행위자에게 구성요건적 고의 이외에 일정한 행위를 할 주관적인 목적을 필요로 하는 범죄를 말하는데, 이에는 진정목적범과 부진정목적범이 있다. **진정목적범**이란 행위자의 일정한 목적이 범죄성립요건인 범죄를 의미하고, 통화위조죄 등 각종위조·변조죄가 이에 해당한다. **부진정목적범**이란 행위자의 일정한 목적이 형을 가중 또는 감경하는 사유로 되어 있는 경우이며, 단순아편소지죄(제205조)에 대하여 판매목적아편소지죄(제198조), 미성년자약취·유인죄(제287조)에 대하여 추행등 목적약취 등의 죄(제288조)가 이에 해당한다.

목적범은 다시 **단절된 결과범**과 **단축된 2행위범**으로 나누기도 한다. 전자는 행위자의 구성요건적 행위 자체로 그 목적이 실현될 수 있는 범죄로서 **국기·국장모독죄**(제105조)가 이에 속하며, 후자는 행위자의 구성요건적 행위만으로는 그 목적이 실현될 수 없고 행위자나 제3자의 별개의 행위를 통해서만 실현될 수 있는 범죄로서 각종 **예비죄**, **통화위조죄**(제207조), **무고죄**(제156조) 등이 해당된다.

---

7) 목적범에 있어서 목적은 초과주관적 구성요건요소이나, 경향범의 주관적 경향의 표출이나 표현범에 있어서 내심의 상태의 표현을 행위개념에 내포된 주관적 요소로 이해하는 견해도 있다(임웅, 106면 참조).

3. 기술된 구성요건요소와 기술되지 않은 구성요건요소(불문의 요소)

죄형법정주의는 명확성의 원칙을 요구하기 때문에 죄형법규는 그 내용이 명확해야 한다. 따라서 대부분의 구성요건요소는 법문에 기술되어 있는데, 이를 **기술된 구성요건요소**라 한다.

그러나 입법 기술상 곤란하거나 입법의 미비로 구성요건요소로 규정되어 있지는 않지만 형법총칙의 일반규정 등에 의하여 보완하여 해석해야 하는 경우에는, 이를 **기술되지 않은 구성요건요소** 내지 **불문(不文)의 구성요건요소**라 한다.

불문의 객관적 구성요건요소로는 **인과관계와 객관적 귀속**, 부진정부작위범에 있어서 **보증인적 지위**, **사기죄에 있어서 처분행위** 등을 예로 들 수 있다. 이들은 불문이지만 객관적 구성요건요소이므로 고의의 대상이 된다. 불문의 주관적 구성요건요소로는 **고의**, 재산범죄에 있어서의 **불법영득**(이득)**의사**를 들 수 있다.

V. 구성요건과 위법성의 관계

구성요건해당성은 위법성을 추정하게 하므로 구성요건은 위법성을 징표한다. 구성요건에 해당한다는 불법판단은 위법성에 **일반적·잠정적 판단**이며 종국적 판단이 아니다. 위법성에 대한 종국적인 판단은 위법성조각사유의 부존재에 의해 확정되거나, 허용구성요건(위법성조각사유)의 존재에 의해 잠정적인 불법이 조각된다.

구성요건해당성은 위법성과 더불어 불법요소를 구성하고, 위법성은 구성요건해당성(또는 불법구성요건의 실현)과 위법성조각사유의 부존재로 이루어져 있다. 따라서 위법성은 구성요건에 해당하는 행위에 대한 '**소극적 내지 부정적 가치판단 또는 반가치판단**'이라 할 수 있다.

구성요건과 위법성과의 관계를 베링처럼 구성요건을 사실판단으로, 위법성을 가치판단으로 볼 때는 명백히 구별된다. 그러나 모든 구성요건이 규범적 요소를 가지는 이상 양자의 관계는 밀접할 수밖에 없다. 아래에서는 역사적으로 전개되어 온 양자의 관계에 대하여 살펴보면서, 아울러 **소극적 구성요건요소이론**과 **개방적 구성요건이론**에 대해서도 언급하기로 한다.

1. 인식근거설

마이어(M. E. Mayer)는 구성요건과 위법성의 관계는 **'연기와 불의 관계'**로 연기가 피어오르면 불이 난 것을 추정할 수 있는 것과 같이, 구성요건에 해당하는 일정한 행위가 있게 되면 일단 잠정적으로 위법하다는 것이 추정되므로, 구성요건은 위법성의 인식근거가 된다는 입장이다. 오늘날 **다수학자**가 이 입장을 따르고 있다.[8)]

2. 존재근거설

인식근거설보다 구성요건과 위법성의 관계를 보다 밀접하게 이해하는 학설로서 **자우어**(Sauer), **메츠거**(E. Mezger) 등이 주장하였다. 구성요건을 위법성의 존재근거로 보아, 구성요건에 해당하는 행위는 원칙적으로 위법하지만 위법성조각사유가 존재하는 경우에만 예외적으로 위법하지 않게 된다는 입장이다. 따라서 위법성조각사유는 위법성을 조각할 뿐만 아니라 구성요건해당성 자체를 조각하게 된다. 그러나 이 입장은 구성요건에 존재했던 위법성이 위법성조각사유로 인해 조각되므로 존재했던 것이 조각된다는 모순이 있다는 비판을 받게 된다.

3. 소극적 구성요건요소(표지)이론

메르켈(A. Merkel), 프랑크(Frank) 등에 의하여 주장된 이 이론은 구성요건을 예외없이 위법성의 존재근거가 되도록 구성한 이론이다. 구성요건을 위법성의 존재근거로 보면서 위법성조각사유를 **구성요건의 소극적 요소**(표지)로 이해하므로 소극적 구성요건요소(표지)이론이라고 부르며, 1950년대 이후 엥기쉬(K. Engisch), 카우프만(Arthur Kaufmann), 베버(H. v. Weber), 록신(C. Roxin) 등에 의해서도 주장되었다. 이 이론에 의하면 구성요건과 위법성조각사유는 일반적인 금지규범과 특수한 허용규범으로 대립되는 것이 아니라 위법성조각사유는 금지규범을 제한할 뿐이므로, 위법성조각사유에 해당하여 적법한 행위는 처음부터 금지되지도 않았으므로 구성요건에도 해당되지 않게 된다.

소극적 구성요건요소이론은 범죄론의 체계를 **'총체적 불법구성요건'**과 **'책임'**이라는 **2단계로 구성하는**, 이른바 **범죄 2단계론**의 입장이다. 이 이론은 '위법성조각사유의

8) 이재상/장영민/강동범, 111면; 이형국, 104면.

전제사실에 대한 착오'를 구성요건적 착오(사실의 착오)로 취급하는 명백한 논거가 된다는 장점이 지적되기도 한다.

그러나 이 이론은 ① 위법성조각사유는 일반적인 금지에 대한 전체적인 제한을 의미하는 것이 아니라 개별적인 경우에 금지규범에 대립되는 것에 지나지 않으므로, 위법성조각사유는 그 자체가 독자성이 있으며, ② 처음부터 구성요건에 해당하지 않는 행위와 구성요건에 해당하지만 위법성이 조각되는 행위 사이의 가치적 차이를 무시했다는 비판을 면하기 어렵다. 예컨대 모기를 죽인 것과 정당방위를 동일하게 평가할 수는 없기 때문이다.

그 밖에도 위법성조각사유의 전제조건에 관한 착오의 경우에 제한적 책임설의 입장을 수용할 수 없게 된다는 점 등이 지적되고 있다.[9)]

4. 개방적 구성요건이론

구성요건과 위법성의 관계에 대하여 벨첼(Welzel)은 개방적 구성요건이론을 도입하여 설명하고 있다. 즉 그는 구성요건을 **봉쇄적 구성요건**과 **개방적 구성요건**으로 나누어, 봉쇄적 구성요건에서는 구성요건 자체에서 위법성이 도출되지만 개방적 구성요건의 경우에는 구성요건 자체에서 위법성을 완전히 도출할 수 없기 때문에 구성요건 밖의 별도의 적극적인 위법성 요소에 의하여 위법성이 인정된다는 것이다.

그러나 벨첼의 **개방적 구성요건이론**은 타당하다고 할 수 없다. 왜냐하면 구성요건은 불법행위유형으로서 구성요건 자체로부터 불법내용이 도출되기 때문에 모든 구성요건은 봉쇄적일 수밖에 없다. 따라서 구성요건이 불법내용을 모두 포함하고 있기 때문에 어떤 행위가 구성요건해당성이 있다고 평가된 경우에는 특별히 위법성조각사유가 존재하지 않는 한 위법하다는 판단이 가능하게 된다.

구성요건을 구성하는 요소가 구성요건에 구체적으로 기술되어 있지 않아 법관이 법적용에 있어서 법 일반원칙이나 사회상규에 의하여 이를 보완하거나, 또는 구성요건이 규범적인 요소로 규정되어 있더라도 이러한 구성요건을 벗어나서 위법성을 판단할 수는 없다. 요컨대 개방적 구성요건을 인정하는 것은 법해석과 적용을 법관의 자의에 위임하는 결과가 되어 형법의 보장적 기능을 현저하게 훼손하므로 개방적 구성요건이란 존재하지 않는다고 해야 한다.

---

9) 박상기, 153면.

Ⅵ. 구성요건의 기능

불법구성요건은 크게 다음과 같이 3가지 기능을 가진다.

(1) 한계기능(선별기능)

범죄가 되는 행위와 아닌 행위를 한계지어 선별해주는 기능을 수행함으로써 죄형법정주의의 자유보장적 기능을 수행한다. 행위개념의 한계기능은 이론상 달성되지만, 구성요건의 한계기능은 법률상 달성된다.[10)]

(2) 개별화 기능(분류기능)

구성요건은 범죄의 성립 여부에 대한 한계기능뿐만 아니라 범죄가 성립하는 경우에도 그 불법과 책임의 질과 양에 상응하게 범죄유형을 개별화·세분화하는 기능, 즉 분류기능을 수행한다. 예컨대 살인의 죄의 경우에 있어서도 존속살해죄, 촉탁·승낙살인죄, 영아살해죄, 자살관여죄, 살인죄, 상해치사, 과실치사 등의 범죄유형으로 세분화하는 기능을 수행한다.

(3) 환기기능(경고기능)

구성요건에 해당하는 행위는 **위법성추정기능**을 한다. 이러한 구성요건의 위법성추정기능으로 인해 행위자에게 구성요건에 해당하는 행위를 하지 않도록 경고하는 기능을 수행하게 된다. 즉 구성요건은 행위자로 하여금 자신의 행위가 금지된 행위인지 허용된 행위인지에 대하여 주의를 환기(喚起)시키는 기능을 수행한다.

제2절 결과반가치와 행위반가치

불법은 구성요건해당성과 위법성을 통합하는 개념으로서 위법한 행위나 그로 인한 결과를 의미하므로, 구성요건해당성에서 논의되기도 하고 위법성과 관련하여 위법성의 실체, 즉 불법의 본질과 관련하여 논의되기도 한다. 범죄는 불법행위와 결과로 구성되어 있으므로, 행위반가치(행위불법)와 결과반가치(결과불법)에 관한 논의는 불법평가의 중점을 양자 중 어디에 둘 것인가에 관한 문제이다.

---

10) 임 웅, 112면.

Ⅰ. 결과반가치와 행위반가치의 의의

결과반가치(결과불법)와 행위반가치(행위불법)에 관한 논의는 현대 불법론의 중요한 쟁점의 하나로서 **불법의 개념**[11] 또는 **위법성의 실체**[12]에 대한 논쟁이다. 이에는 불법의 본질을 ① **행위자의 반가치적 의사활동, 즉 행위반가치**(행위불법)에 있다고 보는 입장인 **행위반가치론**과 ② 법에 의해 금지된 결과의 발생, 즉 **법익에 대한 침해 또는 위험이라는 결과발생**에 있다고 보는 입장인 **결과반가치론**, 그리고 ③ 양자를 모두 고려하는 **이원적 불법론**으로 크게 나눌 수 있다.

한편 불법의 본질에 관한 이러한 논쟁을 형법상 행위론의 논리적 귀결에 지나지 않는다고 보는 견해[13]도 있지만, 목적적행위론이 인적불법론과, 사회적 행위론이 객관적·인적 불법론과 반드시 결합되어야 하는 것도 아니고 목적적행위론을 취하는 경우에도 결과불법이 불법개념에 있어서 무의미하다는 결론이 도출되지도 않으므로 행위론의 논리적 귀결로 이해하는 견해는 타당하지 않다. 그러나 인과적 행위론에 기초한 고전적 범죄체계에 의하면 불법은 법익침해 내지 위험이라는 결과불법만을 가지고 판단하며, 인간행위의 내면성을 강조하는 목적적 행위론에 의하면 행위자의 결과를 지향하는 목적성을 불법판단의 결정적인 요소로 보기 때문에 행위불법론을 취하게 되는 것이 일반적인 경향이라고는 할 수 있다.

불법의 실체를 결과불법에서 구할 것인가 행위불법에서 구할 것인가의 문제는 **형법규범의 본질과 불법구성요건을 어떻게 이해하고 평가할 것인가**에 달려있다고 할 수 있다.[14]

11) 이재상/장영민/강동범, 115-116면.

12) 차용석, 395면; 정영석, 131면.

13) 심재우, 「형법에 있어서 결과불법과 행위불법」, 고려대 법학논집 제20집, 127면; 장영민, 「형법상의 불법개념」, 인하대 사회과학논문집, 1981, 217면.

14) 김일수, 「불법구성요건에 있어서 행위반가치와 결과반가치」(고시연구, 1987. 11), 18면; Bockelmann/Volk, S. 51; Krauss, 「Erfolksunwert und Handlungsunwert im Unrecht」, ZStW 76, S. 49; 이재상/장영민/강동범, 109-110면.

Ⅱ. 결과반가치론과 행위반가치론

불법의 개념에 관한 견해로는 **법익의 침해 또는 위험**이라는 결과반가치에 있다는 **'결과반가치론'**과 행위반가치 또는 행위반가치와 결과반가치에 있다고 보는 **'행위반가치론'**으로 크게 나눌 수 있고, 행위반가치론은 다시 **일원적·주관적 불법론**(一元的·主觀的 不法論)과 **이원적·인적 불법론**(二元的·人的 不法論)으로 나눌 수 있다.

1. 결과반가치론

(1) 결과반가치론의 의의와 근거

범죄를 객관적 측면과 주관적 측면으로 분리하여, 객관적인 측면은 구성요건해당성과 위법성의 요소에 속하고 주관적인 측면은 책임에 속한다고 이해하는 고전적인 범죄체계에 의하면 객관적·외부적 측면을 기준으로 불법을 판단하게 되므로, **법익침해 또는 위험이라는 결과**에 불법의 본질이 있다고 보게 되는데 이러한 입장을 결과반가치(불법)론이라 한다.

그리고 결과반가치론 중에는 **행위의 태양**이나 **특수한 주관적 불법요소도 법익침해 또는 위험성격에 새로운 것을 추가한 때**에는 불법요소가 될 수 있다고 한다.[15] 요컨대 결과반가치론에 의하면 불법판단은 형법규범의 본질 중에서 **객관적 평가규범**에 위반하는 것이며, 의사결정규범의 위반문제는 책임귀속에 해당하는 문제라고 보는 입장이다.

결과반가치론을 주장하는 논거로는 ① 행위반가치론이 형법의 기능을 법익보호가 아니라 **사회윤리적 행위가치의 보호**에 있다고 보기 때문에 형법이 윤리화되어 **심정형법화**될 우려가 있고, ② 행위의 사회적 상당성은 그 실체가 명백하지 못하며, ③ 고의를 일반적 주관적 불법요소로 파악하는 경우에는 위법의 주관화 내지 윤리화를 초래하고, ④ 위법성조각사유의 일반원리로서 법익교량을 기준으로 하는 것은 이익보호를 목적으로 하는 법의 목적에 일치되며, ⑤ 과실범의 불법판단에 있어서도 위법판단의 객관성이 보장된다는 점을 들고 있다.[16]

---

15) 차용석, 398면.

16) 차용석, 400－401면, 405－409면, 414－417면 참조.

(2) 비 판

결과반가치론은 다음과 같은 비판을 면할 수 없다.

① 결과반가치론이 불법을 평가규범에 대한 위반으로만 이해한 것은 형법규범이 **평가규범인 동시에 의사결정규범이라는 점을 간과**한 결과이다. 형법은 법익보호를 위해 가치와 반가치를 평가하고 이에 따라 행위할 것을 요구한다. 따라서 평가규범에 위반하는 것은 불법이고 의사결정규범은 책임에서만 문제된다고 보는 결과반가치론은 타당하지 않다.

② 결과반가치론이 결과발생만으로 불법을 인정하게 되면 **불법개념이 무한하게 확대**된다는 비판을 면할 수 없다. 규범위반으로서의 불법은 행태불법(行態不法)을 의미하며 단순한 구성요건적 결과발생만을 의미하지 않는다. 예컨대 부진정부작위범에 있어서는 **보증인**에 의해서만 불법이 실현될 수 있고, 과실범에서는 **주의의무에 위반한** 결과발생만이 불법이라고 할 수 있다. 또한 사기죄나 공갈죄의 경우에도 **'기망'**, **'공갈'** 이라는 행위방법에 의하여 법익을 침해해야만 불법이 성립하게 된다.

③ 결과반가치론은 살인죄와 상해치사죄 및 과실치사죄와 같이 사망이라는 **동일한 결과가 발생한 경우**에 이들을 왜 달리 처벌해야 하는가에 대하여 제대로 설명할 수 없게 된다. 행위자의 주관적 요소를 불법요소에 포함시켜 평가할 때 비로소 불법의 질과 양이 달리 평가되어지기 때문이다.

④ 결과반가치론이 예외적으로 주관적 요소를 불법요소에 포함시키는 것은 불법은 객관적 요소에 의하여 평가된다는 결과반가치론의 입장과도 모순된다.

따라서 인간의 불법행위는 외부에 나타난 **법익침해 또는 위험의 결과**만으로 그 불법의 실체를 파악할 수 없고, 그와 더불어 결과를 야기한 **행위자의 의사**나 결과회피를 위한 **주의의무위반** 등을 고려해야만 제대로 파악할 수 있게 된다. 이런 점에서 결과반가치론은 타당하다고 할 수 없다.

2. 행위반가치론

(1) 인적 불법론

객관적 불법론인 결과반가치론에 대하여 불법의 본질은 행위불법(반가치)에 있다고 주장한 사람은 목적적 행위론을 주장한 벨첼(H. Welzel)이다. 그는 구성요건에 규정된 행위는 주관적·객관적 요소로 이루어져 있고 이들이 불법요소이며, 행위의 본질은 목적성에 있으므로 불법구성요건의 본질도 목적성의 표현인 고의·과실에 있다고 하였다. 따라서 불법의 핵심은 행위자와 내용적으로 분리된 결과발생에 있는 것이 아니라 **'행위자관련적 행위불법'**이라는 이른바 **'인적 불법론'**을 주장하였다. 즉 행위불법이 불법의 본질이라는 입장을 행위반가치론이라 한다. 구성요건에 규정된 객관적·주관적 행위요소는 동시에 불법요소이므로, 고의·과실 등의 인적 행위반가치가 모든 범죄의 일반적 행위반가치가 된다.

벨첼의 인적 불법론에 의하면 **행위반가치**가 불법의 제1차적 요소가 되고, 결과반가치는 행위반가치의 내부에서만 의미를 가질 뿐이며, 사태반가치(事態反價値)는 불법의 비독자적(非獨自的) 요소에 불과하여, 사태반가치가 결여된 경우인 불능미수의 경우에도 행위반가치가 있으므로 불법이 성립할 수 있다고 한다. 나아가 과실범의 경우에는 행위반가치에 결과반가치가 포함되기 때문에 행위반가치(주의의무위반)가 더 중요한 의미를 갖는다고 하였다.

(2) 일원적·주관적 불법론

1) 내 용

벨첼의 인적 불법론은 결과반가치인 결과를 불법구성요건에서 완전히 배제하지는 않았으나, 결과를 불법세계에서 완전히 배제하여 **객관적 처벌조건**에 불과하다고 보는 입장으로서, 아민 카우프만(Armin Kaufmann), 찌린스키(Zielinski), 호른(Horn), 뤼더센(Lüderssen) 등에 의해 주장된 극단적 행위반가치론을 **'일원적·주관적 불법론'**이라고 한다.

이 견해는 형법규범이 **행위규범 내지 의사결정규범**이라는 점에서 출발하여, 행위규범에 위반하는 행위가 구성요건에 해당하는 불법행위이므로 불법은 행위불법(반가치)과 동의어에 불과하며, 결과는 불법과 관계없는 우연에 불과하다. 따라서 미수와 기수를 불법단계에서 구별하는 것은 무의미하고, 과실범에 있어서 불법판단도 발생된 결과에 있는 것이 아니라 행위자의 **주의의무위반**이며, 발생된 **결과**는 형벌을 정하는 기준이 될 수 없고 **객관적 처벌조건**이나 **소추조건**에 불과하다고 하게 된다.[17]

2) 비 판

그러나 결과불법을 완전히 배제하는 행위불법일원론에 대하여는 다음과 같은 비판이 가능하다. 즉 ① 일원적·주관적 불법론은 형법규범이 규범논리적 측면에서 행

17) 이재상/장영민/강동범, 119－120면.

위규범이라는 점에서 출발하고 있으나, 형법규범은 **행위규범**인 동시에 **평가규범**이다. 즉 형법규범은 법익침해를 목적으로 하는 행위를 금지할 뿐만 아니라 행위결과인 결과발생도 금지하는 것을 상정하고 있기 때문에 결과가 불법과 무관하다고 할 수 없다. ② 발생된 결과를 불법과 관계없는 **우연**에 불과하다고 하나, 발생된 결과는 행위위험이 실현된 결과이므로 행위반가치와 연결되어 있으므로 우연이라 할 수 없다. ③ 결과반가치를 불법에서 배제할 경우에는 **기수**와 **미수**를 동일하게 처벌해야 하는데, 이것은 현행 형법의 태도와도 일치하지 않는다. ④ 또한 과실범에 있어서 결과를 고려하지 않을 때에는 과실치사와 과실치상 및 도로교통법위반을 동일하게 처벌해야 한다는 부당한 결론이 도출된다. ⑤ 행위반가치론이 결과를 객관적 처벌조건으로 파악하게 되면, **객관적 처벌조건**은 형벌권발생여부에 관한 것에 불과하므로 행위불법만으로는 처벌내용을 정할 수 없기 때문에 결과를 객관적 처벌조건으로 이해하는 것은 잘못이라는 비판이 가능하다.[18] ⑥ 형법의 사회윤리적 기능을 강조하게 되면 사람의 내심에까지 형법이 개입하게 되어 **심정형법화**(心情刑法化)될 우려가 있다. 형법은 행위가 사회윤리에 위배했기 때문에 개입하는 것이 아니라 보호법익을 침해하거나 위태롭게 했을 경우에 개입하기 때문이다.[19]

(3) 이원적·인적 불법론

불법의 본질에 관하여 **법익침해** 또는 **위험**이라는 **결과불법**의 측면과 **행위의 주관적·객관적 측면**을 포섭하는 **행위불법**이라는 측면을 모두 고려해서, 결과불법(반가치)과 행위불법(반가치)을 **불법의 실체를 구성하는 병존적 요소**라고 이해하는 견해를 **이원적·인적불법론**이라 한다. 우리나라 **통설**[20]의 입장이다.

생각건대 결과불법일원론과 행위불법일원론은 모두 일면적이라는 비판을 면할 수 없다. 법익보호가 형법의 가장 중요한 기능임을 부인할 수 없으므로 법익침해 또는 위험이라는 결과반가치를 불법에서 추방하는 것은 **형사책임원칙**에 반할 뿐만 아니라 형법을 **심정형법**(心情刑法)화 할 우려가 있다. 또한 형법규범이 일정한 행위를 대상으로 하고 있고 일정한 행위자의 특수한 행위태양을 처벌하고 있는 이상 행위반가치도 결과반가치와 마찬가지로 불법요소가 된다고 보아야 한다. 따라서 불법의 결과

18) 이재상/장영민/강동범, 120면.
19) 배종대, 198면; 차용석, 400면.
20) 이형국, 260면.

불법(반가치)과 행위불법(반가치)에 의하여 파악해야 한다는 **이원적·인적 불법론**이 타당하다고 생각된다.[21]

이원적·인적 불법론은 위법성조각사유에 관한 설명에 있어서도 적합한 불법론이다. 즉 정당방위로 인한 살해행위의 경우에 사람을 살해한 결과불법은 존재하지만 '현재의 부당한 침해를 방위하기 위한 행위로서 상당성이 있는 행위'일 경우에는 행위불법이 탈락함으로써 위법성이 조각된다. 피해자의 승낙에 의한 행위의 경우에는 반대로 행위불법은 존재하지만 법익주체가 법익보호를 포기함으로써 결과불법이 탈락하여 위법성이 조각되어진다.[22]

결과반가치와 행위반가치의 기능은 불능미수와 위법성조각사유의 전제사실의 착오의 경우에 문제가 된다. 미수범은 행위반가치뿐만 아니라 법익침해의 위험이라는 결과반가치가 있어야 하며, 위법성조각사유의 전제사실의 착오는 결과반가치와 행위반가치는 있으나 심정반가치가 없는 경우이다.[23]

3. 결과반가치와 행위반가치의 내용

결과반가치와 행위반가치를 독자적인 불법요소로 이해하는 경우에도 그 내용이 무엇인가에 대하여는 견해가 일치하지 않는다.

(1) 결과반가치의 내용

보호법익에 대한 침해 또는 위험(위태화)을 결과반가치의 내용으로 이해하는 것이 통설[24]의 입장이다. 여기서 보호법익에 대한 침해란 보호법익에 대한 가치상실을 말하며, 보호법익에 대한 위험이란 보호법익에 대한 침해발생이 가능한 상태를 말한다. 이와 달리 소수설은 결과반가치에는 법익침해 또는 위험 이외에 **미수와 예비를 구별**하고 **불능미수**의 결과반가치를 설명하기 위해 **'법익평온상태의 교란'**이라는 요소를 덧붙여 결과반가치의 내용에 포함해야 한다는 견해[25]도 있다. 그러나 '법익평온상태의 교란'도 '보호법익에 대한 위험'이라는 결과반가치에 포함시켜서 해석할 수 있고, 법

---

21) 김일수/서보학, 248면; 박상기, 76면; 손해목, 372면; 신동운, 262면; 안동준, 97면; 이재상/장영민/강동범, 121면; 이형국, 162면; 임 웅, 181면; 정성근/박광민, 140면.

22) 배종대, 202면.

23) 이재상/장영민/강동범, 121면.

24) 박상기, 74면; 이형국, 257면; 정성근/박광민, 140면; 장영민, 전게논문, 230면

25) 김일수/서보학, 247면.

익평온상태의 교란이라는 개념도 추상적이어서 오히려 가벌성의 확장을 초래할 우려가 있으므로 이를 독자적인 결과반가치의 내용으로 보는 입장은 타당하지 않다.[26)]

(2) 행위반가치의 내용

행위반가치란 행위에 대하여 사회윤리적 입장에서 내려지는 부정적 가치판단을 말하는데, 이러한 사회윤리적 반가치판단의 내용에는 주관적 요소와 객관적 요소가 있다.

1) 주관적 요소

행위반가치의 주관적 요소에는 고의, 과실, 목적, 경향, 표현 등 주관적 구성요건요소가 이에 해당한다. 법규범의 명령에 위반하여 법익침해를 향한 행위자의 반가치적 행위의사인 **고의**는 고의범에 있어서 **주관적 불법요소**로서 행위불법의 핵심이 된다. 다만 불법요소로서의 고의는 **행위불법**을 나타내며, 책임요소로서의 고의는 행위자의 **심정반가치**를 나타내는 2중의 지위 내지 기능을 지닌다. 과실범에 있어서는 **객관적 주의의무위반**(객관적 과실)이 불법요소가 되고 주관적 예견가능성은 책임요소가 된다. 고의·과실 이외에도 **목적, 불법영득의사, 경향** 등의 **주관적 불법요소**도 행위반가치의 내용이 된다. 행위반가치를 주관적인 의도반가치(意圖反價値)로 이해하는 입장에서는 범행으로 나아간 의사활동, 즉 주관적 불법요소만을 행위반가치로 표현하기도 한다.[27)]

2) 객관적 요소

행위반가치의 객관적 요소에는 첫째, **행위의 양태, 즉 범행의 수단, 방법 및 행위상황** 등 행위의 외부적 양태가 그 내용이 된다. 예컨대, 절도죄에 있어서 '절취'행위를, 특수절도죄에 있어서 '흉기를 휴대'하고, 특수폭행죄에 있어서 '위험한 물건을 휴대하고', 사기죄에 있어서 '기망행위에 의한 착오로 재물을 교부받는 경우', 해상강도죄에 있어서 '해상에서', 야간주거침입절도죄에 있어서 '야간에' 등의 행위상황 내지 행위태양이 행위반가치의 내용이 된다.

둘째, **객관적 행위자요소**도 행위반가치의 내용이 된다. 일반적으로 구성요건은 행위주체에 제한 없이 누구나 범죄를 실현할 수 있다. 그러나 예외적으로 일정한 의무를 부과하는 객관적 요소에 의해 일정한 범위의 사람으로 제한되는 경우에 이를 객관적 행위자요소라 한다. 예컨대 부진정부작위범에 있어서 보증인적 지위, 배임죄에 있어서

26) 배종대, 199면.
27) 임 웅, 179면.

타인의 사무를 처리하는 자, 뇌물죄의 주체로서 공무원 또는 중재인 등이 이에 해당한다. 이와 같이 **행위주체를 결정하는 객관적 행위자요소**도 행위반가치의 내용이 된다.

제 3 절 인과관계와 객관적 귀속

I. 서 론

1. 인과관계의 의의

인과관계란 일정한 행위로 인하여 일정한 결과가 발생했을 때 그 행위와 결과 사이에 원인과 결과의 관계라는 연관이 있는 것을 말한다. 형법에서 인과관계를 논하는 것은 행위로 인해 발생된 결과에 대하여 형사책임을 묻기 위한 전제로서, 모든 **결과범**에 있어서는 발생된 결과(**침해범**의 경우에는 발생된 법익침해이고 **구체적 위험범**에서는 법익침해의 구체적 위험)와 행위 사이에 인과관계가 있어야 결과에 대한 기수책임을 물을 수 있기 때문이다.

만약 발생된 결과와 행위 사이에 인과관계가 부정되면 미수범의 책임을 물을 수 있을 뿐이다. 따라서 결과범에 있어서는 구성요건에 해당하는 행위와 결과 사이에 원인과 결과의 관계, 즉 인과관계가 존재해야 한다. 그러나 **단순거동범** 내지 **형식범**이나 **추상적 위험범**의 경우에는 범죄완성에 결과의 발생을 요하지 않고 행위 그 자체를 처벌하기 때문에 인과관계 문제는 발생하지 않게 된다. 형법상 인과관계의 문제는 부작위범, 과실범, 결과적 가중범에서 특히 문제된다.

인과관계의 문제를 연혁적으로 살펴보면, 18세기 초에 독일에서 슈튀벨(Stübel)이 검토하기 시작하였지만 19세기 초까지는 일반적 범죄성립요건으로 다루어지고 있지 않다가, 1863년 부리(v. Buri)에 의하여 처음으로 일반적 범죄 징표로서 다루어지면서 본격적인 논의가 시작되었다. 이후 인과관계론은 바아(Bar)와 빈딩(Karl Binding)에 의해 발전되어 인과적 행위론을 기초로 하는 인과관계론이 확립되었고, 그의 조건설은 오늘날에도 학설과 판례에 많은 영향을 미치고 있다. 그 후에 인과관계의 범위문제를 둘러싸고 크리스(Kries), 뤼멜린(Rümelin) 및 트래거(Träger) 등이 상당인과관계설을, 메츠거(Mezger)가 중요설을 주장하면서 격심한 논쟁을 벌였다. 그러나 최근에는 **인과**

관계와 **객관적 귀속**이라는 두 단계의 판단을 통해 이 문제를 해결하려는 경향이 지배적인 견해가 되었다.

2. 인과관계와 객관적 귀속이론과의 관계

원래 인과연관(因果聯關)의 문제인 인과관계라는 개념은 논리적(철학적)·존재론적(자연과학적)인 인과개념도 있으나, 형법학에서의 인과관계는 이러한 **철학적·자연과학적 인과개념**을 배제하고 법률적 인과관계, 즉 '**가치적 인과개념**'이 되어야 한다.

왜냐하면 형법상 인과개념은 단순한 **자연적·사실적인 인과개념**만으로는 형법적으로 중요한 인과관계에 대한 판단이 제대로 이루어지지 않기 때문이다. 예컨대 부작위범의 경우에 자연적·사실적 인과개념으로는 이를 설명할 수가 없게 된다. 따라서 자연적·사실적 인과관계는 **객관적 귀속가능성**이라는 규범적 측면에서 제한되어야 한다. 이때 객관적 귀속이란 행위자에 대한 정당한 처벌이라는 관점에서 발생된 구성요건적 결과를 행위자의 행위의 소산으로 돌릴 수 있는가, 즉 객관적으로 귀속시킬 수 있는가에 관한 규범적·법적인 문제이다. 따라서 발생한 결과에 대하여 책임을 지우기 위해서는, 먼저 **인과관계의 유무 및 범위**를 확정하고, 다음으로 결과의 **규범적 귀속가능성** 여부를 검토하는 이원적인 심사가 필요하게 되는데, 이것이 오늘날 학계의 지배적인 견해이기도 하다.

형법은 인과관계의 문제에 대하여 제17조에 "어떤 행위라도 죄의 요소 되는 위험발생에 연결되지 아니한 때에는 그 결과로 인하여 벌하지 아니한다"라고 규정하여 그 구체적인 판단기준에 대하여는 학설에 위임하고 있다.

Ⅱ. 인과관계이론

형법상 인과관계의 개념을 어떻게 정립할 것인가에 대하여는 학설의 대립이 있으나, 책임주의에 의해 형사책임을 제한하고자 하는 근본입장에는 이견이 없다. 즉 인과관계에 관한 학설대립으로 인해 실제로 형사책임유무를 판단하는 데 있어서는 특별한 차이가 발생하지 않는다. 따라서 인과관계론은 형사책임을 합리적으로 제한하기 위한 방법상의 다툼에 관한 이론이라 할 수 있다. 형사책임을 제한하는 방법으로는 ① 먼저 인과관계의 개념을 제한하는 방법(상당인과관계설), ② 결과발생의 원인되는 조건을 객관적 귀속이라는 관점에서 제한하고자 하는 방법(합법칙적 조건설), ③ 고의 또는 과실의 단계에서 이를 수정하고자 하는 조건설 등의 방법이 있다. 이러한 점을 고려하면서 역사적으로 전개되어 온 인과관계이론을 살펴보기로 한다.

1. 조 건 설

(1) 내 용

조건설이란 행위와 결과 사이에 조건적 인과관계, 즉 '그러한 행위가 없었더라면 그러한 결과가 발생하지 않았으리라는 관계'(이를 C. S. Q. N=conditio sine qua non 공식 또는 절대적 제약공식이라 부른다)에 있는 모든 조건에 대하여 인과관계를 인정하는 견해이다. 조건설은 독일과 일본의 판례가 취하고 있는 태도이다. 조건설은 결과발생에 기여한 모든 조건을 같은 가치를 가지는 것으로 보기 때문에 **'등가설'**(等價說) 또는 **'동등설'**이라고도 한다. 조건설의 인과관계의 판단방법은 일단 인과관계가 존재한다는 것을 전제로 하여, 문제된 개별적 조건을 제거했을 때 결과도 탈락하면 인과관계가 인정된다는 과정, 이른바 **가설적 제거절차**를 거치게 된다.

독일 연방재판부(BGH) 판례는 일관되게 **조건설**을 취하고 있다. 그 예로는 피해자가 특이체질로 사망한 경우(BGHSt. 1, 332), 술 취한 사람에게 오토바이 경주를 제안하여 피해자의 과실로 사망한 경우(BGHSt. 7, 112), 야간에 제동등(制動燈) 없이 운전하다가 경찰관이 안전조치를 일찍 제거함으로써 다른 차와 충돌한 경우(BGHSt. 4, 360) 및 피해자 또는 제3자의 고의 또는 과실행위가 개입하여 결과가 발생한 경우에 인과관계를 인정하고 있다. 일본판례도 대부분 조건설에 따르고 있다.

한편 전통적인 조건설을 수정하여 **구체적인 인과의 진행** 또는 **현실적인 인과의 진행과정**만을 가지고 절대적 제약공식을 적용해야 한다는 **'수정적 조건설'**이 주장되기도 한다.

(2) 비 판

그러나 조건설에 대하여는 다음과 같은 비판이 가해지고 있다.

첫째, 조건설은 인과관계를 직접 해명하지 않고 가설적 사고과정을 거쳐 판단하므로 방법론적 오류를 범하고 있다.

둘째, CSQN(conditio sine qua non)의 공식, 즉 '그러한 행위가 없었더라면 그러한 결과가 발생하지 않았을 것이라는 관계'에 의하여 인과관계를 해명하기 때문에, 인과관계가 문제되는 한계사례인 **'가설적 인과관계'** 나 **'이중적 인과관계'** 의 경우에는 인과관계가 부정되는 문제점이 있다. 이 경우에는 인과관계가 긍정되어야 한다.

셋째, 조건설에 의하면 인과관계의 범위가 무한히 확대된다는 비판을 면하기 어렵다. 예컨대 갑의 교통사고로 경상을 입혔으나 의사의 과실로 사망한 경우나 갑의 방화로 화상을 입은 자가 병원으로 가던 도중에 교통사고로 사망한 경우에도 갑은 기수의 책임을 지게 되고, 더 나아가 갑을 출산한 부모도 그 범죄와 인과관계가 있다고 하게 된다.

이러한 조건설에 대한 비판을 극복하기 위하여 조건설은 책임단계에서 처벌의 무제한적 확대를 피하기 위하여 수정을 가하고 있다.

그러나 근본적으로 조건설에 의하면 ① 구성요건단계에서 인과관계를 인정하므로 구성요건적 불법이 충족되는 것으로 보고 있지만, 결과발생만으로 구성요건적 불법이 충족되는 것은 아니라는 점이다. 즉 구성요건적 불법은 구성요건적 결과발생 이외에 **형법규범의 위반**이 있어야 하기 때문이다. 또한 ② 구성요건단계에서 확대된 인과관계로 인해 책임단계에서 가벌적인 행위가 반드시 배제되지 않는다는 점이다. 예컨대 을에 대한 병의 치명상을 입히는 행위를 방지하기 위하여 갑이 병을 밀쳐서 상해를 입힌 경우, 즉 **위험감소**의 경우에도 갑의 책임은 배제되지 않게 된다. 따라서 조건설에 의한 인과관계의 범위는 규범적 기준에 의하여 구성요건단계에서부터 제한이 필요하다고 하겠다.

2. 원 인 설

(1) 내 용

결과발생에 기여한 여러 조건들을 구별하여, 원인이 되는 조건과 단순한 조건으로 구별하는 견해이다. 원인조건과 단순조건으로 구별한다고 하여 이를 **원인·조건구별설**이라 하기도 하고, 여러 조건들을 차별 내지 구별한다고 하여 **차별설** 또는 **개별화설**이라 부르기도 한다. 이 견해는 조건설에 의한 무제한적인 인과관계의 확대를 피하기 위하여 주장된 이론이다.

이러한 원인설은 원인조건과 단순조건을 구별하는 기준을 어디에서 구하느냐에 따라 다음과 같은 견해들로 나누어진다. ① **최종조건설**은 최후에 영향을 준 조건만이 원인이라는 견해이고(오르트만: Ortmann), ② **동력(動力) 조건설**은 원동력을 준 조건만이 원인이라는 견해이며(콜러: Kohler), ③ **우월적 조건설**은 우월적 조건만이 원인이라는 견해이고(빈딩: Binding), ④ **최유력 조건설**은 가장 유력한 조건만이 원이이라는 견해이며(비르크마이어: Birkmeyer), ⑤ **결정적 조건설**은 결정적 원동력을 준 조건만이 원인이라는 견해이고(나글러: Nagler), ⑥ **필연적 조건설**은 필연적인 것만이 원인이라는 견해(슈튀벨: Stübel) 등이 있다.

(2) 비 판

원인설의 문제점은 무엇보다도 원인과 조건을 명백히 구별하는 것이 불가능하며, 그 구별기준도 자연과학적 사고에 기초를 둔 것으로서 형법상 의미있는 인과관계를 도출하기 어렵다는 점이다. 따라서 원인설은 조건설을 비판하면서 등장한 이론이었지만, 그 후 상당인과관계설의 등장으로 그 지지자를 찾아볼 수 없게 되었다.

3. 인과관계중단론 및 소급금지이론

원인설 이외에도 조건설에 의한 인과관계의 무한한 확대를 제한하려는 이론으로서, 인과관계중단론과 소급금지이론이 한 때 주장되었다.

(1) 인과관계중단론

인과관계가 진행되는 중에 다른 책임능력 있는 자의 **고의·과실행위**나 **예기치 못한 우연한 자연적 사정이 개입한 경우**에는 이미 선행했던 행위와 결과 사이의 인과관계가 중단되어 선행했던 행위는 형법상 원인이 될 수 없다는 이론을 말한다. 여기서 다른 책임능력 있는 자란 행위자 이외의 자로서 피해자 자신이나 제3자를 말한다.

① **다른 책임능력자의 고의·과실행위가 개입한 경우**로는, 예컨대 갑이 을에게 경상을 입혔는데 의사 병의 치료과실이나 피해자인 을 자신의 잘못으로 세균에 감염되어 을이 사망한 경우와 같이 장전된 총을 방에 세워 두었는데 병이 그 총으로 을을 사살한 경우나 병원으로 가던 중 교통사고를 당해 사망한 경우에는 갑의 행위와 을의 사망 사이에는 인과관계가 중단된다는 것이다. 이러한 사례유형을 **비전형적**(또는 **비유형적**) **인과관계** 사례라고 한다.

② **자연재해가 개입한 경우**로는, 예컨대 갑으로부터 경상을 입고 병원치료를 받고 귀가하던 을이 홍수나 지진 등 예기치 못한 자연재해로 인해 사망한 경우에 갑의 행위와 을의 사망 사이에는 인과관계가 중단되어 인과관계가 부정된다는 것이다. 이와 같이 예기치 못한 우연한 자연적 현상의 개입으로 인과관계가 중단되는 경우에는 결

과발생과 자연적 사실관계조차도 없으므로 이를 **인과관계의 단절**이라고 한다.

(2) 소급금지의 이론

이 이론은 프랑크(Frank)에 의해 제안되었으므로, **프랑크의 소급금지이론**(Regreß-verbot)이라 부르기도 한다. 소급금지이론은 마이어(Mayer)와 나우케(Nauke)에 의하여 지지를 받았던 이론으로서, 행위와 결과 사이에 **책임능력자의 자유로운 고의행위**가 개입하면 그로 인해 발생된 결과는 개입행위 이전의 행위에 소급되지 않는다는 이론이다.

(3) 비 판

인과관계는 그 존재의 유무와 범위를 확정하는 문제이다. 따라서 존재하는 인과관계가 어떤 사정의 개입으로 중단되거나 단절된다는 주장은 비논리적이라 할 수 있다. 위의 사례군의 경우에도 인과관계가 존재하지 않거나 존재하는 경우이다. 따라서 인과관계중단론이나 그 아류인 소급금지이론은 오늘날 학자들로부터 거의 지지를 받지 못하고 있다.

4. 상당인과관계설

(1) 내 용

상당인과관계설도 조건설의 결함을 시정하기 위하여 등장한 이론으로서, 결과에 대하여 기여한 조건 중에서 상당한 조건, 즉 '그러한 행위로부터 그러한 결과가 발생하는 것이 **일상경험법칙상 상당**하다고 인정되는 조건'만이 인과관계를 가진다는 견해이다. 독일에서 주장되어 한 때 많은 지지를 얻었으나 현재는 이를 지지하는 학자가 없다. 그러나 일본이나 종래 우리나라의 학자들에 의해서는 많은 지지를 받았으며,[28] 대법원 판례의 기본입장이기도 하다.

상당인과관계설은 조건설에 의한 무제한적인 인과관계의 범위를 **상당성**(개연성)이라는 척도에 의해 제한하려는 이론이다. 객관적 귀속이론의 단초를 제공했다고 할 수 있다.

상당인과관계설에 입각하고 있는 대법원 판례로는, 얼굴에 대한 폭행으로 뇌출혈로 사망한 경우,[29] 폭행을 가하여 넘어지게 하여 쇼크성 심장마비로 사망한 경우,[30]

---

28) 배종대, 227면; 오영근, 191면이 이 입장을 취하고 있다.

29) 대판 1956. 7. 13, 4289형상129.

폭행을 가하여 넘어진 피해자가 병원에서 치료를 받던 중 합병증으로 사망한 경우,[31] 고속도로 2차로를 운전하던 중 1차로를 진행하던 차량 앞에 급하게 끼어든 후 곧바로 정차하여 뒤따르던 차량들이 연쇄 추돌하여 사망하게 한 경우[32]에는 상당인과관계를 인정하나, 음독한 친구를 응급치료를 하지 아니하고 유기하여 사망한 경우,[33] 강간을 당한 피해자가 집에 돌아가 음독자살한 경우,[34] 야간에 고속도로를 무단횡단하는 보행자를 충격하여 사망한 경우[35]에는 이를 부정하고 있다.

상당인과관계설은 어떤 사정을 토대로 하여 상당성을 판단할 것인가, 즉 상당성의 판단기준에 따라 다음의 세 가지 학설이 있다.

1) 주관적 상당인과관계설

행위당시에 **행위자가 인식하였거나 인식할 수 있었던 사정**을 기초로 하여 상당성을 판단해야 한다는 견해이다. **주관설**이라고도 하며 크리스(Kries)가 주장하였다. 상당인과관계설 중에서는 인과관계의 범위가 가장 좁게 된다. 이에 대하여는 왜 과실이 있는 경우에만 인과관계를 인정해야 하는가를 설명하지 못한다는 비판이 있다.[36]

2) 객관적 상당인과관계설

행위 당시에 **객관적으로 존재하였던 사정**과 행위 후의 사정이라 하더라도 **일반인이 인식할 수 있었던 사정**(**객관적으로 예견가능한 사정**)을 기초로 하여 상당성을 판단하자는 견해이다.[37] 이 학설은 행위 후의 사정이라 하더라도 행위 당시에 객관적으로 예측할 수 있었던 모든 사정, 즉 일반인이 인식할 수 있었던 사정인가에 대하여 사후에 법관이 상당성을 판단하게 되므로 **'객관적 사후예측설'**이라고도 한다. 뤼멜린(Rümelin), 히펠(Hippel), 자우어(Sauer) 등이 주장하였다. 상당인과관계설 중에서는 인과관계의 범위가 가장 넓게 된다. 이 견해에 대하여는 왜 사회의 일반적 수준이 개인의 형사책임에 영향을 미쳐야 하는지를 설명하지 못한다는 비판이 있다.

---

30) 대판 1986. 9. 9, 85도2433.
31) 대판 2012. 3. 15, 2011도17648.
32) 대판 2014. 7. 24, 2014도6206.
33) 대판 1968. 10. 31, 67도1151.
34) 대판 1982. 11. 23, 82도1446.
35) 대판 2000. 9. 5, 2000도2671.
36) 이재상/장영민/강동범, 147면.
37) 배종대, 183면.

3) 절충적 상당인과관계설

행위 당시에 일반인이 인식할 수 있었던 사정과 행위자가 특히 인식하고 있었던 사정을 기초로 상당성을 판단해야 한다는 견해이다. 트래거(Träger), 복켈만(Bockel-mann) 등의 지지자가 있으며, 우리나라에서도 일부 학자가 이 견해를 따르고 있다. 이 견해에 대하여는 왜 우수한 초인(超人)을 기준으로 상당성을 판단해야 하는가에 대한 근거를 제시하지 못한다는 비판이 있다.

(2) 비 판

상당인과관계설에 대하여는 다음과 같은 비판이 가능하다.

① 이 학설에서 제시하는 '일상적인 경험법칙' 이나 '상당성' 이라는 판단기준 자체의 내용이 명백하지 않다는 점이다. 예컨대 일상생활경험에 의할 때에는 자동차의 결함이나 특이체질자가 있다는 점을 인정할 수 있지만, 상당성판단을 개연성판단으로 이해하게 되면 비전형적인 인과의 진행은 개연성이 없으므로 인과관계를 부정하게 된다. 따라서 상당인과관계설은 인과관계가 문제되는 사례의 경우에 모두 인과관계를 부정하는 결과가 되므로 명백한 판단기준이 될 수 없다.

② 인과관계의 유무는 사실판단의 문제인데 상당인과관계설은 생활경험법칙상의 '상당성' 판단이라는 규범적 가치판단을 통해, 인과관계의 유무판단과 인과관계의 형법적 중요성의 판단인 결과귀속의 문제를 한꺼번에 함으로써 사실적 판단과 규범적 판단을 혼동하고 있다는 비판을 면할 수 없다. 따라서 상당성 내지 개연성이라는 기준은 결과귀속을 판단하는 기준으로는 불충분하다고 하겠다.

요컨대 인과관계의 존부와 형법적 중요성의 판단은 별개의 문제이므로 별도의 기준과 심사과정을 거쳐서 이루어지는 방법이 합리적이라고 생각된다. 즉 먼저 인과관계의 존부를 확정하고, 다음으로 인과관계가 존재하는 경우에 한하여 결과에 대한 원인의 형법적 중요성을 규범적 척도인 객관적 귀속기준에 의하여 판단하여야 한다.

③ 상당인과관계설은 원래 결과적 가중범에 있어서 중한 결과에 대한 형의 가중을 책임주의와 일치시키기 위하여 고안된 이론인데, 형법은 제15조 제2항에 "결과로 인하여 형이 중한 죄에 있어서 그 결과의 발생을 예견할 수 없었을 때에는 중한 죄로 벌하지 아니한다"라고 규정하여 예견가능성판단에 의해 결과적 가중범의 문제를 해결하고 있으므로, 상당인과관계설이 형법 해석상 반드시 필요하다고 할 수도 없다.

대법원이 상당인과관계를 인정한 판례 중에 연탄가스중독사건[38]과 열차건널목사건[39]의 경우에도 객관적 귀속기준인 **규범의 보호목적관련성이론**을 적용했더라면 인과관계는 인정되지만 객관적 귀속이 부정될 수 있는 경우라 할 수 있다.

5. 중 요 설

이 학설은 **인과관념**과 **귀책관념**을 엄격히 구분하여 인과적 연관인 인과관계의 존부문제는 조건설에 의하여 확정하지만, 결과귀속의 문제는 사건경과의 **형법적 중요성**, 즉 **구성요건의 의미**, **목적** 등에 따라 판단하려는 견해이다. 메츠거(Mezger)에 의하여 주장된 중요설은 인과관계 자체는 논리적인 판단의 문제로 보지만, 그것의 형법적 중요성은 **규범적 판단**의 문제로 봄으로써 인과관계와 객관적 귀속론을 결부시키는 단초를 제공했다.

그러나 이 견해는 인과관계의 존부문제를 조건설에 의하여 해결하므로 조건설의 문제점을 그대로 지니고 있고, 인과관계의 형법적 중요성의 판단을 구성요건해당성 판단에 너무 집착한 나머지, 구성요건의 의미와 목적을 어떻게 이해하느냐에 따라 결과귀속이 달라지게 되며, 또한 그 기준이 동어반복적이 되어 **결과귀속의 실질적 기준이 결여**되었다는 비판을 면할 수 없게 되었다.

6. 목 적 설

형법상 인과관계의 목적은 **기수범과 미수범을 구별**하여 그 책임을 감경하자는 데 있고, 책임감경의 기준은 인과관계의 진행 중 **우연**이라는 요소가 개입하여 그 결과가 발생하지 않았다는 것을 확인하는 데 있으므로, 인과관계론은 우연이 무엇인가를 과학적으로 해명하는 데서 출발해야 한다고 한다.

그런데 입체심리학적으로 보면 우연이란 결코 우연이 아니고 **무의식적 동기**의 실현에 불과하므로, 첫째 고의범의 경우에 결과에 기여한 행위자의 양에 의하여 구별되

38) 대판 1991. 2. 12, 90도2547(연탄가스 중독으로 입원한 환자를 의사가 제대로 병명과 퇴원 후의 요양방법에 대하여 지도해주지 않아 재차 연타가스에 중독된 사건으로서, 의사에게 업무상 과실과 연탄가스중독 사이에는 상당인과관계가 있다고 판시하고 있다).

39) 대판 1989. 9. 12, 89도866(열차건널목에서 자전거를 세우고 열차가 지나가기를 기다리다가 건널목을 무단으로 건너던 자동차와 열차가 충돌하는 현장을 목격한 자전거운전자가 충돌사고에 놀라 넘어져 상해를 입었다면, 자동차운전자의 무단횡단에 대한 과실과 피해자가 입은 상해 사이에는 상당인과관계가 있다고 판시하였다).

어 **치명상을 준 경우**(필연적)에는 논리적 조건을 가진 모든 결과에 대하여 기수범이 되며, **경상을 입힌 경우**(우연적)에는 행위자가 기여할 수 없는 우연이므로 미수의 책임을 지우고, 둘째 과실범과 결과적 가중범에 있어서는 **객관적 상당인과관계설**이 적용되어져야 한다고 주장한다.

그러나 목적설도 객관적이어야 할 인과관계의 판단에 무의식의 세계를 끌어들인 것은 방법론적으로도 의문이고, 나아가 심리분석을 통해 우연적 요소를 필연화시킨 것은 법치주의국가 형법이론의 근본을 무너뜨린다는 비판을 면하기 어렵다.

7. 위험관계조건설

행위와 결과와의 관계에서 사회가 행위에 대하여 위험을 느끼느냐 여부에 따라, 조건설의 논리적인 인과개념을 **사회심리적인 관점**에서 제한을 가하려는 견해이다. 그러나 이 견해도 **사회심리적 요소**에 의해 조건 자체를 제한하는 것은 그 기준이 불명확하다는 비판을 받는다.

8. 인과관계무용론

사실관계가 명확하지 않는 한 인과적 연쇄를 파악한다는 것은 인간오성의 본능이다. 또한 인과관계가 인정되더라도 위법성, 책임이 있어야 가벌성이 인정되어진다. 따라서 범죄의 성립과 별도로 논할 필요가 없다는 견해이다. 마이어(M. E. Meyer)의 견해이다.

9. 합법칙적 조건설

(1) 내 용

이 학설은 조건설을 기초로 하면서도, 조건설의 **논리적 인과관계** 대신에 일상생활의 경험법칙으로서의 **합법칙적 조건관계**에 의해 행위와 결과 사이에 합법칙적 연관성이 있을 때 인과관계를 확정하려는 이론이다. 즉 조건설의 절대적 제약공식을 포기하고 결과가 행위에 시간적으로 뒤따르면서 그 행위와 합법칙적으로 연결되어 구성요건적 결과로 실현되었을 때에만 인과관계를 인정하는 이론이다. 엥기쉬(K. Engisch)에 의해 주장되었으며, 현재 우리나라의 다수설이다.[40]

---

40) 김성천/김형준, 131면; 김일수/서보학, 170면; 박상기, 97면; 손동권, 109면; 손해목, 280면; 신

합법칙적 조건설에서 의미하는 **'합법칙성'**이란 조건설의 논리적 조건관계나 상당인과관계설의 생활경험상의 상당성 관계가 아니라, **'당시의 지식수준에서 알려져 있는 법칙적 관계, 당대의 최고의 과학수준에서 인정되는 법칙적 관계'**를 말한다.[41)]

따라서 인과관계의 확정은 먼저 자연과학적 인과법칙의 존재를 확인하고(**일반적 인과관계의 확정**), 다음으로 법관이 구체적 사안을 이러한 자연과학적 법칙에 포섭할 수 있는가를 심사하게 된다(**구체적 인과관계의 확정**).

(2) 평　가

생각건대 합법칙적 조건설도 '합법칙성'의 내용이 밝혀지지 않는 이상 그 기준이 모호하며, 정확한 자연과학적 경험지식이 충분치 못한 경우에 인과관계의 존부를 판단하는 것이 더욱 어려워지게 된다는 비판을 받기도 한다.[42)]

그러나 인과관계 문제는 판단 당시의 자연과학적 법칙과 지식을 토대로 하여 인과관계를 확정할 수밖에 없다. 왜냐하면 행위와 결과 사이에 자연법칙조차도 존재하지 않을 때에는 인과관계가 문제될 여지가 없기 때문이다.

따라서 발생된 결과에 대하여 기수책임을 물을 것인가 여부에 대하여는, 먼저 행위와 결과 사이의 **자연적·사실적 인과관계**를 토대로 하여 합법칙적 연관성 여부에 따라 인과관계의 존부를 확정하고, 인과관계가 존재하면 그 결과를 행위자의 행위의 소산으로 객관적으로 귀속시킬 수 있는가 여부에 대하여는 별도의 **법적·규범적 가치판단**을 통해서 해결하는 이원적 판단방법이 타당하다고 생각된다.[43)]

10. 합법칙적 조건설의 구체적 적용

합법칙적 조건설에 의하면 타인의 고의·과실행위가 개입되거나 피해자의 특이체질과 같은 비전형적 인과관계의 경우에도 인과관계가 인정되고, 부작위범의 경우에도 부작위와 결과 사이에 자연적 인과관계는 존재하지 않지만 합법칙적 조건관계가 인정되게 된다. 아래에서는 비전형적(비유형적) 인과관계의 사례에 합법칙적 조건설을 적용하면 어떻게 되는가를 구체적으로 살펴보기로 한다.

동운, 154면; 이재상/장영민/강동범, 156면; 이정원, 104면; 이형국, 132면; 임 웅, 129면; 정성근/박광민, 155면.

41) 장영민, "인과관계의 확정과 합법칙적 조건설", 형사판례연구 3, 32면.

42) 김일수/서보학, 161면; 이형국, 연구, 122면.

43) 임 웅, 129면.

(1) 피해자의 특이체질

결과발생에 기여한 모든 조건은 등가적이므로 피해자의 특이체질이나 상태, 비유형적인 인과의 진행이 있더라도 원칙적으로 **인과관계는 인정**된다.

(2) 추월적 인과관계

처음의 행위가 결과발생에 기여하지 못하고 나중의 행위가 처음의 행위를 추월하여 결과를 발생시킨 경우를 **추월적 인과관계**라고 한다. 예컨대 갑이 병에게 독약을 먹였으나 약효가 일어나기 전에 을이 병을 사살한 경우나 갑과 을이 순차적으로 병에게 치사량의 독약을 먹였으나 병은 을이 준 독약에 의해 사망한 경우에 있어서는, 갑의 행위는 구체적으로 실현되지 않았기 때문에 병의 사망과의 **인과관계는 부정**된다.[44]

(3) 가설적 인과관계

어떤 행위로 결과가 발생한 경우에, 그 행위가 없었더라도 다른 원인(가설적 대체원인)에 의하여 동일한 결과가 발생했을 것이라는 가설적 관계가 인정되는 경우를 가설적 인과관계라고 한다. 인과관계는 실제로 발생한 인과관계의 존부를 판단하는 것이므로, 가설적 인과관계의 경우에는 **현실적인 조건은 인과관계가 인정되나 가정적인 조건은 인과관계가 부정된다.** 예컨대 갑과 을이 몽둥이로 병을 때렸으나 병은 갑이 때린 몽둥이에 맞아 상처를 입었고, 갑에게 맞지 않았다 하더라도 을에게 맞았을 것이라는 가설적인 인과관계가 인정되는 경우에도 갑의 행위와 병의 상해 사이에는 인과관계가 인정된다. 마찬가지로 사형집행을 기다리는 사형수나 불치의 질병으로 임종이 임박한 사람을 살해한 경우에도 **인과관계는 인정**된다.

(4) 이중적 인과관계

단독으로도 결과를 야기할 수 있는 독립된 수개의 행위가 동시에 작용하여 결과를 발생시킨 경우를 **이중적 인과관계** 또는 **택일적 인과관계**라고 한다. 예컨대 갑과 을이 각각 치사량의 독약을 넣은 음료수를 병이 먹고 사망한 경우가 해당한다. 이때는 갑과 을의 독립된 행위가 시간적으로 경합하여 병의 사망이라는 결과발생의 원인이 되었으므로, 갑과 을의 행위는 병의 사망에 대하여 **인과관계가 인정**된다.

한편 이중적 인과관계의 경우에도 조건설에 의하면, "만약 갑이 독약을 넣지 않았더라면 병이 사망하지 않았을 것"이라는 관계가 성립해야 인과관계가 인정되는데,

44) 추월적 인과관계는 인과관계가 단절된 경우(단절적 인과관계)의 하나이다. 인과진행의 추월로 인하여 단절된 인과관계를 추월적 인과관계라 한다(Gropp, S. 140 참조).

“갑이 독약을 넣지 않았다 하더라도 병은 을의 독약에 의하여 사망했을 것”이라는 관계가 성립하므로 인과관계가 부정된다. 따라서 조건설의 이러한 문제점을 극복하기 위해 **수정적 조건설**의 입장에서는 이중적(택일적) 인과관계의 경우에 조건이 되는 행위를 택일적으로 보지 않고 누적적으로 보아, “갑과 을의 누적적 행위가 없었다면 병은 사망하지 않았을 것이라는 관계”가 성립하므로 갑, 을 모두 인과관계가 인정된다고 한다.[45)]

(5) 중첩적 인과관계

단독으로는 결과에 이를 수 없는 독립된 수개의 행위가 결합함으로써 구성요건적 결과를 야기한 경우를 **중첩적 인과관계** 또는 **누적적 인과관계**라고 한다.

예컨대 갑과 을의 단독으로는 치사량에 이르지 못하지만 누적 치사량에 이르는 독약을 병에게 먹임으로써 병이 사망한 경우를 말한다. 이 경우에 갑과 을의 행위는 모두 병의 사망과 **인과관계가 인정**된다. 다만 누적적 인과관계의 경우에 객관적 귀속이론에 의하면 병의 사망이라는 결과를 갑과 을에게 규범적으로 귀속시킬 수가 없으므로 갑과 을은 각각 미수의 책임을 지게 된다.

(6) 인과관계의 중단

결과에 대한 행위의 인과관계는 그 결과가 **제3자의 고의 또는 과실에 의한 행위가 개입**하여 발생되었다고 하더라도 인과관계가 부정되지 않는다. 즉 인과의 연관은 제3자에 의하여 중단되지 않는다. 따라서 갑이 을을 살해하기 위하여 을에게 상처를 입혀 병원으로 가는 도중에 교통사고로 사망하거나, 병원에서 의사의 과실로 사망한 경우에도 합법칙적 연관성이 인정된다.

단절적 인과관계의 경우에는 제1행위와 결과 사이에 인과관계는 부정되나, 제2행위와 결과 사이에 **인과관계는 긍정**된다. **비유형적 인과관계**의 경우에는 결과에 대한 모든 조건은 등가적이고 인과관계는 단절 또는 중단될 수 없기 때문에 **인과관계가 인정**된다. 예컨대 물에 빠진 자의 구조행위를 방해하여 익사시킨 경우에 방해행위와 익사 사이에는 **인과관계가 인정**된다. 이를 **구조적 인과관계 단절사례**라고 한다.

(7) 부작위의 인과관계

결과범에 있어서 부진정부작위범의 인과관계는 부작위범에 있어서 법적 작위의 무불이행인 부작위(현실적인 물리적 작용이 없었으므로 무위)와 구성요건적 결과 사이에

45) Bauman/Weber/Misch, AT, § 17 Ⅱ 4 b.

현실적으로는 인과관계는 존재할 수 없지만, 법적 작위의무를 이행했더라면 결과를 방지할 수 있었을 것이라는 '확실성에 가까운 개연성'이 있으면 **규범평가적 측면**에서 **합법칙적 연관**이 있으므로 인과관계를 인정할 수 있게 된다.

과거에 부진정부작위범에 있어서 인과관계를 설명하기 위해 자연적·물리적으로는 '무위'인 부작위로부터는 결과에 대한 원인을 찾을 수 없으므로, 부작위 이외의 작위에서 인과관계를 찾으려는 시도가 있었다. 즉 부작위범이 결과를 방지해야 할 때에 다른 작위를 하였다는 점에 인과관계가 있다고 보는 **타행행위설**(루덴: Luden), 부작위가 아닌 그에 선행(先行)하는 행위에 인과관계가 있다고 보는 **선행행위설**(크루그: Klug, 그라져: Glaser, 메르켈: Merkel), 범죄결과발생을 방지하려는 충동적 행위를 억제하는 심리작용에 인과관계가 있다고 보는 **간섭설**(부리: Buri, 빈딩: Binding, 헬무트 마이어: H. Meyer), 부작위범의 인과관계는 결과방지에 대한 법적 의무에 불과하다는 **법적 인과관계설**(바아: Bar, 콜러: Kohler), 부작위범은 자연적·물리적으로 무(無)이므로 인과관계가 부정된다는 **인과관계부정설**(리스트: Liszt, 베링: Beling, 히펠: Hippel, 벨첼: Welzel) 등의 대립이 있었으나, 현재 이러한 견해를 추종하는 학자는 없으므로 이제 역사적 산물에 불과하게 되었다.

요컨대 형법상의 인과관계는 자연적·물리적인 인과개념이 아니라 **법적·규범적 개념**이므로, 부작위범의 인과관계도 법적으로 기대되는 작위의무를 이행했더라면 결과가 발생하지 않았으리라는 관계가 인정되면 **부작위와 결과 사이에는 합법칙적 조건관계가 성립**되어 인과관계가 인정되게 된다. 따라서 부작위범의 인과관계문제도 합법칙적 조건설에 의할 때에 명백히 설명되어진다는 점을 알 수 있다.

Ⅲ. 객관적 귀속이론

1. 객관적 귀속이론의 의의

인과관계가 인정되는 결과를 행위자의 행위의 소산으로 객관적으로 귀속시킬 수 있는가를 확정하는 이론을 **'객관적 귀속이론'**이라고 한다. 객관적 귀속이란 단순한 존재론적인 문제가 아니라 발생된 결과와 행위 사이에 인과관계의 유무와 범위가 확정된 경우에 그 결과를 정당한 처벌이라는 관점에서 행위자의 행위의 소산 내지 작품으로 객관적으로 귀속시킬 수 있는가라는 **법적·규범적 가치판단**의 문제이다.

원래 객관적 귀속이론은 독일 민법학에서 주장되던 이론인데, 1930년대에 호니히(Honig)가 형법학에 처음으로 도입하여 주장한 이래로 오늘날에는 거의 일반화된 이론이라 할 수 있다.

행위와 결과 사이에 합법칙적 조건관계가 확정되더라도, 그 결과를 형법의 목표에 따라 법적으로 행위자의 행위의 소산(탓)으로 돌리기 위한 판단기준, 즉 객관적 귀속기준이 필요하게 된다. 결국 객관적 귀속이론이란 행위와 결과 사이의 인과관계를 전제로 하여, 정당한 처벌이라는 관점에서 어떤 규범적 기준(귀속기준)에 의하여 그 결과를 행위자에게 귀속시킬 것인가를 판단하는 이론이라 할 수 있다.

2. 객관적 귀속의 기준

객관적 귀속을 인정하기 위한 척도에 관해서는 학자에 따라 견해가 다양하다. 대표적으로 호니히(Honig)의 '회피가능성이론'과 록신(Roxin)의 '위험증대(실현)이론'에 대하여 살펴보기로 한다.

(1) 호니히(Honig)의 '회피가능성' 내지 '지배가능성'의 이론

호니히는 결과의 실현은 인간의사의 목적적 실현이므로 **객관적 목적성**이 결과귀속의 기준이 되어야 한다는 것이다. 따라서 행위와 결과 사이의 목적적 연관의 판단은 객관적 관점에서의 결과에 대한 **'지배가능성'** 내지 **'회피가능성'** 유무에 따라 귀속 유무가 결정된다는 이론이다.

그러나 이 이론이 객관적 귀속기준으로 들고 있는 회피가능성 내지 지배가능성은 인격적 행위불법의 핵심으로서 귀속을 위한 당연한 전제이기는 하지만, 객관적 귀속척도로서는 구체적·실질적 내용이 결여되어 있다는 비판을 면할 수 없다.

(2) '위험증대(실현)의 이론'

위험증대 또는 위험실현이론이란 호니히의 '지배가능성이론'을 **위험원칙**으로 환원하여 일반적 귀속기준을 찾고자 하는 이론으로서 록신(Roxin), 루돌피(Rudolphi), 슈미트호이저(Schmidhäuser), 스트라텐베르트(Stratenwerth) 등에 의하여 주장되었다. 이 이론은 인과진행에 대한 객관적 합목적성은 구성요건적 법익침해 내지 위험을 초래하는 법적으로 허용되지 않는 위험을 야기하거나 위험을 증가시킨 때에만 그 위험으로 인한 결과를 객관적으로 귀속할 수 있고, 이와 달리 법익에 대한 위험을 야기하지 않거나 허용되는 위험을 야기한 때에는 그 결과를 귀속할 수 없다고 한다. 즉 행위의 귀속가능성은 행위객체에 대한 **법적으로 허용되지 않는 위험을 야기하거나 위험을 증가**시킨 때에만 그 위험으로 인한 구성요건적 결과를 객관적으로 귀속시킬 수 있다는 것이다.

(3) 결　　어

회피가능성이론은 구체적 귀속기준으로는 실질적 내용이 결여되었지만 위험실현이론에 의해 구체적 내용을 가질 수 있게 되었다. 그러나 위험실현이론에 의하더라도 경험법칙상 예견이 불가능한 결과에 대하여는 귀속이 부정된다. 또한 그 결과는 침해된 **'규범의 보호목적범위 안'**에서 발생하였을 것을 필요로 한다. 따라서 행위자에게 결과를 객관적으로 귀속시키기 위해서는 다음과 같은 일반적 요건충족이 필요하다고 하겠다.

① 결과에 대한 **객관적 예견가능성**과 **지배가능성**이 있을 것
② 보호법익에 대한 **허용되지 않는 위험창출** 또는 **위험증가**가 있을 것
③ **구성요건의 실현**이 있을 것
④ 결과가 침해된 **규범의 보호범위** 안에서 **발생**할 것

3. 객관적 귀속의 구체적 판단기준

객관적 귀속을 판단하기 위한 구체적 기준은 다음과 같다.

(1) 허용되지 않는 위험의 창출 또는 증가

행위객체에 대하여 허용되지 않는 위험을 현실적으로 창출하거나 증가해야만 결과가 귀속된다. 따라서 ① **위험감소**의 경우에는 객관적 귀속이 부정된다. 예컨대 피해자의 머리 위로 넘어지는 전봇대를 피하도록 하기 위해 피해자를 밀쳐서 다치게 한 경우를 들 수 있다. ② **허용된 위험의 경우**에도 **객관적 귀속이 부정**된다. 예컨대 고속도로나 육교 아래의 교통사고의 경우에 허용된 위험행위로 결과가 발생하더라도 객관적 귀속이 부정된다. 즉 법률상 허용되지 않는 위험이 발생하지 않았으므로 객관적 귀속은 부정된다는 것이다. 예컨대 벼락이 내리치는 폭풍우시에 하인을 숲속으로 보낸 경우, 상속인이 피상속인을 안전도가 낮은 전세비행기를 타도록 한 경우 등에 있어서는 비록 살인의 고의가 있더라도 결과가 행위자에 의해 **객관적으로 지배가능하거나 일상적인 생활경험 밖의 사건경과**이므로 그 결과는 **객관적으로 귀속되지 않는다**. ③ **사회적으로 상당하고 경미한 위험**은 있지만 법적으로 의미있는 정도의 위험창출이 없

으면 객관적 귀속이 부정된다. 예컨대 목욕이나 등산을 권유하였는데 그것으로 인해 다친 경우를 들 수 있다. ④ **가설적 인과관계의 경우**에 있어서 행위자에 의하여 결과를 야기하지 않았다 하더라도 가설적인 다른 상황에 의하여 같은 시간에 같은 정도로 결과가 일어났을 것으로 인정되는 경우에 **현실적 인과관계에 대하여는 결과의 객관적 귀속이 인정**된다. 이때에 가설적 대체원인으로는 자연현상이든 다른 고의행위이든 불문한다. 예컨대 폭탄으로 비행기를 추락시킨 경우에 폭탄이 아니었더라도 기관고장으로 추락할 수밖에 없었던 상황이었다 하더라도 객관적 귀속이 인정된다.

(2) 허용되지 않는 위험의 실현

1) 위험이 실현되지 않는 경우

창출되거나 증대된 위험이 구체적으로 실현되지 않은 경우에는 결과가 귀속되지 않는다. 예컨대 살해의사로 갑이 을을 저격했으나 병원으로 호송 중 교통사고로 을이 사망하거나 또는 병원화재로 사망한 경우에는 다른 위험으로 인해 결과로 실현된 경우이므로 **객관적 귀속은 부정**된다.

그러나 피해자 또는 제3자의 행위가 개입하여 결과가 발생한 경우에는 행위자에 의하여 창출된 허용되지 않는 위험이 결과로 실현되었는가 여부에 따라 판단해야 한다. 따라서 ① 선행행위에 의하여 설정된 위험이 방해를 받지 않고 결과로 실현된 경우(환자의 치료태만, 의사의 치료·수술지연행위)에는 **객관적 귀속이 인정**된다. ② 그러나 후행행위가 별개로 추가적 위험을 창출하여 결과를 발생시킨 경우에는 그 과실의 경중에 따라 귀속이 결정된다. 즉 결과가 후행행위자의 **고의** 또는 **중대한 과실**에 의하여 실현된 경우에는 선행행위자에게 **객관적 귀속이 인정되지 않는다**. 예컨대 상해를 입은 자를 제3자가 살해한 경우, 의사의 중대한 수술과오로 사망한 경우에는 결과는 선행행위자에게 객관적으로 귀속되지 않는다. ③ 그러나 **인과관계의 착오**의 경우에는 허용되지 않은 위험이 결과로 실현되었으므로 **객관적 귀속은 인정**된다.

그 밖에 판례상 선행행위자의 허용되지 않는 위험창출이 결과로 실현되었으므로 객관적 귀속을 인정하고 있는 경우로는, 피고인이 운전하는 오토바이에 충격된 피해자가 뒤따르는 다른 차량이 역과하여 사망한 경우,[46] 반대차선으로 넘어진 피해자가 다른 차에 치여 사망한 경우,[47] 상해행위를 피하려다 차에 치여 사망한 경우,[48] 폭행

46) 대판 1990. 5. 22, 90도580.

47) 대판 1988. 11. 8, 88도928.

또는 강간을 피하려다 추락사 한 경우[49] 등을 들 수 있다.

2) 객관적 지배가능성

위험의 실현은 **객관적으로 예견가능하고 지배가능**해야 한다. 여기서 객관적 지배가능성은 일반인과 행위자가 행위 당시에 인식한 사정을 기초로 하여 일반인의 입장에서 판단해야 한다.

예컨대 농장주가 벼락이 치는 날 벼락을 맞도록 일꾼을 들판으로 내보내는 행위 또는 유일한 상속인인 조카가 빨리 상속을 받기 위하여 피상속인인 삼촌을 살해하고자 안전도가 낮은 전세비행기를 타도록 한 행위는 그로 인해 사망의 결과가 발생하더라도 객관적으로 예견가능하고 지배가능한 결과가 아니기 때문에 **객관적 귀속은 부정**된다.

또한 결과발생으로부터 **시간적으로 멀리 떨어진 행위**(예컨대 살인자의 출산행위, 총기제조행위 등)나 경험칙 상 도저히 예견할 수 없는 우연이나 자연현상에 속할 때에는 객관적 귀속은 부정된다. **비유형적인 인과의 진행인 경우**(예컨대 단순한 폭행이 피해자의 특이체질인 혈우병 또는 혈전증으로 인해 사망한 경우)에도 결과에 대한 인과관계는 있지만 **객관적 지배가능성**이 없으므로 **객관적 귀속은 부정**된다.[50]

3) 과실범의 결과귀속

과실범은 주의의무위반(과실)으로 결과가 발생한 경우인데, 이때 주의의무를 다했다고 하더라도 결과가 발생했을 것으로 인정되는 경우에는 객관적 귀속이 부정된다. 따라서 **적법한**(합법적) **대체행위**가 있었더라도 결과발생이 확실시되는 경우에는 위험실현으로 볼 수 없으므로 **객관적 귀속**이 **부정**된다는 점에 대하여는 이견이 없다.

그러나 이 경우에도 **결과회피가 개연적이거나 가능할 경우**에 귀속이 가능한가에 관해서는 긍정설과 부정설이 대립한다. 긍정설은 결과귀속을 인정하고 있지만, 결과

---

48) 대판 1996. 5. 10, 96도529.

49) 대판 1995. 5. 12, 95도425.

50) 피해자의 특이체질의 경우에 있어서 객관적 귀속인정여부에 대하여는 견해가 대립한다. ① 일률적으로 객관적 귀속을 인정하면서, 과실범이나 결과적 가중범의 경우에는 결과에 대한 예견가능성문제로 취급하는 견해, ② 예견가능한 특이체질(고혈압, 심장질환 등)과 예견불가능한 특이체질(혈우병, 뇌수종 등)로 나누어서, 전자의 경우에는 위험실현으로 보아 객관적 귀속을 인정하고 후자의 경우에는 객관적 귀속을 부정하는 견해, ③ 예견가능성이 없으므로 객관적 귀속을 부정하는 견해가 있다. 결과에 대한 예견가능성이 없으므로 객관적 귀속을 부정하는 견해가 타당하다고 생각된다.

발생의 가능성 내지 개연성을 위험실현과 동일시하는 결과가 되므로 **침해범을 구체적 위험범**으로 변질시키고 또한 **무죄추정의 원칙**에도 위배된다는 비판을 면할 수 없다. 따라서 무죄추정의 원칙에 따라 객관적 귀속을 **부정하는 다수설의 입장이 타당**하다.

결과적 가중범에 있어서는 기본범죄의 전형적 위험이 중한 결과로 직접적으로 실현되었을 때에만 객관적 귀속을 인정할 수 있다.

(3) 규범의 보호범위

행위자가 허용되지 않는 위험을 실현하여 결과가 발생되었다고 하더라도 구체적인 경우에 있어서 구성요건의 범위나 당해규범의 보호목적의 범위 내에 포함되지 않을 때에는 결과는 객관적으로 귀속이 되지 않는다. 즉 침해된 결과가 행위자가 위반한 구성요건의 보호범위나 규범의 보호목적 범위 내에 있는 경우에만 결과가 귀속된다.

예컨대 자동차 운전자가 중앙선을 침범하였는데 침범한 차도 쪽의 보도에 있던 보행자가 갑자기 차도로 넘어져 자동차에 치어 사망한 경우에는 도로교통법의 보호목적은 차량 대 차량의 통행방법을 규율하고 있는 것이고 보행자의 생명·신체를 보호하기 위한 것이 아니므로 규범의 보호목적 범위 내에 있지 않아 운전자에게 사망의 결과는 객관적으로 귀속되지 않는다. 이를 **주의규범의 보호목적관련성**이라고 한다. 이것이 문제되는 다음의 3가지 경우를 구체적으로 살펴보기로 한다.

1) 고의(故意)의 자손행위(自損行爲)에 관여한 경우

피해자의 고의에 의한 자손행위로 인해 결과가 발생한 경우에는 그 결과는 **객관적 귀속이 부정**된다. 예컨대 갑과 을이 오토바이 경주를 하다가 교통사고로 을이 사망한 경우, 갑이 교통사고로 을에게 경상을 입혔으나 을의 치료거부 또는 수혈거부로 사망한 경우, 갑이 을녀를 강간하여 수치심을 견디지 못한 을이 자살한 경우 등을 들 수 있다. 이러한 경우는 **살인죄나 과실치사죄의 죄형법규의 보호목적**에 포함되지 않아 **규범의 보호목적관련성이 결여**되어 있으므로 **객관적 귀속이 부정**된다. 그러나 피해자의 치료과실로 인하여 사망한 경우에는 객관적 귀속이 인정된다.

2) 구조행위로 인해 구조자 스스로 위험에 빠진 경우

구조행위자 스스로 위험에 빠진 경우에는 **객관적 귀속이 부정**된다. 예컨대, 익사 직전에 있는 자를 구조하다가 구조자 자신이 익사한 경우, 갑의 방화로 인해 불타고 있는 집안의 가재도구를 회수하기 위해 을이 집으로 뛰어들었다가 사망한 경우에는 **객관적 귀속이 부정**된다.

3) 양해(諒解)있는 피해자에 대한 가해행위

양해있는 피해자에 대한 가해행위로 결과가 발생한 경우에는 고의의 자손행위와 같이 평가할 수 있으므로 가해행위자에게 그 결과는 객관적으로 귀속되지 않는다는 견해도 있다.[51] 예컨대 폭풍우 중에 뱃사공에게 강을 건널 것을 강요하여 강을 건너다가 배가 전복하여 사망한 경우, 술취한 운전자에게 운전을 요구하여 교통사고를 당한 경우, 피해자가 과속을 강요하여 교통사고를 당한 경우 등이 이에 해당한다는 것이다.

그러나 이 경우는 구성요건의 보호목적의 범위를 벗어났다고 볼 수 없으므로 결과귀속의 문제로 해결할 수는 없다. 이때에는 **결과가 객관적으로 귀속**되지만, 다만 피해자가 양해한 경우이므로 위법성조각사유인 **피해자의 승낙의 법리에 의하여 해결**하면 족하다고 할 것이다.

4. 객관적 귀속이론에 대한 평가

객관적 귀속이론에 대하여는 다음과 같은 비판이 제기되고 있다.

① 객관적 귀속이론이 책임의 범위를 구성요건단계에서부터 제한하고자 하지만, 객관적 귀속척도로서 제시하는 기준은 기존의 범죄론 체계에 의해서도 이미 해결되고 있다는 점이다. 즉 '허용되지 않은 위험창출'이라는 척도도 이미 '허용된 위험의 법리'에 의하여 구성요건해당성배제사유로서 취급되고 있고, 실현된 결과에 대한 '예견가능성 또는 지배가능성'이라는 척도도 과실범이나 결과적 가중범에 있어서 성립요건으로 다루어지고 있다.

또한 기존의 범죄론체계에서도 결과의 객관적 귀속과 주관적 귀속(고의 또는 과실) 및 개별적 귀속(책임)의 척도를 체계적으로 제공해주고 있으므로, 이에 덧붙여 객관적 귀속척도를 논하는 것은 범죄체계론의 혼란과 비효율을 초래한다는 것이다. 실제로 객관적 귀속척도로 제시되는 많은 사례도 기존의 범죄론 내에서의 추정적 승낙, 긴급피난, 의무의 충돌 등에 의하여 충분히 해결할 수 있는 문제라는 것이다.

② 객관적 귀속론이 객관적 귀속기준을 불문(不文)의 **객관적 구성요건요소**로 이해하면서도 그 척도로서 결과에 대한 **예견가능성**이라는 주관적 척도를 사용하는 것은

51) 김일수/서보학, 179면; 신양균, '객관적 귀속에 대한 구체적 검토'(고시계, 1993. 3); Roxin, 11/100.

모순이라는 점이다.

③ 객관적 귀속론에서 귀속기준으로 제시하는 **규범의 보호목적**의 내용이 무엇인가에 대하여 그 내용이 명백하지 않다는 점 등을 들 수 있다.

이와 같이 객관적 귀속이론은 많은 비판을 받고 있지만, 인과관계라는 사실판단의 문제와 결과의 규범적 귀속이라는 문제를 구별하여 형사처벌의 정당성을 추구하려는 점에서는 그 의의가 크다고 하겠다. 따라서 객관적 귀속이론은 완성된 이론이 아니라 구체적인 객관적 귀속척도를 보다 정치하게 찾아내는 작업이 요구되는 발전과정에 있는 이론이라 할 수 있다.[52]

Ⅳ. 형법 제17조의 해석

형법 제17조는 인과관계라는 표제 하에 '어떤 행위라도 죄의 요소되는 위험발생에 연결되지 아니한 때에는 그 결과로 인하여 벌하지 아니한다'라고 규정하고 있다.

이 조문은 첫째, 행위와 위험발생 사이에 연결이 있어야 하고, 둘째, 행위와 위험발생 사이에 연결이 없으면 '결과로 인하여 벌하지 아니한다'라고 하여 기수범으로 처벌할 수 없다는 점만을 밝히고 있다. 그러나 행위와 위험발생 사이의 연결여부에 대한 판단에 대하여는 아무런 기준을 제시하고 있지 않으므로 그 판단기준은 학설과 판례에 위임하고 있다고 할 수 있다. 학설은 이 조문의 해석과 관련하여, ① 조건설 내지 상당인과관계설에 의하여 해석하는 견해, ② 위험관계조건설에 의해 해석하는 견해, ③ 객관적 귀속에 관한 조문으로 해석하는 견해, ④ 합법칙적 조건설과 객관적 귀속에 관한 규정으로 해석하는 견해 등으로 나누어진다.

이미 살펴본 바와 같이 합법칙적 조건설과 객관적 귀속이론에 의하여 사실판단의 문제와 규범적 귀속의 문제를 분리하여 평가하는 방법이 바람직할 뿐만 아니라 문언 중에 '위험발생연결'이라는 규범적 요소가 명백히 있으므로 이 조문은 합법칙적 조건설과 객관적 귀속론에 의하여 그 의미를 찾을 수 있다. 즉 인과관계의 확정문제는 합법칙적 조건설에 의하여 결정하고 형법적 중요성은 객관적 귀속이론에 의하여 해결하는 것이 타당하다. 이에 따라 이 조문을 분설해보면 다음과 같다.

(1) 먼저 **'어떤 행위라도 그 결과로 인하여'**란 표현은 행위와 결과 사이에 인과관

52) 임 웅, 134면.

계가 있어야 함을 의미하므로, 형법상 인과관계의 확정문제는 합법칙적 조건설에 의하여 해결하고,

(2) 다음으로 **'어떤 행위라도 죄의 요소되는 위험발생에 연결'** 된다는 표현은 행위와 결과 사이에 객관적 귀속이 인정되어야 한다는 의미로서, '위험발생연결'이라는 개념에는 허용되지 않은 **위험창출과 위험실현 및 규범의 보호목적**이라는 세 가지 객관적 귀속척도를 포함하는 개념으로 확장 해석할 수 있으며,

(3) **'그 결과로 인하여 벌하지 아니한다'** 는 표현은 인과관계와 객관적 귀속이 부정되면 고의범의 경우에는 기수로 처벌할 수 없고 미수로 처벌한다는 의미로 해석할 수 있다.

따라서 형법 제17조는 '어떤 행위라도 합법칙적으로 결합되어 구성요건적 결과로 실현되었다고 하더라도 법률상 허용되지 않은 위험을 창출하고 그 위험이 구성요건적 결과로 실현되지 아니한 때에는 기수범으로 벌하지 아니한다'라는 의미로 해석된다.

(4) 그 외에 인과관계와 관련하여 형법 제19조는 **'독립행위의 경합'** 이라는 표제하에 "동시 또는 이시(異時)의 독립행위가 경합하여 결과발생의 원인된 행위가 판명되지 아니한 때에는 각 행위를 미수범으로 처벌한다"라고 규정하고 있다. 이 규정은 독립행위가 경합하여 결과가 발생했으나 결과발생의 원인된 행위가 판명되지 않으면 인과관계를 확정지을 수 없으므로 경합된 각각의 행위를 미수범으로 처벌하도록 하고 있다. 이 경우를 **동시범**이라 하며 모든 범죄에 제19조가 적용되는 것이 원칙이지만, 형법각칙 제263조의 상해죄의 동시범의 경우에는 형사정책적 이유로 특례규정을 둠으로써 예외적으로 공동정범으로 처벌하고 있다. 입법론적으로는 무죄추정의 원칙에 배치되는 규정이기 때문에 폐지되어야 한다고 생각된다.

제 4 절 구성요건적 고의

I. 서 론

1. 고의의 의의 및 구성요소

고의란 행위자의 정신적·심리적 측면, 즉 관념세계에 속하는 것으로서 일반적으

로 '**구성요건의 객관적 요소에 해당하는 사실, 즉 객관적 구성요건요소를 인식하고 이를 실현하기 위하여 의욕 또는 인용하는 것**'이라고 정의된다. 고의는 행위자의 주관적·관념적 세계를 나타내는 주관적 요소이고, 구성요건을 구성하는 객관적 요소에 대한 행위자의 인식과 의사이므로 구성요건의 주관적 요소, 즉 **주관적 구성요건요소**가 된다. 고의의 대상은 객관적 구성요건요소에 해당하는 사실이고, 그 대상에 대한 인식과 의욕의 측면은 고의의 본질에 관한 부분이다.

고의의 본질과 관련하여 구성요건에 속하는 객관적 상황에 대한 '인식'은 고의의 '**지적(知的) 측면**'이고, 구성요건적 결과발생을 지향하는 '의욕 내지 의사'는 고의의 '**의적(의지적) 측면**'이다. 따라서 고의의 구성요소는 **지적 요소**와 **의지적 요소**라는 두 요소로 이루어져 있다.

그런데 고의의 지적 요소는 특히 구성요건적 결과발생가능성에 대한 행위자의 인식정도에 따라 확실성부터 개연성, 가능성, 불가능성 등 그 정도에 차이가 있으며, 의지적 요소도 결과발생에 대한 행위자의 의욕 정도에 따라 불원, 무관심, 인용, 희망 등의 차이가 있다.

이와 같이 고의는 그 구성요소인 지적 요소와 의지적 요소의 결합정도에 따라 종류가 나누어진다. 예컨대 확정적 고의의 경우에는 행위자가 결과발생을 적극적으로 의욕하지만 미필적 고의의 경우에는 고의의 의지적 요소가 약화된 형태이다.

2. 고의의 체계적 지위

범죄체계와 관련하여 오늘날에는 고의를 주관적 구성요건요소로 이해하는 견해가 일반화되었지만, 역사적으로 행위론 및 범죄체계론의 대립과 발전을 통해서 정착되었다고 할 수 있다. 고의의 범죄체계상의 지위에 대하여 살펴보면 다음과 같다.

(1) 책임요소설

인과적 행위론 및 고전적 범죄체계론에 의하면, 모든 주관적 범죄요소는 고의와 더불어 책임판단의 대상으로서 '**책임형식**' 또는 **책임요소**'에 불과하다고 보았다. 그러나 책임요소설은 고의를 책임단계에서 고려하면 구성요건해당성을 확정할 수 없으므로 의사의 내용도 구성요건단계에서 행위요소가 된다는 목적적 행위론의 등장으로 그 지지자를 찾기 어렵게 되었다.[53]

---

53) 인과적 행위론자 중에 바우만(Baumann)은 미수범의 경우에는 어떤 구성요건에 해당하는가라

(2) 구성요건요소설

목적적행위론의 목적적 범죄체계론에 의하면, 고의는 인적 행위불법의 핵심적 요소로서 객관적 구성요건요소를 실현하기 위한 목적적 의사로서 주관적 구성요건요소가 된다는 것이다. 사회적 행위론의 입장에서도 행위는 '의사에 의해 지배되는 법적·사회적 의미통일체'이므로 고의는 구성요건요소가 된다. 행위의사를 고려치 않고는 행위불법을 확정할 수 없으므로 고의는 구성요건의 주관적 요소로서 이른바 **'구성요건적 고의'**가 되어 오늘날에는 보편적인 견해로 통용되고 있다.

(3) 이중적 지위설

합일태적 범죄체계에 의하면 고의는 주관적 구성요건요소인 동시에 책임요소로서 이중적 지위를 갖는다는 견해이다. 이른바 고의의 이중적 지위 내지 이중적 기능을 인정하는 견해로서 오늘날 그 지지자를 넓혀가고 있는 유력한 견해이다.

즉 행위개념의 요소로서의 고의가 행위방향을 결정하는 측면에서는 행위반가치의 판단대상이 되고, 행위자의 의사형성을 반영하는 측면에서는 심정반가치의 판단대상이 된다는 견해이다. 따라서 불법고의는 사회윤리적 견지에서 행위에 대하여 내려지는 부정적 가치판단인 행위반가치의 내용이 되어 법익침해적 결과 내지 위험이라는 결과반가치와 더불어 불법의 실체를 형성하며, 책임고의는 불법고의를 통하여 나타나는 행위자의 법적대적 태도에 대한 가치판단인 책임비난의 대상이 된다는 것이다. 이중적 지위설에 의하면 행위반가치로서의 고의를 **구성요건적 고의**라 하고, 책임요소로서의 고의는 **책임고의**라고 한다. 따라서 이 입장에서는 **책임형식**으로서의 고의를 인정하게 된다.

Ⅱ. 고의의 본질

고의의 본질론은 고의와 과실을 구별하는 데 있어서 그 의의가 크다. 형법은 원칙적으로 고의범을 처벌하고 과실범은 예외적으로 법률에 처벌하는 규정이 있는 때에만 처벌하기 때문에 양자의 구별은 중요하다. 특히 고의와 과실의 한계형태인 **미필적 고의**와 **인식 있는 과실**을 어떻게 구별할 것인가가 문제된다.

는 문제가 발생하므로 미수범의 경우에만 고의가 주관적 불법요소가 된다는 입장을 취하기도 한다.

1. 의사설과 인식설

고의의 본질에 관하여는 **인식설**(표상설)과 **의사설**의 대립이 있다.

인식설은 구성요건적 결과발생의 가능성에 대한 인식(표상)만 있으면 고의를 인정하는 견해로서 **가능성설** 또는 **표상설**이라고도 한다. 인식설은 고의의 지적 요소만을 강조하고 의지적 요소를 배제함으로써 인식 있는 과실을 고의로 보게 된다.

의사설은 고의를 구성요건적 결과발생의 가능성을 인식하는 것만으로는 부족하고 결과발생을 적극적으로 실현하려는 의사로 이해하는 견해로서 **희망설**이라고도 한다. 의사설은 고의의 의지적 요소를 강조함으로써 미필적 고의를 고의에서 배제하게 된다.

원래 고의의 본질에 대해서는 의사설이 전통적 견해로서 과실로부터 고의를 구별하여 원시적 결과책임을 배제하는 공헌을 했다. 그러나 고의의 본질은 의사설에 의하면 미필적 고의를 고의에서 배제하고 확정적 고의만을 고의로 보게 되어 고의의 성립범위가 너무 좁게 되고, 인식설에 따르면 인식 있는 과실도 고의에 포함되어 고의의 성립범위가 너무 넓게 된다. 따라서 고의는 지적 요소로서의 구성요건적 사실에 대한 인식과 의지적 요소로서의 이를 실현하려는 의사의 결합에 있다고 할 수 있다.

요컨대 고의란 '**구성요건의 객관적 요소에 해당하는 사실을 인식하고 이의 실현을 용인하거나 의욕하는 것**' 또는 간단히 '**구성요건실현의 인식과 의사**'라고 정의할 수 있다.

따라서 형법이 제13조에 범의라는 표제 아래, '죄의 성립요소인 사실을 인식하지 못한 행위는 벌하지 아니한다'는 고의에 관한 규정은 입법론적으로 재고되어야 한다.

2. 사전고의와 사후고의

구성요건적 고의는 행위시에 존재해야 한다. 따라서 행위 이전에는 고의가 있었으나 행위시에 구성요건 실현의사가 없는 **사전고의**(事前故意)는 고의가 아니다. 또한 구성요건적 결과가 발생한 후에 그 사실에 대한 인식이 있는 **사후고의**(事後故意)도 구성요건적 고의라고 할 수 없다.

Ⅲ. 고의의 구성요소

고의가 성립하기 위해서는 행위자에게 행위시에 **객관적 구성요건요소인 사실에 대한 인식**이라는 지적(知的) 요소와 이를 실현하려는 의지적 요소의 충족이 요구된다. 그런데 고의의 지적 요소의 인식대상이 되는 객관적 구성요건을 구성하는 사실은 기술적 요소와 규범적 요소로 이루어져 있다. 따라서 객관적 구성요건요소 중 기술적·설명적 요소는 구성요건적 **사실의 인식**만으로 충분하지만 규범적 요소의 경우에는 그 **의미의 인식**도 요구된다고 하겠다.

1. 사실의 인식

사실의 인식이란 자연적으로 존재하는 사실을 오관의 작용에 의하여 인식하는 것을 말한다. 고의의 인식대상은 객관적 구성요건을 구성하는 사실이므로, 이러한 객관적 구성요건요소를 이루는 행위주체, 행위객체, 행위태양, 행위상황, 결과, 인과관계는 고의의 인식대상이 된다.

(1) 구성요건에 해당하는 사실의 인식

객관적 구성요건요소에 대한 인식이 필요하므로 **행위주체, 행위객체, 행위태양, 행위상황 및 구성요건적 결과에 대한 인식**이 있어야 한다. 일정한 신분을 가진 자만을 행위주체로 한정하고 있는 신분범의 경우에는 신분의 인식이 필요하다. 예컨대 수뢰죄에 있어서 공무원 또는 중재인이라는 신분이 이에 해당한다. 또한 **가중적 구성요건요소**(존속살해죄의 존속)나 **감경적 구성요건요소**(영아살해죄의 영아)도 구성요건요소이므로 이에 대한 인식도 필요하다. 다만 결과적 가중범의 경우에는 중한 결과에 대한 인식이 불필요하고 결과에 대한 예견가능성으로 족하다.

그러나 **처벌조건이나 소추조건**은 구성요건요소가 아니므로 이에 대한 인식은 고의의 인식대상이 아니다. 또한 **위법성의 인식**도 통설인 책임설에 따르면 고의와 분리된 독자적인 책임요소이므로 고의의 인식대상이 아니다. 따라서 위법성인식이 결여되면 고의가 조각되는 것이 아니라 책임이 조각된다. 그러나 고의설 또는 제한적 고의설에 의하면 위법성 인식(가능성)도 고의에 포함되므로 당연히 고의의 인식대상이 된다.

(2) 인과관계의 인식

인과관계가 고의의 인식대상인가에 대하여는, ① 구체적인 인과관계의 인식은 인간이 신이 아닌 이상 완전한 인과관계의 인식을 기대할 수 없으므로 인과관계의 인식이 불필요하다는 견해도 있으나, ② 인과관계는 객관적 구성요건요소이므로 고의에는 인과관계의 인식도 포함된다는 다수설의 태도가 옳다. 이때의 인과관계의 인식은 구체적인 인과진행에 대한 인식이 아니라 **'대체적으로 그 본질적인 인과진행과정에 대한 인식'** 또는 **'일상생활 경험법칙에 비추어 예견가능한 범위 내에서의 인식'** 만으로 충분하다고 할 수 있다.[54)]

2. 의미의 인식

구성요건의 요소 중 기술적·사실적 요소는 행위자의 사실인식만으로 고의가 성립한다. 그러나 객관적 구성요건요소 중 **규범적 구성요건요소**는 문언 자체만으로는 그 의미를 쉽게 이해할 수 없고 법관의 규범적 가치판단을 통해서만 그 의미를 확정할 수 있는 요소이기 때문에 그 **의미의 인식**이 필요하다. 예컨대 유가증권위조죄(제214조)의 '유가증권', 절도죄(제329조)의 '재물의 타인성', 음란물반포죄에 있어서 문서의 '음란성'의 경우에는 각각 그 규범적 의미내용에 대한 인식이 요구된다. 이때 **'의미의 인식'** 이란 정확하게 법적으로 평가된 의미를 말하는 것이 아니라 **'문외한으로서의 소박한 의미의 인식'** 으로 충분하다.

따라서 인식한 사실에 대한 **법적 평가에 대한 착오**, 즉 행위자가 구성요건적 사실의 인식은 있으나 그 인식사실이 구성요건에 해당하지 않는다고 오인한 경우에는 사실의 착오가 아니라 위법성의 인식에 대한 착오의 한 유형인 **포섭의 착오**(Sub-sumtionsirrtum)가 된다.

Ⅳ. 고의의 종류

고의의 종류는 구성요건적 사실에 대한 인식이라는 **지적 요소**와 구성요건실현에 대한 의사연관이라는 **의지적 요소**의 결합에 따라, **의도적 고의**(Absicht)와 **지정**(知情)고

---

54) 이재상/장영민/강동범, 169면; 임 웅, 149면; 정성근/박광민, 167면.

의(Wissentlichkeit) 및 **미필적 고의**로 분류하는 견해[55]와 구성요건적 결과발생을 확실히 인식·예견한 경우인 **'확정적 고의'**와 구성요건적 결과발생에 대한 인식·예견이 불명확한 경우인 **'불확정적 고의'**로 나누는 견해가 있다.[56]

의도적 고의(意圖的 故意)란 당해 구성요건의 실현 자체를 목적으로 하는 목표지향적인 의욕과 결합된 고의형태로서, **결과발생을 적극적으로 의욕한 경우**의 고의를 말한다. 이때 지적 요소는 확실성이건 개연성이건 가능성이건 묻지 않는다. 행위자의 의사가 중시되는 목적범, 경향범이 여기에 해당한다. 이를 **제1급의 직접고의**라고도 한다. 형법에서는 '…할 목적으로' 또는 '…을 위하여'라고 규정되어 있다.

지정고의(知情故意)란 행위자가 **구성요건적 결과발생이 확실하다고** 인식한 경우의 고의형태를 말한다. 지적 요소인 인식이 확실성과 결합된 고의형태로 **제2급의 직접고의**라고도 하며, 의지적 요소는 의욕적이건 단순의사이건 감수의사이건 묻지 않는다. 형법에서는 '정을 알면서'라고 규정되어 있다. 예컨대 증뇌물전달죄(제133조 제2항), 위조통화취득후지정행사죄(제210조) 등이 해당한다.

미필적 고의는 지적 요소와 의지적 요소가 가장 약화된 형태의 고의로서, 결과발생의 대상은 확정적으로 인식하였으나 결과발생 자체를 확실히 의욕하지 않고 용인(容認) 내지 묵인(默認)하는 경우를 말한다.

이와 같이 고의를 의도적 고의, 지정고의, 미필적 고의로 분류하는 견해는 오스트리아 형법에서는 명문으로 규정하고 있고, 독일의 다수설이 고의의 종류를 **목적과 직접적 고의 및 간접적 고의**로 나누는 것과 일치하는 태도이지만, 형법이 지정고의나 의도적 고의를 명시하고 있지도 않고 목적을 고의 이외의 주관적 구성요건요소로 규정하고 있는 이상 우리 형법의 해석론으로는 타당하지 않다.[57]

고의는 결과발생 자체와 결과발생대상의 확실성 여부에 따라 확정적 고의와 불확정적 고의로 나누어지고, 불확정적 고의는 다시 개괄적 고의·택일적 고의·미필적 고의로 나누어진다.

1. 확정적 고의

행위자가 **구성요건적 결과발생과 결과발생의 대상을 인식하거나 확실히 예견한 경우**

55) 김일수/서보학, 189면; 박상기, 110면; 배종대, 248면; 손해목, 313면.

56) 이재상/장영민/강동범, 170면; 임 웅, 151-152면.

57) 임 웅, 151면.

를 말한다. 이를 **'직접적 고의'** 라고도 한다. 예컨대 사람이 현존하는 건조물에 불을 놓아 그 안에 있던 사람이 소사할 것을 확실히 인식하거나 예견한 때에는 살인의 확정적 고의가 인정된다. 이때에는 행위자가 결과발생을 적극적으로 희망했는가는 문제되지 않는다. 왜냐하면 결과발생을 확실히 예견한 경우에는 이미 그 속에 결과실현의지가 포함되기 때문이다.

2. 불확정적 고의

구성요건적 결과발생에 대한 인식 또는 예견이 불명확한 경우를 말하며, 이에는 미필적 고의·택일적 고의·개괄적 고의가 있다.

(1) 미필적 고의와 인식 있는 과실의 구별

1) 미필적 고의

미필적 고의란 행위자가 구성요건적 결과발생을 확실하게 인식한 것이 아니라 **그 가능성을 인식·예견하고 그것을 감수·용인하는 의사를 가진 경우**의 고의를 말한다. 의지적 요소와 지적요소의 정도가 가장 낮은 형태의 고의이다. 이를 **'조건부 고의'** 라고도 한다.

2) 미필적 고의와 인식 있는 과실의 구별에 관한 학설

미필적 고의는 **결과발생의 가능성**, 즉 구성요건실현의 구체적 위험성에 대한 인식(지적 요소)이 필요하다. 그 외에도 어떤 요소가 필요한가에 대하여 견해가 대립한다.

가. 개연성설 지적 요소의 인식정도에 따라 미필적 고의와 인식 있는 과실을 구별하는 견해이다. **결과발생의 개연성을 인식한 때**에는 미필적 고의이고, **단순한 가능성을 인식한 때**에는 인식 있는 과실이라는 견해이다. **인식설**에 입각한 견해이다. 그러나 이 견해에 따르면 회생가능성이 희박한 중환자를 수술한 경우나 사랑하는 자녀의 머리위에 사과를 올려놓고 화살을 쏘는 빌헬름 텔(Wilhelm Tell)의 행위에 대하여 살인죄의 미필적 고의를 인정하게 되는 불합리한 결과가 초래된다.

나. 가능성설 슈뢰더(Schröder), 슈미트호이저(Schmidhäuser)가 주장한 견해로서 **결과발생의 구체적 가능성**을 인식한 때에는 미필적 고의가 인정된다는 견해이다. 이 견해도 **인식설**에 기초하고 있으므로 인식 있는 과실을 모두 미필적 고의에 포함하게 되어 인식 있는 과실이 성립될 여지가 없게 된다. 예컨대 위험한 곳에서 추월한 운전사나 위험한 강에서 학생을 수영하게 한 교사에게는 모두 고의가 인정되는 불합

리한 결과가 초래된다.

다. 용 인 설 결과발생의 가능성을 인식하고 이를 내적으로 승인(承認)·용인(容認)·양해(諒解)·시인(是認)한 때에는 미필적 고의가 성립되고, 법익침해를 내적으로 거부하거나 결과불발생을 희망한 때에는 인식 있는 과실이라는 견해로서 **우리나라의 통설**[58]**과 판례**[59]의 입장이기도 하다.

그러나 용인설에 대하여는, ① 결과가 발생해도 좋다는 용인(容認)이라는 감정적·정서적 요소는 책임요소의 내용이므로 구성요건요소가 될 수 없다. ② 고의의 의지적 요소는 범죄 실현의사이므로 용인이라는 감정적·정서적 요소와는 구별된다. ③ 행위자가 결과의 발생을 용인했는지를 증명할 수 없다는 등의 비판이 있다.

라. 무관심설 행위자가 가능한 부수결과를 적극적으로 좋아하거나 무관심하게 받아들이는 경우는 미필적 고의이고, 부수결과를 원치 않거나 발생하지 않기를 희망하는 때에는 인식 있는 과실이 된다는 견해이다. 이 견해에 대하여는 무관심이라는 요소가 결과에 대한 정서적 요소이고, 결과에 대하여 무관심하지 않다고 하더라도 고의를 인정할 수 있다는 점에서 타당하다고 할 수 없다.

마. 회 피 설 고의는 구성요건의 실현의사이므로, 법익침해를 회피할 의사가 있으면 고의를 인정할 수 없고, 과실을 인정할 근거가 되는 **회피의사**는 행위자가 행위시에 가능한 부수결과가 발생하지 않도록 조종한 경우에만 인정된다는 입장으로,[60] 고의의 의지적 요소를 강조한 견해이다.

그러나 회피의사는 행위자의 의사의 징표는 될 수 있지만 그 한계기준이 될 수는 없다. 결과회피의사가 있다고 하더라도 법익침해를 결의한 때에는 고의에 의한 행위로 보아야 하기 때문이다.

바. 위험설 및 위험차단설 위험설은 고의의 인식대상은 구성요건에 해당하는 행위가 아니라 허용되지 않는 위험한 행위이므로, 허용되지 않은 위험의 인식 또는 법익침해에 대한 결단이 있는 경우는 '미필적 고의'가 있다고 해석하는 견해이고(록신: Roxin), 위험차단설은 차단되지 않는 위험을 창출한 경우에는 미필적 고의가 인정된

---

58) 배종대, 256면; 신동운, 191면; 이형국, 138면; 임 웅, 148면; 정성근/박광민, 175면.

59) 대판 2004. 5. 14, 2004도74; 대판 2015. 11. 12, 2015도6809-전원합의체(승객에 대한 살인의 미필적 고의를 인정하면서도 같은 취지로 판시하고 있다).

60) Armin Kaufmann, "Der dolus eventualis im Deliktsaufbau", Strafrechtsdogmatik zwischen Sein und Wert, S. 67, 71.

다는 견해이다(헤르츠베르크: Herzberg).

그러나 위험설은 구성요건요소의 인식을 위험의 인식으로 변경한 것에 불과하고 그 내용은 가능성설과 차이가 없고, 위험차단설은 객관적 요소에 의해서만 고의를 판단함으로써 행위자의 주관적 의사를 무시한다는 비판을 받고 있다.

아. 감수설(묵인설) 구성요건적 **결과발생의 가능성**을 **인식**하면서 **구성요건실현의 위험을 감수**(甘受) **내지 묵인**(默認)**하려는 의사**가 있는 경우에는 **미필적 고의**가 인정되고, 결과가 발생하지 않는다고 신뢰한 경우에는 **인식 있는 과실**이 된다는 견해이다.[61] 감수설은 독일의 통설과 스위스 판례의 입장이고, 오스트리아 형법은 이를 명문으로 규정하고 있다.

3) 결 어

고의란 구성요건실현의 인식과 의사를 의미한다. 여기서 결과의 인식은 결과발생을 확실히 인식하는 것이 아니라 결과발생의 가능성에 대한 인식으로 충분하다. 따라서 인식의 정도에 있어서 가능성보다 높은 개연성을 요구하는 개연성설은 타당하다고 할 수 없다. 그런데 결과발생가능성에 대한 인식이라는 지적 요소에서는 미필적 고의와 인식 있는 과실이 마찬가지이므로 양자는 구별되지 않는다. 따라서 양자는 고의의 의지적 요소에 의해 구별해야 한다.

미필적 고의에 있어서 의지적 요소는 약화된 형태이므로, 결과발생의 가능성을 내적으로 용인하는 정서적·감정적 의사가 아니라 행위결의시에 결과발생을 감수 또는 묵인하는 의사로서 충분하다고 할 수 있다. 따라서 결과발생의 가능성을 인식하고 결과실현을 묵인 내지 감수하는 의사가 있을 때에는 미필적 고의이고, 결과발생을 회피할 수 있다고 신뢰한 경우에는 인식 있는 과실이 있다고 보는 **묵인설**(**감수설**)이 타당하다.

(2) 택일적 고의(擇一的 故意)

택일적 고의란 두 개 이상의 구성요건 중 어느 하나만 실현되기를 원하면서도 어느 구성요건에 결과가 발생해도 좋다고 생각하는 경우를 말한다. 이 경우에는 택일관계에 있는 행위자의 고의는 동종·이종을 불문하고 의도적 고의·지정고의·미필적 고

61) 독일, 오스트리아, 스위스의 통설이고 우리나라에서는 유력설이다. 김일수/서보학, 197면; 김성천/김형준, 151면; 박상기, 118면; 손해목, 321면; 안동준, 80면; 이재상/장영민/강동범, 176면; 조준현, 172면 등이 감수설을 취하고 있다.

의를 불문한다.

택일적 고의의 유형에는 ① 어느 한 사람에 대하여 상처를 입히거나 살해할 생각으로 총을 발사하는 경우와 같은 **'하나의 객체에 대한 택일적 고의'**, ② 두 사람 중 어느 한 사람이 맞아도 좋다는 생각으로 총을 발사하는 경우와 같은 **'두 개의 행위 객체에 대한 택일적 고의'**, ③ 시위 군중을 향해 총을 발사하는 경우와 같은 **'수많은 객체에 대한 택일적 고의'**의 세 가지 유형이 있다.

이러한 택일적 고의를 형법상 어떻게 처리할 것인가에 대하여는 견해가 대립한다.

첫째, 택일적 고의에 의해 하나의 범죄가 실현된 경우로서, ① 택일관계에 있는 모든 범죄는 미필적 고의가 인정되므로 발생한 범죄의 기수와 미발생범죄의 미수의 **상상적 경합**이라는 견해와 ② 발생한 범죄의 기수만 성립하지만, 미발생범죄가 더 중한 경우에는 발생한 범죄의 기수와 미발생범죄의 미수의 상상적 경합이 된다는 견해의 대립이 있다. 행위자가 특히 어느 하나의 범죄만을 실현하려고 했다면 이를 양형에서 고려하면 되므로, 다른 가능한 범죄의 고의를 배제할 수는 없으므로 ①의 견해가 타당하다. 다수설의 입장이기도 하다.

둘째, 모든 범죄가 미수에 그친 경우에는 ① 모든 범죄에 대한 **미수의 상상적 경합**이 된다는 견해와 ② 중한 범죄의 미수만 성립한다는 견해가 대립한다. ②의 견해는 이미 존재하는 고의를 제외하기 때문에 부당하므로 ①의 견해가 타당하다. 다수설의 태도이기도 하다.

〈사례〉 갑이 을을 살해하기 위해 음료수에 치사량의 독약을 혼입하면서 을의 가족이 마시더라도 할 수 없다고 생각하였다. 을의 처인 병이 이를 마시고 사망하였다. 이때 갑의 죄책은?

갑은 을에 대하여 확정적 고의가 있었고, 을의 가족에 대하여는 미필적 고의가 있었다. 양 고의는 택일적 고의로서 다수설에 의하면 발생한 사실에 대한 기수책임과 발생하지 않은 사실에 대한 미수의 상상적 경합이 성립한다. 따라서 갑은 병에 대한 미필적 고의에 의한 살인죄와 나머지 가족에 대한 살인미수의 상상적 경합이 성립한다.

(3) 개괄적 고의(概括的 故意)

결과발생은 확정적이나 결과발생의 객체가 셋 이상의 다수이어서 결과발생의 대상을 불확정적으로 인식한 경우를 개괄적 고의라고 보는 견해가 있다.[62] 예컨대 수많은 사람들이 모인 집회 장소에 폭탄을 투척하는 경우가 여기에 해당한다. 이 견해에 따르면 택일적 고의와 개괄적 고의는 결과발생이 양자택일이냐 다자택일이냐의 차이에 불과하고 본질적인 차이는 없게 된다. 그러나 여기에서 말하는 개괄적 고의는 위에서 살펴본 바와 같이 택일적 고의의 한 유형인 **'수많은 객체에 대한 택일적 고의'**에 불과하다고 할 수 있다.

한편 베버(Weber)는 하나의 행위를 구성하는 수개의 부분적 행위를 지배하는 하나의 고의라는 의미로 **개괄적 고의**라는 개념을 사용하고 있다. 예컨대 을을 살해하기 위하여 을의 목을 조른 갑은 그로 인해 실신하여 쓰러져 있는 을이 사망한 것으로 알고 죄적(罪跡)을 인멸하기 위하여 을을 강물에 던져버렸는데 사실은 을이 익사하여 사망한 경우를 **개괄적 고의사례**라고 한다. 그러나 이 경우는 **'인과관계의 착오'의 특수한 경우**에 해당한다고 보는 견해가 독일의 통설·판례 및 우리나라 다수설의 입장이다.

위의 사례에서의 인과과정의 착오는 그 착오가 인과관계의 본질적인 내용에 관한 착오가 아니므로, 제1행위에 대한 고의는 조각되지 않게 되어 갑은 살인죄의 고의기수범이 된다.

제 5 절 사실(구성요건)의 착오

I. 착 오 론

1. 착오론의 의의

행위자가 주관적으로 인식한 사실과 객관적으로 실재하는 사실이 일치하지 않는 경우에 **사실의 착오**가 있다고 하게 된다. 이러한 사실의 착오에는 현실적으로 존재하지 않는 사실을 존재한다고 생각하는 경우인 **'적극적 착오'**와 존재하는 사실을 존재하지 않는다고 생각하는 경우인 **'소극적 착오'**가 있다. 적극적 착오는 형법상 환각범, 불능범, 미수범 등의 문제와 관련되며, 사실의 착오문제는 소극적 착오에 해당한다.

형법에 있어서 착오론은 착오로 인해 고의 또는 책임이 조각되어지는가 여부를 문제삼는 것이므로 **소극적 착오로서의 관념과 사실의 불일치**만이 문제된다.[63] 특히 사

62) 이재상/장영민/강동범, 177면; 임 웅, 152면.

실의 착오는 행위자가 인식한 사실도 구성요건적 사실이고 발생한 사실도 구성요건적 사실이지만 양자가 일치하지 않는 경우에 이를 어떻게 처리할 것인가에 관한 문제이다.[64] 이 문제는 뒤집어보면 행위자의 주관적인 관념과 객관적으로 발생한 사실이 어느 정도 부합할 때 고의의 성립을 인정할 것인가라는 문제이기도 하다. 따라서 사실의 착오문제는 '**고의론의 이면(裏面)**'이라 할 수 있다.

2. 사실의 착오와 법률의 착오

종래 착오론은 형법상의 착오를 사실의 착오와 법률의 착오로 분류하여, 사실의 착오의 경우에는 고의를 조각하지만 법률의 착오는 고의를 조각하지 않는다고 보았다. 형법도 제15조와 제16조에 그 표제어를 '**사실의 착오**'와 '**법률의 착오**'라고 표현하여 양자를 구별하고 있다. 그러나 사실의 착오와 법률의 착오라는 표현에서의 사실과 법률이라는 구별기준이 명확하지 않기 때문에, 예컨대 절도죄에 있어서 '재물의 타인성'에 대한 착오의 경우에는 이것이 법률의 착오인지 사실의 착오인지 명백히 알 수 없게 되어 착오론을 혼란에 빠트린다는 비판이 있게 되자 이러한 혼동을 피하기 위하여, 독일 형법은 사실의 착오를 구성요건적 착오로, 법률의 착오를 금지착오라고 규정하면서, 구성요건착오는 구성요건요소의 존재에 대한 착오이고 금지착오는 행위자가 인식한 사실이 법적으로 금지되어 있느냐에 관한 착오를 의미한다고 보고 있다.[65]

생각건대 사실의 착오 중 규범적 구성요건요소에 대한 착오는 사실의 착오이지만 법률의 착오로 오인할 수 있고, 또한 사실의 착오는 위법성조각사유나 책임조각사유에 대한 착오가 아니라 객관적 구성요건요소의 존재에 대한 착오이므로 이를 '**구성요건적 착오**'라고 부르는 것이 더 합당하고, 법률의 착오는 행위자가 인식한 사실이 법적으로 금지되어 있느냐에 대한 착오이므로 '**위법성의 착오**'(금지착오)라고 부르는 것이 착오의 내용과 더 부합되는 표현이라 할 수 있다. 나아가 위법성의 착오란 위법성에 관한 법질서의 객관적인 평가와 행위자의 주관적인 평가가 불일치하는 경우를 말하므로, 이를 '**위법성인식에 대한 착오**'로 표현하는 것이 더 적합하다고 생각되므로 형법상 착오에 관한 용어는 입법론적으로 개선이 필요하다.

---

63) 이재상/장영민/강동범, 179면.
64) 임 웅, 154면.
65) 이재상/장영민/강동범, 179면.

그러나 형법이 사실의 착오와 법률의 착오라고 표현하고 있고, 사실의 착오와 법률의 착오의 구별이 구성요건적 착오와 금지착오(위법성의 착오)의 구별과 일치하므로, 사실의 착오와 법률의 착오라는 표현을 그대로 사용하더라도 무방하다고 생각한다.

Ⅱ. 사실의 착오의 의의와 중요성

1. 사실의 착오의 의의

사실의 착오란 행위자가 불법구성요건요소에 대한 인식이 없는 경우, 즉 객관적 구성요건요소에 해당하는 사실에 대하여 행위자가 인식한 사실과 발생한 사실이 일치하지 않는 경우를 말한다. 따라서 사실의 착오는 구성요건적 사실에 관한 것이므로 **'구성요건적 착오'** 내지 **'구성요건적 사실에 관한 착오'**라고 한다.

사실의 착오는 행위자가 **주관적으로 인식한 사실**과 **현실적으로 발생한 사실**이 모두 구성요건적 사실에 해당하지만, 인식한 사실과 발생한 사실이 불일치하는 경우의 문제이다.

이와 달리 ① 행위자가 주관적으로는 구성요건적 사실을 인식하였지만 객관적으로는 구성요건적 결과가 발생하지 않은 경우에는 미수범 또는 불능범이 문제되고, ② 행위자가 주관적으로는 구성요건적 사실을 인식하지 못했지만 객관적으로는 구성요건적 결과가 발생한 경우에는 과실범이 문제된다.[66)]

또한 객관적 구성요건요소가 아닌 사실에 대한 착오는 '구성요건적 사실의 착오'가 아니므로 고의가 조각되지 않는다. 따라서 **위법성조각사유에 관한 착오**는 위법성의 착오 내지 법률의 착오이므로 불법고의는 조각되지 않고 책임조각이 문제된다. 다만 **위법성조각사유의 전제사실에 관한 착오**의 경우에는, 이를 '전제사실에 대한 착오'로 이해하여 사실의 착오로 보는 유력한 견해와 위법성조각사유는 위법성에 관련된 착오이므로, 이를 '위법성의 착오' 내지 '금지착오'로 보는 견해의 대립이 있다.

66) 행위자가 주관적으로는 객관적 구성요건요소에 대한 인식이 결여되었지만 현실적으로는 구성요건적 사실이 발생한 경우, 예컨대 야수(野獸)를 수렵하기 위해 총을 발사했으나 약초를 캐던 사람이 맞아 사망한 경우, 타인의 재물을 자기의 재물로 알고 가져간 경우가 여기에 해당한다. 이 경우를 사실의 착오로 이해하는 견해도 있으나 과실범의 성부문제로 다루면 충분하다고 생각된다.

구성요건에 포함되지 않는 **범죄의 동기나 책임능력 및 처벌조각사유에 대한 착오**(예: 피고인이 본가의 소유물로 오신하고 절도행위를 한 경우)도 사실의 착오가 아니므로 고의가 조각되지 않는다.

2. 사실의 착오의 중요성 내지 한계문제

고의는 객관적 구성요건요소에 대한 인식과 의사이므로, 구성요건적 사실의 착오로 인해 이러한 요소에 대한 인식의 전부 또는 일부가 결여된 경우에 고의가 조각되어진다는 것은 고의론의 일반이론에 의하면 간단히 해결된다. 그러나 행위시에 행위자가 주관적으로 인식한 사실과 객관적으로 발생한 사실이 완전히 일치하는 경우는 현실세계에 거의 없으므로 이러한 사실의 착오 발생시에 고의가 조각된다고 하면 고의기수범이 성립할 여지는 극히 제한되게 된다. 따라서 사실의 착오시에 행위자가 인식한 사실과 현실적으로 발생한 사실의 불일치가 있더라도 어느 정도 부합할 때 고의성립을 인정할 것인가라는 문제가 제기되지 않을 수 없다. 이와 같이 사실의 착오시에 고의성립의 범위문제는 **사실의 착오의 중요성** 내지 **사실의 착오의 한계**문제이기도 하다.

이에 대하여 형법은 제15조 제1항에 "특별히 중한 죄가 되는 사실을 인식하지 못한 행위는 중한 죄로 벌하지 아니한다"라고 규정할 뿐이어서, 사실의 착오의 다양한 형태를 포섭하여 규정하고 있지 않기 때문에 이론과 판례에 의하여 해결을 모색하지 않을 수 없다.

Ⅲ. 사실의 착오의 태양과 효과

사실의 착오의 태양(態様)은 크게 세 가지 관점에서 구분할 수 있다. ① 먼저 착오가 발생한 구성요건요소의 성격에 따라 **객체의 착오, 방법의 착오** 및 **인과관계의 착오**로 나눌 수 있고, ② 다음으로 착오의 발생범위에 따라 동일한 구성요건 범위 내인가 아닌가에 따라 **구체적 사실의 착오**와 **추상적 사실의 착오**로 나누어지며, ③ 마지막으로 서로 다른 구성요건 간의 착오인 추상적 사실의 착오는 착오가 발생한 구성요건의 성격 내지 상호관계에 따라 **기본적 구성요건의 착오**와 **가중적 구성요건의 착오** 및 **감경적 구성요건의 착오**로 나눌 수 있다.

1. 착오가 발생한 구성요건요소의 성격에 따른 구분과 효과

(1) 객체의 착오

객체의 착오란 행위객체의 **성질 내지 동일성에 관한 착오**를 말한다. 이를 **목적** 또는 **대상의 착오**라고도 한다. 행위자가 인식한 객체와 발생된 결과의 객체가 **구성요건적으로 동가치**일 때에는 행위자의 착오는 **단순한 동기의 착오**에 불과하므로 법률상 의미를 가질 수 없기 때문에 고의가 조각되지 않는다. 예컨대 갑을 살해하기 위해 총을 발사했으나 실제로는 쌍둥이 동생인 을이 살해된 경우로서 이때에는 을에 대한 고의기수범이 성립하게 된다. 고의의 성립범위에 관하여 어느 학설에 의하더라도 고의기수범이 성립한다.

(2) 방법의 착오

방법의 착오란 행위자가 의도하지 않은 다른 객체에 결과가 발생한 경우를 말한다. 이는 수단·방법이 잘못된 경우이므로 **타격의 착오**라고도 한다. 예컨대 갑을 향해 총을 발사했는데 그 옆을 지나가던 행인 을이 맞아 사망한 경우(구체적 사실의 착오), 개를 향해 돌을 던졌는데 잘못되어 길거리에 놀던 어린이를 다치게 한 경우(추상적 사실의 착오)이다.

1) 추상적 사실의 착오가 발생한 경우에는 구체적 부합설과 법정적 부합설에 의하면 인식했던 사실에 대한 미수와 발생한 결과에 대한 과실이 성립하고 양자는 상상적 경합이 된다. 따라서 위의 사례에서는 재물손괴의 미수와 과실상해의 상상적 경합이 된다. 그러나 추상적 부합설에 의하면 ① 경한 범죄사실을 인식하고 중한 결과를 발생시킨 경우에는 인식한 사실에 대한 기수와 발생한 사실에 대한 과실의 상상적 경합이 되고, ② 중한 범죄사실을 인식하고 경한 범죄사실을 발생시킨 경우에는 중한 인식사실에 대한 미수와 경한 발생사실에 고의기수의 상상적 경합이 된다고 하게 된다. 따라서 위의 사례의 경우에는 재물손괴죄와 과실상해의 상상적 경합이 된다.

2) 구체적 사실의 착오가 발생한 경우에는 구체적 부합설에 의하면 방법의 착오인 위의 사례에서는 인식사실과 발생사실이 구체적으로 일치하지 않으므로 인식한 사실에 대한 미수와 발생한 사실의 과실이 성립하고 양자는 상상적 경합관계가 된다. 따라서 갑에 대한 살인미수와 을에 대한 과실치사의 상상적 경합이 된다. 그러나 법정적 부합설과 추상적 부합설에 의하면 동일한 구성요건 내의 착오인 경우에는 인식

사실과 발생사실이 법정적 또는 추상적으로 부합하므로 을에 대한 살인기수가 성립하게 된다.

(3) 인과관계의 착오

인과관계의 착오란 행위자가 의도한 인과경로와는 다른 인과경로를 거쳐 결과가 발생한 경우를 말한다. 예컨대 살해의 고의로 목을 졸라 실신한 상대방을 사망한 것으로 오인하고 시체를 없애기 위해 피해자를 바다 속으로 던져버림으로써 실제로는 바닷물에 익사한 경우가 여기에 해당한다.

인과관계도 객관적 구성요건요소이므로 고의가 성립하기 위해서는 이에 대한 인식이 필요하다. 그러나 행위자에게 범행시에 정확한 인과법칙이나 인과의 진행에 대한 인식을 기대한다는 것은 현실적으로 거의 불가능할 뿐만 아니라 규범적 측면에서도 필요하지 않기 때문에 **문외한으로서의 소박한 가치판단**으로 충분하다고 할 수 있다. 따라서 행위자가 인식한 인과과정과 현실적으로 발생한 인과과정이 본질적으로 차이가 있는 경우에만 인과관계의 착오가 문제된다. 여기서 **본질적인 인과관계의 착오**란 일반적인 생활경험의 범위 내에서 예견되거나 발생할 수 있는 인과경로를 벗어나는 경우이다. 위의 사례에서는 본질적인 인과관계의 착오가 아니므로 살인기수가 성립된다. 인과관계의 착오와 관련해서는 개괄적 고의사례를 어떻게 취급할 것인가와 관련되는 문제이므로 별도로 살펴보기로 한다.

2. 착오의 발생범위에 따른 구분과 효과

착오의 발생범위가 동일한 구성요건 내의 착오인가 상이한 구성요건 사이의 착오인가에 따라 구체적 사실의 착오와 추상적 사실의 착오로 나누어진다.

(1) 구체적 사실의 착오

구체적 사실의 착오란 행위자가 주관적으로 인식한 사실과 객관적으로 발생한 사실의 불일치가 **동일한 구성요건 내에서 발생한 경우**를 말한다. 예컨대 갑인 줄 알고 총을 발사했는데 실은 그와 닮은 을이 맞아 사망한 경우인 객체의 착오나 갑을 향해 총을 발사했는데 총알이 빗나가 그 옆에 있던 을이 맞아 사망한 경우인 방법의 착오의 경우에는 구체적으로 착오가 있기는 하지만 보통살인죄의 '사람을 살해한 자'라는 동일한 구성요건 내에서 발생한 착오이므로 이를 구체적 사실의 착오라 한다.

구체적 사실의 착오의 경우에 구체적 사실이란 **구성요건요소에 관한 법적으로 중**

요한 구체적 사실을 의미한다. 구성요건적 사실 이외에는 고의의 인식대상이 아니므로 법적으로 중요하지 않다. 예컨대 사람을 살해하는 살해의 수단은 살인죄에 있어서는 구성요건요소가 아니므로 수단의 착오는 법적으로 중요하지 않게 된다.

그러나 이와 달리 강간과 추행의 죄에 있어서는 '13세 미만의 여자'인가 여부는 구성요건상 중요하므로, 13세 이상의 여자의 동의를 얻었다고 생각하고 성관계를 가졌지만 실제로 13세 미만인 경우에는 이러한 착오는 법적으로 중요하게 된다.

(2) 추상적 사실의 착오

추상적 사실의 착오란 행위자가 주관적으로 인식한 사실과 객관적으로 발생한 범죄사실의 불일치가 서로 다른 **이질적인 구성요건 사이에서 발생한 경우**를 말한다. 예컨대 마네킹인줄 알고 돌을 던졌지만 실은 사람이 맞아 다친 경우이다. 이때에는 행위자가 주관적으로는 재물손괴의 고의를 가지고 객관적으로는 상해죄의 구성요건을 실현하였으므로 서로 다른 구성요건 사이에 착오가 발생했으므로 추상적 사실의 착오에 해당한다.

사실의 착오 중에 상이한 구성요건 사이의 착오가 기본적 구성요건과 가중적·감면적 구성요건의 관계에 있는 경우에, 이를 **'형의 가중·감면사유에 관한 착오'**라고 한다. 예컨대 갑이 을을 향해 총을 발사했는데 총알이 빗나가 그 옆에 있던 을의 부친인 병이 맞고 사망한 경우, 즉 보통살인죄의 고의로 존속살해죄의 구성요건을 실현한 경우가 되어 여기에 해당한다.

그런데 이러한 **기본적 구성요건과 가중적·감경적 구성요건 사이의 착오**와 구성요건은 다르지만 **죄질을 같이하는 구성요건 사이의 착오**[67]가 구체적 사실의 착오인지 추상적 사실의 착오인지에 관하여는 학설의 다툼이 있다.

법정적 부합설(죄질부합설)의 입장에서는 이 경우를 **구체적 사실의 착오**로 이해하고, 구체적 부합설의 입장에서는 **추상적 사실의 착오**로 이해하는 것이 일반적이지만, 구체적 사실의 착오와 추상적 사실의 착오가 결합된 경우로 보는 견해도 있다.

생각건대 이 경우에는 행위자가 인식한 사실과 실현된 사실이 구성요건을 달리하므로 착오의 형태는 추상적 사실의 착오이지만, 서로 중첩되는 부분에 대하여는 구체적 사실의 착오에 관한 법적 효과를 인정하는 것이 타당하다고 생각된다.

---

67) 점유이탈물횡령죄와 절도죄의 구성요건 사이의 관계를 그 예로 들 수 있다.

3. 착오가 발생한 구성요건의 성격 내지 상호간의 관계에 따른 구분과 효과

추상적 사실의 착오는 착오가 발생한 구성요건의 성격 내지 상호관계에 따라 기본적 구성요건의 착오와 가중적 구성요건의 착오 및 감경적 구성요건의 착오로 나눌 수 있다.

(1) 기본적 구성요건의 착오

행위자가 행위시에 기본적 구성요건에 해당하는 사실에 대한 인식이 없는 경우를 기본적 구성요건의 착오라고 보는 견해에 의하면, 예컨대 야수를 잡는다는 것이 사람을 살해한 경우나 타인의 재물을 자기의 재물로 알고 가져간 경우에는 살인의 고의범이나 절도의 기수범으로 처벌할 수 없고, 또한 진정신분범의 경우에도 신분이라는 행위주체는 객관적 구성요건요소이므로 신분에 대한 착오가 있는 경우, 예컨대 공무원인 자가 공무원 신분이 상실된 것으로 알고 부정한 이익을 수수한 경우에 수뢰죄는 성립하지 않으며, 다만 기본적 구성요건에 대한 착오를 회피할 수 있었고 이에 대하여 과실범으로 처벌하는 규정이 있는 때에는 과실범으로 처벌할 수 있을 뿐이라고 한다.[68]

그러나 사실의 착오는 행위자가 인식한 사실도 구성요건적 사실이고 발생한 사실도 구성요건적 사실로서 양자가 불일치하는 경우의 문제라고 이해하게 되면, 위에서 말하는 기본적 구성요건의 착오문제는 사실의 착오문제가 아니라 과실범의 성립 여부의 문제로 보아 해결하여도 충분하다고 할 수 있다.

(2) 가중적 구성요건의 착오

가중적 구성요건에 있어서 형을 가중하는 사유를 인식하지 못한 경우에는 기본적 구성요건에 의한 처벌만이 가능하다. 이에 대하여 형법은 제15조 제1항에 "특별히 중한 죄가 되는 사실을 인식하지 못한 행위는 중한 죄로 벌하지 아니한다"라고 하여 가중적 구성요건의 착오에 대하여 규정하고 있다. 예컨대 보통살인죄의 고의로 존속살해죄를 범한 경우에는 제15조 제1항에 의하여 보통살인죄로 처벌된다.

(3) 감경적 구성요건의 착오

감경적 구성요건에 있어서 행위자가 감경적 사유가 존재하는 것으로 오인한 때에는 감경적 구성요건에 의하여 처벌된다. 예컨대 촉탁·승낙이 있는 것으로 오인하

68) 이재상/장영민/강동범, 181면.

여 살해한 경우에는 보통살인죄가 아니라 촉탁·승낙살인죄가 성립한다. 부진정신분범에 있어서 신분에 대한 인식이 없는 경우에도 마찬가지이다. 예컨대 직계존속인줄 알고서 분만직후의 영아를 살해하였으나 직계존속이 아닌 경우에는 보통살인죄가 아니라 영아살해죄가 성립한다.

Ⅳ. 사실의 착오의 효과

사실의 착오시에 행위자의 고의가 구성요건적으로 실현된 사실과 어느 정도 일치하여야 고의기수범으로 처벌할 수 있는가라는 문제, 즉 고의와 사실의 부합문제는 고의의 성립범위의 문제이기도 하다. 사실의 착오에 관하여 형법은 제15조 제1항에 "특별히 중한 죄가 되는 사실을 인식하지 못한 행위는 중한 죄로 벌하지 아니한다"라고 규정하고 있을 뿐이다. 따라서 사실의 착오의 일반적 효과에 대하여는 학설과 판례에 맡겨져 있다고 할 수 있다. 이에 관하여 학설은 크게 구체적 부합설, 법정적 부합설, 추상적 부합설로 나누어진다. 아래에서는 각 학설의 내용과 그에 따른 효과에 대하여 살펴보기로 한다.

1. 견해의 대립

객체의 착오와 방법의 착오에 있어서 고의의 기수책임을 인정하는 범위에 대하여 견해가 대립한다.

(1) 구체적 부합설

1) 내　용

구체적 부합(符合)설은 행위자가 인식한 사실과 발생한 사실이 구체적으로 부합하는 경우에만 발생한 사실에 대한 고의기수를 인정하는 입장이다. 인식한 사실과 발생한 사실이 비록 동일한 구성요건 내의 사실이라 하더라도 구체적으로 부합하지 않으면 고의기수범이 성립할 수 없다는 입장이다.[69] 따라서 이 견해에 의하면 객체의 착오시에는 구체적으로 부합하므로 고의기수범이 성립되지만, 방법의 착오시에는 구체적으로 부합하지 않으므로 인식한 사실에 대한 미수범과 발생한 사실에 대한 과실

69) 김성천/김형준, 157면; 김일수/서보학, 229면; 배종대, 270면; 안동준, 85면; 오영근, 272면; 이정원, 134면; 이형국, 149면.

범이 성립하여 양죄는 상상적 경합범이 되고, 추상적 사실의 착오시에는 방법의 착오와 마찬가지로 인식한 사실의 미수범과 발생한 사실에 대한 과실범의 상상적 경합범이 성립된다고 한다.

예컨대 갑을 살해하려다 총알이 빗나가 을을 살해한 경우에는 갑에 대한 살인미수와 을에 대한 과실치사의 상상적 경합이 되고, 갑의 책을 절취하려다가 을의 책을 절취한 경우나 갑의 점포를 부수려다 을의 점포를 손괴한 경우에는 절도죄의 미수 또는 손괴죄의 미수가 된다. 구체적 부합설은 고의의 성립에 구체적 부합을 필요로 하기 때문에 **구체화설**이라고도 한다. 구체적 부합설은 객관주의에 충실한 견해로 독일의 다수설과 판례의 입장이고, 우리나라에서도 현재 유력설이라 할 수 있다.

그 밖에 구체화설의 단점을 시정하고자 이를 수정한 견해로는, ① 생명·신체·자유와 같이 개별적 성격이 강한 법익에 있어서는 방법의 착오가 고의를 조각하지만, 소유권과 같이 재산적 법익에 대하여는 객체의 특성이 고의의 성립에 영향이 없다는 **실질적 동가치설**(힐렌캄프: Hillenkamp)과 ② 행위자의 행위계획이 구체적 객체를 전제로 할 때에는 구체화설이 타당하다는 **행위계획설**(록신: Roxin)이 있다.

2) 비 판

구체적 부합설에 대하여는 다음과 같은 비판이 있다. ① 객체의 착오와 방법의 착오를 구별하는 것이 어려워, 예컨대 간호사가 환자 갑을 살해한다는 것이 오인하여 을을 살해한 경우, 갑을 전화로 협박한다는 것이 번호를 잘못 돌려 을에게 전화를 건 경우, 갑에게 독약을 우송한다는 것이 을에게 배달되어 을이 복용하고 사용한 경우에는 객체의 착오인지 방법의 착오인지가 불명확하고, ② 갑을 살해하고자 했으나 총알이 빗나가 을이 사망한 경우에 살인미수로 처벌하는 것은 법감정에 반하며, ③ 객체의 착오를 제외한 모든 사실의 착오에 대하여 고의의 성립을 부정하므로 고의의 기수범위가 지나치게 협소하여 처벌의 부당한 축소를 가져온다는 비판을 받는다.

(2) 법정적 부합설

법정적 부합설은 종래 학계의 지배적인 견해[70]이고 우리 판례[71]의 입장이기도 하다. 이 학설은 행위자가 주관적으로 인식한 사실과 객관적으로 발생한 사실이 구체

70) 신동운, 188.－189면, 이재상/장영민/강동범, 185면; 임 웅, 161면; 정성근/박광민, 188면; 조준현, 240면.

71) 대판 1987. 10. 26, 87도1745; 대판 1984. 1. 24, 83도2813.

적으로 부합할 필요는 없고 **법정적 사실의 범위 내**에서 부합되면 발생한 사실에 대하여 고의기수 책임을 인정하는 견해이다. 이 견해는 법정적으로 부합하는 사실의 범위를 어떻게 이해하느냐에 따라 구성요건적 부합설과 죄질부합설로 다시 나누어진다.

1) 구성요건적 부합설

구성요건적 부합설은 법정적 사실의 범위를 동일한 구성요건 내의 범위로 이해하는 견해이다. 즉 인식한 사실과 발생한 사실이 동일한 구성요건에 속하는 **'구체적 사실의 착오'**의 경우에는 객체의 착오나 방법의 착오를 불문하고 발생한 사실에 대하여 고의·기수책임을 인정하고, 상이한 구성요건 사이의 착오인 **'추상적 사실의 착오'**의 경우에는 구성요건적으로 부합되지 않으므로 인식한 사실의 미수와 발생한 사실에 대한 과실의 상상적 경합이 된다는 견해이다.

다만 구성요건적 부합설은 추상적 사실의 착오라 하더라도 **형의 가중·감경사유에 관한 착오**의 경우에는 **중복하는 범위 내**에서 고의기수 책임을 인정한다. 예컨대 보통살인의 고의로 존속살해를 한 경우에 구성요건적으로 부합하는 보통살인죄의 기수책임을 지고, 존속살해의 고의로 보통살인의 결과를 발생시켰을 때에는 존속살해의 미수와 보통살인의 기수의 상상적 경합이 된다.[72)]

2) 죄질부합설

죄질부합설은 행위자가 인식한 사실과 발생한 사실의 **죄질(罪質)이 동일한 경우**에는 법정적으로 부합되는 것으로 보는 견해이다.[73)] 이 견해에 따르면 양자 사이에 구성요건적으로 동일한 경우는 물론 상이한 구성요건 사이에도 죄질이 같은 경우, 즉 **보호법익이 공통**되면 고의의 성립을 인정하게 되어 구성요건부합설보다 고의의 성립 범위가 넓게 된다. 따라서 죄질부합설에 의하면 기본적 구성요건과 가중적 구성요건 사이의 착오나 구성요건은 다르지만 죄질이 같은 구성요건 사이의 착오의 경우에 고의의 성립을 인정한다. 예컨대 점유이탈물횡령죄의 고의로 절도죄를 범한 경우에 죄질이 낮은 범위에서 부합되어 점유이탈물횡령죄의 고의기수범이 성립한다. 그러나 구성요건적 부합설에 의하면 점유이탈물횡령죄의 미수와 과실절도의 상상적 경합이 되지만, 결국 양자에 대한 처벌규정이 없으므로 범죄가 성립하지 않게 된다.

---

72) 임 웅, 160면. 이 경우에 보통살인의 기수가 성립한다는 견해(이재상/장영민/강동범, 186면)도 있으나 잘못된 견해라고 생각된다.

73) 이재상/장영민/강동범, 186면; 임 웅, 162면; 정성근/박광민, 188면.

3) 비 판

법정적 부합설은 구체적 부합설의 입장에서 많은 비판을 받고 있다. 즉 ① 고의란 특정한 범죄에 대한 고의를 의미하므로 갑을 향해 총을 발사했는데 을이 맞아 사망한 경우에 을에 대하여 고의를 인정하는 것은 구성요건의 평가적 측면을 강조함으로써 고의의 사실적 기초인 **고의의 특정성**을 무시했다는 점, ② 방법의 착오뿐만 아니라 특히 상이한 구성요건 사이의 착오시에도 고의를 인정하는 것은 고의의 전용이라는 점, ③ 병발사건의 경우에는 문제해결이 곤란하다는 점, ④ 전혀 예상하지 못하는 과정을 통해서 결과가 발생한 경우에도 고의기수책임을 묻게 된다는 점 등이다.

(3) 추상적 부합설

1) 내 용

행위자가 죄를 범할 의사가 있고 그 의사에 의하여 범죄가 발생한 이상 인식과 사실이 추상적으로 일치하는 범위 내에서 고의범의 기수를 인정해야 한다는 견해이다.

이 견해는 구체적 사실의 착오에 있어서는 법정적 부합설과 결론을 같이하지만, 추상적 사실의 착오의 경우에는 달리 평가한다. 즉 추상적 사실의 착오에는 다음의 두 가지의 경우를 생각할 수 있다.

먼저 행위자가 경한 범죄사실을 인식하고 중한 범죄결과를 발생시킨 경우에는 경한 범죄의 고의기수와 중한 결과의 과실의 상상적 경합이 성립한다. 예컨대 재물손괴의 고의로 상해를 입힌 경우에는 재물손괴죄의 기수와 과실치상의 상상적 경합이 된다.

다음으로 행위자가 중한 범죄사실을 인식하고 경한 범죄결과를 발생시킨 경우에는 중한 범죄의 미수와 경한 범죄의 고의기수의 상상적 경합이 된다. 예컨대 상해의 고의로 재물손괴를 발생시킨 경우에는 상해미수와 재물손괴기수의 상상적 경합이 되지만, 중한 고의는 경한 고의를 흡수하므로 상해미수로만 처벌된다. 고의기수범의 성립범위를 넓히고 있다.

2) 비 판

추상적 부합설에 대하여는 다음과 같은 비판이 가능하다. ① 경한 범죄고의를 가지고 중한 범죄사실이 발생한 경우에 발생하지도 않은 경한 범죄의 고의기수를 인정하게 되므로 **법감정**에 반하며, ② 중한 범죄의 고의를 가지고 경한 범죄가 발생한 경우에는 경한 범죄의 기수를 인정하므로 중한 범죄의 고의가 경한 범죄의 **고의로 전용**

(轉用)되는 결과가 되어 죄형법정주의에 반하고, ③ 추상적 부합설은 종래 일본 형법에서 과실범을 지나치게 가볍게 처벌하고 손괴죄의 미수를 처벌하지 않는 등 입법상의 흠결을 보완하기 위해 주장된 이론이지만, 우리 형법에서는 손괴죄의 미수를 처벌하고 있으므로 현재는 실익이 없는 주장이라는 점 등의 비판을 받고서 그 설 자리를 잃게 되었다.

2. 결 어

오늘날 추상적 부합설을 취하는 학자들은 거의 없다고 할 수 있으며, 결국 구체적 부합설과 법정적 부합설 중에서 어느 견해가 더 합당한가에 있다. 말하자면, 구체적 부합설과 법정적 부합설의 구체적인 차이는 구체적 사실의 착오에 있어서 방법의 착오시에 고의기수의 성립여부이므로 이 점을 인정할 것인가에 달려있다고 할 수 있다. 예컨대 갑이 을을 살해하려고 총을 발사했는데 지나가던 행인 병이 맞아 사망한 경우에 구체적 부합설에 의하면 을에 대한 살인미수와 병에 대한 과실치사의 상상적 경합이 되어 결국 갑은 을에 대한 살인미수로 처벌된다. 반면에 법정적 부합설에 의하면 살인죄의 구성요건은 "사람을 살해한 자"로 규정되어 있지 특정한 자를 살해한 자로 규정되어 있지 않기 때문에 사람을 살해할 고의로 사람이 사망하였으므로 법정적(구성요건적·죄질적)으로 부합하기 때문에 고의가 성립되어 고의기수 책임을 인정해야 한다고 하게 된다.

생각건대 고의에는 사실적 측면도 있고 평가적 측면도 있으며 사실적 측면도 형법적 평가의 범위 내에서 의미를 지닌다. 따라서 사람을 살해할 의사로 사람을 살해한 결과가 발생하면 형법이 금지하고 있는 살인죄의 구성요건적 고의를 실현한 것으로 평가할 수 있다. 왜냐하면 살인죄의 구성요건이 특정한 사람을 요구하지 않기 때문이다. 또한 죄형법규는 그 사회의 일반인의 법감정 내지 법의식에 기초하여 제정되었으므로 일반인의 법감정에 부합되고 구성요건의 입법취지에도 부합되는 법정적 부합설이 타당하며, 나아가 법정적 부합설 중에서도 인식사실과 발생사실 사이에 죄질이 동일한 경우에는 그 범위에서 고의기수책임을 묻는 **죄질부합설**이 사실적 측면과 규범적 측면을 절충한 견해라고 생각된다.

3. 사실의 착오한계사례의 구체적 해결

구체적 부합설과 법정적 부합설이 추상적 사실의 착오시에 인식한 사실의 미수(또는 불능미수)와 발생한 결과에 대한 과실의 상상적 경합이 되고, 구체적 사실의 착오에 있어서도 객체의 착오시에 고의기수의 책임이 성립된다고 보는 점에서는 차이가 없다.

그리고 추상적 사실의 착오 중에서 죄질이 같은 구성요건 사이의 착오나 기본적 구성요건과 가중적·감경적 구성요건 사이의 착오의 경우에 있어서도 **경한 범죄사실을 인식하고 중한 범죄사실을 발생시킨 경우**에는 형법 제15조 제1항에 의하여 경한 범죄의 기수로 처벌되므로 다툼의 여지가 없다. 예컨대 단순살인의 고의로 존속살해를 실현한 경우에 객체의 착오인 경우에는 단순살인죄로, 촉탁·승낙살인의 고의로 보통살인이 실현된 경우에는 촉탁·승낙살인의 기수로 처벌하는 점에서는 학설의 대립이 없다.

그러나 이와 달리 ① **중한 사실을 인식하고 경한 사실을 실현한 경우**에는 견해의 대립이 심하다. 예컨대 존속살해의 고의로 보통살인을 실현한 경우에는 객체의 착오나 방법의 착오를 불문하고 **법정적 부합설** 중 죄질부합설의 입장에서는 단순살인기수의 성립을 인정하게 되고,[74] **구성요건적 부합설**에 의하면 존속살해(불능)미수와 단순살인기수의 상상적 경합 또는 존속살해(불능)미수와 과실치사의 상상적 경합이 된다고 하게 된다. 그러나 **구체적 부합설**에 의하면 객체의 착오인 경우에는 존속살해불능미수와 단순살인기수의 상상적 경합[75] 또는 존속살해불능미수와 과실치사의 상상적 경합을 인정하지만, 방법의 착오인 경우에는 존속살해미수와 과실치사의 상상적 경합을 인정하게 된다.

그리고 **단순살인의 고의로 촉탁·승낙살인이 실현된 경우**에는 법정적 부합설에 의하면 단순살인기수를 인정하는 것이 일반적이지만, 구체적 부합설에 의하면 단순살인미수와 촉탁·승낙살인기수의 상상적 경합을 일반적으로 인정하게 된다.

다음은 ② 구체적 사실의 착오 중에서도 **방법의 착오**의 경우이다. 예컨대 갑이

---

74) 죄질부합설 중에는 존속살해(불능)미수와 단순살인기수의 상상적 경합이 된다는 견해도 있다(임 웅, 160면).

75) 큰 고의에 작은 고의가 포함되어 있고, 작은 고의가 실현되었으므로 보통살인기수가 성립한다는 입장이다.

을을 살해하고자 총을 발사했으나 지나가던 행인 병이 맞아 사망한 경우에 구체적 부합설에 의하면 갑은 **을에 대한 살인미수**와 **병에 대한 과실치사**의 **상상적 경합**이 되나, 법정적 부합설에 의하면 갑은 병에 대하여 살인기수로 처벌된다.

③ 구체적 사실의 착오에 있어서 **객체의 착오시에 공범 또는 간접정범의 고의성립**에 있어서도 차이가 발생한다. 예컨대 갑이 을을 교사하여 병을 살해하도록 하였으나 을이 정을 병으로 오인하여 살해한 경우에 **법정적 부합설**에 의하면 객체의 착오이든 방법의 착오이든 불문하고 고의가 성립하므로 갑은 정에 대한 **살인교사범**으로 처벌되지만, **구체적 부합설**에 의하면 정범 을에게는 **객체의 착오**가 교사범인 갑에게는 **방법의 착오**가 되게 된다. 이 경우에 교사자를 어떻게 처벌할 것인가가 문제된다.

이에 대하여는 ① 교사의 미수(제31조 제2항)와 발생된 결과에 대한 과실범의 상상적 경합이라는 견해,[76] ② 교사의 미수(제31조 제2항)와 과실범에 대한 교사(불가벌)의 상상적 경합이라는 견해, ③ 교사의 미수(정범의 미수)와 과실범의 교사(불가벌)의 상상적 경합이라는 견해, ④ 교사의 미수(정범의 미수)와 발생한 결과에 대한 과실범의 상상적 경합을 인정하는 견해[77]가 있다.

4. 사실의 착오에 있어서 병발사례의 해결

사실의 착오는 한 개의 행위로 한 개의 구성요건적 결과를 발생시킨 경우가 전형적인 경우이다. 그러나 한 개의 행위로 두 개 이상의 구성요건적 결과를 발생시키는 경우도 있는데, 이러한 경우를 사실의 착오의 **'병발사례'**(倂發事例)라고 한다.

병발사례로서 논의 대상이 되는 유형으로는, ① 갑에 대한 저격행위로 갑이 사망하고 그 총알로 인해 행인 을도 사망한 경우, ② 갑에 대한 저격행위로 갑은 사망하고 그 총알로 인해 행인 을이 부상을 입은 경우, ③ 갑에 대한 저격행위로 갑은 부상을 입었고 그 총알로 인해 행인 을이 사망한 경우이다.

구체적 부합설에 의하면 ①의 경우에는 갑에 대한 살인기수, 을에 대한 과실치사의 상상적 경합, ②의 경우에는 갑에 대한 살인기수와 을에 대한 과실상해의 상상적 경합, ③의 경우에는 갑에 대한 **살인미수**와 을에 대한 **과실치사**의 상상적 경합이 되어 명확히 해결된다.

---

76) 박상기, 129면.

77) 김일수/서보학, 226면.

법정적 부합설에 의하면 ①의 경우에는 갑에 대한 살인기수와 을에 대한 과실치사의 상상적 경합, ②의 경우에도 갑에 대한 살인기수와 을에 대한 과실치상의 상상적 경합이 되어 구체적 부합설도 다르지 않다고 보는 견해[78]와 ①과 ②의 경우에는 갑에 대한 살인기수만 성립한다는 견해[79]가 대립한다.

③의 경우를 어떻게 처리할 것인가에 대하여는 더욱 견해가 대립되고 있다. 즉 ㉮ 갑에 대한 살인미수와 을에 대한 살인기수의 상상적 경합이라는 견해, ㉯ 갑에 대한 과실치상과 을에 대한 살인기수의 상상적 경합이라는 견해, ㉰ 갑에 대한 살인미수와 을에 대한 과실치사의 상상적 경합이라는 견해, ㉱ 갑에 대한 살인미수는 을에 대한 살인기수와 법조경합의 흡수관계가 되어 을에 대한 살인기수만 성립한다는 견해[80] 등의 대립이 있다.

㉮설은 한 사람에 대한 살인의 고의가 어떻게 두 개의 고의로 나누어질 수 있는가라는 비판을 면할 수 없고, ㉯설은 살인의 고의가 어떻게 과실로 변하는가를 해명할 수 없으며, ㉰설은 구체적 부합설의 입장이지 법정적 부합설의 태도로 볼 수 없고, ㉱설은 방법의 착오의 경우에까지 고의전용을 인정하는 것이며 나아가 죄수판단의 기본원칙을 무시했다는 비판이 가해진다.

생각건대 법정적 부합설에 의하면 병발사례의 경우에는 사실의 착오가 발생한 경우에는 법이 정한 범위 내에서 부합할 때에는 고의성립을 인정하는 견해이므로 위의 ①과 ②의 경우, 갑에 대한 살인기수의 책임을 물으면 족하다. 또한 구체적 사실의 착오에 있어서 방법의 착오의 경우, 예컨대 갑을 조준한 총알이 빗나가 을이 맞고 사망한 경우에 갑에 대한 살인미수를 묻지 않고 을에 대한 살인죄의 성립만 인정하고 있는 것과 같이 ③의 경우에도 마찬가지의 이론구성이 가능하다. 따라서 구체적 사실의 착오의 경우에도 **법정적 부합설**에 따라 해결할 수 있으며 ③의 경우에는 **을에 대한 살인기수**만이 성립한다는 ㉱설이 타당하다고 생각된다.[81]

78) 이재상/장영민/강동범, 186면; 정성근/박광민, 188면.
79) 임 웅, 162면.
80) 이재상/장영민/강동범, 186면; 정성근/박광민, 188면.
81) 임 웅, 162면.

V. 형법 제15조 제1항의 의미

형법 제13조에는 범의라는 표제 하에 "죄의 성립요소인 사실을 인식하지 못한 행위는 벌하지 아니한다. 단, 법률에 특별한 규정이 있는 경우에는 예외로 한다"라고 규정하여 고의가 성립하는 경우에 고의범처벌의 원칙을 밝히고 있고, 제14조에는 과실이라는 표제 하에 "정상의 주의를 태만함으로 인하여 죄의 성립요소인 사실을 인식하지 못한 행위는 법률에 특별한 규정이 있는 경우에 한하여 처벌한다"라고 하여 예외적으로 과실범을 처벌한다는 점을 밝히고 있다.

따라서 객관적 구성요건요소에 대한 인식과 인용 내지 묵인의사가 결여된 경우에는 고의가 조각되므로 고의범은 성립하지 않게 되고, 고의범이 성립하지 않은 경우에는 발생된 결과에 대하여 행위자에게 과실이 있고 과실범 처벌규정이 있는 때에 한하여 과실범으로 처벌되게 된다.

그런데 사실의 착오문제는 행위자가 인식한 사실도 범죄사실이고 발생한 사실도 범죄사실이지만 양자가 일치하지 않는 경우의 문제로서, 고의의 성립범위를 어디까지 인정하고 이에 따라 인식한 범죄사실과 발생한 범죄사실을 형법적으로 어떻게 처리할 것인가가 문제된다. 이에 대하여 형법 제15조는 사실의 착오라는 표제 하에 동조 제1항에 "특별히 중한 죄가 되는 사실을 인식하지 못한 행위는 중한 죄로 벌하지 아니한다"라고만 규정하고 있을 뿐이다. 따라서 사실의 착오의 다양한 형태를 포섭하여 규율하고 있지 않은 이 조항은 사실의 착오의 일부분에 대하여만 적용될 뿐이고, 사실의 착오의 일반적 효과에 대하여는 학설과 판례에 맡겨져 있으므로 이에 따른 학설의 대립이 있음을 이미 살펴보았다. 문제는 형법 제15조 제1항이 적용되는 사실의 착오의 범위를 어떻게 이해해야 하는가라는 점이다. 이에 대하여는 다음과 같은 견해의 대립이 있다.

① '중한 죄가 되는 사실을 인식하지 못한 행위'란 경한 범죄사실을 인식하고 중한 결과가 발생한 경우를 말하고, 또한 '특별히'라는 수식어가 있으므로 이는 인식한 경한 범죄사실과 발생한 중한 범죄사실이 일반과 특별의 관계, 즉 기본적 구성요건과 가중적 구성요건의 관계에 있는 규정이므로, 이 조항은 **'형의 가중사유에 관한 착오'**에 한하여 적용된다는 견해이다.[82] 예컨대 보통살인의 고의로 존속살해의 결과를 발생시

82) 김일수/서보학, 247면.

킨 경우가 이에 해당하여 보통살인죄로 처벌된다는 것이다.

② 인식한 경한 범죄사실과 중한 결과발생사실이 기본적 구성요건과 가중적 구성요건의 관계에 있지 않더라도, 인식한 범죄사실과 발생한 범죄사실의 죄질이 같고 중한 결과가 발생한 경우에는 적용할 수 있다는 견해이다.[83]

따라서 점유이탈물횡령의 고의로 절도의 결과가 발생한 경우에는 제15조 제1항에 의하여 점유이탈물횡령죄만 성립한다고 하게 된다.

③ 인식한 범죄사실에 대하여 발생한 범죄가 중하기만 하면 충분하다고 하여 보다 폭넓게 제15조 제1항을 해석하는 견해이다. 즉 추상적 사실의 착오 중에서 경한 범죄사실을 인식하고서 중한 결과실현이 있는 경우에는 모두 적용된다는 입장이다. 예컨대 손괴의 고의로 상해의 결과가 발생한 경우에도 중한 죄인 상해의 고의·기수범으로는 처벌할 수 없다는 견해이다.[84]

④ 인식한 범죄사실과 발생한 범죄사실의 양자 사이에 추상적 사실의 착오가 있는 경우에는 모두 적용되고, 그 처벌도 인식한 사실의 미수와 발생사실에 대한 과실의 상상적 경합이 된다는 견해이다.[85] 즉 경한 범죄사실을 인식하고 중한 결과가 발생한 경우와 중한 범죄사실을 인식하고 경한 결과가 발생한 경우에도 모두에 적용된다는 견해이다.

생각건대 제15조 제1항의 규정은 인식한 사실과 발생한 사실이 구성요건적으로 불일치한 추상적 사실의 착오 중에서 경한 범죄사실을 인식하고 중한 결과가 발생한 경우에는 모두 적용된다고 보는 ③설의 입장이 타당하다고 생각된다.

VI. 인과관계의 착오

1. 인과관계의 착오의 개념

인과관계도 기술되지 않은 객관적 구성요건요소로서 고의의 인식대상이 된다. **인과관계의 착오**란 행위자가 주관적으로 인식한 구성요건적 사실과 객관적으로 발생한 사실은 일치하지만, 행위자가 예견한 인과과정과 현실적으로 진행된 인과과정이 일치

83) 이재상/장영민/강동범, 181면.

84) 임 웅, 172면; 정성근/박광민, 178－179면.

85) 배종대, 268면.

하지 않는 경우를 말한다. 즉 동일한 객체에 대하여 예상된 구성요건적 결과가 발생하였지만 행위자가 인식한 인과경로와는 다른 인과경로를 통하여 결과가 발생한 경우이므로 이를 **인과과정의 착오**라고도 말한다. 예컨대 살해의 고의로 목을 졸라 실신한 상대방이 죽은 줄로 오인하고 시체를 은폐하기 위하여 피해자를 산속에 묻어버렸는데 실제로는 질식사한 경우 등이 있다.

그러나 행위자가 행위시에 예견한 인과과정과 현실적으로 발생한 인과과정이 완전히 일치한다는 것은 현실적으로 거의 불가능하다고 할 것이다. 따라서 인과과정의 착오가 있는 경우에 이를 형법적으로 어떻게 처리할 것인가의 문제가 인과관계의 착오문제이다. 이때는 행위시 행위자의 인과관계에 대한 인식정도를 어느 범위까지 규범적으로 필요하다고 볼 것인가가 문제인데, 이에 대하여는 합법칙적 조건설에 따라 '일상적인 생활경험법칙에 비추어 예견가능한 범위 내' 또는 '대체적으로 인과관계의 본질적인 부분에 대한 인식'이 있으면 충분하다고 해야 할 것이다.

2. 인과관계의 착오의 유형

인과관계의 착오는 다양하게 발생할 수 있으나 대체로 다음과 같이 유형화해볼 수 있다. ① **1개의 행위이지만 결과발생의 인과과정이 다른 경우**이다(제1유형). 예컨대 익사시킬 고의로 다리 밑으로 밀었는데 익사하지 않고 교각에 부딪혀 두개골파열로 사망한 경우, 살해의 고의로 칼을 찔렀는데 칼에 묻은 세균 때문에 사망한 경우, 살해의 고의로 총을 겨누는 것을 보고 놀라 심장마비로 사망한 경우 등이 이에 해당한다.

② **제2의 행위가 아니라 제1의 행위로 인하여 결과가 발생한 경우**이다(제2유형). 예컨대 폭행을 가한 후 피해자를 총으로 살해할 생각으로 먼저 폭행을 가했는데 피해자가 넘어져서 뇌진탕으로 사망한 경우가 이에 해당한다. 개괄적 고의사례가 제2행위로 인해 결과가 발생하는 것과는 반대로 제1행위로 인해 결과가 발생하는 경우이므로 이를 **'반전된 개괄적 고의사례'**라고도 한다.

③ **제1의 행위가 아니라 제2의 행위로 결과가 발생한 경우**이다(제3유형). 이른바 **개괄적 고의사례**라고 불리는 유형이다. 예컨대 살해의 고의로 머리를 돌로 쳐 쓰러지자 죽은 줄 알고 범죄를 은닉하기 위하여 땅속에 파묻은 결과 질식사로 사망한 경우가 이에 해당한다.

3. 인과관계의 착오의 효과

(1) 제1유형의 착오의 효과

제1유형의 인과관계의 착오의 경우에는 1개의 행위로 인하여 발생된 결과이므로 행위와 결과 사이의 **인과관계**에 관한 학설을 직접 적용하여 해결할 수 있다.[86] 즉 제1유형의 인과관계의 착오가 있더라도 인과과정에 대한 인식과 현실의 차이가 합법칙적 조건설이나 상당인과관계설에 따라 발생된 결과와 행위 사이에 사회생활상의 일반적인 경험법칙에 비추어 예견할 수 있는 범위 내에 속하는 때에는 인과관계의 착오는 무시되고 고의기수의 책임을 지게 되지만, **본질적인 인과진행에 차이**가 있는 때에는 고의기수책임을 부정하게 된다.

이에 대하여 행위와 결과 사이에 인과관계와 객관적 귀속이 인정되고 발생된 결과에 대한 구성요건적 고의가 인정된다고 평가되면 인과관계의 착오문제는 형법적으로 무의미하므로, **인과관계와 객관적 귀속의 판단문제**로 해결하면 족하다는 견해도 있다.[87] 그러나 인과관계의 착오문제는 결과의 객관적 귀속이 인정된 이후에 검토되는 문제이므로 객관적 귀속이 부정되는 경우에는 객관적 구성요건 자체가 충족되지 못하므로 인과관계의 착오가 문제되지 않기 때문에 객관적 귀속문제로 해결하면 충분하다는 견해는 논리적으로 본말이 전도되었다는 비판을 받는다.

(2) 제2유형의 인과관계의 착오

제2유형의 인과관계의 착오의 경우에는 제1행위시에 살인의 고의가 있었고, 또한 그 행위로 인해 사망이라는 결과가 발생했으므로 인과관계의 착오만이 문제된다. 이 경우도 제1유형의 착오의 효과와 마찬가지로 일반적인 생활경험법칙에 비추어 예견가능한 범위 내에서 발생한 **비본질적인 인과관계의 착오**로서 고의기수책임을 지게 된다. 이 경우에도 인과관계의 착오는 형법적으로 무의미하므로 **인과관계와 객관적 귀속이론**에 의하여 해결하면 된다는 견해도 있다. 결국 어느 견해에 의하더라도 제1유형과 제2유형의 인과관계의 착오시에는 일상생활경험법칙을 벗어나지 않는 착오일 때는 고의기수의 책임을 지게 된다는 점에서는 마찬가지라고 할 수 있다.

86) 임 웅, 166면.
87) 김일수/서보학, 232면.

(3) 제3유형의 착오의 효과

인과관계의 착오가 실제로 문제될 수 있는 경우는 제3유형의 인과관계의 착오, 이른바 **개괄적 고의사례**에서이다. 이 경우에 제2의 행위로 발생된 결과에 대하여 제1행위에 의한 고의기수범으로 인정할 수 있는가, 아니면 제1행위와 제2행위를 별개의 독자적인 행위로 평가하여 제1행위에 대한 미수와 제2행위에 대한 과실의 실체적 경합을 인정할 것인가가 문제된다. 이에 대하여는 개괄적 고의설, 계획실현설, 인과관계의 착오의 특수한 유형설, 객관적 귀속이론, 미수와 과실의 경합설의 대립이 있다. 아래에서는 학설과 판례의 입장을 살펴보기로 한다.

1) 개괄적 고의설

개괄적 고의설이란 두 개의 부분적 행위가 포괄하여 하나의 행위결과로 실현된 때에는 두 개의 부분행위를 하나의 행위로 보아 그 전부를 지배하는 하나의 개괄적 고의[88]를 인정하여 제1행위의 고의기수를 인정하는 견해이다. 이 견해는 인과관계의 착오문제를 이른바 **'개괄적 고의이론'**에 의해 해결하는 입장으로서 **대법원 판례**의 입장[89]이기도 하다.

예컨대 갑이 을을 살해하려고 돌로 머리를 쳐서 을이 쓰러지자 사망한 것으로 오인하여 사체를 감추기 위해 매장하여 그로 인하여 질식사한 경우에는 돌로 머리를 친 행위(제1행위)와 매장행위(제2행위)를 포괄하는 살인의 개괄적 고의를 인정하여 갑에게 살인기수의 책임을 묻게 된다.

이 견해에 대하여는 고의란 구성요건적 고의를 의미함에도 불구하고 살인과 사체유기의 고의를 포괄하는 하나의 개괄적 고의를 인정하는 것은 고의의 법치국가적 한계를 벗어나며, 또한 사전적 고의를 인정하는 결과가 되어 고의범죄의 성립범위를

---

88) 개괄적 고의개념은 베버(Weber)가 특수한 고의개념으로 사용한 이래로, 오늘날에는 일반적으로 인과관계의 착오의 제3유형과 관련하여 사용하고 있다.

89) 대판 1988. 6. 28, 88도650(자기 부인을 희롱한 피해자를 순간적으로 살해하기로 마음먹고 피해자의 머리를 돌멩이로 내리쳐 정신을 잃고 쓰러지자 피해자가 죽은 것으로 오인하고, 죄적을 인멸할 목적으로 피해자를 개울가로 끌고 가 웅덩이를 파고 매장하였으나 사망원인은 질식사로 밝혀진 경우이다. 대법원은 살해의도의 구타행위로 피해자가 직접 사망한 것이 아니라 매장행위로 질식사한 것이라 하더라도 전과정을 개괄적으로 보면 피해자의 살해라는 애초의 예견사실이 결국 실현되었기 때문에 살인죄의 죄책을 면할 수 없다고 판시하고 있다). 이 판례의 입장에 대한 평가로는, ① 개괄적 고의설의 입장이라는 견해, ② 계획실현설의 입장이라는 견해, ③ 인과관계의 착오 중 중요하지 않은, 즉 비본질적인 착오로 이해하는 견해의 대립이 있다.

지나치게 확대하기 때문에 형법의 보장적 기능을 훼손하는 결과를 초래한다는 비판이 있다.[90)]

한편 제1행위와 제2행위도 결합범이나 계속범과 같이 여러 개의 행위가 있어도 **사회적·형법적 행위표준설**에 따르면 1개의 행위로 평가할 수 있으므로 1개의 살인죄의 기수범이 성립한다는 견해[91)]도 있다. 이에 대하여는 고의와 구성요건을 달리하는 수개의 행위까지 규범적 관점에서 1개의 행위로 볼 수는 없다는 비판이 가해진다.[92)]

2) 인과관계의 착오의 특수한 유형이라는 견해

개괄적 고의사례를 제1유형과 제2유형의 인과관계의 착오와 같이 인과관계의 특수한 유형으로서 이를 **인과관계의 착오이론**에 의해 해결하고자 하는 견해이다. 즉 인과관계는 고의의 인식대상이지만 행위자가 인식한 인과과정과 발생한 인과과정이 일반적인 생활경험법칙의 범위 내에 있고 다른 행위로 평가할 수 없다면 그 인과과정의 차이는 비본질적인 것이므로 제1행위의 고의는 조각되지 않고 **제1행위의 고의기수범**이 성립한다는 견해로서 **우리나라의 다수설**[93)] **및 독일의 판례와 다수설**의 태도이다.

이 견해에 대하여는 인과관계의 착오가 본질적인 경우에 고의가 조각된다고 하면 행위자는 결국 과실범으로 처벌되거나 무죄가 되어야 하는데, 미수가 성립된다고 하는 것은 의문스럽다는 비판이 있다. 만일 미수가 된다고 한다면 인과관계와 객관적 귀속이 부정되기 때문이지 고의가 조각되는 것은 아니기 때문이다.

3) 미수와 과실의 경합설(미수범설)

개괄적 고의 사례는 인과과정의 착오와는 달리 제1행위와 제2행위는 각기 별개의 독립된 행위라는 점을 강조하여 독자적으로 제1행위와 제2행위를 평가하는 견해이다. 즉 제1행위의 경우에는 살인고의는 있었으나 그로 인해 결과가 실현되지는 않았으므로 **살인미수**이고, 제2행위는 직접적으로 결과를 발생시켰지만 살인고의가 없으므로 **과실치사죄**가 성립되며, 양자는 독립된 행위이므로 **실체적 경합범**이 된다고 한다.

그러나 이 견해는 ① 제1의 고의행위와 연속적으로 연결된 제2의 과실행위를 제1행위와는 별개의 독립적 행위라는 점을 강조하여 객관적으로 행위자에게 귀속시킬

90) 이재상/장영민/강동범, 189－190면.

91) 임 웅, 169면.

92) 이재상/장영민/강동범, 190면.

93) 박상기, 140면; 배종대, 282면; 손해목, 324면; 신동운, 220면; 안동준, 84면; 이재상/장영민/강동범, 190면; 이형국, 152면; 정성근/박광민, 192면.

수 있는 결과까지 미수로 보는 것은 타당하지 않고, ② 고의는 범행의 전 과정에 존재할 것을 요하지 않고 실행행위시부터 인과관계가 진행되는 시점까지 존재하면 충분하므로 결과를 행위에 귀속시킬 수 있다는 비판을 받고 있다.

4) 객관적 귀속이론

인과관계의 착오를 객관적 귀속의 문제로 보는 입장에서는 개괄적 고의의 문제도 객관적 귀속이론으로 해결해야 한다는 입장이다. 인과관계는 고의의 인식대상이지만 인과과정은 행위자의 주관에 의하여 결정되는 것이 아니라 현실적으로 야기된 결과가 행위자에게 객관적으로 귀속될 수 있는가라는 객관적 귀속이론에 의하여 해결해야 할 문제라는 것이다. **인과관계의 착오가 본질적인 경우**에는 대부분의 경우에 객관적 귀속이 부정된다는 점에 비추어 실용적으로는 매우 타당한 이론이다.

그러나 인과관계의 착오는 객관적 귀속이 긍정된 때에 비로소 문제되므로 인과관계의 착오와 객관적 귀속은 구별되어야 한다는 점과 객관적 귀속이론 자체에 대한 비판으로서 객관적 귀속기준이 모호하다는 비판이 있다.

5) 계획실현설

제1행위시에 행위자에게 **의도적 고의가 있는 경우**에는 제2행위에 의하여 결과가 발생했다 하더라도 그 결과는 행위자의 범죄계획을 실현한 것으로 평가할 수 있으므로 고의기수가 되지만, 제1행위시에 **지정고의 또는 미필적 고의가 있는 경우**에는 제2행위로 결과가 발생했다고 하더라도 그것은 행위자의 범죄계획을 실현한 것으로 평가할 수 없고 제2행위의 과실로 발생한 것에 불과하여 미수가 된다는 견해로서 록신(Roxin)이 주장하였다.

그러나 이 견해는 고의의 귀속여부를 고의의 종류에 따라 달리 평가하는 것은 행위결과의 주관적 귀속과의 연관성이 미흡하고, 또한 고의의 종류에 따라 범죄계획실현 유무를 판단하는 것이 타당한가도 의문이라는 비판을 면할 수 없다.

(4) 결 어

개괄적 고의사례는 제1행위와 제2행위는 고의와 구성요건을 달리하므로 형법상 하나의 행위가 아니라 독립된 행위로 보지 않을 수 없다. 따라서 사회적·형법적 행위설에 의하여 이를 1개의 행위로 보는 견해도 타당하다고 할 수 없다. 제1행위와 제2행위는 독자성을 지니고 있지만 양자는 전혀 연관성이 없는 별개의 독자적인 행위가 아니라 제1행위의 고의가 연속된 다른 고의를 가진 제2행위로 인해 실현된 경우이므로, 제1행위에 대한 죄책과 제2행위에 대한 죄책을 나누어서 검토하는 것이 바람직하다고 할 것이다.

먼저 제1행위에 대한 죄책으로는 제2행위로 인한 사망의 결과를 갑에게 귀속시킬 수 있는가에 달려있다. 갑의 행위와 을의 사망 사이에는 갑의 사체은닉의 고의가 개입하여 사망의 결과가 발생했으므로 비전형적인 인과관계의 한 유형으로 볼 수 있다. 비전형적인 인과관계의 경우에도 인과과정의 진행이 일상적인 생활경험에 의하여 객관적으로 예견할 수 있는 범위 내에서 이루어진 경우에는 위험실현이 인정되어 그 결과는 객관적으로 귀속되어진다. 따라서 갑의 행위와 을의 사망 사이에는 합법칙적인 조건관계가 인정되고 제1행위로 인한 위험창출과 행위자의 제2행위를 매개로 하여 창출된 위험이 실현되었다고 평가할 수 있으므로 그 결과는 객관적으로 귀속된다. 따라서 갑은 을의 사망에 대하여 **살인기수**의 책임을 지게 된다.

다음으로 제2행위에 대한 죄책과 관련해서는 갑은 사체은닉행위의 고의를 가지고 살인죄를 실현한 경우이므로 갑의 착오는 추상적 사실의 착오에 해당한다. 따라서 법정적 부합설이나 구체적 부합설에 의하면 객체의 착오로서 인식한 사실에 대하여 위험성이 있으면 불능미수와 발생된 결과의 과실이 성립하고 양자는 상상적 경합이 된다. 그리고 불능미수의 위험성판단과 관련해서는 행위자의 인식사정만을 기초로 위험성을 판단하는 **추상적 위험설**에 의하면 사체은닉의 **불능미수**와 **과실치사죄의 상상적 경합**이 된다. 그러나 행위자의 인식과 일반인의 인식을 종합적으로 고려하면서 일반인의 인식사정을 우선시하는 **구체적 위험설**에 의하면 일반인의 입장에서는 폭행으로 인해 쓰러진 자도 생존해 있는 자로 볼 가능성이 높기 때문에 사체은닉행위에 대하여는 처벌되지 않는 불능범이 되어 **과실치사죄**만 성립하게 된다.

그러면 제1행위에 대한 살인기수와 제2행위에 대한 과실치사의 죄는 어떤 관계에 있는가를 검토해야 한다. 우선 두 개의 범죄행위는 시간적·장소적으로 접속된 상황 하에서 생명이라는 하나의 법익을 침해하고 있기 때문에 **접속범**으로서 포괄일죄에 해당한다고 할 수 있다. 이와 달리 제2행위에 대하여 사체은닉의 불능미수를 인정하는 견해에 따르게 되면 **살인기수**와 **사체은닉죄의 불능미수**의 **상상적 경합**이 된다고 보아야 한다.

〈개괄적 과실문제〉

개괄적 고의와 달리 이른바 **개괄적 과실**도 문제된다. '개괄적 과실'이란 결과적 가중범에 있어서 기본범죄와 중한 결과 사이에 행위자의 별개의 과실행위가 개입하여 중한 결과가 발생한 경우에 제1행위시에 중한 결과에 대한 예견가능성에 따른 과실과 제2행위시의 과실을 개괄적으로 하나의 과실로 보아 단일한 결과적 가중범의 일죄를 인정할 것인가의 문제이다.

대법원이 '甲남과 乙녀가 함께 호텔에 투숙한 후 서로 말다툼을 하던 중, 갑은 을의 멱살을 잡아 을의 머리를 벽에 수회 부딪히게 하고 바닥에 넘어진 을의 가슴 부위를 수회 밟아서 을에게 늑골골절상 등의 상해를 가하였다. 갑은 을이 바닥에 쓰러진 채 정신을 잃고 빈사상태에 빠지자 을이 사망한 것으로 오인하고 자신의 행위를 은폐하고자 을이 자살한 것처럼 가장하기 위하여 을을 베란다 아래의 바닥으로 떨어뜨렸는데, 을은 떨어진 충격으로 인한 뇌손상 및 뇌출혈 등으로 사망에 이르게 된 사안에서 피고인의 행위는 포괄하여 단일의 상해치사죄에 해당한다'고 판시한 것은, 피고인의 행위를 포괄하여 단일의 상해치사죄로 보는 것은 제1행위시의 과실과 제2행위시의 과실을 전체적으로 하나의 과정으로 보아, 이른바 **개괄적 과실**을 인정하고 있는 것으로 보인다.

이에 대하여 학설은 두 행위를 죄수론상 연결된 일련의 행위로 보아 결과적 가중범의 문제로 보는 것이 일반적이다. 즉 ① 죄적은폐를 위해 자살로 위장하는 제2행위는 일반적인 생활경험의 범위 내에서의 죄적인멸을 위한 전형적인 행위로 평가될 수 있으므로 제2행위로 인한 사망의 결과는 제1행위로 인한 직접적인 결과로서 **결과적 가중범의 객관적 귀속척도인 직접성의 원칙이 인정**되어 **상해치사죄**가 성립한다고 보는 견해, ② 제1행위로 중한 결과가 발생한 것으로 오인한 행위자의 인식과 실제로는 제2행위로 인하여 발생한 중한 결과 사이의 행위자의 착오는 결과적 가중범에 있어서 **인과과정의 착오문제**로서 행위자가 제1행위시에 중한 결과에 대한 예견가능성이 있다면 이러한 인과과정의 차이는 비본질적인 것으로서 결과적 가중범의 성립에는 영향이 없으므로 **상해치사죄**가 성립한다는 견해, ③ 피해자의 사망이라는 중한 결과가 제1행위로 발생한 것이 아니라 제2행위로 인하여 발생된 경우라면, 설령 그 결과발생이 제1행위시에 예견가능한 경우라 하더라도 결과적 가중범에 있어서 객관적 귀속기준으로 요구되는 **직접성이 결여**되어 기본범죄에의 결과귀속을 인정할 수 없으므로 위의 사례에서는 제1행위에 대한 **상해죄**와 제2행위에 대한 **과실치사**의 **실체적 경합**이 성립된다는 견해가 그것이다. 다수설은 결과적 가중범의 인과관계의 착오문제로 보고 있다.

제 3 장　특수한 범죄형태

제 1 절　과 실 범

Ⅰ. 서　　론

1. 과실범의 의의와 과실의 종류

(1) 의　　의

과실범이란 행위자가 사회생활상 요구되는 주의의무에 위반함으로써 의사에 반하여 구성요건을 실현하는 경우에 성립하는 범죄이다. 과실범은 범죄사실에 대한 인식이 없거나 범죄실현에 대한 용인 또는 감수의사가 결여되었다는 점에서 고의범과 구별된다. 또한 구성요건적 결과가 행위자의 **주의의무위반**에 의하여 발생했다는 점에서 불가항력적이거나 우연적인 결과발생과는 구별되어지며, 이러한 주의의무위반(부주의)에 과실범의 본질이 있다. 따라서 과실범의 불법은 행위자가 구성요건적 결과발생을 예견하고 그에 따라 결과발생을 회피할 수 있었음에도 불구하고 사회생활상 요구되는 주의의무를 다하지 못한 결과 구성요건적 결과발생을 예견 또는 회피하지 못했다는 점에 있다. 또한 과실범은 행위자의 부주의에 의한 법규범의 명령에 위반한 범죄이므로 불법과 책임이 고의범보다 현저히 낮다. 따라서 형법은 **고의범처벌이 원칙**이고, 과실범은 특별히 법률에 과실범을 처벌하는 규정이 있는 경우에 한해서만 예외적으로 처벌되며, 법정형도 고의범에 비하여 현저히 낮게 규정되어 있다.

형법은 제14조에 과실범이라는 표제 하에 “정상의 주의를 태만히 하여 죄의 성립요소인 사실을 인식하지 못한 행위는 법률에 특별한 규정이 있는 경우에 한하여 처벌한다”라고 규정하고, 형법 제13조에는 “죄의 성립요소인 사실을 인식하지 못한 행위는 벌하지 아니한다. 단, 법률에 특별한 규정이 있는 경우에는 예외로 한다”라고 규

정하여 고의범처벌 원칙과 과실범처벌 예외원칙을 명문화하고 있다.[1)]

즉, 고의범처벌이 원칙이고 과실범은 예외적으로 처벌된다고 하여 과실범은 고의범의 의붓자식이나 감경된 형태가 아니며, 고의범과는 그 성질을 달리하는 **독립된 범죄행태임**을 보여주고 있다.

형법상 과실범을 처벌하고 있는 범죄유형으로는, ① 실화죄(제170조), 업무상실화·중실화죄(제171조), ② 과실폭발성물건파열등의 죄(제173조의2), 과실가스·전기등의 방류죄(제173조의2), 과실가스·전기등의 공급방해죄(제173의2), ③ 과실일수죄(제181조), ④ 과실·업무상과실·중과실교통방해등의 죄(제189조), ⑤ 과실치사상죄(제266, 267조), 업무상과실·중과실치사상죄(제268조), ⑥ 업무상과실·중과실장물죄(제364조)의 6 **가지 유형**이 있다.

(2) 과실의 종류

1) 인식 있는 과실과 인식 없는 과실

구성요건실현가능성에 대한 인식의 유무에 따른 구별이다. 행위자가 구성요건적 결과발생가능성을 인식 또는 예견하였으나 주의의무에 위반하여 구성요건적 결과실현을 회피하지 않은 경우를 **'인식 있는 과실'**이라 한다. 예컨대 건설공사장의 지하굴착공사작업을 하면서 붕괴의 우려가 있으나 별탈이 없을 것으로 생각하고 발파작업 도중 옆 건물이 붕괴된 경우가 이에 해당한다. 행위자가 주의의무위반으로 인하여 구성요건적 결과발생을 인식 또는 예견조차 하지 못한 경우를 **'인식 없는 과실'**이라 한다. 예컨대 자동차 운전 중 전화통화를 하다가 교통사고를 낸 경우가 이에 해당한다. 그런데 형법은 양자에 대하여 불법이나 책임의 내용에 있어서 차이를 두지 않고 동일하게 처벌하고 있으므로 구별의 실익은 없지만, 양형에서는 고려될 수 있다.[2)] 또한 인식 있는 과실의 경우에는 미필적 고의와의 구별이 문제된다.

2) 보통의 과실과 중대한 과실

중대한 과실, 즉 **중과실**이란 **현저하게 주의의무를 결여한 경우**로서 그에 대한 판단

---

1) 대판 2010. 2. 11, 2009도9807(행정상의 단속을 주안으로 하는 법규라 하더라도 '명문규정이 있거나 해석상 과실범도 벌할 뜻이 명확한 경우'를 제외하고는 형법의 원칙에 따라 '고의'가 있어야 벌할 수 있다).

2) 인식 있는 과실과 인식없는 과실의 불법과 책임내용에 대하여 이를 같은 것으로 보는 견해(김일수/서보학, 443면; 이재상/장영민/강동범, 192면)와 양자를 동일하게 평가하는 것에 대하여 입법론적으로 의문을 제기하는 견해(배종대, 693면)가 있다.

은 사회통념에 따라서 법관이 판단한다. 조금만 주의를 기울이더라도 결과발생가능성을 예견하고 그 결과발생을 회피할 수 있는 데도 불구하고 현저하게 사회생활상 요구되는 주의의무를 태만히 한 경우이다. 예컨대 주유소에서 담배를 피우다 화재를 낸 경우를 들 수 있다. 중과실 유무는 구체적인 경우에 **사회통념을 고려하여 결정**하며,[3] 보통과실에 비하여 중대한 과실이 있는 경우에는 무겁게 처벌하는 경우가 많다.

우리 형법은 중과실과 업무상 과실을 병행하여 규정하고 있다. 예컨대 업무상과실·중과실치사상죄(제268조), 업무상실화·중실화죄(제171조)의 경우이다. 보통과실에 대하여는 처벌규정이 없지만 중과실·업무상과실의 경우에만 처벌되는 범죄로는 업무상과실·중과실장물취득죄(제364조)가 해당한다.

3) 일반과실과 업무상 과실

업무상 과실은 업무상 필요한 주의의무를 위반한 경우이다. 여기에서 **업무**란 '일정한 사회생활상의 지위에서 계속적으로 종사하는 사무'를 말한다. 일반과실에 비하여 업무상 과실이 있는 경우에는 형을 가중하는 것이 일반적이다. 형법상 업무상 과실을 처벌하는 규정으로는 업무상과실치사상죄(제268조), 업무상실화죄(제171조), 업무상과실폭발성물건파열죄(제173조의2 제2항), 업무상과실교통방해죄(제189조 제2항), 업무상과실장물취득죄(제364조)가 해당한다. 업무자가 중대한 과실로 구성요건을 실현한 경우에는 일죄로서 처벌되는데, 이때에 업무상 과실과 중대한 과실을 포괄일죄로 보는 견해와 업무상 과실에 중과실이나 보통과실이 포함되는 법조경합관계라는 견해[4] 및 양자를 택일관계로 보는 견해[5]가 있다.

일반과실에 비하여 업무상 과실에 대하여 무거운 형을 과하는 근거에 대하여도 견해의 대립이 있다. 즉 ① 주의의무는 일반인에게 요구되는 것과 동일하지만 **예견가능성**이 높기 때문에 **책임이 가중**된다는 견해,[6] ② 주의의무는 일반인에게 요구되는 주의의무와 동일하지만 **예견의무**가 다르기 때문에 **책임이 가중**된다는 견해,[7] ③ 주의의무는 일반인에게 요구되는 주의의무와 동일하지만 업무자는 **높은 주의능력**을 가졌

3) 대판 1980. 10. 14, 79도305.
4) 김일수/서보학, 473면.
5) 임 웅, 487면.
6) 박상기, 277면; 정성근/박광민, 422면.
7) 이재상/장영민/강동범, 192면.

기 때문에 위법성이 가중되어 무겁게 처벌한다는 견해,[8] ④ 업무자에게는 일반인에 비하여 특히 무거운 주의의무가 가하여지기 때문에 불법이 가중되어 무겁게 처벌한다는 견해,[9] ⑤ 불법과 책임이 동시에 가중되어 무겁게 처벌한다는 견해[10]등이 있다.

생각건대 업무자는 전문적인 업무에 종사하는 자이므로 일반인에 비하여 높은 주의의무가 규범적으로 요구되고 결과발생에 대한 예견가능성도 높다고 할 수 있다. 따라서 업무상과실을 무겁게 처벌하는 것은 업무자의 업무상의 주의의무위반이라는 불법과 결과에 대한 예견가능성에 따른 책임이 가중되어 무겁게 처벌한다는 견해가 타당하다. 독일 형법은 우리 형법과는 달리 일반과실과 업무상 과실을 구별하고 있지 않다.

2. 과실범의 구조

(1) 책임요소론

인과적 행위론에 기초하여 모든 주관적·정신적 요소를 책임에 귀속시키는 고전적 범죄체계에 의하면 과실은 고의와 더불어 책임의 심리적·주관적 요소로서 서로 다른 책임형식이 되며, 과실범에 있어서 주의의무위반도 책임의 규범적 요소로서 책임의 단계에서 고의가 부정될 때에 비로소 과실을 논의하게 된다.

이러한 입장에 대하여 ① 고의·과실을 책임단계에 와서야 검토하게 되기 때문에 구성요건해당성과 위법성 단계에서는 고의범과 과실범의 구별이 불가능하며, 그 결과 고의범의 구성요건과 과실범의 구성요건을 별도로 규정하고 있는 형법과 조화될 수 없으며, ② 결과가 발생하였다는 것만으로 그 행위를 과실범의 구성요건에 해당하고 위법하다고 하는 것은 구성요건의 보장적 기능을 해치며 위법성의 본질에도 반하고, ③ 인과적 행위론은 결과발생만으로 과실범의 구성요건에 해당하고 위법성조각사유가 없으면 위법하다고 하면서, 위법성조각사유로 정당방위, 피해자의 승낙 및 허용된 위험의 법리를 들고 있지만 허용된 위험의 법리는 주의의무의 기준에 불과하므로 이를 책임요소로 보는 것은 체계상의 혼란을 야기한다는 점 등을 지적하지 않을 수 없다.

(2) 위법요소론

종래의 책임요소설을 비판하면서 등장한 이론으로서 과실범에 있어서 주의의무

---

8) 배종대, 694면; 이정원, 401면.

9) 임 웅, 486면.

10) 김일수/서보학, 443면.

위반, 즉 과실은 책임요소가 아니라 위법성의 요소라는 견해이다. 과실행위의 본질적인 불법요소는 결과발생이라는 결과반가치에 있는 것이 아니라 행위자의 과실, 즉 주의의무위반이라는 규범적 요소인 행위반가치에 있고, 이것은 책임요소가 아니라 과실범에 있어서 주관적 위법성요소가 된다는 것이다. 주의의무위반이 위법성요소라는 견해는 허용된 위험이론에 의하여 착안된 이론이다. 허용된 위험이론이란 사회생활상 필수적인 행위는 결과발생의 위험이 있더라도 일정한 안전조치를 강구하는 이상, 즉 객관적 주의의무를 다하는 이상 허용되며, 이러한 허용된 위험행위는 책임이 조각되는 것이 아니라 위법성이 조각되는 적법한 행위라는 이론이다.

그러나 이 견해도 과실범에 있어서 주의의무를 과실범의 본질적인 불법요소로 이해한다면 그것은 위법성의 요소이기 이전에 이미 구성요건요소에 해당한다고 보아야 한다. 왜냐하면 구성요건이란 불법행위유형인데 과실을 위법성의 요소로만 이해하게 되면 과실 없는 행위도 구성요건에 해당한다고 해야 하기 때문이다.[11)]

(3) 구성요건요소설

과실, 즉 주의의무위반을 과실범의 구성요건요소로 파악하게 된 것은 **목적적 행위론**의 공헌이다. **과실행위의 본질**은 결과에 있는 것이 아니라 행위수행방법, 즉 사회에서 요구되는 주의의무위반, 즉 과실에 있으며, 이것은 위법성의 요소가 아니라 구성요건요소이고 위법성의 기초가 된다는 것이다. 이 견해는 벨첼을 비롯한 목적적 행위론자들에 의해 주장된 **목적적 범죄체계**로서 과실은 과실범의 구성요건요소인 동시에 위법성의 요소가 된다는 것이다. 이 견해는 사회적 행위론자나 행위론을 부정하는 학자들에 의해서도 지지를 받고 있다. 이 견해에 따르면 고의범과 과실범은 법익 침해 또는 위험의 결과발생이라는 결과반가치에서는 차이가 없지만 행위반가치에 의해서 비로소 구별되어진다는 것이다. 다시 말해서 고의범의 행위반가치는 고의이고 과실범의 행위반가치는 과실, 즉 주의의무위반에 있으며, 고의와 과실은 구성요건요소로서 서로 다른 행위 형식이 된다는 것이다.

그러나 이 견해는 종래에 책임요소로 보아왔던 과실을 구성요건요소로 끌어내림으로써 과실범에 있어서 책임판단의 대상이 상실되어 책임개념의 공동(空洞)화를 초래한다는 비판을 받게 되었다.

---

11) 이재상/장영민/강동범 194면; 이정원, 403면.

(4) 이중지위설(구성요건 및 책임요소설)

목적적 행위론자들에 의하여 과실을 구성요건요소로 파악한 결과 과실범에 있어서 책임에는 위법성 인식 또는 위법성 인식가능성만 남게 되어 책임개념이 공허하게 된 점을 극복하고자 주장된 이론이 이중지위설의 입장이다. **사회적 행위론**에 기초한 **신고전적·목적적 범죄체계**(합일태적 범죄체계)에서 주장된 이론으로서 과실이 구성요건요소가 되었다고 하여 책임요소로서의 지위를 상실하는 것은 아니며, 고의범과 마찬가지로 과실은 구성요건요소인 동시에 책임요소로서의 의미를 가지는 이중적 지위를 가진다는 것이다. 과실의 이중적 지위를 인정하는 견해는 오늘날 지배적인 견해이지만, 구성요건요소 또는 책임요소가 되는 과실의 구체적인 내용이 무엇인가에 대하여는 다시 견해가 나누어진다.

1) 객관적 과실론의 입장

객관적 주의의무위반(객관적 과실)은 구성요건요소로서의 과실이고, **주관적 주의의무위반**(주관적 과실)은 책임요소로서의 과실이라는 견해로서 다수설의 태도이다. 이 견해에 따르면 과실은 두 단계를 거쳐서 심사하게 된다. 먼저 구성요건해당성 판단에서는 행위자가 객관적으로 요구되는 주의를 다하였는가를 검토한다. 객관적으로 요구되는 주의에 위반한 경우(객관적 과실)에만 과실범의 구성요건에 해당할 수 있고, 객관적으로 요구되는 주의를 다한 경우에는 과실범의 구성요건에 해당하지 않게 된다. 다음으로 객관적 주의의무위반이 인정되어 구성요건에 해당할 경우에 비로소 책임판단에서 행위자의 개인적인 능력에 비추어 행위자가 객관적으로 요구되는 주의를 다할 수 있었는가를 검토하게 된다.

2) 주관적 과실론의 입장

객관적 주의의무위반은 과실의 본질적 구성요소가 아니라 고의범과 과실범에 공통되는 **객관적 귀속의 척도**로서 객관적 구성요건요소에 불과하고, 과실의 본질적 요소는 행위자의 능력에 따른 **주관적 주의의무위반**(주관적 과실)**에 있으므로, 이러한 주관적 과실은** 과실범에 있어서 구성요건의 주관적 요소로서의 의미를 가짐과 동시에 책임에서는 과실책임의 구성요소로서의 의미를 가진다는 견해이다. 이 견해에 따르면 과실, 즉 주관적 주의의무위반(주관적 과실)만이 고의와 더불어 상이한 행위형식(주관적 행위반가치의 표현)이면서 상이한 책임형식(비난받을 만한 법적 심정, 즉 심정반가치의 표현)이 된다는 입장이다. 이러한 태도는 고의와 과실을 동일한 범죄체계로 구성하려는 입장에서 출발했다고 할 수 있다.

(5) 결 어

생각건대 주관적 과실론은 '당위는 가능성을 전제로 하므로 구체적인 행위자에게 예견이 가능할 때에 비로소 주의의무를 부과해야 한다'는 명제 및 과실범과 고의범의 구조를 일치시키기 위해서는 구성요건적 과실이 책임과실을 징표할 수 있어야 한다는 것을 이론적 기초로 삼고 있다. 그러나 행위자에게 예견이 불가능한 것은 책임비난을 탈락시킴으로써 해결할 수 있고, 질적으로 다른 고의범과 과실범의 구조를 일치시켜야 할 필연적인 이유도 없다.

또한 구성요건적 과실판단에서 개인의 주관적 능력을 고려하는 것은 불법 판단의 객관성에 반하고 불법과 책임을 혼동한 결과이며, 나아가 법의 교육적 측면을 경시하는 결과를 초래한다. 즉 객관적 과실론은 사회생활상 요구되는 주의의무, 즉 객관적으로 요구되는 주의의무를 다하도록 일반인으로 하여금 규범의식을 각성, 강화하도록 하는 역할을 하는데 비해, 주관적 과실론의 입장에서는 행위자의 능력에 따른 주의의무만을 강조함으로써 이러한 법의 교육적 측면을 몰각하고 있다고 할 수 있다. 따라서 과실의 이중적 지위를 인정하면서 구성요건요소로서의 과실은 객관적 과실이고 책임요소로서의 과실은 주관적 과실을 의미한다는 견해가 타당하다.

Ⅱ. 과실범의 성립요건

과실범의 불법내용은 행위반가치로서의 주의의무위반과 결과반가치로서의 구성요건적 결과발생이다. 구성요건적 결과가 발생한 경우에는 먼저 고의범이 성립하는가를 검토하고 고의범이 성립하지 않는 경우에 과실범의 성립여부를 검토하게 된다. 이것은 과실범이 고의범의 파생된 범죄이기 때문이 아니라 고의범이 성립하면 과실범이 성립할 여지가 없고 또한 고의범처벌이 원칙이고 과실범은 예외적으로 처벌규정이 있는 경우에만 처벌되기 때문이다.

과실범이 성립하기 위해서는 ① 행위자의 주의의무위반(부주의), ② 구성요건적 결과의 발생, ③ 주의의무위반과 결과와의 인과관계 및 객관적 귀속이 필요하다.

1. 객관적 주의의무위반(부주의)

(1) 내 용

과실범에 있어서 주의의무의 내용은 구체적인 행위로부터 발생할 수 있는 보호법익에 침해나 위험을 인식, 예견하고 구성요건적 결과발생의 방지를 위한 조치를 취하는 데 있다. 따라서 행위자에게 요구되는 객관적 주의의무의 내용은 **결과예견의무**와 **결과회피의무**로 이루어져 있다. 그리고 결과예견의무와 결과회피의무는 결과예견가능성과 결과회피가능성을 전제로 하며, 결과예견가능성은 **결과발생에 대한 구체적 예견가능성**을 전제로 한다.

이에 대하여 구체적 결과예견가능성이 아니라 결과발생에 대한 추상적·일반적 위구감(危懼感) 내지 불안감만 있더라도 결과회피의무가 발생한다는 견해를 **위구감설** 또는 **불안감설**이라 하며, 이러한 입장을 일본에서는 **신·신과실론**(新·新過失論)이라 한다. 그러나 이 견해는 인과관계의 입증이 어려운, 이른바 현대형 범죄인 공해사건, 식품사건 등의 해결에 있어서는 유효한 대처수단이 될 수 있지만, 결과발생의 불안감만으로 과실범에 대하여 유죄판결을 하는 것은 '의심스러운 때에는 피고인의 이익으로'라는 무죄추정의 원칙에 배치된다는 비판을 면하기 어렵다.

한편 결과회피의무는 결과를 발생시킬 가능성이 있는 행위가 발생하지 않도록 이를 회피해야 할 의무이다. 여기에는 결과발생 가능성이 있는 행위를 소극적으로 그만두는 **'부작위의무'** 또는 결과발생 가능성이 있는 행위를 적극적으로 저지하거나 차단하는 **'작위의무'**, 그 외에도 결과발생을 회피하기 위해 필요한 정보나 지식에 대한 **'문의·조회의무'** 등이 포함된다.

결과회피의무로서의 부작위의무 중에 **인수과실** 내지 **인수책임이론**이 있다. 이 이론은 '일정한 행위를 함에 있어서 위험발생을 회피하기 위한 능력이나 지식이 결여된 자는 처음부터 그 행위를 인수하지 말아야 하는데도 불구하고 이를 인수한 경우에는 인수행위 자체에 과실이 있다'는 이론이다. 예컨대 전문적 지식이나 숙련도가 결여된 의사가 자신이 감당할 수 없는 환자의 수술을 맡은 경우에는 인수 자체에 과실을 인정할 수 있게 된다.

또한 결과발생을 방지하기 위한 안전조치의무로서 감독자의 **감독과실이론**이 문제되고 있다. **기업형범죄**에 있어서 상급감독자의 형사책임을 묻기 위해 등장한 이론이다. 이 이론은 구성요건적 결과를 직접 발생시킨 종업원을 감독해야 할 감독자가 종업원의 주의의무위반을 방지하기 위한 감독의무를 위반한 경우에는 종업원 자신의 과실책임 이외에 감독자에게도 감독과실을 인정하여 발생된 결과에 대하여 과실책임을 묻는 이론이다. 이때에 감독자의 감독의무는 주의의무이며 작위의무이고, 감독자의 감독과실은 **'과실의 부작위범'** 으로 보는 견해가 타당하다고 생각된다.[12)]

(2) 객관적 주의의무의 판단기준

구성요건요소로서의 객관적 주의의무위반을 어떤 기준에 의하여 판단할 것인가에 대하여 행위자 개인을 기준으로 하는 견해와 일반 평균인을 기준으로 하는 견해가 대립한다.

1) 객 관 설

구성요건요소로서의 주의의무위반의 척도 내지 기준은 **사회일반평균인을 표준으**로 객관적으로 결정해야 한다는 입장을 **객관설** 또는 **평균인표준설**이라고도 한다. 우리나라의 통설[13)]과 판례[14)]의 입장이다. 즉 객관적 주의의무위반은 **'객관적으로 일반평균인에게 사회생활상 요구되는 주의의 태만'** 이 있는 경우에 객관적 주의의무위반이 인정되고, 행위자 개인의 결과에 대한 주관적인 예견가능성은 책임에서 문제된다는 견해이다. 객관설에서 말하는 일반평균인이란 **'행위자가 소속한 거래범위의 신중하고 사려깊은 사람'** 을 판단기준으로 하므로, 예컨대 신중한 운전자, 사려 깊은 의사나 건축사라면 법익침해의 결과를 예견할 수 있었느냐가 그 기준이 되게 된다.

그리고 주의의무를 객관적으로 판단하는 경우에도 행위자가 주관적으로 가진 **특별한 지식과 경험**은 객관적 주의의무위반의 판단시에 고려되어야 한다. 예컨대 자기가 다니는 골목길에는 항시 어린 아이들이 공놀이를 하면서 갑자기 차도로 뛰어든다는 사실을 경험적으로 알고 있는 경우에는 운전자가 알고 있는 이러한 특별한 지식을 고려하여 운전자의 객관적 주의의무위반을 판단해야 한다. 그러나 행위자의 **특수한 능력**은 객관적 주의의무 판단시에 고려되지 않는다.

또한 과실의 작위범과는 다르게 **과실의 부작위범**에 있어서는 객관설에 의하더라

---

12) 임 웅, 490면.

13) 김성천/김형준, 169면; 김일수/서보학, 451면; 박상기, 277면; 배종대, 674면; 안동준, 274면; 이재상/장영민/강동범, 196면; 이형국, 379면; 정성근/박광민, 425면; 조준현, 277면.

14) 대판 1999. 12. 10, 99도3711; 대판 2009. 12. 24, 2005도8980; 대판 2014. 7. 24, 2013도16101; 대판 2015. 6. 24, 2014도11315.

도 행위자 개인의 주의능력이 주의의무의 표준이 된다. 예컨대 난청인 아버지가 익사직전의 아들의 구조외침소리를 듣지 못하여 부작위에 의하여 익사사고가 발생한 경우에 아버지의 개인적 능력은 부작위범의 경우에는 개인적 행위능력이 없으므로 과실불법이 부정된다.

2) 주 관 설

행위자 개인의 주의능력을 표준으로 주의의무위반을 판단하는 견해이다. **행위자표준설**이라고도 한다. 주의의무란 구성요건단계에서부터 행위자 개인의 주의능력을 기준으로 개별적 주의의무위반, 즉 **주관적 과실**이어야 한다는 견해이다. 이 견해는 사회생활상 요구되는 주의의무위반에 대한 판단은 행위자의 결과발생에 대한 예견가능성과 회피가능성을 전제로 하기 때문에 법규범은 불가능한 것을 요구할 수 없으므로 행위자의 능력과 지식을 기준으로 주의의무를 부과하고 그에 따라 판단해야 한다는 것을 논거로 한다. 따라서 행위자가 평균인 이상의 능력을 가졌으면 그가 취할 수 있는 모든 조치를 취할 의무가 있다고 해야 하며, 평균인보다 능력이 열악하면 그에 따른 주의의무가 요구된다는 것이다. 예컨대 야맹증을 가진 운전자가 야간에 교통사고를 낸 경우에 주관설에 의하면 과실을 인정할 수 없게 되지만, 객관설에 의하면 인수과실이 인정되어 형사책임을 물을 수 있게 된다.

최근의 주관설은 주관적 주의의무위반(주관적 과실)만이 과실범의 주관적 구성요건요소이고, 객관적 주의의무위반은 과실의 구성요건요소가 아니라 고의범과 과실범에 공통되는 객관적 귀속의 척도가 된다는 견해가 주장되고 있다.[15] 즉 주관적 주의의무위반인 주관적 과실이 과실의 본질적 요소이고 구성요건요소로서의 주관적 과실은 행위자의 행위반가치를 나타내고, 책임요소로서의 주관적 과실은 행위자의 심정반가치를 표현하는 이중적 지위를 갖는다고 하여 과실범도 고의범과 동일한 범죄체계를 갖게 된다고 주장한다.

그러나 주관설은 평균에 미달하는 행위자의 행위는 책임이 조각되는 것이 아니라 구성요건 해당성조차 없게 되는데, 특히 인수과실의 경우에도 과실을 부정하게 된다. 또한 평균인보다 뛰어난 자에게는 그의 능력에 따른 보다 높은 주의의무가 요구됨으로써 항상 일반 평균인보다 높은 주의의무를 해야 하므로 일상생활을 영위할 수 없을 정도로 긴장하면서 살아야 하며 신뢰의 원칙이나 허용된 위험의 법리가 적용될

15) 김일수/서보학, 470－471면.

여지도 거의 없어지게 된다.

3) 절 충 설

주의의무는 기본적으로는 **평균인의 주의능력을 표준**으로 하지만 행위자의 주의능력이 평균인을 능가할 경우에는 행위자 **개인의 주의능력도 표준**으로 해야 한다는 견해이다. 이 학설은 평균인의 주의능력을 초과하는 행위자 개인의 특수한 주의능력도 과실의 불법단계에서 고려하는 입장이다. 일본에서는 주의의무의 정도는 사회일반인을 표준으로 하고, 주의능력은 행위자 개인의 능력을 표준으로 주의의무위반을 판단해야 한다는 절충설의 견해가 다수설이다.

그러나 절충설에 대하여는 ① 불법단계에서는 일반적인 금지나 명령위반여부를 판단하는데 이 단계에서 행위자 개인의 주의능력을 고려하는 것은 불법판단과 책임판단을 혼동한 것이며, ② 주의능력이 높은 자에게는 더 무거운 주의의무를 부과하는 것은 주관설에 대한 비판이 그대로 적용되고, ③ 주의능력이 평균인을 초과하는 자에게 개인의 능력에 따른 주의의무를 요구하는 것은 법과 도덕을 구별하는 입장이나 형법의 최후수단성이라는 관점에서 보면 지나친 주장이라는 비판을 면할 수 없다.[16)]

4) 사 견

주관설에서 주장하는 '당위는 가능을 전제로 하므로 행위자가 예견가능할 때 주의의무를 부과해야 한다'라는 근본명제는 타당하다. 그러나 형법의 근본정신은 사회생활영역 중에 특별한 전문적 지식과 경험을 가진 자인 의사 등의 자에게는 특별한 주의의무를 부과하고 일반인에게는 평균적 표준에 의하여 주의의무를 부과하며, 평균인의 수준에 도달하지 못하는 자에게는 평균인의 수준에 도달할 수 있게 노력하도록 하는 데 있다. 따라서 과실범에 있어서 객관적 주의의무의 판단기준은 사회생활상 요구되는 평균인의 주의의무이고 이때에 행위자의 **특별한 능력**은 책임에서 고려되지만 행위자가 특히 알고 있는 **특별한 지식**은 고려된다고 하는 객관설이 타당하다고 생각된다.

또한 형법규범의 예방적 기능도 불법판단을 객관적 기준에 의하도록 요구하고 있으며, 객관설에 의할 때에 형법규범의 효력도 극대화된다고 할 수 있다. 그리고 객관적 주의의무위반의 구체적인 판단근거는 **형법규범**을 비롯하여 도로교통법 등 **특별법령**이나 사회생활영역에서의 **일반원칙**, 일반화된 의료기술 등 **전문기술**이나 **경험칙**이

16) 임 웅, 495면.

될 수 있다. 형법이 '정상의 주의를 태만히 하여'라고 규정하고 있는 것도 이러한 객관설의 입장과 일치한다고 할 수 있다. 따라서 **'정상의 주의'**란 문언의 의미도 **'평균인의 객관적인 주의의무'**로 이해하는 것이 타당하다.

나아가 과실, 즉 주의의무위반은 고의와 마찬가지로 구성요건요소인 동시에 책임요소로서의 이중의 기능을 가지고, 객관적 주의의무위반(객관적 과실)은 구성요건요소이고 주관적 주의의무위반(주관적 과실)은 책임요소에 해당한다고 보아야 한다.

2. 객관적 주의의무의 제한이론

(1) 허용된 위험의 법리

결과예견가능성과 결과회피가능성에 기초를 둔 **일반적인 위험금지**를 무제한적으로 적용하게 되면 항상 일정한 위험을 안고 있는 오늘날 현대산업사회에서는 결과가 발생하면 항상 과실책임을 인정하게 되는 원시형법의 잔재라 할 수 있는 결과책임주의를 초래하게 된다. 따라서 일정한 생활범위 내에서 예견가능하고 회피가능한 위험이라 하더라도 **사회적 유용성과 필요성**으로 인해 현대산업사회가 감수해야 할 전형적인 위험은 이를 허용하지 않을 수 없으며, 이를 **허용된 위험**(erlaubtes Risiko)이라 한다. 즉 일정한 안전조치를 강구하고 규칙을 준수했다면 일반적으로 허용하지 않을 수 없으며, 사회적 유용성과 필요성에 따른 일정한 정도의 법익위태화는 사회가 감수해야 할 위험으로서 허용된 위험이라는 것이다. 이와 같이 허용된 위험의 법리는 사회적 필요성과 유용성을 이유로 **'사회적 위험의 적정한 분배사고'**에 기초를 두고 있다. 말하자면 허용된 위험행위는 **사회생활상의 필요성**과 결합된 **사회적으로 상당한 행위**라 할 수 있다.

예컨대 자동차운행, 공장운영, 건축공사, 지하자원채굴, 화학공장운영, 원자력발전소의 가동 등에 따른 결과발생의 사회적 위험성은 이러한 활동의 사회적 유용성으로 인해 일정한 안전조치를 강구하는 이상 법질서에 의해 허용되어져야 한다는 것이다. 따라서 허용된 위험의 범위 내의 행위라면 객관적 주의의무를 위반한 행위가 아니므로 그로 인해 설령 법익침해적 결과가 발생하더라도 과실범의 객관적 구성요건해당성이 없게 된다.[17] 따라서 허용된 위험의 이론은 **객관적 주의의무를 제한하는 원**

17) 허용된 위험의 이론이 과실범에 있어서 위법성조각사유인가 구성요건해당성조각사유인가에 대하여는 견해가 대립하나, 객관적 주의의무를 제한하는 원리이기 때문에 구성요건해당성조각사

리가 된다고 할 수 있다.[18)]

(2) 신뢰의 원칙

1) 의의 및 성격

신뢰의 원칙은 허용된 위험의 법리가 적용된 특수한 경우로서 1935년 이래로 독일 판례상 교통사고와 관련하여 확립되어 온 원칙으로서 우리나라와 일본의 판례에도 영향을 미쳤고, 오늘날에는 교통사고뿐만 아니라 다수인의 업무분담이 요구되는 모든 과실범에도 적용되는 원칙으로 확대되고 있는 실정이다.

신뢰의 원칙이란 스스로 교통규칙을 준수한 운전자는 다른 교통관여자도 교통규칙을 준수할 것을 신뢰하여도 충분하다는 원칙으로서, 교통규칙을 준수한 운전자는 다른 교통관여자가 교통규칙을 위반하여 행동할 것이라는 것을 예견하여 방어조치를 취할 의무가 없으며, 그러한 신뢰의 결과 구성요건적 결과가 발생하더라도 신뢰가 상당성을 결하지 않는 이상 발생한 결과에 대하여 과실책임을 부담하지 않게 된다는 것이다.

이와 같이 신뢰의 원칙은 도로교통과 관련하여 **허용된 위험의 법리가 적용된 특수한 경우**로서, 다른 교통관여자에 대한 신뢰가 행위자의 객관적 주의의무를 제한하는 기능을 수행함으로써 도로교통을 원활하게 하도록 하게 한다. 신뢰의 원칙은 과실범의 객관적 주의의무를 제한하는 원리이므로 구성요건 해당성을 조각하는 사유가 된다.[19)]

신뢰의 원칙은 사회적 위험의 적정한 분배라는 사상을 배경으로 도로교통과 관련하여 1935년 독일 제국법원의 판결 이래로 각국의 학설과 판례가 과실책임을 제한하는 원리로 인정하게 된 원리이며, 예견의무와 회피의무를 제한하는 원리이다. 우리나라도 1957년 철도교통에 처음 도입된 이래 도로교통으로 그 적용범위를 넓혀 왔으며, 근래에는 의료분업에도 적용하고 있다.

유로 보는 입장이 타당하다.

18) 이재상/장영민/강동범, 198면.

19) 신뢰의 원칙이 객관적 주의의무를 제한하는 기능을 가졌는데, 이때에 주의의무의 내용 중 어느 부분과 관련이 되느냐에 대하여는 견해의 대립이 있다. ① 예견의무를 판단하는 기준이 된다는 견해, ② 결과회피의무를 제한한다는 견해, ③ 결과예견의무와 결과회피의무를 모두 제한한다는 견해가 있으나, 주의의무는 결과예견의무와 결과회피의무로 이루어져 있으므로 양자를 모두 제한하는 기능을 가졌다고 해석하는 견해가 타당하다.

2) 신뢰의 원칙의 적용범위

가. 도로교통과 신뢰의 원칙 신뢰의 원칙이 적용되는 대표적인 경우는 도로교통의 경우이다. 도로교통에 신뢰의 원칙을 적용하기 위해서는 교통관여자가 서로 신뢰할 수 있는 일정한 상황이 갖추어져 있어야 한다. 즉 i) 자동차교통의 원활한 소통의 필요성, ii) 교통신호등의 환경정비, iii) 교통교육과 교통도덕의 보급이 전제되어야 한다.

대법원은 자동차와 자동차의 충돌사고,[20] 자동차와 자전거의 충돌사고에[21] 대하여는 신뢰의 원칙을 널리 인정하고 있지만, 자동차와 보행자의 교통사고에 대하여는 신뢰의 원칙을 제한적으로 적용하고 있다.[22] 다만 보행자와의 교통사고의 경우에도 고속도로, 육교 밑, 자동차전용도로, 보행자신호가 적색일 경우에 횡단보도사고에 대하여는 이 원칙을 널리 적용하고 있다.

나. 신뢰의 원칙의 적용범위의 확대경향 신뢰의 원칙은 교통사고뿐만 아니라 **기업활동**이나 **분업적 의료행위**, **공동실험** 등과 같이 다수인이 공동으로 참여하여 실행되는 과실범에 대하여 그 적용범위를 확대해가고 있다. 이때에는 공동참여자가 분업적 관계에 놓여 있고 상호의 업무에 관하여 신뢰할 수 있는 환경에 놓여 있어야 신뢰의 원칙을 적용할 수 있다. 공동의료행위와 신뢰의 원칙의 적용문제는 별도로 다루기로 한다.

3) 신뢰의 원칙의 적용요건

신뢰의 원칙을 적용하기 위해서는 모든 교통관여자가 교통법규를 준수할 것을 신뢰할 수 있는 관계에 있는 것을 전제로 한다. 따라서 신뢰할 수 없는 특별한 사정이 있는 때에는 신뢰의 원칙을 적용할 수 없다. 도로교통과 관련하여 신뢰의 원칙을

---

20) 대판 1995. 7. 11, 95도382; 대판 2007. 4. 26, 2006도9216.

21) 대판 1984. 9. 25, 84도1695; 대판 2011. 7. 28, 2009도8222.

22) 대판 2000. 9. 5, 2000도2671(고속도로를 운행하는 자동차의 운전자로서는 일반적인 경우에 고속도로를 횡단하는 보행자가 있을 것까지 예견하여 보행자와의 충돌사고를 예방하기 위하여 급정차 등의 조치를 취할 수 있도록 대비하면서 운전할 주의의무가 없고…); 대판 1986. 10. 14, 86도1676(제한시속 70킬로미터의 사고지점을 80킬로미터의 과속으로 차량을 운전타가 50미터 전방 우측도로변에 앉아 있는 피해자를 발견하였다면 비록 그 지점이 사람의 횡단보행을 금지한 자동차 전용도로였다 하더라도 그 피해자의 옆으로 동 차량을 운전하고 지나가야만 할 운전자로서는 피해자를 발견하는 즉시 그의 동태를 주시하면서 감속 서행하는 등 피해자가 도로에 들어올 경우에 대비하는 조치를 취할 업무상의 주의의무가 있다).

적용하기 위한 요건은 다음과 같다.

가. 운전자 자신의 법규준수 행위자 스스로 교통법규를 준수해야 한다. 따라서 운전자 스스로 교통규칙에 위반한 때에는 타인의 적법한 행위를 기대할 수 없으므로 원칙적으로 신뢰의 원칙이 적용되지 않는다. 예컨대 과속운전자는 상대방의 중앙선침범 또는 추월방법위반 등의 잘못을 이유로 신뢰의 원칙을 주장할 수 없다. 그러나 운전자의 규칙위반이 있다고 하여 언제나 신뢰의 원칙을 적용할 수 없는 것은 아니다. 규칙위반이 결정적 원인이 아닌 경우에는 정황에 따라 신뢰의 원칙을 적용할 수 있다는 것이 판례와 다수설의 입장이다.

나. 교통관여자의 규칙준수에 대한 신뢰의 존재 다른 교통관여자도 교통규칙을 지킬 것이라는 것을 신뢰할 수 있어야 한다. 따라서 다른 교통관여자의 규칙위반을 이미 인식했거나 신뢰할 수 없는 경우에는 더 이상 신뢰관계는 존재하지 않는다고 보아야 한다. 따라서 상대방의 규칙위반을 이미 알고 있는 경우에는 신뢰의 원칙이 적용되지 않는다. 예컨대 상대방이 음주운전자임을 알았거나 무모한 보행자인 것을 알고 있는 경우이다.

또한 상대방의 규칙준수를 기대하거나 신뢰할 수 없는 경우, 즉 신뢰의 상당성이 결여된 경우에도 신뢰의 원칙이 적용되지 않는다. 예컨대 유아, 노인, 불구자, 명정자(酩酊者) 등과 같이 경험상 교통관여자의 규칙준수를 기대할 수 없는 경우가 이에 해당한다. 축제행렬, 버스정류장이나 유치원이나 초등학교 앞과 같은 특수지역에서도 신뢰의 원칙이 적용되지 않는다. 다만 사고다발지역의 경우에는 운전자가 특별히 그 사정을 알고 있는 경우에는 신뢰의 원칙이 적용되지 않지만 단순히 사고다발지역이라 하여 신뢰의 원칙이 배제되는 것은 아니다.

4) 분업적 의료행위와 신뢰의 원칙

의료인의 주의의무의 내용은 의료행위 당시의 **'의술의 일반원칙'**(lege artis)에 의해 결정되므로, 의사의 과실유무는 기본적으로 의술의 일반원칙에 따라 적절한 조치를 준수했는가에 따라 판단된다.

분업적 의료행위의 경우에는 의료행위 관여자 상호간의 신뢰관계에 기초하지 않으면 적절한 의료처치가 불가능하게 된다. 따라서 분업적 의료행위의 경우에는 의료관여자 상호간에 신뢰할 수 있는 범위 내에서 위험의 분배가 고려될 수 있다. 즉 분업적 의료행위에 관여하는 자는 자신의 특별한 의료영역 내에서만 주의의무를 다하면 되고, 다른 의료관여자들도 의술법칙에 따라 행위할 것이라고 신뢰해도 좋을 것이다.

분업적 의료행위에 있어서 신뢰의 원칙의 적용범위는 의료관계자의 구체적 사안에 따라 달라진다. 그런데 의료행위의 경우 의사 상호간이나 간호사 등과의 분업적 협동이 불가피하며, 이들의 긴밀한 협력 없이는 의료행위의 적절한 수행이 불가능한 경우가 대부분이다. 이러한 분업적 의료행위의 경우 의료행위 관여자 상호간에 신뢰를 기초지울 수 있는 분업관계가 확립되어 있고, 서로 상대방이 주의의무를 다한 적절한 행위를 신뢰할 수 있는 범위 내에서는 위험의 분배가 고려될 수 있다고 보아야 한다. 즉 개인책임 내지 자기책임의 원칙상 분업적 의료행위에 관여하는 사람들은 각자 자신의 특별한 책임영역 내에서만 주의의무를 다하면 충분하고, 다른 관여자들도 의술의 법칙에 따라 행위할 것이라고 신뢰할 수 있다.

다만, 의료행위의 경우는 그에 내재하는 생명·신체에 대한 위험이 직접적이고 피해발생구조가 도로교통의 분야와는 상이할 뿐만 아니라, 의사는 전문성을 갖추고 환자에 대하여 보호자적 지위에 있으므로, 의료행위에 신뢰의 원칙을 무제한적으로 적용하는 것은 바람직하지 않다.

분업적 의료행위와 관련하여 신뢰의 원칙을 적용하는 데 있어서는 의료행위 관여자 상호간의 구체적인 관계에 따라 신뢰의 범위는 차이가 있게 된다.

가. 의사와 의료보조자 사이의 신뢰의 원칙 분업적 의료행위에 신뢰원칙을 적용하기 위해서는 의료행위 관여자 상호간에 신뢰를 기초지울 수 있는 분업관계가 확립되어 있어야 한다.

따라서 i) 의사는 전문지식을 갖추고 환자에 대한 보호자적 지위에 있을 뿐만 아니라 의사와 환자 사이에는 신뢰원칙을 기초지울 분업관계가 존재하지 않기 때문에 원칙적으로 의사와 환자 사이에는 물론 의료행위에 환자의 가족 등 자격 없는 사람이나 수습 중인 미숙련 보조자가 관여한 때에도 신뢰의 원칙은 적용될 수 없다.[23) ii) 또한 의사와 간호사·조수 등 숙련보조자 사이와 같이 '수직적 분업'에서는 의사가 보조자에 대해 지휘·감독의무를 부담하므로 의사가 이러한 의무를 다하지 않는

23) 대판 2007. 2. 22, 2005도9229(환자의 주치의 겸 정형외과 전공의가 같은 과 수련의의 처방에 대한 감독의무를 소홀히 한 나머지, 환자가 수련의의 잘못된 처방으로 인하여 상해를 입게 된 경우 의사는 자신이 주로 담당하는 환자에 대하여 다른 의사가 하는 의료행위의 내용이 적절한 것인지의 여부를 확인하고 감독하여야 할 업무상 주의의무가 있다).

한 신뢰의 원칙은 적용되지 않는다고 보아야 한다. 다만, 의사와 보조자 사이의 '수직적 분업'에서도 구체적인 사안에 따라서는 상위분업자인 의사가 하위분업자인 간호사를 신뢰할 수 있는 경우가 있다. 의사가 간호사의 모든 진료 보조행위에 항상 현장에 입회하여 일일이 지도·감독하여야 한다고 할 수는 없기 때문이다. 같은 이유에서 수술을 시행하는 의사는 간호사가 제공하는 수술도구가 정상적으로 소독되었다고 신뢰하여도 좋다고 보아야 한다.

반대로 간호사 등 보조자는 객관적으로 의술의 법칙에서 벗어나는 경우가 아니라면 의사의 조치를 신뢰할 수 있다고 보아야 한다.

나. 의사 상호간의 신뢰의 원칙 하나의 의료행위에 수인의 의사가 분업적으로 관여하는 경우에 있어서 수인의 의사가 **'수평적 관계에서 협력하는 경우'**와 **'수직적 관계에서 협력하는 경우'** 사이에 신뢰원칙의 적용 여부는 달라질 수 있다. 수인의 의사가 다른 병원의사들인 경우와 같은 병원의사들인 경우로 나누어 고찰한다.

(가) 다른 병원 의사 상호간의 관계 전원(轉院) 후의 병원의 의사는 앞서 진료를 담당한 의사로부터 진료기록을 넘겨받거나 환자의 상태, 예컨대 병력·기왕증 등을 확인할 의무가 있고, 스스로 의술의 일반원칙에 따라 적절한 조치를 취해야 할 고유한 의무가 있다. 환자를 전원하는 경우는 일반의로부터 전문의로, 의료진이나 진료시설이 열악한 병원으로부터 보다 나은 병원으로 전원하는 것이 일반적이므로 **수직적 분업**에 해당하고, 따라서 전원 후 병원의 의사는 예컨대 전문분야가 다른 경우 등 특별한 사정이 없는 한 신뢰원칙을 주장할 수 없다고 보아야 한다.

(나) 같은 병원 의사 상호간의 관계 종합병원에서 공동으로 외과수술을 시행하는 의사 상호간 또는 독립된 각 과의 전문의(외과의사와 마취과의사 사이 또는 신경과의사와 내과의사 사이의 관계) 상호간에는 아무런 선임·지휘·감독관계가 존재하지 않는 **수평적 분업관계**이므로 이들 상호간에는 신뢰원칙이 적용된다.[24)]

의사 사이에 일방이 타방에 대한 지휘·감독책임을 지고 있는 **수직적 분업관계**가 있을 경우, 상급의사는 이러한 지휘·감독의무를 다하지 않는 한 신뢰의 원칙은 적용되지 않지만, 지휘·감독을 받는 하급의사는 원칙적으로 상급의사를 신뢰할 수 있다고 보아야 한다. 동일과 내에서 '과장'이나 당직의사와의 관계에서 '주치의' 등이 그 대표적인 예이다. 다만, 과장의 책임은 병원의 규모나 다른 의사의 지위·경험 등에

24) 대판 2003. 1. 10, 2001도3292.

따라 달라질 수 있는바, 대학병원의 진료체계에서는 과장이라 하여 다른 교수나 전문의의 외래 및 입원환자 관리나 진료에까지 책임을 지는 것은 아니다. 따라서 대학병원의 과장이라는 이유만으로 다른 의사들의 처치와 치료결과를 주시하고 적절한 수술방법을 지시하거나 이를 감독할 주의의무가 있다고 단정할 수는 없다.

3. 구성요건적 결과발생, 인과관계와 객관적 귀속

과실범은 **결과범**이므로 과실범이 성립하기 위해서는, 우선 법익침해 또는 위험이라는 **구성요건적 결과가 발생**해야 한다. 과실범에 있어서 결과의 발생은 객관적 처벌조건이 아니라 객관적 구성요건요로서 결과반가치를 나타낸다. 다음으로 행위자의 주의의무위반행위(과실행위)와 결과 사이에는 **인과관계**가 있어야 하고, 마지막으로 그 결과는 행위자의 행위의 소산으로서 규범적이고 **객관적으로 귀속**될 수 있어야 한다.

그런데 과실범에 있어서 결과를 행위자에게 객관적으로 귀속시키기 위한 귀속척도로서 **주의의무위반 관련성** 및 **규범의 보호목적 관련성**이라는 두 가지 요건이 과실범의 위법연관으로서 요구된다는 것이 일반적인 견해이다.[25] 그 내용을 살펴보기로 한다.

(1) 주의의무위반관련성

과실범의 결과는 주의의무위반과 연관하여 발생한 때에만 행위자에게 객관적으로 귀속시킬 수 있다. 따라서 행위자가 주의의무에 위반하였고 구성요건적 결과가 발생했다고 할지라도 행위자가 정상의 주의의무를 준수한 경우에도 동일한 결과가 발생했을 것이라고 인정될 때에는 객관적 귀속이 부정되지 않을 수 없다.[26] 이를 **주의의무위반관련성**이라 한다. 예컨대 갑자기 차도에 뛰어든 보행자를 친 경우에 주의의무를 다하여 운전을 했더라도 결과발생을 피할 수 없었을 때에는 주의의무위반연관성이 부정된다. 말하자면 **합법적인 대체행위**, 즉 주의의무를 준수한 행위를 했더라도 결과발생을 회피할 수 없었다면 불가항력적인 사고 내지 우연적 사고라 할 것이므로 인과관계는 있다고 하더라도 결과는 주의의무위반연관성이 없으므로 행위자에게 그 결과를 귀속시킬 수 없다는 것이다. 예컨대 휴대폰으로 통화를 하면서 운전하던 중 경

---

25) 김일수/서보학, 482－483; 박상기, 280면; 이재상/장영민/강동범, 203면; 이형국, 380면; 임 웅, 502면; 정성근/박광민, 430면.

26) 대법원은 이러한 경우에 상당인과관계를 부정하고 있다(대판 1990. 12. 11, 90도694).

찰관의 추격을 피해 차도로 갑자기 뛰어든 절도범을 친 경우에 휴대폰으로 통화를 하지 않고 정상적으로 운전하더라도 마찬가지의 교통사고가 일어났을 경우에는 과실범의 위법연관이 부정된다는 것이다.

그리고 주의의무를 준수한 경우에 있어서 결과발생에 대한 회피가능성의 정도에 대하여는 ① 단순한 **가능성** 정도로는 부족하고 확실성에 가까운 **개연성**이 있을 때에는 객관적 귀속이 인정되지만, 이 정도에 미치지 못하면 '의심스러운 때에는 피고인의 이익으로'라는 원칙을 적용하여 피고인에게 유리하게 무죄판결을 내려야 한다는 이른바 **무죄추정설**과[27] ② 주의의무의 준수와 결과불발생 사이의 인과관계 판단은 가정적 판단에 지나지 않으므로 확실성에 가까운 개연성 판단을 내릴 수 없어 의무위반행위가 결과발생의 위험성을 증대시킨 때에는 객관적 귀속을 인정해야 한다는 **위험증대설**[28]의 입장이 대립한다.

무죄추정설의 입장에 따르면 대부분의 결과발생의 회피가능성이 불확실한 경우에는 결과귀속이 부정되게 된다. 그러나 위험증대설에 따르면 ① 주의의무에 위반하는 경우에는 항상 위험이 증가하므로 귀속기준으로서의 과실범에 있어서 주의의무위반연관성은 무의미하게 되며, ② '의심스러울 때는 피고인의 이익으로'라는 증거법상의 대원칙을 이 경우에는 배제하는 결과를 가져오고, ③ 과실결과범인 침해범을 위험범화한다는 비판을 면할 수 없게 된다.

(2) 규범의 보호목적관련성

결과는 규범의 보호목적범위 내에서 발생한 것이어야 한다. 따라서 주의의무에 위반하여 결과가 발생했다 하더라도 그 결과를 방지하는 것이 당해 규범의 보호목적범위를 벗어났을 때에는 객관적 귀속이 부정된다. 예컨대 운전자가 운전면허 없는 자에게 운전하도록 하여 사고를 내었지만 사고원인이 운전미숙이 아니라 음주운전 때문인 경우에 무면허운전을 금지하는 것은 운전미숙자의 운전을 금지하여 교통사고를 예방하는 데 있지 음주운전을 금지하는데 있는 것은 아니므로 음주운전으로 인한 교통사고의 결과는 객관적으로 귀속되지 않는다.[29] 또한 운전자가 과속을 하여 일찍 교차로에 도달하여 그 지점에서는 주의의무를 다하였으나 사고가 발생한 경우에는 운

27) 이재상/장영민/강동범, 204면.
28) Jescheck/Weigend, S. 585; Lackner/Kühl, §15 Rn. 44; Roxin, 11/78.
29) 대판 1971. 9. 28, 71도1082(대법원은 운전자가 차주 또는 조수에게 운전하도록 하여 사고가 난 경우에 운전자의 과실과 결과 사이에는 인과관계가 없다고 판시하고 있다).

전자의 과속금지는 안전한 운행을 위한 규정이지 사고지점에 늦게 도착하도록 하는 규정은 아니므로 규범의 보호목적의 범위를 벗어나서 객관적 귀속이 부정된다. 그 외에도 치과의사가 환자의 어금니를 발치하기 위하여 내과전문의의 심장기능검사를 거치지 않고 마취한 끝에 피해자가 사망한 경우, 검사를 하였더라도 발치하지 않을 수 없었던 때에도 내과의사의 검사는 발치여부를 판단하기 위한 것이지 발치를 연기하기 위한 것은 아니기 때문에 결과의 객관적 귀속은 부정된다.

(3) 객관적 예견가능성

과실범에 있어서 객관적 귀속기준으로 결과와 인과관계의 본질적 요소에 대하여 객관적 예견가능성이 요구되므로, 행위 당시에 객관적으로 예견할 수 없었던 경로를 통하여 발생한 결과는 행위자에게 귀속시킬 수 없다는 견해[30]가 있다. 즉 결과와 인과관계의 예견가능성은 주의의무위반에 의한 결과발생과 함께 결과불법과 행위불법을 연결하는 두 개의 요소가 된다는 것이다.

그러나 결과에 대한 객관적 예견가능성은 이미 객관적 주의의무, 즉 객관적 과실판단의 전제가 되어 있다. 그러므로 결과에 대한 객관적 예견가능성이나 회피가능성이 존재하지 않으면 객관적 주의의무도 발생하지 않으므로 과실행위도 발생하지 않게 된다. 따라서 객관적 예견가능성을 과실범에 있어서 별도의 객관적 귀속기준으로 이해하는 것은 하나의 판단척도를 두 번에 걸쳐서 심사하는 결과가 되어 논리적으로도 타당하지 않다.

Ⅲ. 과실범의 위법성과 책임

1. 과실범의 위법성

과실범의 행위반가치는 객관적 주의의무위반이고 결과반가치는 과실침해범에서는 침해결과이며 과실위험범에서는 위험결과이다. 따라서 과실범에 있어서는 객관적 주의의무위반행위와 구성요건적 결과발생, 그리고 이들 사이의 인과관계와 객관적 귀속의 요건이 충족되면 과실범의 구성요건해당성이 있게 된다. 그리고 구성요건에 해당하는 과실행위는 일반적으로 위법성을 징표하지만 고의범과 마찬가지로 위법성조각사유에 의하여 위법성이 조각될 수 있다. 즉 과실범의 위법성조각사유로는 **정당행**

30) 배종대, 707면; 이재상/장영민/강동범, 205면.

위, 정당방위, 긴급피난, 자구행위, 피해자의 승낙을 들 수 있다.

예컨대 경찰관이 저항하는 강도범을 체포하기 위하여 경고사격을 하였으나 부주의로 범인이 맞아 부상한 경우에는 과실범의 정당행위, 강도를 입은 피해자가 경고사격을 하였으나 실수로 부상을 입게 한 경우에는 과실범의 정당방위, 구조대원이 긴급히 중환자를 구하기 위하여 과속을 하여 그 과실로 교통사고를 낸 경우에는 과실범의 긴급피난, 도주하는 채무자를 발견한 채권자가 채무자의 도주방지를 저지하는 과정에 과실로 부상을 입힌 경우에는 과실범의 자구행위, 위험한 운동경기 도중에 과실로 상대방에게 부상을 입힌 경우에는 피해자의 승낙에 의한 과실범으로서 위법성이 조각된다.

이와 달리 허용된 위험이나 사회적 상당성이 있는 행위는 위법성조각사유가 아니라 구성요건조각사유가 된다.

과실범에 있어서도 위법성이 조각되기 위하여 위법성조각사유의 존재 이외에 **주관적 정당화요소**가 필요한가에 대하여는 필요설과 불필요설의 다툼이 있다. 즉 ① 객관적 주의의무위반이라는 행위반가치를 상쇄시켜 주는 주관적 정당화요소가 필요하다는 견해(**필요설**)와,[31] ② 객관적 정당화 사정 하에서 행위를 하게 되면, 이로써 행위불법이 조각되므로 주관적 정당화요소가 불필요하다는 견해(**불필요설**)[32]가 대립한다.

과실범에 있어서 주관적 정당화요소가 결여된 경우에도, 불요설에 따르면 위법성조각사유의 존재로 결과불법이 조각되므로 위법성이 조각되어 범죄가 성립되지 않는다고 설명하나, 필요설에 따르면 과실범의 행위불법은 그대로 남아 있으므로 이론적으로 불능미수가 문제되지만 과실범의 미수는 처벌하지 않으므로 결국 불가벌이 된다. 요컨대 필요설과 불필요설은 실익이 없는 견해의 대립이나 이론적으로는 필요설이 타당하다.

2. 과실범의 책임

과실범에 있어서 책임이란 과실행위를 한 행위자 개인에 대한 비난가능성이다. 과실범에 있어서도 책임이 성립하기 위해서는 고의범과 마찬가지로 **책임능력, 위법성**

31) 김일수/서보학, 461면; 배종대, 709면; 손해목, 732면; 안동준, 280면; 임 웅, 506면. 한편 과실거동범에 한하여 주관적 정당화요소가 필요하다는 부분적 필요설로 있다(이형국, 381면).

32) 박상기, 295면; 이재상/장영민/강동범, 206면; 정성근/박광민, 437면.

인식, **기대불가능성**이 요구되고, 과실범에 특유한 책임요소로는 **주관적 주의의무위반**(**주관적 과실, 책임과실**)이 있다.

과실범의 경우 행위자가 개인적 능력에 비추어 객관적 주의의무를 인식하고 그에 따른 의무를 이행할 수 있었음에도 불구하고 그렇게 하지 않는 경우에 책임비난이 가능해진다. 따라서 행위자의 개인적인 능력의 결함으로 객관적 주의의무를 다할 수 없었을 경우에는 과실책임을 물을 수 없게 된다. 다만 행위자가 개인적인 능력을 벗어나는 일을 스스로 감행한 경우에는 능력 밖의 일을 인수하는 행위의 과실, 즉 **인수과실**로서 과실책임이 인정된다. 과실범의 책임에서 확인되는 **심정반가치**는 행위자의 **법무관심**(**法無關心**)**적 태도**이다.[33]

Ⅳ. 과실범의 미수

과실범에 있어서는 범죄사실에 대한 인식이나 인용이 결여되어 있기 때문에 실행의 착수시점을 확정하기가 곤란하여 예비와 미수를 구별할 수 없다. 또한 일반적으로 고의범의 미수범에 있어서는 결과발생에 대한 고의가 요구되기 때문에 이러한 기준에 의할 때는 과실범의 미수는 생각하기가 어렵다. 학설 중에는 인식 있는 과실의 경우에는 과실범의 미수가 가능하다는 견해도 있다.

그러나 구성요건적 결과가 발생하지 않은 경우를 미수로 볼 경우에는 과실범에 있어서도 이론적으로는 과실행위(주의의무위반행위)는 있었으나 결과가 발생하지 않은 경우에는 과실범의 미수가 성립된다. 그러나 형법은 과실범의 미수를 처벌하는 규정을 두고 있지 않으므로 논의의 실익은 없다고 하겠다. 다만 결과적 가중범의 미수범을 처벌하는 현주건조물일수치사상죄의 미수범, 인질치사상죄의 미수, 강도치사상죄·해상강도치사상죄의 미수 등에 있어서는 미수범을 인정할 것인가에 대하여 학설의 대립이 있다.

33) 임 웅, 506면.

V. 과실범에 있어서 공범

1. 과실범의 공동정범

과실범의 공동정범에 대하여 판례와 행위공동설의 입장에서는 이를 인정하고 있다. 그러나 공동정범의 본질에 관하여 범죄공동설이나 기능적 행위지배설의 입장에서는 범죄구성요건실현의 고의의 공동을 요구하므로 과실범에 있어서 2인 이상이 가담하여 주의의무위반행위를 공동으로 한 때에는 각자가 과실범의 구성요건을 동시에 실현하는 **동시범**에 불과하다고 보는 것이 옳다.

2. 과실범의 교사범·종범

과실범에 대한 교사범은 성립할 여지가 없다. 교사범은 피교사자에게 범죄실행의 결의를 발생하게 해야 하기 때문이다. **과실범에 대한 종범**도 성립할 수 없다. 종범이 성립하기 위해서는 정범에 대한 방조의 고의가 필요하기 때문이다. 과실범에 대하여 종범의 성립이 가능하다는 견해[34]에 의하면, 예컨대 음주운전하는 운전자에게 자꾸 말을 걸어서 주의를 산만하게 함으로써 교통사고를 일으키게 한 경우가 과실범에 대한 방조에 해당한다고 하나, 이때에는 타인의 과실행위를 이용하는 경우에 해당하여 간접정범의 성립여부가 문제된다고 보아야 한다.

또한 **과실에 의한 교사·방조**도 성립될 여지가 없다. 교사범이나 종범은 교사나 방조의 고의가 있어야 하기 때문이다. 다만 **과실에 의한 방조**의 경우에는 발생된 결과에 대하여 과실범의 정범이 될 수 있는가가 문제될 수 있다.

제 2 절 결과적 가중범

I. 의의 및 종류

1. 의 의

결과적 가중범이란 고의의 경한 기본범죄행위가 그 고의를 초과하여 행위자의 과

34) 정영일, 156면.

실로 중한 결과가 발생한 경우에 그 중한 결과로 인하여 형이 가중되는 범죄를 말한다. 이에 해당하는 범죄로는 연소죄(제168조), 중상해죄 및 각종 치사상죄 등이 있다. 형법은 제15조 제2항에 '결과로 인하여 형이 중한 죄에 있어서 그 결과의 발생을 예견할 수 없었을 때에는 중한 죄로 벌하지 아니한다'라고 규정하고 있다.

결과적 가중범을 기본범죄와 관계없이 발생된 일반 과실범보다 무겁게 처벌하는 이유는 결과적 가중범에 있어서 중한 결과는 고의의 기본범죄에 이미 내포되어 있는 **전형적 불법**이 실현되었고, 또한 고의의 기본범죄를 실행하면서 이것과 전형적으로 결합된 위험을 예견하고 방지하지 않은 부주의는 순수한 과실범에 있어서의 주의의무위반(과실)이 있는 경우보다 행위불법이 더 무겁기 때문이다.[35] 즉 결과적 가중범의 행위반가치는 기본범죄의 고의와 중한 결과에 대한 과실이 결합된 형태의 범죄이기 때문이다.

우리 형법은 고의범의 결과적 가중범만을 규정하고 있으므로 과실범의 결과적 가중범은 성립되지 않는다. 또한 중한 결과는 대부분 상해(중상해) 또는 사망에 제한되고 있다.

2. 종 류

결과적 가중범의 종류를 **진정결과적 가중범**과 **부진정결과적 가중범**으로 분류하는 것이 통설의 입장이다. 여기서 **진정결과적 가중범**이란 경한 고의에 의한 기본범죄로 인하여 중한 결과가 과실로 야기된 경우를 말하며, 상해치사죄(제259조), 폭행치사상죄(제262조), 낙태치사상죄(제269 제3항, 제270조 제3항), 유기치사상죄(제275조), 체포감금치사상죄(제281조), 강간치사상죄[36](제301조, 제301조의2), 강도치사상죄(제337, 제338조), 인질치사상죄(제324조의3, 4) 등 형법에 규정된 대부분의 결과적 가중범은 진정결과적 가중범이다.

이에 반해 **부진정결과적 가중범**이란 중한 결과를 과실로 야기한 경우뿐만 아니라 고의로 야기한 경우에도 성립하는 결과적 가중범을 말한다. 형법상 **현주건조물방화치사상죄**(제164조 제2항), **현주건조물일수치사상죄**(제177조 제2항), **특수공무방해치사상죄**

35) 이재상/장영민/강동범, 207면; 정영일, 157면.

36) 개정전 형법에서는 강간치사상죄가 부진정결과적 가중범으로 해석되었고 판례의 입장이기도 하였지만, 1995년 형법개정으로 강간살인죄(제301조)와 강간상해죄(제301조의2)의 독자적 구성요건이 신설되었으므로 현행법상으로 강간치사상죄는 진정결과적 가중범이다.

(제144조 제2항), **교통방해치상죄**(제188조), **중상해죄**(제258조) 등이 여기에 해당한다.

한편 중한 결과에 대한 고의가 있으면 중한 결과에 대한 고의범이 성립하므로 부진정결과적 가중범을 인정할 필요가 없다는 견해[37]도 있다. 그러나 경한 기본범죄를 통하여 고의로 중한 결과를 발생케 한 경우에 진정결과적 가중범에 비하여 무겁게 처벌하는 구성요건이 별도로 마련되어 있지 않을 때에는, 고의로 중한 결과를 발생케 한 경우를 결과적 가중범으로 처벌할 수 없게 되어 중한 결과에 대해 고의가 있는 경우가 과실의 경우보다 가볍게 처벌되는 불합리한 결론이 발생한다. 따라서 이러한 법정형의 불균형이 발생하는 범위 내에서 형법해석상 중한 결과가 고의에 의해 발생하는 경우에도 결과적 가중범의 규정을 적용하여야 한다. 또한 경한 기본범죄에 대한 고의를 가지고 중한 결과를 예견할 수 있으면 결과적 가중범이 성립하는데, 여기에 중한 결과에 대한 고의가 있는 경우가 제외된다고 해석하는 것은 타당하지 않다. 그러므로 형법해석상으로도 부진정결과적 가중범을 인정하는 통설[38]의 입장이 타당하다.

판례[39]도 부진정결과적 가중범을 인정하고 있다. 예컨대 사람을 살해할 목적으로 현주건조물에 방화하여 사람을 살해한 경우에는 현주건조물방화치사죄(제164조 제2항)만 성립한다고 판시하고 있다. 이는 살인죄의 최저 법정형이 5년 이상의 징역인데, 현주건조물방화치사죄는 7년 이상의 징역으로 규정되어 있기 때문이다. 또한 **특수공무방해치사상죄**(제144조 제2항)[40]의 경우에도 부진정결과적 가중범의 성립을 인정하고 있다.

이러한 학설과 판례의 입장에 대하여는 중한 결과에 대한 가중규정을 두지 않은 입법의 불비를 결과적 가중범의 규정을 적용하여 해결하는 것은 유추해석에 해당하

---

37) 정성근/박광민, 443면.

38) 김일수/서보학, 468면; 박상기, 292면; 배종대, 696면; 신동운, 248면; 안동준, 285면; 오영근, 239면; 이재상/장영민/강동범, 210면; 이형국, 391면; 임 웅, 512면.

39) 대판 1996. 4. 26, 96도485; 대판 1998. 12. 8, 98도3416; 대판 1983. 1. 18, 82도2341; 대판 2014. 7. 24, 2014도6206.

40) 대판 1997. 10. 10, 97도1720; 대판 1990. 6. 26, 90도765(특수공무방해치사상과 같은 이른바 부진정결과적가중범은 예견가능한 결과를 예견하지 못한 경우뿐만 아니라 그 결과를 예견하거나 고의가 있는 경우까지도 포함하는 것이므로, 공무집행을 방해하는 집단행위의 과정에서 일부 집단원이 고의행위로 살상을 가한 경우에도 다른 집단원에게 그 사상의 결과가 예견가능한 것이었다면 다른 집단원도 그 결과에 대하여 특수공무방해치사상의 책임을 면할 수 없다); 대판 2008. 11. 27, 2008도7311.

지 않는가라는 의문이 제기될 수 있지만, 이는 죄형법주의가 금지하는 유추해석이 아니라 법률상 허용되는 해석의 한 방법이다. 즉 중한 결과에 대하여 과실이 있는 경우에 처벌하는 결과적 가중범의 규정을 과실보다 불법과 책임이 더 큰 고의가 있는 경우에 적용하는 것은 가벌성을 확장하는 것이 아니기 때문에 책임주의 원칙이나 유추해석금지의 원칙에도 반하지 않는 법논리상 당연히 허용되는 **물론해석**(당연해석)에 속하므로 죄형법정주의에도 위배되지 않는다.

한편 결과적 가중범은 기본행위가 고의에 의할 것인가 과실에 의할 것인가에 따라 **'고의의 결과적 가중범'**과 **'과실의 결과적 가중범'**으로 분류할 수 있다. 그러나 우리 형법은 과실의 결과적 가중범을 인정하고 있지 않으므로 이러한 구별은 실익이 없다고 하겠다.[41]

3. 부진정결과적 가중범의 죄수

부진정결과적 가중범에 있어서 중한 결과발생에 대하여 고의가 있는 경우에 결과적 가중범과 중한 결과의 고의범의 죄수에 대해서는 견해가 대립한다.

먼저 ① 이중평가금지의 원칙상 **결과적 가중범의 단순일죄**만 성립한다는 견해[42]와 ② **결과적 가중범의 단순일죄로 처벌**되지만 고의의 중한 결과에 인정되는 형량이 결과적 가중범의 형량보다 무거울 때는 무거운 형량을 특별히 확보할 필요가 있기 때문에 **중한 결과의 고의범과 결과적 가중범의 상상적 경합**을 인정해야 한다는 견해[43] 및 ③ **결과적 가중범과 중한 결과에 대한 고의범의 상상적 경합**이 된다는 견해[44]가 대립한다.

대법원은 일관된 태도를 보이지는 않으나 대체로 위의 ②설에 가깝다고 할 수 있다.[45] 즉 판례는 살인의 고의로 현주건조물에 방화하여 소사케 한 사안에서 현주건

---

41) 임 웅, 513면. 그러나 독일형법은 과실의 결과적 가중범을 인정하고 있다. 우리나라의 경우에도 행정형법의 영역에서 기본행위가 과실범인 결과적 가중범이 등장하고 있다. 예컨대 건축법 제77조의3 제2항에서는 업무상 과실로 사람을 사상에 이르게 한 자를 10년 이하의 징역이나 금고 또는 1억원 이하의 벌금에 처하고 있고, 환경범죄단속에 관한 특별조치법 제5조나 특가법 제5조의3(도주차량운전자의 가중처벌) 제2항 제1호도 기본범죄가 과실범인 결과적 가중범을 인정한 규정이라고 해석하는 견해가 있다.

42) 오영근, 254면.

43) 신동운, 248면.

44) 박상기, 296; 이재상/장영민/강동범, 211면; 임 웅, 513면.

조물방화치사죄와 살인 등의 죄와의 관계에 대하여, 살인 등의 죄가 현주건조물방화치사죄의 형보다 무겁거나(강도살인죄)[46] 동일하면(존속살해죄)[47] 상상적 경합을 인정하고, 가벼운 경우에는(단순살인죄에 해당하는 경우) 현주건조물방화치사죄의 일죄만 인정하고 있다.

생각건대 양 죄는 법조경합이나 포괄일죄가 아니므로 상상적 경합으로 보는 다수설이 타당하다.

Ⅱ. 책임주의와의 관계

1. 책임주의의 예외

종래까지는 결과적 가중범을 책임주의에 대한 예외로 보아 중한 결과에 대한 무과실 책임을 인정함으로써, 결과책임주의 형법인 원시형법의 잔재를 벗어나지 못하고 중한 결과에 따른 과중한 결과책임을 지게 되었다. 즉 고의에 의한 기본범죄와 그것으로 인해 중한 결과가 발생하고 기본범죄와 중한 결과 사이에 조건적 인과관계만 있으면 그 결과에 따라 처벌되어야 한다는 의미에서 **책임주의의 예외** 내지 **결과책임주의**의 입장을 취함으로써 결과적 가중범의 처벌범위는 무한히 확대되게 되었다.

2. 상당인과관계설의 등장

결과적 가중범에 대한 과중한 결과책임을 부담시키는 것을 완화하기 위하여 인과관계의 측면에서 제한하고자 하는 입장이 상당인과관계설이다. 중한 결과에 따른 형의 가중을 제한하기 위하여 중한 결과발생의 원인이 되는 조건 중에서, **상당한 조건**에 대해서만 인과관계를 인정함으로써 인과관계 자체를 제한하려는 견해이다. 그러나 상당인과관계설도 결과적 가중범을 책임주의의 예외로 보는 점에서는 마찬가지이므

45) 대판 2008. 11. 27, 2008도7311(부진정결과적가중범에서, 고의로 중한 결과를 발생하게 한 행위가 별도의 구성요건에 해당하고 그 고의범에 대하여 결과적가중범에 정한 형보다 더 무겁게 처벌하는 규정이 있는 경우에는 그 고의범과 결과적가중범이 상상적 경합관계에 있다).

46) 대판 1998. 12. 8, 98도3416(피해자들의 재물을 강취한 후 그들을 살해할 목적으로 현주건조물에 방화하여 사망에 이르게 한 경우 피고인들의 위 행위는 강도살인죄와 현주건조물방화치사죄에 모두 해당하고 그 두 죄는 상상적 경합관계에 있다).

47) 대판 1996. 4. 26, 96도485(존속살해죄와 현주건조물방화치사죄는 상상적 경합관계에 있다).

로 결과책임주의의 입장을 근본적으로 벗어나지 못하고 있다는 비판을 면할 수 없다.

3. 결과적 가중범의 본질

결과적 가중범도 형법의 책임주의 원칙에 부합되도록 하여야 한다는 원칙이 등장하게 되었다. 즉 중한 결과에 대하여 과실이 있을 것을 요건으로 함으로써 책임주의와의 조화를 도모하고자 하는 입장이다. 독일, 오스트리아 등의 국가에서도 중한 결과의 발생에 과실이 있을 경우에 형을 가중할 수 있도록 규정하고 있다. 우리 형법도 제15조 제2항에 결과적 가중범의 성립에 중한 결과에 대한 예견가능성, 즉 과실을 요구하고 있다. 오늘날에 와서는 책임주의와의 조화를 이룰 수 있도록 결과적 가중범이란 경한 기본범죄에 대한 고의행위와 중한 결과발생 사이의 **인과관계**와 중한 결과발생에 대한 행위자의 **과실**(**예견가능성**)이 요구된다는 견해가 일반화되었다. 통설과 판례도 결과적 가중범이란 단순한 고의범이나 과실범이 아닌 **고의·과실의 결합형식**인 **독자적인 범죄**로 이해하고 있다.

4. 결과적 가중범의 본질과 책임주의와의 조화문제

종래에는 결과적 가중범의 본질에 대하여 고의의 기본범죄가 있고 이로 인해 중한 결과가 발생했다는 **조건적 인과관계**만 있으면 그 결과에 따라 처벌되어야 한다고 이해함으로써 책임주의의 예외로 보아왔다. 그러나 그 결과 결과적 가중범은 결과책임주의라는 원시적 형법의 잔재가 그대로 반영되어 있다는 비판을 받게 되었다. 이로 인해 결과적 가중범의 성립을 제한하기 위해 기본범죄와 중한 결과 사이에 **'상당인과관계'**가 있어야 결과적 가중범이 성립한다는 견해가 주장되기도 하였다. 그러나 상당인과관계에 의하여 결과적 가중범의 성립범위를 제한하는 것으로는 책임주의의 요청을 충족할 수 없다. 우리 형법도 제15조 제2항에 중한 결과에 대한 예견가능성, 즉 과실이 있을 것을 요구하고 있다. 그리하여 오늘날에 와서는 결과적 가중범의 본질 내지 형벌가중의 근거에 대하여, 기본범죄에 대한 고의와 중한 결과발생에 대한 과실이 있어야 성립하는 **고의·과실의 결합형식**으로 이루어진 **독자적인 범죄**라고 이해하는 것이 **통설과 판례**의 입장이다.

그러나 이러한 노력에도 불구하고 결과적 가중범의 형이 고의의 기본범죄와 중한 결과에 대한 과실범의 형을 합산한 것보다 중한 경우가 많기 때문에 책임주의 요청을 만족시키지 못한다는 비판을 여전히 받고 있다.[48] 여기서 결과적 가중범이 **책임주의원칙**에 부합하도록 그 성립범위를 보다 제한적으로 이해하고자 하는 견해로서, ① 고의에 기한 기본범죄 실행시에 내재하는 중한 결과발생의 위험성에 대한 **'중과실'** 내지 **'경솔성'**이 있을 경우에만 결과적 가중범을 인정해야 한다는 견해와[49] ② 결과적 가중범의 객관적 귀속의 기준인 **직접성의 원칙**을 엄격히 적용하여 기본범죄의 전형적 위험이 직접적으로 중한 결과를 발생시켰다는 결과발생의 **'직접성'**이 필요하다는 견해[50]가 있다. 나아가 입법론적으로는 지나치게 무거운 결과적 가중범의 형을 가볍게 조정하는 노력이 필요하다는 견해 등이 주장되고 있다.

Ⅲ. 결과적 가중범의 성립요건

결과적 가중범이 성립하기 위해서는 ① 고의의 기본범죄행위가 있어야 하고, ② 중한 결과가 발생해야 하며, ③ 기본범죄행위와 중한 결과 사이에 인과관계와 객관적 귀속이 인정되어야 하고, ④ 중한 결과발생에 대한 행위자의 과실이 있어야 한다.

1. 고의의 기본범죄행위

우리 형법은 기본범죄행위를 고의범에 한정하고 있으므로 결과적 가중범이 성립하기 위해서는 먼저 경한 고의의 기본범죄행위가 있어야 한다. 이때 고의의 기본범죄행위는 위법성과 책임도 갖추어야 하고 미수범도 여기에 포함된다. 예컨대 강간미수 또는 강도미수로 치사상의 결과가 발생한 때에는 강간치사상죄 또는 강도치사상죄가 성립하게 된다. 기본범죄행위가 미수에 그친 경우에는 양형에서 고려될 수 있다.

우리 형법상 인질치사상죄(제324조의5)와 강도치사상죄(제342조) 및 현주건조물일수치사상죄(제177조 제2항)에 있어서는 기본범죄행위인 인질강요행위와 강도행위 및

48) 예컨대 상해치사는 상해와 과실치사의 결합형식이지만, 상해치사는 3년 이상의 징역에 처해지도록 규정되어 있으므로, 상해죄의 형이 7년 이하의 징역이고, 과실치사는 2년 이하의 징역이어서, 이 둘을 합산한 것보다 중하므로 결과적 가중범의 형이 지나치게 무겁다는 비판을 받는다.

49) 조상제, "결과적 가중범의 문제점"(형사법학의 현대적 과제), 398면; 허일태, "결과적 가중범과 책임주의"(김종원교수화갑기념논문집), 235면.

50) 이재상/장영민/강동범, 209면.

현주건물일수행위가 미수인가 기수인가에 따라 결과적 가중범의 미수범 또는 기수범으로 처벌한다.[51)]

2. 중한 결과의 발생

기본범죄행위로 인하여 기본범죄행위를 초과한 중한 결과의 발생이 필요하다. 즉 결과적 가중범은 결과범이므로 중한 결과의 발생은 객관적 처벌조건이 아니라 결과적 가중범의 구성요건요소로서 불법내용을 이룬다. 따라서 이론적으로는 과실범의 미수를 인정하지 않는 이상 결과적 가중범의 미수란 성립하지 않게 된다.

3. 인과관계

결과적 가중범은 결과범이므로 기본범죄를 실현하기 위한 행위와 중한 결과 사이에 인과관계가 있어야 한다. 종래 우리나라의 통설과 판례는 결과적 가중범에 있어서 중한 결과에 의한 형의 가중을 제한하기 위하여 중한 결과발생에 상당성이 있는 조건에 대하여만 인과관계를 인정하는 이른바 '상당인과관계설'의 태도를 취했다.[52)] 그러나 상당인과관계설이 결과적 가중범에 대하여만 형의 가중을 인과관계에 의하여 제한하려는 태도는 책임주의의 예외를 인정하는 결과가 되며, 또한 인과관계에 의하여 결과귀속을 제한하려는 것은 인과관계가 객관적 귀속의 전제에 불과하다는 점을 간과했다고 할 수 있고, 나아가 형법 제15조 제2항이 결과적 가중범에 관하여 결과에 대한 예견가능성, 즉 과실을 요한다고 규정하고 있는 점을 고려해 볼 때 인과관계의 범위를 상당성판단에 의하여 제한하려는 태도는 옳지 못하다고 할 수 있다.

따라서 결과적 가중범에 있어서의 인과관계도 합법칙적 조건설에 따라 기본범죄행위와 중한 결과 사이에 합법칙적 연관성이 있으면 인과관계는 인정된다고 해야 한다. 예컨대 강간을 당한 피해자가 수치심 또는 절망감에 자살을 하게 된 경우에 판례[53)]는 인과관계를 부정하고 있으나, 이 경우에도 인과관계는 존재하나 다만 그 결과를 행위자에게 객관적으로 귀속시킬 수 없다고 해야 한다.

---

51) 그 밖에 "성폭력범죄의 처벌 등에 관한 특례법" 제15조에서도 결과적 가중범의 미수범을 처벌하는 규정을 두고 있다.

52) 대판 2012. 3. 15, 2011도17648; 대판 2014. 7. 24, 2014도6206.

53) 대판 1982. 11. 23, 82도1446.

4. 중한 결과는 기본범죄로부터 직접 발생해야 한다

기본범죄와 중한 결과 사이에 인과관계가 존재하는 경우에도 중한 결과를 행위자에게 귀속시키기 위해서는 **지배가능성의 원칙**과 **위험실현의 원칙**에 따른 객관적 귀속기준이 충족되어야 한다. 결과적 가중범의 경우에는 기본범죄에 내포된 전형적 위험이 실현되어 중한 결과가 발생하였다는 의미에서 **직접성**이 요구되어진다. 이를 '**직접성의 원칙**'이라 한다. 따라서 중한 결과가 제3자의 행위나 피해자의 고의행위로 인해 야기된 경우에는 기본범죄의 전형적 위험과 직접적인 관련이 없으므로 결과적 가중범은 성립하지 않게 된다.

그러나 피해자의 도망행위가 기본범죄행위 또는 그 실행행위로 인한 때에는 직접성이 인정되지만, 새로운 행위를 피하기 위한 행위인 때에는 직접성이 부정된다. 따라서 강간을 하기 위한 폭행이나 협박을 피하려다 사망한 때에는 강간치사죄가 성립하며, 감금을 피하기 위하여 차량에서 탈출하다 사망한 때에는 감금치사죄가 성립한다.[54] 판례에 의하면 폭행을 피하려다 실족사한 경우[55]나 상해행위를 피하려다 다른 차량에 치여 사망한 경우[56]에도 폭행치사죄 및 상해치사죄의 성립을 인정하고 있다.

중한 결과발생에 대한 직접성의 판단기준에 대하여는, ① 기본범죄의 **전형적 위험행위**로부터 중한 결과가 직접적으로 실현되어야 한다는 **행위표준설**과, ② 중한 결과가 기본범죄행위로부터 야기된 결과로부터 직접 발생할 것을 요구하는 **결과표준설** 및 ③ 기본범죄행위와 기본범죄행위로부터 야기된 결과 양자를 직접성의 표지로 보는 **절충설**[57]의 대립이 있다. 결과표준설은 기본범죄가 기수에 이르고 또한 기본범죄의 결과가 이미 중한 결과발생에 직접 근접해 있을 것을 요구하게 된다. 따라서 결과표준설에 의하면 상해치사죄가 성립하기 위해서는 기본범죄행위인 상해행위의 결과가 치명상에 이르렀을 것을 요한다고 하게 된다.

그러나 결과표준설의 입장에 의하면 결과적 가중범의 성립범위가 지나치게 좁아지게 되고, 또한 결과는 행위의 소산이므로 기본범죄행위가 내포하고 있는 전형적 위

54) 대판 1995. 5. 12, 95도425; 대판 2000. 2. 11, 99도5286.

55) 대판 1990. 10. 16, 90도1786.

56) 대판 1996. 5. 10, 96도529.

57) 배종대, 718면.

험을 고려하지 않는 것은 부당하므로 중한 결과발생은 기본범죄행위로부터 직접 실현되었으면 족하다는 **행위표준설**이 타당하다.

5. 중한 결과에 대한 예견가능성(과실)

중한 결과는 기본범죄에 내포된 전형적 위험이 실현된 것에 지나지 않으므로 중한 결과에 대한 **예견가능성**, 즉 **과실**이 있어야 한다. 형법도 제15조 제2항에 중한 결과발생에 대한 예견가능성을 요구하고 있다. 대법원 판례도 안면이나 흉부를 타격하는 행위로 인해 사망한 경우에는 상해치사죄가 성립하며, 경미한 폭행으로 피해자의 특수체질[58)]이나 특히 이례적인 일로 인한 때[59)]에는 사망의 결과에 대한 예견가능성이 없으므로 폭행치사죄의 죄책을 물을 수 없다고 판시하여 중한 결과발생에 과실이 있을 것을 요한다고 하고 있다.

그리고 중한 결과에 대한 과실은 **기본적 구성요건의 실행시에 존재**해야 한다. 예컨대 강간을 한 후에 살해의 고의가 생겨 살해하거나 또는 과실로 사람을 사망케 한 경우에는 강간죄와 살인죄 또는 과실치사죄가 성립하며, 강간치사죄가 성립하는 것은 아니다.

Ⅳ. 관련문제

1. 결과적 가중범의 공범

(1) 공동정범의 성립여부

1) 긍 정 설

과실범의 공동정범 성립을 긍정하는 판례의 입장에 따르면, 결과적 가중범도 기본범죄의 공동정범이 성립하면 중한 결과에 대한 과실의 공동유무를 묻지 않고 결과적 가중범의 공동정범이 성립한다는 태도를 취한다. 즉 판례는 상해의 공동의사만 있으면 상해치사죄의 공동정범이 성립하며, 결과를 공동으로 실현할 의사는 불필요하다고 한다.[60)]

---

58) 대판 1985. 4. 3, 85도303.

59) 대판 1990. 9. 25, 90도1596.

60) 대판 1978. 1. 17. 77도2193; 대판 2000. 5. 12, 2000도745.

한편 과실범의 공동정범을 인정하면서도 판례와 달리 결과적 가중범의 공동정범이 성립되기 위해서는 기본범죄의 공동정범이 동시에 **과실**(주의의무위반)**을 공동**으로 행할 때에는 결과적 가중범의 공동정범이 성립한다는 견해도 있다.[61] 이 견해에 따르면 기본범죄를 공동으로 행한 경우에도 중한 결과에 대하여 과실이 없는 자는 기본범죄에 대한 공동정범이 성립되지만 중한 결과에 대하여 결과적 가중범의 공동정범이 성립하는 것은 아니라고 한다. 따라서 상해의 공동정범 중 1인이 살인의 의사로 살해하거나, 강간의 공동정범 중 1인이 피해자에게 상해를 가한 경우에는 중한 결과에 대한 고의가 없는 공동정범은 중한 결과발생에 대하여 예견가능성, 즉 과실이 있는 경우에 한하여 상해치사죄[62] 또는 강간치상죄[63]의 죄책을 지게 된다고 하게 된다.

판례는 행위공동설의 입장에서 결과적 가중범의 공동정범의 성립을 인정하면서도 중한 결과발생에 대한 과실유무를 따지지 않고 공동정범으로서의 책임을 묻기도 하고,[64] 과실이 필요하다는 입장[65]을 취하기도 하여 일관성을 보이지 않고 있다.

2) 부 정 설

과실범의 공동정범을 부정하는 입장에서는 결과적 가중범은 경한 고의범죄와 중한 결과에 대한 과실범의 결합범이므로, 기본범죄에 대해서만 공동정범의 성립이 가능하고 중한 결과에 대해서는 개별적인 과실이 있는 경우에만 각자 결과적 가중범이 성립할 수 있으며, 이 경우에는 결과적 가중범의 동시범이 된다. 즉 결과발생에 대한 공동의 의사가 없으므로 공동정범의 성립은 불가능하므로 주의의무위반(과실)행위를 공동으로 한 경우에는 결과적 가중범의 **동시범**에 불과하다고 보게 된다.[66]

61) 이재상/장영민/강동범, 215면; 이형국, 394면; 정성근/박광민, 450면.

62) 대판 1984. 10. 5. 84도1544.

63) 대판 1984. 2. 14. 83도3120.

64) 대판 1998. 4. 14, 98도356(을이 갑과 공모한 대로 과도를 들고 강도를 하기 위하여 피해자의 거소를 들어가 피해자를 향하여 칼을 휘두른 이상 이미 강도의 실행행위에 착수한 것임이 명백하고, 을이 피해자를 과도로 찔러 상해를 가하였다면 갑이 을과 구체적으로 상해를 가할 것까지 공모하지 않았다 하더라도 피고인은 상해의 결과에 대하여도 공범으로서의 책임을 면할 수 없다).

65) 대판 1991. 11. 12, 91도2156(강도의 공범자 중 1인이 강도의 기회에 피해자에게 폭행 또는 상해를 가하여 살해한 경우 다른 공모자가 살인의 공모를 하지 아니하였다고 하여도 그 살인행위나 치사의 결과를 예견할 수 없었던 경우가 아니면 강도치사죄의 죄책을 면할 수 없다).

66) 김일수/서보학, 505면; 박상기, 305면; 배종대, 615면; 신동운, 563면; 안동준, 287면; 임 웅, 518면.

3) 사 견

결과적 가중범의 공동정범이 성립하기 위해서도 공동실행의 의사와 실행행위의 공동이 필요하다. 그런데 결과적 가중범에 있어서는 고의범인 기본범죄에 대하여는 공동정범이 성립하지만, 중한 결과발생은 공동실행의 의사연락 없이 과실행위의 공동으로 인해 야기되었으므로 과실범의 공동정범을 인정하는 행위공동설의 입장을 취하지 않는 이상 범죄공동설의 입장에서는 결과적 가중범의 공동정범이 성립할 여지가 없다.

따라서 기본범죄의 공동정범자가 공동의 과실행위로 중한 결과가 발생한 경우에도 결과적가중범의 공동정범이 되는 것이 아니라 **결과적 가중범의 동시범**에 불과하다고 보는 부정설의 입장이 타당하다.

(2) 결과적 가중범의 교사범 및 종범

과실범에 대한 교사·방조는 불가능하지만 결과적 가중범에 대한 교사 또는 방조는 가능하다는 것이 **통설과 판례**의 입장이다. 그 근거에 대하여는 결과적 가중범은 기본범죄가 고의범이고 중한 결과가 과실이므로 전체로서 고의범의 일종으로 취급할 수 있으므로 결과적 가중범의 교사·방조도 이 한도에서 고려할 수 있다거나[67] 또는 공범의 처벌근거에 관한 학설 중 혼합적 야기설에서 그 근거를 구하기도 한다.[68]

결과적 가중범에 대한 교사·방조가 되기 위해서는 **기본범죄에 대한 교사·방조 외에 중한 결과에 대한 과실**이 있어야 한다. 예컨대 상해치사죄의 경우에 상해에 대한 교사·방조 외에 사망이라는 중한 결과발생에 대한 과실이 있는 경우에는 상해치사죄의 교사범 또는 종범의 죄책을 물을 수 있다. 이때에 정범이 중한 결과에 대하여 고의를 가졌거나 과실이 없었다는 것은 문제되지 않는다.[69]

2. 결과적 가중범의 미수

결과적 가중범에 있어서도 미수의 성립이 가능한가가 문제된다. 이것은 형법의

67) 김일수/서보학, 505면.

68) 임 웅, 519면. 공범의 처벌근거에 관하여 혼합적 야기설 중 행위반가치·결과반가치구별설에 의하면 결과적 가중범에 있어서 정범이 과실로 초래한 중한 결과의 '결과반가치'에 종속하여 결과적 가중범의 공범이 성립할 수 있으나, 공범의 '행위반가치'는 독립적으로 자신에게 과실이 있는 경우에만 인정된다.

69) 대판 1993. 10. 8, 93도1873; 대판 2002. 10. 25, 2002도4089.

인질치사상죄, 강도치사상죄, 해상강도치사상죄와 현주건조물 일수치사상죄, 그리고 특별법인 "성폭력범죄처벌 등에 관한특례법" 제15조에서도 결과적 가중범의 미수를 처벌하는 규정을 두고 있기 때문이다. 이에 대하여 **부정설**[70]은 결과적 가중범은 그 성질상 중한 결과의 발생이 없는 결과적 가중범은 생각할 수 없으므로 결과적 가중범의 미수는 인정할 여지가 없고, 형법의 결과적 가중범의 미수범 처벌규정은 고의범인 인질상해·살인죄, 강도상해·살인죄 등에만 적용된다고 해석하는 입장이다. 이에 반해 **긍정설**[71]은 형법이 결과적 가중범에 대하여 미수범 처벌규정을 두고 있고 미수와 기수는 결과불법면에서 차이가 있으므로, 기본범죄가 미수에 그치고 중한 결과가 발생한 경우를 결과적 가중범의 미수라고 이해하는 입장이다. 결과적 가중범에 있어서 미수가 가능한가에 대하여는 다음의 두 가지 경우가 문제된다.

(1) 기본범죄가 미수에 그치고 중한 결과가 발생한 경우

기본범죄가 미수이고 중한 결과가 발생한 경우에는 기본범죄의 미수와 기수는 결과불법에 있어서 차이가 나기 때문에 책임원칙에 충실하게 결과적 가중범의 미수를 인정해야 한다는 견해[72]와 중한 결과가 발생한 이상 결과적 가중범의 기수라는 견해[73]가 대립한다. 판례는 강간이 미수에 그친 경우에도 강간치상죄가 성립한다고 판시하여 일관되게 결과적 가중범의 기수라는 입장을 취하고 있다.[74]

생각건대 기본범죄의 기수·미수를 불문하고 중한 결과가 발생한 경우에는 **결과적 가중범의 기수가 된다는 견해가 타당**하다. 왜냐하면 결과적 가중범은 고의와 과실의 결합형태로서 기본범죄의 기수·미수를 불문하고 기본범죄를 범했다고 할 수 있으며 중한 결과의 발생으로 인해 결과적 가중범의 결과불법도 인정된다고 할 수 있으므로 중한 결과가 발생한 이상 결과적 가중범은 기수가 된다고 보아야 한다. 이것은 결합범인 강도상해죄가 강도의 기수·미수를 불문하고 상해의 결과가 발생한 경우에 기수가 되는 것과 같은 논리이다.

따라서 형법상 결과적 가중범에 대한 미수범 처벌규정은 입법상의 부주의에 기

70) 김일수/서보학, 478면; 배종대, 710면; 신동운, 529면; 오영근, 254면; 이재상/장영민/강동범, 389면; 이정원, 396면; 정성근/박광민, 448면.

71) 박상기, 303면; 손동권, 304면; 임 웅, 517면.

72) 김일수/서보학, 478면; 임 웅, 517면; 박상기, 305면; 손동권, 304면.

73) 신동운, 530면; 이재상/장영민/강동범, 388면.

74) 대판 1988. 8. 23, 88도1212; 대판 2008. 4. 24, 2007도10058; 대판 2008. 2. 29, 2007도10120.

인하는 것으로 보아야 한다.[75] 이 점은 1995년 개정 이전의 현주건조물방화치사상죄에 대하여 1995년 개정 형법에서 입법적으로 미수를 배제한 것은 이를 뒷받침한다고 할 수 있다.

이에 대하여 긍정설은 기본범죄가 미수에 그친 경우를 결과적 가중범의 미수에 포섭시켜 임의적 감경을 허용함으로써 결과적 가중범의 과중한 형벌을 과형상 적절히 조절할 수 있다는 점을 논거로 하지만, 이 견해는 이론적 일관성이 결여되었다는 중대한 결점이 있다. 즉 긍정설에 따르면 기본범죄가 미수에 그치고 중한 결과가 발생한 경우에는 결과적 가중범의 미수가 되는데, 이때에 미수범 처벌규정이 없는 경우에는 결과적 가중범의 미수로 처벌할 수 없으므로, 기본범죄의 미수와 중한 결과에 대한 과실범의 상상적 경합이 되어야 한다.

그러나 긍정설은 미수범 처벌규정이 없는 경우에도 기본범죄가 미수에 그치고 중한 결과가 발생하면 결과적 가중범의 기수범으로 처벌된다[76]는 입장을 취함으로써 논리일관성을 결여하고 있다.

(2) 부진정결과적 가중범에서 중한 결과가 발생하지 않은 경우

중한 결과발생에 대하여 고의가 있는 경우에도 성립하는 부진정결과적 가중범에 있어서 중한 결과에 대한 고의가 있었으나 중한 결과가 발생하지 않은 경우에는 이론상 부진정 결과적 가중범의 미수가 성립할 수 있다.

이 경우에 결과적 가중범의 미수성립을 인정할 수 있는가에 관하여, 현행법상 부진정결과적 가중범의 미수범을 처벌하는 규정을 두고 있지 않으므로 부진정결과적 가중범의 미수범을 인정할 수 없다는 **부정설**[77]과 현행법상으로도 부진정결과적 가중범인 **현주건조물 등에의 일수치사상죄**(제177조 제2항)는 미수범 처벌규정(제182조)을 두고 있으므로 결과적 가중범의 미수를 인정할 수 있다는 **긍정설**[78]이 대립한다.

생각건대 현주건조물 일수치사상죄의 미수범처벌규정은 고의범에만 적용되고 결

75) 신동운, 498면.

76) 배종대, 435면; 임 웅, 517면.

77) 김일수/서보학, 477면; 신동운, 529면; 오영근 255면; 이재상/장영민/강동범, 389면.

78) 박상기, 304면; 임 웅, 518면. 부진정결과적 가중범의 미수범을 긍정하는 입장에 따르면, 현주건조물에 사상의 고의를 가지고 일수했으나 사상의 결과가 발생하지 않았다면 현주건조물일수치사상죄의 미수와 살인미수 또는 상해미수의 상상적 경합이 된다고 하게 된다. 다만 중상해죄의 경우에는 단순한 상해의 결과조차도 발생하지 않은 경우에는 단순상해죄의 미수로, 단순한 상해의 결과가 발생한 때에는 단순상해의 기수로 처벌되어야 한다는 입장을 취한다.

과적 가중범인 현주건조물 일수치사상죄에는 적용되지 않는 것으로 해석하는 것이 타당하다. 형법이 부진정결과적 가중범 중 현주건조물 일수치사상죄에 대해서만 미수범을 처벌할 이유가 없기 때문이다. 더구나 같은 부진정결과적 가중범인 현주건조물 방화치사상죄와 교통방해치사상죄의 경우에 1995년 형법개정 전에는 미수범처벌규정이 있었으나 개정하여 이를 삭제한 것도 이 점을 뒷받침한다.

따라서 형법 제182조의 규정에도 불구하고 다른 규정과의 균형을 고려하면 동조는 현주건조물 일수치사상죄에만 적용되는 규정이고, 부진정결과적 가중범의 미수도 성립할 수 없다고 해야 한다. 결국 현행법상 부진정결과적 가중범의 미수범 처벌규정이 있는 경우에도 이는 고의범인 결합범에 대해서만 적용되고 결과적 가중범의 미수는 있을 수 없다고 이해하는 **부정설이 타당**하다.

제 3 절 부작위범

Ⅰ. 부작위범의 본질

1. 부작위범의 의의

범죄는 보통 적극적인 **작위**에 의하여 실행되지만, 결과의 발생을 방지하지 않은 부작위에 의해서도 실현되어질 수 있다.[79] 법규범은 금지규범과 명령규범으로 이루어져 금지규범은 일정한 작위를 금지하고, 반면에 명령규범은 일정한 작위의무이행을 요구하고 있는데, 범죄란 이러한 금지 또는 요구규범에 위반하는 것을 말한다. 그런데 대부분의 형법규범은, 예컨대 살인죄(제250조 제1항)의 "사람을 살해한 자는…"라는 규정처럼 금지규범에 위반하는 행위를 범죄행위로 규정하고 있으나, 다중불해산죄(제116조)의 "…3회 이상의 해산명령을 받고 해산하지 아니한 자…"나 퇴거불응죄(제319조 제2항)의 "…퇴거요구를 받고 응하지 아니한 자…"와 같이 명령규범에 위반하는 행위, 즉 법적으로 요구되는 명령불이행의 **부작위**를 범죄로 규정하고 있는 규정도 있다. 부작위(不作爲)는 명령규범에 위반하여 법적으로 요구되는 작위의무(作爲義務)를 이행하지 않은 것, 즉 단순한 무위가 아니라 **법적인 의무불이행**을 의미한다.

79) 대판 2015. 11. 12, 2015도6809-전원합의체.

2. 부작위는 행위성

형법에서의 부작위란 단순히 아무 동작도 행하지 않는 무위(無爲)나 정지가 아니라 법적으로 요구되는 **작위의무의 불이행**을 말한다. **목적적 행위론**에 의하면 부작위, 그 자체는 존재론적으로 보면 목적적 행위지배가 없으므로 행위에 포섭할 수 없게 되며, 또한 유의성과 거동성을 행위의 요소로 이해하는 **인과적 행위론**에 의하더라도 거동성이 결여되어 있으므로 부작위는 행위가 될 수 없게 되는 어려움에 봉착하게 된다.

그러나 법적·규범적으로 요구되는 특정한 행위를 하지 않은 부작위도 규범평가적 측면에서 행위개념을 규정하여 사회적으로 의미 있는 인간의 행태로 규정하는 **사회적 행위론**에 의하면 부작위도 행위개념에 포섭할 수 있게 된다. 또한 **인격적 행위론**도 형법상의 행위를 인격의 발현 또는 객관화로 파악함으로써 부작위도 인격의 객관화로 볼 수 있으므로 행위개념에 포섭할 수 있게 된다.

3. 작위와 부작위의 구별

대부분의 범죄에 있어서 작위(作爲)와 부작위(不作爲)는 문제되지 않는다. **신체적인 에너지를 투입함으로써 사건의 진행을 변경시키는 것**은 작위에 해당하고 **사건의 진행을 변경시킬 수 있음에도 불구하고 그 진행을 방치하는 것**은 부작위에 해당하기 때문이다. 그러나 하나의 행태가 작위적 요소와 부작위적 요소를 동시에 가지고 있는 경우에는 그 행태를 작위로 볼 것인가 부작위로 볼 것인가를 쉽게 판단할 수 없다. 예컨대 보증인적 지위에 있는 자가 타인의 구조활동을 저지하거나 구조활동을 무력화시킨 경우, 예컨대 인공심폐기를 차단하는 경우, 구조활동을 도중에 중단하는 경우, 구조행위자를 저지하는 경우 등이 이에 해당한다.

과실범에 있어서도 필요한 방어조치를 행하지 않은 주의의무위반이 있는 경우에 작위의무위반인가 부작위의무위반인가, 즉 형법적 판단의 대상이 작위인가 부작위인가가 문제된다. 이에 대하여는, ① 법적 비난의 중점이 어디에 있는가에 따라 작위와 부작위를 구별하는 **평가적인 관찰방법인 법적 비난중점설**,[80] ② 먼저 작위를 형법적 평가의 대상으로 하고 작위범이 성립하지 않을 경우에 부작위범의 성립여부를 살피

80) 김일수/서보학, 480면; 신동운, 118면; 오영근, 283면; 이형국, 396면; 임 웅, 522면; 정성근/박광민, 455면.

는 것이 타당하다는 **작위우선·부작위보충설**,[81] ③ 구성요건적 결과의 발생이 작위적인 방법으로 야기되었을 때에는 작위범에 해당하고 그렇지 않으면 부작위범에 해당한다는 **인과관계기준설**[82] 등이 대립한다.

생각건대 법적 비난의 중요성이 어디에 있는가를 사전에 판단할 규범적 기준이 없기 때문에 판단자의 주관적인 사고에 의존할 수밖에 없는 불합리한 감정적 판단이 되기 쉽고, 범죄의 일반적인 형식은 작위이고 부작위는 예외에 속하기 때문에 작위와 부작위가 의심스러운 때에는 작위범의 성립여부를 먼저 판단한 후 작위범이 성립하지 않을 경우에 보충적으로 부작위범의 성립여부를 판단해야 한다는 **작위우선·부작위보충설**의 입장이 타당하다. 이런 점에서 보면 작위범과 부작위범은 **법조경합의 보충관계**, 즉 부작위는 작위에 대하여 보충관계에 있다고 할 수 있다.[83] 판례도 "세무공무원이 범칙사건을 수사하고 관계서류를 작성함에 있어 그 혐의사실을 고의로 은폐하기 위하여 내용허위의 전말서나 진술조서 등을 작성·행사하였다면 허위공문서작성·행사죄만이 성립하고 직무유기죄는 성립되지 않는다"고 판시하고 있다.[84]

그러나 작위와 부작위에 관해서는 어느 학설에 의하더라도 구체적인 사안에 있어서 크게 차이가 나는 것은 아니다. 예컨대 ① 타인의 구조활동을 적극적으로 저지거나 방해하면 자신의 부작위요소가 있더라도 **작위**로 평가되고, ② 자녀에게 수혈하는 것을 거부하는 부모의 행위는 **부작위**로 평가되며, ③ 원인에 있어서 자유로운 부작위, 즉 적극적인 작위에 의하여 행위무능력상태에 빠진 후에 부작위한 경우에는 **부작위범**이 성립되며, ④ 과실범에 있어서 주의의무를 다하지 아니하고 적극적으로 작위를 한 때에는 작위범이 성립된다는 점에서는 다툼이 없다. 그러나 과실범에 있어서 부작위만으로 과실행위가 성립하는 경우도 있다. 예컨대 열차전철수가 부주의로 제시간에 전철을 운행하지 아니하여 열차충돌사고를 낸 경우에는 **'과실에 의한 부작위범'**으로서, 이를 **망각범**이라 부르기도 한다.

그러나 구조의무자가 자신의 구조활동을 적극적으로 중단한 경우에도 부작위가 되지만, 구조활동이 시작된 후에는 작위가 될 수 있다. 따라서 인공심폐기를 차단한 경우나 구조행위의 효과가 발생한 후에 구조행위를 무효화시킨 경우에는 작위로 보

81) 배종대, 716면; 오영근, 283면; 이재상/장영민/강동범, 125면.

82) 박상기, 306면.

83) 박상기, 306면; 배종대, 716면; 오영근, 283면; 이정원, 433면.

84) 대판 1971. 8. 31, 71도1176; 대판 1993. 12. 24, 92도3334; 대판 2004. 6. 24, 2002도995.

아야 할 것이다.

대법원은 저수지조카살해사건[85]에서는 **부작위에 의한 살인죄**가 성립한다고 판시하였고, 이른바 보라매병원사건[86]에서는 환자의 보호자의 강청에 따라 치료를 요하는 환자에 대하여 치료를 중단하고 퇴원을 허용한 전문의와 주치의에 대하여 **작위에 의한 살인방조죄**가 성립한다고 판시하였다.

Ⅱ. 부작위범의 구조

1. 진정부작위범과 부진정부작위범

진정부작위범과 부진정부작위범의 구별에 대하여는 형식설과 실질설의 대립이 있다.

(1) 구별의 기준

1) 형 식 설

형법이 부작위범의 구성요건을 두고 있는가라는 형식적인 기준에 의해 진정부작위범과 부진정부작위범을 구별하는 견해로서 우리나라의 통설의 입장이다.[87] 즉 형법

---

85) 대판 1992. 2. 11, 91도2951. 이른바 저수지조카살해사건에서 대법원은 먼저 조카를 저수지로 유인한 행위를 작위에 의한 살인예비로 판단한 다음, 저수지에 빠진 조카를 구조하지 않은 행위에 대하여는 **부작위에 의한 살인죄**로 처단하였다.

86) 대판 2004. 6. 24, 2002도995. 이른바 보라매병원사건에서 제1심(서울지법 남부지원판결 1998. 5. 15, 98고합9)은 담당전문의 A, 주치의 B에 대하여는 부작위에 의한 살인죄의 공동정범, 수련의 C에게는 무죄를 선고하였고, 제2심(서울고법판결 2002. 2. 7, 98노1310)은 제1심판결을 파기하고 피해자의 처 D는 살인죄의 정범, A와 B는 기능적 행위지배가 없었으므로 작위에 의한 살인방조죄, C에 대하여는 무죄를 선고하였다. 이에 대하여 대법원은 제2심판결을 지지하면서 의사인 피고인들에게 **'작위에 의한 살인죄의 방조범'**을 인정하였다. 즉 "어떠한 범죄가 적극적 작위에 의하여 이루어질 수 있음은 물론 결과의 발생을 방지하지 아니하는 소극적 부작위에 의하여도 실현될 수 있는 경우에, 행위자가 자신의 신체적 활동이나 물리적·화학적 작용을 통하여 적극적으로 타인의 법익상황을 악화시킴으로써 결국 그 타인의 법익을 침해하기에 이르렀다면, 이는 작위에 의한 범죄로 봄이 원칙이고, 작위에 의하여 악화된 법익상황을 다시 되돌이키지 아니한 점에 주목하여 이를 부작위범으로 볼 것은 아니며, 나아가 악화되기 이전의 법익상황이, 그 행위자가 과거에 행한 또 다른 작위의 결과에 의하여 유지되고 있었다 하여 이와 달리 볼 이유가 없다"고 판시하였다. 여기서 종범은 정범의 실행행위 중에 방조하거나 실행의 착수 전에 장래의 실행행위를 예상하고 방조하는 경우에도 성립한다.

87) 김성천/김형준, 197면; 배종대, 718면; 안동준, 291면; 이재상/장영민/강동범, 127면; 이형국,

상 구성요건의 규정형식이 부작위로 규정('…하지 않는 자…')되어 있어서 부작위로만 실현할 수 있도록 규정되어 있는 범죄(다중불해산죄(제116조), 퇴거불응죄(제319조 제2항), 전시군수계약불이행죄(제103조 제1항), 전시공수계약불이행죄(제117조 제1항), 집합명령위반죄(제145조 제2항) 등의 죄)를 **진정부작위범**이라 하며, 이에 대하여 작위범의 구성요건을 부작위에 의해 실현하는 범죄를 **'부진정부작위범'** 또는 **'부작위에 의한 작위범'**이라 한다. 예컨대 영아의 수유를 중단하여 아사(餓死)케 한 경우나 화재 시에 소화의무를 수행하지 않아 물건을 소훼(燒燬)한 경우에는 부작위에 의한 살인죄·방화죄가 성립하게 되는데, 이는 작위범의 형태로 규정된 살인죄 또는 방화죄의 구성요건인 '…살해한 자' 내지 '…방화한 자'를 수유의무 또는 소화의무의 불이행이라는 부작위에 의하여 실현하는 경우에 해당한다.

2) 실 질 설

범죄의 성질과 내용을 검토하여 실질적 관점에서 양자를 구별하는 견해로서 독일과 오스트리아의 다수설의 입장이다.[88] 이 견해에 따르면 **진정부작위범**은 범죄의 성질상 단순한 부작위만으로 구성요건이 충족되는 범죄, 즉 순수한 **거동범**(Tätigkeits-delikt)을 말하며, 진정부작위범은 결과의 발생을 요하지 않기 때문에 이를 처벌하기 위해서는 형법상 특별한 처벌규정이 필요하다. 이에 반하여 **부진정부작위범**이란 부작위 이외에 구성요건적 결과발생을 필요로 하는 범죄, 즉 **결과범**을 말하므로 특별한 규정이 없는 경우에도 처벌할 수 있다고 한다.

(2) 비 판

실질설에 의하면 진정부작위범과 부진정부작위범의 본질을 규명하고 처벌근거를 명확히 한 점은 인정되나 거동범에 대하여는 부진정부작위범이 성립할 수 없다는 결과가 된다. 그러나 독일 형법과는 달리 ① 우리 형법상으로는 긴급구조의무위반죄와 같은 부작위 일반을 처벌하는 규정이 없고,[89] ② 부진정부작위범은 결과범뿐만 아니

397면; 임 웅, 524면; 정성근/박광민, 457면.

88) 박상기, 308면; 이정원, 430면.

89) 소방법 제72조 제1항에는 화재시 소방대상물의 관계인의 소화의무·인명구출의무를, 동법 제77조에는 소방서장 등의 소방종사자 명령에 의한 일반인의 소화의무·인명구출의무를 규정하고 있으나 부작위에 따른 벌칙조항이 없다. 또한 경범죄처벌법 제1조 제36호에는 재해·화재시 공무원원조불응규정이 있으나 범칙금을 부과하도록 하고 있음으로써 일반적인 부작위범과는 그 성격이 다르다고 할 수 있다.

라 거동범에 대해서도 성립이 불가능하다고 해야 할 이유가 없으며, ③ 형법이 부진정부작위범에 관한 규정을 두지 않은 것은 그것이 결과범이기 때문이라는 주장도 설득력이 없다. 따라서 통설인 **형식설**이 타당하다.[90] 예컨대 보호의무자가 어린이의 주거침입이나 폭행을 방치한 경우에는 부진정부작위범으로서의 주거침입죄나 폭행죄의 간접정범이 성립할 수 있다. 이들 범죄는 **거동범**이지만 부작위에 의해서도 성립이 가능하기 때문이다.

2. 부작위범의 구성요건

진정부작위범인가 부진정부작위범인가를 불문하고 부작위범이 성립하기 위해서는 다음의 세 가지 요건 요구된다.

(1) 구성요건적 상황의 존재

법규범이 작위를 요구하는 구체적인 상황이 존재해야 한다. 행위자가 구체적인 작위의무의 내용을 인식할 수 있는 사실관계인 **'구성요건적 상황'**은 진정부작위범의 경우에는 형법각칙에 기술되어 있지만, 부진정부작위범의 경우에는 **'구성요건적 결과발생'** 내지 **'구성요건적 결과발생의 위험'**이라는 사태가 존재해야 한다.

(2) 부 작 위

명령규범이 요구하는 작위의무의 불이행이라는 **'부작위'**가 있어야 한다. 따라서 작위의무를 수행했지만 결과가 발생한 경우에는 고의의 부작위범은 성립할 수 없지만 과실범이 성립할 수는 있다. 즉 과실로 작위의무를 이행하지 않은 부작위로 인해 결과가 발생한 경우에는 **과실부작위범**이 된다. 이를 **'망각범'**이라 부르기도 한다.

그런데 진정부작위범에 있어서 **작위의무**의 내용은 구성요건에 규정되어 있기 때문에 그 내용이 명확하나, 부진정부작위범에 있어서 작위의무의 내용은 구성요건에 기술되어 있지 않으므로 해석에 의하여 그 내용을 충전해야 하는 **'기술되어 있지 아니한 구성요건요소'**에 속한다. 우리 형법도 제18조에 "위험발생을 방지할 의무가 있거나 자기의 행위로 인하여 위험발생의 원인을 야기한 자가 그 위험발생을 방지하지 아니한 때에는 그 발생된 결과에 의하여 처벌한다"라고 하여 작위의무발생의 최소한의 근거 및 작위의무자의 부작위를 처벌한다는 원칙만을 규정함으로써 작위의무의 내용은

90) 형식설과 실질설을 결합해야 한다는 입장으로는, 김일수/서보학, 485면; 손해목, 785면; 조준현, 298면.

학설과 판례에 위임되어져 있다고 할 수 있다. 따라서 부진정부작위범의 구성요건의 내용에 대하여는 다시 살펴보기로 한다.

(3) 행위의 가능성

일반적인 행위가능성, 즉 **일반적 행위능력**이 있어야 하고 이러한 일반적, 객관적 행위가능성조차 없는 경우에는 부작위의 행위성이 부정된다. 나아가 행위자 개인이 법규범에 의하여 요구되는 작위의무를 수행할 수 있는 **개별적 행위능력**이 있어야 한다. 예컨대 낙동강이나 영산강에 빠진 사람을 서울에 있는 사람이 구할 수는 없으며, 절대적 폭력하에 있거나 수영능력이 없거나 반신불수인 아버지가 아들을 구조할 수는 없다. 그러나 행위자의 신체적, 정신적 조건과 적절한 구조수단의 존재와 같은 외적 조건이 구비되어 있으면 **개별적 행위가능성**이 인정될 수 있다.

요컨대 일반적 행위가능성 또는 개인적 행위가능성이 부정되면 부작위행위는 존재하지 않으므로 부작위범의 구성요건해당성이 부정된다.

(4) 주관적 구성요건요소

부작위범에 있어서도 주관적 구성요건요소로서 행위자의 고의, 특별한 주관적 불법요소 등이 요구된다. 따라서 객관적 구성요건요소인 구성요건적 상황의 존재, 부작위, 개별적 행위가능성 등에 대한 행위자의 인식과 의사가 필요하며, 이때의 고의는 미필적 고의로도 충분하다.

3. 부작위범의 위법성과 책임

(1) 부작위범의 위법성

부작위범에 있어서도 구성요건해당성이 위법성을 징표하는 점에서는 동일하다. 따라서 구성요건에 해당하는 부작위행위는 위법성조각사유의 존재에 의하여 위법성이 조각될 수 있다. 부작위범의 위법성조각사유와 관련하여 특히 문제되는 것은 **의무의 충돌**이다. 의무의 충동이란 둘 이상의 의무를 동시에 이행할 수 없는 긴급한 상태에서 하나의 의무를 이행함으로서 다른 의무를 이행할 수 없게 된 경우이다. 이때에는 행위자가 높은 가치나 같은 가치의 의무를 이행하기 위해 부작위로 나간 때는 부작위의 위법성이 조각된다.[91] 작위의무와 금지의무가 충돌하는 경우, 즉 작위의무를

91) 김일수/서보학, 380면; 박상기, 324면; 오영근, 400면; 이재상/장영민/강동범, 128면; 이형국, 401면; 임 웅, 539면.

이행하기 위해 제3자의 법익을 침해하는 경우에는 긴급피난의 이론을 적용할 수 있다.[92] 행위자가 충돌하는 의무의 가치서열에 관하여 착오를 일으켜 객관적으로 낮은 가치의 의무를 이행하고 높은 가치의 의무를 부작위한 경우에는 **작위의무에 관한 착오**로서 위법성의 착오(금지착오)가 되어 정당한 이유가 있는 때에는 책임이 조각될 것이다.[93]

(2) 부작위범의 책임

부작위범에 대한 책임비난을 위해서는 작위범과 마찬가지로 **책임능력**과 **위법성의 인식** 및 **책임조각사유의 부존재**가 필요하다. 따라서 행위자에게 위법성인식에 대한 착오(금지착오)가 있는 경우에도 위법성의 착오에 정당한 이유가 있을 때에는 책임이 조각된다. 또한 부작위범에 있어서도 적법행위에 대한 기대불가능성의 부존재가 요구되어진다.

이와 달리 부작위범에 있어서의 **기대가능성**은 작위의무의 범위와 행위능력을 결정하는 자료이므로 단순한 책임조각사유가 아니라 **구성요건요소**에 해당한다는 견해도 있다.[94] 그러나 ① 작위범과 부작위범에 있어서 기대가능성의 기능을 특별히 달리 평가해야 할 이유가 없고, 또한 ② 부작위범의 구성요건요소인 **행위가능성**과 **기대가능성**은 구별해야 하므로 부작위범에 있어서도 기대가능성을 **책임조각사유**로 이해하는 입장이 타당하다.[95]

Ⅲ. 부진정부작위범의 구성요건

1. 부작위의 동가치성

진정부작위범은 부작위를 처벌하는 구성요건이 특별히 존재하므로 작위에 의하여 작위범의 구성요건을 실현하는 것과 동등하게 평가되어 별다른 문제가 없다. 그러나 부진정부작위범에 있어서는 부작위에 의하여 작위범의 구성요건을 실현한다는

92) 이재상/장영민/강동범, 128면.

93) 임 웅, 539면.

94) Haft, S. 177; Schönke/Schröder/Stree, Vor §13 Rn. 155; Tröndle/Fischer, §13 Rn. 16; 이재상/장영민/강동범, 122면.

95) Jescheck, LK Vor §13 Rn. 91; Rudolphi, SK Rn. 31; Wessels/Beulke, Rn. 742; 이재상/장영민/강동범, 128면.

특수성으로 인해 부작위범의 일반적인 구성요건 이외에 부진정부작위범에만 특별히 요구되는 구성요건요소가 존재한다. 즉 작위범의 형태로 규정된 구성요건은 금지규범을 전제로 하여 작위를 금지하는 것을 예상하고 있는 규정인데, 이를 명령규범에 위배되는 부작위에 의하여 실현하는 것이므로 부작위는 작위와 동등하게 평가될 것을 요한다고 할 수 있다. 이것을 부진정부작위범에 있어서 **부작위의 동가치성**(Gleichwertigkeit) 또는 **동치성**(同置性: Gleichstellung)의 문제라고 한다.

부작위를 작위와 동등하게 평가하기 위해서는 다음의 두 가지 요건이 충족되어야 한다. 첫째, 부작위행위자는 구성요건적 결과발생을 방지할 의무 있는 자, 즉 **보증인적 지위**에 있는 자이어야 한다. 모든 부작위자가 아니라 보증인의 부작위만이 작위와 같이 평가될 수 있다. 이를 부진정부작위범에 있어서 **제1의 동가치성의 요소**라 부르기도 한다. 보증인적 지위에 대하여 우리 형법은 제18조에 '위험발생을 방지할 의무가 있는 자'와 '위험발생의 원인을 야기한 자'라고 하여 예시적으로 규정하고 있다.

둘째, 보증인의 부작위가 작위와 동등하게 평가되기 위해서는 작위에 의한 구성요건실현과 동등하게 평가될 수 있도록 부작위행위가 **행위정형 내지 행위수행방법의 상응성**(相應性) 내지 **동가성**(同價性)이 있어야 한다.[96] 이를 부진정부작위범에 있어서 **제2의 동가치성의 요소**라 부르기도 한다.

2. 보증인적 지위

(1) 의의 및 요건

부진정부작위범에 있어서 부작위를 작위와 동등하게 평가하기 위해서는 결과발생을 방지해야 할 보증인의 부작위가 있어야 한다. 이러한 지위에 있는 자를 부진정부작위범에 있어서 **보증인적 지위**라고 한다. 보증인적 지위를 인정하기 위해서는 ① 법익담당자가 법익침해에 대한 위협을 스스로 보호할 능력이 없어야 하고, ② 부작위자가 위험으로부터 법익을 보호해야 할 의무, 즉 **작위의무**(보증인의무)가 있어야 하며,

96) 부진정부작위범은 진정부작위범과는 달리, ① 부작위의 동가치성이 요구되어지고, ② 현행 형법상으로는 결과범인 진정부작위범은 존재하지 않으므로 부작위와 구성요건적 결과 사이의 인과관계와 객관적 귀속이 문제되며, ③ 미수범도 성립하고, ④ 주관적 구성요건요소인 고의의 인식내용으로는 부진정부작위범에 특유한 구성요건요소인 구성요건적 결과, 인과관계, 보증인적 지위와 동가치성 및 결과발생가능성에 대한 인식이 요구되며, ⑤ 형법상으로는 진정부작위범에 대한 과실범 처벌규정이 없으므로 부진정부작위범만이 과실범이 문제될 수 있다.

③ 작위의무자가 보호기능에 의해 법익침해사태를 지배하고 있어야 한다. 이러한 보증인적 지위를 인정하기 위한 요소 중에서 가장 중요한 요소는 **작위의무**이다. 그리고 보증인적 지위는 **고의의 부진정부작위범**에서만 문제되며, 과실범에서는 작위의무와 주의의무가 실질적으로 일치하므로 그 구조는 진정부작위범과 같다고 할 수 있다.

(2) 체계적 지위

보증인적 지위 또는 그 근거가 되는 작위의무의 체계적 지위에 관해서는 견해가 대립한다.

1) 위법성의 요소라는 견해

종래의 통설은 부진정부작위범에 있어서 작위의무위반을 위법성의 요소로 이해함으로써 부작위범의 동가치성은 위법성의 특수성에 있다고 보아 왔다. 즉 부진정부작위범의 구성요건은 위법성을 징표하지 못하며, 구성요건적 결과를 방지해야 할 법적 의무 있는 자의 부작위가 있을 때 비로소 위법하게 된다는 것이다.

그러나 부진정부작위범에 있어서 부작위의 동가치성을 위법성에서 구하게 될 경우에는 ① 명령규범에 위배되지 않는 사람의 부작위도 그것으로 인하여 구성요건적 결과의 발생을 방지하지 않으면 구성요건에 해당하는 결과가 되어 부진정부작위범의 **구성요건해당성이 부당하게 확대**되고, ② 부진정부작위범에 있어서 부작위의 동가치성은 작위의무 있는 자의 부작위가 있어야 작위와 동가치성이 인정되므로 작위범에 있어서 작위와 마찬가지로 구성요건요소에 해당된다고 해야 하며, ③ 구성요건은 위법성징표기능을 갖는데 부진정부작위범에 대해서만 작위의무를 위법성의 요소로 파악하는 것은 구성요건의 위법성추정기능을 부정하는 결과가 되어 일반적인 **범죄론체계와도 불일치**한다는 비판을 면할 수 없다.

2) 보증인설(구성요건요소설)

보증인, 즉 작위의무자의 부작위를 부진정부작위범에 있어서 구성요건해당성의 문제로 파악하는 견해를 **'보증인설'**이라 한다. 보증인설(Garantentheorie)은 나글러(Nagler)가 위법성설의 결함을 제거하기 위하여 처음으로 주장하였는데, 부진정부작위범에 있어서 부작위를 작위와 동가치적으로 평가하기 위해서는 결과발생을 방지해야 할 작위의무에 의하여 법익침해를 방지할 것을 법적으로 보증하는 **보증인적 지위**에 있는 자의 부작위만이 동등한 가치를 가지므로, 보증인적 지위는 부진정부작위범의 구성요건요소가 된다는 입장이다. 따라서 보증인설에 의하면 부진정부작위범은 보증인적 지위에 있는 자에 의해서만 실현될 수 있으므로 **진정신분범**의 성격을 갖게 된다. 나글러의 '보증인설'은 **보증인적 지위**와 **보증의무**를 모두 구성요건요소로 이해하기 때문에 이를 **구성요건설**이라고도 한다.

3) 이 분 설

보증인설과는 달리 보증인적 지위와 그 기초가 되는 보증인의 의무(작위의무)를 구분하여, 전자는 구성요건요소이고 후자는 위법성의 요소라는 견해이다. 우리나라의 **통설**[97]의 입장이다. 보증인설이 작위범에 있어서 법적 의무위반이 위법성의 요소이듯이 부진정부작위범에 있어서도 위법성의 요소인 작위의무를 구성요건요소로 이해한 것은 잘못이다. 따라서 오늘날에 와서 보증인설은 보증인적 지위에 있는 자만의 부작위만이 구성요건에 해당하므로 보증인적 지위는 구성요건요소이지만, 보증인적 지위에 있는 자의 작위의무위반(보증의무위반)은 구성요건요소가 아니라 위법성의 요소라고 보는 이분설이 통설의 지위를 차지하게 되었다. 이분설에 의하면 착오론에서 보증인적 지위에 관한 착오는 구성요건적 착오가 되고, 작위의무에 관한 착오는 위법성의 착오가 되게 된다.

(3) 보증인적 지위의 발생근거와 내용

– 작위의무의 발생근거와 내용 –

1) 학　　설

부진정부작위범에 있어서 보증인적 지위, 특히 작위의무의 발생근거를 어디에서 구할 것인가가 중요한 과제이다. 이에 대하여는 법원설과 기능설의 대립이 있다.

가. 형식설(법원설)　　형식설은 작위의무의 발생근거를 **법령·계약·조리 또는 선행행위**로 인한 작위의무에 한정하여 인정하면 족하다는 견해이다.[98] 형식설은 보증인의 의무가 도덕적 의무가 아니라 법적 의무라는 측면을 중시하여 법원이라는 형식에서 찾으므로 **법원설**(法源說)이라고도 한다. 형식설이 작위의무의 발생근거를 법적 의무 있는 경우로 제한하여 그 범위를 한정하고자 하는 점에서는 그 의의가 크다.

그러나 형식설은 ① 선행행위로 인한 작위의무가 형법적 동가치 판단에 앞서서 전제되어 있다고 할 수 없으므로 형식설과 불일치하고, ② 작위의무위반과 부작위와

97) 김일수/서보학, 492면; 박상기, 310면; 손해목, 793면; 안동준, 296면; 이재상/장영민/강동범, 131면; 이형국, 410면; 임 웅, 529면; 정성근/박광민, 463면.

98) 배종대, 732면; 유기천, 123면; 정영석, 108면; 진계호, 147면; 황산덕, 70면.

작위의 동가성은 형법적 관점에서 판단해야 하는데도 불구하고 이를 계약에서 발생하는 의무 등 사법에 예속시키는 것은 부당하며, ③ 작위의무를 인정하는 범위도 지나치게 협소하고, ④ 작위의무의 내용과 한계도 명확히 할 수 없다는 비판을 받게 된다.[99)]

나. 실질설(기능설) 보증인적 지위의 발생근거를 일정한 법익에 대한 특별한 **보호의무**와 일정한 위험원에 대한 **안전의무**라는 두 가지 기능으로부터 실질적 관점에서 작위의무의 내용을 규명하고자 하는 견해이다. 실질설은 **카우프만**(Armin Kaufmann)이 작위의무의 내용을 법익보호기능에 의한 보증인의무인 보호의무(Obhutspflichten)와 위험에 대한 감시의무에 따른 안전 또는 지배의무(Sicherungs- oder Beherrs-chungspflichten)로 나누어서 검토한 데서 유래한다.

생각건대 실질설은 작위의무의 내용과 한계를 명확히 하는 기준을 제시한 점에서는 형식설보다 타당하지만,[100)] 작위의무의 발생근거를 고려하지 않을 경우에는 작위의무의 범위가 지나치게 확대될 우려가 있다. 따라서 작위의무의 발생근거에 대하여는 형식설과 기능설의 장·단점을 고려해 볼 때 어느 하나의 입장이 아니라 형식설과 기능설을 결합하여 종합적으로 작위의무(보증의무)를 파악하는 **결합설**의 입장이 타당하다고 생각된다.[101)] 따라서 아래에서는 형식설에 따른 작위의무의 내용과 실질설에 따른 작위의무의 내용을 검토해보기로 한다.

2) 작위의무의 발생근거

작위의무는 법령·계약·선행행위 및 조리에 의하여 발생할 수 있다.[102)]

가. 법령에 의한 작위의무 법령에 의해 작위의무가 발생하는 경우이다. 이때 작위의무가 발생하는 법령은 사법의 영역에 한하지 않고 공법영역에서도 발생할 수 있다. 그 예로는 민법상으로는 친권자의 보호의무(민법 제913조), 친족 간의 부양의무(민법 제974조), 부부간의 부양의무(민법 제826조) 등을 들 수 있고, 공법상으로는 경찰

---

99) 이재상/장영민/강동범, 132면; 임 웅, 532면.

100) 안동준, 297면; 이정원, 443면.

101) 김일수/서보학, 494면; 박상기, 316면; 손동권, 371면; 손해목, 795면; 신동운, 138면; 오영근, 289면; 이재상/장영민/강동범, 132면; 이형국, 414면; 임 웅, 535면; 정성근/박광민, 462면; 조준현, 390면.

102) 대판 2015. 11. 12, 2015도6809-전원합의체(작위의무는 법령, 법률행위, 선행행위로 인한 경우는 물론, 신의성실의 원칙이나 사회상규 혹은 조리상 작위의무가 기대되는 경우에도 인정된다).

관의 보호조치의무(경찰관직무집행법 제4조), 의사의 진료의무와 응급조치의무(의료법 제16조), 운전자의 사상자구호의무(도로교통법 제50조 제1항) 등이 있다.

나. 계약에 의한 작위의무 계약에 의하여 양육 또는 보호의무를 지고 있는 경우에도 작위의무가 발생한다. 이때 계약의 유·무효보다도 실질적으로 보증인적 지위를 획득한 경우에는 작위의무가 발생한다고 보아야 한다.[103] 예컨대 고용계약에 의한 간병인의 환자보호의무, 보육원 보모의 유아·육아보호의무, 신호수의 직무상의 의무, 유치원교사의 아동보호의무, 의사나 간호사의 환자보호의무 등이 계약에 의하여 작위의무가 발생하는 경우이다.

다. 선행행위로 인한 작위의무 타인의 법익에 대한 위험을 스스로 야기한 자, 즉 선행행위자는 그 위험을 제거할 보증인의 지위에 놓이게 된다. 예컨대 교통사고를 낸 자는 교통사고라는 선행행위로 인하여 피해자의 생명·신체에 대한 위험을 제거해야 할 보증인이 되어 구호조치의무가 발생하고,[104] 과실로 불을 낸 자는 불을 진화해야 할 보증인이 되며,[105] 어린 조카를 저수지로 데리고 가서 미끄러지기 쉬운 제방 쪽으로 유인하여 걷게 한 자는 물에 빠진 피해자에 대하여 보증인이 되고,[106] 미성년자를 감금한 자는 탈진상태에 빠진 피해자에 대한 보증인이 되어 작위의무가 발생한다.[107] 선행행위로 인해 보증인적 지위가 발생하는 법적 근거로는 형법 제18조의 "자기의 행위로 인하여 위험발생의 원인을 야기한 자"라고 규정한 법문에서 찾을 수 있다.

선행행위로 인해 보증의무가 발생하기 위해서는 첫째, 선행행위가 위험발생에 **직접적이고 상당한 행위**여야 한다. 따라서 불법무기를 빌려준 자의 행위는 타인이 그 무기로 행한 범죄의 결과발생에 대하여 직접적인 선행행위가 아니며, 운전수에게 소주 한잔을 권한 자는 음주운전자의 교통사고발생에 대하여 상당한 선행행위가 아니다. 둘째, 선행행위는 유책하지는 않더라도 **위법**해야 한다.[108]

---

103) 배종대, 749면.

104) 대판 2015. 10. 15, 2015도12451.

105) 대판 1978. 9. 26, 78도1996(부작위에 의한 폭발물파열죄 성립).

106) 대판 1992. 2. 11, 91도2951(부작위에 의한 살인죄 성립).

107) 대판 1982. 11. 23, 82도2024(부작위에 의한 살인죄 성립).

108) 김일수/서보학, 173면; 박상기, 319면; 배종대, 694면; 신동운, 121면; 안동준, 299면; 이재상/장영민/강동범, 136면; 이정원, 419면; 이형국, 413면. 이와 달리 선행행위가 적법하더라도 작위의무가 발생할 수 있다는 견해로는 오영근, 292면.

라. 조리 또는 사회상규에 의한 작위의무 법령·계약·선행행위 이외에도 통설[109]은 **사회상규** 또는 **조리**에 의해서도 작위의무가 발생하는 것으로 보고 있다. 예컨대 고용주의 동거고용자에 대한 보호의무,[110] 관리자의 위험발생방지의무, 목적물의 하자에 대한 신의칙상의 고지의무[111] 등이 이에 해당한다는 것이다.

이에 대하여 작위의무는 윤리적 의무가 아니라 **법적 의무**이므로 조리 또는 사회상규에 의한 작위의무를 인정하는 것은 작위의무의 내용을 불명확하게 할 뿐만 아니라 사실상 다른 유형의 작위의무를 포함하는 결과를 가져오므로 이를 부정하는 견해도 있다.[112]

3) 보증인적 지위의 내용과 한계

보증인의 의무는 그 내용에 따라 **보호의무**와 **안전의무**로 나눌 수 있다.

가. 보호의무에 의한 보증인적 지위 부작위범과 피해자 사이에 보호관계가 있는 경우에 위험으로부터 법익을 보호해야 할 보증인적 지위에 놓이게 되고 이로 인해 **위험발생방지의무**, 즉 보증인의무가 발생한다. 이러한 **보호관계**는 가족적 관계, 긴밀한 공동관계 및 보호기능을 인수한 경우에 발생하게 된다.

(가) 가족적 보호관계 보증인의무가 발생하는 가장 명백한 경우는 가족과 같은 밀접한 공동체의 생활관계에 있을 때이다. 가족관계란 깊은 신뢰관계를 바탕으로 하기 때문에 가족구성원 상호간에는 생명이나 신체에 대한 위험발생을 방지할 보호의무가 발생한다. 따라서 부부간, 부모와 자녀 간에는 상대방의 위험에 대한 보증인이 되므로, 가족을 살해하려는 것을 알고 방치하면 부작위에 위한 살인(존속살해)방조죄가 성립하고, 가족의 자살행위를 알고서 방치한 경우에는 자살방조죄가 성립한다.

그러나 가족 간에도 보호의무의 범위는 **구체적 보호관계**에 따라 달라진다고 할 수 있다. 부모는 자녀의 생명·신체·재산관리(미성년 자녀에 한함)에 대하여 보호의무가 있지만 자녀는 부모의 생명·신체에 대하여만 보호의무가 발생하며, 부부 사이에

---

109) 김일수/서보학, 493면; 손해목, 797면; 유기천, 124면; 이재상/장영민/강동범, 133면; 조준현, 304면; 정영석, 109면; 진계호, 148면; 황산덕, 71면.

110) 고용주와 고용자는 계속적인 고용계약관계에 있으므로 고용주의 동거고용인에 보호의무는 고용계약에 따른 작위의무라고 보는 견해도 있다(임 웅, 530면).

111) 신의칙상의 고지의무를 조리상의 작위의무가 아니라 민법 제2조 제1항에 근거한 법령에 의한 작위의무로 보는 견해도 있다(임 웅, 530면).

112) 김성천/김형준, 202면; 오영근, 294면; 임 웅, 532면.

는 상대방의 **생명·신체에 대한 중대한 위험**에 대해서만 보호의무가 발생한다. 그러나 부부 사이에 신뢰관계가 존재하지 않는 경우인, 예컨대 불화로 인한 별거상태에 있는 때에는 이러한 보호의무도 인정되지 않는다고 해야 한다. 또한 보증인적 지위에 있는 부부 사이라 하더라도 상대방의 범죄를 저지해야 할 의무까지 인정되는 것은 아니다.[113)]

(나) 긴밀한 공동관계　가족관계와 같은 밀접한 생활관계는 아니더라도 탐험대나 등산대와 같은 위험한 모험을 같이하는 동행자 사이에는 **위험공동체**로서 **특수한 신뢰관계**가 전제된 긴밀한 공동관계가 있으므로 보증인적 지위가 인정된다. 예컨대 등반대의 대원이 건강상의 이유로 등반을 계속할 수 없을 때에는 등반책임자는 대원을 보호해야 할 보증인적 지위에 있게 된다. 이때에 보증인의 의무는 위험을 제거하기 위하여 참여자 상호간에 도움을 기대할 수 있는 범위 내에 한정되어 발생한다.

(다) 보호기능의 인수　피해자를 사실상 인수함으로써 인수자와 피해자 간에 보호관계가 발생하는 경우에도 인수자는 보증인적 지위에 있게 된다. 예컨대 수영교사는 수영강습생에 대하여, 위험한 관광의 관광안내원은 관광객에 대하여 보증인이 된다. 이러한 보호의무는 일반적으로 **계약**에 의해 발생하지만 계약이 종료되었다 하더라도 **사실상 보호기능을 인수**하고 있는 경우에는 보호의무는 발생할 수 있다. 또한 **일방적으로 보호기능을 인수한 경우**에도 발생한다. 예컨대 의사가 치료를 시작함으로써 다른 의사의 치료기회를 상실하게 한 경우나,[114)] 수술로 인하여 피해자에게 새로운 위험을 발생케 한 경우가 이에 해당한다.

나. 안전의무로 인한 보증인적 지위(위험원에 대한 책임)

위험원(危險源)에 대한 책임이 있는 경우에도 보증인적 지위가 인정될 수 있다. 이때에는 위험원에 대한 안전의무의 범위는 위험원을 감독하는 데에 한정된다. 위험원인으로 인한 보증인적 지위는 다음과 같은 세 가지 경우에 발생한다.

(가) 선행행위로 인한 보증인적 지위　선행행위로 인하여 위험을 야기한 자

113) 독일판례는 부부 사이에는 서로 상대방의 범죄를 저지할 보호의무가 있다고 판시하고 있다(BGHSt. 6, 332). 그러나 이 판결은 학자들에 의하여 많은 비판을 받고 있다(Haft, S. 181; Jescheck/Weigend, S. 628 등).

114) 독일 판례는 야간 당직의사가 응급환자의 왕진요구에도 불구하고 단순히 약을 전해준 사건으로, 당직의사는 방문의무를 위반하였으므로 부작위에 의한 과실치사죄의 성립을 인정하고 있다(BGHSt. 7, 221).

는 이러한 위험이 구성요건적 결과로 실현되지 않도록 방지해야 할 보증인적 지위에 있게 된다. 선행행위로 인하여 단순한 위험을 야기하였더라도 **결과발생 방지의무**를 인정하는 것은 보증인적 지위의 범위를 너무 확대하는 결과를 초래한다. 따라서 선행행위로 인한 보증인적 지위를 인정하기 위해서는 다음과 같은 세 가지 요건이 필요하다.

첫째, 선행행위는 결과발생에 대하여 **직접적이고 상당한 위험**을 야기할 수 있어야 한다(**직접적·상당한 위험발생가능성**). 따라서 단순히 칼을 빌려준 자에게 칼을 사용한 범죄자의 범죄행위를 방지해야 할 보증인이 되는 것은 아니다.

둘째, 선행행위는 객관적으로 의무에 위반하거나 **위법**할 것을 필요로 하므로 적법한 선행행위의 경우에는 보증인적 지위가 발생하지 않는다. 따라서 정당방위로 상대방을 공격한 자는 선행행위로 인하여 작위의무가 발생하지 않는다.

셋째, 의무위반이 그 법익을 보호하기 위한 **규범을 침해**해야 한다. 예컨대 간통관계를 맺고 있다고 하여 이혼소송에서 위증을 방지해야 할 보증인적 지위에 있는 것은 아니다.

(나) 위험원의 소유자·점유자의 관리감독의무 　　위험한 물건·기계·시설 또는 동물의 소유자·점유자는 이것으로 인하여 발생한 위험이 타인의 법익을 침해하지 않도록 감독할 보증인의무가 발생한다. 예컨대 건물의 소유자는 건물의 안전에 필요한 조치를 할 의무가 있고, 건축공사를 감독하는 자는 그 지위에 따라 안전조치의무가 있으며, 개의 소유자는 개로 인해 타인에게 피해가 발생하지 않도록 방지해야 할 보증의무가 발생한다.

이와 같이 위험원을 감독해야 할 보증인적 지위를 인정하기 위해서는 첫째, 위험이 **책임 있는 물건 등으로부터 발생**해야 하며, 둘째, 책임 있는 물건 등에 대하여 **법적으로 부여된 감독의무를 위반**해야 한다. 그리고 위험원에 대한 감독자의 보증의무는 위험원을 차단할 의무이지 피해자에 대한 **구조의무**가 발생하는 것은 아니다.[115]

(다) 타인의 행위에 대한 감독의무 　　제3자의 행위에 대한 책임 때문에 보증인적 지위가 발생하는 경우도 있다. 예컨대 미성년자에 대한 부모의 감독의무, 학생에 대한 교사의 감독의무, 부하직원에 대하여 감독의무 있는 상관의 감독의무 등이 이에 해당한다. 이 경우에는 제3자가 자기행위에 대하여 스스로 책임을 부담할 수 없고 감독자에게 그에 대한 감독의무가 법적으로 인정되는 경우에만 감독책임이 발생

115) 이재상/장영민/강동범, 136면.

한다.

이와 관련하여 대법원은 부하직원의 배임행위를 방치한 은행지점장에게 배임죄의 방조를 인정하고 있고,[116] 백화점의 상품관리 담당직원은 가짜 상표가 새겨진 상품을 판매하는 백화점입점업체 주인의 행위를 방치한 때에는 상표법위반 및 부정경쟁방지법위반의 방조죄가 성립한다[117]고 판시하고 있다.

감독권에 의한 보증인의 의무도 피감독인의 범죄행위를 방지하는 데 그치며 피해자를 구조할 의무까지 발생하는 것은 아니다.

4) 결 어

생각건대 실질설(기능설)이 오늘날 넓은 지지를 받고 있지만 보증인적 지위와 보증의무의 발생근거에 대하여 충분히 설명할 수 있는 학설은 아니다. 예컨대 민법 제2조 제1항의 신의성실의 원칙에 의한 고지의무, 도로교통법 제50조 제1항에 의한 운전자 이외의 승무원의 사상자구호의무, 결찰관직무집행법 제2조에 의한 경찰관의 범죄예방 및 진압의무, 응급의료에 관한 법률 제4조의 의료인의 응급의료의무 등은 실질설로서는 설명이 곤란하고 형식설(법원설)에 의해서만 그 근거가 명확해진다고 할 수 있다. 또한 형식설은 보증의무의 발생근거로서 결과발생방지의무의 구체적인 내용을 제시하지 못하는 단점이 있다.

따라서 형식설과 실질설은 상호 배척관계에 있다기보다는 보완관계에 있다고 할 수 있으므로, 보증인적 지위와 보증의무의 발생근거는 형식설과 실질설의 단점을 상호 보완하는 **종합적인 분석방법**에 의하여 그 근거를 찾는 **결합설**이 타당하다고 생각된다.[118]

3. 행위정형의 동가치성

부진정부작위범이 성립되기 위해서는 부작위가 작위에 의한 구성요건실현과 동등하게 평가될 것이 요구된다. 즉 작위범의 경우에는 실행행위유형이 구성요건에 기술되어 있으므로 실행행위에 특별한 의미를 부여할 필요가 없지만 부진정부작위범은

116) 대판 1984. 11. 27, 84도1906: 대판 1996. 9. 6, 95도2551; 대판 2006. 4. 28, 2003도4128.

117) 대판 1997. 3. 14, 96도1639.

118) 김일수/서보학, 494면; 박상기, 316면; 손동권, 371면; 손해목, 795면; 신동운, 138면; 오영근, 289면; 이재상/장영민/강동범, 132면; 이형국, 414면; 임 웅, 535면; 정성근/박광민, 462면; 조준현, 390면.

부작위에 의하여 이러한 실행행위를 실현하는 것이므로 보증인적 지위에 있는 자의 부작위가 작위에 의한 구성요건실현과 규범적으로 동등하게 평가될 것이 요구되어지는데, 이를 **제2의 동가치성의 요건**이라 부르기도 한다. 부진정부작위범에 있어서 행위정형의 동가치성에 대하여는 다양한 견해의 대립이 있다. 즉 부작위가 작위와 같이 평가될 수 있는 행위라는 강력한 요소가 보임을 요한다거나,[119] 부작위가 작위에 의한 구성요건실현과 같을 정도의 위법성을 지녀야 한다거나,[120] 또는 불법과 책임에 있어서 작위에 의한 구성요건실현과 동일시될 것을 요한다는 견해 등이 있다. 그러나 이러한 견해들은 부작위가 작위와 같이 평가받을 수 있는가에 대한 구체적인 기준을 제시하지 못하고 있다.

부진정부작위범에 있어서 **행위정형의 동가성**이란 부작위에 의한 구성요건적 결과가 구성요건에서 요구하는 수단과 방법에 의해 행해질 것이 요구되어진다는 것을 의미한다.[121] 따라서 살인죄, 상해죄, 손괴죄, 방화죄 등과 같이 결과가 발생하면 처벌되는 **단순결과범**에 있어서는 행위정형의 동가치성이 특별한 의미를 갖지 않지만, 구성요건적 결과가 **일정한 방법**에 의하여 행해질 것을 요하는 범죄에 있어서는 부작위도 이러한 개별적인 구성요건이 요구하는 일정한 방법에 해당되어야 동가치성을 지닌다고 할 수 있다. 따라서 사기죄(제347조)에 있어서는 '사람을 기망하여 재물을 교부받거나 재산상의 이익취득'을 하거나, 공갈죄(제350조)에 있어서는 '공갈하여' 재물 또는 재산상의 이익을 취득하거나, 특수폭행(제261조)이나 특수협박죄(제284조)의 경우에는 '단체 또는 다중의 위력을 보이거나 위험한 물건을 휴대하고서' 폭행 또는 협박을 한 경우에만 부진정부작위범이 성립할 수 있다.

또한 구성요건이 **일정한 신분을 가진 자를 행위주체로 하는 범죄**인 경우, 예컨대 허위진단서작성죄(제233조)에 있어서는 의사·한의사·치과의사 등의 신분을 가진 자, 형법 제125조의 폭행·가혹행위에 있어서는 '인신구속에 관한 직무를 행하는 자 또는 이를 보조하는 자'라는 신분을 가진 자만이 부작위범이 될 수 있다. 그러나 **자수범**의 경우에는 범죄의 불법내용이 자수적으로 실행될 것을 요하므로 부작위범이 성립할 여지가 없다고 하겠다.

119) 유기천, 126면; 오영근, 303면; 임 웅, 536면.

120) 진계호, 149면; 차용석, 309면.

121) 김일수/서보학, 502면; 박상기, 317면; 배종대, 730면; 손동권, 326면; 손해목, 800면; 신동운, 144면; 이재상/장영민/강동범, 138면; 이형국, 414면; 정성근/박광민, 470면.

4. 부진정부작위범의 처벌

부진정부작위범은 발생된 결과에 의하여 작위범과 동일한 법정형으로 처벌하며, 양형절차에서 그 형을 작량감경할 수 있을 뿐이다. 그러나 부진정부작위범은 작위범보다 불법과 책임의 내용이 가볍기 때문에 **입법론적으로는 임의적 감경사유**로 규정하는 것이 바람직하다고 생각된다.[122] 독일 형법 제13조 제2항과 오스트리아 형법 제35조 제5호 및 우리 형법개정법률안 제15조도 부진정부작위범의 형을 임의적 감경사유로 규정하고 있다.

Ⅳ. 관련문제

1. 주관적 구성요건

고의부작위범에 있어서도 객관적 구성요건요소에 대한 인식과 의사인 고의가 필요하다. 다만 부작위범의 경우에는 구성요건실현의사에 의하여 행하는 적극적인 작위가 없다는 점에서 작위범과 다소 차이가 있다.

(1) 부작위범의 주관적 구성요건

모든 부작위범의 주관적 구성요건으로는 **구성요건적 상황의 존재, 요구되는 행위의 부작위, 개별적 행위능력에 대한 인식**을 필요로 한다. 또한 **결과발생방지의 가능성**에 대**한 인식**도 고의의 내용이 된다.

(2) 부진정부작위범의 주관적 구성요건

부진정부작위범에 있어서는 **구성요건적 결과**와 **결과발생방지의 가능성**에 대한 인식이 있어야 한다. **보증인적 지위**에 대한 **인식**도 필요하다. 그러나 보증인적 지위의 근거가 되는 보증의무는 고의의 인식대상이 아니라 위법성의 요소이다. 따라서 **보증인적 지위에 관한 착오**는 사실의 착오이지만, **보증의무에 관한 착오**는 사실의 착오가 아니라 법률의 착오에 해당하게 된다.[123]

---

122) 배종대, 758면; 신동운, 145면; 이재상/장영민/강동범, 139면; 임 웅, 542면.

123) BGHSt. 16, 155. "고의에 의한 부진정부작위범의 처벌은 행위자가 결과를 방지해야 할 법적 의무를 인식할 것을 요하지 않는다. 이에 대한 착오는 금지착오이다."

2. 부작위범과 미수

부작위범에 있어서도 작위범과 마찬가지로 실행의 착수시점부터 미수범이 성립된다. 그런데 부작위는 작위의무의 불이행이기 때문에 존재론적으로는 아무런 행위를 하지 않는 것이기 때문에 실행의 착수시기를 정하는 데 어려움이 있다. 진정부작위범의 미수도 우리 형법은 퇴거불응죄의 미수(제322조)를 처벌하고 있기 때문에 실행의 착수시기가 문제된다. 특히 부진정부작위범에 있어서는 보증인에게 부과된 결과방지의 작위의무가 발생하는 시점이 실행의 착수시기가 되므로, 그 시점을 어떻게 정할 것인가에 대하여 견해가 대립한다. 즉 ① 보증의무자가 결과방지를 위하여 최초로 가능한 작위의 기회를 고의로 실현하지 않고 부작위로 나아간 때에 실행의 착수가 있다고 보는 **최초이행가능시설**과 ② 보증의무자가 결과방지를 위하여 가능한 최후시점을 지나쳤을 때 비로소 실행의 착수가 있다고 보는 **최종이행가능시설** 및 ③ **보호법익에 대한 구체적인 위험**이 발생하는 시점에 이르렀을 때 실행의 착수를 인정하는 **보호법익에 대한 위험설**[124)]의 대립이 있다.

생각건대 ①설에 의하면 실행의 착수시기가 너무 이르고, ②설에 의하면 너무 늦으므로 **보호법익에 대한 구체적인 위험이 발생하는 시점**에 실행의 착수가 있다고 보는 **절충설**의 견해가 타당하다고 생각된다.[125)]

부진정부작위범에도 **착수미수**와 **실행미수**가 가능하다. 착수미수는 보호법익에 대한 구체적인 위험이 발생하여 행위자가 요구된 의무를 이행함으로써 결과발생을 방지할 수 있다고 생각하는 때에 성립하고, 실행미수는 요구된 행위를 하는 것이 결과방지에 충분하지 않다고 생각하는 때에 성립한다. 그리고 **중지미수**는 결과발생방지를 위한 적극적인 중지행위, 즉 부작위의 중지라는 작위의무 이행으로 결과발생을 방지해야 성립한다.

부진정부작위범의 불능미수의 가벌성에 대하여는 견해의 대립이 있다. 불능미수는 결과발생이 처음부터 불가능하여 보호법익에 대한 위험이 있을 수 없으므로 원칙적으로 불가벌이라는 견해와 가벌이라는 견해가 그것이다. 보호법익에 대한 위험여부에 따라 원칙적으로는 불가벌적이지만 위험성이 있는 경우에는 가벌적이라고 보는 전자

---

124) 손동권, 386면; 임 웅, 541면.

125) 손동권, 386면.

의 견해가 타당하다고 생각된다.

3. 부작위범과 공범

(1) 부작위범의 공동정범

부작위범 사이에도 **공동정범의 성립은 가능**하다. 즉 공동자 사이에 의사연락이 있고 공통의 작위의무가 부여되어 있으며 그 의무의 공동이행이 가능할 경우에는 성립할 수 있다. 예컨대 부모가 공동으로 자녀를 굶어죽게 방치한 경우와 간수자가 공동으로 부작위하여 구금자를 도망하게 한 경우가 이에 해당한다. 또한 **작위범과 부작위범** 사이에도 의사연락이 있는 경우에는 **공동정범**도 이론상 가능하다는 것이 **통설**의 입장이다.[126] 예컨대 간수자가 서로 의사연락 하에 한 사람은 구금장소의 문을 열어주고 다른 간수자는 출입문을 잠그지 않은 경우가 이에 해당한다.

이에 대하여 예쉑(Jescheck)은 행위지배설에 따르면 작위범과 부작위범 사이에는 공동정범이 성립하지 않고, 부작위범은 작위범의 방조범으로 보는 것이 옳다는 입장을 취하고 있다.[127]

(2) 부작위자를 도구로 한 간접정범

강요 등을 통하여 보증인적 지위에 있는 자에게 작위의무를 이행하지 못하게 하는 경우에는 피강요자 등에 대한 **의사지배**가 인정되면 **간접정범**이 성립할 수 있다.[128] 다만 행위자가 보증인을 체포·감금하는 등 적극적인 작위를 통하여 결과를 야기한 것으로 평가될 경우에는 **작위의 직접정범**으로 보아야 한다.[129]

(3) 부작위에 의한 협의의 공범

1) **부작위에 의한 교사범의 성립**은 인정되지 않는다. 왜냐하면 부작위에 의해 정범으로 하여금 심리적으로 범죄실행을 결의하게 하는 것은 **불가능**하기 때문이다.

2) **부작위에 의한 방조**는 **보증인적 지위에 있는 자의 부작위**가 있을 경우에는 **가능**하다. 이 경우에 부작위에 의한 정범과 부작위에 의한 방조를 어떻게 구별할 것인가가 문제된다. 보증인적 지위에 있는 자의 부작위가 행위지배를 하고 작위에 의한 구성요건실현과 동가치한 것으로 평가되는 경우에는 부작위에 의한 정범이 될 수 있지

---

126) 이재상/장영민/강동범, 140면; 임 웅, 541면.

127) Jescheck/Weigend, S. 640.

128) 배종대, 758면; 이재상/장영민/강동범, 140면; 임 웅, 541면.

129) 손동권, 392면.

만, 대부분은 이에 미치지 못하므로 부작위에 의한 방조범이 성립될 것이다.

예컨대 상해사건 발생을 신고받은 경찰관이 현장에 도착하여 가해자가 피해자를 상해하는 현장을 목격하고서도 이를 제지하지 않은 경우에 경찰관은 상해죄의 **부작위에 의한 방조범**의 죄책을 지게 된다. 이에 대하여는 아래에 다시 살펴보기로 한다.

(4) 부작위범에 대한 협의의 공범

부작위범에 대해서도 적극적인 **작위에 의한 교사·방조**는 가능하다. 이 경우에 교사·방조범에게는 보증인적 지위가 요구되지 않는다. 예컨대 생명이 위독한 환자에게 수술을 하려는 의사에게 수술을 하지 못하도록 교사·방조하여 사망에 이르게 한 경우에 살인죄의 교사·방조범이 성립한다.

4. 부작위범에 있어서 정범과 공범의 구별

작위범과는 달리 부작위범은 현실적인 행위지배가 결여되어 있으므로 **행위지배 유무**에 의해 정범과 공범을 구별할 수 없다는 것이 **통설**의 입장이다. 이 때문에 부작위범의 경우 정범과 공범의 구별은 어떤 기준에 의할 것인가가 문제된다. 이에 대하여는 다음과 같은 학설의 대립이 있다.

① 작위의무의 발생근거에 관해 기능설에 입각하여 부작위자가 보호의무를 지는 때에는 정범이고, 안전의무를 지는 때에는 방조범이라는 견해(**개별화설**)와, ② 보증인적 지위에 있는 자가 어떤 형태로든 결과발생을 방지하지 않았다면 정범이 원칙이고, 영득의사나 목적과 같은 추가적인 주관적 구성요건요소가 필요한 범죄나 신분범, 자수범 등과 같은 보증인적 지위 및 보증의무를 초과하는 특별한 행위반가치적 요소를 요구하는 범죄 또는 당해 구성요건 자체가 특별한 행위정형을 요구하고 있어 본질적으로 부작위에 의해서 실현될 수 없는 범죄에서만 **예외적으로 방조범**이 성립한다는 견해(**정범설**)[130] 및 ③ 부작위를 통해 작위범에 가담한 경우에 작위자가 현실적으로 행위지배를 행사하고 있으므로 부작위자는 단지 작위범의 실행행위를 방지하지 않는 부작위를 통하여 작위범의 범행을 가능 또는 용이하게 한 것에 불과하기 때문에 부작위자는 항상 방조범이 될 뿐이라는 견해(**방조범설**)가 대립한다.

생각건대 의무침해여부를 토대로 정범과 공범을 구별하는 소수설에 의하면 부진정부작위범은 진정신분범 내지 의무범으로서 신분 내지 의무 자체가 정범적격의 요

130) 박상기, 328면; 손해목, 807면; 이정원, 428면.

소이므로 정범설의 입장을 취하게 된다. 그러나 부진정부작위범에 관하여 임의적 감경이 가능한 독일 형법의 경우와 달리 우리 형법에서는 이러한 감경 규정이 없고, 또한 작위범이 현실적으로 행위지배를 하고 있으므로 부작위범은 작위범의 범행을 용이하게 한 데 불과하다고 보는, 이른바 **방조범설**이 타당하다고 생각된다. 이 입장은 **다수설 및 판례**의 태도이기도 하다.[131)]

V. 형법 제18조의 해석 및 입법론

형법 제18조는 부작위범이라는 표제 하에 "위험발생을 방지할 의무가 있거나 자기의 행위로 인하여 위험발생의 원인을 야기한 자가 그 위험발생을 방지하지 아니한 때에는 그 발생된 결과에 의하여 처벌한다"라고 규정하고 있다.

이 법문에서 '위험발생을 방지할 의무 있는 자'란 작위의무가 있는 자 일반을 말하고, '자기행위로 위험발생의 원인을 야기한 자'란 선행행위로 인하여 작위의무가 발생하는 자를 의미한다. 그리고 '위험발생을 방지하지 아니한 때'란 작위의무불이행, 즉 부작위로 나아간 경우를 말한다. 따라서 우리 형법 제18조는 부진정부작위범에 있어서 작위의무의 발생근거에 관한 일반적인 원칙과 선행행위로 인해 작위의무가 발생하는 경우만을 적시함으로써 구체적인 작위의무의 발생근거와 내용에 대하여는 학설과 판례에 위임되어져 있다고 말할 수 있다.

입법론적으로는 부작위는 작위에 비하여 일반적으로 불법의 정도가 낮으므로 부진정부작위범에 대하여는 **임의적 감경사유**로 규정할 필요가 있다. 또한 부진정부작위범에 대하여는 작위에 의한 범죄실현과 동가치한 것으로 평가되는 경우에만 성립할 수 있도록 **동가치성(상응성) 조항**을 명문화할 필요가 있으며, 나아가 **긴급구조의무위반죄**, 이른바 **선(善)한 사마리아인에 관한 규정**[132)]을 신설하여 현행형법의 지나친 개인주의적인 성격을 보완할 필요가 있다.[133)]

---

131) 배종대, 758면; 손동권, 390면; 이재상/장영민/강동범, 140면; 임 웅, 541면; 정성근/박광민, 476면.

132) 위험에 처한 사람을 구조하는 것은 사회공동체의 구성원에게 요구되는 도덕적 의무이다. 이러한 도덕적 구조의무를 법적 의무로 파악하여 법적인 강제력을 부여하는 규범체계를 '선한 사마리아인의 법'이라 하고, 이러한 규정을 **'선한 사마리아인의 규정'**이라 한다.

133) 박상기, 321면; 임 웅, 542면.

제4장 위 법 성

제1절 위법성의 기초이론

Ⅰ. 위법성의 의의

1. 위법성의 개념

위법성이란 구성요건에 해당하는 행위가 **전체 법질서에 위배되는 것, 즉 전체 법질서의 입장과 모순·충돌하는 성질**을 말한다. 형법상의 구성요건은 공동체 구성원의 공존과 법익보호를 위한 전제조건으로서 금지규범과 요구규범에 위배되는 행위형태, 즉 불법행위유형을 규정하고 있으므로, 어떠한 행위가 구성요건에 해당한다고 평가된다면 이것은 **잠정적 위법성판단**을 가능하게 하는 **위법성을 징표**하게 된다. 따라서 불법구성요건적 사실이 발생하여 구성요건해당성이 있다고 판단되면, 다음의 위법성 심사단계는 구성요건해당성의 심사단계와는 달리 위법성조각사유에 의해 위법성이 조각되는가라는 **소극적 판단형식**을 취하게 된다. 말하자면 행위의 구성요건해당성은 위법성을 징표하므로 특별히 위법성조각사유가 존재하지 않는 한 위법하게 된다.

2. 위법성과 불법의 구별

위법성은 통상적으로 불법과 구별되며 다른 의미로 사용된다.[1)]

(1) 위법성(Rechtswidrigkeit)

위법성이란 구성요건에 해당하는 행위가 형법의 금지규범 또는 요구규범에 반하는 것을 의미한다. 따라서 위법성은 구성요건에 해당하는 행위에 대하여 전체 법질서

---

1) 김일수/서보학, 267면; 박상기, 145면; 배종대, 287면; 손해목, 380면; 안동준, 92면; 이재상/장영민/강동범, 217면; 이형국, 155면; 임 웅, 173면.

입장에서 내리는 부정적 가치판단이므로 평가적인 **'관계개념'** 이라 할 수 있으며, 이와 달리 **불법**은 위법한 행위 그 자체를 말한다. 따라서 불법이 실체개념인 **'주어'** 라면 위법성은 실체개념인 불법의 성질을 말하므로 **'술어'** 에 해당한다고 할 수 있다. 또한 불법행위는 그 종류에 따라 양과 질이 다를 수 있으나, 이러한 불법행위에 대하여 법질서 전체의 입장에서 내리는 부정적 가치판단이 위법성이므로 위법성은 언제나 **'단일하고 동일한 개념'** 이라는 점에서 양자는 차이가 있다. 예컨대 절도행위와 강도행위가 불법행위로서 그 불법의 정도는 차이가 있지만 전체 법질서의 입장에 반하고 위법하다는 점에서는 동일하기 때문이다.

(2) 불법(Unrecht)

불법이란 행위에 실현되어 법규범에 의해 부정적으로 평가된 반가치 자체, 즉 구성요건에 해당하고 **위법한 행위 그 자체**를 말한다. 따라서 불법은 **'실체개념'** 이고 주어에 해당하여 위법한 행위 그 자체를 의미하므로, 개별영역에 따라 다를 수 있고 법규범에 배치되는 종류와 정도에 따라 양과 질이 다를 수 있다. 예컨대 살인·상해·과실치사는 위법하다는 점에서는 동일하지만, 불법의 양과 질에서는 차이가 있다. 또한 민법·형법·행정법상의 불법은 그 내용이 법 영역에 따라 차이가 있지만 위법하다는 점에서는 동일하다. 예컨대 과실재물손괴행위에 대하여는 처벌하는 구성요건 자체가 존재하지 않으므로 처벌되지는 않지만 불법한 침해행위이므로, 정당방위의 요건인 "부당한 침해행위"에 해당하여 이에 대한 정당방위가 가능하게 된다.[2)]

3. 구성요건해당성 및 책임과의 관계

위법성은 가벌성 심사에 있어서 구성요건해당성 심사단계의 다음단계이고 책임 심사단계의 전(前)단계이므로, 이들 상호간에는 밀접한 관계에 있으면서도 서로 구별된다.

(1) 위법성과 구성요건해당성

구성요건에 해당하는 불법행위, 즉 금지규범 또는 요구규범에 위반하는 불법행위가 법익침해 내지 위험을 예외적으로 허용하는 허용규범(허용구성요건)에 해당함으로

---

2) 예컨대 과실재물손괴행위는 민법상 손해배상책임이 있지만 형법상으로는 불법이 아니고, 손괴미수는 형법상 불법에 해당하지만 민법상으로는 불법이 아니다. 그러나 과실재물손괴행위나 손괴미수가 위법행위라는 점에서는 동일하므로 정당방위가 가능하다.

써 구성요건해당성은 있지만 위법성이 배제되는(탈락하는) 경우가 있다.

또한 구성요건해당성과 위법성은 양자가 모두 형법상의 행위에 대한 **부정적인 가치판단**이라는 점에서는 동일하다. 그러나 구성요건해당성은 행위의 규범위반여부를 적극적으로 판단하지만, 위법성은 구성요건에 해당하는 행위에 대하여 예외적으로 그 허용여부를 판단하는, 즉 위법성조각사유의 존재여부를 소극적으로 판단하게 된다. 따라서 처음부터 구성요건에도 해당하지 않는 행위와 구성요건에 해당하지만 위법성이 조각되는 행위와는 구별되어야 한다.

(2) 위법성과 책임

범죄는 **행위와 행위자에 대한 반가치판단**으로 이루어져 있는데, 이러한 반가치판단을 위한 심사는 불법행위 자체에 대한 반가치판단인 **불법판단**과 행위자에 대한 반가치판단인 **책임판단**으로 분리하여 심사하는 것이 현대 형법학의 특징이라 할 수 있다. 베링(Beling)이 범죄 삼단계론을 주장한 이래로 전통적인 학설에 따르면, 「**불법평가는 객관적으로, 책임평가는 주관적으로**」라는 명제는 기본적으로 타당하다. 즉 위법성판단은 **행위에 대한 반가치판단**이며, 책임은 **행위자에 대한 반가치판단**이다. 따라서 위법성판단은 행위자의 개인적 능력을 고려하지 않는 **일반적·객관적 가치판단**이며, 책임은 행위자의 개인적 능력을 고려한 **개별적·주관적 가치판단**이다. 이와 같이 위법성판단은 행위에 대한 객관적 가치판단이지만 위법성판단의 대상에는 주관적 요소도 포함된다. 즉 위법성판단의 대상은 구성요건에 해당하는 불법행위이므로, 불법의 실체를 이루는 **법익침해 또는 위험발생이라는 결과**(결과불법)와 이러한 **결과를 지향한 행위자의 실현의사인 주관적 요소**(행위불법)는 당연히 위법판단의 대상이 되기 때문이다. 그러나 위법성판단의 대상이 되는 주관적 요소, 예컨대 고의범에 있어서 주관적 구성요건요소로서의 고의는 행위불법, 즉 **행위반가치**를 나타내지만, 책임판단의 대상이 되는 주관적 요소인 고의는 행위자의 **심정반가치**, 즉 불법행위를 실현한 심정형성에 대한 비난가능성을 나타내므로 양자의 의미는 다르다고 할 수 있다.

범죄론에서 위법성과 책임을 구별하는 실익은 ① 위법성은 객관적 가치판단이고 책임은 개별적·주관적인 판단이므로 위법한 행위에 대하여는 정범의 책임유무와 관계없이 **공범성립**이 가능하고, ② 위법한 행위에 대하여는 책임성립유무와 관계없이 **정당방위**가 가능하다는 점에 있다.

II. 위법성의 본질

1. 형식적 위법성론과 실질적 위법성론

위법성의 본질에 대하여는 형식적 위법성론과 실질적 위법성론이 대립하고 있다.

(1) 형식적 위법성론

형식적 위법성론이란 위법을 형벌법규의 배후에 잠재하는 **금지·명령규범의 위반**, 즉 **법규범위반**으로 이해하는 입장이다.[3] 이 견해는 **법실증주의**에 입각하여 법률에 위반하는 것을 위법이라고 정의함으로써, 형식적 순환론에 빠지고 그 내용이 공허하게 된다는 비판을 면할 수 없게 된다. 즉 구성요건에 해당하는 행위는 형식적으로 위법하게 되고, 형식적 위법성이란 이러한 법적 구성요건을 충족하는 행위에 불과하게 된다.

(2) 실질적 위법성론

실질적 위법성론이란 위법성은 행위와 규범 사이의 단순한 관계에 그치는 것이 아니라 실질적으로 그 내용적 의미를 가진다는 견해이다. 실질적 위법성의 본질이 무엇인가에 대하여는 ① 위법성의 본질을 권리침해에 있다고 보는 **권리침해설**(포이어바흐: Feuerbach), ② 위법성의 본질을 법익에 침해에 있다고 보는 **법익침해설**(리스트: Liszt, 비른바움: Birnbaum, 예쉑: Jescheck), ③ 문화규범위반(M. E. Mayer) 또는 조리·공서양속·사회윤리적 규범에 위반하는 것을 내용으로 한다는 **규범위반설**, ④ 우리 형법 제20조의 '사회상규'에 관한 문언을 근거로 실질적 위법성은 **사회상규에 위반하는** 것을 의미한다는 견해[4] 등이 있다.

실질적 위법성론의 내용을 종합해보면 실질적 위법성이란 **법익침해 내지 위험야기와 사회윤리적 질서위반** 또는 형법 이외의 수단으로서는 효과적으로 방지할 수 없는 **사회유해적 법익침해**를 의미한다고 할 수 있다.[5]

2. 학설의 비판적 검토

실질적 위법성론과 형식적 위법성론을 구별해야 할 구체적 실익이 있고, 또한 실질적 위법성의 본질에 관한 이론은 과연 위법성에 관한 이론인지에 관하여 살펴보기

3) 독일의 메르켈(Merkel), 빈딩(Binding) 등이 주장하였다.

4) 유기천, 175면; 정영석, 117면.

5) 손동권, 161면.

로 한다.

우선 실질적 위법성의 필요성을 주장하는 견해에 의하면, ① 실질적 위법성은 입법자가 형법구성요건을 제정하는 데 있어서 **입법지침**이 되고 또한 형벌집행기관이 법을 적용하고 집행하는 데 있어서도 **지도이념**이 되며, ② **구성요건**(구성요건에 포섭할 수 없을 정도의 극히 경미한 위반사례)이나 **착오**(위법성의 착오에 있어서 회피가능성이나 착오자의 책임은 행위자가 자기행위의 실질적 불법성을 어느 정도 인식하고 있었는가에 좌우되는 점 등)의 문제에 대하여도 유용한 해결기준을 제시하고, ③ 불법을 경중에 따라 구별하고 그 정도의 차이를 **양형**에서 고려할 수 있게 하며, ④ 구성요건의 기초가 된 목적과 가치관념에 따라 **구성요건을 해석**하게 하고, ⑤ 법률에 명문의 규정이 없는 경우에도 법익 또는 이익교량에 의하여 더 높은 법익을 위하여 낮은 법익을 희생한 경우에 **초법규적 위법성조각사유**를 인정할 수 있는 계기를 부여해준다는 점에서 현실적 의의가 있다고 한다. 따라서 실질적 위법성의 필요성을 주장하는 입장에서는 위법성의 개념은 형식적 위법성 개념만으로 구성되어서는 안 되며 반드시 실질적 위법성 개념이 함께 고려되어야 한다는 입장을 견지하게 된다.[6]

그러나 위법성을 실질적 위법성과 형식적 위법성으로 양분하여 대립시키는 견해는 타당하지도 않으며 논쟁의 실익도 없다고 보아야 한다.[7] 왜냐하면 ① 행위의 위법성은 단일한 위법성 개념에 의해 판단되고, ② 형식적 위법성론의 입장을 취한다고 하여 반드시 법률상의 위법성조각사유만을 인정하고 초법규적 위법성조각사유를 인정할 수 없는 것은 아니며, ③ 또한 초법규적 위법성조각사유는 형식적이든 실질적이든 어떤 경우에도 위법하다고 할 수 없고, ④ 나아가 **'사회상규에 위배되지 않은 행위'**와 구별되는 **'초법규적 위법성조각사유'**를 인정할 수 있는가도 의문이다. ⑤ 그리고 보다 근본적인 문제는 실질적 위법성론이 위법성의 의미 내용에 관한 것을 문제로 삼는다면, 이것은 이미 위법성의 문제가 아니라 불법의 본질에 관한 문제가 되어버린다. 결국 실질적 위법성론은 관계개념인 위법성과 그 실질내용인 불법문제를 혼동한 결과라고 하지 않을 수 없다. 따라서 형식적 위법성과 실질적 위법성은 서로 대립되는 개념이 아니므로 논쟁의 실익이 없다고 하겠다.[8]

---

6) 김일수/서보학, 297면; 손동권, 161면.
7) 박상기, 144면; 배종대, 259면; 이재상/장영민/강동범, 222면.
8) 박상기, 144면; 배종대, 293면; 이재상/장영민/강동범, 222면.

Ⅲ. 위법성의 평가방법

1. 주관적 위법성론과 객관적 위법성론

불법행위에 대하여 전체 법질서 입장에서 내리는 반가치판단인 위법성의 평가방법에는 형법규범의 기능을 의사결정규범으로 볼 것인가 객관적인 평가규범으로 볼 것인가에 따라 주관적 위법성론과 객관적 위법성론의 대립이 역사적으로 전개되어 왔다.

(1) 주관적 위법성론

주관적 위법성론은 책임능력자의 고의·과실에 의한 행위만을 위법하다고 보고 책임무능력자의 행위는 자연현상에 불과하다고 이해하는 입장으로서, 메르켈(Merkel), 비어링(Bierling), 페르넥(Ferneck), 도나(Dohna), 톤(Thon)[9] 등이 과거에 주장했던 견해이다. 주관적 위법성론은 형법규범의 본질은 평가규범으로서의 기능에 있는 것이 아니라 **의사결정규범**에 있다고 봄으로써 위법성의 판단도 행위자의 책임능력을 고려하여 판단해야 한다는 입장을 취하게 된다. 따라서 법규범의 수명자는 법규범의 금지·명령을 이해할 수 있는 자만이 해당하므로, 책임무능력자는 법규범의 수명자가 될 수 없기 때문에 위법한 행위를 할 수도 없다고 하게 된다. 이와 같이 주관적 위법성론에 의하면 책임무능력자의 행위는 위법한 행위가 아니므로 이에 대하여는 정당방위가 불가능하고 긴급피난만이 가능하다는 입장을 취하게 된다. 따라서 주관적 위법성론에 의하면 책임능력자만이 위법행위를 할 수 있다고 함으로써 위법판단과 책임판단이 결합된 **귀책가능성**을 위법성의 본질로 이해하는 오류가 생긴다.

(2) 객관적 위법성론

객관적 위법성론은 형법규범의 제1차적 임무를 의사결정규범이 아니라 **객관적 평가규범**으로 이해하여 위법성의 판단은 행위자의 개별적 의사능력에 관계없이 객관적으로 판단해야 하고, 의사결정규범으로서의 성격은 책임에서 고려해야 한다는 입장이다. 독일의 예링(Jhering), 나글러(Nagler), 마이어(Mayer), 슈미트(Schmidt), 메츠거(Mezger) 등이 주장하였다.

객관적 위법성론에 의하면 행위에 대한 위법성판단에 있어서는 법규범이 객관적 평가규범으로서 작용하여 행위자의 개인적 책임능력유무와 관계없이 모든 사람이 법

---

9) 톤(Thon)의 명령설은 인간의사에 대한 법규범의 명령·금지의 위반을 위법성으로 이해한다.

규범의 수명자(受命者)가 되어 사회일반인의 입장에서 객관적으로 판단하게 된다. 따라서 책임무능력자의 위법행위도 객관적으로는 위법하므로 이에 대한 정당방위가 가능하게 된다.

2. 비판적 검토

법규범은 일정한 행위에 대하여 평가규범의 존재를 전제로 하여 의사결정규범으로서 명령을 하게 된다. 즉 법규범은 **1차적으로 평가규범**으로서 행위에 대한 반가치판단을 하며, 이것으로부터 반가치판단이 내려진 행위를 하지 않게 의사결정을 하도록 하므로 **2차적으로는 의사결정규범**의 성격을 지닌다. 따라서 위법성은 행위에 대하여 객관적 평가규범의 위반이라는 반가치판단을 내리는 것이며, 책임은 행위자 개인에 대한 주관적 반가치판단이다.

그런데 주관적 위법성론은 행위자가 의사결정규범에 위반한 것을 위법이라 함으로써 귀책가능성까지 위법으로 판단함으로써 **책임판단과 위법성 판단문제를 혼동**하고 있다. 따라서 형법규범은 행위자 개인의 능력여부를 떠나서 객관적으로 존재하므로 행위의 규범위반여부를 객관적으로 판단하는 **객관적 위법성론**이 타당하다.

여기서 객관적 위법성론이란 위법평가 자체를 사회일반인을 표준으로 객관적으로 이루어진다는 것을 의미하며, **위법평가의 대상**이 객관적이라는 것을 의미하지는 않는다. 따라서 위법평가의 대상은 구성요건을 구성하는 요소이므로 객관적 구성요건요소뿐만 아니라 주관적 불법요소도 당연히 포함된다.

Ⅳ. 위법성조각사유

위법성조각사유란 구성요건에 해당하는 행위에 대하여 위법성을 배제하는 특별한 사정을 의미한다. 즉 구성요건에 해당하여 위법성이 추정되는 행위에 대하여 이러한 위법성 추정기능을 배제하고 정당화시키는 사유를 말하므로, 이를 **'정당화사유'**라고도 한다. 이러한 위법성조각사유를 공통적으로 지배하는 일반적 원리가 있는가에 대하여는 일원론과 다원론으로 입장이 크게 나누어져 대립하고 있다.

1. 일 원 론

일원론은 모든 위법성조각사유에 있어서 하나의 공통되는 기본원리가 존재한다고 보는 입장으로서, 여기에는 목적설, 사회적 상당성설, 법익교량설 및 이익교량설이 있다.

(1) 목 적 설

구성요건에 해당하는 행위가 국가적으로 승인된 공동생활의 목적달성을 위한 적당한 수단, 즉 국가공동생활의 '정당한 목적을 위한 상당한 수단'일 때는 위법성이 조각된다는 견해로서, 이러한 목적이 모든 위법성조각사유의 기본원리라고 보는 입장이다. 목적설은 모든 위법성조각사유를 통일적으로 파악하고, 특히 주관적 위법성조각사유를 인정할 수 있는 기초를 마련했다는 공헌은 있으나 ① '정당한 목적'이라는 표현을 사용함으로써 '정당한 것이 정당하다'는 동어반복적 기준이 되어 위법성조각사유의 의미파악에 도움이 되지 않으며, ② **'정당한 목적'** 또는 **'상당한 수단'** 이라는 막연한 개념을 사용함으로써 위법성조각사유의 내용에 대한 실질적 기준을 제시하지 못하고, ③ 국가공동생활의 정당한 목적을 위한 상당한 수단이라고 하여, 지나치게 국가주의적 입장에서 그 원리를 찾고 있다는 점에서 비판을 면하기 어렵다.

(2) 사회적 상당성설

사회적 상당성설은 사회생활에 있어서 **역사적으로 형성된 사회윤리적 질서**, 즉 **'사회적 상당성'** 이 위법성조각사유의 일반원리라는 견해이다. 이 견해는 사회적 상당성이라는 개념자체가 명확하지 않으며, 또한 긴급행위의 경우를 사회적 상당성에 의하여 설명하는 것은 부적절하다는 비판을 받고 있다. 이 견해도 넓게 보면 목적설의 범주에 속한다고 할 수 있다.

(3) 법익교량설

법익을 비교하여 경미한 이익을 희생하고 우월한 이익을 보호하므로 위법성이 조각된다는 견해이다. 이 견해는 법익형량이 어렵거나 피해자의 승낙에 의한 행위인 경우에는 설명이 곤란해진다는 비판을 받지 않을 수 없다.

(4) 이익교량설

법익 이외의 이익 또는 가치도 형량하여 경미한 이익 또는 가치를 희생시키고 우월한 이익을 유지했을 때 위법성이 조각된다는 견해이다. 이를 **우월적 이익설**이라고도 한다. 그러나 모든 정당화사유가 우월적 이익의 원칙에 의하여 설명되지는 않는다. 예컨대 타인을 위한 정당방위나 피해자의 승낙의 경우에는 이익교량에 의해 설명되지 않는 문제점이 있다.

2. 다 원 론

다원론은 하나의 통일된 원리에 의하여 모든 위법성조각사유를 설명하지 않고, 복수의 원리에 의하여 위법성조각사유를 규명하거나, 개별적인 위법성조각사유의 형태에 따라 그 원리를 찾으려는 이론이다. 여기에는 이원설과 개별화설이 있다.

(1) 이 원 설

이원설은 위법성조각사유를 한 가지 원리에 의해 설명하지 않고, **이익흠결의 원칙**과 **우월적 이익의 원칙**이라는 두 가지 원리에 의하여 설명하는 견해이다. 이익흠결의 원칙이 적용되는 경우는 피해자의 승낙과 추정적 승낙이고, 그 밖의 위법성조각사유는 우월적 이익의 원리가 적용된다는 입장으로서 메츠거(Mezger)에 의해 주장되었다. **이익흠결의 원리**란 구성요건에 해당하는 행위라 하더라도 보호해야 할 이익이 존재하지 않는 경우에는 위법하지 않다는 원칙이고, **우월적 이익의 원칙**이란 구성요건에 해당하는 행위로서 보호해야 할 이익도 있지만, 보다 우월한 이익을 위하여 작은 이익을 희생할 수밖에 없는 경우에는 위법하지 않다는 원칙을 말한다. 이 이론은 **결과반가치론**에 치중한 이론이다.

(2) 개별화설

위법성조각사유들을 개별적으로 검토해보면 서로 다른 이질적인 성격이 강하므로 위법성조각사유의 일반원리는 어느 하나의 원리가 적용되는 것이 아니라 개별적 위법성조각사유에 따라 달리 결합되어 나타난다는 견해를 개별화설이라고 한다.

3. 사 견

일원론과 같이 모든 위법성조각사유를 지배하는 하나의 공통된 일반원리를 찾으려는 이론적인 시도는 그 내용이 공허하거나 공통된 원리의 적용이 곤란함으로써 결국 실패하고 만다. 또한 이원설도 우월적 이익의 원칙과 이익흠결의 원칙이라는 두개의 원리에 의하여 이원적으로 위법성조각사유를 설명하지만, 우월적 이익의 원칙을 적용할 경우에는 결국 이익교량이라는 결과불법만을 고려한 입장이 되어버린다.

생각건대 불법의 실체나 위법성조각사유의 실체는 결과불법과 행위불법을 함께 고려하지 않고서는 제대로 파악했다고 할 수 없다. 따라서 위법성조각사유의 일반원리는 어느 하나의 원리가 적용되는 것이 아니라 **우월적 이익의 원칙**과 **이익흠결의 원칙** 및 **목적설**이 결합되어, 개별적 위법성조각사유에 따라 이들 원리들이 달리 결합되거나 어느 하나의 원칙이 중시되어 적용된다고 보는 **"개별화설"**의 입장이 타당하다고 생각된다.[10)]

V. 주관적 정당화요소

1. 의 의

구성요건에 해당하는 행위가 위법성이 조각되기 위해서는 위법성조각사유의 객관적 요건이 존재하는 것만으로는 부족하고 '주관적 정당화 요소', 즉 행위자가 행위 시에 위법성조각사유의 객관적 요건에 해당하는 사실(정당화사정)에 대한 인식을 하고 이를 실현하려는 의사를 구비하고 있어야 한다. 그런데 위법성조각사유가 객관적으로 존재하는 것만으로 위법성이 조각되는가, 그렇지 않으면 그것과 더불어 위법성조각사유, 즉 정당화사유에 대한 인식이나 의사 등 주관적 요소를 필요로 하는가에 대하여 견해의 대립이 있는데, 이를 **'주관적 정당화요소'**에 관한 문제라고 한다. 예컨대 정당방위가 성립하기 위하여 정당방위의 객관적 요건에 해당하는 사실이 존재하는 것만으로는 부족하고, 행위자가 **'정당화상황을 인식'**하고 또한 **'방위의사'**를 가지고 있어야만 정당화되어지는데, 이를 **'주관적 정당화요소'**라고 한다.

한편 불법구성요건의 주관적 요소를 **주관적 불법요소**라고도 하는데, 여기에는 행위자의 주관적 요소임에도 불구하고 불법의 존부, 강약에 영향을 주는 요소로서 고의·과실, 목적·경향·표현, 불법영득의 의사 등이 이에 해당하며, 이러한 주관적 불법요소에 반대되는 개념으로서 **'주관적 위법성조각요소'**를 **'주관적 정당화요소'**라고 한다.

---

10) 김일수/서보학, 275면; 손동권, 141면; 안동준, 100면; 이재상/장영민/강동범, 227면; 임 웅, 191면; 정성근/박광민, 204면.

2. 주관적 정당화요소의 필요성 여부

(1) 불필요설

위법평가의 대상을 객관적 요소에 한정하는 **순객관적 위법성론**이나 **결과반가치 일원론**의 입장에서는 정당화사유의 객관적 요건이 충족되는 것으로 결과반가치가 탈락하여 위법성이 부정되므로 주관적 정당화요소는 불필요하다는 입장을 취하게 된다.[11)]

(2) 필 요 설

이와 달리 **행위반가치론**이나 **이원적·인적 불법론**의 입장은 위법성이 조각되기 위해서는 정당화사유의 객관적 요건의 충족(정당화사유의 존재)만으로는 부족하고 주관적으로 행위자의 정당화사유에 대한 인식 또는 의사가 필요하다는 입장을 취하게 된다. 따라서 정당방위시에는 **'방위의사'**, 긴급피난시에는 **'피난의사'**, 자구행위시에는 **'자구의사'**가 필요하다는 입장으로서, 예컨대 갑의 불법적인 신체침해행위를 저지하기 위한 을의 방어행위가 위법성이 조각되기 위해서는 객관적으로 존재하는 정당방위상황 하에서 행해진 방위행위(결과반가치의 탈락)만으로는 위법성이 조각되지 않고, 행위자의 행위반가치인 구성요건적 고의의 불법성을 상쇄하는 주관적 정당화요소(행위반가치의 탈락: 방위의사)가 필요하다는 것이며, **통설**[12)]**과 판례**도 이러한 입장에 서 있다. 주관적 정당화 요소의 내용이 무엇인가에 대하여는 다시 견해가 나누어진다.

3. 주관적 정당화요소의 내용

(1) 인식설

주관적 정당화요소란 위법성을 조각시키는 **객관적 정당화 상황을 인식하는 정당화 고의**(Rechtfertigungsvorsatz)를 의미하며, 그 이상으로 행위자의 **목적이나 동기**는 불필요하다는 견해[13)]이다. 인식설에 의하면 주관적 정당화요소는 고의를 조각하는 것이면 족하므로 **미필적 인식**으로도 족하다는 입장을 취하게 된다.

(2) 인식·의사필요설

정당화상황의 인식과 더불어 **정당화 목적·동기**(정당화사유의 실현의사)가 필요하다는

11) 차용석, 596면.
12) 김일수/서보학, 278면; 박상기, 150면; 배종대, 294면; 신동운, 265면; 안동준, 101면; 이재상/장영민/강동범, 228면; 임 웅, 193면; 정성근/박광민, 207면.
13) 박상기, 151면; 이형국, 159면; 정성근/박광민, 207면.

견해[14]로서 **다수설**의 입장이다. 이 견해는 정당화상황의 인식을 주관적 정당화요소의 기본요소로 이해하고 있다.

(3) 의 사 설

정당화요소로서 **정당화목적** 또는 **동기**가 필요하다는 견해[15]이다. 이 견해는 정당화상황의 인식은 정당화목적의 독자적 요소가 아니라고 보고 있다.

(4) 개 별 설

주관적 정당화요소는 고의범에 있어서 고의에 대응하는 것이므로 **위법성조각사유의 객관적 요건에 대한 인식**(정당화 상황에 대한 인식)은 기본적으로 필요하고, 그 외에 **정당화 목적 또는 동기가 필요한가는 개별적인 위법성조각사유에 따라** 각각 달리 판단해야 한다는 견해이다.[16] 이 견해에 따르면 피해자의 승낙에 의한 행위는 **정당화고의**로 족하나, 긴급행위(정당방위, 긴급피난, 자구행위)시의 행위자는 **정당화사유에 대한 인식**과 더불어 방위의사, 피난의사, 자구의사라는 **정당화목적**이 요구되며, 한편 추정적 승낙이나 형법 제310조의 명예훼손죄의 위법성조각사유의 경우에는 정당화사유에 대한 **'양심에 따른 심사'** 또는 **'성실한 검토의무'**가 필요하다[17]고 보고 있다.

(5) 결 어

생각건대 불법구성요건의 행위반가치인 고의가 구성요건실현에 대한 인식과 의사를 내용으로 하는 것과 같이 이러한 행위반가치를 상쇄시켜 법익침해행위를 정당화시키기 위해서는 정당화사유의 실현에 대한 **인식과 의사**가 필요하다고 보아야 한다. 따라서 정당화 의사가 있는 한 개인적인 감정이 개입하더라도 정당화목적이 인정될 수 있지만, 정당화목적 없이 정당화상황에 대한 인식만으로는 정당방위로 볼 수 없다.

4. 주관적 정당화요소가 결여된 경우의 효과

불법의 본질에 관하여 결과반가치론의 입장에서는, 예컨대 우연피난(偶然避難)이나 우연방위(偶然防衛)의 경우에도 객관적 정당화사유가 실현되었으므로 결과반가치가 탈락되어 위법성이 조각되므로 행위자의 주관적 정당화요소는 위법성을 조각하기

---

14) 김일수/서보학, 280면; 배종대, 296면; 신동운, 265면; 오영근, 324면; 임 웅, 194면; 진계호, 324면; Jescheck/Weigend, S. 329; Samson, SK Rn. 23; Tröndle/Fischer, §32 Rn. 13.

15) Hirsch, LK Rn.53.

16) 이재상/장영민/강동범, 228면; Haft, S. 78; Schönke/schröder/Lenckner/Perron, Rn. 16; Trif－fterer, S. 208.

17) 손해목, 406면; 이재상/장영민/강동범, 229면.

위하여 불필요하다고 보게 된다. 그러나 주관적 정당화요소가 결여된 경우와 있는 경우를 동일하게 취급하는 견해는 타당하다고 할 수 없다.

이에 반해 불법의 본질에 관하여 행위반가치론이나 이원적·인적 불법론의 입장에서 보면, 위의 경우에 설령 결과불법이 탈락하더라도 행위불법은 여전히 남아 있게 되어 위법하게 된다. 이와 같이 객관적으로 정당화상황이 존재함에도 불구하고 주관적 정당화요소가 결여된 경우에 이를 어떻게 취급할 것인가에 대하여는 불능미수범설과 기수범설의 대립이 있다.

(1) 불능미수범설

객관적 정당화상황의 존재로 인해 결과반가치는 배제되나 행위반가치는 배제되지 않으므로 불능미수와 구조가 비슷하므로 불능미수의 규정을 **적용 또는 유추적용**해야 한다는 견해로서 **우리나라 다수설**의 입장이다.[18)]

(2) 기수범설

① 구성요건적 결과가 발생했으므로 결과반가치를 부정할 수 없다는 점과, ② 미수범으로 처벌할 경우에 미수범 처벌규정이 없는 경우에는 처벌의 흠결이 발생하고, ③ 우연적 방위가 미수에 그친 경우에는 미수범의 미수가 되어 해결할 수 없는 결과를 초래한다.

따라서 객관적으로는 정당화사정이 존재하더라도 주관적 정당화요소가 결여된 행위는 위법하므로 발생된 결과에 따라 **기수범**으로 처벌해야 한다는 견해이다.[19)] 기수범설에 의하면 주관적 정당화요소가 결여된 경우에는 다만 양형에서 작량감경이 가능하다고 보고 있다.

(3) 결 어

생각건대 불법판단에 있어서 주관적 정당화요소는 불필요하므로 정당화사정의 객관적 요건이 충족됨으로써 위법성이 조각되어 범죄는 성립하지 않게 된다는 불필요설은 결과반가치 일원론으로서 불법의 본질을 제대로 파악하지 못했다는 점에서 설득력이 없다. 또한 주관적 정당화요소를 결한 경우에는 정당화사정이 객관적으로 존재하더라도 결과반가치를 부정할 수 없으므로 기수범이 된다는 기수범설은 불법의

---

18) 김일수/서보학, 282면; 박상기, 152면; 안동준, 104면; 임 웅, 197면; 오영근, 326면; 이형국, 160면; 정성근/박광민, 209면; 진계호, 325면.

19) 이재상/장영민/강동범, 230면.

본질에 관하여 지나치게 행위반가치론에 기울어진 입장으로서 정당화사정의 존재로 인하여 결과반가치가 부정되어야 하는데도 불구하고 구성요건적 결과발생만으로 결과반가치를 인정하는 것은 지나치다. 따라서 구성요건적 결과는 발생했지만 객관적으로 정당화사정이 존재하기 때문에 결국 결과반가치는 배제되어진다고 보아야 하지만, 행위자에게 주관적 정당화요소가 결여되어 행위의 위험성이 있으므로 행위반가치는 배제되지 않기 때문에 불능미수와 같이 취급하는 것이 타당하다고 생각된다. 따라서 **불능미수범설**이 타당하다.

5. 과실범에도 주관적 정당화요소가 필요한가?

주관적 정당화요소는 원칙적으로 고의범을 전제로 한 문제이다. 과실범에 있어서도 주관적 정당화요소가 필요한가에 대해서는 **필요설**[20]과 **불필요설**(다수설)[21]이 대립한다. 필요설은 과실행위도 주의의무위반이라는 행위반가치가 있는 이상 이를 상쇄하기 위해 주관적 정당화요소가 필요하다는 입장이다. 이에 반해 불필요설은 과실범의 경우에는 행위자가 객관적인 정당화사정 하에서 행위를 하면 행위반가치가 탈락하므로 주관적 정당화요소는 사실상 의미가 없게 된다는 입장이다.

따라서 필요설의 입장에서는, 예컨대 갑을 살해하려고 총을 겨누는 을에게 갑이 경고사격을 하였으나 총알이 빗나가 을이 사망한 경우, 과실범에 의한 정당방위가 성립한다고 한다. 이와 달리 갑이 자신의 총을 수리하다가 총알이 발사되어 마침 갑을 살해하려고 총을 겨누던 을이 맞아 사망한 경우(우연적 방위)에는 주관적 정당화요소가 결여되어 있으므로 위법하다는 입장을 취하게 된다.

위의 경우에 필요설의 입장에서는 과실치사죄의 불능미수가 성립하나, 미수범처벌규정이 없으므로 결국 범죄가 성립되지 않게 된다. 불필요설의 입장에서는 갑의 행위는 처음부터 범죄가 성립하지 않게 된다. 결국 양 학설은 이론구성은 다르지만 과실범에 있어서 주관적 정당화요소가 결여되더라도 **불가벌**이라는 점에서는 동일하다고 할 수 있다.

---

20) 김일수/서보학, 309면; 임 웅, 198면.

21) 박상기, 149면; 배종대, 600면; 안동준, 103면, 이재상/장영민/강동범, 206면; 정성근/박광민, 437면.

제2절 정당방위

Ⅰ. 정당방위의 의의

1. 정당방위의 개념

정당방위(Notwehr)란 자기 또는 타인의 법익에 대한 현재의 부당한 침해를 방위하기 위한 행위로서 상당한 이유가 있는 행위를 말한다. 정당방위에 해당하면 구성요건에 해당하는 행위가 위법성이 조각되므로 정당방위는 위법성조각사유의 하나이다. 정당방위는 현재의 부당한 침해를 방위하기 위한 행위이므로, '**不法 대 法**' 또는 '**不正 대 正**'의 관계에 있다고 할 수 있으며, '법은 불법에 양보할 필요가 없다'는 명제가 기초사상이 되고 있다.

형법은 제21조 제1항에 정당방위라는 표제 하에, "자기 또는 타인의 법익에 대한 현재의 부당한 침해를 방위하기 위한 행위는 상당한 이유가 있는 때에는 벌하지 아니한다"라고 하여 정당방위의 성립요건과 그 효과에 대하여 규정하고 있다.

2. 정당방위의 정당화근거

개인이 불법에 대하여 법을 방위하는 행위, 즉 정당방위를 정당화하는 근거에는 자기보호의 원리와 법질서수호의 원리가 있다.

(1) 자기보호의 원리(개인권적 근거)

개인이 타인의 위법한 침해로부터 자신을 스스로 방위하는 것은 인간이 지닌 자기보존의 본능에 기인하는 **자연법적 권리** 내지 **인간의 고유권**이라 할 수 있다. **개인권적 근거**인 자기보호의 원리로부터는 정당방위가 개인적 법익에 대한 위법한 침해에 대하여서만 허용되게 되며, 사회적·국가적 법익에 대한 침해에 대하여는 정당방위가 허용되지 않게 된다.

(2) 법질서수호의 원리(사회권적 근거)

정당방위는 부당한 침해에 대한 방위행위자 자신의 자기방위라는 **개인권적** 성질도 있지만, 그로 인해 **법질서의 평화유지**라는 **사회권적** 측면도 지니고 있다. 특히 **타인의 법익에 대한 부당한 침해에 대한 정당방위**, 이른바 '**긴급구조**'(Nothilfe)를 인정하고 있는 것은 정당방위가 단순히 개인의 자연권에 그치는 것이 아니라 위법한 침해에 대한 법질서수호라는 사회권적 측면이 있음을 의미한다. 따라서 법질서수호의 원리도 정당방위의 정당화근거가 된다. 종래의 자유주의적 형법사상에 의하면 정당방위의 개인권적 성질이 중시되지만, 근자에 와서는 정당방위의 사회권적 측면이 강조되어 법질서수호의 이익이 없을 때는 정당방위를 부정해야 한다는 정당방위의 제한문제가 중심이 되고 있다. '법은 불법에 양보할 필요가 없다'라는 정당방위에 관한 기본명제도 자기보호의 원리보다는 법질서수호의 원리를 강조한 법언이라 할 수 있다.

3. 정당방위의 성질

정당방위는 위법성조각사유로서 이에 해당하면 위법성이 조각된다. 정당방위는 긴급피난과는 달리 **침해된 법익과 방위된 법익** 사이의 **균형성의 원칙**이 요구되지 않는다는 점에서 구별된다. 즉 정당화적 긴급피난에 있어서는 법익교량에 따른 **우월적 이익의 원칙**이 적용되지만, 정당방위에 있어서는 방위의 **'필요성'**이 요구된다.

Ⅱ. 정당방위의 성립요건

정당방위의 성립요건을 제21조 제1항의 규정에 의해 살펴보면, ① 현재의 부당한 침해가 있어야 하고, ② 자기 또는 타인의 법익을 방위하기 위한 행위이며, ③ 상당한 이유가 있어야 한다는 세 가지 요건이 필요하다. 그 내용을 구체적으로 살펴보면 다음과 같다.

1. 현재의 부당한 침해가 있어야 한다.

'현재의 부당한 침해가 있다'는 것은 **정당방위상황이 존재**한다는 것을 의미한다.

(1) 침해의 '현재성'의 의미

침해의 현재성이란 법익에 대한 침해가 ① 목전에 급박한 상태에 있거나 ② 현존하거나 ③ 침해가 계속되는 경우를 말하며, 과거나 미래의 침해에 대해서는 정당방위를 할 수 없다. 예컨대 며칠 전에 집안에 침입했던 도둑을 우연히 길거리에서 발견하게 되어 구타한 경우에는 과거의 침해에 대한 방위가 되어 정당방위가 성립될 수 없다. 그러나 절도 범인을 현장에서 추격하여 장물을 탈환하는 행위는 절도 범인의 부당한 침해의 현재성이 추격현장에서도 계속되므로 정당방위에 해당한다.

또한 장래의 예상되는 침해의 위험을 예방하기 위한 **'예방적 정당방위'** 는 미래의 침해에 대한 방위행위로서 침해의 현재성이 없으므로 정당방위는 허용되지 않는다고 보아야 한다.[22] 이와 달리 장래의 예상되는 침해시에 효과적인 방위행위를 하기 위해 사전에 방위조치를 한 경우에는 침해행위시에 방위행위가 있으므로 침해의 현재성이 인정되어 정당방위가 성립된다. 예컨대 절도범의 침입을 방지하기 위해 철조망을 설치하거나 강도범의 침입을 막기 위해 감전장치를 한 경우 등 **자동보안장치**를 한 경우에는 침해행위시에 방위행위가 있으므로 침해의 현재성이 인정되어 정당방위가 성립될 수 있다. 그러나 이 경우에도 타인의 생명을 침해할 위험성이 있는 장치는 허용되지 않는다.[23]

예외적으로 형사정책적 목적 때문에 입법자가 공격행위의 현재성의 요건을 특별히 완화하고 있는 경우도 있다. 즉, **「폭력행위 등 처벌에 관한 법률」 제8조 제1항**에 '흉기 기타 위험한 물건 등으로 사람에게 위해를 가하거나 가하려고 할 때 이를 **예방 또는 방위하기 위하여 한 행위**는 벌하지 않는다'고 하여 침해의 현재성의 의미를 보다 완화하여 규정함으로써 **예방적 방위**가 제한된 범위에서 가능하도록 규정하고 있다.[24]

또한 실행에 착수하기 전이라 하더라도 **침해가 목전에 임박한 상태**에 있으면 **예방적 정당방위**를 인정하는 경우도 있다.

그러나 정당방위는 현재의 부당한 침해가 있는 긴급상태에서 예외적으로 자기사법을 허용하는 경우이므로 침해의 현재성은 엄격히 해석해야 한다.

침해의 현재성에 대한 판단은 피침해자의 주관에 따라 결정되는 것이 아니라 **객관적인 상황**에 따라 결정되어야 하고, 또한 **침해행위시**를 기준으로 하며 방어행위시를 기준으로 결정하는 것은 아니다.

판례는 의붓아버지 살해사건에서 **'침해의 현재성'** 과 **'방위의사'** 를 인정하면서도, **'방위의 상당성의 요건'** 이 결여되었기 때문에 정당방위가 성립하지 않는다고 판시하고 있다.[25] 그러나 이 경우에는 침해의 현재성이 없다고 보는 것이 옳다. 학설은 위와

22) 신동운, 274면; 이재상/장영민/강동범, 233면; 임 웅, 213면.

23) 박상기, 169면.

24) 신동운, 275면.

25) 대판 1992. 12. 22, 92도2549(의붓아버지 살해사건). 12세 때부터 의붓아버지로부터 강간당한 후 계속적으로 성관계를 강요받아온 피고인이 남자 친구와 함께 술에 취해 잠들어 있는 의붓아

같은 장래의 계속적인 침해의 위험, 이른바 **지속적 위험**에 대하여는 ① '침해의 현재성'을 인정하여 정당방위가 가능하다는 견해[26]도 있으나, ② 이를 부정하는 견해가[27] 타당하다. 즉 지속적 위험(계속적인 위험)의 경우에 정당방위의 '침해의 현재성'에는 해당하지 않지만, 긴급피난의 요건인 '위난의 현재성', 즉 법익침해의 위험이 목전에 임박한 계속적인 위난에는 해당한다고 할 수 있다. 따라서 지속적 위험을 피하기 위한 일종의 **예방적 긴급피난행위**가 보충성과 균형성 및 적합성이라는 긴급피난의 상당성의 요건을 충족할 경우에 위법성이 조각될 수 있다.

(2) 부당한 침해의 의미

'부당한 침해'란 행정법상 부당하다는 의미가 아니라 법질서에 위배된다는 의미의 **위법한 침해**를 말하며, **형법상의 불법뿐만 아니라 전체 법질서의 입장에서 실질적·객관적으로 위법한 경우**를 의미한다. 또한 부당한 침해란 **위법한 침해**이면 족하고 유책할 것을 요구하지는 않기 때문에 유아, 정신병자 기타 책임무능력자의 침해에 대하여도 정당방위는 가능하게 된다. 예컨대 불가벌적인 사용절도에 대해서도 정당방위는 가능하며, 불법체포를 면하기 위하여 반항하는 과정에 경찰관에게 상해행위를 한 경우에도 정당방위가 가능하다.[28] 다만 책임무능력자의 침해에 대한 정당행위는 **사회윤리적 제한**을 받게 된다.

침해의 불법성은 **고의** 또는 **과실에 의한 행위**뿐만 아니라 **단순한 결과불법**도 포함된다.[29] 따라서 담벼락에 낙서하는 행위, 무단으로 벽보를 붙이는 행위, 그리고 과실로 재물을 손괴하는 행위에 대해서도 정당방위는 가능하다.[30]

버지를 식칼로 살해한 사건이다.

26) 박상기, 159면; 손동권, 150면.

27) 김일수/서보학, 294면; 배종대, 380면; 신동운, 297면; 이재상/장영민/강동범, 233면.

28) 대판 2002. 5. 10, 2001도300; 2006. 9. 8, 2006도148(검사가 참고인 조사를 받는 줄 알고 검찰청에 자진출석한 변호사사무실 사무장을 합리적 근거 없이 긴급체포하자 그 변호사가 이를 제지하는 과정에서 위 검사에게 상해를 가한 경우에는 정당방위에 해당한다); 대판 2017. 9. 21, 2017도10866(피의자가 경찰관의 불법한 체포를 면하려고 반항하는 과정에서 경찰관에게 상해를 가한 경우에는 정당방위에 해당한다).

29) 이재상/장영민/강동범, 234면. 결과불법만으로 족하지 않고, 침해의 불법성은 결과불법 행위불법을 모두 갖추어야만 인정된다는 견해도 있다(김일수/서보학, 295면; 박상기, 170면). 이 견해에 따르면 결과불법이 있더라도 행위불법이 결여된 경우에는 불법한 침해가 아니므로 정당방위가 불가능하고 긴급피난이 가능하다고 하게 된다.

30) 배종대, 346면; 이재상/장영민/강동범, 234면.

부작위에 의한 위법한 공격에 대하여도 정당방위는 가능하다. 예컨대 퇴거에 불응하는 자를 강제로 밀어내는 행위가 이에 해당한다. 그러나 임대인이 임대기간 종료 후에 집을 비워주지 않은 임차인을 강제로 퇴거시키는 행위는 정당방위가 될 수 없다. 임차인에게 퇴거의무는 있지만 퇴거의무불이행이 가벌적이지 않기 때문에 민법상의 권리구제수단에 의할 수밖에 없다.

정당한 침해인 위법성조각사유에 해당하는 **정당행위, 정당방위, 긴급피난, 자구행위**에 대하여는 정당방위가 허용되지 않는다. 그러나 긴급피난을 책임조각사유로 이해하는 경우에는 긴급피난이 위법하므로 긴급피난에 대하여도 정당방위가 가능하게 된다.

판례는 ① 경찰관의 불법적인 강제연행에 항거하는 과정에서 경찰관에게 상해를 입히고 경찰차량을 가볍게 손괴한 경우,[31] ② 현행범의 경우에도 적법한 절차를 준수하지 않고 실력으로 강제연행하려고 하여 불법체포를 면하려는 과정에서 경찰관에게 상해를 가한 경우[32]에는 정당방위를 인정하고 있다.

그러나 ③ 공직선거후보자가 합동연설회장에서 후보자 갑이 적시한 연설내용이 다른 후보자 을에 대한 명예훼손 또는 후보자비방의 요건에는 해당되나 위법성이 조각되는 경우에, 갑의 연설도중에 을이 마이크를 빼앗고 욕설을 하는 등 물리적으로 갑의 연설을 방해한 행위는 갑의 위법하지 않은 정당한 침해에 대하여 이루어진 것일 뿐만 아니라 상당성을 결여하였으므로 정당방위의 요건을 갖추지 못하였다고 판시하고 있다.[33]

(3) 침해의 의미

여기서 침해란 **법익에 대한 공격 또는 그 위험**을 의미한다. 침해는 사람의 행위에 의해 행해져야 하며, 작위·고의뿐만 아니라 부작위·과실에 의해서도 가능하다. **부작위에 의한 침해**로는 예컨대 구속기간이 만료된 경우에도 석방하지 않은 경우에 경찰서문을 부수고 나온 경우를 들 수 있다.

동물에 의한 침해의 경우에 정당방위가 가능한가는 **'대물방위'**의 문제인데, 무주물인 경우에는 형법상 문제가 되지 않는다. 사람의 고의·과실에 의한 동물의 침해인 경우에는 정당방위가 가능하지만, 단순히 제3자의 동물에 의한 침해의 경우에는 긴급

31) 대판 1999. 12. 28, 98도138.

32) 대판 2000. 7. 4, 99도4341.

33) 대판 2003. 11. 13, 2003도3606.

피난만이 가능하다.

2. 자기 또는 타인의 법익을 방위하기 위한 행위

(1) 자기 또는 타인의 법익에 대한 위법한 침해

정당방위의 보호법익은 **자기 또는 타인의 모든 개인적 법익**이 해당된다. 따라서 생명·신체·자유·명예[34)]·재산 등 형법상의 개인적 법익뿐만 아니라 사생활영역인 애정관계·가족관계[35)] 등 **타법에 의하여 보호되는 보호법익도 포함**된다. 따라서 형법상 구성요건에 해당하지 않는 법익을 방위하기 위한 정당방위도 가능하다.

특히 **타인의 법익에 대한 정당방위**를 '**긴급구조**(Nothilfe)'라고 한다. 타인의 법익에는 자연인·법인·법인격 없는 단체 또는 국가의 개인적 법익도 포함된다. 즉 **국가의 개인적 법익**(국가소유의 건물이나 물건에 대한 방화, 절도, 손괴 등)에 해당하는 경우에는 정당방위가 가능하다.

정당방위는 개인적 법익을 방어하기 위한 제도이므로 **원칙적으로 사회적·국가적 법익에 대한 정당방위는 원칙적으로 허용되지 않는다**. 따라서 음주운전이나 운전면허 없이 운전하는 자나 음란물을 반포하는 자를 폭행[36)]하거나 공무를 집행하는 경찰관에게 항거하는 자를 폭행하는 행위는 정당방위가 성립될 수 없다. 다만 예외적으로 국가적 법익에 대하여도 **국가의 존립에 관한 명백하고 중대한 위험**에 직면하여 국가기관에 의해 법익을 보전하는 것이 **시간적으로 급박한 경우**에 한하여 사인에 의해 정당방위도 가능하다고 보아야 한다. 예컨대 국가기밀문서를 유출하는 자에 대하여 급박한 사정으로 사인(私人)이 직접 기밀문서를 탈취하는 과정에 상해를 입힌 경우가 여기에 해당한다.[37)]

---

34) 대판 1957. 5. 10, 4290형상73(언어에 의한 명예훼손에 대한 정당방위가 가능한가에 대하여, 대법원은 '침해의 현재성'을 부정하여 정당방위의 성립을 부정하고 있다).

35) 대판 1974. 5. 14, 73도2401(타인이 보는 자리에서 자식으로서 인륜상 용납할 수 없는 폭언과 함께 폭행을 가하려는 피해자를 1회 구타한 것이 지면에 넘어지면서 사망에 이른 경우에 아버지의 신체와 신분에 대한 부당한 침해를 방지하기 위한 행위로서 상당한 이유있는 행위에 해당한다); 대판 1986. 10. 14, 86도1091(부(父)의 신체 등에 대한 위해를 방위하기 위한 정당방위로서 위법성이 조각된다고 본 사례).

36) BGHSt. 5, 245(피고인이 '죄많은 여인'이라는 음란한 영화상영을 막기 위하여 영화관에 질식탄을 터트려 약 15분 동안 상영하지 못하게 한 사건으로서, BGH는 '공공의 질서와 도덕'과 같은 일반의 법익에는 정당방위가 있을 수 없다고 판시하였다).

이와 달리 국가는 국고작용 이외에는 공권력의 주체로서의 자신의 법익을 스스로 지켜야 하며, 개인이 국가질서를 지킨다는 명분하에 국가의 경찰작용을 대신할 수는 없는 것이므로 국가적 법익을 위한 정당방위는 전면적으로 허용할 수 없다는 반대견해[38)]도 있다.

(2) 방위하기 위한 행위

정당방위는 위법한 공격행위에 대하여 정당하게 행해진 방위행위가 있어야 한다.

1) 방위행위에는 침해에 대한 순수한 방위인 **보호방위**뿐만 아니라 반대공격에 의한 방위인 **공격방위**도 가능하다.

2) 방위행위의 대상은 **공격자**에 한정되는 것이 원칙이나 **제3자에 대한 반격**도 공격자에 대한 방위행위의 일부분일 때에는 허용된다고 할 수 있다.

3) 방위행위는 **고의뿐만 아니라 과실에 의한 경우**(예컨대 경찰관이 강도범에 대하여 경고사격을 잘못하여 총상을 입히거나 사망한 경우)에도 가능하다.

4) **싸움의 경우**에는 **공격의사**와 **방위의사**가 교차하므로 양자 모두 정당방위가 성립되지 않는 것이 원칙이다.[39)] 그러나 싸움의 경우에도 구체적인 경우에 따라 일정한 경우에는 정당방위가 성립할 수 있다.[40)] 예컨대 ① 일방이 싸움을 중지하거나 ② 싸움에서 예상할 수 있는 공격의 범위를 벗어난 공격에 대하여는 정당방위가 가능하다. 또한 ③ 외관상 싸움을 하는 것처럼 보이는 경우라도 일방적인 불법폭행에 대하여 자신을 보호하기 위한 방어수단으로 유형력을 행사한 경우에는 정당방위가 성립할 수 있다.[41)]

5) 방위행위는 **주관적 정당화요소**로서 방위행위시에 **방위의사**가 필요하다. 정당방위가 성립하기 위해 주관적 정당화요소로서 **'방위의사'**가 필요한가에 대하여, 불법의 본질과 관련하여 결과반가치론의 입장에서는 **불필요설**의 입장을 취하기도 하지만, 결과반가치와 행위반가치를 함께 고려하는 이원적·인적 불법론의 입장에서는 주관적

---

37) 김성천/김형준, 321면; 안동준, 107면; 이재상/장영민/강동범, 237면; 이형국, 147면; 임 웅, 226면; 정영일, 191면; 조준현, 257면.

38) 권오걸, 191면; 김상호, 143면; 김성돈, 287면; 김일수/서보학, 303면; 박상기, 173면; 배종대, 345면; 손동권, 177면; 신동운, 272면; 오영근, 328면; 이정원, 167면; 정성근/박광민, 225면.

39) 대판 2000. 3. 28, 2000도228; 대판 2004. 6. 25, 2003도4934.

40) 신동운, 285면.

41) 대판 1968. 5. 7, 68도370; 대판 1996. 12. 23, 96도2745; 대판 2010. 2. 11, 2009도12958.

불법요소에 대응하여 주관적 정당화요소로서 방위의사가 필요하다는 **필요설의 입장**을 취하게 되며, **통설**의 입장이기도 하다.

따라서 형법 제21조의 **'방위하기 위한 행위'** 란 법문은 **방위의사를 가진 방위행위**를 의미한다고 할 수 있다. 이러한 주관적 정당화요소로서의 **'방위의사'** 의 **내용**에 대해서는 ① **방위의 인식**을 의미한다는 견해와 ② **방위의 인식** 외에 **방위의 목적**(의도)을 요한다는 견해가 있으나, 방위의사란 고의에 대응하는 주관적 정당화요소이므로 **'방위의 인식'** 으로 **충분**하며 방위행위자의 다른 동기(분노심, 증오심 등)나 목적은 문제되지 않는다고 보아야 한다.

그러면 주관적 정당화요소인 방위의사가 없는 방위행위, 예컨대 **'우연적 방위'** 를 형법적으로 어떻게 처리할 것인가가 문제된다.

이에 대해서는 **기수범설**과 **불능미수범설**이 대립된다. 미수범설에 의하면 방위행위가 미수에 그친 경우에는 미수범의 미수가 되어 논리적으로 해결할 수 없는 어려움에 봉착할 뿐만 아니라 구성요건적 결과가 발생했는데도 미수범으로 처벌할 실정법적 근거가 없으므로 기수범설이 타당하고, 다만 이 경우에는 객관적 정당화상황이 존재하므로 결과반가치가 배제되어 작량감경이 가능하다고 한다.

그러나 불법의 본질은 결과불법과 행위불법으로 이루어져 있으므로 행위반가치 이원론의 입장인 기수범설은 타당하지 않다. 정당화사정의 존재로 결과반가치는 탈락되지만 주관적 정당화요소인 '방위의사'의 결여로 행위반가치는 탈락하지 않으므로 그 구조가 불능미수와 유사하기 때문에 불능미수에 관한 규정을 유추적용해야 한다는 불능미수설이 타당하다고 생각된다.

3. 상당한 이유가 있을 것

상당한 이유가 있어야 한다는 것은 부당한 침해에 대한 방위행위가 필요하고 또한 법질서 전체의 입장 또는 **사회상규**를 벗어나지 않아 허용·요구되는 것을 말한다. 방위행위의 상당성이란 방위행위의 **필요성**과 **요구성**(**사회윤리적 제한**)을 그 내용으로 한다고 보는 견해가 다수설[42]의 입장이다.

이와 달리 정당방위에 있어서 '상당한 이유'의 내용을 ① **'방위행위의 필요성'** 을

42) 박상기, 175면; 신동운, 278면; 이형국, 180면; 오영근, 374면; 정성근/박광민, 230면.

의미한다고 보는 견해[43]와 ② **비례성**을 의미한다고 보는 견해[44]도 있다.

다수설에 의하면 방위의 필요성은 인정되지만 사회윤리적 제한사유가 있을 경우에 상당성을 벗어난 과잉방위가 되어 형법 제21조 제2항과 제3항이 적용될 수 있음에 반하여, 소수설에 의하면 정당방위의 기초가 상실되므로 과잉방위도 문제될 수 없고 따라서 제21조 제2항과 제3항의 적용도 당연히 배제된다.

생각건대 **정당방위의 사회윤리적 제한을 인정**하는 것은 정당방위의 성립범위를 제한하여 반사적으로 처벌범위의 확장을 가져오게 되어 죄형법정주의에 반할 우려가 있다. 따라서 사회윤리적 제한을 인정하더라도 이를 법적 근거하에 엄격히 구속시키는 것이 바람직하다고 할 수 있다. 그러므로 우리 형법의 '상당한 이유'는 정당방위의 성립요건과 정당방위에 대한 사회윤리적 제한을 포괄하는 규정, 즉 **방위의 필요성과 사회윤리적 제한을 포괄하는 규정으로 이해하는 다수설의 입장이 타당**하다고 생각된다.

한편 정당방위는 자기보호와 법질서수호를 위해서 인정되는 제도이므로 긴급피난의 경우와는 달리 **'보충성의 원리'** 나 **'균형성의 원리'** 가 요구되지는 않는다.

'방어의 필요성'이란 **수단의 적합성**과 **상대적 최소침해의 원칙**을 그 내용으로 한다. 말하자면 방어행위가 방어를 위한 적합한 수단과 방법이고, 상대적으로 공격자에게 경미한 피해를 주는 정도이면 방위행위의 필요성이 인정된다.

그리고 정당방위에 있어서 상당성 판단은 **'행위당시의 구체적 사정' 을 고려하여 객관적**으로 판단해야 한다.

대법원도 정당방위의 상당성을 판단함에 있어서 **법익균형과 보충성의 원칙**을 적극적으로 고려하고 있지는 않지만 **소극적으로는 참작하여 고려**하고 있다. 즉 판례는 "정당방위가 성립하려면 침해행위에 의하여 침해되는 법익의 종류, 정도, 침해의 방법, 침해행위의 완급과 방위행위에 의하여 침해될 법익의 종류, 정도 등 일체의 구체적 사정들을 참작하여 방위행위가 사회적으로 상당한 것이어야 한다"고 판시하고 있다.[45]

---

43) 김일수/서보학, 296면; 손해목, 458면; 배종대, 343면; 이재상/장영민/강동범, 238면(이 입장은 정당방위에 있어서 상당성을 필요성으로 해석하고, 사회윤리적 제한을 상당성과 구별되는 별개의 요건으로 취급하는 견해이다).

44) 배종대, 348면; 김태명, 「정당방위의 상당성요건에 대한 해석론」(형사법연구 제14호, 2000), 156면.

45) 대판 2003. 11. 13, 2003도3606(이 판례를 정당방위의 상당성에 법익균형성의 원칙을 포함시킨 것으로 평가하여 이 판례를 비판하는 견해도 있다); 대판 2017. 3. 15, 2013도2168.

그 외에 판례는 강제추행범의 혀를 절단한 행위,[46] 강도범을 사살하는 행위 등은 정당방위에 해당할 수 있지만, 절도범을 사살하는 행위나 이혼소송중인 남편이 가위로 폭행하고 변태적 성행위를 강요하는 것에 격분하여 남편을 살해한 경우에는 사회통념상 용인될 수 없는 행위로서 정당방위나 과잉방위에 해당하지 않는다고 판시한 바 있다.[47]

Ⅲ. 정당방위의 사회윤리적 제한

1. 정당방위의 제한의 의의

정당방위의 정당화근거는 부정한 침해에 대한 자기보호의 원리와 국가법질서의 수호원리에서 찾을 수 있다. 정당방위에 자기보호의 원리만이 적용될 경우에는 정당방위는 고정적이며 비탄력적이 된다. 그러나 법질서수호의 원리가 적용될 경우에는 정당방위에 의한 보호의 범위와 방법은 일정한 제한을 받게 된다. 여기서 **법질서 수호의 원리**에 따른 **정당방위의 사회윤리적 제한**이 문제된다.

2. 정당방위의 제한의 근거

정당방위를 제한하는 이론적 근거로는 권리남용이론, 상당성이론, 기대가능성이론 및 정당방위의 기본원리에서 구하는 견해 등이 있다.

(1) 권리남용이론

정당방위가 권리남용에 해당하는 경우에 제한된다는 견해이다. 이 견해는 권리행사라는 주관적인 측면에서만 정당방위의 제한을 설명하므로 타당하지 않다.

(2) 상당성이론

정당방위제한은 과잉금지의 원칙에서 유래하는 **비례성 또는 상당성의 원칙**에 근거해야 한다. 그러나 정당방위에는 이익교량이 요구되지 않고, 또한 정당방위의 제한을 명확히 확정할 수 없다는 비판을 받는다.

---

46) 대판 1989. 8. 8, 89도358(혀절단사건).

47) 대판 2002. 5. 15, 2001도1089. 이 판례가 과잉방위의 성립까지 부정한 것은 의문이다(최석윤, 정당방위의 사회윤리적 제한(형사판례의 연구 1), 303면 이하; 김태명, 가정폭력에 의한 사회윤리적 제한(같은 책), 321면).

(3) 기대가능성이론

정당방위의 제한은 기대가능성의 사상에 기초한다는 견해이다. 그러나 기대가능성은 책임조각사유의 기본원리에 불과하다.

(4) 정당방위의 기본원리

정당방위의 제한은 정당방위의 기본원리 내지 정당방위의 규범적·형사정책적 기초에서 유래한다는 견해이다.

정당방위는 자기사법이 아니므로, 정당방위의 근거가 되는 자기보호와 법질서를 방어할 이익이 없는 때에 정당방위를 제한하는 것은 당연하다. 따라서 **자기보호의 필요성**이나 **법질서수호의 이익이 현저히 감소하거나 소멸되는 경우**에는 정당방위는 제한되거나 허용되지 않게 된다. 특히 정당방위의 제한의 범위를 명백히 하여 법적 안정성을 유지하기 위해서는 법질서수호라는 관점에서 정당방위의 제한근거를 이해하는 것이 타당하다고 생각된다.[48]

3. 정당방위의 제한의 유형

정당방위의 제한에는 ① 책임 없는 자의 침해에 대한 방위, ② 보증관계에 있는 자의 침해에 대한 방위, ③ 극히 경미한 침해에 대한 방위, ④ 도발된 침해에 대한 방위가 문제된다.

(1) 책임 없는 자의 침해에 대한 방위

정당방위는 위법한 침해만 있으면 족하고 유책할 것을 요하지 않는다. 그러나 책임이 조각되는 유아·정신병자·명정자 또는 정당한 이유 있는 금지착오에 의해 침해하는 자에 대해서는 정당방위가 제한된다. 즉 이러한 책임 없는 자의 침해는 비록 부당한 침해이지만 **법질서수호의 이익이 현저히 약화**되기 때문에 **침해된 법익을 피할 수 없는 때**에 한하여 정당방위가 허용된다고 해석해야 한다.

(2) 보증관계에 있는 자의 침해에 대한 방위

보증관계에 있는 자의 침해에 대하여는 정당방위가 제한을 받는다. 부부나 부자관계와 같은 긴밀한 인적 관계에 있을 경우에는 양자 사이의 **특수한 보호의무로 인하여 법질서수호의 이익이 현저히 약화**되기 때문이다. 따라서 술 취한 남편의 폭행을 피하기 위하여 살해하는 행위는 정당방위가 될 수 없다. 생명을 침해하는 방어행위는

48) 이재상/장영민/강동범, 240면.

최후의 수단으로서만 허용되기 때문이다. 또한 특수한 인적 관계로 정당방위의 성립이 제한되는 경우로는 부진정부작위범에 있어서 '보증인적 지위'와 같은 **'긴밀한 가족관계'** 의 경우에 한정하여 제한적으로 해석해야 한다. 예컨대 별거하면서 이혼소송중인 부부 사이에는 이러한 관계가 인정된다고 할 수 없다.

(3) 극히 경미한 침해에 대한 방위

정당방위는 위법한 침해에 대한 방위행위로서 '부정 대 정'의 관계이므로, 원칙적으로 침해법익과 보호법익 사이에 엄격한 법익균형성이 요구되지 않는다. 그러나 침해법익이 극히 경미하고 침해법익과 보호법익 사이에 현저히 불균형이 있을 때는 법질서수호의 이익이 현저히 감소하게 되므로 정당방위의 성립은 제한을 받게 된다. 그러나 모든 경미한 법익침해에 대하여 정당방위가 제한되는 것이 아니라 법익 사이에 현저한 불균형이 있는 경우에 한하여 정당방위가 제한을 받게 된다. 예컨대 근소한 가치가 있는 재산적 법익에 대한 공격행위에 대하여 공격행위자의 생명·신체를 침해하면서까지 방위행위를 하는 것은 사회윤리적으로 허용되지 않는다.

(4) 도발된 침해(자초침해)에 대한 방위

도발(挑發) 또는 유발(誘發)된 침해(Provokation)에 대하여도 정당방위를 허용할 것인가에 대하여는 이를 전면적으로 긍정하는 **긍정설**[49]도 있으나, 정당방위가 허용되지 않거나 제한된다고 하는 부정설이 타당하다. **부정설**은 다시 **전면적 부정설**[50]과 **부분적 부정설**[51]로 나누어져 대립한다. 전면적 부정설은 도발된 침해에 대하여는 정당방위가 일체 허용되지 않는다는 입장이고, 부분적 부정설은 도발된 침해를 **'목적 또는 고의 있는 도발'** 과 **'책임 있는 도발'** 로 나누어, 전자의 경우에는 정당방위가 성립할 수 없으나 후자의 경우에는 정당방위가 성립할 수 있다는 입장이다. 부분적 부정설의 내용을 살펴보면 다음과 같다.

1) 고의 또는 목적 있는 도발(Absichtsprovokation)의 경우

정당방위상황을 이용하여 공격자의 법익을 침해할 목적으로 공격을 유발한 경우인 고의 또는 목적 있는 도발, 즉 **의도적 도발**의 경우에는 원칙적으로 **정당방위를 인정할 수 없다**는 것이 **통설**의 입장이다.[52] 그 이론적 근거에 대하여는 ① 의도적으로

49) Bockelmann, Honig-FS, S.31; Hassemer, Bockelmann-FS, S.243.

50) 유기천, 180면; 이형국, 297면; 정영석, 138면; 차용석, 584면.

51) 김일수/서보학, 301면; 신동운, 280면; 정성근/박광민, 232면; 황산덕, 158면; 박상기, 183면.

52) 김일수/서보학, 301면; 박상기, 183면; 신동운, 280면; 이형국, 297면; 임 웅, 224면; 정성근/박

타인이 공격하도록 도발한 사람은 **정당방위권의 남용**이라는 견해,[53] ② 사회윤리적 제한의 한 경우로서 **법질서수호의 필요성**이 없는 경우라는 견해,[54] ③ 방위행위자에게 **방위의사**를 인정할 수 없다는 견해,[55] ④ 방어자가 공격하기 위하여 의도적으로 도발시키는 행위는 **원인에 있어서 위법한 행위**이론에 의하여 방어자가 책임을 진다는 견해,[56] ⑤ 도발행위를 한 자는 자기법익에 대한 보호를 포기하거나 법익침해를 승낙한 것이라는 견해(승낙설) 등이 있다. 정당방위의 사회윤리적 제한의 한 경우로 법질서수호의 필요성이 없는 경우라는 견해가 타당하다. 그러나 **의도적인 도발**의 경우에도 상대방이 **예상외의 과도한 침해행위**로 나올 때에는 정당방위가 전혀 불가능한 것은 아니다.

2) 책임 있는 도발의 경우

목적 또는 의도는 없었으나 유발된 침해에 대하여 방위자에게 책임이 있는 경우, 즉 방위자에게 지정고의·미필적 고의·과실 등 **비의도적으로 도발이 있는 경우**이다. 이때에는 원칙적으로 정당방위는 인정되지만 **법질서수호의 이익이 현저히 약화**되므로 **회피의 원칙**이 적용되고 **상대적 최소방위의 원칙**이 엄격히 적용되는 제한을 받게 된다.[57] 즉 책임 있는 도발의 경우에 정당방위는 **공격을 회피할 수 없거나 다른 방법에 의해 방어할 수 없는 경우**로 제한을 받게 된다. 말하자면 정당방위의 '상당한 이유'가 통상적인 **'방위의 필요성'**만으로는 부족하고 **'보충성의 원칙'**이나 **'상대적 최소방위의 원칙'**이 부가되는 제한이 따르게 된다.

책임 있는 도발행위라고 하기 위하여 **도발행위가 어떤 성질을 지녀야 하는가**에 대하여, ① **사회윤리적**으로 정당화되지 않은 행위라고 보는 독일 판례의 입장,[58] ② 법적으로 **위법**하거나 또는 **사회윤리적**으로 정당화되지 않는 행위라는 견해,[59] ③ 사회윤리적인 가치에 위반할 뿐만 아니라 **위법한 행위**임을 요한다는 견해가 있다. 생각건

광민, 232면.

53) 김일수/서보학, 301면; 배종대, 356면.

54) 박상기, 181면; 이재상/장영민/강동범, 243면.

55) Blei, S.129.

56) Bertel, ZStW 84, 25; Dreher/Tröndle, Rn. 24; Eser, S. 113; Schönke/schröder/Lenckner, Rn. 61.

57) 임 웅, 225면.

58) BGHSt. 27, 336.

59) 이재상/장영민/강동범, 243면.

대 정당방위의 제한에 위법한 행위일 것을 요할 이유가 없을 뿐만 아니라, 위법한 행위와 사회윤리적으로 정당하지 않는 행위의 개념도 명백하지 않으므로 도발행위는 위법하거나 사회윤리적으로 정당하지 않는 행위로 보는 입장이 타당하다고 생각된다.

따라서 사회윤리적으로 정당화되는 행위로 유발된 침해인 경우에는 정당방위가 제한을 받지 않는다. 예컨대 정치집회에서 상대방을 비난하는 발언을 한 경우에 이로 인해 유발된 상대방의 공격에 대하여는 유발행위 자체가 적법하므로 **정당방위도 가능**하다. 이와 달리 간통현장을 들킨 정부(情夫)가 남편의 공격을 유발한 경우에는 유발행위 자체가 위법·유책하므로 정부(情夫)의 **방위행위는 일정한 제한**을 받게 된다.

그러나 주인과 함께 산책하는 개에게 장난으로 돌을 던졌으나, 개가 사람을 물려고 돌진해 오므로 피할 다른 방법이 없어 몽둥이로 개를 쳐 죽인 경우에는 정당방위가 될 수 있다.

문제는 도발행위가 사회윤리적으로 정당화될 수 없는 지탄대상인 행위의 경우, 예컨대 상대방을 무시하는 손가락질을 하거나 외진 어두운 밤에 처음 본 남자를 따라간 경우에 상대방의 폭행이나 강간을 유발한 경우이다. 이 경우에는 정당방위가 제한된다는 견해[60]도 있으나, 제한을 받지 않는다는 견해가 타당하다.[61]

(5) 싸움과 정당방위

방위행위와 침해행위가 교차하므로 어느 한 쪽만을 위법한 침해라 할 수 없고, 서로 공격의사를 가지고 있고 유발된 침해에 대한 **자초방위**이므로 정당방위가 될 수 없다. 그 밖에 싸움이 정당방위가 될 수 없는 근거에 대하여는 ① 방위의사를 인정할 수 없다는 견해, ② 부정 대 부정의 관계이므로 정당방위의 부정 대 정의 관계와 다르다는 견해, ③ 법질서수호의 원리가 적용될 수 없다는 견해 등이 있다.

Ⅳ. 과잉방위와 오상방위

1. 과잉방위

(1) 의 의

정당방위의 객관적 전제조건이 존재하는 상황 하에서 방위행위가 **상당성을 초과**

60) 이재상/장영민/강동범, 243면.

61) 임 웅, 225면.

한 경우를 통상적으로 과잉방위(Notwehrexzeß)라고 한다. 과잉방위(過剩防衛)의 유형으로는, ① 상당성을 초과한 **내적 과잉방위**와 정당방위의 객관적 전제조건이 존재하지 않음에도 불구하고 방위행위를 한 경우인 **외적 과잉방위**, ② 상당성을 초과한 방위행위의 초과부분에 대한 행위자의 의사에 따라 **'고의의 과잉방위'**와 **'과실의 과잉방위'**로 나누기도 하고,[62] ③ 과잉방위를 방위범위의 초과와 시간적 범위의 초과로 나누어, 전자를 **'질적 과잉방위'**, 후자를 **'양적 과잉방위'**라고 하여 구별하는 견해[63]도 있다.

그러나 과잉방위는 방위행위가 **객관적으로 상당성을 초과한 경우**이므로, 초과정도에 대한 행위자의 인식인 고의나 과실여부는 문제되지 않는다고 해야 한다.[64] 그러므로 통상적으로 **과잉방위**라고 할 때는 **내적 과잉방위** 또는 **질적 과잉방위**를 의미하며 초과정도에 대한 행위자의 인식은 문제되지 않는다. 따라서 **외적 과잉방위** 또는 **양적 과잉방위**는 **오상방위**라고 보아야 한다.

(2) 법적 성질

과잉방위의 법적 성질에 대해서는, ① 위법성이 조각되지 않고 긴급상황으로 인하여 적법행위에 대한 기대가능성이 감소·소멸되거나 일시적인 책임능력결여로 책임이 감소·소멸할 뿐이라는 **책임감소·소멸설**[65]과 ② 현재의 부당한 침해에 방위행위이므로 정당방위의 근거는 그대로 유지되므로 행위불법이 감소·소멸한다는 **불법감소·소멸설** 및 ③ 현재의 부당한 침해에 대한 반격행위이므로 행위불법이 감소·소멸하고, 동시에 행위의 긴급성과 동기의 이상성이 상당성 초과의 원인이므로 이 점에서는 책임이 감소·소멸한다는 **불법·책임감소·소멸설**[66]이 대립한다.

생각건대 형법이 과잉방위행위에 대하여, '그 정황에 따라(예컨대 행위자의 경미한 과실이나 무과실의 경우) 형을 감경 또는 면제할 수 있다'(형법 제21조 제2항)고 하여 **임의적 감면사유**로 규정하고, 또한 '야간 기타 불안스러운 상태하에서 공포, 경악, 흥분 또는 당황으로 인한 때에는 벌하지 아니한다'고 하여 **책임조각사유**로 규정하고 있는

---

62) 차용석, 600면.

63) 정성근/박광민, 234면. **질적 과잉방위**와 **양적 과잉방위**는 독일에서의 내적 과잉방위와 외적 과잉방위의 구별과 일치한다. 그러나 외적 과잉방위는 오상방위에 해당하며, 연속된 일련의 행위일 때에만 과잉방위가 될 수 있다.

64) 정성근/박광민, 235면; 이재상/장영민/강동범, 244면.

65) 김일수/서보학, 305면; 박상기, 189면; 배종대, 353면; 안동준, 111면; 오영근, 379면; 이재상/장영민/강동범, 244면; 이형국, 180면; 임 웅, 227면.

66) 손해목, 463면; 정성근/박광민, 235면; 차용석, 605면.

것을 볼 때, 과잉방위행위 자체의 불법이 감소·소멸하는 것이 아니라 **적법행위에 대한 기대가능성**이 감소·소멸하거나 책임능력결여로 **책임이 감소·소멸**한다고 보는 **다수설**의 견해가 타당하다고 생각된다.

(3) 과잉방위의 법적 효과

과잉방위가 야간 기타 불안스러운 상황하에서 공포·경악·흥분 또는 당황으로 인한 때에는 벌하지 아니한다(제21조 제3항). 이러한 상황 하에서는 행위자에게 **적법행위에 대한 기대가능성이 없으므로 책임이 조각**된다고 보기 때문이다. 따라서 행위자가 허용된 방위의 범위를 초과한다는 것을 인식한 때에는 위법·유책하게 공격을 도발한 경우이므로 과잉방위에 관한 규정인 제21조 제2항과 제3항이 적용되지 않는다. 그러므로 분노, 증오 등으로 인한 적개심, 복수심 등 공격성향적 충동에서 비롯된 경우에는 이 조항이 적용될 수 없다.

2. 오상방위

(1) 의 의

정당방위상황, 즉 **객관적으로 정당방위의 요건이 구비되지 않음에도 불구하고 구비된 것으로 오신하고 방위행위로 나간 경우**를 오상방위(Putativnotwehr)라고 한다. 즉 **정당방위상황에 관하여 착오가 있는 경우**를 말한다. 예컨대 甲이 장난감 권총으로 위협하였는데 생명에 위험을 느낀 乙이 甲을 사살한 경우, 빌려간 칼을 돌려주려고 한밤중에 집으로 들어오는 이웃청년을 강도로 오인하고 때려눕힌 경우, 우편집배원을 강도로 오인하여 몽둥이로 내려친 경우가 여기에 해당한다.

오상방위는 정당방위상황은 존재하지만 방위의 정도를 초과한 과잉방위와는 구별된다. 형법 제21조 제3항은 과잉방위에 관한 규정이므로 오상방위의 경우에는 적용되지 않는다고 해석함이 타당하다.

(2) 법적 성질

오상방위(誤想防衛)는 정당방위가 아니므로 위법성이 조각되지 않는다. 오상방위는 정당방위상황이 존재하는 것으로 오인한 경우이므로 **위법성조각사유의 객관적 전제사실에 대한 착오 또는 정당화사유에 대한 착오**(허용상황의 착오)에 해당한다. 사실의 착오와 법률의 착오의 중간형태라고 할 수 있는 정당화사정에 대한 착오는 위법성조각사유의 객관적 전제사실에 대한 착오라는 점에서는 사실의 착오와 유사하고, 구성요건적 사실에 대한 착오가 아니라 허용규범에 의하여 금지규범의 적용이 배제되는 것으로 오인한 점에서는 법률의 착오의 성격을 지니고 있다. 따라서 이에 대한 법률적 처리방법에 대하여는 ① 엄격책임설, ② 제한적 책임설, 및 ③ 소극적 구성요건요소 이론 등의 견해가 대립한다. 정당화사유에 대한 착오인 오상방위의 경우에 **엄격책임설**의 입장에 의하면 구성요건적 고의와 고의불법이 인정되어 고의범으로 처벌되지만, 행위자가 착오로 위법성을 인식하지 못한 경우이므로 **금지착오**에 해당하므로 **'정당한 이유'** 있는 금지착오일 때는 책임이 조각되지만, 그렇지 않은 경우에는 고의범으로 책임을 묻게 된다.

그러나 오상방위의 경우는 구성요건적 고의와 행위반가치로서의 고의불법이 인정되지만 책임요소로서의 심정반가치인 고의가 탈락하므로 고의범으로 처벌할 수는 없고, 오인에 과실이 있는 경우에 **과실범**에 준해서 처벌해야 하므로 **제한적 책임설**의 입장이 타당하다고 생각된다.[67] 즉 책임고의를 조각하는 것은 아니지만, 법적 효과에 있어서는 사실의 착오와 같이 취급하여 행위자에게 과실이 있을 경우에만 과실범의 책임을 지우는 것이 타당하다.

따라서 정당화사정의 착오에 빠진 자에게 가담한 경우에도 **공범의 성립이 가능**하고, 이러한 착오에 빠져 행위하는 자에 대하여는 **정당방위도 가능**하게 된다.

3. 오상과잉방위

오상과잉방위(誤想過剩防衛)란 현재의 부당한 침해가 없는데도 불구하고 존재한다고 오신하고 상당성을 초과하는 방위행위를 한 경우, 즉 **오상방위와 과잉방위가 결합한 형태**를 말한다.

오상과잉방위의 법적 처리에 대해서는 ① **엄격책임설**에 따라 **오상방위**와 동일하게 취급하자는 견해[68]와 ② 오상과잉방위도 정당방위상황이 존재하지 않은 경우이므로 **제한적 책임설**에 따라 **오상방위**로 취급하자는 견해,[69] ③ 과잉성을 인식한 **협의의 오상방위**는 과잉방위로, 과잉성을 인식하지 못하고 착오로 그 정도를 초월한 **광의의**

67) 배종대, 363면; 이재상/장영민/강동범, 246면.

68) 정성근/박광민, 239면.

69) 김일수/서보학, 419면; 박상기, 188면; 배종대, 367면; 손해목, 464면; 안동준, 111면; 이재상/장영민/강동범, 236면; 임 웅, 228면.

오상방위는 오상방위와 같이 처리하자는 입장,[70] ④ **오상방위도 과잉방위도 아닌 별개의 범죄유형**으로 보아야 한다는 견해,[71] ⑤ 상당성이 충족되지 않았을 뿐만 아니라 착오에 의한 것이므로 **위법성이 조각**되지 않는다는 견해[72] 등이 있다.

오상과잉방위도 정당방위상황이 존재하지 않는 경우라는 점에서는 오상방위이므로 오상방위로 처리하자는 견해에 따르면, 예컨대 우편집배원을 강도로 오인하여 사망케 한 경우에 ① **엄격책임설**에 의하면 **상해치사의 고의책임**을 묻게 되고, ② **제한적 책임설**에 따르면 행위자의 오인에 과실이 있는 경우에 **과실치사의 책임**을 묻게 되며, ③ **고의설이나 소극적 구성요건표지이론**의 입장에서는 고의가 조각되므로 **과실치사 유무**만 문제된다.

그러나 정당화사정하에서 과잉방위자를 고의범 또는 결과적 가중범으로 처벌하면서 임의적 감면사유로 규정하고 있는 형법의 태도와 비교해 보면 이 견해는 형의 균형을 상실하고 있다는 점에서 부당하다. 또한 오상방위·과잉방위구별설도 행위자가 상당성을 인식하지 못한 경우에는 마찬가지의 문제가 발생한다.

생각건대 오상과잉방위는 존재하지 않는 위법성조각사유를 존재한다고 오인하고, 방위행위도 상당성을 초과한 경우이므로, 오상방위나 과잉방위의 어느 하나에 해당하지 않는 **독자적인 형태의 범죄유형**의 원리에 의해 해결해야 한다.

따라서 오상과잉방위의 경우에는 행위자에게 고의와 과실이 결합된 범위 내에서 **고의범 또는 결과적 가중범이 성립**한다고 보아야 한다. 즉 과잉부분에 고의가 있는 경우에는 전체에 대한 고의범으로, 고의가 없는 경우에는 과잉부분에 대한 예견가능성이 인정될 경우에 결과적 가중범이 성립될 수 있다. 그러므로 과잉방위에 관한 규정인 형법 제21조 제2항과 제3항은 **오상과잉방위에는 적용될 여지가 없다**고 보아야 한다.[73] 다만 오상과잉방위는 통상의 고의범 또는 결과적 가중범보다는 불법과 책임이 가볍다고 볼 수 있으므로 **임의적 감경은 가능**하다고 보아야 한다.

---

70) 진계호, 562면; 차용석, 625면.

71) 문채규, 「오성과잉방위」(안암법학, 2), 382면; 손동권, 「(오상)과잉방위에 대한 책임비난」(형사판례연구 8), 39면 이하.

72) 김성천/김형준, 275면.

73) 배종대, 367면; 이재상/장영민/강동범, 246면.

제 3 절 긴급피난

Ⅰ. 긴급피난의 의의와 본질

1. 긴급피난의 의의

자기 또는 타인의 법익에 대한 현재의 위난을 피하기 위해 다른 정당한 법익을 희생시키고 위난을 피하기 위한 상당한 이유 있는 피난행위를 긴급피난이라 한다(제22조 제1항). 긴급피난은 현재의 부당한 위난을 피하기 위한 피난행위가 아니라, **현재의 위난을** 피하기 위한 피난행위이다. 따라서 정당방위가 부정한 침해에 대한 방위행위이므로 '**부정(不正) 대 정(正)**'의 관계라면, 긴급피난은 위난의 원인이 정·부정임을 불문하기 때문에 '**정(正) 대 정(正)**'의 관계라고 표현된다. 그러므로 정당방위나 긴급피난 등 위법성이 조각되는 행위에 대하여는 정당방위를 할 수 없지만, **긴급피난은** 할 수 있다. 이것은 긴급피난이 정당한 제3자의 희생에도 불구하고 이를 통한 **가치의 재분배가 전체 법질서에 의해 허용될 수 있는 경우**에는 가능하기 때문이다.

2. 긴급피난의 본질

긴급피난의 본질에 대하여는 일원론과 이원론으로 크게 나누어져 견해가 대립한다. 위법성조각사유나 책임조각사유의 어느 하나에 해당한다고 해석하는 견해를 일원론이라 하며, 긴급피난을 위법성조각사유인 긴급피난과 책임조각사유인 긴급피난으로 나누어진다고 이원적으로 해석하는 입장을 이원설이라 한다. 긴급피난에 관해서는 각국의 입법례[74]에도 차이가 있지만, 긴급피난의 본질 문제는 입법례에 따라 그 성질이 달라진다고 할 수는 없다. 오스트리아 형법은 명문으로 긴급피난을 책임조각사유로, 스위스 형법은 위법성조각사유로 규정하고 있지만, 형법의 해석에 있어서는 위법성조각사유와 책임조각사유로서의 이중의 성격을 지닌다고 해석하는 견해가 유력하기 때문이다.

---

74) 긴급피난에 관하여 독일 형법은 면책적 긴급피난(제35조)과 정당화적 긴급피난(제34조)으로 나누어서 규정하고 있고, 오스트리아 형법은 책임조각사유(제10조)로 규정하고 있으며, 스위스 형법(제34조)과 일본형법(제37조)은 우리 형법과 마찬가지로 위법성조각사유로 규정하고 있다.

(1) 일원론(단일설)

일원론은 다시 위법성조각설과 책임조각설로 나누어진다.

1) 위법성조각설

위법성의 실질을 **결과반가치**에 두고 **이익교량설**에 의해 피난행위에 의해 **보전되는 이익**과 **침해되는 이익**을 비교형량하여 **보전이익이 우월**하면 결과반가치를 부정하여 위법성이 조각된다는 이론으로서 종래 우리나라 다수설이 입장이다.[75)]

그러나 이 견해는 ① 이익형량이 불가능한 생명 대 생명, 신체 대 신체의 경우에는 이익교량이 불가능하므로 설명이 곤란하고, ② 자기에 대한 위난을 피하기 위하여 제3자의 정당한 이익을 침해하는 것을 정당하다고 보는 것은 위난을 타인에게 전가하는 것으로서 사회윤리규범에 반하므로 오히려 위법하다고 해야 한다는 비판을 면할 수 없다.

2) 책임조각설

피난행위는 제3자의 정당한 이익을 침해하므로 위법하지만, 긴급상태 하에서 자기보존의 본능에 따른 행위로서 **적법행위에 대한 기대가능성**이 없으므로 책임이 조각된다는 견해이다.

그러나 이 견해는 ① 현행법이 타인의 법익에 대한 위난을 피하기 위한 피난행위를 인정하고 있는 점을 고려해보면 적법행위에 대한 기대가능성이 없다고 할 수 없으므로 책임이 조각된다고 해석할 수는 없으며, 또한 ② 긴급피난의 본질은 자기보존 본능에 있는 것이 아니라 **이익교량**에 의하여 우월적 이익을 보호하는 데 있다는 점을 도외시했다는 비판을 면할 수 없다.

(2) 이원설(이분설)

1) 내 용

제22조의 긴급피난에 대하여 위법성을 조각하는 **'정당화적 긴급피난'**과 책임을 조각하는 **'면책적 긴급피난'**을 모두 포함하고 있는 규정으로 이원적으로 파악하는 견해[76)]로서 **'차별설'**이라고도 한다. 이원설(혹은 이분설)은 위법성조각사유와 책임조각사유를 어떤 기준에 의하여 구별할 것인가에 대하여 다시 두 가지 견해로 나누어진다.

---

75) 김성천/김형준, 283면; 박상기, 194면; 안동준, 114면; 오영근, 386면; 이재상/장영민/강동범, 251면; 이형국, 184면; 임 웅, 231면; 정성근/박광민, 245면; 조준현, 199면.

76) 김일수/서보학, 308면; 배종대, 374면; 손해목, 473면; 신동운, 277면; 이정원, 169면; 조준현, 206면; 진계호, 331면.

첫째, **사물에 대한 긴급피난**은 위법성조각사유이고, 사람의 **생명과 신체에 대한 긴급피난**은 책임조각사유로 보는 견해이다.[77] 그러나 이 견해에 대하여는 ① 사물에 대한 긴급피난의 경우에 있어서도 **법익이 같은 가치인 경우**에는 위법성이 조각된다고 할 수 없고, 또한 ② 생명과 신체에 대한 위난에 있어서도 가벼운 위난과 중대한 위난이 충돌하는 때에는 이익교량이 가능하므로 반드시 책임이 조각된다고 할 수 없다는 비판을 받는다.

둘째, **우월적 이익의 원칙이 적용되는 긴급피난**은 위법성조각사유이고, **법익동가치적**이거나 **이익형량이 곤란한 긴급피난**은 책임조각사유에 해당한다고 보는 견해이다.[78] 독일 형법과 통설이 취하고 있는 태도이기도 하다. 이 견해에 의하면 긴급피난에 있어서 '상당한 이유'는 우월적 이익의 원칙과 법익동가치가 포함되며, 제22조의 긴급피난에는 위법성이 조각되는 경우와 책임이 조각되는 경우가 모두 포함되어 적용되고, 긴급피난의 상당성판단에 있어서는 **법익교량**뿐만 아니라 **기대불가능성**도 포함하여 판단하게 된다.

2) 비 판

그러나 이원설에 대하여는 다음과 같은 비판이 있다.

① 이원설은 다수의 **이익이 충돌하는 경우**에 법익교량에 의하여 하나의 이익만을 보전하는 모든 경우가 긴급피난에 해당한다고 하나, 이익이 충돌하는 모든 경우가 긴급피난이 되는 것이 아니라 형법 제22조의 긴급피난의 요건이 충족되는 경우에만 해당하므로 이 점은 현행 형법의 태도와도 불일치한다.

② **면책적 긴급피난**의 경우는 초법규적 책임조각사유인데, 이 경우에도 이원설에 의하면 제22조의 적용을 받게 되어, 제22조의 **'상당한 이유'**는 **이익교량**과 **기대불가능성**을 포함하는 개념이 된다. 그러나 **'상당한 이유'**는 이익교량에 의하여 판단되어야지 책임조각사유인 **기대불가능성**까지 포함하여 판단할 것을 요구하지는 않는다. 만약 그렇게 이해한다면 정당방위와 자구행위도 책임조각사유가 될 수 있다고 동일하게 이해해야 하는 문제점이 있다.

③ 이원설에 의하면 **면책적 긴급피난**과 **강요된 행위**를[79] 구별하여,[80] 면책적 긴급

77) 진계호, 238면; 황산덕, 168면.

78) 김일수/서보학, 308면; 배종대, 367면; 손해목, 473면; 신동운, 277면; 이정원, 169면; 조준현, 206면; 진계호, 331면.

79) 형법 제12조에 '저항할 수 없는 폭력이나 자기 또는 친족의 생명, 신체에 대한 방어할 방법이

피난은 동등한 법익이나 법익교량이 불가능한 경우이지만, 강요된 행위는 법익균형유지가 불필요하다는 점에 있다고 한다. 그러나 **강요된 행위**도 기본적으로 **면책적 긴급피난의 특수한 경우**에 불과하다고 보지 않을 수 없다.[81] 따라서 면책적 긴급피난이라고 하여 이익교량이 요구되어진다고 할 이유가 없다.

말하자면 적법행위에 대한 기대가능성이 결여된 경우에는 **초법규적 책임조각사유**에 해당하여 책임이 조각되는 것이지, 긴급피난에 해당하기 때문에 책임이 조각되는 것은 아니다. 동등한 법익이 충돌하는 경우가 긴급피난의 '상당한 이유'에 포함되지 않는다고 하여 이를 확대해석해서는 안 된다.

(3) 사 견

형법이 긴급피난과 기대가능성이 없어 책임이 조각되는 강요된 행위를 구별하고 있는 점에 비추어보면, 긴급피난의 경우에만 '상당한 이유'에 기대불가능성까지 포함시켜서 이해하는 것은 현행법의 해석으로는 설득력이 없다. 긴급피난의 본질에 대하여는 상당한 이유 있는 긴급피난은 위법성이 조각된다고 해석하는 **위법성조각설**이 타당하다. 따라서 우리 형법 제21조는 **정당화적 긴급피난**을 규정한 것으로 해석할 수 있고, 이른바 이원설에서 말하는 **면책적 긴급피난**에 대해서는 형법에 규정이 없으므로 **'초법규적 책임조각사유'**로 다루어야 한다. 이와 관련된 역사적인 사례로는 B.C. 214년 '카르네아데스(Karneades)의 판자(板子)사건'[82]과 1884년 영국의 '미뇨네트

없는 협박에 의하여 강요된 행위는 벌하지 아니한다'라고 규정하고 있다.

80) 김일수/서보학, 422면; 차용석, 819면.

81) 이재상/장영민/강동범, 250면.

82) 두 사람이 작은 배(舟)를 저어 바다로 나갔다. 그런데 갑자기 몰아치는 돌풍을 만나 배는 부서지고 두 사람은 바다에 빠졌다. 정신없이 허우적거리다가 때마침 파도에 떠가는 조그만 판자조각을 발견하고, 두 사람은 필사적으로 헤엄을 쳤다. 거의 동시에 두 사람이 그 판자조각을 붙들었으나 불행히도 그 판자조각은 너무 작았다. 한 사람이 잡으면 뜨지만, 두 사람이 잡으면 가라앉고 마는 것이었다.
궤변론자(Sophist)인 카르네아데스(Karneades)는 여기서 질문을 던졌다. 두 사람 중 누가 그 판자조각을 붙들어 살아남을 권리를 가지는가? 어떻게 하는 것이 정의(正義)인가? 정의란 도대체 허무맹랑한 거짓말 아닌가?
기원 전 2세기에 던져진 이 질문에 대해서 스토아(Stoa)학파는 대답을 주지 못했고, 정의로 해결하지 못하는 질서도 있고 정의는 스스로 제 한계를 가지고 있을 뿐 아니라 인간을 구하지도 못한다는 설명만 했다. 궁색한 대답이었다. 이 질문은 1800년 동안이나 시원한 대답을 얻지 못했다. 판자조각은 하나뿐이고, 물에 빠진 사람은 분명 두 사람이다. 정의가 공평함이나 기회균등을 말하는 것이라면, 판자조각을 놓고 두 사람이 결투라도 해야 할 것인가? 둘이서 양쪽 끝

(Mignonette)호 사건[83]을 들 수 있다.

3. 위법성조각의 근거

긴급피난의 정당화근거에 대하여는 일원적으로 **법익형량설**[84] 또는 **목적설**에 토대를 두는 견해가 있으나, 다수설은 **법익**(이익)**교량설**과 **목적설**의 원리를 정당화의 근거로 들면서, 서로 충돌하는 두 가지 법익 내지 이익을 교량(較量)하여 행위자에 의해 보호된 이익이 침해된 이익보다 본질적으로 우월할 경우와 **사회윤리적 관점**에서 피난행위가 **정당한 목적을 위한 상당한 수단**이라고 평가될 경우에 긴급피난은 정당화되어진다는 것이다.[85]

이러한 긴급피난의 정당화원리를 보다 구체화해보면, ① **자기의 법익보호**를 위한 긴급피난의 경우에는 **자기보호의 원리**와 **이익교량의 원칙**이 적용되고, ② **타인의 법익**

을 마주잡고 함께 빠져죽을 것인가? 아니면, 공평하게 둘 다 그 판자조각을 포기하고 그냥 빠져죽을 것인가? 재주가 있다면 그 작은 판자조각을 똑같이 반으로 나누어 하나씩 잡고 빠져죽을 것인가? 어쨌든 두 사람 다 죽을 수밖에 없다. 정의로운 방법으로는 어느 한 사람의 생명도 구해낼 수가 없다. 정의를 무시하고 어느 한 사람이 그 판자조각을 혼자 차지한다면, 적어도 그 한 사람은 살아남을 가능성이 조금은 있다. 정의보다 불의(不義)가 현실적으로 더 좋은 결과를 가져옴이 이 경우에 있어서는 자명(自明)하지 않은가?

이 난처한 질문에 대한 대답은 17세기 스페인의 자연법학자(自然法學者)이자 신학자(神學者)인 수아레쓰(Suarez)에 와서야 겨우 내려졌다. 1800년 만에 내려진 결론이다. 그 내용은 이렇다. 이 질문의 경우와 같은 예외적인 경우에는 정의의 질서(Ordo justitiae)가 지배하지 않고 사랑의 질서(Ordo caritatis)가 지배한다는 것이다. 즉 두 사람 중 어느 한 사람이 자기 친구를 위해서 생명을 바치는 것이다. 친구를 사랑하는 이 희생으로 자신은 생명을 잃게 되지만, 자기 친구만은 살릴 수 있다는 것이다.

정의를 최고의 가치로 생각하는 사람들은 현대에도 의외로 많다. 그러나 정의의 유한성(有限性)을 제대로 직시(直視)할 줄 아는 사람은 적다. 예수님의 계명은 한마디로 '사랑하라'는 것이다. 사랑은 항상 자기희생과 고통, 자기죽음을 수반한다. 그리스도의 계명은 신앙(信仰)에 의해 비추임을 받은 인간오성(人間悟性)에는 빛으로, 진리(眞理)로 수용될 수 있으나, 인간적인 지혜만으로는 결코 받아들일 수 없다. 똑똑하다는 사람들의 어리석음이 새삼스럽게 놀라울 뿐이다.

83) 이 사건은 미뇨네트호가 1884년 5월 호주를 향해서 항해하던 중 동년 7월 5일 희망봉에서 16,000리 떨어진 지점에서 난파하여 해상에서 표류한지 13일이 지나자 식량이 바닥이 났다. 수일 후 피고인은 브룩스에게 한 소년을 희생시키자고 제안했으나 거절당했다. 2일 후 식량이 완전히 바닥이 나 소년을 죽이고 4일간 그 살점을 구워먹다 구조되었다. 피고인들은 사형선고를 받았으나 특사로 풀려났다.

84) 박상기, 189면.

85) 김일수/서보학, 308면; 이재상/장영민/강동범, 251면.

보호를 위한 긴급피난의 경우에는 **사회적 연대성의 원리**와 **이익교량의 원칙**이 적용된다고 하겠다.[86]

결국 자기를 위한 긴급피난이든 타인을 위한 긴급피난이든 긴급피난은 보다 가치 있는 법익을 보호하기 위하여 유일한 수단인 긴급피난행위가 사회적으로 상당한 수단일 경우에는 위법성이 조각된다고 할 수 있으므로, 긴급피난의 정당화근거를 이익교량설과 목적설에서 구하는 다수설이 타당하다.

Ⅱ. 긴급피난의 성립요건

긴급피난은 ① 자기 또는 타인의 법익에 대한 현재의 위난이 있고, ② 이러한 위난을 피하기 위한 행위가 있어야 하며, ③ 피난행위시에 피난자는 주관적으로 피난의사를 가지고 있어야 하고, ④ 나아가 피난행위가 상당한 이유가 있어야 한다는 요건을 구비해야 한다.

1. 자기 또는 타인의 법익에 대한 현재의 위난

(1) 자기 또는 타인의 법익에 대한 위난일 것

긴급피난의 보호대상이 되는 법익은 **자기 또는 타인의 법익**이다. 여기서 타인이란 자기 이외의 모든 자연인과 법인을 포함하며, 개인적 법익뿐만 아니라 정당방위와는 달리 **사회적·국가적 법익도 포함**되고, 생명·신체·재산·명예 등 법률상 보호되는 모든 이익이 포함된다. 즉 보호의 필요성과 보호의 가치가 있다고 인정되는 법익은 보호대상이 된다. 그러나 법익주체가 포기한 법익이나 법에 의해 박탈된 이익은 보호가치가 없다.

또한 사회적·국가적 법익에 대한 위난이 있을 경우의 긴급피난은 일차적으로 국가기관이 개입할 수 있는 상황 하에서는 개인에 의한 긴급피난은 허용되지 않으며, 국가기관이 개입할 수 없을 정도로 급박한 사정 하에서만 개인에 의한 긴급피난이 허용된다고 보아야 한다.

한편 **타인의 법익을 위한 긴급피난**시에 동일인에게 귀속되는 법익 사이에 충돌이 발생하는 경우에도 긴급피난이 허용되는가가 문제된다. 이러한 문제는 **긴급피난과 추**

86) 김일수/서보학, 309면.

정적 승낙의 한계문제로써, 법익주체가 다를 경우에는 긴급피난의 문제로써, 법익주체가 같을 경우에는 추정적 승낙의 문제로 해결해야 한다.[87)]

따라서 의식불명의 환자를 동의 없이 수술하거나 화재로 인해 연기에 질식사 상태에 있는 사람을 구조하기 위해 유리창을 손괴하는 행위는 **추정적 승낙**의 문제이거나, 또는 위험감소로 인해 결과가 객관적으로 귀속되지 않을 경우에는 구성요건해당성이 조각된다고 할 수 있다. 다만 이때에도 법익주체의 의사에 명백히 반하는 경우의 처리문제에 대하여는 다툼이 있다.

(2) 위난에 현재성이 있을 것

'현재의 위난'이란 현존하는 위험으로서 **법익에 대한 침해가 곧 발생할 것으로 예견되는 경우**, 즉 가까운 미래에 법익침해발생의 **위험이 임박한 경우**를 말한다. 따라서 과거에 있었던 위난이나 단순히 미래의 예상되는 위난은 위난에 현재성이 없다. 그러나 긴급피난에 있어서 위난의 현재성에는 법익침해가 임박한 현존하는 법익침해의 위험뿐만 아니라 과거부터 계속되어 온 위난인 **지속적 위난**(계속적 위난)도 포함되므로 정당방위에 있어서 침해의 현재성보다는 그 범위가 넓다고 하겠다.[88)] 예컨대 사람을 살상하거나 방화하는 성향을 지닌 정신이상자는 언제 법익침해가 발생할지 모르는 지속적인 위험으로서 위난의 현재성이 있으므로 일시 체포·감금하는 행위는 긴급피난에 해당한다. 또한 법익침해가 임박하지 않더라도 피난을 지체하면 피난이 불가능하거나 지극히 곤란해지는 경우에도 위난의 현재성이 있다. 예컨대 출산을 몇 개월 남겨두지 않은 임부(姙婦)가 태아의 이상으로 임신중절수술을 미리 하지 않으면 생명이 위태로울 경우에는 임부의 생명이라는 법익에 대한 위난의 현재성이 있으므로 긴급피난으로서 임신중절수술은 허용된다.

계속적 위난과 관련하여 **예방적 정당방위**가 있다. 예방적 정당방위란 법익침해가 임박하지 않았으므로 침해의 현재성이 없지만 지속적인 법익침해의 위험으로 인해 장래에 발생할 수 있는 위법한 공격을 저지하기 위한 예방적 방어조치를 말한다. 이 경우에는 현재의 위법한 법익침해가 없으므로 정당방위는 불가능하고, **방어적 긴급피**

87) 박상기, 197면.

88) 지속적인 위험으로는 보수가 시급한 부실건물의 붕괴위험성을 예로 들 수 있다. 독일판례로는 매일 밤 부부가 사는 집안에 침입하는 이웃의 정신병자가 다시 침입한 후 도망가자 뒤에서 총을 쏜 사건으로서 면책적 긴급피난에 해당한다고 본 사례를 들 수 있다(이른바 관음증사례－Spanner Fall, BGH NJW 1979, 2053).

난은 가능하게 된다.

예컨대, 산모의 생명을 구하기 위해 태아를 사산시키는 경우, 인도로 돌진하는 자동차를 막기 위한 방어조치로 인해 자동차운전자가 사망한 경우 또는 미리 방어하지 않으면 방어가 불가능하거나 현저하게 어려운 경우에 예견되는 공격에 대한 예방조치로서 저지시키는 **예방적 정당방위**의 경우가 이에 해당한다.

이와 같이 방어적 긴급피난의 경우에는 본질적으로 더 가치 있는 법익이 아니더라도 이익교량에 의하여 우월한 가치로 평가받게 된다. 즉 위험을 유발한 자를 우대할 필요는 없기 때문이다. 따라서 방어적 긴급피난자가 생명과 신체의 위험을 피하기 위하여 위난유발자에게 중상을 입히거나 극단적인 경우에 살해했더라도 긴급피난에 의하여 정당화될 수 있다.[89]

위난의 현재성에 대한 판단은 위난자 개인의 주관적 판단이 아닌 행위자가 속한 사회생활영역에서의 **이성적 관찰자의 객관적인 판단**에 의해 결정되어야 하며, 이때에는 일반적인 **생활경험**과 **행위자의 특수지식**도 고려되어야 한다. **위난의 판단시기**는 피난행위보다 앞선 어느 시점으로써 장차 위난이 현존할 것인가를 객관적으로 예측해야 한다. 이를 **객관적·사전적(事前的) 척도**라고 한다.

(3) 위난의 원인

법익침해의 가능성이 임박한 경우에는 위난의 원인을 따지지 않기 때문에 사람·동물·자연적 재해라도 무방하며, 위난의 불법성 여부도 문제가 되지 않으므로 불법적인 침해는 물론 **적법한 침해**에 대하여도 긴급피난은 가능하다.

그러나 위난을 피난행위자 스스로 초래한 **자초위난**의 경우에는 긴급피난이 불가능하다는 견해[90]도 있으나, 긴급피난의 요건에 피난행위자가 유책하지 않을 것을 요건으로 하지 않으므로 상당한 이유 있는 긴급피난은 허용된다고 보아야 한다. 다시 말해서 ① **목적 또는 고의 있는 자초위난의 경우**, 즉 긴급피난을 할 목적으로 위난을 자초한 경우에는 긴급피난이 허용되지 않는다. ② 그러나 피난행위자의 **책임 있는 사유로 발생한 자초위난의 경우**에는 이익형량을 고려한 상당성이 인정되는 경우에 **제한적으로 긴급피난이 허용**된다고 보아야 한다.[91] 예컨대 임산부가 불법적인 낙태를 하기

89) 김일수/서보학, 317면.

90) 유기천, 188면.

91) 김일수/서보학, 315면; 박상기, 195면; 배종대, 370면; 손해목, 475면; 오영근, 390면; 이재상/장영민/강동범, 252면; 이형국, 185면; 임 웅, 233면; 정성근/박광민, 278면; 조준현, 201면.

위해 높은 곳에서 뛰어 내려 낙태를 시도하다가 미수에 그쳤으나 오히려 자신의 생명에 대한 위험이 발생한 경우에 자신의 생명을 구하기 위하여 낙태행위를 하는 것은 상당한 이유 있는 긴급피난에 해당한다. 또한 부주의로 교통사고를 낸 운전자가 격노한 상대방 피해자로부터 폭행당할 것을 두려워하여 일단 사고지점에서 피신한 경우에 **도주차량운전자의 가중처벌규정위반**(특가법 제5조의3 제1항) 또는 **도로교통법위반**이 긴급피난에 의하여 정당화될 수 있다.[92]

그런데 판례는 강간범이 피해자가 손가락을 깨물며 반항하자 이를 물리치면서 치아결손의 상해를 입힌 경우에 법에 의해 용인되는 피난행위라 할 수 없다고 판시하고 있다.[93] 그러나 이 경우는 피난행위자의 **책임 있는 사유로 인해 발생한 자초위난**으로서 상당한 이유가 없으므로 허용되지 않는다고 보아야 한다.[94]

2. 위난을 피하기 위한 행위(피난행위)

피난행위란 현재의 위난을 모면하기 위한 일체의 행위를 말한다. 이러한 피난행위자는 피난행위시에 주관적으로 **피난의사**를 가지고 피난행위를 행해야 한다.

긴급피난에는 피난행위로 침해된 법익의 향유자가 누구인가에 따라 ① 방어적 긴급피난과 ② 공격적 긴급피난으로 나눌 수 있다. ① **'방어적 긴급피난'**이란 자기 또는 타인의 법익에 대한 위난원인을 유발한 당사자를 공격하는 경우이고, ② **'공격적 긴급피난'**이란 위난원인과는 무관한 제3자의 법익을 희생시키고 자기 또는 제3자의 법익을 보전하는 긴급피난을 말한다. 예컨대 개가 물려고 달려들기 때문에 타인의 주거에 뛰어 들어간 경우에는 공격적 긴급피난이고, 사람을 물려고 달려드는 개를 피할 여유가 없어 몽둥이로 때려잡았다면 위험의 원인인 개에 대하여 피난행위를 한 것이므로 방어적 긴급피난에 해당된다. 긴급피난의 일반적인 경우는 공격적 긴급피난이다.

방어적 긴급피난의 경우에는 피난행위로 침해되는 법익과 보호되는 법익이 동일인이므로 긴급피난행위 자체가 구성요건에 해당하여야 하고, 법익의 주체가 승낙불가 상태이거나 처분가능하지 않은 개인적 법익이 위험에 처한 경우이다. 예컨대 화재 속

---

92) 김일수/서보학, 315면.

93) 대판 1995. 1. 12, 94도2781(강간범피해자 치아상해사건; 피고인이 스스로 야기한 강간범행의 와중에서 피해자가 피고인의 손가락을 깨물며 반항하자 물린 손가락을 비틀며 잡아 뽑다가 피해자에게 치아결손의 상해를 입힌 소위를 가리켜 법에 의하여 용인되는 피난행위라 할 수 없다).

94) 이재상/장영민/강동범, 253면.

에서 어린 아이를 구하기 위하여 창밖의 매트리스 위로 던져 부상을 입힌 경우, 자살을 막기 위해 자살기도자를 감금하는 경우, 산모의 생명을 구하기 위하여 태아를 사산시킨 경우, 눈길에 미끄러져 인도로 돌진하는 자동차를 막기 위한 방어조치로 운전자가 사망한 경우, 늦어지면 저지시키기 어려운 공격에 대한 예방적 정당방위 등이 여기에 해당한다. 방어적 긴급피난의 경우에는 본질적으로 더 가치 있는 법익이 아니더라도 이익교량에서 우월한 가치로 평가받게 된다.

그러나 동일한 법익주체에 대한 이익충돌의 경우에는 위험감소에 의하여 **구성요건해당성이 조각**되거나 **추정적 승낙**에 해당한다고 볼 수 있다. 예컨대 머리 위로 떨어지는 돌에 맞아 사망할 수 있는 위난에 처한 자를 밀쳐서 부상을 입힌 경우에는 위험감소로 인해 상해죄의 구성요건해당성이 조각되며, 의식불명에 빠진 환자의 동의를 받지 않고 수술한 행위는 추정적 승낙에 해당하여 위법성이 조각된다고 보아야 한다.[95]

공격적 긴급피난의 경우에는 피난행위로 인하여 보호법익이 침해법익보다 훨씬 더 큰 가치를 가지는 경우에 정당화되어지고, 피난수단이 피해자의 인간으로서의 존엄권이 침해되는 경우에는 이익교량이 불가능하므로 긴급피난은 정당화될 수 없다. 예컨대 인질의 생명을 구하기 위하여 다른 체포된 인질범을 고문하는 경우는 허용되지 않는다.

3. 피난의사

긴급피난이 성립하기 위해서는 피난자가 피난행위시에 주관적으로 현재의 위난을 인식하고 보다 높은 가치의 이익을 보호하기 위하여 피난행위를 한다는 **'피난의사'**를 가지고 있어야 한다. 피난의사는 긴급피난행위를 정당화시켜주는 **주관적 정당화요소**로서, **위급한 긴급피난상황에 대한 인식**과 **우월적 이익을 보호한다는 의사**를 말하며 피난자의 피난의사가 피난행위의 유일한 동기일 필요는 없다. 그러나 객관적으로 긴급피난상황이 존재한다고 하더라도 주관적 정당화요소로서 피난의사가 결여된 경우에는 긴급피난이 될 수 없다. 즉 긴급피난상황 하에서 피난의사가 결여된 경우에는 행위불법은 인정되지만 결과불법이 인정되지 않으므로 기수범이 아니라 **불능미수범**이

95) 박상기, 193면.

성립하게 된다.[96)]

4. 피난행위의 상당성

자기 또는 제3자의 현재의 위난을 피하기 위한 피난행위는 "상당한 이유가 있을 때", 즉 상당성의 요건이 충족될 때에만 위법성이 조각된다. 긴급피난은 현재의 위난에 대한 피난행위로서 **"정 대 정의 관계"**이므로, 현재의 부당한 침해를 방위하기 위한 행위로서 "부정과 정의 관계"인 정당방위에 비해 "상당한 이유"라는 상당성의 요건이 보다 엄격하다. 즉 정당방위에 있어서 상당성은 "방위의 필요성"이지만, 긴급피난에 있어서 **"상당한 이유"**는 **'보충성의 원리'**와 **'균형성의 원리'** 및 **'적합성의 원리'**를 그 내용으로 한다고 할 수 있다.[97)]

(1) 보충성의 원칙(Subsidiarität)과 상대적 최소침해의 원칙

긴급피난이 상당한 이유가 있기 위해서는 피난행위가 **위난을 피하기 위한 유일한 수단**이어야 하고 위난을 피할 다른 방법이 없어야 한다. 이를 **"보충성의 원칙"**(Subsidiarität)이라 한다. 또한 긴급피난의 방법도 상대방에게 상대적으로 가장 경미하게 손해를 주는 방법을 선택하여야 하는데, 이를 **"상대적 최소침해(피난)의 원칙"**이라 한다.[98)] 예컨대 운전면허 없는 자가 택시를 탈 수 있는데도 불구하고 응급환자를 위해 스스로 무면허운전을 한 경우, 술 취한 의사가 응급환자의 수술을 위해 음주운전을 하다 사고를 낸 경우, 환자를 구하기 위해 의사가 출입문으로 들어갈 수 있는데도 불구하고 대문을 부수거나 담장을 부수고 들어간 경우에는 보충성의 원칙에 위배되어 상당하지 않은 긴급피난으로서 정당화되지 않는다.[99)] 긴급피난은 정당방위와는 달리 위난의 야기와는 관계없는 제3자의 법익을 침해하기 때문에 엄격한 보충성의 원칙이 요구되기 때문이다.

(2) 균형성의 원칙

균형성의 원칙이란 피난행위에 의해 보호되는 이익이 침해되는 이익보다 본질적

96) 박상기, 196면.

97) 이재상/장영민/강동범, 253면.

98) '상대적 최소침해의 원칙'을 '보충성의 원칙'이 아니라 '적합성의 원칙'의 내용으로 보는 견해도 있다(박상기, 194면).

99) 대판 2016. 1. 28, 2014도2477(甲이 乙의 개가 자신의 애완견을 물어뜯는 공격을 하자 가지고 있던 기계톱을 작동시켜 乙의 개를 절단시켜 죽인 경우 甲의 행위는 피난행위의 상당성을 넘은 행위로서 형법 제22조 제1항에서 정한 긴급피난의 요건을 갖춘 행위로 보기 어렵다).

으로 우월해야 한다는 원칙을 말한다. 이를 **이익형량(교량)의 원칙** 또는 **우월적 이익의 원칙**이라고 한다. 그런데 종래 통설은 이익교량의 결과 **보호**이익과 **침해**이익이 같은 가치를 지닌 경우에도 상당성을 인정하였으나, 오늘날에 와서는 균형성의 원칙은 **우월적 이익의 원칙**을 의미하므로 같은 가치를 지닌 이익 사이에는 이러한 원칙이 인정되지 않기 때문에 위법성이 조각되지 않는다고 보는 것이 일반적인 입장이다.[100] 말하자면 보호이익이 '본질적으로 우월한 때'에 한하여 긴급피난의 상당성이 인정되어 위법성이 조각되며, 여기서 말하는 **'본질적으로 우월한 이익'**이라 함은 침해이익보다 보호이익의 가치우월성이 의심할 여지없이 분명해야 함을 말한다.

따라서 균형성의 판단에 있어서는 단순한 법익교량이 아니라 포괄적인 **이익교량의 원칙**에 의하여 관계법익의 가치, 위험의 정도 및 보호할 가치 여부를 종합적으로 비교·형량하여 판단하게 된다.

1) 법익의 가치

이익교량에 있어서는 관계법익의 가치가 가장 중요한 의의를 지닌다. 이때는 개별 범죄의 법정형이 관계법익의 중요성에 관한 중요한 판단자료가 된다. 따라서 임부의 생명·신체의 위험을 보호하기 위한 낙태,[101] 사람의 생명을 구조하기 위한 도로교통법위반의 경우에는 보다 우월한 이익을 보호하기 위한 상당성이 있는 긴급피난이라 할 수 있다.

그러나 사람의 생명을 구조하기 위하여 타인의 생명을 침해하는 경우에는 생명절대의 원칙에 의하여 위법성이 조각되지 않는다. 생명이라는 법익은 서로 교량할 수 없는 절대적 가치를 지니고 있으므로 긴급피난에 의하여 사람을 살해하는 것은 허용되지 않기 때문이다. 따라서 표류 중인 선원이 아사(餓死)를 면하기 위하여 다른 선원을 살해한 경우에는 긴급피난에 의하여 정당화되지 않는다. 다만 현재의 위난을 피하기 위하여 사람을 살해한 경우에는 기대가능성의 유무에 의하여 면책의 가능성은 있다. 예컨대 로프로 함께 줄을 묶고 암벽을 타던 등반인 중 한 사람이 추락하자 함께 추락하는 것을 면하기 위하기 위하여 줄을 끊는 경우에는 위법성은 조각되지 않으나 기대가능성에 의하여 책임이 조각될 수 있다.

---

100) 김일수/서보학, 317면; 박상기, 197면; 배종대, 375면; 신동운, 300면; 오영근, 391면; 이재상/장영민/강동범, 254면; 이형국, 186면; 임 웅, 234면; 정성근/박광민, 250.

101) 대판 1976. 7. 13, 75도1205.

법익교량에 있어서 일반적으로 생명·신체·자유 등 인격적 가치는 소유권·재산상의 이익 등 재산적 법익보다 우월하며, 또한 사람의 생명·신체의 보호는 사람의 다른 인격적 가치인 자유·명예의 보호보다 우월한 이익이 된다.

2) 위험의 정도

균형성의 판단에는 법익의 가치뿐만 아니라 위험의 정도도 고려해야 한다. 즉 구체적인 긴급상황 하에서는 추상적인 법익의 가치 외에 법익을 위협하는 침해의 정도도 이익교량의 중요한 자료가 된다. 예컨대 사람의 자유는 재물에 대한 소유권보다 법익가치에서는 우월하지만 화재가 난 집의 불을 끄기 위해 길을 막고 있는 사람을 밀어뜨려 상처를 입힌 경우에 폭행행위는 긴급피난에 의하여 정당화되어 폭행죄가 성립하지 않는다.

특히 동질적인 법익 사이에는 법익침해의 위험의 정도가 균형성 판단에 있어서 결정적인 판단기준이 된다. 예컨대 동질적인 재산적 이익이 충돌하는 경우에는 구체적인 재산적 손해의 크기가 결정적인 균형성 판단의 기준이 된다.

3) 보호의 가치

이익교량의 기준은 보호법익의 절대적 가치보다 **구체적인 생활상황하에서 보호할 가치를 기준**으로 해야 한다. 따라서 법익의 가치, 법익에 대한 위험의 정도, 구조의 기회와 그 가능성의 정도도 함께 고려해야 한다. 예컨대 재물을 손괴하는 정신병자를 일시적으로 감금하는 경우에는 긴급피난에 의하여 위법성이 조각될 수 있다.

(3) 적합성의 원리—실질적 상당성의 원리

적합성의 원칙이란 자기 또는 타인의 법익을 보호하기 위한 피난행위는 위난을 피하기 위해 적법한 수단, 즉 사회윤리나 법질서 전체의 입장에서 볼 때 합당해야 한다는 것을 의미이다. 이를 **"실질적 상당성의 원리"**라고도 한다.[102] 즉 긴급피난행위는 서로 충돌하는 이익을 침해에 의하여 피난하는 행위이므로 적절하고 가치 있으며 정의의 이념에 의해 허용되는 수단이어야 한다. 이러한 피난행위의 적합성의 원칙은 **'사회윤리적 적합성'**과 **'법적 적합성'**의 문제로 나누어 살펴볼 수 있다.

---

102) 대판 1987. 1. 20, 85도221(피조개양식장 부근에 정박 중인 선박의 선장은 양식장 어민들에게 선박이동을 요구받았지만 선박이동에는 허가가 필요하고 비용이 많이 들어 다른 해상으로 이동하지 못하고 있는 사이에 태풍이 불어 닥치게 되자 선박의 조난을 막기 위해 부득이 닻줄길이를 늘려 결국 선박과 산원들의 안전을 위해 사회통념상 가장 적절하고 필요불가결하다고 인정되는 조치를 취하였다면 긴급피난으로서 위법성이 없어서 재물손괴죄는 성립하지 않는다).

1) 사회윤리적 적합성

긴급피난행위는 사회윤리적으로 적합한 행위여야 한다. 사회윤리적 적합성은 인간의 신체를 다른 사람의 생명·신체 등의 법익을 구조하기 위하여 동의 없이 강제채혈하거나 강제로 장기적출행위를 하는 경우가 문제된다. 이것은 개인의 자기결정권을 침해할 뿐만 아니라 행위수단의 사회윤리적 적합성이 인정되지 않으므로 정당화적 긴급피난이 될 수 없다는 원리이다. 따라서 생명을 구할 목적으로 인질범을 고문하는 경우, 인격권의 침해가 있는 강제신장이식수술, 강제채혈[103] 등은 수단의 사회윤리적 적합성이 결여되었으므로 정당화될 수 없다.

2) 법적 적합성

피난행위가 법적 적합성이 있어야 한다는 것은 위난을 피하기 위해 마련된 **법적 절차에 따른 피난행위**이어야 정당화된다는 의미이다. 따라서 부당하거나 무고하게 구속기소된 피고인이 무죄판결을 얻기 위해 위증교사를 하거나 도주한 경우에는 수단의 적합성이 없으므로 허용되지 않는다. 이 경우에도 **정당한 이익을 위한 적법절차**를 준수해야 하기 때문이다.

Ⅲ. 긴급피난의 특칙

위난을 피하지 못할 책임 있는 자에게는 긴급피난이 허용되지 않는다(제22조 제2항). 여기서 **'위난을 피하지 못할 책임 있는 자'**란 군인, 경찰관, 소방관, 선장, 선원, 의사 등과 같이 그 직무를 수행함에 있어서 직무내용의 성질상 **일정한 위난을 감수해야 할 의무가 있는 자**를 말한다. 이러한 특칙을 정당화적 긴급피난에 명시하지 않고 면책적 긴급피난에 규정하고 있는 입법례로는 독일 형법 제35조 제2항을 들 수 있다.

그런데 위난인수의무자라 하더라도 절대적으로 긴급피난이 배제되는 것은 아니다. 이들도 '타인을 위한 긴급피난'을 할 수 있고, 또한 위험인수의무자가 감수해야 할 위난의 범위를 초과하는 위난에 대하여는 '자기를 위한 긴급피난'도 가능하다.

---

103) 강제채혈은 수단의 적합성이 결여되어 정당화적 긴급피난이 될 수 없다는 견해가 통설이다(김성천/김형준, 293면; 박상기, 195면; 손동권, 172면; 이재상/장영민/강동범, 256면; 임 웅, 214면; 정성근/박광민, 253면). 이에 반해 환자의 생명을 구하기 위한 불가결한 수단이고 다른 방법으로 이를 구할 수 없다면 이익교량에 따른 강제채혈도 가능하다는 견해도 있다(김일수/서보학, 315면).

Ⅳ. 과잉피난과 오상피난

1. 과잉피난

과잉피난이란 긴급피난 상황 하에서의 긴급피난행위가 **상당성을 초과한 경우**를 말한다. 과잉피난의 경우에는 위법성이 조각되지는 않으나, 그 정황에 의하여 **형을 감경 또는 면제**할 수 있다(임의적 감면사유). 또한 과잉피난이 야간 기타 불안스러운 상태 하에서 공포·경악·흥분 또는 당황으로 인한 경우에는 적법행위에 대한 기대가능성이 없다고 보아 책임이 조각된다(제22조 제3항).

2. 오상피난

오상피난이란 긴급피난의 객관적 요건이 존재하지 않음에도 불구하고 존재한다고 오신하고 피난행위를 한 경우이다. 오상피난은 **위법성조각사유의 전제사실에 대한 착오**로서 심정반가치가 결여되어 책임고의가 조각되므로 법적 효과에 있어서는 사실의 착오와 같이 취급하여 과실이 있는 경우에는 과실범으로 처벌된다.

Ⅴ. 의무의 충돌

1. 의의와 종류

(1) 의 의

의무의 충돌(Pflichtenkollision)이란 둘 이상의 **법적 의무**가 서로 충돌하여 행위자가 하나의 의무만을 이행할 수 있는 긴급상태에서 다른 의무를 이행하지 못함으로써 구성요건을 실현하는 경우를 말한다. 충돌하는 의무는 법적 의무이지 윤리적·도덕적·종교적 의무가 아니다.

의무의 충돌은 **작위의무와 작위의무**가 충돌하는 경우에 발생한다. 예컨대 아버지가 물에 빠진 두 아들 중 한 아들을 구함으로써 다른 아들이 익사한 경우, 불이 난 집에 갇힌 노모와 처 가운데 처를 구함으로써 노모가 사망한 경우, 생명이 위급한 둘 이상의 응급환자가 여러 명 있으나 인공심폐기는 1대만 있으므로 1명만 구조되고 다른 환자들은 사망한 경우 등이 이에 해당한다. 이러한 경우를 **진정한 의무의 충돌**이라 한다.

이와 달리 **부작위의무와 부작위의무**가 충돌하는 경우는 의무의 충돌이 아니다. 왜냐하면 둘 이상의 부작위의무는 이들을 동시에 이행할 수 있기 때문에 의무의 충돌문제는 발생하지 않게 된다.

그런데 문제는 **작위의무와 부작위의무**가 충돌하는 경우에도 의무의 충돌에 해당하는가 여부이다. 예컨대 중상을 입은 환자에게 수혈해야 할 의무와 다른 사람으로부터 강제로 채혈해서는 안 될 의무가 충돌하는 경우, 회사를 위한 작위의무와 채권자를 위한 부작위의무가 충돌하는 경우 등이다. 이 경우에도 ① 의무의 충돌에 해당한다고 보는 **긍정설**과,[104] ② 긴급피난의 경우와 동일하므로 **긴급피난**에 관한 규정을 준용하면 된다는 입장[105]이 대립한다.

생각건대 작위의무와 부작위의무가 충돌하는 경우는 작위의무이행을 통한 부작위의무의 불이행이므로 긴급피난의 경우와 같이 법익충돌에 관한 긴급피난의 규정을 준용하면 된다. 따라서 의무의 충돌은 **둘 이상의 작위의무가 충돌하는 경우**로서 위법성 또는 책임이 조각되는가의 문제는 **부진정부작위범의 경우**에만 문제된다고 보는 입장이 타당하다.[106]

(2) 의무의 충돌의 종류

의무의 충돌의 종류에는 1) 논리적 충돌과 실질적 충돌, 2) 해결할 수 있는 충돌과 해결할 수 없는 충돌이 있다.

1) 논리적 충돌과 실질적 충돌

가. 논리적 충돌 법규 사이에 모순이 있기 때문에 그로부터 도출되는 법의무가 논리적으로 충돌하는 경우로 실질적으로는 의무의 충돌이 아니다. 하나의 법적 의무가 다른 하나의 의무를 제한하고 있을 뿐이므로 의무의 충돌이 아니다.

예컨대 범행에 사용되는 줄 알면서 맡고 있던 물건을 본인에게 반환하여 민법상의 의무와 형법상의 의무가 충돌하는 경우, 또는 감염병예방 및 관리에 관한 법률(구 전염병예방법)에 따른 신고의무와 형법상의 비밀유지의무가 충돌하는 경우 등을 들 수 있다.

---

104) 이형국(1), 339면; 진계호, 313면; 손해목, 「의무의 충돌」(월간고시, 1988/7), 36면; 손동권, 「의무의 충돌」(형사법연구, 제10호), 1988, 46면.

105) 김일수/서보학, 351면; 배종대, 384면; 안동준, 118면; 이재상/장영민/강동범, 258면; 이정원, 450면; 정성근/박광민, 257면. 독일의 다수설의 태도이다.

106) 박상기, 199면; 이재상/장영민/강동범, 258면.

나. 실질적 충돌 법적 의무를 발생시키는 법규 자체와는 상관없이, 행위자의 일신적(一身的)인 사정으로 둘 이상의 법적 의무가 동시에 발생하여 충돌하는 경우를 말한다. 의무의 충돌은 이러한 실질적 충돌을 말한다.

2) 해결할 수 있는 충돌과 해결할 수 없는 충돌

해결할 수 있는 충돌(lösbare Kollision)이란 적법행위인가 위법행위인가를 행위자가 선택할 수 있는 법적 의무의 충돌을 말한다. 즉 법적 의무 사이의 비교 형량이 가능한 경우로서, 예컨대 교통사고로 생명이 위태로운 중환자와 경미한 타박상을 입은 환자를 응급치료해야 할 의사의 법적 의무 사이의 충돌은 해결할 수 있는 의무의 충돌의 경우이다.

해결할 수 없는 충돌(unlösbare Kollision)이란 행위자에게 선택의 여지가 없는 충돌로서 의무 사이의 비교 형량이 불가능한 경우를 말한다. 예컨대 사람의 생명을 구해야 할 둘 이상의 법적 의무가 충돌하는 경우이다.

이러한 양자의 구별에 대하여, ① 구별의 실익이 있다는 입장에서는 해결할 수 있는 충돌의 경우에는 위법성과 책임조각이 모두 문제될 수 있지만, 해결할 수 없는 충돌의 경우에는 책임조각만 문제된다는 입장이고,[107] ② 구별의 실익이 없다는 입장에서는 해결할 수 없는 충돌의 경우에도 위법성이 조각될 수 있다고 해석하는 경우에는 동가치의 의무의 충돌과 해결할 수 없는 의무의 충돌 사이에는 차이가 없으므로 구별의 실익이 없다는 견해이다.[108]

2. 의무의 충돌의 법적 성질

의무의 충돌에 관하여 형법에는 명문의 규정이 없다. 그러나 의무의 충돌의 경우에는 책임조각사유일 뿐만 아니라 일정한 요건 하에서는 위법성 또는 불법을 조각한다는 점에 대하여는 견해가 일치한다. 문제는 보다 높은 가치의 의무를 이행하거나 같은 가치의 의무의 충돌의 경우에도 위법성이 조각될 수 있는가라는 점과 위법성조각사유로 볼 경우에 그 법적 성질을 어떻게 파악할 것인가라는 점에 있다.

---

107) 배종대, 386면; 차용석, 482면; 박재윤, '의무의 충돌', 고시계, 1976. 7. 34면

108) 김일수/서보학, 353면; 정성근/박광민, 258면; 이형국, '의무의 충돌에 대한 고찰'(현대형사법론), 74면; 박상기, 203면.

(1) 법으로부터 자유로운 영역이론

카우프만(Arthur kaufmann)과 브라이(Blei)는 법규범이 적법인가 불법인가를 평가하지 않고 개인의 양심에 따라 무엇을 할 것인가를 판단하도록 방임한 분야를 **'법으로부터 자유로운 영역'**이라고 하며, 그 예로서 **자살**, **적응규정에 의한 낙태**, **동가치적이거나 평가할 수 없는 의무의 충돌** 등이 이에 해당하는 영역이라고 하였다. 그러나 법으로부터 자유로운 영역(rechtsfreier Raum)의 문제는 구성요건해당성 이전의 문제이고, 구성요건에 해당하는 이상 법으로부터 자유로운 영역이란 있을 수 없다. 자살은 구성요건이 존재하지 않으므로 법으로부터 자유로운 영역에 속한다고 할 수 있다. 그러나 의무의 충돌은 구성요건 이전의 문제가 아니라 법적 의무를 이행하지 않는 것이 구성요건에 해당하는 이상 법으로부터 자유로운 영역이라고 할 수 없다.

(2) 위법성조각사유

의무의 충돌을 위법성조각사유로 볼 경우에 그 법적 성질을 어떻게 이해할 것인가에 대하여는, ① 긴급피난의 일종 또는 **긴급피난의 특수한 경우로 보는 견해**[109)]와 ② **사회상규**에 위배되지 않는 정당행위로서 **독립된 위법성조각사유**로 보는 견해[110)] 및 ③ **초법규적 위법성조각사유**로 보는 견해[111)]가 대립한다.

의무의 충돌을 독립된 위법성조각사유로 보는 견해는 의무의 충돌과 법익충돌을 구별해야 한다는 것을 이유로 하며, 초법규적 위법성조각사유로 이해하는 견해는 형법에 의무의 충돌에 관한 명문의 규정이 없다는 것을 근거로 들고 있다.

생각건대 의무의 충돌은 긴급피난을 원래 책임조각사유로 규정하고 있던 독일형법이 초법규적 긴급피난의 하나로 취급해 왔던 것이었다. 그러나 우리 형법은 정당행위라는 일반적 위법성조각사유를 명문으로 규정하여 **'사회상규에 위배되지 않는 행위'**를 정당행위로 규정하고 있기 때문에 의무의 충돌을 초법규적 위법성조각사유라고 하는 것은 타당하지 않다.

긴급피난과 의무의 충돌의 차이점은 ① 긴급피난은 현재의 위난을 요건으로 하나 의무의 충돌은 반드시 이를 요하지 않으며, ② 긴급피난은 위난의 원인이 문제되지 않으나, 의무의 충돌은 법적 의무가 충돌하고, ③ 긴급피난은 피난자가 피난행위

109) 김성천/김형준, 284면; 배종대, 384면; 신동운, 302면; 이재상/장영민/강동범, 261면; 이형국, 399면; 정성근/박광민, 255면.

110) 김일수/서보학, 352면; 안동준, 120면; 임 웅, 238면; 차용석, 482면; 황산덕, 152면.

111) 손해목, 502면.

를 반드시 행해야 하는 것은 아니지만 의무의 충돌은 의무이행이 강제되며, ④ 긴급피난행위가 주로 작위임에 반하여 의무의 충돌은 의무불이행이라는 부작위라는 점에서 나타난다.

그러나 이러한 차이에도 불구하고 의무의 충돌은 긴급한 상태 하에서 법적 의무가 충돌한다는 점에서는 긴급상태 하에서 법익이 충돌하는 긴급피난과 구조적으로 유사하며 같은 성질을 지녔다고 할 수 있다. 따라서 의무의 충돌은 **긴급피난의 특수한 경우라고 이해하는 입장이 타당**하다고 생각된다.[112]

3. 의무의 충돌의 요건

의무의 충돌이 위법성을 조각하기 위해서는 다음과 같은 요건이 구비되어야 한다.

(1) 의무의 충돌이 있을 것

둘 이상의 법적 의무가 충돌하여야 한다. 여기서 의무란 정당한 근거 있는 **법적 의무**이며, 도덕적·종교적 의무가 아니다.[113] 그러나 제정법뿐만 아니라 관습법상의 의무나 전체 법정신에서 도출되는 의무도 포함된다. 그리고 의무가 충돌한다는 것은 하나의 의무를 이행함으로써 다른 의무의 이행이 필연적으로 불가능한 경우를 말한다.

그런데 행위자에게 **책임 있는 사유로 인해 의무의 충돌이 발생한 경우**에도 의무의 충돌로 볼 것인가가 문제된다. 예컨대 교통사고를 낸 운전자가 중상을 입은 여러 승객을 구조해야 하는 경우이다. 이에 대하여는 ① 고의·과실로 충돌상태를 야기한 때에는 위법하므로 의무의 충돌이 아니라는 견해,[114] ② 경미한 과실의 경우에만 의무의 충돌에 해당한다는 견해,[115] ③ 의무의 충돌상태인 이상 그 원인은 묻지 않고 의무의 충돌이라는 견해[116]가 대립한다.

생각건대 의무의 충돌이론은 긴급피난이론에 의하여 위법성이 조각되는 이상 이익교량이 인정되면 족하고, 충돌의 원인은 문제되지 않는다고 해석하는 입장이 타당하다고 생각된다.

---

112) 이재상/장영민/강동범, 261면.
113) 김일수/서보학, 353면; 배종대, 387면; 오영근, 399면; 임 웅, 238면; 정성근/박광민, 257면.
114) 안동준, 121면; 이형국, 연구, 328면.
115) 김일수, 한국형법, 716면; 안동준, 121면; 이형국, 연구, 328면.
116) 김일수/서보학, 358면; 박상기, 201면; 배종대, 387면; 이재상/장영민/강동범, 262면; 정성근/박광민, 259면; 차용석, 484면.

(2) 상당한 이유

의무의 충돌은 긴급피난이론에 의해 위법성이 조각되므로 행위자는 충돌하는 의무의 하나를 이행하였어야 하고, 그 의무의 이행에 '상당한 이유'가 있어야 한다. 따라서 의무의 충돌의 경우에도 상당한 이유 있는 의무의 충돌이 되어 위법성을 조각하기 위해서는 **보충성**과 **균형성**이 요구된다. 문제는 어떤 경우에 균형성이 인정되는가이다.

1) 높은 가치와 낮은 가치의 의무의 충돌

높은 가치의 의무와 낮은 가치의 의무가 충돌한 경우에는 높은 가치의 의무를 이행하고 낮은 가치의 의무를 태만히 한 때에도 위법성이 조각된다. 예컨대 의사가 중환자를 치료하다 보니 경환자를 돌보지 못한 경우에는 위법하다고 할 수 없다. 이러한 높은 가치의 **의무형량**(Pfhchtenabwägung)의 판단기준으로는 ① 관련된 법익의 추상적 가치관계, ② 구체적인 상황 하에서 보호의 필요성, 특히 위험의 정도와 행위자의 목적 및 의무에 대한 일반인의 가치관을 종합하여 판단해야 한다.[117] 다만 높은 가치의 의무와 낮은 가치의 의무가 충돌한 경우에는 높은 가치의 의무이면 족하고 본질적으로 우월할 것을 요하는 것은 아니다. 이것은 의무의 충돌에 있어서는 행위강제상황이 원래 존재하기 때문이다.

2) 같은 가치의 의무의 충돌

같은 가치의 의무가 충돌하여 하나의 의무는 이행하고 다른 의무를 이행하지 못한 경우에 위법성이 조각되는가에 관하여는 견해가 대립한다. 이 경우는 침해되는 법익이 사람의 생명 또는 신체와 같은, 이른바 **'해결할 수 없는 의무의 충돌'**의 경우와 마찬가지이다. 예컨대 두 곳 이상의 법원으로부터 같은 시간대에 증인으로 소환통보를 받는 경우, 물에 빠진 두 아이 중 한 명만을 구할 수 있는 경우, 병원에 찾아온 두 환자 중 한 사람만을 구할 수 있는 경우가 여기에 해당한다.

이러한 경우를 ① **책임조각사유로 보는 견해**에 의하면 어떤 의무의 침해도 정당화될 수 없으므로 책임이 조각될 뿐이라는 입장이다.[118] ② **위법성조각사유로 보는 견해**에 의하면 법은 불가능을 요구할 수 없으므로 어느 의무를 이행하느냐는 행위자의 선택의 문제라고 본다.[119] ③ **위법성 또는 책임조각사유로 보는 견해**에 의하면 같은 가치

---

117) 박상기, 200면; 이재상/장영민/강동범, 263면; 신동운, 284면; 임 웅, 218면; 정성근/박광민, 259면.

118) 배종대, 398면; 손해목, 496면; 차용석, 484면.

119) 김일수/서보학, 353면; 신동운, 303면; 오영근, 400면; 이재상/장영민/강동범, 264면; 이형국,

의 의무의 충돌은 위법성조각사유이고, 해결할 수 없는 의무의 충돌은 책임조각사유라는 견해이다.[120)]

생각건대 의무가 충돌하는 경우에도 적법한 행위는 존재해야 하므로, 같은 가치의 의무의 충돌이나 해결할 수 없는 의무의 충돌이 있는 경우에 있어서도 법은 불가능을 행위자에게 요구할 수 없으므로 행위자의 책임의식과 양심에 따른 판단을 존중하여 법질서는 이를 사회적으로 정당한 행위로 평가해야 할 것이다. 따라서 해결할 수 없는 의무의 충돌의 경우나 같은 가치의 의무의 충돌의 경우에도 **위법성이 조각된**다고 보아야 할 것이다.[121)]

(3) 주관적 정당화사유

의무의 충돌의 경우에도 위법성을 조각하기 위해서는 행위자에게 행위시에 **의무의 충돌에 대한 인식**과 높은 가치 또는 적어도 같은 가치의 **의무의 하나를 이행한다는 인식**이 있어야 한다. 즉 **주관적 정당화요소**가 필요하다. 그러나 이때 이행할 의무의 선택동기는 문제되지 않는다고 보는 것이 통설의 태도이다. 예컨대 두 아들 중 장남이 중요하다고 생각하여 장남을 구조한 경우에도 행위자의 의무충돌상황과 적어도 같거나 보다 높은 가치의 의무를 수행한다는 인식 하에서 작위의무를 이행하면 주관적 정당화요건은 충족된다.

제 4 절 자구행위

Ⅰ. 자구행위의 의의와 성질

1. 자구행위의 의의

자구행위는 청구권자인 권리자가 자기의 권리를 불법으로 침해당한 때에 공권력에 의하지 않고 자력에 의하여 그 권리를 구제·실현하는 행위이다. 민법 제209조의 자력구제와 같이 형법상 긴급한 경우에 허용되는 위법성조각사유이다.

연구, 334면; 임 웅, 239면; 정성근/박광민, 259면.

120) 박재윤, 전게논문, 36면.

121) 이재상/장영민/강동범, 264면.

우리 형법은 자구행위라는 표제 하에 제23조에 "법정절차에 의하여 청구권을 보전하기 불가능한 경우에 그 청구권의 실행불능 또는 현저한 실행곤란을 피하기 위한 행위가 상당한 이유가 있는 경우에는 벌하지 아니한다"라고 규정하고 있다.

예컨대 외국으로 도주하는 채무자를 사력(私力)으로 체포하여 채권이행을 보전하는 행위, 숙박비를 지불하지 않고 도주하는 손님을 붙잡아서 대금을 받는 행위, 절도범이 도품을 가지고 가는 것을 탈환하는 행위 등이 여기에 해당한다.

자구행위는 비록 원시형법의 유물이라고도 할 수 있지만, 제한적으로 허용하는 것이 타당하다. 이는 국가권력이 확립되어 법적 구제수단이 정비되었다고 하더라도 현실적으로 국가기관에 의한 구제가 언제나 신속히 효과적으로 이루어진다고는 할 수 없으므로 피해자 스스로에 의한 자력구제를 제한적으로 허용하는 것이 정의와 공평의 이념에 부합하기 때문이다.

2. 법적 성질

독일이나 일본 형법은 자구행위에 대하여 명문규정을 두고 있지 않으나, 이를 초법규적인 위법성조각사유로 인정하고 있는 것이 일반적이다. 이와 달리 우리 형법은 제23조에 자구행위에 관한 명문규정을 두어 이를 정당방위나 긴급피난과 같은 긴급행위의 하나로 인정하여 법률상의 위법성조각사유로서 규정하고 있다.

정당방위·긴급피난·자구행위의 유사점은 ① 모두 긴급상황 하에서 행해지는 **긴급행위**이고, 주관적 정당화 요소를 필요로 하고, 상당한 이유 있는 행위여야 위법성이 조각된다는 점이다. ② 또한 자구행위가 불법한 침해행위에 대한 청구권보전행위로서 **부정 대 정**의 관계라는 점에서는 정당방위와 유사하다.

한편 자구행위와 긴급피난의 차이점은 ① 자구행위는 권리자에 대한 불법적인 침해에 대한 긴급한 사정 하에서의 자력구제행위로서 **부정**(不正) **대 정**(正)의 관계이지만, 긴급피난은 **정 대 정**의 관계이며, ② 자구행위는 침해의 현재성이 없고 이미 과거에 행해진 불법적인 침해에 대한 피해자의 자력에 의한 **사후적 긴급행위**이지만, 정당방위나 긴급피난은 현재의 침해나 위난에 대한 **사전적 긴급행위**이고, ③ 정당방위나 긴급피난도 침해나 위난의 긴급성을 필요로 하지만, 자구행위는 국가공권력의 도움을 얻을 수 없는 긴급성과 청구권의 실행불능 또는 현저한 실행곤란이라는 긴급성이라는 **이중의 긴급성**이 필요하다는 점이다. 또한 ④ 정당방위나 긴급피난은 **타인의 법익**

을 위해서도 가능하지만, 자구행위는 자기의 청구권실현에 국한되고, ⑤ 자구행위는 법정절차에 의한 구제가 불가능할 정도인 경우에 한하여 허용되므로 **보충성의 원칙**이 엄격히 적용되나, 정당방위에는 보충성의 원칙이 요구되지 않으며, 긴급피난의 경우에도 보충성의 원칙이 요구되어 이익균형성의 원칙과 상대적 최소침해의 원칙이 필요하지만 자구행위와는 달리 공권력적인 구제에 대한 보충성은 요구되지 않는다는 점에서 구별된다.

결국 자구행위란 사인이 스스로 국가의 도움을 얻을 수 없는 긴급상태 하에서 자기의 권리를 보전하는 행위이므로 **국가권력의 대행행위라는 성질** 때문에 위법성이 조각된다고 할 수 있다.

Ⅱ. 자구행위의 성립요건

자구행위가 성립하기 위해서는 첫째, 법정절차에 의하여 청구권을 보전하기 불가능하며, 둘째, 청구권의 실행불능 또는 현저한 실행곤란을 피하기 위한 행위로서, 셋째, 상당한 이유가 있는 경우라는 세 가지 요건이 충족되어야 한다. 이를 분설해보면 다음과 같다.

1. 법정절차에 의하여 청구권을 보전하는 것이 불가능한 경우

(1) 청구권의 범위

1) 청구권이 있어야 한다.

자구행위의 보호대상은 청구권으로서 청구권의 권원은 채권이든 물권이든 상관없다. 이를 재산상의 청구권에 제한하여야 한다는 견해[122]도 있으나, 무체재산권·친족권·상속권 등 절대권에 의한 청구권이라 하더라도 가능하다고 보는 입장이 타당하다.[123] 그러나 원상회복이 불가능한 권리는 포함되지 않으므로 생명·신체·자유·정조·명예 등의 권리는 자구행위의 대상이 될 수 없다. 따라서 명예를 훼손하는 발언을 하는 것을 방지하기 위하여 폭행을 가하는 행위는 자구행위가 될 수 없다. 또한 사회

122) 임 웅, 243면; 정영석, 139면.

123) 김일수/서보학, 322면; 박상기, 205면; 배종대, 391면; 이재상/장영민/강동범, 267면; 이형국, 193면; 정성근/박광민, 263면.

적·국가적 법익에 대하여는 당연히 자구행위를 할 수 없다.

2) 청구권은 자구행위자 **자신의 청구권**에 한한다.

따라서 타인의 청구권을 위한 구제행위는 허용되지 않는다. 다만 청구권자로부터 자구행위의 실행을 위임받은 자도 자구행위를 할 수 있다. 따라서 숙박비를 지불하지 않고 도주하는 투숙객을 주인이 사람을 시켜 붙잡아 돈을 받게 한 경우도 자구행위에 해당한다.

(2) 청구권에 대한 침해

청구권에 대한 침해가 있어야 자구행위를 할 수 있다. 자구행위도 **부정 대 정**의 관계에 있다.

1) 불법한 침해

자구행위는 미래의 예상되는 침해나 현재의 불법적인 침해가 아니라 **과거의 불법적인 침해**에 대한 사후적 긴급구제행위이므로, 적법한 침해에 대하여는 자구행위를 할 수 없다. 따라서 절도범을 현장에서 추적해서 재물을 탈환하는 행위는 절도죄가 기수에 달한 경우에도 범익침해가 현장에서 계속되는 상태에 있으면 침해의 현재성이 있으므로 정당방위가 성립하며 사후적 구제행위인 자구행위라고 볼 수 없다.[124] 그러나 사후에 길거리에서 우연히 절도범인이 절취재물을 가지고 가는 것을 목격하고 피해자의 재물을 탈환하는 경우에는 자구행위가 성립한다.

2) 부작위에 의한 침해

퇴거불응자에 대한 강제퇴거행위가 정당행위인가 자구행위인가가 문제된다. 부작위에 의한 침해에 대하여는 자구행위만이 가능하다는 견해도 있으나, 부작위에 의한 침해, 즉 퇴거불응의 경우에도 현재의 불법적인 침해를 계속하는 경우이므로 정당방위가 가능하다는 견해가 타당하다.[125]

(3) 법정절차에 의한 청구권보전의 불가능

자구행위는 법정절차에 의하여 청구권을 보전할 수 없는 긴급상황 하에서만 허용된다. 이를 자구행위의 **"보충성"**이라 한다.

---

124) 배종대, 391면; 신동운, 274면; 이재상/장영민/강동범, 268면; 이형국, 193면; 임 웅, 244면; 정성근/박광민, 265면.

125) 김일수/서보학, 324면; 배종대, 391면; 이재상/장영민/강동범, 269면; 임 웅, 244면; 정성근/박광민, 265면.

1) 법정절차

청구권을 보전하는 법정절차란 통상적으로 민사소송법상의 가압류·가처분 등의 보전절차를 의미한다. 그러나 이러한 재판상의 절차가 아닌 경찰 등 기타 기관에 의한 적법한 구제절차도 포함되지만, 수사기관에 의해서도 허용되지 않는 청구권에 대하여는 자구행위를 할 수 없다.[126]

2) 청구권보전의 불가능

법정절차에 의해서는 청구권보전의 실효를 거둘 수 없는 긴급한 사정이 있는 경우에 한하여 자구행위가 가능하다. 따라서 청구권에 대하여 인적 또는 물적 담보가 있으면 자구행위는 허용되지 않는다. 예컨대 가옥명도나 토지반환청구 또는 점유사용권회복을 위한 자구행위는 법정절차에 의하여 청구권보전이 불가능하지 않으므로 자구행위는 허용되지 않는다. 또한 외국으로 도주하는 채무자를 붙잡는 것은 자구행위가 될 수 있지만, 채무를 이행하지 않기 위해 부동산을 처분하였다는 사실만으로는 법정절차에 의한 청구권을 보전할 수 없는 경우에 해당한다고 할 수 없다.

법정절차에 의한 청구권보전이 불가능한 경우에 권리행사를 위해 폭행·협박·공갈·약취하는 경우에는 자구행위에 해당할 수 있다거나 이를 자구행위의 문제로 취급하는 견해도 있으나, 법정절차에 의하여 청구권보전이 불가능하지 않는 한 권리행사를 위한 행위라는 이유만으로는 자구행위가 성립할 수 없다.

다만 권리행사를 위해 폭행·협박 등의 행위를 한 경우에 있어서도 형법 제20조의 사회상규에 위배되지 않는 한 **정당행위**로서 위법성이 조각될 수 있다. 판례도 이러한 입장을 취하고 있다.[127]

2. 청구권의 실행불능 또는 현저한 실행곤란을 피하기 위한 행위

청구권의 실행이 불가능하거나 현저히 곤란한 사정이 있어야 한다. 따라서 채무자에 대한 청구권의 보전은 불가능하여도 청구권에 대한 충분한 인적 담보나 물적 담보가 확보된 때에는 청구권의 실행이 가능하므로 자구행위는 허용되지 않는다. 그러나 청구권의 실행은 불가능할 것을 요하지 않으므로 청구권의 실행이 현저히 곤란해지는 경우에도 자구행위는 허용된다. 따라서 청구권의 보전 또는 실현이 가능한 것을

126) BGHSt. 17, 328.
127) 대판 1980. 11. 25, 79도2565.

알면서 자력구제행위를 하는 경우에는 자구행위가 될 수 없다.[128] 또한 단순히 입증곤란을 피하기 위한 자구행위도 허용되지 않으며, 자구행위의 수단으로는 물건의 탈환·파괴·손괴, 의무자의 체포 또는 저항의 제거 등이 포함된다.

3. 상당한 이유

자구행위는 자기의 청구권을 보전하기 위해 상당한 이유가 있는 한도 내에서만 할 수 있다. 자구행위에 있어서 상당성이란 사회상규에 비추어 당연한 경우로서 정당방위나 긴급피난에 있어서의 상당성과는 차이가 있다.

첫째, 자구행위는 법정절차에 의하여 청구권을 보전하기 불가능한 때에만 보충적으로 허용된다는 점에서 이른바 자구행위의 상당성에는 **보충성**이 요구된다.

둘째, 자구행위는 정당방위와 같이 부정 대 정의 관계이므로 긴급피난과 같은 엄격한 이익교량이 요구되지는 않지만 어느 정도의 법익균형은 필요하다. 즉 정당한 목적을 위한 상당한 수단이라는 점에서 **실질적 상당성의 원칙**이 요구된다. 따라서 자구행위가 정당한 목적을 위한 상당한 수단이 아닌 권리의 남용에 해당하거나 사회윤리에 반할 경우에는 상당한 이유 있는 자구행위라고 할 수 없다.

셋째, 자구행위는 **보전수단**이지 이행수단이 아니므로 자기의 청구권을 보전하는 데에 그쳐야 하며 이 범위를 벗어나 재산을 임의로 처분하거나 이행받는 것은 정당화될 수 없다. 예컨대 술집주인이 노상에서 외상값으로 손님의 주머니를 뒤져서 술값을 변제받는 행위는 자구행위가 아니라 노상강도죄에 해당한다. 그러나 자기의 소유물에 대한 탈환은 자구행위에 의해서도 허용된다고 하겠다.

4. 자구의사

자구행위가 위법성이 조각되기 위해서는 **주관적 정당화요소**로서 자구의사가 필요하다. 즉 자구행위자는 자구행위시에 법정절차에 의하여 자신의 청구권을 보전하기 불가능하거나 청구권의 실행불능 또는 현저한 실행곤란을 피하기 위한 의사, 즉 **자구의사**를 가지고 자구행위를 할 것이 요구된다.

---

128) 대판 2017. 9. 7, 2017도9999.

Ⅲ. 과잉자구행위와 오상자구행위

1. 과잉자구행위

과잉자구행위란 자구행위가 **상당성**을 초과한 경우를 말한다. 즉 자구행위의 다른 요건은 충족되었으나 상당성의 정도를 초과한 경우이다. 이와 같이 위법성이 조각되지 않는 과잉자구행위에 대하여는 형법은 책임을 임의적으로 감경·면제할 수 있도록 규정하고 있다(제23조 제2항). 또한 과잉자구행위는 과잉방위나 과잉피난과는 달리 제21조 제3항은 준용되지 않으므로, 야간 기타 불안스러운 상태 하에서 공포·경악·흥분·당황으로 인하여 과잉자구행위를 한 경우에 있어서도 임의적으로 책임을 감경·면제할 수 있을 뿐이다(임의적 책임감면사유).

2. 오상자구행위

자구행위의 요건이 존재하지 않음에도 불구하고 존재한다고 오신하고 자구행위를 한 경우를 오상자구행위(Putativselbsthilfe)라고 한다. 오상자구행위는 객관적으로 자구행위의 요건이 존재하지 않으므로 위법성이 조각되지 않는다. 그러나 오상자구행위는 행위자의 오인으로 인해 위법한 사실을 인식하지 못한 경우이므로 법적 효과에 있어서는 **사실의 착오**와 같이 취급해야 한다(제한적 책임설). 즉 오상자구행위는 구성요건적 고의는 조각되지 않지만 책임고의가 조각되어 고의책임을 물을 수 없고, 다만 오인에 과실이 있으면 **과실범**으로 처벌할 수 있을 뿐이다.

제 5 절 피해자의 승낙

Ⅰ. 서 론

1. 의 의

피해자의 승낙(Einwilligung des Verletzten)이란 피해자가 가해자에 대하여 자기의 법익을 침해하는 것을 허락하는 경우를 말하며, 형법은 제24조에 이러한 피해자의 승낙에 관하여 “처분할 수 있는 자의 승낙에 의하여 법익을 훼손한 행위는 법률에 특별한 규정이 없는 한 벌하지 아니한다"라는 명문규정을 두고 있다.

로마법에서는 '승낙이 있으면 침해가 되지 아니한다'라는 법언에 근거하여 처분할 수 있는 자의 승낙에 의한 침해는 위법성이 조각되는 것으로 이해되었다. 그러나 근대 형법학에서는 피해자의 승낙이 위법성을 조각하는가에 대하여 논란이 있었으나,[129] 제2차 세계 대전 이후부터는 **자기보존**과 더불어 **자기처분**도 정당화원리로 받아들여짐으로써 피해자의 승낙은 위법성조각사유의 하나로 일반화되었다.

2. 양해와 승낙

피해자의 승낙을 구성요건해당성을 조각하는 **'양해'**와 위법성을 조각하는 **'피해자의 승낙'**으로 구별해야 하는가에 대하여는 견해가 대립한다.

(1) 구 별 설

구성요건의 성격 내지 내용에 따라서는 피해자의 동의하에 법익을 침해하는 경우에 구성요건적 불법행위 내지 불법결과가 발생했다고 볼 수 없는 경우에는 구성요건단계에서 구성요건해당성 자체가 조각된다고 보아야 하는 **'양해'**(Einverständnis)와, 구성요건해당성은 있으나 처분권자의 승낙에 의해 위법성이 조각되는 **'피해자의 승낙'**(Einwilligung)은 구별해야 한다는 입장이다. 게르츠(Geerds)가 구별설을 주장한 이래로 독일에서뿐만 아니라 우리나라에서도 **다수설**의 입장이다.

(2) 구별부인설

구별부인설은 양해와 승낙의 구별을 부인하면서 모두 피해자의 승낙에 의한 위법성조각사유에 의해 해결하려는 입장[130]과 양해와 피해자의 승낙은 모두 구성요건해당성 배제사유이므로 구별이 불필요하다는 견해[131]가 있다. 후자의 견해에 따르면 피해자의 승낙이 있으면 비록 현실적으로 법익침해가 발생하더라도 불법구성요건적 법익침해가 있다고 할 수 없으므로 결과반가치가 탈락되어 구성요건해당성이 조각된

---

129) 자연법론자는 범죄는 주관적 권리의 침해이므로 법질서가 포기할 수 있는 권한을 피해자에게 준 경우에는 피해자의 승낙은 위법성을 조각한다고 본다. 이에 반해 역사법학파는 형법은 공동체의 이익을 위해 기여해야 하므로 피해자의 승낙이 있더라도 위법성이 조각되지 않는다는 입장이다. 다른 한편 사회법학파의 입장에서는 범죄는 이익침해이므로 피해자가 자기의 이익을 포기한 때에는 위법성이 조각된다고 보게 된다(Vgl. Jescheck/Weigend, a. a. O., S. 376).

130) 박상기, 206면; 배종대, 337면.

131) 김일수/서보학, 255면; 손해목, 540면.

다고 이해하는 입장이다.[132)]

(3) 사　견

생각건대 **신체의 완전성, 명예** 또는 **개인의 비밀**과 같은 일정한 법익은 처분권자의 의사와 관계없이 사회적 생활이익으로서 헌법상으로도 보호되는 이익이다. 따라서 일정한 요건하에서 처분권자에 의한 법익침해의 승낙이 있는 경우라 하더라도 법익침해가 발생했으므로 구성요건해당성은 있으나 피해자의 승낙에 의하여 위법성이 조각된다고 보는 것이 타당하다.

그러나 구성요건의 실현이 피해자의 의사에 반해서만 가능한 범죄의 경우, 예컨대 주인의 허락을 받고 재물을 가져가는 행위는 절취행위가 아니며, 초대를 받고 남의 집을 방문한 행위는 주거침입행위가 아니고, 합의에 의해서 성교행위를 하는 것은 강간행위가 아니므로, 절도죄나 주거침입죄 또는 강간죄의 구성요건해당성 자체를 조각하게 된다.

Ⅱ. 양　해

1. 의　의

구성요건자체가 피해자의 의사에 반해서만 실현될 수 있도록 규정되어 있는 범죄에 있어서는 피해자가 그 법익침해에 동의한 때에는 구성요건해당성 자체가 조각된다고 하지 않을 수 없다. 예컨대, 절도죄(제329조)의 경우에는 피해자의 동의가 있으면 절취라고 할 수 없으며, 강간죄 또는 강제추행죄(제297조, 제298조)의 경우에는 강간 또는 강제추행이라 할 수 없고, 주거침입죄(제319조)의 경우에도 주거자의 동의가 있으면 침입이라 할 수 없다. 형법각칙 상 개인의 자유를 보호하기 위한 범죄가 대부분 여기에 해당한다. **양해**(Einverständnis)란 **피해자의 동의가 구성요건해당성 자체**를 조각하는 경우이다.

2. 양해의 법적 성격과 유효요건

(1) 법적 성격

양해의 법적 성격에 대하여는 견해가 대립하고 있다.

---

132) 김일수/서보학, 257면; 손해목, 536－537면.

① 양해를 **순수한 사실적 성격**으로 이해하는 입장이다(**사실적 성질설**). 피해자가 **자연적 의사능력**이 있으면 족하고 행위능력 또는 판단능력이 있을 것을 요하지는 않는다. 또한 양해는 **피해자의 내적 동의**만으로 충분하며, 피해자의 의사가 외부에 표시되거나 행위자가 이를 인식할 필요도 없다는 입장이다. 독일 다수설의 입장이다.

② 양해의 요건은 피해자의 승낙과 같은 일반적인 원칙에 의하여 결정되는 것이 아니라 개별적인 구성요건의 내용과 기능, 그 보호법익의 본질에 의하여 좌우되는 구성요건요소의 해석문제로 보는 입장으로(**개별설**), **우리나라의 다수설**이다.[133]

생각건대 양해의 요건은 피해자의 승낙과 같이 일반적인 원칙에 의하여 결정할 것이 아니라 개별적인 구성요건의 기능과 법익의 본질을 고려해서 판단해야 한다는 **개별설**의 입장이 타당하다.

(2) 양해의 유효요건

1) 피해자의 능력정도

양해는 개인의 자유에 관한 죄(감금죄, 강간죄 등), 재물에 대한 사실상의 지배와 관련된 죄(절도죄)의 경우에는 피해자의 **자연적 의사능력**만으로 족하다. 그러나 주거침입죄의 경우에는 피해자의 **행위능력 또는 판단능력**이 있어야 유효한 양해이다.

2) 양해의 표시여부

양해의 표시여부도 절도죄의 경우에는 묵시적 동의(예: 동거녀의 지갑에서 현금을 인출해 가는 행위를 보고 만류하지 않은 경우[134])로 족하며, 배임죄의 경우에는 의사의 표시가 필요하다.

3) 의사의 하자유무

절도죄나 주거침입죄에는 피해자의 하자있는 의사가 양해의 성립에 영향이 없으나, 강제추행죄에서는 의미를 가질 수 있다.

Ⅲ. 피해자의 승낙

1. 의 의

형법각칙의 범죄 중에 피해자의 의사와 관계없이 행위객체에 대한 침해가 독자

133) 손해목, 525면; 신동운, 310면; 안동준, 127면; 이재상/장영민/강동범, 275면; 이형국, 199면; 임웅, 250면; 정성근/박광민, 273면.

134) 대판 1985. 11. 26, 85도1487.

적으로 **사회생활상 중요성을 지닌 범죄**가 있다. 이러한 범죄로는 신체의 완전성·재산 또는 명예에 관한 범죄가 해당하며, 이러한 범죄에 있어서 보호법익에 대한 침해를 피해자가 동의한 경우를 피해자의 승낙이라 한다. 이러한 법익은 피해자의 의사와 관계없이 사회생활이익으로서 보호받는 것이므로 권리자가 제3자에게 이러한 법익에 대한 침해에 동의한 때에도 권리자의 법익포기만으로는 위법성이 조각되지 않고 법익포기가 다른 불이익을 수반하지 않고 법익소지자가 그 침해를 승낙하였다는 일정한 조건 아래서만 구성요건에는 해당하지만 위법성을 조각하게 된다.

2. 위법성조각의 근거

피해자의 승낙이 위법성을 조각하는 근거에 대하여는 견해의 대립이 있다.

(1) 법률행위설

피해자의 승낙은 법률행위이고, 그로 인해 행위자에게 침해의 권리를 부여하므로 위법성이 조각된다는 견해이다. 그러나 형법과 민법의 목적이 반드시 동일한 것이 아니라는 점을 간과하고 있다.

(2) 이익포기설

피해자의 승낙은 법익소지자의 이익포기의 징표이므로 스스로 포기한 법익에 대하여 국가가 개입할 여지가 없다는 견해이다.[135] 이 견해를 **처분권설** 또는 **권리보호포기설**이라고도 하며 **독일의 통설·판례**의 입장이다. 그러나 이 학설은 주관적인 이익포기가 국가의 객관적인 이익보호의무를 왜 면제하는가를 설명할 수 없고, 또한 개인적 법익 중에서도 생명의 경우에는 피해자의 승낙이 있더라도 위법성이 조각되지 않지만, 신체의 경우에는 위법성이 조각되는가를 설명할 수 없게 된다.

(3) 법률정책설

피해자의 승낙이 위법성을 조각하는 것은 **법률정책적 고려**에 기초를 두고 있다. 자유주의적 법치국가에서는 **법익보호에 대한 사회적 이익**과 **개인의 자유**를 교량하여, 개인의 자유가 중요하다고 인정될 때에는 그 침해에 대하여 피해자가 승낙한 때에는 위법성이 조각된다는 학설이다. 이 견해는 이익을 형량하므로 **이익교량설**이라고도 하며, **우리나라 다수설**의 입장이다.[136]

---

135) 박상기, 206면.

136) 신동운, 313면; 안동준, 128면; 이재상/장영민/강동범, 277면; 이형국, 201면; 임 웅, 252면; 정성근/박광민, 276면.

(4) 상 당 설

피해자의 승낙이 사회질서 전체이념에 비추어 상당하다고 인정되기 때문에 위법성이 조각된다고 보는 견해이다. 그 근거가 너무도 추상적이라는 비판을 면하기 어렵다.

(5) 결 어

생각건대 피해자의 승낙이 위법성을 조각하는 것은 법익보호라는 사회적 이익과 개인의 자유를 교량하여 개인의 자유가 중요하다고 인정될 때에는 이를 존중하는 법률정책적 고려에 기초를 두고 있다는 **법률정책설**(이익교량설)**이 타당**하다.

3. 피해자의 승낙의 요건

피해자의 승낙이 위법성을 조각하기 위해서는 다음과 같은 요건을 구비해야 한다.

(1) 법익주체의 승낙

승낙을 하는 자는 법익의 소지자로서 **개인적 법익**에 대한 죄에 한한다. 따라서 상해·재산·명예·업무·신용 등의 개인적 법익에 관한 죄에 대해서만 승낙할 수 있고, 사회적·국가적 법익에 대하여는 승낙에 의하여 위법성이 조각되지 않는다. 예컨대 민사소송에서 위증으로 인해 손해보는 상대방이 동의하더라도 증인은 위증죄로 처벌된다.

타인의 법익에 대하여는 원칙적으로 승낙할 수 없으나 예외적으로 처분권한이 인정되는 범위 내에서 법익주체자가 아닌 법정대리인도 승낙자가 될 수 있다.

(2) 처분할 수 있는 법익에 대한 승낙

법익의 주체는 법익에 대한 처분권한을 가져야 한다. 처분할 수 있는 법익이냐가 문제되는 경우는 사람의 생명과 신체이다.

1) 생 명

생명은 개인적 법익이지만 절대적 가치를 지닌 법익으로서 법익주체자도 임의로 처분할 수 없는 절대적 법익이다. 따라서 살인에 대한 피해자의 촉탁·승낙도 위법성이 조각되지 않으며, 승낙에 의한 살인이나 낙태에 대하여는 형법각칙에서 촉탁·승낙에 의한 살인죄 또는 동의낙태죄로 처벌하고 있다.

판례는 피해자의 승낙에 의한 폭행의 경우에도 폭행치사에 이르게 되면 위법성이 조각되지 않는다고 한다.[137)]

137) 대판 1989. 11. 28, 89도201.

2) 신 체

신체의 완전성은 생명과 마찬가지로 인격체로서 활동하기 위한 중요한 요건이다. 독일 형법은 피해자의 승낙에 의한 상해에 대하여도 사회상규에 반할 때는 위법하다는 명문의 규정이 있으나, 우리 형법은 상해죄에 관하여 이러한 특별한 규정을 두고 있지 않다. 그러나 신체침해행위인 상해는 윤리적·도덕적으로 **사회상규**(社會常規)에 반하지 않아야 한다. 피해자의 승낙에 의한 행위가 사회상규에 위배되는 경우에 위법하다는 것은 상해죄에만 적용되는 것이 아니라 다른 범죄에도 일반적으로 적용되는 원칙이라 할 수 있으며,[138] 판례도 동일한 입장을 취하고 있다.[139] 피해자의 승낙에 의한 상해행위로서 사회상규에 위배되는 행위로는 병역을 기피하기 위한 상해, 보험사기를 위한 상해, 베니스의 상인에서 샤이록의 행위 등이 이에 해당한다.

그 밖에 예외적으로 **군형법**과 **병역법**에 피해자의 승낙에 의한 신체상해행위에 대하여도 처벌하고 있는 규정을 두고 있다.

(3) 승 낙

피해자의 승낙은 승낙의 의미를 이해할 수 있는 능력이 있는 피해자의 자유로운 의사에 의한 진지한 동의가 필요하다. 따라서 승낙이란 단순한 수인(受忍) 또는 방임(放任)만으로는 부족하고 의식적인 자의에 의한 동의가 요구된다.

1) 승낙능력

피해자의 승낙능력은 민법상의 행위능력과는 달리 형법의 독자적인 기준에 의해 결정되어야 한다. 따라서 피해자는 법익침해의 의미와 침해결과를 인식하고 이성적으로 판단할 수 있는 **자연적 통찰능력**과 **판단능력**이 있으면 족하며 민법상의 행위능력과는 구별된다. 그러나 형법은 일정한 경우에 합법적으로 승인할 수 있는 연령을 규정하고 있다. 예컨대 미성년자에 대한 간음추행죄에 있어서 13세 미만(제305조), 아동혹사죄에서는 16세(제274조), 미성년자 약취·유인죄에서는 19세 미만의 미성년(제287조)의 경우에는 승낙능력이 없다. 또한 피해자의 자연적인 통찰능력으로 구체적 상황을

---

138) 신동운, 326면; 오영근, 423면; 이형국, 203면; 임 웅, 255면; 정성근/박광민, 278면. 이에 반하여 사회상규에 의한 제한은 상해죄에만 적용된다는 소수설도 있다(이재상/장영민/강동범, 279면).

139) 대판 1985. 12. 10, 85도1892; 대판 2008. 12. 11, 2008도9606(형법 제24조의 규정에 의하여 위법성이 조각되는 피해자의 승낙은 개인적 법익을 훼손하는 경우에 법률상 이를 처분할 수 있는 사람의 승낙을 말할 뿐만 아니라 그 승낙이 윤리적·도덕적으로 사회상규에 반하는 것이 아니어야 한다).

파악하기 어려운 때에는 법익침해자에 의한 **설명의무**가 요구된다. 따라서 의사가 설명의무를 다하지 않은 상태에서 피해자로부터 승낙을 받은 경우에는 유효한 승낙이 아니므로 의사의 수술행위는 위법성이 조각되지 않는다.[140] 그러나 피해자가 승낙능력을 갖지 못한 경우에는 **대리승낙**도 허용된다.

2) 자유의사에 의한 승낙

피해자의 승낙은 자유로운 의사에 의해 이루어져야 한다. 따라서 기망·착오·강제 등 하자 있는 의사 또는 의사결함상태에서의 승낙은 유효한 승낙이라 할 수 없다. 그러나 단순한 동기의 착오만으로는 유효한 승낙이 될 수 있다.

3) 승낙의 표시

피해자의 승낙이 외부에 표시되어야 하느냐에 대하여는 견해가 대립한다. ① **의사방향설**(주관설)은 피해자의 **내적 동의**로 족하고 외적으로 표시될 필요가 없다는 견해이다. 이에 대하여 ② **의사표시설**(객관설)은 승낙이 있었다는 것을 행위자에게 표시할 것을 요한다는 견해이다. ③ **절충설**은 승낙은 외적으로 표시될 필요가 있지만, 반드시 민법상의 법률행위에 의한 의사표시가 아니라 어떤 방법으로든 **외부에서 인식할 수 있을 정도로 표시**하면 족하다. 즉 명시적이든 묵시적이든 외부에서 인식할 수 있는 정도면 충분하다는 견해이다.

생각건대 승낙의 표시는 법적 안정성의 관점을 고려해보면 법익보호의 포기는 외부에서 적어도 인식할 수 있을 정도로 표시되어야 한다고 할 수 있으므로 **절충설**이 타당하다.[141]

4) 승낙의 시기

피해자의 승낙은 법익침해 이전의 **사전적 승낙**이 필요하며, 법익침해 시까지 계속되어야 한다. 따라서 사후승낙은 위법성을 조각하지 않는다. 그리고 피해자의 승낙은 언제든지 자유로이 철회할 수 있다.[142]

5) 주관적 정당화사유

피해자의 승낙이 정당화되기 위해서는 피해자의 처분할 수 있는 법익에 대한 침해행위 시에 피해자의 승낙이 있었다는 사실을 행위자가 인식하는 것이 필요하다. 이

---

140) 대판 1983. 7. 27, 92도2345(자궁근종사건).

141) 이재상/장영민/강동범, 281면.

142) 대판 2006. 4. 27, 2005도8074; 대판 2011. 5. 13, 2010도9962(피해자의 승낙은 자유롭게 철회할 수 있고, 철회 방법에 아무런 제한이 없다).

를 **승낙사실의 인식**이라고 하며 피해자승낙의 주관적 정당화요소이다. 피해자의 승낙이 없음에도 불구하고 행위자가 승낙이 있는 것으로 오인한 경우에는 위법성조각사유의 전제사실에 대한 착오문제로서 오인에 과오가 있는 경우에는 과실범이 성립하고, 이와 달리 피해자가 승낙했음에도 불구하고 행위자가 이를 알지 못하고 침해행위를 한 경우에는 위법성이 조각되지 않는다.

Ⅳ. 추정적 승낙

1. 의의와 성질

(1) 의 의

추정적 승낙(mutmaßliche Enwilligung)이란 피해자의 승낙이 없거나 피해자 또는 그 대리인이 부재중이거나 의식이 없어 승낙을 받을 수는 없지만, 행위당시의 사정을 객관적으로 판단해보면 피해자의 **승낙이 확실히 기대될 수 있는 경우**를 말한다. 추정적 승낙에 의하여도 위법성이 조각될 수 있다는 점에 대하여는 견해가 일치한다.

(2) 성 질

추정적 승낙의 성질에 대하여는 견해가 대립하고 있다.

1) 긴급피난설

추정적 승낙을 긴급피난의 일종으로 보거나, 긴급피난의 원리에 따라 이해해야 한다는 견해이다. 그러나 긴급피난은 타인의 위난을 피하기 위한 경우와 이익의 충돌이 없는 경우에 행위자의 이익을 위하여 행위하는 경우에도 적용되므로 추정적 승낙은 긴급피난과는 그 성질을 달리한다.[143)]

2) 승낙대체설

추정적 승낙은 **피해자의 승낙의 대용물(代用物)**로서 현실적 승낙이 있는 경우와 같다고 보는 견해이다.[144)] 그러나 현실적 승낙이 없는데도 불구하고 있는 경우와 동일하게 보는 것은 논리적인 비약이라고 해야 한다.

3) 사무관리설

추정적 승낙은 민법의 사무관리에 관한 규정에 의하여 위법성이 조각된다는 견

143) 이재상/장영민/강동범, 282면.

144) 박상기 214면; 배종대, 407면; 신동운, 327면.

해이다. 그러나 추정적 승낙의 모든 경우가 민법상의 사무관리에 해당한다고 할 수 없고, 또한 위법성조각사유를 민법이론에 의하여 설명하는 것은 타당하지 않다.

4) 상 당 설

추정적 승낙에 의한 행위는 사회상규에 반하지 않기 때문에 위법성이 조각된다는 견해[145]이다. 그러나 사회적 상당성이라는 개념이 애매하다는 비판을 면할 수 없다.

5) 이 원 설

추정적 승낙은 긴급피난과 사회적 상당성 또는 자율의 원리와 허용된 위험의 법리에 의하여 위법성이 조각된다는 견해이다.

6) 독자적위법성조각사유

추정적 승낙은 피해자의 승낙가능성과 연관되거나 또는 긴급피난과 피해자의 승낙의 중간에 위치하는 독자적인 구조를 가진 **"독자적 위법성조각사유"**라는 견해[146]이다. 추정적 승낙은 객관적인 이익교량에 근거를 두고 있는 것이 아니라 **피해자의 가상적인 의사에 근거**를 두면서, 그 의사판단에 있어서는 **객관적 이성**이 보조수단이 되는 제도라는 점에서 **독자적인 위법성조각사유**로 파악하는 것이 타당하다고 생각된다. 추정적 승낙을 정당행위에 해당하여 위법성이 조각된다고 보는 견해[147]도 같은 태도라고 할 수 있다.

2. 추정적 승낙의 유형

추정적 승낙은 그 내용에 따라 두 가지 유형으로 나눌 수 있다.

(1) 피해자의 이익을 위한 법익침해로 피해자의 승낙이 추정되는 경우

행위자가 피해자의 이익을 위하여 법익을 침해함으로써 보다 높은 가치의 이익을 구조하는 경우이다. 예컨대 지체할 수 없는 긴급한 중환자에 대하여 보호자 동의 없이 행하는 긴급수술의 경우, 남편 부재중에 남편에게 온 편지를 남편의 일을 처리하기 위해 개봉하는 경우, 이웃집에 사람의 부재시에 수도관이 파열하여 물이 넘치므로 이를 고치기 위해 침입하는 경우 등이 여기에 해당한다.

피해자의 이익을 위한 경우에는 이익교량이 문제되므로 긴급피난과 유사하다. 그

145) 진계호, 263면.

146) 이재상/장영민/강동범, 282면; 이형국, 205면; 임 웅, 257면; 정성근/박광민, 281면; 차용석, 667면.

147) 김일수/서보학, 329면.

러나 이러한 경우에도 추정적 승낙이 위법성을 조각하는 것은 법익주체의 추정적 의사에 일치한다는 점에 있으므로 긴급피난과는 구별된다.

(2) 행위자는 자신의 이익을 위하지만 피해자의 승낙이 추정되는 경우

행위자가 자신의 이익을 위하여 행동하였지만 피해자의 승낙이 추정되는 경우이다. 예컨대 열차출발시간에 늦지 않도록 기차역으로 친한 친구의 자전거를 급히 타고 가는 경우, 가정부가 주인의 헌옷을 걸인에게 내어주는 행위 등이 여기에 해당한다. 이 경우는 법익보호의 이익이 적거나 피해자와 행위자의 관계 때문에 피해자의 승낙이 추정되는 것이므로 긴급피난과는 그 근거를 달리한다.

이 경우에 추정적 승낙이 위법성을 조각하는 것은 피해자의 이익을 위한 행위라고 하기보다는 오히려 피해자의 가상적 의사에 합치된다는 점에서 찾을 수 있다.

3. 추정적 승낙의 요건

추정적 승낙이 위법성을 조각하기 위해서는 다음과 같은 요건이 구비되어야 한다.

(1) 법익주체의 처분할 수 있는 법익

추정적 승낙도 처분할 수 있는 법익에 대해서만 가능하고, 법익주체가 법익침해와 그 결과에 대한 통찰과 판단능력을 가져야 한다. 다만 의식 없는 환자에 대한 의사의 수술은 그 상황에 대한 의사의 설명에 의해 환자가 동의할 것을 예견할 수 있는 경우에 추정적 승낙을 인정할 수 있다. 피해자의 승낙에 대한 추정은 행위시에 하여야 하고, 행위자가 추정적 승낙을 인식할 것을 요하는 것은 피해자의 승낙과 마찬가지이다.

(2) 승낙의 불가능

추정적 승낙은 현장부재 또는 의식불능 등으로 현실적인 승낙을 얻는 것이 불가능한 경우에 피해자의 승낙을 바로 얻을 수 없을 것을 요한다. 따라서 피해자의 승낙을 얻는 데 위험이 따르는 정도에 불과한 때에는 피해자의 승낙이 불가능하다고 할 수 없다.

(3) 승낙의 기대

피해자의 승낙이 확실히 기대되어야 하며, 객관적으로 승낙이 추정되어야 한다. 모든 사정을 종합하여 객관적으로 판단해야 한다.

피해자의 명시적인 반대의사가 있는 경우에도 추정적 승낙이 가능한가에 대하여는

견해가 대립한다. ① 피해자에게 이익이 되는 한 추정적 승낙을 인정하는 견해, ② 피해자의 의사와 이익을 고려하여 구체적인 경우에 사회상당성에 따라 결정해야 한다는 견해가 있으나, ③ 피해자가 반대의사를 명백히 한 때는 추정이 불가능하다는 견해[148]가 타당하다. 왜냐하면 추정적 승낙은 피해자의 의사결정의 자유를 대리하는 제도이므로 법익주체의 불합리한 의사라 하더라도 존중해야 하기 때문이다.

(4) 양심에 따른 심사

추정적 승낙은 행위자의 모든 사정에 대한 **'양심에 따른 심사'**를 전제로 한다. 따라서 '양심에 따른 심사'는 추정적 승낙에 있어서 **'주관적 정당화요소'**가 된다.

제6절 정당행위

Ⅰ. 정당행위의 의의

형법 제20조는 정당행위라는 표제 하에 "법령에 의한 행위 또는 업무로 인한 행위 기타 사회상규에 위배되지 아니하는 행위는 벌하지 아니한다"라고 규정하고 있다. 여기에서 '법령에 의한 행위' 또는 '업무로 인한 행위'는 '사회상규에 위배되지 아니하는 행위'의 예시에 불과한 것으로 볼 수 있으므로, 형법은 모든 위법성조각사유에 우선하는 기본적인 **일반적 위법성조각사유** 내지 **위법성조각사유의 근본원리**로서 **'사회상규에 위배되지 아니하는 행위'**를 제시하고 있다고 할 수 있다.[149] 따라서 정당행위란 사회상규에 위배되지 아니하여 국가적·사회적으로 정당시되는 행위라고 할 수 있으며, 여기서 **'사회상규'**란 국가질서의 존엄성을 기초로 한 **국민일반의 건전한 도의감** 또는 법질서 전체의 정신이나 배후에 있는 **사회윤리** 또는 **사회통념에 비추어 용인되는 것**[150]을 말한다고 할 수 있다.

위법성이 법질서 전체와 불법과의 관계를 의미하는 단일개념이므로, 위법성조각사유도 법질서 전체의 정신에 의하여 결정되어진다고 할 수 있다. 따라서 민법과 공

148) 배종대, 409면; 오영근, 430면; 이재상/장영민/강동범, 284면; 이형국, 207면; 임 웅, 258면.

149) 김일수/서보학, 334면; 박상기, 153면; 안동준, 134면; 오영근, 327면; 유기천 195면; 이재상/장영민/강동범, 285면; 임 웅, 199면; 정성근/박광민, 210면.

150) 대판 2002. 1. 25, 2000도1696; 대판 2001. 2. 23, 2000도4415; 대판 2009. 12. 24, 2007도6243; 대판 2008. 10. 23, 2008도6999.

법 등 다른 법 분야에서 적법한 행위는 형법상으로도 위법하다고 할 수 없으며, 위법성판단의 지도원리도 사회의 외적 상황의 변화와 지배적인 가치관의 변화에 따라 달라질 수 있고, 위법성조각사유는 실정법뿐만 아니라 **관습법** 또는 초법률적인 **자연법**에 의해서 결정될 수도 있다.[151)]

그리하여 종래 독일 형법을 비롯한 대부분의 입법례가 위법성조각사유를 형법에 모두 규정하는 것은 불가능하다고 보아 실정법에 규정되어 있지 않은 **초법규적 위법성조각사유**를 인정하고 있는 실정이다.

그런데 우리 형법은 독일 등의 형법과는 달리 제20조에 '사회상규에 위배되지 아니하는 행위는 벌하지 아니한다'고 하여 **초법규적 위법성조각사유**를 **일반적 위법성조각사유로 규정**하고 있는 점에 특색이 있다고 할 수 있다. 즉 형법 제20조 내지 제24조에 규정되어 있지 아니한 행위라 하더라도 사회상규에 반하지 아니하는 행위는 정당행위로서 위법성이 조각되므로, 일반적으로는 이 경우에 초법규적인 위법성조각사유에 해당하지만 우리 형법상으로는 형법 제20조의 정당행위에 해당하게 되어 **형법상의 위법성조각사유**가 된다.[152)]

Ⅱ. 법령에 의한 행위

법령에 의한 행위란 법령에 근거하여 권리와 의무로서 행해지는 행위를 말한다. 즉 법령에 근거하여 타인의 법익을 침해하는 구성요건에 해당하는 행위를 하더라도 이는 합규범적인 행위이므로 위법성을 조각하게 된다. 그러나 법령에 의한 행위라 하더라도 사회상규에 비추어 **권리남용**에 해당할 경우에는 위법성이 조각되지 않는다.

법령에 의한 행위의 예로는 공무원의 직무집행행위, 징계행위, 현행범인의 체포행위, 노동쟁의행위 등이 해당한다.

1. 공무원의 직무집행행위

(1) 법령에 의한 직무집행행위

공무원이 법령에 의하여 정하여진 직무를 수행하는 행위는 정당행위로서 위법성

151) Jescheck/Weigend, S. 327; Maurach/Zipf, S. 382.

152) 김일수/서보학, 334면; 오영근, 327면; 이재상/장영민/강동범, 286면; 이형국, 166면; 임 웅, 198면.

이 조각된다. 예컨대 민사상의 강제집행, 긴급체포·구속·압수·수색·검증 등의 강제처분, 세법상의 강제처분 등이 이에 해당한다. 공무원의 직무집행행위가 위법성이 조각되기 위해서는 적법한 절차에 따라 직무범위 내에서 이루어져야 한다. 따라서 공무집행행위가 그 **필요성**과 **상당성**의 범위를 초과하여 남용된 때에는 위법하게 된다.

(2) 상관의 명령에 의한 행위

공무원의 직무집행행위가 상관의 직무상의 적법한 명령에 의한 행위일 때는 위법성을 조각한다. 그러나 적법하지 않은 명령에 따른 행위일 때는 위법성이 조각되지 않는다고 보아야 한다.[153] 이에 반하여 상관의 명령에 구속력(절대적 복종력)이 있는 때에는 명령 자체가 위법한 경우에도 상관의 명령에 대한 복종의무가 법질서에 대한 복종의무보다 중요한 경우에는 **의무의 충돌**에 의하여 부하의 행위는 위법성을 조각한다는 견해[154]도 있다. 그러나 상관의 위법한 명령이 절대적인 구속력이 있는 경우라고 하여 적법하게 될 수는 없다. 따라서 상관의 위법한 명령에 의한 부하의 행위도 위법하지만 구속력을 가진 상관의 명령일 때에는 **책임이 조각**될 수 있을 뿐이라고 보는 **통설**[155]과 **판례**[156]가 타당하다.

2. 징계행위

징계권자의 징계행위는 법령에 의한 행위로 위법성이 조각된다. 예컨대 부의 자에 대한 징계행위(민법 제915조), 학생에 대한 학교장의 징계행위(교육법 제76조), 수용소년에 대한 소년원장 또는 소년감별소장의 징계행위(소년원법 제15조) 등이 이에 해당한다.

징계권자의 징계행위는 정당행위로서 위법성이 조각되나 징계권의 행사에는 **사회상규**에 위배되지 않은 범위 내에서만 허용된다. 징계권의 행사가 위법성을 조각하기 위해서는 객관적으로 충분한 징계사유가 있어야 하고, 교육목적을 달성하기 위하여 필요하고도 적절한 정도에 그쳐야 한다.

따라서 징계방법이 지나치게 가혹하거나, 징계행위로서 상해를 입히거나, 징계권

153) 대판 1988. 2. 23, 87도2358; 대판 1999. 4. 23, 99도636; 대판 2013. 1. 28, 2011도5329; 대판 2015. 10. 29, 2015도9010.

154) 김일수/서보학, 367면.

155) 박상기, 155면; 배종대, 308면; 손동권, 203면; 손해목, 415면; 신동운, 331면; 오영근, 329면; 유기천, 192면; 이재상/장영민/강동범, 287면; 임 웅, 200면; 정성근/박광민, 211면.

156) 대판 1997. 4. 17, 96도3376－전원합의체.

자의 주관적인 만족을 위하거나, 객관적으로 징계사유가 없는 징계권자의 징계행위는 징계권의 남용으로서 위법성이 조각되지 않는다.[157)]

체벌과 관련하여 친권자의 징계행위로서의 체벌이 허용된다는 점에 대하여는 다툼이 없으나, 교육목적으로 행하는 **교사의 체벌**에 대하여는 그 한계와 범위에 대하여 논란이 있다. 대법원은 교사의 교육목적의 징계권의 행사로서 교사의 체벌이 교육상 불가피할 때에는 허용된다고 판시하고 있다.[158)] 그러나 초중등교육법 제18조 및 동법 시행령 제31조에 규정되어 있는 징계와 지도의 내용에 체벌이 포함되어 있지 않으므로, 교사의 교육목적의 체벌은 법령에 의한 정당행위에는 해당한다고 할 수 없다. 따라서 교사의 체벌은 다른 위법성조각사유인 정당방위 또는 긴급피난 등에 해당하지 않는 한 폭행 또는 상해에 해당하며 위법성이 조각된다고 할 수 없다.[159)]

3. 현행범인의 체포행위

형소법 제212조에 의하면 현행범인은 누구든지 영장 없이 체포할 수 있다. 따라서 사인(私人)이 현행범인을 체포하더라도 법령에 의한 행위로서 위법성이 조각된다. 여기서 현행범인의 체포를 위한 행위란 체포를 위해 직접적으로 필요한 행위인 협박·체포·도주의 저지 등의 행위에 한정되며, 체포와 직접적으로 관련이 없는 현행범인에 대한 살인·상해·타인의 주거에 침입하는 행위 등은 위법성이 조각되지 않는다. 사인에게는 현행범인을 체포하기 위한 무기사용도 허용되지 않는다.

4. 노동쟁의행위

헌법은 근로자의 단결권, 단체교섭권, 단체행동권을 보장하고 있다(헌법 제33조). 또한 **노동조합 및 노동관계조정법**은 동맹파업, 태업 등 노동쟁의행위에 관한 규정을 두고 있다. 따라서 근로조건의 개선을 위한 정당한 쟁의행위는 법령에 의한 행위로서 위법성이 조각된다.

그러나 노동쟁의행위는 그 목적·방법 및 절차에 있어서 법령 기타 사회질서에 위

---

157) 대판 2006. 4. 27, 2003도4151(상사 계급의 피고인이 부대원들에게 얼차려를 지시할 당시 얼차려의 결정권자도 아니었고 소속 부대의 얼차려 지침상 허용되는 얼차려도 아니라면 형법 제20조의 정당행위로 볼 수 없다).

158) 대판 2004. 6. 10, 2001도5380.

159) 김일수/서보학, 340면; 배종대, 310면; 이재상/장영민/강동범, 289면.

반하거나 폭력이나 파괴행위 또는 생산 기타 주요업무에 관련되는 시설을 점유하는 형태로 할 수 없고, 사업장의 안전보호시설에 대하여 정상적인 유지·운영을 정지·폐지 또는 방해하는 행위도 허용되지 않는다(노동조합 및 노동관계조정법 제37조, 제42조).

근로자의 단체행동이 정당한 쟁의행위가 되기 위해서 판례가 들고 있는 요건을 살펴보면, 첫째 단체교섭의 주체가 될 수 있는 자가 쟁의행위를 해야 하며, 둘째 그 목적은 근로조건의 향상을 위한 노사간의 자치적 교섭을 조성하는데 있고, 셋째 사용자가 근로조건의 개선에 관한 구체적인 요구에 대하여 단체교섭을 거부하였을 때 개시하고 특별한 사정이 없는 한 조합원의 찬성결정 등 필요한 절차를 거쳐야 하며, 넷째 수단과 방법이 사용자의 재산권과 조화를 이루며 폭력행사나 제3자의 권익을 침해하는 것이 아니어야 한다고 판시하고 있다.[160)]

따라서 판례에 의하면 ① 정리해고를 하지 말라는 것 같은 단체교섭사항이 될 수 없는 사항을 달성하려는 쟁의행위,[161)] ② 쟁의행위에서 추구되는 목적이 여러 가지이고 그 중 일부가 정당하지 못한 경우에는 주된 목적 내지 진정한 목적의 당부에 의하여 그 쟁의목적의 당부를 판단하여야 할 것이고, 부당한 요구를 뺐더라면 쟁의행위를 하지 않았을 것이라고 인정되는 경우,[162)] ③ 노동조합 및 노동관계조정법 제41조 제1항의 조합원의 직접·비밀·무기명투표에 의한 찬성결정을 거쳐야 한다는 규정에 위반하여 노동조합원의 찬반투표절차를 거치지 아니한 쟁의행위,[163)] ④ 긴박한 경영상의 필요나 합리적인 이유 있는 기업의 구조조정을 반대하기 위하여 벌이는 쟁의행위,[164)] ⑤ 쟁의행위 시에 폭력을 행사하거나 파괴행위를 한 경우[165)]에는 위법성이 조각되지 않는다고 한다.

이와 달리 ① 노동쟁의 조정신청을 하여 조정기간이 끝난 후에 쟁의행위를 한 경우,[166)] ② 쟁의행위에 대한 찬반투표를 위하여 근무시간 중에 노동조합 임시총회를 개최하고 3시간에 걸친 투표행위를 한 경우,[167)] ③ 쟁의행위가 병원업무개시 전이나

---

160) 대판 2001. 6. 12, 2001도1012; 대판 2000. 5. 12, 98도3299.

161) 대판 2001. 4. 24, 99도4893; 대판 2011. 1. 27, 2010도11030.

162) 대판 2003. 12. 26, 2001도3380; 대판 2011. 10. 27, 2010도7733; 대판 2014. 11. 13, 2011도393.

163) 대판 2001. 10. 25, 99도4837—전원합의체; 대판 2007. 5. 1, 2005도8005.

164) 대판 2003. 7. 22, 2002도7225; 대판 2011. 1. 27, 2010도11030.

165) 대판 1990. 5. 15, 90도357; 대판 2007. 5. 1, 2005도8005.

166) 대판 2001. 6. 26, 2000도2871.

167) 대판 1994. 2. 22, 93도613.

점심시간을 이용하여 현관로비에서 시위행위를 한 경우[168]에는 정당한 쟁의행위에 해당한다고 판시하였다.

5. 기타 법령에 의한 행위

그 밖의 법령에 의해 위법성이 조각되는 경우로는 모자보건법에 의한 인공임신중절수술행위(모자보건법 제14조), 한국마사회법상의 승마투표권(한국마사회법 제6조)과 법률상 인정된 복권의 발행, 정신병자의 감호 등의 행위도 법령에 의한 행위로서 위법성이 조각된다.

Ⅲ. 업무로 인한 행위

업무란 사람이 사회생활상의 지위에 의하여 계속·반복의 의사로 종사하는 사무를 말한다. 이러한 업무가 법령에 규정되어 있는 때에는 법령에 의한 행위로서 위법성이 조각되지만, 법령에 규정이 없는 경우에도 업무의 내용이 사회윤리 상 정당하다고 인정하는 때에는 위법성이 조각된다. 업무로 인한 행위의 대표적인 예로 의사의 치료행위, 변호사의 변호행위, 성직자의 종교상의 행위를 들 수 있으며, 의사의 치료행위와 관련하여 안락사가 문제된다.

1. 의사의 치료행위

의사의 치료행위가 환자의 신체를 상해한 경우에는 상해죄의 구성요건에 해당하지만 정당행위로서 위법성을 조각한다는 것이 종래의 통설과 판례의 입장이었다. 그러나 오늘날에 와서는 의사의 치료행위는 치료목적으로 의료법칙에 따라 행해지는 신체침해행위이므로 성공한 치료행위의 경우에는 환자의 승낙이나 의료법칙에 따른 치료행위 유무와 관계없이 건강을 회복시킨 것이므로 상해라고 할 수 없으며, 실패한 치료행위의 경우에도 상해라는 결과불법은 있지만 치료목적으로 의료법칙에 따른 치료행위가 있는 경우에는 치료행위의 행위불법이 결여되었다고 할 수 있다. 이와 달리 의료법칙에 반하는 치료행위로 인해 치료행위가 실패하여 상해의 결과가 발생한 경우에만 비로소 상해죄 또는 과실상해죄의 구성요건해당성과 위법성이 조각된다고 할 수 없으므로 치료행위는 위법성의 문제가 아니라 구성요건해당성의 문제라는 견

168) 대판 1992. 12. 8, 92도1645.

해[169)]가 유력하게 주장되고 있다.

그러나 의사의 치료행위라 하더라도 신체침해행위가 있으면 상해라고 보아야 하며, 이러한 신체침해행위에 대하여는 이른바 환자의 자기결정권에 따른 피해자의 승낙 또는 추정적 승낙에 의해서만 위법성이 조각된다고 해석하는 견해가 타당하다고 생각된다.[170)] 이는 독일 판례[171)]의 입장이며, 우리 판례도 근자에는 이러한 입장을 취한 바 있다.[172)]

2. 안 락 사

사기(死期)가 임박한 말기암 등 중환자의 육체적 고통을 덜어주기 위해 환자 등의 동의하에 환자의 자연적 사기를 앞당겨서 안락사(安樂死)시키는 경우에 그 위법성 조각여부가 문제된다. 여기서 자연적 사기를 단축시키지 않는 안락사(**진정안락사**)의 경우에는 법률적으로 문제가 되지 않지만, 사기(死期)를 단축시키는 안락사(Euthanasie, Sterbehilfe)의 허용여부가 문제이다.

이에 대하여 생명을 단축시키는 안락사는 어떤 경우에도 허용되지 않는다는 견해와 고통제거의 부수효과로서 생명이 단축될 때에만 위법성이 조각된다는 견해도 있으나, 통설은 그 동기와 고의가 선한 목적을 위하여 행해진 때에는 위법성을 조각한다고 해석하며, 이러한 안락사가 위법성을 조각하기 위한 요건으로서, ① 환자가 불치의 질병으로 사기가 임박에 있고, ② 육체적 고통이 극심하여 이를 완화하기 위한 목적으로 행해지고, ③ 환자 본인의 진지한 촉탁 또는 승낙이 있으며, ④ 의사에 의하여 윤리적으로 타당한 방법으로 시행할 것을 요한다고 한다.

생각건대 일정한 요건 하에 위법성이 조각되는 안락사로는 환자에 대한 인공적인 생명유지장치(산소호흡기 등)를 제거하여 환자가 자연적인 죽음을 맞이할 수 있도록 하는 **소극적 안락사**(치료중단)와 **간접적 안락사**(생명단축이 육체적인 고통제거의 부수적 결과로 발생하는 경우)에 한정되고, 고통제거를 위하여 적극적으로 사람을 살해하는 **적극적·직접적 안락사**는 허용되지 않는다고 해야 한다.[173)174)]

169) 김일수/서보학, 346면; 안동준, 138면; 이재상/장영민/강동범, 294면; 이형국, 170면.
170) 박상기, 160면; 오영근, 340면; 임 웅, 207면; 정성근/박광민, 217면.
171) BGHSt. 11, 111; 12, 379.
172) 대판 1993. 7. 27, 92도2345(자궁근종오진으로 인한 자궁적출수술사건).
173) 김일수/서보학, 347면; 박상기, 162면; 배종대, 321면; 이재상/장영민/강동범, 295면.

우리 형법은 2016년 2월 3일 **"호스피스·완화의료 및 임종과정에 있는 환자의 연명의료결정에 관한 법률"**(약칭: **연명의료결정법**)을 제정하여 2018년 2월 14일부터 시행함으로써, 이 법률에 따른 일정한 요건 하에서는 연명의료중단 등의 결정을 할 수 있도록 **소극적 안락사를 합법화**하였다.

3. 변호사 또는 성직자의 업무행위

변호사의 법정에서의 변론행위는 정당한 업무행위에 속하므로 변론과정 중에 개인의 명예를 훼손하는 사실을 적시하였다 하더라도 명예훼손죄가 성립하지 않는다.

미국 연방 대법원은 1983년 낸시 크루잔이라는 여성이 뇌손상으로 식물인간 상태에 빠지자 생명유지장치의 제거를 허용하였다. '회복불가능한 식물인간 상태'라는 의사들의 판정이 있고 보호자의 신청이 있을 경우 법원의 결정에 의해 제거 가능하다는 소극적 의미의 안락사를 인정하였다. 그러나 보호자 상호간에 의견이 충돌한 경우에는 어려움이 따른다. 대표적으로 테리 시아보(Terri schiavo) 사건을 들 수 있다. 1990년 20대인 신혼인 테리 시아보는 넘어지면서 혈액공급중단으로 뇌손상을 입어 혼수상태에 빠져 10년이 넘도록 회복이 되지 않자 2000년 시아보의 남편은 플로리다주 법원에 시아보에 대한 영양공급튜브제거를 명령해줄 것을 신청하였고, 법원은 이를 받아들여 2001년 4월 24일 튜브가 제거되었으나 시아보 부모의 신청에 의해 이틀만에 다시 법원에 의해 튜브가 재삽입되었다. 2002년 플로리다주 항소법원에서 양측 변호사의 증인으로 출석한 의사는, 한쪽은 '회복불가능한 영구 식물인간상태'로, 다른 쪽은 '회복가능하다'고 증언하였다. 튜브제거를 지지한 항소심결정 후 2003년 10월 5일 다시 튜브가 제거되었다. 그러나 플로리다주 의회가 다시 6일 만에 'Terri's Law'를 통과시켜 주지사가 판사에게 시아보의 영양공급튜브 재삽입명령을 할 권한을 부여하였고, 이에 따라 다시 재삽입되었다. 그러나 2004년 주 대법원은 'Terri's law'가 위헌이라 판결하였고, 연방대법원도 위헌으로 인정하였다. 이에 주 지방법원 판사는 2005년 3월 18일자로 시아보의 영양공급튜브를 제거할 것을 명령하였으나, 시아보의 부모가 항소하였으나 기각되었다. 튜브제거일인 2005년 3월 18일 연방하원이 이 문제에 관한 청문회를 개최하고 연방대법원에 긴급상고를 하여 튜브제거를 막아달라고 요청하였지만 기각당하자 2005년 3월 21일 연방하원과 상원은 이 사건에 대해 연방지방법원의 판사가 재심리할 관할권을 부여한 법을 통과시켰고 대통령이 서명하였다. 이에 연방지방법원 판사가 재심리하게 되어 2005년 3월 22일 연방지방법원판사는 시아보 부모의 영양재공급요청을 기각하였다. 이에 대해 항소와 상고가 제기되었지만 조지아주 애틀란타에 소재한 연방 제11회 순회 항소법원에 이어 연방대법원은 재심리를 거부하였다. 그러자 시아보의 부모는 연방지방법원에 다시 재삽입 긴급명령을 요청하였으나 기각되었다. 이로 인해 시아보는 2005년 3월 18일 튜브가 제거된 지 13일 만인 31일 오전에 숨을 거두었다.

174) 2009. 5. 21, 2009다17417－전원합의체(…회복불가능한 사망의 단계에 이른 후에 환자가 인간으로서의 존엄과 가치 및 행복추구권에 기초하여 자기결정권을 행사하는 것으로 인정되는 경우에는 특별한 사정이 없는 한 연명치료의 중단이 허용될 수 있다. 한편, 환자가 회복불가능한 사망의 단계에 이르렀는지 여부는 주치의의 소견뿐 아니라 사실조회, 진료기록 감정 등에 나타난 다른 전문의사의 의학적 소견을 종합하여 신중하게 판단하여야 한다).

그러나 변호사라 하더라도 법정 이외의 장소에서 피고인을 위하여 사람의 명예를 훼손하는 발언을 한 경우에는 정당한 업무행위의 범위를 벗어나므로 위법성이 조각되지 않는다.

또한 신부·승려·목사 등 성직자가 범인이나 비밀을 알고 이를 고발하지 않거나 묵비하는 것은 성직자의 정당한 업무범위에 속하므로 위법성이 조각된다. 그러나 성직자라 하더라도 적극적으로 범인을 도피하게 하거나 은닉한 경우에는 정당한 업무범위를 벗어나므로 위법하다고 할 것이다.[175)]

Ⅳ. 사회상규에 위배되지 않는 행위

1. 사회상규의 의미

'사회상규'(社會常規)란 국가질서의 존엄성을 기초로 한 **국민일반의 건전한 도의감** 또는 공정하게 사유하는 **일반인의 건전한 윤리감정**으로서 위법성조각사유의 일반원리이다. 여기서 '사회상규에 위배되지 않는 행위'란 법질서 전체의 정신이나 사회윤리에 비추어 용인되는 행위를 말한다.

이에 반하여 **'사회상당성'**이란 '역사적으로 형성된 공동생활의 사회질서범위 내에 속하는 행위로서 정상적이라고 인정될 수 있는 행위'로서 불법의 영역에서 제외되어야 하는 것을 말한다. 따라서 사회생활의 질서범위 내의 행위인 사회적 상당성이 있는 행위는 구성요건에 해당하지 않게 된다.

또한 **사회적 상당성**은 **구성요건조각사유**임에 반하여, **사회상규**는 **위법성조각사유의 일반원리**이다. 사회적 상당성이란 사회생활에 있어서 정상적인 행위형태를 말하며, 사회상규란 일반적인 행위형태와 일치하지 않으므로 구성요건에는 해당하지만 사회윤리질서에 비추어 용인됨으로써 위법성이 조각되지 않는 것을 말한다.[176)]

---

175) 대판 1983. 3. 8, 82도3248(성직자라 하여 초법규적인 존재일 수 없으며 성직자의 직무상의 행위가 사회상규에 반하지 아니한다 하여 그에 적법성이 부여되는 것은 그것이 성직자의 행위이기 때문이 아니라 그 직무로 인한 행위에 적당·적법성을 인정하기 때문인바, 사제가 죄지은 자를 능동적으로 고발하지 않은 것에 그치지 아니하고 은신처 마련, 도피자금 제공 등 범인을 적극적으로 은닉·도피케 한 행위는 사제의 정당한 직무에 속하는 것이라 할 수 없다); 대판 2003. 9. 26, 2003도3000; 대판 2004. 3. 26, 2003도7878; 대판 2010. 5. 27, 2010도2680.

176) 이재상/장영민/강동범, 297면.

2. 사회상규의 판단기준

사회상규의 판단기준으로 법익교량, 목적과 수단의 정당성 이외에 **사회적 상당성**을 들고 있는 견해가 있으나, 사회상규와 사회상당성은 구별되는 개념이므로 사회상당성을 사회상규의 판단기준으로 고려하는 것은 타당하지 않다. 따라서 사회상규의 판단기준으로는 ① **법익균형**과 ② **목적과 수단의 상당성**을 들 수 있다.

여기서 **법익균형성**이란 보호이익과 침해이익 사이의 균형성으로서 결과반가치라는 측면에서 사회상규를 판단하는 중요한 기준이 된다. 따라서 중대한 법익침해가 있는 경우에는 사회상규에 위배되지 않는 행위라고 할 수 없다.

또한 행위불법이라는 측면에서 사회상규의 판단기준으로는 **목적과 수단의 정당성**이다. 따라서 사회상규에 위배되는가 여부를 판단하는 데 있어서는 행위의 동기와 목적이 법질서 정신이나 사회윤리에 비추어 용인될 수 있어야 하고, 수단의 정당성 또는 적합성도 고려해야 한다. 수단의 적합성을 판단하는 데는 행위의 긴급성이나 보충성도 고려해야 한다.

판례는 사회상규에 반하지 않는 정당행위의 요건으로서 ① 행위의 동기와 목적의 **정당성**, ② 행위수단이나 방법의 **상당성**, ③ 보호이익과 침해이익의 **법익균형성**, ④ 수단이나 방법의 **긴급성**, ⑤ **보충성**을 갖추었느냐를 합목적적·합리적으로 판단해서 결정해야 한다.[177]

3. 사회상규에 위배되지 않는 행위

법익의 균형과 **목적과 수단의 정당성**을 종합하여 판단해야 한다. 일반화된 관례라고 하여 사회상규에 위배되지 않는다고 할 수 없다. 또한 목적이나 동기의 정당성이 인정되는 경우에도 수단의 상당성이 결여되면 사회상규에 위배되는 행위가 된다.

따라서 판례는 ① 민족정기를 세우기 위하여 김구선생의 암살범을 살해한 경우,[178] ② 불법선거운동을 적발할 목적으로 타인의 식당에 침입하여 도청기를 설치한 경우,[179] ③ 채권을 변제받을 목적으로 채무자에게 사회통념상 용인하기 어려울 정도의 협박을 하여 재물을 교부받은 경우,[180] ④ 잘못된 기재를 정정하려는 의도로 사서

177) 대판 2001. 2. 23, 2000도4415; 대판 2006. 4. 27, 2005도8074; 대판 2009. 1. 30, 2008도10560.

178) 대판 1997. 11. 14, 97도2118.

179) 대판 1997. 3. 28, 95도2674.

180) 대판 2000. 2. 25, 99도4305.

증서 인증서를 변조한 경우,[181] ⑤ 정신병자를 정신병원에 강제로 입원시키는 경우에도 수단의 상당성이 인정되지 않은 경우[182] 등은 정당행위가 될 수 없다고 한다.

그러나 수지침시술행위,[183] 시장의 기능확립을 위한 단전조치,[184] 회사의 이익을 빼돌린다는 소문을 확인할 목적으로 피해자가 사용하면서 비밀번호를 설정하여 비밀장치를 한 전자기록인 개인용 컴퓨터의 하드디스크를 검색한 행위[185] 등은 목적의 정당성과 수단의 상당성이 인정되므로 정당행위에 해당한다고 판시하고 있다.

우리 형법상 '사회상규에 위배되지 않는 행위'는 가장 일반적이고 포괄적인 위법성조각사유이므로 그것이 다른 위법성조각사유에 해당하는가에 따라 사회상규에 위배되는 행위의 성립범위가 달라진다. 판례가 사회상규에 위배되지 않는 행위로 들고 있는 구체적인 예를 살펴보면 다음과 같다.

1) 소극적인 저항행위

상대방의 도발이나 폭행 또는 강제연행을 모면하기 위한 소극적인 저항행위는 사회상규에 위배되지 않는 행위에 해당한다. 예컨대 강제연행을 피하기 위하여 밀친 행위, 상대방의 불법한 공격으로부터 자신을 보호하기 위하여 소극적으로 저항하는 행위[186] 등이 여기에 해당한다.

2) 징계권이 없는 자의 징계행위

징계권이 없는 자의 징계행위라 하더라도 객관적으로 징계의 범위를 벗어나지 않고 주관적으로 교육목적으로 하는 징계행위의 경우에는 사회상규에 위배되지 않는다.

3) 자기 또는 타인의 권리를 실행하기 위한 행위

자기 또는 타인의 권리실행을 위한 행위로서 사회상규를 벗어나지 않은 경우에는 위법성이 조각된다. 예컨대 피해자에게 치료비를 요구하고 이에 응하지 않으면 고소하겠다고 한 경우,[187] 구속시키겠다고 하는 경우[188] 등이 여기에 해당한다.

---

181) 대판 1992. 10. 13, 92도1064.
182) 대판 2001. 2. 23, 2000도4415.
183) 대판 2000. 4. 25, 98도2389.
184) 대판 1994. 4. 15, 93도2899; 대판 2004. 8. 20, 2003도4732.
185) 대판 2009. 12. 24, 2007도6243.
186) 대판 1999. 10. 12, 99도3377; 대판 2010. 2. 11, 2009도12958; 대판 2014. 3. 27, 2012도11204.
187) 대판 1971. 11. 9, 71도1629.
188) 대판 1977. 6. 7, 77도1107.

제 5 장 책 임 론

제 1 절 책임이론

Ⅰ. 책임의 의의

구성요건에 해당하는 행위가 전체적인 법질서에 위배되는 성질을 위법성이라 한다. 위법성판단은 구성요건적 행위가 전체적인 법질서에 위배되느냐 여부에 대한 판단이므로 행위자의 개인적 특성은 고려되지 않는다. 이와 달리 책임판단은 위법하다고 평가된 행위를 결의하고 실행한 행위자 개인을 비난할 수 있는가라는 위법성 다음 단계인 개인적 귀책판단문제이므로 개인적 특성이 고려되어야 한다.

말하자면 **책임**이란 자기행위를 규범합치적으로 조종할 수 있는 의사능력이 있는데도 불구하고 반규범적 행위를 실현한 **행위자에 대한 비난가능성**을 의미하므로, 책임판단의 대상은 행위자의 의사와 행위이다.

그러므로 책임은 불법행위에 대한 책임인 동시에 이러한 불법행위를 결의한 행위자의 의사에 대한 책임이며, 이러한 의사를 형성한 데 대한 비난가능성이기도 하다.[1]

형법에서의 책임은 행위에 대한 위법판단이 행해진 후에 행위자에 대한 비난가능성을 판단하는 단계이므로 책임판단은 불법을 전제로 한다. 또한 형사책임은 불법의 범위 내에서만 책임을 지며 책임의 범위 내에서만 형벌을 부담하게 된다. 특히 형사책임에 있어서 **"책임이 없으면 형벌도 없다"**라는 형벌적용의 기본원칙을 **"책임주의"**(Schuldprinzip)라고 하는데, 이 원칙이 형법의 기본원칙이기도 하다는 점에서 "책

1) 렝크너(Lenckner)는 책임과 비난가능성은 불법과 위법성의 관계와 같다고 하여, 책임은 실체이고 비난가능성은 순수한 관계에 불과하다고 보고 있다.

임형법"이라 표현하기도 한다.

다른 한편 형사책임이란 **"법적 책임"**(Rechtsschuld)이지 도덕적·윤리적 책임은 아니다. 그러므로 행위자의 정치적, 종교적 신념에 따라 죄형법규를 위반한 확신범이나 양심범(überzeugungstäter)의 경우에는 비록 도덕적·윤리적 측면에서는 비난의 대상이 아니라 할지라도 법적 측면에서는 형사책임이 있다고 보는 것이 옳다.

또한 형사책임은 다음과 같은 점에서 **민사책임과 구별**된다.

① 민사책임은 사인간에 있어서 손해에 대한 공평한 보상에 있지만, 형사책임은 사인의 행위에 대한 국가적 제재이다.

② 민사책임은 위험책임의 원리와 무과실책임(민사책임의 객관화 현상)이 인정되지만, 형사 책임은 책임주의원칙이 관철된다(형사책임의 주관화 현상).

③ 민사책임에는 고의책임과 과실책임 사이에 경중의 차이가 없다. 그러나 형사책임은 고의책임이 원칙이고 과실책임은 예외이다.

Ⅱ. 책임의 근거

"책임이 없으면 형벌도 없다"는 책임주의 원칙은 인간의 자유의사를 전제로 해야만 논리적으로 가능하다. 그런데 과연 인간은 자기행위에 대하여 자유의사에 의한 지배가 가능한가? 이에 대하여는 도의적 책임론과 사회적 책임론의 대립이 있다.

1. 도의적 책임론과 사회적 책임론

(1) 도의적 책임론

인간은 자유의사에 따라 합규범적인 행위를 실행할 수 있는데도 불구하고 위법행위를 결의했으므로, 이러한 행위자의 행위에 대한 도의적·윤리적 비난을 책임이라고 이해하는 견해를 도의적 책임론이라 한다. 이 견해에 따르면 **책임능력**이란 인간의 자유의사에 따른 **범죄행위능력**을 의미하고, 이와 달리 보안처분이란 범죄행위능력이 결여된 책임무능력자 중에서 범죄적 위험성이 있는 자로부터 사회를 방위하기 하기 위한 보안처분으로서의 **사회방위처분**을 의미한다고 보아 양자를 구별한다.

(2) 사회적 책임론

인간의 자유의사는 주관적 환상에 불과하고 인간행위는 소질과 환경에 의해 결정지어지지만 범죄로부터 사회를 방위하기 위해 반사회적 성격에 대하여는 책임무능력자라 할지라도 보안처분을 하게 되며, 형사책임의 본질을 사회방위처분으로 이해하는 입장이 사회적 책임론이다. 사회적 책임론에서는 책임능력이란 **형벌적응능력**이며, 성격책임원리가 지배하게 된다. 범죄이론에서는 주관주의와 목적형주의가 결합된 책임이론이다.

2. 책임과 자유의사

인간에게 자유의사가 있는가 또는 자유의사를 증명할 수 있는가라는 존재론적인 측면에서의 철학적 논쟁은 오랫동안 전개되어 왔으나, 규범학인 형법학에서의 형사책임과 관련된 인간의 자유의사 문제는 오늘날 거의 극복되었다고 할 수 있다. 즉 존재론적인 측면에서 인간의 자유의사문제를 바라본 전통적인 **비결정론**과 극단적인 **결정론**은 모두 규범학인 형법학에서의 형사책임과는 일치하지 않는다. 형사책임은 인간이 소질과 환경의 영향을 받으면서도 인간의 정신적, 심리적 의식작용을 통한 가치판단에 따라 **인격적 결단작용**을 하게 되는데, 이것은 인간이 동물과 달리 자기행위를 합규범적으로 통제할 수 있는 조종능력이 있음을 근거로 하고 있다. 따라서 형사책임은 이러한 행위자의 반규범적인 의사형성에 대한 **비난가능성**이며, 행위자에게는 책임에 상응한 형벌을 부과하게 된다.

결국 인간은 소질과 환경의 영향을 받으면서도 사회윤리규범과 가치관념에 따라 결단할 수 있는 능력이 있으므로, 일정한 제한된 범위에서는 **자유의사**를 지녔다고 할 수 있다. 이를 **"상대적 비결정론"**이라 부르며, 인간의 자유의사를 부정하는 결정론적인 입장과 그 궤를 같이하는 숙명론은 그 점에서 형사책임과 구별되어진다. 따라서 형사책임은 일정한 범위에서 자유의사를 지닌 인간행위를 전제로 하고 있으며, 실정형법도 이러한 인간의 자유의사를 전제로 하여 형사책임을 규정하고 있다고 이해할 수 있으므로 상대적 비결정론이 타당하다고 생각된다.

Ⅲ. 책임의 본질

책임이란 구성요건에 해당하고 위법한, 즉 불법행위를 한 행위자에 대한 비난가능성을 의미하며, 이러한 책임의 본질이 무엇이냐에 대해서는 심리적 책임론과 규범적 책임론의 대립이 있다.

1. 심리적 책임론과 규범적 책임론

(1) 심리적 책임론

심리적 책임론이란 형사책임의 본질을 구성요건적 결과에 대한 **행위자의 심리적 관계**, 즉 고의 내지 과실이 그 본질이라는 입장이다.

그러나 이 견해는 ① 어떤 심리적 관계가 형법상 중요하며 왜 책임의 본질이 되며 그것이 없으면 책임이 조각되는냐에 대한 기준을 제시하지 못하므로 실질적인 책임개념이 될 수 없다. ② 또한 심리적 책임론은 고의 또는 과실이 있으면 책임을 인정하게 되지만, 다른 책임요소인 책임능력이 결여되거나 다른 책임조각사유가 있는 경우에 책임이 부정되는 것을 설명할 수 없게 된다. ③ 그 외에 인식없는 과실의 경우 결과에 대한 행위자의 심리적 관계가 부정되므로 책임을 인정할 수 없게 된다.

(2) 규범적 책임론

이 견해는 형사책임을 심리적 사실관계로 보지 않고 결과에 대한 **평가적 가치관계**로 이해하는 입장이다. 규범적 책임론은 프랑크(Frank)가 "책임개념의 재구성(Über den Aufbau des Schuldbegriffes, 1907)"이라는 글에서 처음으로 주장한 이론이다. 그는 책임을 구성요건에 해당하는 불법에 대한 비난가능성이라 하였다. 고의행위는 법에 배반되는 것을 인식하면서 법의 요구를 거부하였다는 점에서, 과실행위는 부주의로 사회생활상의 요구를 침해하였다는 점에서 행위자를 비난할 수 있다는 것이다.

이러한 규범적 책임론의 등장으로 책임은 주관적, 심리적 과정이 아니라 객관적 가치판단이 되어 **비난가능성**이 책임의 중심개념이 되었고, 오늘날 통설의 지위를 차지하게 되었다.

2. 기능적 책임론

(1) 의 의

형사책임의 내용은 일반예방이라는 형벌의 목적에 의하여 결정되어야 한다고 주장하는 책임이론을 **기능적 책임론** 또는 **예방적 책임론**(präventive Schuldlehre)이라고 한다.

통설인 규범적 책임론에 의하면 책임은 행위자가 달리 행위할 수 있었다는 것, 즉 자유의사가 있다는 것을 전제로 위법행위를 결의한 데 대한 비난가능성을 의미하게 된다. 그러나 기능적 책임론은 행위자가 행위시에 달리 행위할 수 있었는가를 확정하는 것도 불가능하고 달리 행위할 수 없었다고 하여 처벌하지 않는 것도 옳다고 할 수 없으므로, 책임은 형벌목적과 관련하여 기능적으로 이해할 경우에만 형법상의 중요성을 유지할 수 있다고 주장한다.

이러한 견해는 **록신**(Roxin)이 "형법체계와 형사정책"이라는 글에서 책임과 예방의 결합을 처음으로 주장한 것이다. 그는 책임은 예방의 필요성을 한계로 하고 예방의 필요성도 책임형벌을 제한한다고 하여 **책임과 예방의 상호제한적 기능**을 인정하고, 예방형법의 과도한 개입을 방지하기 위하여 **"전통적 책임개념"**과 **"책임원칙"**을 유지하고자 하였다.

이와 달리 **야콥스**(Jakobs)는 **극단적 기능적 책임론**을 주장하여, 전통적 책임개념을 형사정책적인 형벌의 목적에 의해 대체시키는 견해를 주장하고 있다. 즉 그는 **적극적 일반예방**을 주장하면서, 형벌의 목적은 범죄에 의해 침해된 **"질서신뢰의 안정"**이며, 책임과 형벌은 규범의 정당성에 대한 신뢰확인이다. 결국 책임과 형벌은 범죄행위에 직면한 **일반인의 자기안정화의 필요성**의 표현이다. 따라서 형벌은 개인의 규범일치와 일반인의 규범신뢰가 목적이므로 행위자에 대한 형벌필요성도 일반예방적·기능적이 되어야 한다는 것이다.

(2) 비 판

기능적 책임론은 형법과 형사정책의 관계를 혼동하여 책임개념을 예방개념으로 대체함으로써 책임주의를 무의미하게 만든다는 비판을 면할 수 없다.

즉 첫째, 기능적 책임론은 책임주의의 형벌 제한적 기능을 무력하게 한다. 예컨대 정신병자, 누범자에 대하여 무거운 책임을 인정하는 것은 타당하지 않다.

둘째, 무엇이 질서에 대한 신뢰를 안정화시키는가에 대한 기준이 불명확하므로 결국 입법자나 법관의 재량에 맡겨져 판단되어지게 된다.

3. 책임의 구성요소

위법한 행위를 한 행위자에 대한 비난가능성이 책임이라는 규범적 책임론에 의할 경우에도 책임의 구성요소가 무엇인가에 대하여는 의견이 대립한다. 책임판단의 대상은 행위자의 의사와 의사에 의해 실현된 행위이다. 따라서 책임은 **의사책임**이며, **의사형성에 대한 비난가능성**(Vorwerfbarkeit)이라 할 수 있다.

(1) 복합적 책임개념

프랑크(Frank)에 의하면 책임개념의 중심은 비난가능성이며, 고의와 과실은 책임은 아니지만 비난판단의 대상이 되는 행위형태로 보았다. 따라서 책임은 **책임능력, 고의·과실, 기대가능성**(즉 책임조각사유의 부존재)이라는 요소로 구성되어진다고 보았다. 메츠거(Mezger)도 책임을 복합적인 여러 요건으로 결합된 범죄요소라고 보았다. 즉 책임이란 비난을 가능하게 하는 행위에 대한 행위자의 **심리적 요소**와 이에 대한 **규범적인 비난가능성**이 결합된 복합적 책임개념이라는 것이다.

(2) 순수한 규범적 책임개념

전통적인 규범적 책임개념인 복합적 책임개념은 목적적 행위론에 의하여 고의와 같은 행위자의 심리적 요소가 책임에서 제거되고 **순수한 규범적 책임론**(rein normativer schuldbe－griff)이 형성되기에 이르렀다. 즉 벨첼은 복합적 책임개념에 의해서는 순수한 가치판단으로서의 책임을 파악할 수 없다고 하였다. 그는 책임은 평가의 객체(Objekt der Wertung)가 아니라 객체에 대한 평가 (Wertung des Objekts)라는 점을 강조한다. 따라서 책임개념은 심리적 요소인 고의를 책임에서 제거한 순수한 **평가적 책임개념**이 되어야 한다. 따라서 순수한 규범적 책임개념에 의하면 **책임능력**과 **위법성인식** 및 **기대가능성**을 책임의 구성요소로 보게 된다.

(3) 고의·과실의 이중기능

순수한 규범적 책임론에 의하면 위법판단과 책임판단의 대상은 동일하다. 행위의사는 위법판단의 대상이기도 하고 책임판단의 대상이기도 하다. 책임판단의 대상은 행위자의 결의에 의하여 행위로 발전하는 법적으로 비난받는 **심정**(Gesinnung)**에 의한 행위**이다. 그러므로 책임은 행위 속에 나타나는 심정으로 인한 행위의 비난가능성을 의미하고, 심정은 비난가능성의 기초가 된다.

따라서 고의는 주관적 구성요건요소이지만 그것이 책임요소에서 제외되는 것이 아니라 주관적 구성요건요소인 동시에 책임요소가 되는 이중적 기능을 가지게 된다. 결국 책임개념은 **책임능력, 위법성인식, 책임형식으로서의 고의·과실**(행위자의 심정반가치), **책임조각사유의 부존재**로 구성된다.

4. 책임판단의 대상

(1) 행위책임의 원칙

형법은 행위형법이지 행위자형법이 아니다. 즉 책임판단의 대상은 구체적인 행위이므로, 형사책임은 **개별적인 행위책임**이며 행위자의 인격책임(성격책임 또는 行狀책임) 또는 행위자책임이 아니다.

형사책임이 행위책임이지 행위자책임이 아닌 이유는 다음과 같다.

① 책임비난의 기초가 되는 불법은 법적으로 용인되지 않는 행위자의 생활태도가 아니라 금지된 특정한 행위를 하거나 법적으로 요구되는 행위를 하지 않은 부작위에 있으므로 책임판단의 대상도 행위여야 한다.

② 현행 형사소송법상 행위자의 인격을 완전히 파악하는 것은 현실적으로 불가능할 뿐만 아니라 피고인의 사회복귀나 정의관념에 도움이 되지 않는다.

③ 행위책임은 법치국가적 이념에서 볼 때 행위에 상응하는 형벌을 요구하는 책임주의와도 일치한다.

(2) 행위책임과 인격책임

문제는 개별행위책임이 특수한 경우에 행위자책임(행상책임 또는 인격책임)에 의하여 보충될 수 있는가라는 점이다.

행위자책임과 관련해서는 메츠거(Mezger)와 복켈만(Bockelmann)에 의하여 주장된 인격적 책임론을 들 수 있다. 그들은 형사책임은 개별적인 행위책임에 그치는 것이 아니라 전체적인 인격책임이라 하여 **인격적 책임론**을 주장하고 있다.

그러나 인격적 책임론은 책임이 형사책임을 인격책임으로 이해할 때는 행위자로서는 불가항력적인 인격형성도 책임에 포함되게 되어, 위험성이 책임에 포함될 뿐만 아니라 인격은 형사절차상 이를 확정할 수 없다는 점에서 타당하다고 할 수 없다.

따라서 현행법상 **상습범과 누범에 대한 형벌가중규정**은 책임과 운명을 혼돈한 것으로 **책임주의** 원칙에 어긋난다는 비판을 면할 수 없게 된다.

예컨대 **'특정범죄가중처벌법'** 상 상습절도(제5조의4 제1항), 상습장물취득, 상습강도(동조 제3항)와 **'폭력행위 등 처벌에 관한 법률'** 상 상습으로 폭행, 협박, 주거침입 및 재물손괴의 죄, 체포와 감금의 죄, 강요의 죄, 상해와 공갈의 죄를 범한 자에 대하여 가중 처벌하고 있다.

제 2 절 책임능력

Ⅰ. 서 론

1. 책임능력의 의의

책임이란 심리적 사실관계가 아니라 평가적 가치관계이다. 즉 행위자가 적법하게 행위할 수 있는 능력이 있음에도 불구하고 위법행위를 결의했다는 데 대한 규범적 평가, 즉 불법에 대한 **비난가능성**이다. 따라서 형사책임은 행위자의 책임능력을 논리적 전제로 한다.

이때 책임능력이란 행위자가 법규범의 명령과 금지에 따라 규범합치적으로 행동할 수 있는 능력으로서 행위자의 자유의사를 전제로 한다고 할 수 있다. 그런데 인간의 자유의사에 대하여는 자연과학적으로 입증하는 것이 불가능하기 때문에 결정론과 비결정론이 대립되어 왔다. 자유의사는 자연과학적으로 입증할 수 없다 할지라도 법은 그 시대의 문화가 요구하는 가치관을 토대로 인간의 책임을 결정하기 위한 **규범적 귀책기준**을 설정할 수 있다.

형법은 이러한 규범적 관점에서 인간은 소질과 환경에 의하여 영향을 받으면서도 사회윤리적 규범과 가치관에 따라 의사를 결정할 수 있는 능력이 있다는 기준을 제시하고 이러한 능력이 없는 자에 대하여는 책임을 인정하지 않는 것이다. 즉 형법은 **상대적 비결정론**의 입장에 있다고 할 수 있다.

따라서 책임능력은 **자유로운 의사를 결정할 수 있는 능력**으로서, 법과 불법을 분별, 통찰하는 **'지적 능력'**과 그 지적 능력에 기초하여 의사를 결정하고 행동할 수 있는 **'의지적 능력'**으로 구성되어 있다고 할 수 있다.

2. 책임능력의 본질

책임능력의 본질에 대하여는 도의적 책임론과 사회적 책임론 사이에 견해가 대립한다. **도의적 책임론**은 책임능력을 행위의 시비선악을 변별하고 이에 따라 의사를 결정할 수 있는 능력으로서 **범죄능력**을 의미한다고 보는데 반하여, **사회적 책임론**은 책임능력을 사회방위처분인 형벌이 효과를 거둘 수 있는 능력이라고 이해하여, 이를

형벌적응능력 또는 **형벌적응성**으로 보고 있다.

그러나 책임능력을 형벌적응능력으로 이해할 때는 심신상실자나 14세 미만자를 형벌능력이 없다고 보아야 하는지 이해할 수 없고, 또한 상습범은 형벌적응능력이 결여되어 있으므로 책임무능력자로 평가하게 되고 음주대취자(飮酒大醉者)는 책임능력자가 되는 기이한 결과가 되어 우리 형법의 태도와도 일치하지 않게 된다.

따라서 책임능력은 범죄능력으로 이해하는 것이 옳다. 우리 형법은 구성요건에 해당하고 위법한 행위를 한 자는 책임능력이 있다는 것을 전제로 하여, 책임능력에 대하여 적극적으로 규정하지 않고 책임능력이 없거나(책임무능력자) 책임능력이 미약한 경우(한정책임능력자)만을 예외적으로 규정하고 있다.

3. 책임능력 규정방법에 관한 입법주의

형법에서 책임능력을 규정하는 방법으로는 일반적으로 다음과 같은 세 가지가 있다.

(1) 생물학적 방법

행위자의 생물학적 비정상 상태(Insanity) 또는 정신병리학적 요인 유무로서 책임능력을 결정하는 방법이다. 프랑스 형법 제64조나 미국의 **더햄 룰**(Durham Rule)[2)]이 여기에 해당한다. 행위자의 **정신병 또는 정신장애**(mental illness)라는 **생물학적 진단**을 토대로 책임능력의 유무를 판단하기 때문에 생물학적 방법으로 책임능력을 규명하는 입장이라고도 한다.

그러나 이러한 방법은 행위자의 생물학적 요소가 구체적인 행위에 어떤 영향을 미쳤는가를 전혀 고려하지 않은 채 책임능력을 규정하고 있는 점에서 책임의 본질에 반한다는 비판을 면할 수 없다.

오늘날 미국에서는 행위자의 책임능력과 관련하여 **맥노튼 룰**(M'naghten Rule, 정신병에 의한 의식장애로 그가 하고 있는 행위의 의미와 성질을 알지 못하였거나 또는 그가

---

2) Durham v. United States, 94 US App. D.C. 228, 214 F 2d. 862(1954). 영미에서는 전통적으로 맥노튼 룰(M'naghten Rule)이 적용되고 있었으나, 1954년 미국 콜롬비아의 항소법원이 이 원칙의 적용을 거부하고 '피고인의 위법행위가 정신병 또는 정신장애의 결과일 때는 책임이 없다'는 Durham Rule을 적용하였다. 그러나 더햄 룰(Durham Rule)은 배심원에게 무엇이 정신병의 결과인가에 대한 기준을 제시하지 못하며, 그 병의 효과가 형법적으로 중요한 것이어야 한다는 기준이 없다는 난점이 있다(Lafave and Scott, Criminal law, p. 289).

하고 있는 것이 악이라는 것을 모른 때에는 책임능력이 없다: 지적 무능력)과 Irresistible Impulse Rule(정신병으로 인해 그의 행위를 저항할 수 없는 충동의 법칙: 의지적 무능력) 등을 종합적으로 고려하여 판단하고 있다.

(2) 심리적·규범적 방법

책임이란 행위자가 합규범적으로 달리 행위할 수 있었다는 것을 토대로 한 비난이므로, 행위자가 어떤 이유인가를 불문하고 사물을 변별하거나 의사를 결정할 능력이 결여되어 있으면 책임능력이 없다고 규정하는 방법이다.

그러나 심리적·규범적 방법이 정신의학이나 심리학의 현실과 과학적 지식의 한계를 고려하지 않고 행위자의 인식능력만을 토대로 판단하는 것은 적절하다고 할 수 없고, 또한 이 방법은 행위자의 인식능력에 대한 판단을 종국적으로 법관에게 맡기게 됨으로써 법적 안정성에 대한 중대한 위험을 초래한다는 결점이 있다.

(3) 혼합적 방법(결합적 방법)

행위자의 비정상적인 상태를 책임무능력의 생물학적 기초로 규정하고, 이러한 생물학적 요소가 행위자의 사물에 대한 변별능력과 판단능력에 영향을 미쳤느냐는 심리적 문제를 검토하는 방법이다. 이 방법은 생물학적 요소와 심리적 요소를 결합하여 규정하는 방법이므로 생물학적·심리적 방법 또는 혼합적(결합적) 방법이라 부르기도 한다. 독일형법과 스위스 형법,[3] 미국 모범형법전[4] 및 우리나라 형법 제10조를 비롯한 대부분의 형법이 생물학적 요소와 심리적 요소를 결합한 이러한 혼합적 방식을 채택하고 있다.

---

3) 독일 형법 제20조는 "행위시에 병적 장애, 심한 의식장애 또는 정신박약 기타 중대한 정신이상으로 행위의 불법을 이해하고, 이러한 이해에 따라 행위할 능력이 없는 자는 책임이 없다"고 규정하고 있다. 스위스 형법 제10조도 "정신병, 정신박약 또는 중대한 의식장애로 불법을 인식하고 그러한 인식에 따라 행위할 수 없는 자는 벌하지 아니한다"고 규정하고 있다.

4) Model penal Code §4. 01(1)의 내용은 다음과 같다. A person is not responsible for criminal conduct if at the time of such conduct as a result of mental disease or defect he lacks substantial capacity either to appreciate the criminality(wrongfulness) of his conduct or to conform his conduct to the requirements of law.

Ⅱ. 책임무능력자

1. 형사미성년자

14세가 되지 아니한 자의 행위는 벌하지 아니한다(제9조). 형법은 14세가 되지 아니한 자에 대하여는 지적·도덕적·성격적 발육상태를 고려하지 않고 **절대적 책임무능력자**로 규정하고 있다.[5] 형사미성년자에 대하여는 위법한 행위를 한 경우에도 책임비난을 가할 정도로는 성숙하지 못했으므로 생물학적인 방법에 의해 책임무능력자로 규정하고 있다. 따라서 형사미성년자의 불법행위에 대하여는 책임능력이 결여되어 있으므로 형사책임을 물을 수는 없다. 그러나 소년법에 의한 보호처분은 가능하다. 즉 소년법에는 형벌법령에 저촉되는 행위를 한 10세 이상 14세 미만의 소년과 장래 형벌법령에 저촉되는 행위를 할 우려가 있는 10세 이상의 소년에 대하여 보호처분을 할 수 있다고 규정하고 있다(소년법 제4조 제1항 2, 3호 및 제32조).[6]

한편 14세 이상의 소년은 책임능력이 인정되지만, 14세 이상 19세 미만의 소년에 대하여는 소년법에 의하여 특별한 취급을 하고 있다. 즉 소년이 법정형 장기 2년 이상의 유기형(有期刑)에 해당하는 죄를 범한 때에는 법정형의 범위 내에서 장기와 단기를 정한 부정기형을 선고한다(**상대적 부정기형**). 다만 이 경우에도 장기는 10년, 단기는 5년을 초과하지 못한다. 소년은 그 특성에 비추어 상당하다고 인정되는 때에는 그 형

---

5) 대판 2009. 5. 28, 2009도2682, 2009전도7(소년법 제60조 제2항의 적용대상인 '소년'인지의 여부도 심판시, 즉 사실심판결 선고시를 기준으로 판단되어야 한다); 대판 2008. 10. 23, 2008도8090.

6) **소년법 제32조**(보호처분의 결정) ① 소년부판사는 심리결과 보호처분을 할 필요가 있다고 인정하면 결정으로써 다음 각 호의 어느 하나에 해당하는 처분을 하여야 한다.
1. 보호자 또는 보호자를 대신하여 소년을 보호할 수 있는 자에게 **감호 위탁**, 2. **수강명령**, 3. **사회봉사명령**, 4. 보호관찰관의 **단기 보호관찰**, 5. 보호관찰관의 **장기 보호관찰**, 6. 「아동복지법」에 따른 아동복지시설이나 그 밖의 **소년보호시설에 감호 위탁**, 7. 병원, 요양소 또는 「보호소년 등의 처우에 관한 법률」에 따른 **소년의료보호시설에 위탁**, 8. **1개월 이내의 소년원 송치**, 9. **단기 소년원 송치**, 10. **장기 소년원 송치**
그 밖에 **보호처분의 기간**은 각종 위탁의 경우에는 **6개월의 범위에서 1회 연장**할 수 있고, **단기 보호관찰기간은 1년, 장기보호관찰기간은 2년**으로 하며 **1년의 범위에서 1회에 한해 기간을 연장**할 수 있다. 또한 **수강명령은 100시간, 사회봉사명령시간은 200시간**을 초과할 수 없으며, **단기로 소년원에 송치**된 소년의 보호기간은 **6개월**을 초과하지 못하며, **장기 소년원 송치기간**은 2년을 초과하지 못한다(소년법 제32조 참조). 보호소년 등의 처우 및 교정교육과 소년원과 소년분류심사원의 조직과 운영에 관해서는 '보호소년 등의 처우에 관한 법률'에서 규정하고 있다.

을 감경할 수 있고, 형의 집행유예와 선고유예를 선고할 때에는 정기형을 선고해야 한다(제60조). 죄를 범할 당시 18세 미만인 소년에 대하여 사형 또는 무기형으로 처할 경우에는 15년의 유기징역으로 한다(제59조).

치료감호법에 의하면 심신장애자와 마약류·알코올 등의 약물중독자 및 정신성적(精神性的) 장애자에 대하여 치료감호를 인정하고 있다(치료감호법 제2조 제1항).

2. 심신상실자

심신장애로 인하여 사물을 변별할 능력이 없거나 의사를 결정할 능력이 없는 자는 벌하지 아니한다(제10조 제1항).

형법은 **혼합적 방법, 즉 생물학적·심리적 방법**으로 심신장애자를 규정하고 있다. 심신상실로 인한 책임무능력자로 판단하기 위해서는 다음의 두 가지 요건이 필요하다.

첫째, 심신장애라는 **생물학적 요소**가 존재해야 하고, 둘째, 이를 토대로 사물을 변별할 능력 또는 의사를 결정할 능력이 없다는 **심리적 요소**가 있어야 한다.

(1) 생물학적 요소

심신장애가 있을 것을 요한다. 책임무능력의 생물학적 기초로서 독일 형법은 병적 정신장애, 심한 의식장애 또는 정신박약 기타 중대한 정신이상을, 스위스 형법은 정신병, 정신박약, 중대한 의식장애를 열거하고 있으나, 우리 형법은 단순히 심신장애라고만 규정하고 있다.

그러나 우리 형법상으로도 심신장애란 **정신병**(병적 정신장애), **정신박약, 중대한 의식장애, 정신병질**을 내용으로 한다고 이해해야 한다.

① **정신병**이란 정신적 의미연관이 신체적, 병적 과정에 의하여 파괴된 경우를 말한다. 여기에는 진행성 뇌연화, 노인성 치매, 뇌손상에 의한 창상성 정신병, 음주 또는 약품에 의한 중독 등과 같은 뇌조직적 원인에 기인한 **외인성 정신병**과 정신분열증, 조울증, 간질 등과 같이 정신기능의 변화만을 초래하는 **내인성 정신병**이 포함된다.

② **정신박약**이란 백치, 치매와 같이 증명할 수 있는 원인이 없는 선천적 지능박약을 말한다.

③ **의식장애**란 자기의식과 외계의식 사이의 정상적인 연관의 단절을 의미한다.

④ **정신병질**은 감정·의사 또는 성격에 장애가 있는 경우를 말한다.

다만 의식장애와 정신병질은 그 정도가 심하여 병적 가치를 인정할 수 있을 때에만 심신장애가 될 수 있다. 따라서 단순한 충동조절장애와 같은 성격적 결함은 원칙적으로 심신장애에 해당하지 않는다는 것이다.

명정상태(酩酊狀態)도 병적 정신장애 또는 의식장애가 될 수 있다. 명정으로 인하여 행위자가 규범에 따른 행동을 할 수 있는 능력이 결여된 때에는 **책임능력**이 없다고 해야 한다. 주취(酒醉)로 인해 의식조차도 상실해버린 때에는 **행위능력**조차 결여되었다고 할 수 있다.

그 외에 **충동조절장애**로 인해 범행을 저지르는 경우에 그 정도가 심한 때에는 심신장애가 될 수 있다. 예컨대 생리기간 중에 충동조절장애로 인해 절도범행을 저지른 경우에는 심신장애로 인한 범행으로 볼 수 있다.[7)]

심신상실의 생물학적 요소인 심신장애가 있느냐에 대한 판단은 정신의학과 심리학의 도움을 필요로 한다. 따라서 생물학적 기초의 존부를 확정하기 위해서는 법관은 전문가의 감정을 거치는 것이 보통이나, 전문가의 감정을 거치지 않고서 행위당시의 사정 등을 종합하여 독자적으로 판단하거나 전문가의 감정결과와 다른 판단을 하였다고 하여 위법하다고 할 수는 없다. 판례도 같은 입장이다.[8)]

(2) 심리적 요소

사물을 변별할 능력 또는 의사를 결정할 능력이 없어야 한다.

심신상실이라고 하기 위해서는 심신장애라는 생물학적 기초를 토대로 하고, 나아가 심신장애로 인해 사물을 변별하거나 의사를 결정할 능력이 결여되어야 한다.

1) 사물을 변별할 능력

사물을 변별할 능력이 없는 자란 영미의 M'naghten Rule이 말하는 선악판단능력 또는 독일 형법상의 불법을 인식할 능력이 없는 자와 같은 의미의 **지적 무능력**에 관한 규정이다. 따라서 사물을 변별할 능력이란 **법과 불법을 판단할 수 있는 능력**을 말한다. 이는 행위자의 기억능력과는 동일하지 않다.

2) 의사를 결정할 능력

의사를 결정할 능력이 없는 자란 행위자가 사물을 변별하고 이에 따라 행위할 수

---

7) 대판 1999. 4. 27, 99도693; 대판 2002. 5. 24, 2002도1541; 대판 2006. 10. 13, 2006도5360; 대판 2011. 2. 10, 2010도14512(충동조절장애와 같은 성격적 결함은 원칙적으로 형의 감면사유인 심신장애에 해당하지 않는다. 다만 그것이 심각하여 원래 의미의 정신병을 가진 사람과 동등하다고 평가할 수 있는 경우에는 심신장애로 보아야 한다는 것이 판례의 입장이다).

8) 대판 2002. 5. 24, 2002도1541; 대판 1999. 4. 27, 99도693.

있는 **의지적 능력이 결여된 자**를 말한다. 즉 의사를 결정할 능력이란 사물을 변별하고 이에 따라 자기행위를 조종할 수 있는 **조종능력**을 말한다.

3) 판단의 기준

사물을 변별하거나 의사를 결정할 능력은 **행위시를 기준**으로 판단해야 하며,[9] 사물을 변별할 능력과 의사를 결정할 능력은 분리되어 판단되어질 수 있다. 또한 이러한 능력은 개별적인 구성요건실현과 관련하여 구체적으로 검토되어야 한다.

심신상실의 생물학적 기초로서 심신장애상태에 있었는가를 판단하는 데는 전문가에게 감정의 도움을 받을 수 있으나, 그에 대한 판단의 문제는 **법관의 재량**에 속하는 **법적·규범적 판단**의 문제이다.[10] 이러한 **능력의 판단**에는 **평균인의 일반적 능력**이 기준이 된다.

(3) 심신상실의 효과

심신장애로 인하여 사물을 변별하거나 의사를 결정할 능력이 없는 자, 즉 심신상실자는 책임능력이 없으므로 책임이 조각된다. 그러나 자의(自意)로 심신상실을 야기(惹起)한 때에는 원인에 있어서 자유로운 행위가 되어 형사책임이 조각되지 않는다. 또한 심신상실자라 할지라도 보안처분의 대상은 되기 때문에 치료감호법에 의한 치료감호처분은 가능하게 된다.

Ⅲ. 한정책임능력자

형법상 한정책임능력자에는 심신장애자 중에서 심신상실자를 제외한 심신미약자와 농아자가 있다.

9) 대판 2007. 2. 8, 2006도7900(형법 제10조에 규정된 심신장애는 생물학적 용소로서 정신병 또는 비정상적인 정신상태와 같은 정신적 장애가 있는 외에 심리학적 요소로서 이와 같은 정신적 장애로 말미암아 사물에 대한 변별능력과 그에 따른 행위통제능력이 결여되었거나 감소되었음을 요하므로, 정신적 장애가 있는 자라고 하여도 범행당시 정상적인 사물변별능력이나 행위통제능력이 있었다면 심신장애로 볼 수 없다).

10) 대판 1996. 5. 10, 96도638(심신장애의 유무 판단에 있어서는 전문감정인의 정신감정결과가 중요한 참고자료가 되기는 하나, 법원으로서는 반드시 그 의견에 기속을 받는 것은 아니다); 대판 2007. 11. 29, 2007도8333, 2007감도22.

1. 심신미약자

심신장애로 인하여 사물을 변별할 능력이나 의사를 결정할 능력이 미약한 자, 즉 심신미약자(心神微弱者)의 행위는 형을 감경한다. 한정책임능력자도 책임능력자이다.[11]

2. 농 아 자

농아자(聾啞者)의 행위는 형을 감경한다(제11조). 농아자란 청각기능과 언어기능을 모두 상실한 자를 말한다. 어느 한 기능만을 상실한 농자(聾者) 또는 아자(啞者)는 여기에 해당하지 않는다. 입법론적으로는 육체적 기능이 상실된 농아자인 장애자라 하더라도 반드시 정신기능이 일반평균인보다 떨어진다고 볼 수 없으므로 이 규정은 폐지하는 것이 바람직하다.

Ⅳ. 원인에 있어서 자유로운 행위

1. 의 의

원인에 있어서 자유로운 행위란 행위자가 고의 또는 과실로 자기를 심신장애상태에 빠지게 한 후 이러한 상태에서 범죄를 실행하는 것을 말한다. 예컨대 사람을 상해할 목적으로 음주대취하여 그 상태에서 상해를 가하는 경우 또는 고의 또는 과실로 음주하여 대취한 상태에서 운전을 하다가 사고를 낸 경우가 여기에 해당한다. 이는 음주운전이라는 불법행위시에는 비록 책임무능력상태였지만 그 원인행위인 음주행위는 책임능력 있는 행위자에 의하여 자유롭게 결정되었기 때문에 그 결과에 대하여 행위자에게 책임을 묻지 않을 수 없다. 그런데 이러한 원인에 있어서 자유로운 행위(actio libera in causa)는 **행위와 책임의 동시존재원칙**이라는 일반적인 **책임주의 형법의 근본원칙**에 어긋난다는 문제가 발생하게 된다.

이에 관하여 우리 형법은 제10조 제3항에 “위험의 발생을 예견하고 자의로 심신

---

11) 대판 2013. 1. 24, 2012도12689(무생물인 옷 등을 성적 각성과 희열의 자극제로 믿고 성적 흥분을 고취시키는 데 쓰는 ‘성주물성애증’이라는 정신질환이 있다는 사정만으로 절도 범행에 대한 심신장애에 해당한다고 볼 수 없다).

장애를 야기한 자의 행위는 전2항의 규정을 적용하지 아니한다"라고 규정하여 원인에 있어서 자유로운 행위의 가벌성을 입법적으로 해결하였다.

그러나 이 규정에도 불구하고 원인에 있어서 자유로운 행위의 **가벌성의 이론적 근거와 실행의 착수시기**에 대하여는 견해가 대립하고 있다. 아래에서는 원인에 있어서 자유로운 행위의 가벌성의 이론적 근거와 고의에 의한 원인에 있어서 자유로운 행위와 과실에 의한 원인에 있어서 자유로운 행위의 유형에 따라 **실행의 착수시기**를 검토해보기로 한다.

2. 가벌성의 근거

원인에 있어서 자유로운 행위를 명문으로 규정하고 있는 우리 형법은 그 가벌성을 인정하는 데는 이론이 없다. 그러나 가벌성의 근거를 어디에서 찾을 것인가에 대하여는 ① 원인설정행위에서 구하는 견해와 ② 실행행위에서 구하는 견해가 대립하고 있다. 나아가 원인설정행위에서 구하는 견해는 다시 원인설정행위를 실행행위로 보고 원인설정행위 자체에서 가벌성을 찾는 견해와 원인설정행위는 실행행위가 될 수 없지만 원인설정행위와 실행행위의 불가분적 연관에서 책임의 근거를 구하는 견해로 나누어진다.

(1) 원인설정행위에 책임의 근거를 구하는 견해(구성요건모델)

1) 원인행위를 실행행위로 보고 가벌성의 근거도 원인행위에 있다고 보는 견해

원인에 있어서 자유로운 행위를 행위자가 자신을 도구로 이용한 **간접정범으로 이해하는** 입장이다. 따라서 원인행위가 실행의 착수이며, 책임무능력 상태에서의 행위는 책임능력 있는 원인행위에 기인한 결과에 불과하므로 벌할 수 있다고 보는 견해로서 종래 우리나라 다수설의 입장이었다. 행위책임동시존재의 원칙을 유지하려는 입장이다.[12] 이를 **구성요건모델**이라 부른다.

그러나 이 견해는 다음과 같은 비판을 면할 수 없다.

첫째, 간접정범이론이 여기에 그대로 적용될 수 없다는 점이다.

원인에 있어서 자유로운 행위는 자신의 책임능력 결함상태(책임무능력 또는 한정책임능력상태)를 이용하지만 간접정범은 어느 행위로 처벌되지 않는 자 또는 과실범으로 처벌되는 자를 교사 또는 방조하는 경우를 말하므로 책임능력의 결함과 관련이 없

12) 김일수/서보학, 384면.

기 때문에 한정책임능력자를 이용한 간접정범의 성립은 불가능하다. 또한 책임무능력자를 교사 또는 방조하여 그를 생명 있는 도구로 이용하여 범죄를 수행한 경우에도 공범의 종속형식에 관하여 제한적 종속형식에 따르면 원칙적으로 공범이 성립할 뿐이지 간접정범이 성립하지 않는다.

둘째, 원인행위 내지 원인설정행위를 실행행위 내지 실행의 착수행위로 볼 수 없다는 점이다. 왜냐하면 원인설정행위는 실행행위의 구성요건적 정형성을 지녔다고 볼 수 없기 때문이다. 예컨대 살인의 의사로 음주를 하였다고 하여 원인설정행위인 음주행위를 살인행위 또는 그 일부라고 할 수는 없다.

따라서 간접정범이론을 원용하여 원인설정행위가 실행행위이므로 원인행위에서 책임의 가벌성의 근거를 구하는 견해는 타당하다고 할 수 없다.

독일에서는 이러한 구성요건모델 이외에 **불법모델**과 **확장모델**이 주장되고 있다. 불법모델이란 구성요건에 해당하는 행위뿐만 아니라 이를 실현하기 위한 원인설정행위도 실질적 불법에 해당한다는 이론이다. 확장모델이란 책임능력이 있을 것을 요구하는 행위시의 행위는 원인설정행위까지 확장되어야 한다는 이론이다.

2) 원인행위는 실행행위가 될 수 없고, 원인행위와 실행행위의 불가분적 연관에서 책임의 근거를 구하는 견해(예외모델)

이 견해는 책임능력결함상태에서의 실행행위가 구성요건을 실현하는 실행행위이며, 다만 가벌성의 근거는 유책한 원인행위와 실행행위가 불가분적 연관이 있기 때문에 이를 처벌하는 것이 사리에 합당하다는 견해이다. 이 견해는 원인에 있어서 자유로운 행위에 있어서는 **'행위와 책임의 동시존재의 원칙'**이 엄격히 적용되지 않는 **예외의 경우**라고 보는 입장이다. 독일의 **통설**이며, **현재 우리나라의 다수설**이라 할 수 있다.

(2) 책임능력결함상태에서의 실행행위에서 책임의 근거를 구하는 견해

현대 심리학의 입장에서 보면 실행행위는 원인행위인 예비단계로부터 야기된 **반무의식 상태에서의 행위**이므로, 행위책임동시존재의 원칙이 행위의 전체과정을 살펴보면 유지될 수 있다는 입장이다. 그러나 이 입장에 따라 반무의식 상태에서의 행위를 인정하게 되면 대부분의 경우에 책임능력이 인정됨으로써 법적 안정성을 해친다는 비판을 면할 수 없게 된다.

(3) 결 어

생각건대 원인에 있어서 자유로운 행위는 책임능력결함상태에서의 행위가 실행행위이지만 원인행위에 책임비난의 근거가 있고, 이는 원인행위와 실행행위의 불가분적 연관에 있다. 따라서 원인에 있어서 자유로운 행위는 **행위와 책임의 동시존재원칙에 대한 예외**로서 가벌성이 인정된다고 보는 입장이 타당하다.

3. 원인에 있어서 자유로운 행위의 유형과 실행의 착수시기

(1) 고의에 의한 원인에 있어서 자유로운 행위

1) 의 의

고의에 의한 원인에 있어서 자유로운 행위란 행위자가 **고의로 책임무능력(한정책임능력)상태를 야기**하고, 이 상태에서 행할 **구성요건에 해당하는 행위의 실행에 대한 고의**를 가진 경우를 말한다. 이와 달리 책임능력결함상태에서 행할 행위에 대한 고의만 있으면 족하고, 과실에 의해 책임능력결함상태를 야기한 경우도 포함하는 견해도 있다.

그러나 구성요건적 고의는 행위자가 원인행위시의 고의를 책임능력결함상태에서 현실적으로 구체화하는 것이므로, 가령 갑이 을을 살해할 고의를 가졌으나 과실로 책임무능력상태를 야기하여 을을 살해한 경우에는 살인죄가 아니라 과실치사죄의 죄책을 진다고 보아야 한다. 고의에 의한 원인에 있어서 자유로운 행위로는 '대마초흡연 후 살인사례'를[13] 들 수 있다.

2) 실행의 착수시기

고의에 의한 원인에 있어서 자유로운 행위에 있어서 실행의 착수시기와 관련하여 **고의부작위범의 경우**에는 원인행위와 실행행위(부작위)가 거의 동시에 이루어지므로 거의 문제가 되지 않는다는 것이 일반적인 견해이다. 예컨대 기차의 전철수가 고의로 기차를 충돌시키기 위해 술에 대취하여 잠들어 버려 기차 충돌사고가 발생한 경우에는 술을 마시는 행위, 즉 원인행위를 할 때 실행의 착수가 있게 된다는 것이다. 그러나 술을 마시는 행위를 시도할 때는 행위자의 고의를 논증하는 것이 사실상 불가능하므로 술을 마시고 잠들어 버려서 전철수의 의무를 이행하지 못하게 된 때라고 보는 것이 타당하다.

한편 **고의작위범의 경우**에는 **실행의 착수시기**에 관하여, ① **원인행위시에 있다는 견해**와 ② 원인행위시에는 구성요건적 행위의 정형성을 논증하기 어려우므로 원인행위와 불가분적 연관이 있는 **책임능력 결함상태의 행위시에 실행의 착수**가 있다고 보는

13) 대판 1996. 6. 11, 96도857.

견해가 대립한다. 근래에 이르러 **실행행위시설**이 **다수설의 입장**을 차지하고 있다.

생각건대 고의에 의한 원인에 있어서 자유로운 행위의 실행의 착수시기는 실행행위시이고 가벌성의 근거는 원인행위와 실행행위의 불가분적 연관에 있다고 보는 다수설[14)]의 입장이 타당하다.

(2) 과실에 의한 원인에 있어서 자유로운 행위

1) 의 의

과실에 의한 원인에 있어서 자유로운 행위란 **행위자가 고의 또는 과실로 책임무능력**(또는 **한정책임능력**)**상태를 야기**하고, 이 상태에서 과실범의 구성요건을 실현할 것을 예견할 수 있었던 경우, 즉 **과실로 구성요건을 실현한 경우**를 말한다. 예컨대 고의 또는 과실로 음주하여 대취한 상태에 있는 자가 운전을 하다가 과실로 교통사고를 낸 경우가 이에 해당한다.

그 외에도 책임능력 결함상태에서 행할 범죄에 대한 고의는 있었지만, 그 상태를 과실로 야기한 때에도 과실에 의한 원인에 있어서 자유로운 행위에 해당한다.

2) 실행의 착수시기

과실에 의한 원인에 있어서 자유로운 행위의 실행의 착수시기에 대하여는, ① **원인행위시**에 있다는 견해(다수설)와 ② **구성요건적 행위시**에 실행의 착수가 있다는 견해[15)]의 대립이 있다. 원인행위시설에 따르면, 예컨대 취침 중에 유아를 질식케 한 산모의 경우에 산모가 침대에 누울 때 실행의 착수가 있다고 하게 된다. 그러나 실행의 착수시기에 관한 개별적 객관설에 의하면 과실범의 구성요건적 행위의 정형성은 주의의무를 위반하여 구성요건을 실현한 때이므로, 과실범의 실행의 착수시기는 **구체적인 사정**에 따라 다르다고 보는 것이 옳다.

다른 한편 과실에 의한 원인에 있어서 자유로운 행위에 있어서 실행의 착수시기 문제는 과실범의 미수가 처벌되지 않으므로 이에 관한 논쟁은 실익이 없다고 할 수 있다.

---

14) 김성천/김형준, 343면; 박상기, 232면; 배종대, 438면; 손해목, 614면; 신동운, 370면; 안동준, 154면; 이재상/장영민/강동범, 330면; 정성근/박광민, 319면.

15) 이재상/장영민/강동범, 331면.

4. 형법의 규정

(1) 형법 제10조 제3항의 적용범위

형법 제10조 제3항은 "위험의 발생을 예견하고 자의로 심신장애를 야기한 자의 행위는 전 2항의 규정을 적용하지 아니한다"고 규정하고 있다.

따라서 형법 제10조 제3항에 해당되기 위해서는 첫째, 행위자에게 **위험의 발생을 예견할** 것이 요구된다. 여기서 **'위험의 발생을 예견한다'**는 의미는 책임능력 결함상태에서 구성요건에 해당하는 범죄를 행할 것을 인식하거나(고의가 있는 경우) 또는 그 가능성을 예견한 경우인 **인식 있는 과실**을 포함해서 해석할 수 있고, 더 나아가 예견은 예견가능성까지 포함되므로 **인식 없는 과실**도 포함된다고 해석할 수 있다.

둘째, **심신장애 상태를 자의로 야기**해야 한다.

여기서 **'자의로 심신장애를 야기한 자'**의 의미에 대하여는 고의범과 과실범이 모두 포함된다고 이해하는 것이 **판례와 다수설**[16]**의 입장**이다.

그러나 '자의'란 고의로 심신장애를 야기한 경우만을 의미하므로, 형법은 고의로 심신장애를 야기하여 고의범 또는 과실범의 구성요건을 실현한 때만을 원인에 있어서 자유로운 행위로 규정하고 있으며, 과실로 심신장애를 야기하여 과실범의 구성요건을 실현하는 경우를 규정하고 있지는 않다고 보는 소수설의 견해[17]가 '자의'라는 문언적 의미에 더 적합한 해석이라 할 수 있다.

따라서 형법은 고의로 심신장애상태를 야기하여 고의 또는 과실범의 구성요건을 실현한 때의 원인에 있어서 자유로운 행위만을 규정하고 있다고 할 수 있으며, 과실로 심신장애를 야기하여 과실범의 구성요건을 실현하는 경우를 규정하고 있다고 할 수 없다.

그런데 대법원은 고의에 의한 원인에 있어서 자유로운 행위뿐만 아니라 과실에 의한 원인에 있어서 자유로운 행위에도 형법 제10조 제3항이 적용된다고 판시하고 있다.[18]

그러나 이러한 형법의 규정에도 불구하고 과실로 심신장애를 야기한 경우도 원

---

16) 김일수/서보학, 388면; 손해목, 615면; 이형국, 228면; 임 웅, 291면; 정성근/박광민, 323면.

17) 이재상/장영민/강동범, 332면; 정영석, 161면.

18) 대판 1992. 7. 28, 92도999; 대판 1995. 6. 13, 95도826; 대판 1996. 6. 11, 96도857; 대판 2007. 7. 27, 2007도4484.

인에 있어서 자유로운 행위이론이 적용되어야 한다는 점에 대하여는 다툼이 없다.

형법 개정법률안에 의하면 이러한 문제의식을 반영하여 '자의로'라는 문언 대신에 '스스로'라고 표현하고 있다.

(2) 원인에 있어서 자유로운 행위의 효과

형법 제10조 제3항은 명문으로 전2항의 규정을 적용하지 아니한다고 규정하여, 원인에 있어서 자유로운 행위는 심신상실 또는 심신미약의 경우에도 적용됨을 명백히 하고 있다. 이는 고의 또는 과실로 심신미약상태를 스스로 야기하여 죄를 범한 경우와 고의 또는 과실 없이 심신미약상태에 있는 자가 죄를 범한 경우는 구별해야 하기 때문이다. 따라서 원인에 있어서 자유로운 행위는 책임무능력 상태의 행위라 할지라도 처벌되고, 한정책임능력 상태에서의 행위라 하더라도 형이 감경되지 않게 된다.

제 3 절 위법성의 인식

Ⅰ. 위법성의 인식의 의의

1. 위법성인식의 개념

위법성의 인식이란 행위자가 자기의 행위가 **공동사회의 질서에 반하고 법적으로 금지되어 있다는 점을 인식하는 것**을 말한다. 행위자의 위법성에 대한 인식은 행위자의 불법행위에 대한 책임비난의 핵심이다. 위법성의 인식은 행위자가 단순히 자기 행위가 반도덕적이라고 인식하는 것만으로는 부족하다. 그러나 **확신범** 또는 **양심범**의 경우에는 자신의 정치적·종교적 신념이나 도덕적 양심에 따라, 자신이 일반적인 구속력이 있는 법규범을 침해할 권리와 의무가 있다고 확신을 하거나 양심에 따른 위반이므로 위법성에 대한 인식은 있다고 할 수 있다. 다만 이 경우에도 행위자가 자기가 침해한 법규범이 무효라고 믿은 때에는 효력의 착오로서 법률의 착오가 문제될 수 있다.

2. 위법성인식의 대상과 내용

(1) 위법성인식의 대상

행위자가 자기의 행위가 **어떤 법규정에 위반한다는 인식**이 있으면 족하고, 가벌성의 인식이나 구체적인 법규정 위반에 대한 인식이 필요한 것은 아니다. 법규범에 위배된다는 정도의 인식만으로 충분하므로, 사회정의나 조리에 어긋난다거나 민법이나 행정규범에 위배된다는 인식으로도 위법성의 인식은 존재한다고 할 수 있다.

(2) 위법성인식의 내용

행위자가 형법의 구체적인 금지 또는 명령위반에 대한 인식이 필요하므로, 구체적인 **개별 범죄 구성요건의 실질적인 불법내용에 대한 인식이 필요**하다. 그러므로 수죄인 **실체적 경합**이나 **상상적 경합**의 경우에는 개별 구성요건의 실질적 불법내용에 대한 인식이 필요하고, 이때는 개별구성요건에 대한 위법성인식의 내용이 분리될 수 있으므로, 이를 **'위법성인식의 분리가능성의 원칙'**이라 한다.

따라서 가중적 범죄구성요건의 경우에는 기본적 범죄구성요건에 대한 위법성인식만으로는 부족하고, 가중적 범죄구성요건의 특수한 가치위반도 인식하여야 한다.

(3) 위법성인식의 정도

확정적 인식을 요하는 것이 아니라 법 위반가능성을 소극적으로 수인하는 **'미필적 위법성인식'**으로 족하고, 또한 행위시에 현실적으로 인식하고 있지 않더라도 **'잠재적 위법성인식'**만으로도 충분하다. 따라서 충동범죄에 대하여도 위법성인식을 인정할 수 있게 된다.

II. 위법성의 인식의 체계적 지위

오늘날 위법성인식이 책임요소라는 데는 다툼이 없다. 그러나 책임구조상 위법성인식이 어떤 지위에 놓여 있느냐, 즉 고의와 위법성인식과의 관계에 대하여는 고의설과 책임설이 대립한다.

한때 '법률의 부지는 용서받지 못 한다'는 법언에 따른 **'위법성인식 불필요설'**이 주장되기도 하였으나, 현재 이 학설을 주장하는 학자는 없으므로 아래에서는 고의설과 책임설의 내용을 살펴보기로 한다.

1. 고 의 설

고의의 개념을 구성요건실현에 대한 인식과 의사를 의미하는 구성요건적 고의와 위법성의 인식을 포함하는 것으로 보고, 이러한 개념을 지닌 고의를 책임요소로 이해하는 입장이다. 종래의 통설이며 **인과적 행위론**의 입장이다. 우리 **대법원 판례의 입장**도 이러한 고의설에 입각하고 있다. 이 견해에 따르면 위법성인식이 고의의 구성요소이므로 위법성인식이 결여되면 고의 자체가 조각되어 버리게 된다. 다만 이를 회피할 수 있었을 때는 과실범으로 처벌할 수 있다는 입장이다. 고의설에는 엄격고의설과 제한적 고의설이 있다.

(1) 엄격고의설

고의의 개념을 **범죄사실의 인식**이라고 이해하여 고의의 개념에 **현실적인 위법성의 인식을 포함**하여 이해하는 입장이다. 이 견해에 의하면 고의범의 성립범위가 지극히 좁게 된다. 또한 사실의 착오와 법률의 착오의 구별이 없게 되고, 모든 착오를 같은 기준에 의하여 처리하게 된다. 따라서 **확신범과 상습범 및 격정범**의 경우에 행위자가 행위시에 현실적인 위법성인식이 결여되어 있으므로 고의범으로 처벌할 수 없게 되고, 나아가 과실범에 대한 처벌규정이 결여된 경우에는 처벌할 수 없게 되는 형사정책적인 결함이 발생하게 된다. 따라서 오늘날 우리나라에서는 이 견해를 주장하는 자가 없다.

(2) 제한적 고의설

엄격고의설의 결함을 시정하기 위하여 등장한 견해로서, 제한적 고의설에 의하면 위법성인식의 정도는 고의의 구성요소이지만 현실적·심리적 인식을 요하는 것이 아니라 **위법성인식의 가능성**으로 족하다고 한다. 따라서 이 견해를 **위법성인식 가능성설**이라고도 한다.

제한적 고의설 중에는 **법률맹목성** 또는 **법률배반성**에 의해 위법성을 인식하지 못한 경우에는 고의를 인정해야 한다는 견해도 있다.

그러나 이 견해는 위법성인식결여의 회피가능성이라는 과실적 요소를 현실적으로 존재하는 위법성의 인식을 의미하는 고의와 동일시함으로써, 본질적으로 모순되는 고의와 과실을 결합하려고 하는 논리적인 오류가 있다는 비판을 면할 수 없다.

2. 책 임 설

(1) 내 용

책임설은 위법성의 인식을 고의의 구성요소가 아니라 고의와 분리된 **독립된 책임요소**로 이해하는 입장이다. 위법성의 인식은 책임의 본질인 비난가능성의 구성요소이므로 위법성의 인식이 결여되면 고의를 조각하는 것이 아니라 책임을 조각할 뿐이라는 견해이다. 따라서 위법성의 인식에 대한 착오의 경우에는 고의가 조각되는 것은 아니라 착오의 회피가능성 유무에 의해, 착오가 회피가능한 경우에는 책임을 감경할 수 있을 뿐이고 회피불가능한 경우에는 책임이 조각된다고 이해하는 입장이다.

한편 독일판례의 태도를 살펴보면, 제2차 세계대전 이전까지의 독일 라이히재판소(Reichsgericht)는 사실의 착오는 고의를 조각하지만 법률의 착오는 고의를 조각하지 않으며, **비형벌법규의 착오**는 사실의 착오이므로 고의를 조각하지만, 형벌법규의 착오는 법률의 착오로서 고의를 조각하지 않는다고 해석하였다. 이는 형벌법규는 누구나 알고 있고 또한 알 수 있으므로 항상 책임을 귀속시킬 수 있지만, 비형벌법규에 관해서만 그에 대한 인식 또는 인식가능성이 문제된다고 보았다.

그러나 1952년 3월 18일 독일연방법원 대형사부 판결(과도한 변호사보수약정사건)[19]을 통해 강요죄의 유죄판결을 한 원심판결을 파기함으로써 새로운 전환점을 맞이하게 되었다. 이 판결은 ① 책임비난을 위해서는 행위자에게 **위법성의 인식**이 필요하며, ② 양심을 긴장하면 위법성의 인식이 가능했던 경우의 금지착오는 책임을 조각하지 않고, **양심의 긴장 정도에 따라 책임을 감경**할 수 있을 뿐이라고 하여 **책임설의 입장**을 명백히 하게 되었고, 이 후에는 독일 형법 제17조를 통해 책임설의 입장을 명문화하기에 이르렀다.

(2) 엄격책임설과 제한적 책임설

책임설은 **위법성조각사유의 존재에 대한 착오**를 어떻게 이해하느냐에 따라 엄격책임설과 제한적 책임설로 나누어진다.

1) 엄격책임설

모든 위법성조각사유에 대한 착오를 **법률의 착오**라고 이해하는 입장이다. 일반적인 금지·요구규범에 대한 착오뿐만 아니라 위법성조각사유의 존재, 종류 및 범위에 관한 착오도 법률의 착오에 해당한다고 보는 입장이다. 목적적 행위론자들의 주장이다.

---

19) BGHSt. 2. 194. 변호사수임료를 약정하지 않고 수임한 후 제1회 기일에 50마르크를 지불하지 않으면 변론을 하지 않겠다고 의뢰인을 협박하여 지불받은 후, 같은 방법으로 다시 400마르크의 지불약정서를 작성한 사건이다. 원심은 독일 형법 제240조의 강요죄에 해당한다는 유죄판결을 선고했으나, 상고심은 "피고인은 행위상황 외에 강요로 불법을 행한다는 위법성의 인식, 즉 필요한 양심의 긴장을 다한 때에는 이를 인식할 수 있었을 것을 요한다"고 판시하여 원심판결을 파기하였다.

2) 제한적 책임설

위법성조각사유에 대한 착오를 위법성조각사유의 전제사실에 대한 착오와 위법성조각사유의 존재나 범위 및 한계에 대한 착오로 나누어 다르게 취급하는 입장이다. 즉 전자의 경우에는 법적 효과에 있어서는 사실의 착오와 동일하지만, 후자의 경우에는 법률의 착오에 해당한다고 이해하는 입장이다.

Ⅲ. 형법 제16조와 "정당한 이유"의 의미

형법 제16조는 "자기의 행위가 법령에 의하여 죄가 되지 아니하는 것으로 오인한 행위는 그 오인에 정당한 이유가 있는 때에 한하여 벌하지 아니한다"고 규정하고 있다. 여기서 "법령에 의하여 죄가 되지 아니하는 것으로 오인한다"는 의미에 대해서는 단순히 형벌법규의 착오를 의미하는 것이 아니라 일반적인 위법성의 착오를 의미한다고 해석된다. 그런데 "오인에 정당한 이유가 있을 때에 한하여 벌하지 아니한다"는 규정의 의미와 관련하여 정당한 이유가 없을 때에 고의범으로 처벌할 것인가 과실범으로 처벌할 것인가에 대하여는 명백한 규정을 하지 않고 있다. 따라서 형법 제16조의 의미와 관련하여 고의설과 가능성설 및 책임설이 대립한다.

1. 학설의 대립

형법 제16조가 위법성의 인식이 고의요소인가 책임요소인가에 대하여 명백히 태도를 밝히지 않은 결과, 이 규정의 의미에 대하여는 다음과 같은 학설 대립이 있다.

(1) 고 의 설

고의설은 위법성인식은 고의의 구성요소이므로 위법성의 인식이 결여되면 고의가 조각되므로 고의범으로 처벌할 수 없고, 다만 과실로 인하여 위법성인식이 결여된 경우에는 과실범 처벌규정이 있는 경우에 한하여 과실범으로 처벌할 수 있다는 견해이다. 그러나 이 견해는 위법성인식이 없으면 모두 과실범으로 처벌해야 하므로 과실범 처벌규정이 없을 때는 처벌할 수 없게 되는 형사정책적인 결함이 발생한다.

(2) 가능성설

가능성설은 위법성인식이 불가능하면 책임(고의)이 조각되지만, 위법성인식 가능성은 있지만 과실에 의하여 위법성인식이 결여된 때에는 고의범으로 처벌해야 한다는 견해로서 마이어(M. E. Mayer)가 주장하였다. 무엇보다도 이 견해는 **과실을 고의와 동일하게 취급한다는 논리적 모순이 있다.**

(3) 책 임 설

이 견해는 위법성인식이 결여되었다고 하여 당연히 고의범의 성립이 조각되는 것이 아니라 위법성인식의 결여에 과오가 없는 경우, 즉 **위법성의 불인식에 정당한 이유(회피불가능성)**가 있는 때에 한하여 책임이 조각되어 고의범이 성립하지 않는다는 견해이다. 이 견해에 의하면 구성요건적 고의가 조각되어 고의범이 성립하지 않는 것이 아니라 책임요소로서 위법성인식이 결여되었으므로 책임이 조각된다는 것이다.

2. 결 어

우리 형법 제16조는 고의설과 책임설에 대하여 그 입장이 불분명하기 때문에 이론에 맡겨져 있다고 할 수 있다. 위법성인식은 책임설에 따르면 고의의 구성요소가 아니라 고의와 분리된 독자적인 책임요소이므로, 위법성인식이 결여된 때에는 고의가 조각되는 것이 아니라 그 불인식에 정당한 이유가 있는 때에 한하여 책임이 조각된다고 보아야 한다. 그러므로 제16조의 의미는 행위자에게 위법성의 착오에 대한 과오가 없는 정당한 이유 있는 착오, 즉 **위법성의 착오가 회피불가능했을 때는 책임이 조각되고**, 반대로 불가피성이 없는 경우에는 행위자에게 과오가 있으므로 **책임을 감경할** 수 있을 뿐이라고 해석해야 한다.

제 4 절 법률의 착오

Ⅰ. 법률의 착오의 의의와 태양

1. 법률의 착오의 의의

법률의 착오란 구성요건적 사실에 대한 인식은 있으나 위법성에 대한 착오로 행위의 위법성을 인식하지 못한 경우를 말한다. 이를 **금지착오** 또는 **위법성의 착오**라고도 한다. 형법은 제15조와 제16조에서 사실의 착오와 법률의 착오를 구별하고 있지만, 전자는 구성요건적 사실의 착오 내지 구성요건적 착오를 말하며, 후자는 위법성의 착오 내지 금지착오를 의미한다고 할 수 있다.

2. 법률의 착오의 태양

법률의 착오는 행위자가 금지규범을 인식하지 못하여 이를 허용된다고 오인한 경우인 **직접적 착오**와 금지규범은 인식했으나 구체적인 경우에 위법성조각사유가 존재하는 것으로 오인하여 허용규범이 존재하는 것으로 오인한 경우인 **간접적 착오**로 크게 나눌 수 있다.

(1) 직접적 착오

행위자가 금지규범을 인식하지 못하여 자기의 행위가 허용된다고 오인한 경우와 금지규범을 인식하였으나 그 규범이 효력이 없다고 오인하였거나, 그 규범을 잘못 해석하여 그 행위에는 적용되지 않는다고 오인한 경우에 발생한다.

1) 법률의 부지

법률의 착오란 행위자가 금지규범을 인식하지 못한 경우와 금지규범의 존재는 인식했으나 이에 해당하지 않고 허용된다고 오인한 경우를 말한다. 법률의 부지가 법률의 착오에 해당하느냐에 대하여는 견해가 대립한다. 대법원은 일관되게 법률의 착오는 단순히 법률의 부지를 말하는 것이 아니고, 일반적으로 범죄가 되는 경우이지만 자기의 특수한 경우에는 법령에 의하여 허용된 행위로서 죄가 되지 아니한다고 그릇 인식하고 그와 같이 그릇 인식함에 정당한 이유가 있는 경우에는 벌하지 않는다는 취지라고 판시하고 있다.[20]

그러나 위법성인식의 착오는 금지규범을 인식하지 못한 경우와 그것이 허용된다고 오인한 경우와 차이가 있는 것이 아니므로 법률의 부지도 법률의 착오에 해당한다고 보는 다수설의 입장[21]이 타당하다.

판례가 법률의 부지에 불과하여 법률의 착오에 해당하지 않는다고 판시한 사례로, ① 구 미성년자보호법의 규정을 알지 못하여 18세 미만의 고등학생만 출입이 금

---

20) 대판 1985. 4. 9, 85도25; 대판 2001. 6. 29, 99도5026; 대판 2002. 1. 25, 2000도1696; 대판 2006. 3. 24, 2005도3717; 대판 2013. 1 10, 2011도15497; 대판 2017. 5. 31, 2013도8389.

21) 김성천/김형준, 361면; 김일수/서보학, 398면; 박상기, 243면; 배종대, 450면; 오영근, 498면; 안동준, 160면; 이재상/장영민/강동범, 344면; 이정원, 239면; 이형국, 235면; 임 웅, 295면; 정성근/박광민, 335면; 허일태, 법률의 부지의 효력(형사판례연구 1), 48면.

지되는 줄 오인하여 18세 이상이거나 대학생을 출입시킨 경우,[22] ② 건축법상 허가대상인줄 모르고 교회시설로 용도 변경한 경우,[23] ③ 부동산중개보조원을 초과 고용하여 부동산중개업법을 위반한 경우,[24] ④ 보험회사 지점장이 규정에 위반되는 줄 모르고 계약과 관련하여 금원을 수수하여 특정경제범죄가중처벌법에 위반한 경우[25] 등을 들 수 있다.

2) 효력의 착오

금지규범의 효력에 대하여 오인한 경우, 즉 일반적으로 구속력을 가진 법규정을 행위자가 잘못 판단하여 **무효라고 오인한 경우**를 말한다. 순수한 의미의 법률의 착오라 할 수 있다.

3) 포섭의 착오

행위자의 구성요건적 사실이 어떤 **법률적 의미를 갖느냐에 대하여 착오**를 일으킨 경우를 말한다. 포섭의 착오가 법률의 착오가 되기 위해서는 행위자가 자기행위를 허용된다고 오인한 경우, 즉 위법성인식이 결여되어 있어야 한다.

(2) 간접적 착오

간접적 착오란 행위자가 자기행위가 금지된 것은 인식했으나 구체적인 경우에 위법성조각사유의 법적 한계를 오해하거나 위법성조각사유가 존재하는 것으로 오인하여, 위법성을 조각하는 반대규범이 존재하는 것으로 오인한 경우를 말한다. 즉 **위법성조각사유의 착오**를 말한다.

이에는 **위법성조각사유의 전제사실에 대한 착오**(허용구성요건의 착오)와 **위법성조각사유의 범위와 한계에 대한 착오**로 나눌 수 있다.

후자는 위법성조각사유의 법적 한계나 범위를 오인하거나, 위법성조각사유의 존재 자체에 대하여 착오를 한 경우로서 법률의 착오의 일반원리에 의하여 해결하면 된다. 그러나 위법성조각사유의 전제사실에 대한 착오는 이를 어떻게 처리할 것인가가 문제된다.

---

22) 대판 1985. 4. 9, 85도25.

23) 대판 1991. 10. 11, 91도1566.

24) 대판 2000. 8. 18, 2000도2943.

25) 대판 2001. 6. 29, 99도5026.

II. 위법성조각사유의 전제사실에 대한 착오

1. 위법성조각사유의 전제사실에 대한 착오의 의의

위법성조각사유의 전제사실에 대한 착오란 행위자가 위법성이 조각되는 객관적인 상황이 존재한다고 오인한 경우, 즉 위법성조각사유의 객관적 요건 내지 전제사실이 존재한다고 오인한 경우를 말한다. 이를 **허용구성요건의 착오**라고도 한다. 오상방위, 오상피난, 오상자구행위가 이에 해당하며 법률의 착오와 사실의 착오의 중간에 위치하는 **독립된 형태의 착오**라 할 수 있다.[26)]

즉 이 착오는 법규의 기술적 또는 규범적 요소에 대한 착오이므로 그 구조에 있어서는 사실의 착오와 유사하다. 그러나 구성요건적 사실의 인식에 대한 착오가 아니라, 금지규범이 예외적으로 허용규범에 의하여 허용된다고 오인한 경우이므로 이때는 법률의 착오에 접근하게 된다.

2. 견해의 대립

위법성조각사유의 전제사실에 대한 착오는 그 특수성으로 인해 이를 사실의 착오로 취급할 것인가 법률의 착오로 처리할 것인가에 대하여는 다음과 같이 견해가 대립한다. 이와 달리 고의설에 의하면 위법성인식이 고의의 내용 속에 포함되므로 고의 자체가 조각되므로 과실책임을 지게 된다.

(1) 엄격책임설

엄격책임설은 허용구성요건의 착오는 물론 모든 위법성조각사유에 대한 착오를 금지착오로 이해하는 견해이다. 그러나 이 견해는 ① 위법성조각사유의 전제사실에 대한 착오가 평가의 착오가 아니라 사실관계의 착오라는 점을 간과하였고, ② 또한 아군을 적군으로 오인하고 폭격한 경우에 살인죄의 책임을 지게 되는데 이는 법감정에 반한다고 할 수 있다. 이 경우는 행위자가 행위상황을 잘못 평가한 경우이지 위법성인식에 대한 착오가 있다고는 할 수 없기 때문이다.

(2) 소극적 구성요건표지이론

소극적 구성요건표지이론에 의하면 위법성조각사유의 요건은 **소극적 구성요건요소**가 되므로 위법성을 조각하는 행위상황에 대한 착오는 구성요건적 착오가 되어 고

---

26) 오영근, 506면; 이재상/장영민/강동범, 346면; 정성근/박광민, 351면

의를 조각한다고 하게 된다. 그러나 이 이론도 ① 위법성의 독자성을 부정하고 구성요건에도 해당하지 않는 행위와 구성요건에는 해당하지만 위법성이 조각되는 행위의 차이를 간과하고 있다는 점과, ② 고의의 내용으로 위법성조각사유가 존재하지 않는다는 점에 대한 인식까지 요구하는 것은 타당하지 않고, ③ 지적·의지적으로 구성요건을 실현한 이상 고의를 조각한다고 할 수 없다는 비판을 받고 있다.[27]

(3) 제한적 책임설

제한적 책임설은 위법성조각사유의 전제사실에 대한 착오가 구성요건적 착오는 아니지만 구성요건적 착오와 유사한 구조를 가지고 있으므로 구성요건적 착오의 규정이 적용되어야 한다는 견해이다. 이 견해는 소극적 구성요건요소이론과 이론구성은 다르지만 그 효과에 있어서는 동일한 결론이 된다. 즉 제한적 책임설에 의하면 허용구성요건의 착오가 회피할 수 없는 경우에는 고의범으로 처벌되지 않고 과실범 처벌규정이 있을 때에만 과실범으로 처벌된다. 제한적 책임설은 다시 다음과 같이 두 가지 견해로 나누어진다.

1) 구성요건적 착오규정을 유추적용해야 한다는 견해

이 견해는 위법성조각사유의 전제사실의 착오에 대하여 구성요건적 착오규정이 직접 적용될 수는 없지만 ① 구성요건적 요소와 허용구성요건의 요소 사이에는 질적인 차이가 없고, ② 또한 이 경우에는 고의의 본질인 행위자에게 구성요건적 불법을 실현하려는 결단이 없으므로 **행위불법을 부정**해야 하기 때문에 구성요건적 착오에 관한 규정을 유추적용하여 고의를 조각해야 한다고 보는 견해이다.[28] 그러나 고의범의 행위불법에는 의도반가치만 있는 것이 아니라 불법고의가 조각될 때는 공범의 성립이 부정되므로 처벌의 결함이 생긴다는 비판을 면할 수 없다.

2) 법효과제한적 책임설

허용구성요건의 착오가 불법고의, 즉 행위자의 행위반가치를 조각하는 것은 아니지만 행위자의 심정반가치가 없으므로 책임고의가 조각되어 고의책임을 물을 수 없게 된다. 따라서 위법성조각사유의 전제사실에 대한 착오의 경우에는 법효과에 있어서 구성요건적 착오와 같이 취급하여 행위자에게 과실책임을 물을 수 있다는 입장이다. 현재 **독일의 통설**이고, 우리나라 **다수설**[29]의 입장이다.

---

27) 이재상/장영민/강동범, 346면.

28) 김일수/서보학, 288면.

29) 박상기, 251면; 배종대, 455면; 신동운, 421면; 이재상/장영민/강동범, 348면; 이형국, 155면; 임

3. 결　　론

위법성조각사유의 전제사실을 오인한 자에 대한 비난은 행위자의 법 배반적 심정반가치에 있는 것이 아니라 법이 요구하는 주의의무를 다하지 아니한 과실에 있을 뿐이다. 그러나 위법성조각사유의 전제사실의 착오는 구성요건적 사실을 인식하였다는 점에서는 순수한 사실의 착오도 아니다. 또한 이 착오는 단순히 위법성에 대한 착오가 아니라 법적, 사회적 의미내용과 결합되어 있다는 점에서 법률의 착오와도 구별되어진다.

회피할 수 있는 이 착오에 대한 책임이 질적으로 과실책임과 일치하는 이상 위법성조각사유의 전제사실에 대한 착오는 법적 효과에 있어서 사실의 착오와 같이 취급하지 않을 수 없다. 그러므로 위법성조각사유의 전제사실에 대한 착오는 고의를 조각하는 것은 아니지만 법률 효과에 있어서는 사실의 착오와 같이 취급해야 한다는 **법효과제한적 책임설이 타당하다.**

Ⅲ. 형법 제16조와 "정당한 이유"의 의미

1. 형법 제16조의 해석

형법 제16조는 "자기의 행위가 법령에 의하여 죄가 되지 아니하는 것으로 오인한 행위는 그 오인에 정당한 이유가 있으면 처벌하지 아니한다"고 규정하고 있다. 이 규정의 의미에 대하여는 앞에서 살펴본 바와 같이 책임설에 따라 이해해야 한다. 따라서 제16조에 의미는 위법성의 착오로 인해 행위자가 위법성을 인식하지 못한 경우에 정당한 이유가 있을 때에는 책임이 조각되어 처벌되지 않지만, 정당한 이유가 없을 때는 고의범으로 처벌받게 된다는 의미이다. 그런데 문제는 제16조의 법률의 착오시에 '정당한 이유'를 어떤 기준에 의해 판단할 것인가이다.

2. 정당한 이유

법률의 착오가 책임을 조각하느냐 여부는 착오에 정당한 이유가 있느냐에 따라

웅, 315면.

결정된다. 여기서 정당한 이유란 법률의 착오에 대한 "회피가능성"의 판단문제라 할 수 있다.

(1) 정당한 이유의 의미

통설은 '정당한 이유'의 의미를 **착오의 회피가능성의 유무**를 기준으로 판단하여 '착오를 회피할 수 없었을 때'라고 이해하고 있고, 판례는 **착오에 대한 과실유무**를 기준으로 판단하여 '오인에 과실이 없는 때'라고 이해하고 있다.

이때의 과실(주의의무위반)판단은 금지착오에 대한 예견가능성과 회피가능성 판단에 의하므로, 결국 금지착오에 있어서 정당한 이유의 판단은 예견가능성과 회피가능성판단에 의하게 된다.

(2) 회피가능성의 본질 및 전제

법률의 착오에 있어서 회피가능성의 본질은 행위자가 자기행위에 대한 위법성의 인식이 가능했다는 점을 내용으로 한다. 그러므로 회피가능성은 바로 **위법성인식가능성**을 의미한다. 위법성인식이 가능하다는 것은 다음과 같은 3가지를 전제로 하므로, 이중 어느 하나라도 결여되면 위법성인식이 불가능하여 회피불가능한 금지착오가 되어 책임이 조각된다.

① 행위자가 자기행위의 **위법성에 대한 현실적인 인식가능성**이 있어야 한다.

② 행위자가 자기 행위의 법적 의미에 대하여 스스로 생각하거나 제3자에게 조회할 수 있는 **구체적인 계기**가 있어야 한다.

따라서 자기행위의 위법성에 대하여 의심을 가지는 경우, 자기행위가 반사회적 또는 반도덕적이라는 인식을 가지게 되는 경우, 자기행위에 대한 법규정이 존재할 지도 모른다는 생각을 가진 경우, 타인에게 손해를 가한다는 점을 알고 있는 경우, 자신이 종사하는 직업분야와 관련되는 법규의 경우 등에 관해서는 위법성인식가능성에 대한 구체적인 계기가 있다고 할 수 있다.

③ 행위자가 자기행위의 **위법성을 인식하는 데 유용한 수단에의 접근이 기대가능**해야 하고, 그 수단에 접근했더라면 위법하다는 정보를 획득할 수 있는 경우라야 한다.

그러므로 행위자의 이러한 수단에는 법률, 판례, 권한 있는 기관,[30] 신뢰할 수 있는 법률전문가[31] 등이 포함된다.

---

30) 대판 2010. 4. 29, 2009도13868.

31) 대판 2009. 5. 28, 2008도3598.

따라서 위의 3가지 요소가 충족되는 법률의 착오가 있는 때에는 회피가능한 금지착오가 되어 정당한 이유가 없게 되어 책임이 조각되지 않게 된다.

(3) 회피가능성의 판단기준

1) 양심의 긴장설

행위상황과 행위자의 생활영역에 따라 행위자에게 기대되는 '상당한 양심의 긴장' 여부를 기준으로 회피가능성을 판단하는 견해이다. 독일 판례의 입장이다.[32] 양심을 긴장하였다면 위법성을 인식할 수 있었던 경우에는 회피가능한 법률의 착오가 된다. 그러나 양심이 긴장하지 않았다고 하여 비난할 수 없으며, 양심은 위법성 인식의 동기에 불과하다고 할 수 있다.

2) 지적인식능력설

행위자가 처한 제반사정을 토대로 위법성인식의 판단은 사회적, 규범적 관점에서 행위자의 '지적 인식능력'을 기준으로 판단해야 한다.

예방적 관점에서 판단해야 한다는 견해도 있다.[33]

(4) 회피가능성의 구체적 판단척도

행위가 법률에 위반할 뿐만 아니라 도덕질서에 중대한 침해가 될 때는 기본적인 사회규범을 침해한 경우이므로 회피가능한 법률의 착오가 된다.

판례는 ① 당국에 신고하지 않고 시체를 매장한 경우,[34] ② 관례에 따라 공무원에게 뇌물을 공여한 경우,[35] ③ 가처분결정으로 직무집행정지 중에 있는 종단대표자가 종단 소유의 보관금을 횡령한 경우,[36] ④ 압류물을 집달관의 승인 없이 관할구역 밖으로 옮긴 경우[37]에는 법률의 규정을 몰랐거나 가사 변호사의 자문을 받은 때에도 착오에 정당한 이유가 없다고 판시하였다.

1) 확인조사의무 및 조회의무

행위가 도덕질서와 직접적인 관계가 없더라도 행위자는 법규정을 조사하고 확인할 의무가 있다. 따라서 변경된 교통법규를 몰랐다고 하여 착오에 정당한 이유가 있

32) BGHSt. 2. 201.
33) 정현미, 법률의 착오에서 정당한 이유의 판단기준(형사판례연구 1), 531면 참조.
34) 대판 1979. 8. 28, 79도1671.
35) 대판 1995. 6. 30, 94도1017.
36) 대판 1990. 10. 16, 90도1604.
37) 대판 1992. 5. 26, 91도894.

다고 할 수 없다. 그러나 전문가나 권한 있는 기관의 조언에 의하여 위법성을 인식하지 못한 경우에는 정당한 이유 있는 착오가 되어 책임이 조각된다. 예컨대 ① 변호사에게 문의하여 처벌되지 않는다는 확인을 받고 행한 경우,[38] ② 행정청의 담당공무원에게 문의하여 허가를 요하지 않는다는 회신을 받고서 허가 없이 행한 경우,[39] ③ 군대에서 상사의 허가를 얻고 행한 경우가 이에 해당한다.

이와 달리 행위자 자신이 규정의 유효성에 대하여 임의나 권한 없는 기관의 자문에 따라 자기에게 유리한 판단을 한 경우에는 정당한 이유 있는 착오가 되지 않는다. 예컨대 ① 공무원이 직무상 실시한 봉인에 절차상 또는 실체상 하자가 있으므로 일반적으로 공무원이 직무상 실시한 봉인의 외관을 갖고 있는 경우에 법률상 효력이 없다고 믿은 경우,[40] ② 학원의 설립과 운영에 관한 법률에 의하여 등록하지 않고 무도학원을 인수하여 처벌받자 등록관청에 질의하지 않고 풍속영업신고의 신고자 명의만을 변경하여 영업한 경우,[41] ③ 도의원선거에 출마하려는 농협조합장이 의례적인 행위로 합법이라고 판단하고 조합자금으로 노인대학을 운영하면서 관광을 제공하고 그 행사를 주관한 경우,[42] ④ 수복지역 내 소유자 미복구 토지의 복구등록과 보존등기를 함에 있어 언제든지 당사자의 신청에 의하여 소유명의인 변경등록이 가능한 상태라 할지라도 담당자가 없는 사이에 허위의 접수인을 찍고 원본에도 없는 복사본을 추가 기재하여 원본과 소유명의자가 다른 토지대장등본을 작성한 경우,[43] ⑤ 제약회사에서 쓰는 아편을 구해주어도 죄가 되지 않는다고 믿고 생아편을 수수한 경우,[44] ⑥ 민원담당공무원에게 탐정업이 인허가 또는 등록사항이 아니라는 말을 듣고 신용조사업법이 금지하는 소재탐지나 사생활조사 등을 한 경우,[45] ⑦ 변리사로부터 타인의 등록상표가 효력이 없다는 자문과 감정을 받고 유사한 상표를 사용한 경우,[46] ⑧ 지방자치단체장이 관행적으로 간담회를 열어 업무추진비 지출 형식으로 참석자들에게 음식물

38) 대판 1976. 1. 13, 74도3680.
39) 대판 1992. 5. 22, 91도2525; 대판 1995. 7. 11, 94도1814; 대판 2005. 8. 19, 2005도1697.
40) 대판 2000. 4. 21, 99도5563.
41) 대판 1994. 9. 9, 94도1134.
42) 대판 1996. 5. 10, 96도620.
43) 대판 1997. 4. 25, 96도3409.
44) 대판 1983. 9. 13, 83도1927.
45) 대판 1994. 8. 26, 94도780.
46) 대판 1995. 7. 28, 95도702.

을 제공해 오면서 법령에 의하여 허용되는 행위라고 오인한 경우[47] 등에는 정당한 이유가 없다고 판시하였다.

2) 독자적으로 위법하지 않다고 판단한 경우

행위자가 스스로 위법하지 않다고 판단하여 행한 경우이다. 예컨대 ① 군복무를 필한 이복동생 이름으로 해병대에 지원 입대하여 군복무 중 휴가를 받은 후 귀대하지 않은 경우,[48] ② 국민학교 교장이 교과식물을 비치하기 위하여 학교 화단에 허가 없이 양귀비 종자를 식재한 경우,[49] ③ 한국교통사고상담센터직원이 교통사고피해자의 위임으로 사고회사와의 사이에 화해의 중재나 알선을 한 경우,[50] ④ 곡물을 단순히 볶아서 판매하거나 가공위탁자로부터 제공받은 고추 참깨 콩 등을 가공할 경우에 양곡관리법 및 식품위생법상의 허가대상이 아니라는 시청이나 구청장의 회시에 미루어 허가대상이 아니라고 믿고 미숫가루를 제조한 경우,[51] ⑤ 중대장의 당번병이 중대장과 함께 나간 그의 처의 마중을 나오라는 연락을 받고 관사를 이탈한 경우,[52] ⑥ 피고인이 예정사업지에 시설 등을 미리 갖춘 후 실제 영업행위를 하기 전에 변경허가를 받으면 된다고 그릇 인식한 경우[53] 등은 **정당한 이유 있는 착오**에 해당한다.

신뢰할 만한 자료를 통해 독자적으로 판단한 경우, 예컨대 **법원의 판례를 신뢰한 경우**에는 정당한 이유가 있다고 해야 한다. 상호 모순되는 판결이 있을 때는 상급심 판결을 신뢰한 경우이고, 같은 심급의 판결 사이에는 최근의 판례를 신뢰한 경우에는 정당한 이유가 있다고 해야 할 것이다. 동일한 행위에 대하여 이전에 검찰에서 혐의 없음 결정을 받은 때에도 정당한 이유 있는 경우에 해당한다.

그러나 사안을 달리하는 사건에 관하여 대법원 판례에 비추어 자신의 행위가 적법하다고 오인한 때에는 정당한 이유가 있다고 볼 수 없다. 즉 한약재를 직접 혼합하지 아니한 채 종류별로 비닐봉지에 구분하여 넣은 다음 이를 종이상자에 담아 전체적으로 포장하여 판매하는 방식을 취하였다고 하더라도, 서로 다른 약재를 조합·가공하여 의약품을 제조·판매한 행위에 해당하여, 설사 피고인이 대법원의 판례에 비추

47) 대판 2007. 11. 16, 2007도7205.
48) 대판 1974. 7. 23, 74도1399.
49) 대판 1972. 3. 31, 72도64.
50) 대판 1975. 3. 25, 74도2882.
51) 대판 1983. 2. 22, 81도2763.
52) 대판 1986. 10. 28, 86도1406.
53) 대판 2015. 1. 15, 2013도15027.

어 자신의 행위가 무허가 의약품의제조·판매행위에 해당하지 아니하는 것으로 오인하였다고 하더라도, 이는 사안을 달리하는 사건에 관한 대법원의 판례의 취지를 오해하였던 것에 불과하여 그와 같은 사정만으로는 그 오인에 정당한 사유가 있다고 볼 수 없다.[54]

제5절 기대가능성

I. 서 론

1. 기대가능성의 의의

기대가능성(Zumutbarkeit)이란 **행위자가 구체적 사정 하에서 범죄행위를 하지 않고 적법행위를 하는 것을 기대할 수 있는 경우**를 의미한다. 행위자가 행위시에 책임능력과 위법성의 인식이 있다고 하더라도 구체적 행위시에 부수사정으로 인하여 적법행위에 대한 기대가능성이 결여된 경우, 즉 적법행위에 대한 '기대불가능성'(Unzumutbarkeit)이 존재한다고 판단되는 경우에는 행위자를 비난할 수 없게 된다. 왜냐하면 형법이 구체적 행위자에게 불가능한 것을 요구하여 행위자를 비난할 수는 없기 때문이다. 따라서 **기대불가능성**은 책임조각사유가 된다고 할 수 있다.

2. 기대가능성이론의 발전

(1) 규범적 책임론과 기대가능성

기대가능성은 규범적 책임론의 중심개념이라 할 수 있다. **심리적 책임론**이 책임을 행위자의 결과에 대한 **심리적 사실관계**로 이해하여, 고의는 결과에 대한 인식과 의사이고 과실은 이를 인식하지 못한 경우라고 이해하는 입장으로서, 이에 의하면 인식 없는 과실의 경우에는 결과에 대한 행위자의 심리적 관계도 인정할 수 없게 되는 결함을 지니게 된다. 또한 심리적 책임론에 의하면 고의 또는 과실이 있음에도 불구하고 책임이 조각되는 경우를 설명할 수 없게 된다.

반면에 **규범적 책임론**은 책임의 본질을 행위자의 결과에 대한 심리적 사실관계가

54) 대판 1995. 7. 28, 95도1081(보건범죄단속에 관한 특별조치법위반사건).

아니라 구성요건에 해당하는 불법행위에 대한 비난가능성이라는 **평가적 가치관계**에 있다고 보는 입장이다. 이러한 규범적 책임론에 의하면 책임의 본질은 **행위자의 불법에 대한 비난가능성**이고, 행위자를 비난하기 위해서는 행위자의 **적법행위에 대한 기대가능성**이 그 전제가 된다고 할 수 있다.

그러므로 적법행위에 대한 기대가능성이 없으면 행위자에 대한 비난이 불가능하므로 기대가능성이론은 규범적 책임론의 중심개념이 된다고 할 수 있다.

(2) 기대가능성이론의 발전

기대가능성이론이 발전하는 계기는 1897년 3월 23일 독일 라이히 재판소(Reichsgericht)의 말고삐사례(이른바 癖馬사건: Leinenfänger fall)를 통해서였다. 이 판결은 프랑크(Frank)에 의해 체계화되었는데, 그는 고의·과실 이외에 행위당시의 **부수사정의 정상성**도 책임요소가 된다고 주장하여 처음으로 규범적 책임론을 주장하였다. 이후 그의 이론은 프로이덴탈(Freudenthal), 골드슈미트(Goldschmidt), 슈미트(Eb. Schmidt)에 의해 발전되어 20세기 초에 **기대불가능성**을 **"일반적인 초법규적 책임조각사유"**로 이해하게 됨으로써, 규범적 책임론은 오늘날 독일에서는 물론 우리나라에서도 통설의 지위를 차지하게 되었다.

기대불가능성을 이유로 책임이 조각된다고 판시한 대법원 판례로는, ① 납북어부가 북한에서 북한을 찬양·고무한 행위, ② 시험답안지를 우연히 얻게 된 수험자가 암기한 답을 답안지에 기재한 경우 등을 들 수 있다.

Ⅱ. 기대가능성의 체계적 지위

1. 책임론에서의 체계적 지위

기대가능성이 책임론에서 차지하는 체계적 지위에 관하여는 다음과 같은 세 가지 견해가 대립한다.

(1) 고의·과실의 구성요소로 이해하는 견해

기대가능성을 책임의 심리적 요소인 고의·과실의 구성요소로 이해하여 기대가능성이 없으면 고의나 과실이 조각된다고 보는 견해이다. 독일의 Freudenthal에 의하여 주장되고 일본의 오노(小野)와 단도(團藤) 등이 지지한 견해이다. 우리나라에서는 이를 지지하는 학자가 없다. 이 견해는 고의나 과실이 행위자의 주관적·내부적 정신세계에 속하는 문제인데 반해서, 기대가능성은 이러한 의사결정에 영향을 줄 수 있는 부수사정에 대한 외부적·객관적 가치판단이므로 이를 고의·과실에 포함시켜 이해하는 것은 부당하다는 비판을 면할 수 없다.

(2) 제3의 책임요소로 이해하는 견해

기대가능성을 **책임능력**·**책임조건**(고의·과실)과 병렬적으로 위치해 있는 독립된 책임요소라고 보는 견해[55]이다. 이 견해는 기대가능성이 책임의 본질인 비난가능성의 가장 중요한 요소이므로 이의 독자성을 인정해야 한다는 입장이다. 책임조각사유설과 결과적으로는 같은 결과를 가져오지만 기대가능성은 그것이 존재하는 경우에 책임을 인정할 수 있게 하는 판단기준이 되는 것이 아니라 존재하지 않은 경우에 책임을 조각 또는 감소하게 하는 점에서 형법상 의미를 지닌다는 점을 간과하고 있다는 비판을 면할 수 없다.

(3) 책임조각사유로 파악하는 견해

기대가능성은 책임의 적극적 요소가 아니라 책임능력과 책임조건이 존재하면 원칙적으로 책임이 인정되지만 기대가능성이 없는 때에 책임이 조각된다고 이해하는 견해이다. 우리나라 **다수설**[56]의 입장이다. 기대가능성이 비난가능성의 본질적 요소라고 할지라도 원칙적으로 책임능력과 책임조건이 충족되면 책임이 인정되지만 적법행위에 대한 기대가능성이 없을 때에 책임을 조각시키는, 이른바 **기대불가능성**을 **책임조각사유**로 이해하는 **소극적 책임요소설**이 타당하다고 생각된다.

2. 기대가능성이론의 기능

(1) 초법규적 책임조각사유의 인정여부

1) 긍 정 설

기대불가능성을 책임조각사유로 이해하여 초법규적 책임조각사유를 인정하는 입장으로서 **우리나라 통설**의 입장이다.[57] 현행 형법에 책임조각사유가 불충분한 것을 고려하여 현실적으로 ① 면책적 긴급피난, ② 상당성이 인정되지 않는 의무의 충돌, ③ 구속력 있는 위법한 상사의 명령에 의한 행위, ④ 생명, 신체 이외의 법익에 대한

55) 이형국, 연구Ⅱ, 435면.

56) 박상기, 258면; 배종대, 467면; 손해목, 664면; 안동준, 166면; 이재상/장영민/강동범, 360면; 정성근/박광민, 354면.

57) 손동권, 307면; 이재상/장영민/강동범, 361면; 임 웅, 290면; 정성근/박광민, 356면.

강제상태에서의 강요된 행위 등의 경우를 보면 초법규적 책임조각사유를 인정하는 것이 합리적이라는 견해이다.

2) 부 정 설

현실적인 규범적 근거가 없고 기대불가능성을 토대로 일반적인 초법규적 책임조각사유를 인정하게 되면 형법의 기능을 약화시킬 우려가 있다고 하여 이를 부정하는 견해[58]이다. 부정설은 초법규적 책임조각사유를 인정하면 형법의 기능과 법적용의 평등을 약화시켜 책임주의를 침해하므로 기대불가능성은 개별적인 책임조각사유를 규정한 실정법 해석의 **보정원칙 내지 제한원리**(regulatives Prinzip)에 불과하다고 보는 입장으로서 **독일에서는 통설**이다.

(2) 보정기능의 적용범위

기대불가능성을 일반적인 초법규적 책임조각사유가 아니라 개별적인 형법규정의 범위와 한계를 명백히 해주는 **책임조각사유의 제한원리 내지 보정원칙**(regulatives Prinzip)에 불과하다고 보는 견해에 의하면, 기대불가능성은 부작위범이나 과실범에 있어서도 **구성요건해당성이나 불법을 규제하는 보정기능**을 수행한다고 해석하고 있다.

그러나 부작위범의 작위의무나 과실범의 주의의무와 기대가능성은 구별되므로, 기대불가능성의 보정기능을 불법에 확대하는 것은 타당하지 않다.

Ⅲ. 기대가능성의 판단기준

1. 견해의 대립

(1) 행위자표준설

행위자가 행위당시에 처했던 구체적 사정을 기초로 **행위자 개인의 능력**을 기준으로 적법행위에 대한 기대가능성 유무를 판단하는 견해이다.

(2) 평균인표준설

행위자가 행위당시에 처했던 구체적 사정을 기초로 하지만 행위자 개인의 능력이 아니라 **일반평균인의 능력**을 기준으로 적법행위가 가능했는가 유무를 판단하는 견해이다. 우리나라의 **다수설과 판례**[59]의 입장이다.

58) 김일수/서보학, 409면; 배종대, 472면; 안동준, 167면; 이정원, 252면; 조준현, 244면.

59) 대판 2004. 7. 15, 2004도2965－전원합의체.

(3) 국가표준설

적법행위를 기대하는 **국가의 법질서** 내지 현실을 지배하는 **국가이념**에 따라 기대가능성 유무를 판단해야 한다는 견해이다. 이 견해에 의하면 기대가능성은 구체적인 행위자에 대한 개별적 평가의 문제가 아니라 법질서와 법률에 의한 객관적인 평가의 문제가 된다. 따라서 이 견해는 법과 국가의 요구에 따라 기대가능성의 표준이 다르게 될 뿐만 아니라 국가는 행위자에게 일반적으로 적법행위에 대한 기대가능성을 요구할 것이므로 항시 기대가능성이 존재한다고 볼 수밖에 없다는 비판을 면할 수 없다. 현재 우리나라에서는 이 견해를 주장하는 학자는 보이지 않는다.

2. 사 견

국가표준설에 의하면 국가나 법질서가 요구하는 적법행위에 대한 기대가능성은 항시 존재한다고 볼 수 있으므로, 행위자 개인의 구체적 사정 하에서의 적법행위에 대한 기대가능성 유무를 판단하는 기대가능성이론의 기본사상과 일치한다고 할 수 없고, 또한 법질서에 의해 어떤 경우에 기대가능성을 인정할 수 있는가라는 기대가능성의 판단표준을 구하는 질문에 법질서 내지 국가가 기대하는 경우에는 기대가능성이 있다고 답하는 결과가 되므로 질문에 질문으로 답하는 순환론에 빠진다는 비판을 면할 수 없다.

한편 행위자표준설에 의하면 **행위자 개인의 구체적인 사정과 개인적 능력을 표준으**로 기대가능성을 판단하게 됨으로써 적법행위에 대한 기대가능성은 거의 있을 수 없게 된다. 특히 확신범의 경우에는 행위자 개인의 확신에 의한 경우이므로 적법행위에 대한 기대가능성이 없게 되어 책임을 물을 수 없게 된다. 따라서 행위자표준설은 책임판단의 확실성과 균형성을 침해하고 극단적인 개별화에 의하여 형법의 해소를 초래한다는 점에서 타당하다고 할 수 없다.

생각건대 행위당시의 개별적 사정은 기대가능성을 판단하는 토대가 되지만 그 판단기준은 일반평균인을 능력의 표준으로 하는 평균인표준설이 초법규적인 책임조각사유의 범위를 명확히 하고 이를 제한한다는 측면에서 타당하다고 생각된다. 평균인 표준설에 의할 때도 판단의 대상은 개별적인 행위자이다.

다른 한편 평균인표준설에 대해서는 평균인이라는 개념이 불명확하며, 평균인을 표준으로 할 때는 이미 책임판단의 문제가 아니라 불법조각의 문제라는 비판이 있다.

Ⅳ. 기대가능성에 대한 착오

기대가능성에 대한 착오에 대하여는 형법에 규정이 없다. 기대가능성의 존재와 범위에 대한 착오는 형법적으로 무의미하다고 할 수 있다. 왜냐하면 기대가능성의 판단은 행위자가 판단해야 할 성질의 것이 아니기 때문이다.

그러나 **기대가능성 판단의 기초가 되는 사정에 대한 착오**에 대하여는, 이를 ① 허용구성요건의 착오(위법성조각사유의 전제사실에 대한 착오)로 보는 견해와 ② 고유한 형태의 착오로 보는 견해[60]의 대립이 있다.

기대가능성의 기초되는 사정에 관한 착오는 **책임을 조각하는 행위상황에 대한 착오**이므로 고유한 형태의 착오로 보는 것이 옳다. 그러나 기대가능성 판단의 기초되는 사정에 대한 착오는 금지착오는 아니지만 **금지착오를 유추적용**하여 해결할 수밖에 없다. 그러므로 기대가능성의 기초되는 사정에 관한 착오가 객관적으로 불가피했다면 책임이 조각되고, 회피가 가능했다면 책임이 인정되지만 사정에 따라 감경할 수 있을 뿐이다.

또한 착오의 불가피성 여부의 판단기준에 대하여는 행위자를 표준으로 해야 한다는 견해[61]도 있으나, 일반평균인을 기준으로 객관적으로 판단해야 한다는 견해[62]가 타당하다.

Ⅴ. 기대불가능으로 인한 책임조각사유

1. 형법상 책임조각·감경사유

(1) 책임조각사유

형법총칙에 규정되어 있는 강요된 행위(제12조), 면책적 과잉방위(제21조 제3항), 면책적 과잉피난(제22조 제3항)은 기대불가능으로 인한 **책임조각사유**이고, 제21조 제2항의 과잉방위와 제22조 제3항의 과잉피난 및 제23조 제2항의 과잉자구행위는 기대불가능성과 기대가능성의 감소로 인한 **책임조각 또는 감경사유**이다.

---

60) 이재상/장영민/강동범, 364면.

61) 진계호, 306면.

62) 이재상/장영민/강동범, 364면.

형법각칙에 규정되어 있는 친족 간의 범인은닉·도피와 증거인멸(제151조 제2항, 제155조 제4항) 및 범인 자신의 범죄은닉과 증거인멸은 기대불가능성을 이유로 **책임이 조각되는 경우**이다.

〈기대가능성이 있는 경우〉

① 증언거부권을 가진 증인이 위증을 한 경우(제148조),[63] ② 처자식이 행방불명되어 군인이 귀대하지 않은 경우, ③ 자녀에게 시험 문제지를 알려준 경우, ④ 통일부 장관의 승인 없이 북한주민과 접촉한 경우, ⑤ 관할경찰서장에게 신고하지 않고 옥외집회를 주최한 경우 등은 적법행위에 대한 기대가능성이 있으므로 책임이 조각되지 않는다.

〈기대가능성이 없는 경우〉

① 대학 3학년생의 단체 입장시에 미성년자가 있었던 경우, ② 경영난으로 지급기일에 퇴직금을 지급하지 못한 경우, ③ 이혼남과 결혼한 처녀가 전처의 이혼무효의 소제기로 자신의 혼인이 취소되었음에도 계속하여 동거생활을 한 경우 등은 기대가능성이 없으므로 책임이 조각된다고 할 수 있다.

(2) 책임감경사유

형법총칙에 규정되어 있는 책임감경사유로는 과잉방위(제21조 제2항), 과잉피난(제22조 제3항), 과잉자구행위(제23조 제2항)가 있고, 형법각칙에 규정되어 있는 **영아살해죄**(제251조), **영아유기죄**(제272조), 도주원조죄(제147조)보다 법정형이 가벼운 **단순도주죄**(제145조), 위조통화행사죄(제207조 제4항)보다 법정형이 가벼운 **위조통화취득 후의 지정행사죄**(제210조)는 기대가능성의 감소로 인해 책임이 감경되는 경우이다.

2. 강요된 행위

(1) 의의와 법적 성질

1) 의 의

형법은 제12조에 "저항할 수 없는 폭력이나 자기 또는 친족의 생명, 신체에 대한

63) 대판 1987. 7. 7, 86도1724－전원합의체. 그러나 대법원은 최근 판결(대판 2010. 1. 21, 2008도942－전원합의체)에서 증언거부권자가 허위진술을 하였을지라도 증언거부권을 고지받지 못함으로 인하여 그 증언거부권을 행사하는데 사실상 장애가 초래되었다고 볼 수 있는 경우에는 위증죄의 성립을 부정하여야 한다고 하여 진술거부권의 고지 여부를 고려하지 않고 바로 위증죄의 성립을 인정한 종래의 판례를 변경하였다.

방어할 방법이 없는 협박에 의하여 강요된 행위는 벌하지 아니한다"고 규정하고 있다. 이 규정은 강요된 행위는 강제상태에서의 행위이므로 행위자에게 적법행위에 대한 기대불가능성으로 인해 책임이 조각된다는 것을 입법적으로 명백히 한 규정이라 할 수 있다. 그동안 이른바 초법규적 책임조각사유로 인정되어 오던 기대불가능성을 명백히 예시한 규정이라는 의미를 지닌다고 할 수 있다.

한편 심신상실자, 형사미성년자, 과실범을 예외적으로 처벌하는 것도 기대가능성 사상을 근거로 하는 것이라는 견해가 있지만 이러한 주장은 타당하지 않다. 왜냐하면 이러한 사유들은 행위자의 내부적 사정에 대한 판단으로서 기대가능성이 **행위자의 외부적 사정**을 토대로 적법행위의 기대가능성을 판단하는 기대가능성과는 구별해야 하기 때문이다.

2) 강요된 행위의 법적 성질

강요된 행위도 **긴급상태에서 위난을 피하기 위한 행위**라는 점에서는 긴급피난과 유사하다고 할 수 있다. 독일 형법에서는 이를 면책적 긴급피난 규정에 통합적으로 규정하고 있으므로 이 규정을 긴급피난의 한 형태 내지 특수한 형태로 이해하고 있다.

그러나 우리 형법상 ① 강요된 행위는 폭행 또는 협박으로 인하여 강요되는 강제상태에 있을 것을 요하는 반면에, 긴급피난의 경우에는 자기 또는 타인의 법익에 대한 현재의 위난만 있으며 족하고, ② 강요된 행위는 법익균형이 요구되지 않지만, 긴급피난은 상충하는 이익 사이의 균형성이 요구되며, ③ 긴급피난은 위법성조각사유이지만, 강요된 행위는 책임조각사유라는 점에서 양자는 구별된다고 하겠다.

(2) 요 건

저항할 수 없는 폭력이나 자기 또는 친족의 생명·신체에 대한 위해를 방어할 방법이 없는 협박에 의하여 강요된 행위를 할 것이 요구된다.

1) 피강요자가 강제상태에 있을 것

행위자는 저항할 수 없는 폭력이나 자기 또는 친족의 생명·신체에 대한 위해를 방어할 방법이 없는 협박에 의하여 강제된 상태에 있어야 한다.

가. 저항할 수 없는 폭력 ① 여기서 말하는 **'저항할 수 없는 폭력'**이란 절대적 폭력이 아니라 **강제적 폭력**을 의미한다. 즉 의사형성에 영향을 미치는 **심리적 폭력**을 말한다. 육체적으로 어떤 행위를 하지 못하도록 하는 절대적 폭력의 경우에는 피강요자의 의사를 인정할 수 없으므로 형법상 행위라 할 수 없다. 예컨대 강제로 손을 잡

아 당겨 문서에 무인(손도장)을 찍게 만드는 경우를 들 수 있다. 따라서 여기서 말하는 저항할 수 없는 폭력이란 심리적 폭력 내지 강제적 폭력을 의미한다고 할 수 있다. 이는 판례[64]와 다수설[65]의 태도이기도 하다.

② 폭력의 수단에는 제한이 없으므로 직접적으로 사람에게 유형력을 행사하거나 또는 물건에 대한 유형력 행사라 하더라도 사람의 의사형성에 영향을 미치는 경우에는 여기에 해당한다. 따라서 감시 내지 감금행위를 하거나 마취제를 사용하여 혼수상태에 빠지게 하는 경우에도 여기의 폭력에 해당한다고 할 수 있다.

③ 폭력의 정도는 피강요자가 **저항할 수 없는 정도의 폭력**을 말한다. 즉 피강요자가 물리적으로 이를 저지·회피하거나 심리적으로 대항할 수 없는 정도의 폭력을 말한다. 따라서 저항할 수 없는 폭력인가 여부는 폭력의 수단과 방법 및 정도, 피강요자의 능력 등을 고려하여 종합적으로 판단해야 한다.

나. 자기 또는 친족의 생명·신체에 대한 위해를 방어할 방법이 없는 협박 자기 또는 친족의 생명·신체에 대한 위해를 방어할 방법이 없는 협박에 의하여 강요된 행위일 것이 요구된다. 이를 분설해 보면 다음과 같다.

① 위해의 대상은 자기 또는 친족에 한정된다

따라서 자기 또는 친족의 생명·신체에 대한 위해(危害)의 협박이 있어야 한다. 이때 친족의 범위는 민법에 의해 정해지므로 8촌 이내의 혈족과, 4촌 이내의 인척 및 배우자가 친족이 된다(민법 제777조). 사생아나 사실혼 관계일 경우에도 본조의 취지에 비추어 볼 때 포함된다고 보는 통설[66]의 입장이 타당하다.

② 생명 또는 신체에 대한 위해에 제한된다

생명 또는 신체에 대한 위해란 사람을 살해하거나 신체의 완전성을 현저히 침해하는 것을 내용으로 함으로써, 자유·명예·재산·비밀·정조 등에 대한 위해는 여기에 포함되지 않는다. 다만 생명·신체 이외의 법익에 대한 위해에 대하여는 형법 제12조의 강요된 행위가 아닌 초법규적 책임조각사유가 될 수 있을 뿐이다(통설). 또한 위해의 현재성을 요한다는 견해도 있으나 긴급피난과는 달리 법문 어디에도 현재성을 규

64) 대판 1983. 12. 13, 83도2276; 대판 2007. 6. 29, 2007도3306.

65) 김일수/서보학, 422면; 배종대, 480면; 손해목, 670면; 신동운, 432면; 이재상/장영민/강동범, 366면; 이형국, 247면; 임 웅, 327면; 정성근/박광민, 363면; 진계호, 426면.

66) 김일수/서보학, 424면; 박상기, 261면; 배종대, 481면; 손해목, 671면; 오영근, 478면; 이재상/장영민/강동범, 367면; 이형국, 248면; 임 웅, 329면; 정성근/박광민, 364면.

정하고 있지 않으므로 '위해의 현재성'은 요구되지 않는다고 할 수 있다.

③ **방어할 방법이 없는 협박**이 있어야 한다

협박이란 사람에게 공포심을 일으킬만한 위해 또는 해악을 고지하는 것을 말한다. 방어할 방법이 없는 협박이란 상대방의 위해 내지 해악을 저지하거나 피할 수 없고 범죄행위를 할 수밖에 없는 경우를 말한다(보충성). 협박의 정도는 현실적으로 상대방에게 공포심을 일으켜 의사결정과 의사활동의 자유를 침해하는 정도에 이르러야 한다.

2) 강요된 행위이어야 한다

피강요자(被强要者)의 행위는 폭력 또는 협박에 의하여 강요된 행위이어야 한다. 또한 피강요자의 강요된 행위는 구성요건에 해당하고 위법해야 하며, 폭행 또는 협박 행위와 강요된 행위 사이에는 인과관계가 있어야 한다. 인과관계가 없을 때에는 피강요자의 책임은 조각되지 않고, 강요자와 피강요자는 공범관계가 성립한다. 예컨대 갑이 을을 협박하여 강도행위를 강요하였지만 을이 갑의 저항할 수 없을 정도의 강요에 의한 강도행위가 아니라면 을은 강도죄의 정범이 되고, 갑은 강도죄의 교사범이 성립된다.

한편 피강요자에게는 부득이한 상황 하에서 강요된 행위를 한다는 인식이 필요하다.

3) 자초한 강제상태

그러나 행위자가 강제상태를 자초(自招)한 때에는 여기에 포함되지 않는다. 예컨대 행위자가 자진하여 북한으로 입북하여 북한당국의 강요에 의해 대남비방활동을 한 경우에는 강제상태를 자초했으므로 피강요자에게 적법행위에 대한 기대가능성이 없다고 할 수 없기 때문이다.

(3) 효 과

강요된 행위에 있어서 피강요자의 행위는 기대가능성이 없으므로 **책임이 조각된다**. 따라서 강요된 행위는 위법행위이므로 이에 대한 정당방위는 가능하다. 강요자는 우월한 의사지배에 의해 피강요자를 자유 없는 도구로 이용했기 때문에 **간접정범이 성립**하므로, 강요자의 행위는 **강요죄와 피강요자가 실행한 범죄의 간접정범**이 되어 **양죄의 상상적 경합**이 된다. 예컨대 남편이 간통을 하지 않은 부인을 강요하여 허위고소를 하게 한 경우에는 강요죄와 무고죄의 간접정범이 된다.

이와 달리 우리 형법이 공범의 성립과 관련하여 제한적 종속형식을 취하므로, 강요자를 실행된 범죄의 간접정범이 아니라 **교사범으로 처벌**해야 한다는 견해도 있다.

3. 초법규적 책임조각사유

형법에 규정이 없더라도 책임이 조각되는 초법규적 책임조각사유로는 다음과 같은 경우를 들 수 있다.

(1) 위법한 명령에 따른 행위

상관의 위법한 명령에 따른 행위의 경우에는 어떤 경우에도 위법하다고 해야 한다. 그러나 군인 또는 공무원의 직무상의 명령 중에 위법하지만 **절대적 구속력을 가진 명령**에 따른 행위의 경우에는 적법행위에 대한 기대가능성이 없으므로 책임이 없다고 볼 수 있는 경우도 있다.

(2) 의무의 충돌

동시에 이행해야 할 둘 이상의 의무가 충돌하는 경우에 행위자의 사정으로 인해 높은 가치가 아니라 **낮은 가치의 의무를 이행한 경우**에 행위자의 행위는 위법하게 된다. 그러나 이 경우에도 다음과 같은 경우에는 책임이 조각될 수 있다.

첫째, 행위자가 **잘못 알고 낮은 가치의 의무를 이행한 경우**이다. 이때는 금지착오가 되어 정당한 이유 있는 착오의 경우에는 책임이 조각된다. **둘째**, 행위자가 낮은 가치인 줄 알면서 **부득이한 사유로 인해 낮은 가치를 이행한 경우**에도 기대가능성이 없으므로 책임이 조각된다. **셋째**, 객관적인 법질서나 사회윤리적 가치관의 관점에서는 높은 가치를 이행해야 하지만, 행위자 개인의 **종교·윤리관으로 인해 낮은 가치의 의무를 이행한** 때에는 **확신범**이 문제된다. 확신범에 대하여는 책임이 조각된다는 견해와 위법성은 물론 책임도 조각되지 않는다는 견해가 대립하고 있다.

(3) 생명·신체 이외의 법익에 대한 강요된 행위

자기 또는 친족의 생명·신체 이외의 재산·명예·정조 등의 법익에 대한 방어할 방법이 없는 협박에 의하여 강요된 행위는 형법 제12조의 강요된 행위에는 해당하지 않는다. 그러나 이 경우에도 책임조각사유의 기본원리에 비추어 적법행위에 대한 기대가능성이 없는 때에는 **초법규적 책임조각 또는 감경사유**를 인정할 수 있다.

제6장 미 수 론

제1절 미 수 범

Ⅰ. 서 론

1. 범죄실현의 단계

형법에서 일반적으로 범죄라고 할 때는 기수범을 말한다. 기수범이란 범죄의 법적 구성요건의 모든 요건을 충족한 때에 성립한다. 그런데 행위자의 범죄의사가 범죄로 실현되는 데에는 여러 단계를 거치게 된다. 범죄실현의 단계(Stufen der Straftat)를 구체적으로 살펴보면, **범죄의사** → **예비·음모** → **실행의 착수** → **결과발생**(구성요건의 형식적 종료) → **범죄의 실질적 종료**라는 단계로 이루어진다. 아래에서는 범죄실현에 이르는 각 단계의 의미를 살펴보기로 한다.

(1) 범죄의사

"누구든지 사상으로 인하여 처벌되지 않는다"는 법언이 있듯이, 어떤 사악한 범행을 결심했다고 하더라도 외부적으로 표출되지 않은 이상 비록 도덕적·종교적으로는 비난의 대상이 될지라도 법규범에 의한 비난의 대상은 될 수 없다. 만약 행위자의 주관적인 관념을 형법의 규제대상으로 삼는다면 형법은 지나치게 주관주의적 심정형법으로 변질되어 법집행자의 자의적인 법적용이 가능하게 됨으로써 인권이 침해되고 죄형법정주의는 형해화해 버리게 된다.

그러므로 행위자의 내부적인 범죄의사가 외부에 표시된 경우에 비로소 법규범의 평가대상이 된다. 행위자의 범죄결심이 외부적으로 표시되어 범죄가 성립하는 예로는 **모욕죄**(경멸의 의사표시)·**협박죄**(일정한 해악고지) 등을 들 수 있다.

(2) 예 비

예비(Vorbereitungshandlung)란 **범죄실현을 위한 일체의 준비행위**를 말한다. 예비행위는 범죄실행을 위한 준비 또는 계획의 단계이며 아직 범죄실행에 착수하기 이전 단계이므로 형법상 예비가 처벌되는 것은 예외에 속한다고 할 수 있다. 그것은 예비가 범죄실행행위의 전(前) 단계이므로 원칙적으로 형법이 금지하는 행위가 아닐 뿐만 아니라 기수와는 상당한 거리가 있으며, 나아가 그로 인해 일반인의 법감정이 현저히 침해되지도 않았고, 또한 행위자의 범의도 명백히 입증하는 것이 어렵기 때문이다.

그러나 예비행위라 하더라도 **간접적으로 침해되는 법익의 가치**와 **행위 또는 행위자의 위험성**으로 인해 그 자체가 **법적 평온에 중대한 위협**이 될 경우에는 입법자는 형사정책적인 이유에서 예외적으로 처벌할 수 있게 된다고 할 수 있다. 한편 **음모**(Komplott)란 범죄실현을 위한 **심리적 준비행위**로서 2인 이상이 범죄실현을 협의하는 경우이므로 이 경우도 범죄실행의 착수 이전의 준비단계의 한 유형이기 때문에 예비와 마찬가지의 의미를 지닌다고 할 수 있다.

우리 형법도 범죄의 음모 또는 예비행위가 실행의 착수에 이르지 아니한 때에는 법률에 특별한 규정이 없는 한 벌하지 아니한다고 규정하고 있다(제28조).

(3) 미 수

범죄의 실행에 착수하여 행위를 종료하지 못하였거나 결과가 발생하지 아니한 때를 말한다(제25조 제1항). 미수(Versuch)란 실행의 착수 이후부터 구성요건의 형식적 실현이 완성되기 전까지를 말한다. 미수는 실행에 착수한 점에서는 예비와 구별되며, 미수와 예비의 구별은 행위의 가벌성을 결정하는 데 중요한 의의가 있다.

(4) 기수와 종료

1) 기수와 종료의 구별

미수와 기수는 범죄실행의 착수 이후의 단계인 점에서는 동일하지만, 미수는 구성요건의 실현이 완성되지 못한 때를 의미함에 반하여, 기수(Vollendung)는 구성요건의 실현을 완성한 경우를 말한다. 또한 기수는 **구성요건의 형식적 실현**으로 완성되지만, 범죄의 **실질적 종료**는 보호법익에 대한 침해가 실질적으로 종료한 때이다. 따라서 계속범의 경우에는 위법상태 및 위법행위가 종료한 때 실질적으로 종료하며, 즉시범과 상태범은 기수가 되는 형식적 종료와 동시에 실질적으로도 종료하는 것이 원칙이다.

범죄의 실질적 종료(Beendigung)는 구성요건에 의해 보호되는 보호법익에 대한 침해가 행위자가 의욕한 의도대로 발생한 때이므로 **목적범**의 경우에는 **목적을 달성한 때 실질적으로 종료**한다. 그러므로 내란죄와 같은 상태범의 경우에는 다수인이 결합하여 국토를 참절하거나 국헌을 문란하게 할 목적으로 한 지방의 평온을 해할 정도의 폭행·협박행위를 하였을 때 기수는 이미 성립되지만,[1] 국헌문란의 목적을 달성한 때 이르러야 비로소 범죄가 실질적으로 종료한다고 할 수 있다.

2) 양자의 구별실익

기수(형식적 종료)와 실질적 종료를 구별하는 실익은 ① **공소시효의 기산점**은 범죄의 기수시가 아니라 범죄의 실질적 종료시이며, ② 범죄의 기수 이후에도 종료 이전에는 **공범성립이 가능**하고, ③ 형의 가중사유가 실질적 종료 이전에 실현된 경우에는 **가중적 구성요건의 적용이 가능**하게 된다. 그러므로 체포·감금 후에 가혹행위를 하는 경우에는 중체포·감금죄가 성립하게 된다. ④ 또한 정당방위에 있어서 침해의 현재성은 범죄의 실질적 종료시까지 존재하므로 실질적 종료시까지 **정당방위가 가능**하다는 점에 있다.

2. 미수의 처벌근거

미수범의 처벌근거에 대하여는 객관설, 주관설, 절충설 및 인상설이 대립한다.

(1) 객 관 설

객관설은 미수행위를 처벌하는 것은 구성요건에 의해 보호되는 객체에 대한 행위의 위험에 있다고 보는 입장이다. 즉 미수범은 **구성요건적 결과실현에의 근접한 위험**과 **결과발생의 높은 개연성** 때문에 처벌된다. 주관적 요소인 고의는 범죄실현의 모든 단계에서 동일하기 때문에 객관적인 측면에서 찾아야 한다는 견해이다.

객관설(objektive theorie)에 의하면 구성요건실현의 높은 개연성은 실행의 착수에 의하여 개시되고 미수행위의 **적합성**(Tauglichkeit)이 있어야 긍정되므로, 미수행위의 가벌성을 예비행위와의 관계에서 양적으로 제한하고 질적인 면에서는 불능범의 처벌을 부정하게 된다.

그러나 객관설이 위험이라는 기준으로 가벌성의 근거를 찾아 미수의 처벌범위를 제한하는 것은 타당하지 않다. 왜냐하면 ① 범죄의 본질은 특정한 **법익침해의 위험**에

1) 대판 1997. 4. 17, 96도3376.

있는 것이 아니라 공동생활의 **규범침해**에 있으므로, 미수범에 있어서 가벌성의 근거는 법익침해의 결과 내지 위험보다는 범죄자의 내적 관념이 되지 않을 수 없다. 또한 ② 객관설은 미수범을 임의적 감경으로 규정하고 있는 형법의 태도와도 일치하지 않는다.

(2) 주 관 설

주관설은 미수범의 처벌근거를 법익침해의 위험 또는 위험하지 않은 행위에 의하여 표현된 **법적대적 의사**(rechtsfeindlicher Wille)에 있다고 보는 입장이다. 즉 행위자의 범의에 나타난 법적대적 의사가 비록 보호법익에 대하여 아무런 위험이 없더라도 일반인의 법적 평온을 침해할 때는 행위반가치가 있으므로 원칙적으로 처벌되어야 한다는 입장이다. 그러므로 주관설(subjektive theorie)에 의하면 미수와 기수가 법적대적 의사가 있는 점에서는 같기 때문에 동일하게 처벌해야 하고 불능범에 대한 처벌까지도 긍정하지 않을 수 없게 된다.

행위자의 내심적 의사를 고려하지 않고서는 미수범을 생각할 수 없다는 점에서 볼 때 주관설은 일면 타당하다. 그러나 주관설은 행위자의 주관적 요소를 지나치게 강조함으로써 미수범의 처벌범위를 시간적으로(실행의 착수시기) 또는 질적으로(불능범) 확대하게 되어 형법을 **심정형법화**한다는 점에서 옳다고 할 수 없다.

(3) 절 충 설

절충설은 미수의 가벌성의 근거에 대하여는 **주관설에서 출발**하지만 **미수의 범위는 객관적 기준에 의하여 제한**하고자 하는 입장이다. 즉 미수의 처벌근거는 행위자의 범죄의사에 있지만, 그 가벌성은 **법배반적(적대적) 의사가 법질서의 효력과 법적 안정성에 대한 신뢰를 깨뜨리는 데 족할 때**에만 인정된다는 견해이다. 절충설(vermittelnde Auffassung)에 의하면 예비와 미수의 구별에 관해서는 주관적 표준과 객관적 표준을 결합하게 되고, 위험성이 없는 불능범은 처벌하지 않을 뿐만 아니라 미수범의 처벌은 기수범의 형에 비하여 임의적으로 감경하여야 한다.

절충설의 대표적인 예로 인상설을 들 수 있는데, **인상설**(Eindruckstheorie)이란 행위자의 주관적인 범죄의사가 객관적인 법적 평화를 혼란케 함으로써 법질서에 대한 **일반의 신뢰를 저해시키는 사회심리적 효과로서 법동요적 인상을 가져왔다는 점에 미수범의 처벌근거를 찾는 견해이다.** 즉 인상설은 미수범의 처벌근거는 범죄의사에 두면서, 미신범(迷信犯)의 불가벌성을 설명하기 위해 **법익평온상태의 교란에 대한 인상**이라는 객관적 요소를 고려하는 입장이라 할 수 있다. 이 견해는 **독일의 통설**이고 **우리나라 다수설**의 입장이다.

(4) 결 어

형법은 미수범의 형을 기수범보다 감경할 수 있도록 규정하여, 미수범을 기수범과 동일하게 처벌할 수 있도록 하고 있다(제25조 제2항). 또한 모든 범죄의 미수범을 처벌하는 것이 아니라 미수범으로 처벌할 수 있는 범죄를 각 본조에 정하도록 하며(제29조), 결과발생이 불가능하더라도 위험성이 있는 때에는 처벌하도록 불능미수를 규정하고 있다(제27조).

이것은 우리 형법이 주관주의의 위험형법과 객관주의의 침해형법의 절충적 입장을 취하고 있음을 나타낸다.[2)]

3. 형법상 미수범의 체계

형법상 미수범의 체계를 살펴보면 크게 장애미수와 중지미수로 나누어진다.

장애미수(Versuch)란 행위자의 의사에 반하여 범죄를 완성하지 못한 경우를 말하며, 협의의 미수라고 할 때는 이러한 장애미수만을 의미한다(제25조 1항).

이에 반하여 **중지미수**(Rücktritt)란 행위자의 자유의사에 의해 범죄를 중지한 경우를 말한다. 형법은 "범인의 자의로 실행에 착수한 행위를 중지하거나 그 행위로 인한 결과발생을 방지한 때에는 형을 감경 또는 면제한다"고 규정하고 있다(제26조).

한편 형법은 "실행의 수단 또는 대상의 착오로 인하여 결과의 발생이 불가능하더라도 위험성이 있는 때에는 처벌한다. 단, 형을 감경 또는 면제할 수 있다"(제27조)고 하여 **불능미수**(untauglicher Versuch)를 인정하고 있다. 불능미수도 넓은 의미에서는 장애미수이므로, 형법상 장애미수는 제25조의 장애미수와 제27조의 불능미수로 구분된다.

그러므로 형법상 미수범에는 **장애미수·불능미수 및 중지미수**의 3가지 종류가 있으며, 미수범에 대한 처벌은 장애미수의 형은 임의적 감경이고, 불능미수의 형은 임의적 감면이며, 중지미수의 형은 필요적 감면으로 각각 다르게 규정되어 있다.

---

2) 이재상/장영민/강동범, 375면; 임 웅, 340면; 정성근/박광민, 382면.

Ⅱ. 미수범의 구성요건

형법 제25조의 협의의 미수범이 성립하기 위해서는 실행에 착수하여 행위를 종료하지 못하거나 결과가 발생하지 않아야 하며, 또한 객관적 구성요건요소에 대한 인식과 의사인 고의가 있어야 한다.

그러므로 미수범이 성립하기 위해서는 주관적 구성요건요소로서의 **고의**와 객관적 구성요건으로서 **실행의 착수** 및 **범죄의 미완성**이라는 3가지 요건이 필요하다. 그러나 미수범의 이러한 세 가지 요건은 형법각칙상의 특별구성요건과 결합하여야만 충족될 수 있다. 그런 점에서 **미수범은 그 자체로서 성립하는 독립된 구성요건이 아니라** 형법각칙상의 특별구성요건과 결합하여 성립할 뿐이다. 말하자면 형법각칙 상 미수범을 처벌하는 규정이 있는 범죄, 예컨대 살인미수·절도미수 또는 사기미수 등이 성립할 뿐이다.

1. 주관적 구성요건요소로서의 고의

미수범이 성립되기 위해서는 구성요건실현에 대한 인식과 의사, 즉 고의가 필요하다. 미수범에 있어서 고의의 내용을 살펴보면 다음과 같다.

(1) **확정적 행위의사**(unbedingter Handlungswille)가 있어야 한다.

미수범의 경우에도 고의가 성립하기 위해서는 무조건적인 구성요건실현의사가 있어야 한다. 즉 확정적 행위의사가 있어야 한다. 조건적 행위의사만으로는 불충분하지만, 확정적 행위의사만 있으면 그 실행이 일정한 조건에 좌우되는 경우에도 고의는 인정된다.

(2) **기수의 고의**(Vollendungswille)가 있어야 한다.

기수의 고의가 있어야 한다. 처음부터 미수에 그치겠다는 고의, 즉 미수의 고의(Versuchsvorsatz)만이 있는 때에는 벌할 수 없는, 함정수사(agent provocateur)가 되어 가벌성이 없게 된다.

(3) 미수범은 **행위실현의 의사**가 전제되어야 한다. 따라서 과실범의 미수는 생각할 수 없다.

2. 실행의 착수

미수가 되기 위해서는 범죄실행의 착수가 있어야 한다. 실행의 착수란 **범죄실행의 개시**(Der Beginn der Ausführung)를 의미하며, **범죄적 기도의 개시와는 구별되어야** 한다. 실행의 착수는 예비와 미수를 구별하는 한계이다.

(1) 학설 검토

실행의 착수를 어떻게 이해할 것이냐에 대하여 객관설과 주관설 및 절충설(개별적 객관설)이 대립되고 있다.

1) 객 관 설

객관설은 실행행위의 개념을 객관적 기준에 의하여 정해야 한다는 견해이다. 즉 형법의 구성요건이 규정하고 있는 **'구성요건에 해당하는 실행행위'**(Tatbestandsmäßige Ausführungshandlung)가 실행의 착수시점이며, 행위의 위험성이나 행위자의 범죄의사의 강도 등의 기준은 법치국가적 원리에 반한다는 것이다. 객관설은 다시 두 가지로 나뉜다.

가. 형식적 객관설 형식적 객관설(formell－objektive Theorie)이란 행위자가 엄격하게 **구성요건에 해당하는 행위의 일부분을 실현하기 시작한 때** 비로소 실행의 착수가 있다는 견해이다. 이 견해에 따르면 절도죄는 재물에 손이 접촉했을 때, 살인죄는 총의 방아쇠를 당기기 시작할 때 비로소 실행의 착수가 있다고 하게 된다.

그러나 이 견해는 ① 결합범의 경우에는 구성요건의 일부분을 행하기 시작할 때에 대하여 용이하게 설명할 수 있으나, 하나의 행위로 이루어진 범죄의 경우에는 어느 때에 구성요건의 일부가 실현되는 실행의 착수가 있는지 명백하지 않게 된다.

또한 ② 실행의 착수문제는 구성요건의 일부가 실현되었을 때는 별로 문제가 되지 않고 오히려 구성요건의 앞 단계에 있을 때가 문제된다. 이 경우에 형식적 객관설에 의하면 실행의 착수가 없다고 보아야 하므로, 실제로 처벌해야 할 필요성이 있는 경우에도 예비·음모가 처벌되지 않는 범죄의 경우에는 처벌할 수 없게 되는 형사정책적 결함이 발생한다는 비판을 면할 수 없다.

나. 실질적 객관설 실질적 객관설(materiell－objektive theorie)이란 엄격한 의미에서의 구성요건적 행위가 있어야 범죄실행이 개시되는 것이 아니고 **구성요건적 행위의 직접 앞 단계의 행위를 실행할 때** 이미 실행의 착수가 있다고 하여 형식적 객관설

을 보완한 견해이다. 실질적 객관설은 다시 두 가지 입장으로 나누어진다.

① **자연적(객관적)으로 보아 구성요건적 행위와 필연적으로 결합되어 있기 때문에 그 구성요소로 볼 수 있는 행위가 있는 때에** 실행의 착수를 인정할 수 있다는 견해이다. 그러나 이 견해는 프랑크(Frank)의 자연적 생활관(natürliche Lebensauffassung)에 의해 판단하기 때문에 그 기준이 명백하지 않다는 비판을 면할 수 없다.

② **보호법익에 대한 직접적 위험 또는 법익침해에 밀접한 행위가 있는 때에** 실행의 착수가 있다고 보는 견해이다. 대법원 판례가 이 입장을 취하고 있는 경우[3]도 있다.

그러나 이 견해는 직접적 또는 밀접한 위험이라는 기준은 엄격한 기준이 될 수 없다는 점과 법익침해와 구성요건실현은 동일하지 않다는 점을 간과하고 있다. 예컨대 추상적 위험범의 경우에는 기수의 경우에도 직접적 위험을 요구하지 않는다는 점에서 비판을 받고 있다.

결국 객관설은 형법상 행위가 행위자의 주관적인 의사와 객관적인 표현으로 구성되어 있음에도 불구하고 행위자의 주관적인 범죄계획을 고려하지 않고 제3자의 입장에서 객관적으로만 범죄실행의 착수를 확정하려고 하는 점에 근본적인 문제가 있다고 할 수 있다.

2) 주 관 설

주관설은 범죄는 범죄의사의 표동이므로 **범의가 수행적 행위에 의해 확정적으로 나타난 때**, 또는 **범의의 비약적 표동**이 있는 때에 실행의 착수가 있다고 한다. 즉 실행의 착수를 **범죄적 의사(주관)의 외부적 표동(객관화)**으로 이해하는 견해이다. 대법원 판례가 간첩죄의 실행의 착수시기에 대하여 국내에 침입한 때라고 판시한 경우가 이에 해당한다.[4]

그러나 주관설에 의하면, ① 범죄를 범의의 표현이라 함으로써 예비도 범죄의사의 표현이라는 점에서는 미수와 같게 되어, 미수와 예비를 엄격히 구별할 수 없게 되어 가벌성의 확장을 가져올 위험이 있고, ② 실행의 착수시기를 범의의 비약적 표동 또는 범의가 수행적 행위에 의하여 확정적으로 표동된 때라고 하지만, 이는 구성요건의 유형을 벗어나서는 논증하기가 어렵다는 문제가 있으며, ③ 구성요건의 정형성을

---

3) 대판 1992. 9. 8, 92도1650; 대판 1999. 11. 26, 99도2461; 대판 2001. 7. 27, 2000도4298; 대판 2009. 12. 24, 2009도9667; 대판 2015. 3. 20, 2014도16920.

4) 대판 1969. 10. 28, 69도1606.

무시하고 지나치게 내부적 의사에 의존함으로써 구성요건의 지도형상적 기능을 무시하는 결과가 되어 죄형법정주의 이념에도 반한다는 비판을 면할 수 없다.

3) 주관적 객관설

객관설에 의하면 구성요건실현의 정형성을 강조함으로써 지나치게 엄격하여 실행의 착수시기가 너무 늦어지고, 주관설에 의하면 그 시기가 너무 빨라져서 부당하게 확대되기 때문에 실질적 객관적 요소와 주관적 요소를 절충하고자 한 견해가 주관적 객관설(subjektiv－objektive theorie)이다. 즉 **실행의 착수시기에 대한 본질적 기준은 객관적 표준인 행위의 객체 또는 구성요건의 실현에 대한 직접적 위험이 발생할 때**이나, 이에 대한 판단은 주관적 표준인 행위자의 **개별적인 행위계획**에 의해 결정해야 한다는 견해로서 주관적 객관설이 타당하다고 생각된다. 이 견해를 **개별적 객관설**이라고도 하며, **독일의 통설**이며 **우리나라 다수설**[5]의 입장이기도 하다.

(2) 실행의 착수시기

주관적 객관설에 의하면 실행의 착수는 반드시 구성요건에 해당하는 행위를 개시할 것을 요구하지는 않는다. 행위자의 주관적 행위계획을 고려하여 직접 구성요건에 해당하는 실행행위와 밀접한 행위가 있으면 실행의 착수가 있다고 할 수 있다. 그러나 이러한 실행의 착수에 대한 일반적인 기준을 구체화하는 것은 형법각칙상의 개별구성요건의 실행행위에 대한 해석의 문제이다.

1) 실행의 착수시기 판단의 기준

실행의 착수는 개별 구성요건에 해당하는 행위 또는 구성요건실현을 위한 직접적 행위가 개시되면 인정된다.

가. 구성요건적 행위의 개시 **구성요건의 일부가 실현**되면 구성요건적 행위가 개시되었다고 할 수 있다. 예컨대 살인의 의사로 총을 발사한 때, 사기를 위해 기망행위를 한 때에는 결과가 발생하지 않는 경우에도 살인미수 또는 사기미수가 된다. 강도죄나 강간죄의 경우에는 폭행·협박행위가 있을 때,[6] 야간주거침입절도죄는 야간에

---

5) 김일수/서보학, 518면; 박상기, 339면; 배종대, 496면; 손해목, 851면; 안동준, 181면; 이재상/장영민/강동범, 381면; 이형국, 275면.

6) 대판 2000. 6. 9, 2000도1253; 그러나 강간할 목적으로 피해자의 집에 침입하였다 하더라도 안방에 들어가 누워 자고 있는 피해자의 가슴과 엉덩이를 만지면서 간음을 기도하였다는 사실만으로는 강간의 수단으로 피해자에게 폭행이나 협박을 개시하였다고 보기는 어렵다(대판 1990. 5. 25, 90도607).

주거에 침입하는 때,[7] 특수절도죄는 야간에 건조물의 일부를 손괴할 때[8]에 실행의 착수가 있다고 보아야 한다.

그러나 결합범의 경우에는 경합의 방법에 따라서 구성요건의 일부실현만으로 실행의 착수를 인정할 수 없는 경우도 있다. 예컨대 **강도살인**(제338조)의 경우에는 강도행위의 실행의 착수가 아니라 살해행위를 개시한 때이며, **준강도죄**(제335조)는 절도행위에 착수할 때가 아니라 폭행·협박행위를 개시한 때이다.

나. 구성요건실현을 위한 직접적 행위 구성요건적 행위가 개시되지 않더라도 **구성요건실현을 위한 직접적인 행위**가 있으면 실행의 착수가 있다고 할 수 있다. 이때 **직접성**이란 구성요건적 행위와 **시간적·장소적으로 접근한 경우**에 인정할 수 있다. 절도죄의 경우에 타인의 재물을 절취하는 데 시간적, 장소적으로 접근한 행위를 한 때 실행의 착수가 인정된다. 예컨대 절도죄에 있어서는 절취물을 물색하거나 재물에 접근한 때라고 할 수 있으며, 판례도 절취할 생각으로 주거에 침입하여 부엌에서 재물을 물색한 경우에는 실행의 착수가 인정된다[9]고 판시하고 있다.

그러나 구성요건실현을 위해서 행위자의 **별도의 실행행위가 필요한 경우**에는 구성요건실현을 위한 직접적인 행위라 할 수 없다. 따라서 돈을 절취할 의사로 피해자를 골목길로 유인한 경우,[10] 재해피해신고만 하고 보조금지원 지급신청을 하지 않은 경우,[11] 자동차 안의 물건을 훔칠 생각으로 면장갑과 칼을 소지하고 손전등으로 자동차 내부를 비추어 본 경우[12] 등은 구성요건실현을 위한 직접적인 행위가 아니라 그 전 단계인 **예비단계**에 불과하므로 실행의 착수가 있다고 볼 수 없다.

다. 범죄의사의 고려 실행의 착수가 있는가 여부, 즉 구성요건실현을 위한 직접적인 행위가 있는가는 행위자의 범죄의사 내지 범죄계획을 고려하여 행위자의 의도대로 진행되면 다른 본질적인 중간행위가 개입하지 않더라도 구성요건이 실현될 수 있는 행위에 착수했는가가 문제된다. 즉 **행위자의 범죄계획에 의한 행위가 보호법익에 직접적 위험을 초래할 때** 실행의 착수가 인정된다. 예컨대 살인죄는 살인의 고의로 방아

7) 대판 2006. 9. 14, 2006도2824.
8) 대판 1986. 9. 9, 86도1273.
9) 대판 1987. 1. 20, 86도2199.
10) 대판 1983. 3. 8, 82도2944.
11) 대판 1999. 3. 12, 98도3443.
12) 대판 1985. 4. 23, 85도464.

쇠를 겨누는 행위를 할 때이고, 살인의 고의로 피해자를 폭행할 경우, 폭행이 행위자의 전체범죄계획의 일부를 이룰 때에는 살인죄의 실행의 착수가 있다고 볼 수 있다.

2) 특수한 경우의 실행의 착수시기

가. 공동정범과 공범의 실행의 착수시기 공동정범은 공동적 행위계획에 따라 범행을 실행하므로 공동정범자의 전체행위를 기초로 실행의 착수시기를 판단해야 한다. 따라서 공동정범자 중 **일부가 실행에 착수한 때**에는 모든 공동정범자에게 실행의 착수를 인정하게 된다.

그러나 협의의 공범인 교사범이나 종범은 **정범의 실행행위**가 있는 때에 비로소 실행의 착수가 있게 된다.

나. 간접정범의 실행의 착수시기 간접정범의 실행의 착수시기에 관하여는 견해가 대립한다.

(가) 피이용자 이용행위시설 간접정범에서는 이용자가 피이용자를 이용하기 시작할 때 실행의 착수가 있다는 견해로 **통설**[13]의 입장이다.

(나) 이 원 설 피이용자가 악의인가 선의인가에 따라 실행의 착수시기를 구별하여 이해하는 견해이다. 즉 피이용자가 **선의의 도구**일 때는 이용자의 **이용행위**가 있을 때이고, 피이용자가 **악의의 도구**일 때는 피이용자의 조종의사에 의해 구성요건 실현의 위험이 좌우되므로 피이용자의 **실행행위**가 있을 때 실행의 착수가 있다는 견해이다.[14]

(다) 피이용자의 실행행위시설 개별적 객관설의 이론을 간접정범에 있어서도 그대로 적용하여 피이용자의 실행행위가 있어야 실행의 착수가 있다는 견해이다.[15] 다만 이 견해도 간접정범이 더 이상 행위지배를 하지 않거나 범죄완성만을 위한 실행을 피이용자에게 맡긴 때에는 그 이전에도 실행의 착수를 인정하여 미수를 인정할 수 있다고 한다.

생각건대 간접정범은 피이용자를 생명 있는 도구처럼 이용하여 구성요건을 실현하는 범죄이므로 피이용자의 의사를 지배하는데 정범성의 근거가 있다. 따라서 간접정범의 실행의 착수시기는 **이용자가 피이용자의 의사지배에 착수**할 때 실행의 착수가

13) 박상기, 340면; 손해목, 854면; 안동준, 182면; 임 웅, 336면; 이재상/장영민/강동범, 384면.
14) 김종원, 284면; 배종대, 499면; 정성근/박광민, 388면.
15) 신동운, 661면; 이형국, 277면.

있다고 보아야 하므로, 즉 이용자가 선의인가 악의인가를 불문하고 피이용자를 이용하기 시작할 때 실행의 착수가 있다고 보는 입장이 타당하다.

다. 원인에 있어서 자유로운 행위 원인에 있어서 자유로운 행위의 실행의 착수시기에 관하여는 원인행위시설과 실행행위시설의 대립이 있다.

(가) 원인행위시설 종래의 통설은 원인에 있어서 자유로운 행위를 자신의 책임능력결함상태를 도구로 이용하는 간접정범으로 이해하여 원인행위시에 실행의 착수가 있다고 한다.

(나) 실행행위시설 그러나 실행행위는 구성요건의 정형성을 떠나서는 논의할 수 없으므로 책임능력이 없는 상태에서의 **구성요건적 행위시**에 실행의 착수가 있다고 보아야 한다. 다만 가벌성의 근거는 행위책임동시존재의 원칙에 대한 예외로서 실행행위와 원인행위의 불가분적 관계에서 찾을 수 있다.

3. 범죄의 미완성

범죄가 완성에 이르지 않아야 한다. 여기서 범죄완성이란 구성요건적 결과가 발생하는 것을 말하며 범죄목적을 달성했느냐 여부는 문제가 되지 않는다. 또한 구성요건적 결과가 발생했다 하더라도 실행행위와 인과관계가 없거나 인과관계의 존부에 관한 본질적 착오가 있음으로써 결과를 행위자에게 귀속시킬 수 없는 경우에도 기수가 될 수 없다.

형법은 범죄가 미완성되는 경우에 대하여 행위자가 실행에 착수하여 그 행위를 종료하지 못한 경우인 **착수미수**(미종료미수: unbeendeter Versuch)와 실행행위는 종료했으나 예상했던 구성요건적 결과가 발생하지 않은 경우인 **실행미수**(종료미수: beendeter Versuch)로 구별하고 있다. 양자 사이에는 처벌에 차이를 두고 있지 않으므로 형법상 중요한 의미를 지니지는 않으나, 중지미수를 결정하는 데는 실익이 있다.

Ⅲ. 미수범의 처벌

미수범으로 처벌할 죄는 형법 각 본조에서 정한다(제29조)고 규정하고 있음으로써, 미수범은 개별적으로 처벌규정을 둔 경우에 한하여 처벌된다. 또한 미수범에 대한 처벌은 원칙적으로 기수범과 동일하지만, 형을 감경할 수 있다고 규정함으로써 임

의적 감경(fakultative Strafmilderung)사유로 규정하고 있다. 이것은 미수범의 처벌근거가 행위자의 범죄의사와 위험성에 있으므로 원칙적으로 결과의 발생 여부에 따라 기수와 형의 차이가 없지만, 다만 주관적 요소의 강약에 따라 형을 감경할 수 있도록 규정하고 있는 것이다. 따라서 우리 형법은 미수범의 처벌근거에 대하여 **절충설의 입장**을 취하고 있다고 할 수 있다.

그런데 미수범의 처벌시에 형을 기수에 비해 감경할 것인가를 정함에 있어서는 ① **행위자의 전체인격과 행위상황**을 고려하여 결정해야 한다는 견해도 있지만, ② **미수의 불법과 책임내용**이 기수보다 경한가 여부에 따라 판단해야 한다는 **다수설**인 후자의 입장이 타당하다.

또한 미수를 감경할 경우에 주형은 감경할 수 있으나, 부가형 또는 보안처분은 감경할 수 없다. 징역형과 벌금형이 병과된 때에는 징역형뿐만 아니라 벌금형도 감경할 수 있다.

Ⅳ. 관련문제

1. 거동범의 미수

단순거동범은 구성요건상 결과발생이 불필요하므로 미수문제는 발생하지 않는다. 예컨대 폭행죄는 사람의 신체에 대한 유형력의 행사로 이미 기수가 성립되므로 폭행죄의 미수범은 성립할 여지가 없을 뿐만 아니라 처벌하는 규정도 없다.

2. 부작위범과 미수

(1) 진정부작위범과 미수

진정부작위범은 결과의 발생을 요건으로 하지 않고 요구되는 행위의 부작위로 인해 범죄는 완성하게 된다. 그러므로 진정부작위범의 경우에는 불능범의 경우를 제외하고는 미수를 생각할 수 없다. 따라서 형법이 진정부작위범인 **퇴거불응죄의 미수규정**(제322조, 제319조 제2항)을 둔 것은 입법론적 오류이다.

(2) 부진정부작위범

부진정부작위범은 부작위에 의한 작위범으로서 결과발생을 요하는 결과범이어서 **부작위에 의한 미수**가 가능하다. 부진정부작위범의 미수와 관련해서는 실행의 착수시기를 어느 때로 볼 것인가가 문제되고, 이에 대하여는 다음과 같이 견해가 대립한다.

첫째, 부진정부작위범에 있어서 보증인에 의한 작위의무의 발생시기, 즉 실행의 착수시기는 보증인에 의한 **결과발생방지를 위한 행위가 처음으로 가능한 때**라는 견해이다. 이 견해에 의하면, 예컨대 산모가 유아를 아사시키기 위하여 처음으로 젖을 주지 않으면 이미 실행에 착수했으므로 미수라고 하게 된다.

둘째, 부진정부작위범에 있어서 보증인은 최후에 결과발생방지조치를 취하면 족하므로 **결과발생방지가 가능한 마지막 순간에 실행의 착수**가 있다고 보는 견해이다.

셋째, **보호법익에 대한 급박한 구체적인 위험이 있음에도 불구하고 부작위로 나아가 구성요건적 불법결과를 발생할 수 있게 한 때** 실행의 착수가 있다고 보는 견해이다.

생각건대 부진정부작위범에 있어서는 보증인이 구조행위를 지체함으로써 **피해자에게 직접적인 위험이 발생하거나 기존의 위험이 증대되었을 때**에는 이미 미수가 된다고 보아야 하므로, 실행의 착수시기는 보호법익에 대한 급박한 구체적인 위험이 있는데도 불구하고 부작위로 나아가 구성요건적 불법결과를 실현할 수 있게 한 때에 실행의 착수가 있다고 보는 세 번째 견해가 타당하고 생각된다.

3. 결과적 가중범과 미수

결과적 가중범에 대하여 미수범이 성립할 것인가가 문제된다. 이것은 형법이 결과적 가중범에 대하여 미수를 처벌하는 규정을 두고 있기 때문이다. 즉 형법상으로는 **인질치사상죄**(제324조의3, 4), **강도치사상죄**(제337, 338조), **해상강도치사상죄**(제340조 제2, 3항) 및 **현주건조물 등에의 일수치사상죄**(제177조 제2항)에, 그리고 형사 특별법인 **"성폭력범죄의 처벌 등에 관한 특례법"**에서는 **특수강도강간치사상죄, 특수강간치사상죄, 친족관계에 의한 강간치사상죄, 장애인간음치사상죄**에 대하여 미수범(동법 제15조)을 처벌하는 규정을 두고 있다.[16]

이러한 미수범 처벌규정의 해석과 관련해서는, 결과적 가중범의 미수는 있을 수 없으므로 형법 및 특별형법상의 결과적 가중범에 대한 미수범 처벌규정은 **고의범인 인질상해·살인죄, 강도상해·살인죄** 등에만 적용해야 한다는 **부정설**[17]과 형법 및 특별

---

16) 강간치사상죄가 종래에는 강간살인과 강간상해의 고의범을 포함하는 부진정결과적 가중범이었으나, 1995년 형법개정으로 강간상해죄(제301조)와 강간살인죄(제301조의2)의 규정을 별도로 신설하였으므로 현재는 진정결과적 가중범이다.

17) 김일수/서보학, 478면; 신동운, 529면; 오영근, 254면; 이재상/장영민/강동범, 388면; 이정원,

형법이 결과적 가중범의 미수범 처벌규정을 두고 있을 뿐만 아니라 미수와 기수는 결과불법에 있어서 차이가 있으므로 결과적 가중범의 미수가 가능하다는 **긍정설**[18]이 대립한다.

독일에서는 결과적 가중범의 미수범이 원칙적으로 성립가능하다는 견해가 통설이다. 그리고 결과적 가중범의 미수가 성립 가능한 경우로는 ① 기본범죄가 미수이고 중한 결과가 발생한 경우, ② 기본범죄가 기수이고 중한 결과가 발생하지 않은 경우, ③ 기본범죄가 미수이고 중한 결과도 발생하지 않은 경우를 들고 있다.[19]

그런데 진정결과적 가중범의 경우에는 결과가 발생하지 않은 때에 과실에 의하여 야기된 중한 결과에 대한 미수(이른바 과실범의 미수)는 불가능하므로, 중한 결과를 고의로 야기한 **부진정결과적 가중범**에 있어서만 문제된다. 그런 점에서 ③의 경우는 ②의 경우와 함께 살펴볼 수 있다.

따라서 결과적 가중범의 미수가 가능한가에 대하여는 다음의 두 가지 경우를 살펴볼 필요가 있다.

(1) 기본범죄가 미수이고 중한 결과가 발생한 경우

이 경우에 결과적 가중범의 미수를 긍정하는 견해와 부정하는 견해가 대립한다. **긍정설**[20]은 기본범죄의 기수와 미수는 **결과불법**에 있어서 차이가 있으므로 기본범죄가 미수인 때에는 결과적 가중범의 미수를 인정하는 것이 **책임원칙**에 충실하다는 점을 근거로 내세우는 입장으로서 독일에서는 통설이기도 하다.

그러나 기본범죄의 미수범을 처벌하는 경우에는 기본범죄가 미수인 때도 기본범죄를 완성하지는 않아도 기본범죄를 실현하고자 했다는 점에서는 차이가 없으며, 또한 중한 결과가 발생했다는 점에서 보면 결과불법에 있어서 차이가 있는 것도 아니므로 중한 결과가 발생한 이상 **결과적 가중범의 기수**가 된다고 보는 **부정설**[21]이 타당하다고 생각된다. **판례**도 부정설의 입장에서 예컨대 강간이 미수에 그친 경우에도 상해의 결과가 발생한 때에는 강간치상죄가 성립한다고 판시하고 있다.[22]

396면; 정성근/박광민, 448면.

18) 박상기, 303면; 손동권, 304면; 임 웅, 517면.

19) Jescheck/Weigend, S. 524－525.

20) 김일수/서보학, 478면; 임 웅, 517면.

21) 박상기, 305면; 신동운, 530면; 이재상/장영민/강동범, 388면.

22) 대판 1988. 8. 23, 88도1212; 대판 1995. 5. 12, 95도425; 대판 2008. 4. 24, 2007도10058.

(2) 부진정결과적 가중범의 경우에 중한 결과가 발생하지 않은 경우

기본범죄에 대한 고의를 가지고 중한 결과를 과실로 야기한 경우뿐만 아니라 고의 내지 미필적 고의로 야기한 경우에도 성립하는 부진정결과적 가중범[23]에 있어서, 중한 결과에 대한 고의(미필적 고의)는 있었지만 결과가 발생하지 않은 경우에는 결과적 가중범의 미수를 이론상으로 생각할 수 있다.

그러나 이 경우에 과연 부진정결과적 가중범의 미수를 인정할 것인가에 관하여는, ① 현행법상 결과적 가중범의 미수범을 처벌하는 규정이 없으므로 미수범의 성립을 인정할 수 없다는 부정설[24]과 ② 현행법상으로도 부진정결과적 가중범인 **현주건조물 등에의 일수치사상죄의** 미수범 처벌규정(제182조)이 있으므로 결과적 가중범의 미수를 인정할 수 있다는 견해[25]가 대립된다.

생각건대 형법이 비록 부진정결과적 가중범인 현주건조물 등에의 일수치사상죄에 미수범 처벌규정을 두고 있지만, 같은 부진정결과적 가중범인 현주건조물방화치사상죄나 교통방해치사상죄에 관하여는 미수범 처벌규정을 두고 있지 않으므로 현주건조물 등에의 일수치사상죄의 경우에만 미수범을 처벌해야 할 이유가 없다. 따라서 이 규정은 다른 규정과의 균형을 고려하면 현주건조물일수와 상해·살인의 고의의 결합범에 대해서만 적용[26]되는 것으로 제한적으로 해석해야 하고, 결국 **결과적 가중범의 미수란 불가능**하다고 해석하는 입장이 타당하다.

---

23) 형법상 부진정결과적 가중범을 인정할 것인가에 대하여는 부정설과 긍정설이 대립한다. 긍정설은 현주건조물 등에의 방화치사상죄(제164조 제2항), 현주건조물 등에의 일수치사상죄(제177조 제2항), 교통방해치사상죄(제188조)를 부진정결과적 가중범으로 보고 있다.

24) 김일수/서보학, 477면; 신동운, 529면; 오영근, 255면; 이재상/장영민/강동범, 389면; 이정원, 396면; 정성근/박광민, 445면. 이 경우에는 결과가 발생하지 않았으므로 결과적 가중범이 될 수 없다는 입장도 있다(배종대, 710면).

25) 박상기, 304면; 임 웅, 518면.

26) 현주건조물 등에의 일수치사상죄의 미수범 처벌규정은 현주건조물 등에의 일수의 고의와 살인·상해의 고의(또는 미필적 고의)로 현주건조물 등에 일수를 했으나 상해나 사망의 결과가 발생하지 않은 경우, 즉 현주건조물 등에의 일수죄와 살인미수(또는 상해미수)의 결합범의 경우에만 적용된다고 할 수 있다. 입법론적으로는 제182조의 미수범 처벌규정에서 현주건조물 등에의 일수치사상죄(제177조 제2항)를 제외시키는 것이 타당하다.

제 2 절 중지미수

I. 중지미수의 의의

1. 개 념

중지미수(Rücktritt vom Versuch)란 범죄실행에 착수한 자가 범죄완성 전에 자의로 이를 중지하거나 결과발생을 방지한 경우를 말한다. 형법은 제26조에 중지미수에 대하여 형을 필요적으로 감경 또는 면제하도록 규정하고 있다. 중지미수도 미수범의 한 유형이지만 범죄자 자의에 의하여 결과발생이 중지되었다는 점에서 외부적 사정 등 비자의적으로 결과가 발생하지 않은 미수인 장애미수(제25조) 및 불능미수(제26조)와 구별된다.

중지미수의 처벌에 대하여는 각국의 입법례에 따라 다르다. 영미법계에서는 중지미수나 장애미수를 구별하지 않고 처벌하지만, 독일·오스트리아·그리스 형법은 처벌하지 않고 있다. 한편 스위스 형법은 착수미수는 처벌하지 않지만, 실행미수는 형을 감경할 수 있도록 규정하고 있다. 우리 형법은 이러한 사정을 감안하여 절충적 입장에서 **필요적 감면사유**로 규정하고 있다.

2. 법적 성격

(1) 형사정책설

중지미수의 형을 감면하여 특별취급하는 이유에 대하여 기수를 방지하려는 형사정책적 고려에 있다고 보는 견해이므로 형사정책설(kriminalpolitische Theorie)이라 불리어진다. 이른바 **"되돌아가는 황금의 다리이론"**이라 불리는 이 견해는 미수의 단계에 이른 행위자에게 **범죄완성을 중지하거나 결과발생을 방지하기 위한 충동**을 주기 위해 형의 감면이라는 형사정책적 고려를 하고 있다고 보는 입장[27]이다.

그러나 이 견해는 ① 형벌이 감면된다는 사실이 일반인에게 알려져 있지 않을 때에는 형사정책적 효과가 없게 되는데, 대부분의 행위자는 행위시에 이러한 고려를 하지도 않으므로 행위자의 결의에 아무런 영향을 미치지 못하게 되며, ② 또한 독일

27) 신동운, 478면.

형법이 중지미수를 필요적 형면제사유로 규정하고 있는 것과는 달리, 우리 형법은 필요적 감면사유로 규정하고 있으므로 상대적으로 형사정책적 효과가 크지 않고, ③ 나아가 형의 감경 또는 감면에 대한 구별기준도 제시하지 못한다는 비판을 받고 있다.

(2) 법 률 설

법률설(Rechtstheorie)은 중지미수의 형을 감면하도록 하는 근거에 대하여 범죄성립요건의 하나인 위법성 또는 책임의 감소·소멸에서 구하는 견해이다. 이 견해는 다시 위법성감소·소멸설과 책임감소·소멸설로 나누어진다.

1) 위법성(불법)감소·소멸설

미수범에 있어서 결의, 즉 고의는 주관적 불법요소이고 위법성의 요소이므로, 이 결의를 중지하는 것은 위법성을 감소·소멸시킨다는 견해이다.

그러나 이 견해는, ① 전체적인 법질서에 배치되어 위법하다고 평가된 행위를 나중에 위법성이 감소·소멸한다고 할 수 없으며, ② 중지미수를 위법성감소·소멸사유라고 이해할 때 공범 중 1인의 중지효과가 다른 공범에게도 효력을 미치게 되므로 중지범의 일신전속적 성질에 반하게 되고, ③ 위법성이 소멸된다면 무죄판결을 해야 하나, 형의 면제판결을 하는 형법의 태도와 일치하지 않는다는 비판을 면할 수 없다.

2) 책임감소·소멸설

중지미수는 행위자의 규범의식의 각성 또는 행위자의 인격태도로 인해 실행에 착수한 후 범행을 중지한 경우이므로, 책임이 감소 또는 책임의 감소와 소멸로 보아야 한다는 견해[28]이다.

그러나 이 견해는, ① 책임이 감소된다는 것만으로는 형의 면제를 설명하기 어렵고, ② 책임이 소멸하면 무죄판결을 해야 하나 형의 면제판결을 하는 형법의 태도와 일치하지 않으며, ③ 범행의 중지로 책임이 조정된다고는 할 수 있어도 책임이 조각된다고 할 수 없다는 비판을 면할 수 없다.

(3) 결 합 설

형사정책설과 법률설의 결합에 의하여 중지미수의 형을 감경 또는 면제하는 이유를 설명하려는 견해이다. 결합설에는 위법성감소설과 형사정책설, 책임감소설과 형사정책설, 위법성감소설과 책임감소설 및 형사정책설을 결합하는 견해가 있지만, 우

---

28) 김종원(공저), 293면.

리나라에서는 **책임감소설과 형사정책설의 결합설**이 종래의 다수설[29]이었다. 이는 중지미수의 형의 감경은 책임감소에 근거하고, 형의 면제는 형사정책설에 근거하고 있다고 보는 견해이다.

그러나 결합설도, ① 형의 감경과 면제에 대한 기준을 제시하지 못한다는 점과, ② 중지미수의 법적 성격에 대하여 법률설과 형사정책설을 결합함으로써 형의 감경과 면제에 대하여 일관성 있게 설명을 하지 못한다는 비판을 면할 수 없다.

(4) 보상설과 형벌목적설 및 책임이행설

중지미수의 본질에 대하여 범죄성립요건의 감소 또는 소멸과 형사정책적 고려라는 점을 분리하지 않고 합일적으로 설명하고자 하는 이론으로는 보상설과 형벌목적설 및 공적설이 있다.

1) 보 상 설

중지미수를 특별취급하는 이유를 행위자가 자의로 결과의 발생을 방지함으로써 **합법의 세계로 회귀한 공적에 대한 보상**이라고 보는 견해이다. 즉 행위자가 자의에 의해 결과발생을 방지한 것은 미수의 불법과 일반의 법의식에 대한 행위자의 **부정적 작용을 회복**시킨 것이므로 **미수에 대한 가벌성이 감소 또는 소멸**하는 것으로 보아, 자의에 의한 중지의 공적을 보상하는데 중지미수를 특별취급하는 이유라고 보는 견해로서, 이를 **공적설**(功績說: Verdienstlichkeitstheorie), **보상설**(prämien theorie), 또는 **은사설**(恩赦說: Gnadentheorie)이라고도 한다.[30]

이 이론에 대한 비판으로는 이미 미수행위에 의해 실현되어진 범행에 대하여 형벌목적에 따라 부과되어야 할 형벌이 예외적으로 포기되거나 감경되어지는 것은 공적에 대한 보상의 문제가 아니라 형벌이 필요한가라는 형법문제라는 지적이 있다.

그러나 이 점에 대하여는 결과발생을 자의로 중지한 공적은 **형벌권의 발생**이나 **양형의 기초자료**로 고려하여 이에 대한 보상으로 이해할 때는 중지미수를 특별취급하는 합리적인 근거가 될 수 있다[31]고 한다.

2) 형벌목적설(Strafzwecktheorie)

형벌의 목적인 일반예방 및 특별예방을 고려해볼 때, 행위자가 자의로 법의 세계로 회귀한 중지미수는 **행위자의 범죄의사와 행위의 위험성도 현저히 약화되었으므로 처**

29) 오영근, 558면; 진계호, 332면; 황산덕, 232면.

30) 손해목, 871면; 이형국, 286면; 정성근/박광민, 395면.

31) 이재상/장영민/강동범, 392면.

벌의 필요성이 감소·소멸되어 형을 감경 또는 면제하는 특별취급을 한다는 견해이다.[32] 독일의 BGH의 판례가 취하는 입장이다.

그러나 형벌목적설에 대하여는 중지미수의 사유가 우연한 외적 상황에 의해 발생한 경우에는 행위자의 범죄의사나 행위의 위험성이 약화된 것이라 볼 수 없다는 비판이 있다.

이 견해는 중지미수에 대한 보상으로 형벌목적에 대한 고려를 반드시 배제하는 것은 아니기 때문에 보상설과 대립되는 견해라고는 할 수 없다.[33]

책임감경사유라는 견해와 양형사유라는 견해로 나누어진다.

3) **책임이행설**(Schulderfuellungstheorie)

중지미수는 행위자가 자기의 귀책가능한 행위에 의한 범죄완성에 대해 그에게 부과된 **원상회복의무의 책임을 이행**하였으므로 특별취급한다는 견해이다.[34]

그러나 이 견해는 ① 중지미수는 실행의 착수로 인해 법익침해에 대한 위험을 이미 초래하였으므로 실행의 중지나 결과방지만으로는 책임을 이행하였다고 할 수 없으며, 또한 ② 의무합치적인 중지미수는 중지미수로 특별취급한다는 의미와 같으므로 동의반복에 불과하다는 비판을 받지 않을 수 없다.

그 외에 (5) 양형의 특별한 기준으로 보는 견해, (6) 다른 정황보다 우월한 정상으로 보는 견해 등이 있다.

(5) 결 어

중지미수는 **자의**로 범죄의 실행을 중지하거나 결과발생을 방지하였으므로 책임이 사후적으로 감경되는 점은 부정할 수 없다. 그러나 형법은 중지미수를 감경·면제하도록 규정하고 있으므로, 중지미수의 본질을 통일적으로 설명하기 위해서는 공적에 따라 형을 감경·면제하도록 보상하는 것이라고 해석하는 **보상설**(**공적설**)이 타당하다.

보상의 근거는 책임감소일 수도 있고 형벌목적의 소멸일 수도 있다.

---

32) 김성천/김형준, 431면; 손동권, 356면; 유인모, 중지미수의 법적 성격(김종원화갑기념논문집), 369면; 정현미, 중지미수의 형의 감면의 근거(법학논집 7권1호), 81면. 한편 김일수 교수는 형벌목적설에 의한 책임감소에서 중지미수의 형감면의 법적 성격을 파악해야 한다는 입장으로서, 이를 **"형벌목적론적 책임감소설"**이라 부른다(김일수/서보학, 535면).

33) 이재상/장영민/강동범, 393-394면.

34) 최우찬, "중지미수"(고시연구, 1992. 2), 42면; Herzberg, Zum Grundgedanken des §24 StGB, NStZ 1989, 49.

종래의 통설인 결합설은 형의 감경의 경우는 책임감소이고 면제의 경우는 형사정책인 고려만이 근거가 된다고 하여 이원적으로 중지미수의 법적 성격을 파악하는 입장이었다.

그러나 형의 감경과 면제의 경우를 통일적으로 설명할 수 있는 보상설에 의하면 공적에 따른 보상으로 형을 감경 또는 면제할 수 있고, 그 근거는 책임감소 또는 형벌목적의 소멸이다.

중지미수에 있어서 **형의 면제와 감경의 법적 성질**은 중지미수의 법적 성격을 어떻게 이해할 것인가에 따라 달라진다.

결합설에 의할 때 중지미수에 있어서 형의 면제의 경우는 **인적 처벌조각사유**에 해당하고, 형을 감경하는 경우에는 **책임감경사유**에 해당하게 된다.

형벌목적설에 의하면 중지미수를 **책임감경사유**라고 이해하는 견해[35]와 **양형사유**라고 이해하는 견해[36]로 나뉜다. 형벌목적에 의한 책임감경사유로 보는 입장은 예방적 책임론을 전제로 하고 있으며, 이를 양형사유로 보는 입장은 형의 면제와 감경을 통일적으로 설명하기 위하여 중지미수의 법적 성질을 밝히는 것을 포기했다는 비판을 받는다.

보상설에 의하면 형의 면제와 감경이 **인적 처벌조각사유**가 되지만, 인적 처벌조각사유로 형의 감경을 설명할 수는 없다.

따라서 보상에 책임감경이 포함된다고 해석하면 결합설과 같이 중지미수에 있어서 **형의 면제**는 **인적 처벌조각사유**이고, **형의 감경**은 **책임감경사유**가 된다.

보상설과 형벌목적설의 결합을 주장하는 견해[37]와 **보상설과 책임감소설 및 형사정책설의 결합**을 주장하는 견해[38]가 있다.

II. 중지미수의 성립요건

중지미수가 성립하기 위해서는 주관적 요건으로 자의성이 요구되며, 객관적 요건으로는 실행에 착수하여 실행행위를 종료하지 못하였거나(착수미수), 또는 실행행위는

35) 김일수/서보학, 534면.
36) 류인모, 369면; 정현미, 81면.
37) 박상기, 347면.
38) 임 웅, 352면.

종료했으나 결과가 발생하는 것을 방지하는 행위(**실행미수**)가 있을 것을 요한다.

1. 주관적 요건

범인이 실행에 착수한 후 자의로 범죄를 완성하지 않은 경우를 중지미수라 한다. 자의성(自意性: Freiwilligkeit) 여부는 장애미수와 중지미수의 구별기준이 된다.

(1) 견해의 대립

자의성을 어떻게 이해하느냐에 대하여는 객관설, 주관설, 프랑크의 공식, 절충설 및 규범설이 대립한다.

1) 객 관 설

외부적 사정(물질적 장애)과 내부적 동기로 구분하여 행위자가 **내부적 동기**에 의해 범죄를 완성하지 않은 경우는 중지미수에 해당하고 그렇지 않은 경우에는 장애미수라는 견해이다.

그러나 객관설에 의하면 ① 외부적 사정과 내부적 동기의 구별이 곤란해지고, ② 내부적 동기로 인한 범죄의 미완성을 모두 자의성에 의한 중지미수로 보게 됨으로써 중지미수의 성립범위가 지나치게 넓어진다는 비판을 면할 수 없게 된다. 이 견해에 의하면 예컨대 낙엽이 바람에 스치는 소리를 경찰관이 방범순찰을 하는 것으로 오인하고 절도행위를 중지한 경우에도 중지미수로 보게 된다.

2) 주 관 설

후회·동정·연민 기타 윤리적 동기에 의해 중지한 경우만이 중지미수이고 그 외의 경우는 모두 장애미수라는 견해이다.

그러나 주관설은 자의성과 윤리성을 혼동하여 윤리적인 내부적 동기에 의한 중지만을 중지미수로 봄으로써 자의성의 범위가 너무 좁아져 중지미수의 성립범위가 지나치게 협소해진다는 비판을 면할 수 없다. 이 견해에 의하면 예컨대 절도행위에 착수하였으나 부모의 기일(忌日)임을 알고 절도행위를 다음 기회로 미룬 경우에도 장애미수가 된다.

3) Frank의 공식

독일의 프랑크가 주장한 견해로 행위자가 '할 수 있음에도 불구하고 하기를 원치 않아서' 중지한 때에는 중지미수이고, 이와 달리 '하려고 하였지만 할 수 없어서' 중지한 때에는 장애미수에 해당한다는 견해이다.

그러나 이 견해도 ① 자의성과 **행위실행의 가능성**을 혼동하고 있으며, ② 실행가능성(주관적·객관적 가능성)은 다의적인 개념이므로 명확한 기준이 될 수 없고, ③ 해석 여하에 따라서는 자의성범위가 부당하게 확대된다는 비판을 받고 있다.

4) 절 충 설

일반사회관념상 범죄수행에 장애가 될 만한 사유가 있는 경우에는 장애미수이고, 그러한 사유가 없음에도 자기의사에 의하여 중지한 경우에는 자의성이 인정된다는 견해이다. 즉 일반사회관념상 장애사유가 없는 데도 불구하고 **자율적 동기**(autonomes Motiv)에 의해 중지한 경우에는 중지미수이고, 행위자의사와 관계없는 장애사유로 인한 **타율적 동기**에 의해 중지한 경우에는 장애미수라는 견해이다.

우리나라의 **다수설**[39]**과 판례**[40]의 입장이다.

5) 규 범 설

자의성의 판단을 순수한 평가문제로 보아, 범행을 중지하게 된 **행위자의 내심적 태도**를 처벌이라는 관점에서 **규범적으로 평가**하여 자의성여부를 판단해야 한다는 견해이다.[41] 이 입장에 의하면 "비이성적 이유에 의한 중지", "법의 테두리 안으로의 회귀", **"합법성으로의 회귀"** 등이 있으면 자의성이 인정된다고 한다.

그러나 이 입장은 ① 자의성이라는 주관적 요소를 규범적으로 평가하는 것은 타당하지 않고 그 기준도 명확하지 않으며, ② 자의성과 합규범성은 동일한 판단기준이 아닐 뿐만 아니라, ③ 중지미수를 처벌하지 않는 독일 형법의 경우와는 달리 필요적 감면사유로 규정하고 있는 우리 형법의 입장에서는 합법성으로 회귀하는 행위자의 심정이 있어야 비로소 자의성을 인정해야 할 특별한 이유가 없다는 비판을 면할 수 없다.

(2) 자의성의 판단자료

1) 자율적 중지

행위자가 **내적 동기에 의해 자율적으로 중지**한 때는 자의성이 인정된다. 즉 행위자가 후회·동정·연민·범행의욕상실 등 자율적 동기에 중지한 경우에는 자의성이 인정

---

39) 김종원(공저), 297면; 배종대, 507면; 신동운, 482면; 오영근, 564면; 유기천, 260면; 이재상/장영민/강동범, 396면; 이형국, 289면; 진계호, 337면.

40) 대판 1999. 4. 13, 99도640; 대판 2011. 11. 10, 2011도10539.

41) 박상기, 347면; 김일수/서보학, 539면. 특히 김일수 교수는 심리적 방법과 규범적 방법을 절충하여 자의성을 판단해야 한다고 한다.

된다. 따라서 강간행위에 착수한 자가 피해자의 후일의 성교약속으로 인해 중지한 경우[42] 등도 윤리적 동기에 의한 중지는 아니지만 사회통념상 범죄실행의 장애는 아니므로 자율적 동기에 의한 중지에 해당한다.

2) 실행의 불가능 또는 곤란

범죄실행이나 완성이 불가능하거나 곤란하기 때문에 중지한 경우에는 중지범이 성립할 수 없다. 예컨대 행위자가 강간행위에 착수하였으나 성교불능상태에 빠진 경우, 절도행위에 착수했으나 재물이 없는 경우, 범죄실행이 전혀 불가능하지는 않더라도 합리적 판단에 의하면 중지 외에 다른 방법이 없는 경우 등의 중지는 자의성이 있다고 할 수 없다.

그러므로 아는 여자이므로 고소할 것이 두려워 강간을 중지한 경우, 생리 중이므로 부적합하다고 생각하여 간음을 중지한 경우, 간음전에 미리 사정해버린 경우, 피해자가 수술을 한지 얼마 안 되어 몸이 아프다고 애원하여 중지한 경우, 피해자가 임신 중이고 남편이 곧 귀가한다고 하여 중지한 경우, 가치 없는 물건이라 생각하여 중지한 경우, 외부적 사정으로 보아 범행의 발각이 두려운 나머지 중지한 경우 등은 **장애미수**에 해당한다.

그런데 판례는 방화하고자 불을 질렀으나 불길에 놀라 진화한 경우,[43] 피가 나오는 것을 보고 놀라 살해행위를 중지한 경우,[44] 피고인이 갑에게 위조한 예금통장 사본 등을 보여주면서 외국회사에서 투자금을 받았다고 거짓말하며 자금 대여를 요청하였으나, 갑과 함께 그 입금 여부를 확인하기 위해 은행에 가던 중 은행 입구에서 차용을 포기하고 돌아가 사기미수로 기소된 경우[45] 등에 대하여 장애미수로 판시하고 있으나, 이러한 행위들은 행위자가 **공포로 인해 범행을 중지한 경우**이지만 일반사회통념상 외부적 장애라 볼 수는 없으므로 자율적 동기에 의한 중지로 보아 중지미수로 보는 것이 옳다고 생각된다.

3) 판단기준

외부적·객관적 사실을 기준으로 할 것이 아니라, **행위자가 주관적으로 인식한 사실을 기초로 판단**해야 한다. 그러므로 행위자가 주관적으로 장애되는 사실이라 생각하

42) 대판 1993. 10. 12, 93도1851.
43) 대판 1997. 6. 13, 97도957.
44) 대판 1999. 4. 13, 99도640.
45) 대판 2011. 11. 10, 2011도10539.

고 중지하였지만 객관적으로는 장애가 될 수 없는 사실인 경우에는 자의성이 부정된다. 이와 달리 객관적으로 장애되는 사실이 있음에도 불구하고 주관적으로는 이를 알지 못한 채 자율적으로 중지한 때는 중지미수가 된다. 그러므로 객관적으로 결과발생이 불가능한 경우라 할지라도 행위자가 주관적으로 가능하다고 오인하고 중지하거나 결과발생을 방지한 때는 중지미수가 된다.

2. 객관적 요건

중지미수가 성립하기 위해서는 실행행위를 중지하거나 결과발생을 방지해야 한다. 중지미수의 객관적 요건은 착수미수와 실행미수에 따라 차이가 있다. 먼저 착수미수와 실행미수의 구별기준을 살펴보고, 양자가 성립하기 위한 객관적 요건을 살펴보기로 한다.

(1) 착수미수와 실행미수의 구별

1) 의 의

착수미수와 실행미수는 행위자가 주관적으로 고려한 전체 범죄행위계획을 기준으로 범죄완성에 필요한 행위를 다했느냐, 즉 행위자의 **주관적 표상**에 따른 실행행위를 종료했느냐 여부에 따라 구별된다.

이때 **착수미수**란 행위자가 주관적으로 범죄완성을 위해 필요한 행위를 다하지 않았다고 믿었을 때이고, **실행미수**란 행위자가 범죄계획에 따라 범죄완성에 필요한 행위를 다한 경우라 할 수 있다.

2) 구별의 기준

그런데 행위자가 범죄완성을 위하여 여러 행위계획 중 일부만 실행하고 나머지를 중지한 경우 또는 원래 하나의 행위를 계획하여 실행하였으나 결과가 발생하지 않았지만 달리 결과를 발생하게 할 수단이 있었음에도 불구하고 더 이상 행위로 나아가지 않은 경우에 이를 착수미수로 볼 것인가 또는 실행미수로 볼 것인가에 대하여는 견해가 대립한다.

가. 주 관 설 실행행위의 종료 여부는 **실행의 착수시의 행위자의** 의사를 기준으로 판단해야 하며, 객관적으로는 결과발생의 가능성이 있는 행위가 종료되었다 하더라도 착수중지가 된다는 견해이다. 그러나 주관설은 실행의 착수 이전에 범죄를 치밀하게 계획한 범죄인만을 유리하게 취급한다는 비판을 면할 수 없다. 그리하여 주관

설을 취하면서 실행행위의 종료 여부는 행위자의 의사를 기준으로 해야 하지만, 그 기준 시기는 실행의 착수시기가 아니라 **중지시기**로 보아야 한다는 견해가 주장되고 있다. 이 견해에 의하면 행위의 중지시에 지금까지의 행위로는 행위자의 의사에 따라 결과가 발생하지 않는다고 확신하거나 신뢰하고 그 이상의 행위를 하지 않은 경우에는 착수중지가 된다고 보게 된다.[46)]

나. 객 관 설 **객관적으로 결과발생의 가능성이 있는 행위의 종료시**를 실행행위의 종료로 보는 견해이다. 즉 행위자가 지금까지의 행위로는 결과발생이 가능하다는 것을 모르는 경우에도 실행행위는 종료된 것으로 보게 된다. 그러나 이 견해에 의하면 결과가 발생하면 기수의 책임을 져야 하지만, 결과가 발생하지 않은 이상 결과의 위험도 없으므로 실행의 중지만으로 범죄의 기수는 방지할 수 있다고 보아야 할 것이다. 따라서 객관설은 타당하다고 할 수 없다.

다. 절 충 설 **행위자의 의사와 행위당시의 객관적 사정을 종합**하여, **결과발생에 필요한 행위**가 끝났으면 실행행위를 종료했다고 보는 견해[47)]로서 **다수설**의 입장이다. 행위자가 더 실행할 행위가 있는 경우에 아직 실행하지 못한 행위와 이미 실행한 행위가 **하나의 행위**인 때는 착수미수이고, 다른 행위인 때는 실행미수라고도 한다.

그러나 착수미수와 실행미수를 죄수론의 기준에 의하여 구별하는 것은 타당하지 않다는 비판이 있다.[48)]

라. 결 어 생각건대 실행행위의 종료 여부는 행위자의 주관적 의사와 범죄계획을 떠나서는 판단할 수 없다. 따라서 중지시의 행위자의 의사를 기준으로 판단해야 한다는 주관설이 타당하다.

(2) 착수미수의 중지

1) 실행행위의 중지

착수미수는 실행행위를 중지하는 것, 즉 **행위의 계속을 중지하는 부작위**에 의해 중지미수가 된다. 이는 실행행위가 가능한 것을 전제로 한다. 그러나 실행행위가 객관적으로 불가능한 데도 불구하고 가능하다고 오인하는 경우에도 실행행위의 중지는 가능하다.

---

46) 이재상/장영민/강동범, 401면; BGH의 입장이다.

47) 김일수/서보학, 543면; 배종대, 513면; 안동준, 192면; 오영근, 567면; 임 웅, 361면; 정성근/박광민, 401면.

48) 이재상/장영민/강동범, 400면.

2) 행위계속의 포기

행위계속의 포기는 종국적 포기가 아니라 **잠정적 중지**로도 가능하다. 반드시 합법성으로의 회귀가 요구되는 것은 아니다. 중지미수를 처벌하지 않는 독일 형법은 범행의 일시적인 보류나 연기만으로는 중지가 되지 않는다고 보지만, 우리 형법은 중지미수가 형의 감면사유이므로 범죄의 종국적 포기가 아니라 잠정적 중지만으로도 족하다고 해야 한다.[49)]

3) 결과의 불발생

결과가 발생하지 않아야 한다. 행위자가 행위의 계속을 중지하였음에도 불구하고 결과가 발생한 경우에는 중지미수가 성립할 수 없다.

(3) 실행미수의 중지

실행미수의 중지에 있어서는 단순히 행위의 계속을 포기하는 부작위만으로는 족하지 않고 행위자의 자의에 의한 결과발생을 방지하기 위한 **적극적 행위**가 요구된다. 이를 능동적 후회라고도 하지만, 반드시 윤리적인 동기가 필요한 것은 아니다. 실행미수가 중지미수가 되기 위해서는 행위자의 결과발생방지를 위한 노력과 그로 인해 결과가 발생하지 않아야 한다.

1) 결과발생의 방지노력

원칙적으로 행위자에 의한 결과발생을 방지하기 위한 진지한 노력이 있어야 한다. 즉 인과의 진행을 의욕적으로 중단하기 위한 행위여야 하고, 결과발생을 방지하기 위해 객관적으로도 상당한 행위가 있어야 한다. 그러나 제3자에 의한 결과발생 방지행위라 하더라도 행위자의 부탁에 의해 이루어진 경우에는 행위자 자신이 결과발생을 방지한 경우와 마찬가지로 평가된다. 예컨대 의사에게 치료를 받게 하여 생명을 구하거나, 소방관에게 부탁하여 진화행위를 한 경우에는 실행미수의 중지에 해당한다. 즉 제3자에 의한 결과방지는 행위자 자신이 결과발생을 방지한 것과 동일시 할 정도의 노력이 요구되어진다는 것이 통설의 입장이다.[50)] 따라서 방화한 것을 이웃사람이 발견하여 진화하는 행위를 행위자가 도운 경우에는 장애미수가 된다.

---

49) 김일수/서보학, 543면; 배종대, 513면; 신동운, 487면; 안동준, 193면, 이재상/장영민/강동범, 401면.

50) 김일수/서보학, 543면; 배종대, 514면; 손해목, 886면; 이재상/장영민/강동범, 402면; 이형국, 291면; 임 웅, 362면; 정영석, 216면.

2) 결과의 불발생

가. 중지행위의 성공 행위자의 중지행위가 성공하여 결과가 발생하지 않아야 중지미수가 성립한다. 행위자의 노력에도 불구하고 중지행위가 성공하지 못하여 결과가 발생한 경우에는 기수가 된다. 예컨대 살해하기 위해 독약을 먹인 후 후회하여 살리기 위하여 해독제를 먹였으나 사망한 경우에는 살인죄의 기수가 된다.

대마초를 사오다가 인생을 망치겠다는 생각이 들어 불태워버린 경우,[51] 타인의 재물을 공유하는 자가 공유하는 자의 승낙 없이 공유대지를 담보로 제공하고 가등기한 후에 가등기를 말소한 경우[52]에 있어서, 전자의 경우에는 대마를 구입했으므로 대마관리법위반의 기수가 되고 후자의 경우에는 승낙 없이 담보로 제공했으므로 횡령죄의 기수가 성립되므로 중지미수가 아니다.

그러나 결과가 발생했더라도 행위자에게 객관적으로 귀속되지 않는 경우에는 결과가 발생한 경우에 해당하지 않는다. 예컨대 행위자가 결과방지를 위해 진지하게 노력했으나 피해자가 자살한 경우, 교통사고 또는 병원 화재로 사망한 경우 등 제3의 사유로 인해 결과가 발생한 경우에는 그 결과는 행위자에게 귀속되지 않으므로 결과가 발생했다고 할 수 없다. 결과불발생이 의제되는 경우이므로 이때에도 행위자의 결과발생을 위한 진지한 노력에 의한 방지행위에 의하여 결과발생방지가 가능하였다고 인정되면 중지미수를 인정해야 한다.[53]

나. 인과관계의 존재 행위자의 결과방지행위와 결과불발생 사이에는 인과관계가 있어야 한다. 그러므로 결과의 방지가 행위자의 방지행위가 아닌 다른 원인에 의해 이루어진 경우에는 원칙적으로 중지미수가 성립할 수 없다.

다. 불능미수의 중지 불능미수의 경우에도 중지미수의 성립이 가능한가가 문제된다. 왜냐하면 불능미수는 결과발생이 처음부터 불가능하기 때문에 행위자의 적극적인 행위로 인해 결과발생이 방지된 것이 아니므로 방지행위와 결과의 불발생 사이에는 인과관계가 없기 때문이다. 독일 형법은 명문으로 결과불발생의 경우에도 행위자의 결과방지를 위한 자의적인 진지한 노력만 있으면 중지미수를 인정하고 있지만,[54] 이와 달리 우리 형법은 행위자의 자의에 의한 결과발생방지행위와 결과의 불발

51) 대판 1983. 12. 27, 83도2629.
52) 대판 1978. 11. 28, 78도2175.
53) 이재상/장영민/강동범, 403면.
54) 독일 형법 제24조 제1항 2문 참조.

생 사이에 인과관계를 요구하고 있다.

이에 대하여 불능미수는 행위자의 적극적 행위에 의하여 결과가 발생하지 않은 것이 아니므로 중지미수가 성립할 수 없다는 **소극설**[55]이 있으나, 불능미수의 형은 임의적 감면이지만 중지미수는 필요적 감면인 형법의 규정을 고려해 볼 때 결과발생의 방지를 위한 노력은 동일한 데 결과발생의 위험성이 적은 불능미수에 대하여 중지미수 규정을 적용하지 않는 경우에는 형의 균형이 맞지 않게 된다. 따라서 불능미수의 중지미수 성립을 인정해야 한다는 **적극설**이 타당하며 **다수설**[56]의 입장이다.

Ⅲ. 중지미수의 처벌

중지미수범의 형은 그 공적을 참작하여 법관이 필요적으로 감경 또는 면제해야 한다. 즉 중지미수의 형은 필요적 감면사유이고, 감경할 것인가 면제할 것인가는 법관의 재량이다.

그런데 행위자가 실행행위를 중지하거나 결과발생을 방지함으로써 원래 의도했던 범죄는 중지미수에 해당하더라도 이때 다른 구성요건적 결과가 발생한 경우에 이를 어떻게 처리할 것인가가 문제된다. 이는 법조경합의 경우와 상상적 경합의 경우를 생각할 수 있다.

1. 법조경합의 경우

살인행위를 중지하였으나 상해의 결과가 발생한 경우에는 살인죄의 중지미수와 상해죄의 기수라는 구성요건에 외관상 해당하는 것 같이 보이나, 사실은 하나의 구성요건이 다른 구성요건의 적용을 배척하는 법조경합으로 경한 상해죄는 살인미수죄에 흡수되어 처벌할 수 없게 된다.

2. 상상적 경합의 경우

하나의 행위가 실질적으로 수개의 구성요건에 해당하여 상상적 경합인 경우에는

---

55) 김종원(공저), 295면; 유기천, 264면; 정영석, 215면.

56) 김일수/서보학, 544면; 박상기, 353면; 배종대, 514면; 손해목, 889면; 안동준, 194면; 오영근, 571면; 이재상/장영민/강동범, 403면; 이형국, 291면; 임 웅, 363면; 정성근/박광민, 403면.

본래 수죄이므로 일죄의 중지는 다른 죄의 처벌에 영향을 미치지 않는다. 다만 형법 제40조에 의해 과형상 일죄로 취급되므로 그 중 중한 죄로 처벌하게 된다.

예컨대 폭탄을 투척하여 갑과 을에게 중상을 입히고 병의 건물을 파손한 후 신음하는 을을 치료하여 살렸으나 갑은 사망한 경우에 **갑에 대한 살인죄, 을에 대한 살인죄의 중지미수, 병에 대한 재물손괴죄**는 **상상적 경합관계**가 되어 **갑에 대한 살인죄**로 처벌하게 된다.

Ⅳ. 관련문제

1. 예비의 중지

중지미수는 실행에 착수한 이후에 자의로 중지한 경우에만 성립한다. 따라서 아직 실행에 착수하기 이전 단계인 예비행위를 자의로 중지하거나 실행의 착수를 포기하는 경우에는 중지미수의 규정을 적용할 수 없게 된다. 그런데 실행에 착수한 이후에 중지한 중지미수의 경우에는 형을 감경 또는 면제할 수 있는 데 반하여, 실행의 착수 이전단계인 예비행위를 중지한 때는 예비죄로 처벌받게 되는 불합리한 결과가 초래된다. 따라서 이러한 불합리를 제거하고자 중지미수에 관한 규정을 예비행위에도 준용하여 예비의 중지를 인정할 것인가가 문제되는데, 이에 대하여는 부정설과 긍정설이 대립한다.

(1) 부 정 설

실행의 착수에 이르지 않은 예비행위에 대하여는 중지미수의 규정을 준용할 여지가 없다고 해석하는 견해[57]이다. **판례는 부정설**의 입장을 취하고 있다.

부정설은 다시 예비의 중지와 중지미수 사이의 처벌의 불균형 문제에 대해서는, ① 예비의 중지가 **자수의 정도에 이른 때**에 한하여, 중지미수의 필요적 감면규정을 **유추적용**해야 한다는 견해[58]와, ② 예비를 처벌하는 경우에는 중지미수에 대하여도 형의 면제를 허용해서는 안 된다는 견해[59]가 대립되고 있다.

그러나 ①의 견해에 따르더라도 중지미수와 예비의 중지 사이의 처벌의 불균형

57) 신동운, 499면.
58) 김일수/서보학, 552면.
59) 남흥우, 207면.

문제는 여전히 남게 되고, ②의 견해에 따르면 예비를 처벌한다고 하여 중지미수의 면제를 허용하지 않는다는 것은 형법규정에 위배된다는 비판을 면하기 어렵다.

(2) 긍 정 설

중지미수의 규정을 예비죄에도 준용해야 한다는 견해이다. 긍정설은 다시 중지미수규정의 준용범위에 관하여 견해가 대립한다. **다수설인 제한적 준용설**은 예비의 형이 중지미수의 형보다 무거운 때에는 형의 균형상 **중지미수의 규정을 준용**해야 한다는 견해이다. 이에 따르면 형의 면제의 경우에는 중지미수의 규정을 예비죄에도 항상 준용해야 하며, 형의 감경의 경우에는 예비와 중지미수의 형을 비교하여 준용여부를 결정해야 한다는 견해이다.

이와 달리 예비의 중지에 있어서도 **전면적으로 중지미수에 관한 규정을 준용**해야 하며, 감면대상이 되는 형도 기수형이 아니라 예비의 형이어야 한다는 **전면적 준용설**[60]도 있다. 예비의 중지는 예비행위를 중지하는 것이고, 예비·음모의 형과 중지미수의 형을 비교할 성질이 아니라는 것을 이유로 한다.

생각건대 논리적으로 예비의 중지미수란 있을 수 없고, 범죄에 대한 준비행위로 인해 예비죄는 이미 완성되었다고 할 수 있으므로 예비의 형을 감경 또는 면제할 수는 없다. 그러나 예비의 중지는 실행의 착수 이전의 예비행위를 중지하는 것이므로 실행의 착수 이후에 중지하는 중지미수의 경우보다도 가벌성이 가벼운 데도 불구하고 중지미수의 형은 필요적으로 감면하게 되어 예비죄보다도 가볍게 처벌되는 불합리한 결과가 발생하게 된다.

따라서 이러한 처벌의 불균형을 시정하기 위해서는 비록 예비의 중지에 관한 규정이 없더라도 중지미수에 관한 처벌규정을 중지미수와 비교하여 처벌의 불균형이 발생할 때 예외적으로 준용해야 할 것이다. 결국 예비의 형에 비하여 중지미수의 형이 가벼운 때에 한하여 중지미수의 규정을 제한적으로 준용해야 한다는 **제한적 준용설**이 타당하다.[61]

2. 공범과 중지미수

형법 제26조의 중지범은 단독범의 중지미수를 규정하고 있다. 이러한 단독범에

---

60) 오영근, 578면; 임 웅, 349면; 손해목, 예비행위의 중지(법정 1963. 11), 24면.
61) 이재상/장영민/강동범, 406면.

관한 중지미수의 규정이 공범에도 그대로 적용되는가가 문제된다. 공범이론과 중지미수이론이 교차하는 영역이다. 여기서는 공범에 있어서 중지미수가 성립하는 요건과 공범 사이에 중지미수의 효과가 미치는 범위가 문제된다.

(1) 공범과 중지미수의 성립요건

공범에 대하여 중지미수가 성립하기 위해서는 **공범이 자의로 범죄완성을 하지 않았을 것**이 요구된다. 또한 실행의 착수가 있어야 한다. 착수미수의 경우에는 특히 실행행위의 중지로 족한가 또는 항상 결과의 발생을 방지할 것이 요구되는가가 문제된다.

1) 공범과 실행의 착수

공범이 성립하기 위해서는 **정범에 의한 실행의 착수행위**가 있어야 한다. 공범(교사범, 종범)이 예비단계에서 정범의 행위에 가담하였다가 포기한 경우에는 기수의 고의가 없으므로 중지미수를 문제삼을 필요는 없다.

실행의 착수시기는 간접정범의 경우 이용자의 이용행위시를 기준으로 하고, 공동정범의 경우에는 그 중에 1인이 실행에 착수한 때를 기준으로 결정하게 된다.

2) 결과발생의 방지

단독범의 경우에 착수미수는 실행행위의 중지로 족하고, 실행미수는 결과발생방지를 위한 진지한 노력이 있어야 한다.

그러나 공범이 중지미수가 되기 위해서는 착수미수나 실행미수의 어느 경우에나 결과발생을 방지하기 위한 진지한 노력이 있어야 한다. 따라서 공범 자신의 행위중지만으로는 중지미수가 성립하지 아니하고 **다른 공범 또는 정범의 행위까지 중지시켜 결과발생을 방지한 때**에 한하여 중지미수가 될 수 있다. 따라서 공범자가 후회하여 중지하더라도 다른 공범자가 범죄실행을 중지하지 않으면 중지미수가 될 수 없다.

이것은 공범은 단독범과 달리 다수인이 가담한 행위이기 때문에 행위의 위험성이 높기 때문에 개별적인 행위포기만으로 높은 위험성이 제거되지 않으며, 또한 다른 행위자로 하여금 죄를 범하게 한 자는 적극적으로 그 범죄를 방지해야 중지미수가 되며, 나아가 다른 행위자에 의해 결과가 발생하면 기수가 되어 중지미수가 성립할 여지가 없기 때문이다.

따라서 **간접정범**의 중지미수, **공동정범**의 중지미수, **교사범**의 중지미수(정범의 실행행위 방지행위), **방조범**의 중지미수(방조행위의 철회)는 **결과발생을 방지한 때**만 교사범이나 종범은 중지미수가 될 수 있다.

(2) 중지미수의 효과가 미치는 범위

1) 형의 감면의 법적 성질

중지미수에 대한 형의 감면규정의 법적 성질에 대하여, **형의 면제규정은 인적처벌조각사유이고 형의 감경규정은 책임감경사유라고 보는 견해**[62]와 책임감경·조각사유라고 보는 견해[63]가 있으나, 전자의 입장이 타당하다.

책임조각사유로 파악하게 되면 무죄판결을 해야 함에도 불구하고 형법은 유죄판결인 형의 면제판결을 하도록 규정하고 있는 형법규정과도 일치하지 않는다.

2) 공범과 중지미수의 범위

중지미수의 효과는 인적 처벌조각사유나 책임감경사유이므로 중지미수의 효과는 자의로 중지한 자에게만 미치고 다른 공범에게는 영향이 없다. 그러므로 ① 공동정범에 있어서 자의로 중지한 자는 중지미수가 되지만, 다른 공동정범은 **장애미수**가 된다. ② 협의의 공범인 교사범이나 종범의 경우에도 정범이 자의로 중지한 경우에는 정범은 중지미수가 되나, 교사범과 종범은 장애미수의 공범이 된다. 이와 달리 공범이 정범의 실행행위를 중지케 한 경우에 공범은 중지미수의 공범이 되나 정범은 장애미수가 된다.

제 3 절 불능미수

Ⅰ. 불능미수의 의의

1. 불능범과 불능미수

(1) 불 능 범

범죄의사가 있고 실행행위는 있지만 행위의 성질상 결과발생이 불가능한 경우, 즉 구성요건실현가능성이 없을 뿐만 아니라 행위자의 행위에 결과실현의 위험성조차도 없는 경우로 미수범으로 처벌할 수 없는 경우를 말한다.

---

62) 이재상/장영민/강동범, 409면.

63) 김종원, 297면; 정영석, 231면.

(2) 불능미수

구성요건적 결과발생이 불가능한 점에서는 불능범과 동일하지만 행위자의 의사와 행위에 위험성이 있는 경우에는 처벌되는 불능미수가 된다. 형법 제27조는 불능범이라는 표제 하에 "실행의 수단 또는 대상의 착오로 인하여 결과의 발생이 불가능하더라도 위험성이 있는 때에는 처벌한다. 단 형을 감경 또는 면제할 수 있다"고 규정함으로써, 불가벌적인 불능범을 규정하고 있는 것이 아니라 오히려 위험성으로 인해 처벌되는 불능미수(Untauglicher Versuch)를 규정하면서 이를 **임의적 감면사유**로 하고 있다.

이러한 불능미수에 관한 형법 제27조의 성격에 대하여는 미수범과 불능범의 중간에 위치하는 별개의 개념이라는 견해(준불능범설)도 있었지만 현재는 미수범의 한 형태로 보는 데에 이견이 없다. 다만 제27조의 미수범의 성격에 대하여는 실행의 수단 또는 대상의 착오를 실행의 수단 또는 대상의 부존재, 즉 흠결을 의미한다고 이해하여 이를 '**흠결미수**'라고 보는 견해도 있으나, 반드시 부존재한다고 할 수 없으므로 흠결미수라는 견해는 타당하지 않다.

따라서 형법 제27조는 결과발생이 객관적으로 불가능하지만 위험성이 있을 때는 처벌되는 **불능미수**를 규정하고 있다고 보는 **다수설**이 타당하다.[64)]

제25조의 미수는 결과발생이 가능하였으나 미수에 그친 장애미수이나, 제27조의 미수는 결과발생이 불가능하지만 위험성이 있는 장애미수이다. 또한 제25조의 장애미수의 형은 임의적 감경이지만, 형법 제27조의 중지미수의 형은 필요적 감면이라는 점에서 구별된다.

그러므로 형법은 2종의 장애미수를 인정하고 있다고 할 수 있다. 판례도 제25조의 장애미수와 제27조의 불능미수를 구별하는 태도를 취하고 있다.[65)]

불능미수를 '**형법 제27조의 미수**' 또는 '**특별한 미수**'라 부르기도 하지만, 불능범과 제25조의 장애미수와의 차이를 고려할 때 **불능미수**라 부르는 것이 타당하다고 생

---

64) 김일수/서보학, 524면; 김종원, 300면; 박상기, 358면; 손해목, 900면; 임 웅, 366면; 정성근/박광민, 405면; 진계호, 339면. 불능범과 불능미수를 동의어로 이해하는 견해도 있으나(배종대, 521면; 신동운, 505면; 오영근, 581면; 황산덕, 235면), 불능범을 모두 미수범으로 처벌하는 독일 형법의 해석으로는 타당하다고 할 수 있으나, 형법의 해석으로는 구별하는 것이 타당하다(같은 취지로는, 이재상/장영민/강동범, 410면).

65) 대판 1984. 2. 14, 83도2967.

각된다.

2. 불능범과 구성요건의 흠결

종래 불능범의 문제를 구성요건의 흠결에 의하여 해결하려는 이론이 이른바 **구성요건흠결이론**이다. 이 이론은 객관적 구성요건의 요소 중, **인과관계에 대한 착오**가 있는 경우에 인과관계의 본질적인 부분에 대한 착오가 있는 때에는 미수가 성립하나, 일반적인 인과관계에 대한 착오의 경우에는 기수범이 성립한다고 한다.

그러나 이 이론은 객관적 구성요건요소 중 인과관계의 착오 외에 **행위의 주체**(공무원이 아닌 자가 공무원범죄를 범한 경우), **행위객체**(사체를 살해하는 행위, 자기재물을 절취하는 행위, 불임한 부녀의 낙태행위 등), **수단**(설탕복용으로 살해행위를 기도하는 경우), **행위상황**(화재가 발생하지 않았는데 화재상황으로 오인하고 진화를 방해한 경우) 등 객관적 구성요건 요소의 흠결이 있는 때에는 구성요건해당성이 결여되므로 처벌되지 않는 **"불능범"**이 된다는 견해이다.

이에 의하면 구성요건적 결과가 흠결된 경우에는 불능미수이지만, 그 이외의 구성요건요소가 흠결된 경우에는 미수의 구성요건해당성을 결하기 때문에 범죄가 성립하지 않게 된다는 견해이다.

그러나 우리 형법은 제27조에 "실행의 수단 또는 대상의 착오로 결과발생이 불가능하더라도 '위험성'이 있는 때에는 처벌한다"고 규정하여 구성요건의 흠결이 있더라도 처벌하고 있으므로, 이른바 **'구성요건흠결이론'**(Dohna, Frank, Liszt, Sauer 등이 주장하였다)은 ① 우리 형법규정과는 일치하지 않고, ② 구성요건요소 중에 인과관계를 다른 요소와 구별하여 취급하는 이유가 불명확하며, ③ 인과관계의 흠결과 객체의 흠결을 명백히 구별할 수도 없으므로 가벌적인 미수와 불가벌적인 경우를 구별하는 기준이 없고, ④ 대상의 착오를 수단의 착오와 동일하게 취급하는 형법의 해석에는 적용할 수 없는 이론이다.

구성요건의 흠결을 **환각범**(Wahndelikt)의 일종으로 보는 견해[66]도 있으나, 환각범은 구성요건 자체가 존재하지 않는 경우이고 구성요건의 흠결은 구성요건은 존재하지만 구성요건적 사실이 존재하지 않는 경우이므로 양자는 서로 구별된다.

---

66) 유기천, 272면.

Ⅱ. 불능미수의 성립요건

불능미수가 성립하기 위해서는, ① **실행의 착수**가 있어야 하며, ② 실행의 수단 또는 대상의 착오로 **결과발생이 불가능**하고, ③ **행위에 위험성**이 있을 것을 요건으로 한다.

1. 실행의 착수

실행의 착수가 있을 것을 요하는 점에서는 장애미수(가능미수)와 같다. 실행의 착수시점은 형식적으로는 예비와 미수를 구별하는 표준이 되지만, 실질적으로는 불능범과 불능미수를 구별하는 표준이 된다. 예컨대 독약으로 사람을 살해하고자 하는 경우에, ① 치사량 미달의 독약을 구입하는 행위는 예비행위에 불과하지만, ② 이를 피해자에게 교부하는 때에는 실행의 착수가 있게 되어 불능미수가 된다.

2. 결과발생의 불가능

결과발생이 불가능해야 한다. 결과발생의 가능성 여부의 문제는 **자연과학적·사실적 개념**인데 반해, **'위험성'**은 **규범평가적 개념**이다.

결과발생이 불가능하다는 점에서 결과발생이 가능한 제25조의 장애미수와 구별된다. 또한 **불능미수**(**반전된 사실의 착오**)는 착오의 한 경우로서, 결과발생이 불가능한데도 불구하고 가능하다고 인식한 경우이다(**적극적 착오**: positiver Irrtum). 즉 존재하지 않는 사실(결과발생 가능성)을 존재한다고 인식한 경우(구성요건적 불법실현)이다

사실의 착오가 존재하는 구성요건적 사실을 제대로 인식하지 못한 **'소극적 착오'**인데 반하여, 불능미수는 존재하지 않는 사실을 존재한다고 인식한 경우이므로 **'적극적 착오'**이다. 이러한 의미에서 불능미수를 **'반전된 사실의 착오'**라 한다.

형법은 실행의 수단 또는 대상의 착오로 인하여 결과발생이 불가능한 경우만을 규정하고 있다. 따라서 주체의 착오로 인하여 결과발생이 불가능한 경우에도 불능미수가 성립할 수 있느냐가 문제된다.

(1) 주체의 착오

주체의 착오가 있는 경우에도 불능미수가 가능한가가 문제된다. 이에 대하여는 형법에 명문의 규정이 없다. 주체의 착오, 즉 주체의 불가능성(Untauglichkeit des

Subjekts)이란 신분 없는 자가 신분 있는 것으로 오인하여 진정신분범을 범한 경우를 말한다. 이러한 주체의 착오 시에는 처벌하는 구성요건이 존재하지 않으므로 불가벌로 보는 것이 죄형법정주의에 부합된다. 예컨대 공무원이 아닌 자가 수뢰죄에 해당하는 공무원으로 자신을 오인한 경우, 보증인적 지위에 있지 않은 자가 부진정부작위범을 범한 경우 등이다.

이에 대하여는 불능미수가 가능하다는 **긍정설**[67]도 있으나, 처벌하는 구성요건이 없으므로 **불능미수가 성립할 수 없다는 부정설**[68]이 타당하다.

진정신분범의 경우에 사실의 오인은 없었으나 포섭의 착오로 인하여 신분의 착오가 있는 때에는 환각범으로서 불가벌이다. 예컨대 시청 용역청소부가 공무원으로 오인하고 뇌물수수를 한 경우, 전쟁시 민간인 신분으로 고용된 자가 자신을 군인신분으로 오인하고 도망간 경우 등은 이러한 행위를 처벌하는 금지규범 자체가 존재하지 않으므로 **환각범**에 해당한다.

결국 주체의 착오의 경우는 신분범에 있어서 신분 없는 자의 행위는 신분자의 특수한 의무침해가 없으므로 미수범의 행위반가치가 없을 뿐만 아니라, 불능미수에 관한 제27조의 규정을 주체의 착오에까지 확대하여 적용하는 것은 죄형법정주의의 원칙에도 부합되지 않으므로 불능미수의 성립은 불가능하다는 부정설이 타당하다.

(2) 실행의 수단 또는 대상의 착오

1) 수단의 착오

수단의 불가능성(예: 소화제로 낙태기도, 설탕으로 살해기도)을 말한다. 행위자가 인식한 것과 다른 객체에 결과가 발생한 **타격의 착오**(방법의 착오)와 **구별**된다.

2) 대상의 착오

대상의 착오란 객체의 불가능성(Untauglichkeit des Objekts)을 말한다. 즉 객체의 착오로 인하여 결과발생이 **사실상 불가능하거나 법률상 불가능한 경우**를 말한다. 예컨대 사체에 대한 살해행위, 임신하지 않은 부녀에 대한 낙태행위, 피해자가 승낙한 재물에 대한 절취행위 등이 이에 해당한다.

---

67) 박상기, 364면; 이정원, 287면; 이형국, 298면. 이 견해가 독일에서는 다수설이다.

68) 김일수/서보학, 528면; 김종원, 305면; 손해목, 905면; 안동준, 201면; 오영근, 587면; 유기천, 272면; 임 웅, 369면; 정성근/박광민, 406면.

3. 행위의 위험성

결과발생이 불가능하더라도 위험성이 있는 때에만 불능미수로 처벌되며, 위험성이 없으면 처벌되지 않는 불능범이 된다. 그러므로 위험성을 어떤 기준에 의하여 판단할 것인가가 문제된다. 이에 대하여는 견해가 대립되고 있다.

(1) 구객관설(절대적·상대적 불능설)

포이어바흐(Feuerbach), 미트마이어(Mittermaier), 아베그(Abegg), 베르너(Berner) 등이 주장하였다. **결과발생의 가능성이 절대적으로 불가능한 경우**와 **구체적으로 특수한 경우에만 불가능한 경우**로 구분하여 전자는 불능범이고 후자는 불능미수라는 견해이다. 판례는 원칙적으로 이러한 구객관설의 입장에 서 있다.[69]

이 학설에 의하면 사체를 살해하는 행위, 살해의도로 설탕을 투여하는 행위는 절대적으로 결과발생이 불가능하므로 처벌되지 않는 불능범이고, 이와 달리 부재중인 사람에 대한 저격행위, 치사량에 미달하는 독약투여행위 등은 결과발생이 상대적으로 불가능하므로 불능미수라는 견해이다. 따라서 구객관설은 **절대적·상대적 불능설**이라고도 한다.

그러나 이 학설은 첫째, 결과발생의 가능성이라는 기준으로는 절대적 불능과 상대적 불능을 구별하는 것이 불분명하다는 비판이 있다. 예컨대 설탕을 독약으로 오인하지 않고 독약으로 준 경우는 상대적 불능이 될 수 있고, 이와 달리 치사량미달의 독약을 복용시키거나 고장난 총으로 살해하고자 한 경우에는 객관적으로 보면 절대적 불능이기 때문이다.

(2) 법률적·사실적 불능설

프랑스 학자들에 의해 주장된 이론으로 법률적 불능은 불능범이고, 사실적 불능은 불능미수라고 이해하는 견해이다. 이 견해는 ① 법률적 불능을 절대적 불능으로 사실적 불능을 상대적 불능으로 이해하는 견해와, ② 법률적 불능을 구성요건의 흠결과 같은 의미로, 사실적 불능을 단순한 사실상의 범죄요건의 결여로 이해하는 견해로 나누어진다.

---

69) 대판 1984. 2. 28, 83도3331(치사량미달의 독약투여행위); 대판 1985. 3. 26, 85도206(히로뽕제조미수행위); 대판 2007. 7. 26, 2007도3687(치사량미달의 유독성 물질 투여행위)에서는 결과발생이 절대적으로 불가능하지 않다는 것을 이유로 불능미수의 성립을 인정하고 있다.

이 견해에 대하여는 절대적·상대적 불능설에 대한 비판이 그대로 적용된다.

(3) 구체적 위험설(신객관설)

독일의 리스트(Liszt), 비르크마이어(Birkmeyer), 리리엔탈(Lilienthal), 히펠(Hippel) 등이 주장한 이론으로 **신객관설**이라고도 한다. 구체적 위험설은 **결과발생의 구체적 위험성**이 없으면 불능범이고, 결과발생의 구체적 위험성이 있다고 판단된 경우, 즉 **결과발생의 개연성**이 있는 때에는 처벌되는 불능미수라는 견해이다.

이때 구체적 위험성의 판단은 **행위자가 행위당시 인식한 사실과 일반인이 인식할 수 있었던 사정을 기초로** 일반적 경험법칙에 따라 **객관적·사후적으로 예측하여 판단해**야 한다는 것이다.

이에 의하면 예컨대 일반인이 임신하였다고 생각하는 부녀에 대한 낙태행위, 총알이 장전된 것으로 오인하고 발사하였지만 탄환이 없는 경우, 치사량미달의 독약투여행위 등은 구체적 위험성이 있으므로 **불능미수**가 되지만, 착탄거리 밖에 있음을 일반인이 알 수 있는 사람에 대한 저격행위, 일반인이 사체임을 알고 있는 경우에 사체에 대한 저격행위 등은 불능범이 된다.

구체적 위험설에 대하여는, ① 행위자가 인식한 사정과 일반인이 인식한 사정이 다를 경우에 어느 사정을 기초로 판단해야 할 것인가가 명확하지 않고, ② 미수의 불법에 대한 평가를 외부적, 객관적인 법익침해에 치중하여 판단한다는 점에서 부당하다는 비판이 제기되고 있다.

미수범처벌의 근거는 범죄의사에 있지만 미수범 처벌의 한계는 법질서 내지 법적 평온의 침해에서 찾아야 하므로 형법 해석상으로는 구체적 위험설이 타당하다. **우리나라의 다수설**[70]이고 일본 최고재판소의 입장이다.

(4) 추상적 위험설(주관적 객관설)

이 견해는 **행위자가 인식한 사실을 기초**로 하여 행위자가 생각한 대로의 사정이 존재하였다면 **일반인의 판단에서 결과발생의 위험성이 있는 경우**를 **'추상적 위험'** 또는 **'법질서에 대한 위험'**이 있다고 하여 불능미수가 된다는 견해이다.

위험성판단의 자료는 행위자가 인식한 **주관적인 사정에 기초**를 두면서 위험성판단의 주체는 일반인에 의한 객관적인 판단을 하므로 **'주관적 객관설'**이라고도 한다.

---

70) 김일수/서보학, 532면; 김종원, 304면; 박상기, 364면; 배종대, 528면; 신동운, 515면; 안동준, 204면; 오영근, 594면; 이재상/장영민/강동범, 419면; 이정원, 276면.

종래 우리나라의 다수설[71]이었으며, 판례가 취하고 있는 입장이다.[72]

이에 의하면 독약으로 오인하고 설탕을 투여하는 행위, 음식물에 유황분말을 넣어 살해하려 한 경우에는 불능미수가 되지만, 설탕이 독약의 효과가 있는 줄 알고 먹인 경우에는 불능범이 된다.

그러나 추상적 위험설은 행위자가 경솔하게 잘못 안 경우에도 그 사실만을 토대로 위험성을 판단하게 되므로 부당하다는 비판이 있다.[73]

(5) 주 관 설

주관적으로 범죄의사가 확실하게 표현된 이상 객관적으로 그것이 절대적으로 불가능하더라도 미수범으로 처벌해야 한다는 견해이다. 원칙적으로 불능범의 개념을 인정하지 않고, 예외적으로 미신범의 경우에는 구성요건적 행위가 없으므로 미수범에서 제외된다는 견해이다. 독일 제국재판소가 이 입장을 취한 이래로 독일 판례의 일관된 태도이다. 추상적 위험설과 유사한 결론이 도출된다. 독일의 경우에는 사체에 대한 살인행위, 두통약을 이용한 낙태행위, 임신하지 않은 부녀에 대한 낙태행위, 치사량 미달의 독약투여행위 등을 모두 불능미수로 처벌하고 있다.[74]

그러나 주관설에 대하여는 미신범은 불능미수에서 구별하여 제외시키는 이론적 근거가 미약하며, 또한 행위자의 주관적인 범죄의사 외에 외부적, 객관적인 요소를 전혀 고려하지 않는다는 점에서 불능미수의 본질을 제대로 파악하지 못했다는 근본적인 문제점이 있다.

(6) 인상설(Eindruckstheorie)

행위자의 법적대적 의사가 일반인의 법적 안정감이나 사회적 평온상태를 교란시키는 인상을 줄 경우에는 위험성이 인정된다는 견해가 인상설이다.[75]

그러나 인상설은 법적 평온상태의 교란이 아니라 법적 평온상태의 교란에 대한 인상을 주는 정도에서 미수범의 처벌을 인정하게 되므로, 주관설로 너무 기울게 되어 미수범의 처벌범위를 지나치게 확대시킨다는 비판을 면할 수 없게 된다.

---

71) 임 웅, 375면; 정성근/박광민, 415면; 정영석, 225면; 황산덕, 240면.

72) 대판 2005. 12. 8, 2005도8105(소송비용에 대한 손해배상청구소송사건); 대판 1978. 3. 28, 77도4049; 대판 1978. 3. 28, 77도4049(히로뽕제조행위).

73) 김종원, 304면; 이형국, 전게논문, 91면.

74) RGSt. 1, 451; 17, 158; 8, 198;47, 65; BGHSt. 11, 324.

75) 김일수/서보학, 532면; 손해목, 914면; 이형국, 302면.

Ⅲ. 불능미수의 처벌

임의적 감면사유로 규정하고 있다.

Ⅳ. 불능미수와 환각범

1. 의 의

환각범이란 사실상 허용되는 행위를 금지되어 처벌되는 행위로 오인한 경우를 말한다. 즉 처벌하는 구성요건이 존재하지 않는 등 처벌되지 않는데도 불구하고 행위자가 처벌되는 구성요건 등 처벌되는 것으로 오인한 경우이다. 이와 반대로 금지착오는 금지규범이 존재하는 데도 불구하고 행위자가 허용되는 것으로 오인한, 즉 위법성인식에 대한 착오가 있는 경우이다. 따라서 환각범은 금지착오의 반대 경우이므로 **반전된 금지착오**이며, 법규범이 금지하지 않는데도 불구하고 금지되어 처벌되는 것으로 적극적으로 오인한 경우이므로 **적극적 착오**에 해당한다. 이를 요약해보면 다음과 같다.

① 불능미수 : 반전된 사실의 착오이며 **적극적 착오**이다. 이와 반대로 **사실의 착오**(구성요건착오)는 존재하는 구성요건적 사실을 인식하지 못한 경우이므로 **소극적 착오**이다.

② 환각범 : 반전된 금지의 착오이며 **적극적 착오**이다. 이와 반대로 **법률의 착오**(위법성의 착오, 금지착오)는 법규범에 의해 허용되지 않는데도 불구하고 허용되는 것으로 오인한 경우이므로 **소극적 착오**이다.

2. 환각범의 유형

① 금지규범의 존재자체에 대한 착오

금지되는 형법규정이 존재하지 않은 데도 금지되는 것으로 오인하고 이를 범한 경우이다. 예컨대 동성애 등이 금지된 것으로 알고 범한 경우가 이에 해당한다.

② 위법성조각사유에 해당하는 행위를 처벌받는다고 오인한 경우

행위자가 사실상 위법성조각사유에 해당하는 행위를 처벌된다고 오인하여 이를 범한 경우이다. 행위자가 위법성조각사유를 인식하지 못했거나 그 한계를 오인한 경우이다. 이를 **'반전된 위법성조각사유의 착오'** 또는 **'반전된 허용착오'**라고 한다.

③ 행위상황과 그 의미를 바로 인식했으나 규범의 해석을 잘못하여 그 적용범위를 자기에게 불리하게 적용된다고 오인한 경우이다.[76] 이를 **'반전된 포섭의 착오'**라 한다.

④ **인적 처벌조각사유의 존재에 대한 착오**

인적 처벌조각사유가 존재하는 데도 불구하고 자기행위가 처벌된다고 오인한 경우이다. 이를 **'반전된 가벌성의 착오'**라 한다.

3. 규범적 구성요건의 착오

금지규범의 존재자체에 대한 적극적 착오가 환각범이고, 이와 달리 구성요건적 사실에 대한 적극적 착오가 불능미수인 점에서 양자는 구별된다.

그런데 규범적 구성요건요소에 대한 착오의 경우에는 그것이 **불능범인가, 불능미수인가** 아니면 **반전된 포섭의 착오**인가를 구별하기 어려운 때가 있다.

사실에 대한 착오일 때는 불능범 내지 불능미수가 되지만, 규범의 범위에 대한 착오는 환각범이라 해야 할 것이다.

제4절 예 비 죄

I. 예비의 의의

예비란 **범죄실현을 위한 준비행위**로 아직 실행의 착수에 이르지 않은 일체의 행위를 말한다. 말하자면 범죄의 예비행위란 단순한 범죄계획을 초과하여 의도한 계획을 객관화 할 것을 최소로 하고, 실행에 착수하지 않을 것을 최대한으로 한 행위라 할 수 있다. 예비행위를 내용으로 하는 범죄를 예비죄라 한다.

형법은 제28조에 "범죄의 음모 또는 예비행위가 실행의 착수에 이르지 아니한 때에는 법률에 특별한 규정이 없는 한 벌하지 아니한다"고 하여 음모 내지 예비를 원

---

76) BGH의 판례에 나타난 반전된 포섭의 착오로는, 작성명의인이나 증명력이 없는 서류를 문서로 오인한 경우(BGHSt. 13, 225), 교통사고로 인하여 다친 경우에도 확증의무가 있다고 오인한 경우(BGHSt. 8, 263) 등을 들 수 있다.

칙적으로 처벌하지 않고, 예외적으로 처벌함을 선언하고 있다.

예비행위에 의하여 침해되는 법익과 가치, 행위와 행위자의 위험성 등을 고려하여 형벌권 발동의 필요성이 형사정책적으로 요구되는 때에는 예비행위도 예외적으로 처벌하고 있다.

형법은 이러한 이유로 **내란죄, 외환죄, 간첩죄, 이적죄, 폭발물사용죄, 방화죄, 일수죄, 교통방해죄, 통화위조죄, 유가증권위조죄, 도주원조죄, 약취·유인·인신매매죄, 살인죄, 강도죄** 등 중대한 범죄에 대하여 예비죄를 처벌하는 규정을 두고 있다.

예비행위는 실행의 착수 이전의 준비단계라는 점에서 실행의 착수 이후인 미수와 구별되며, 예비는 법익침해에 필요한 전제조건을 형성하는데 불과함에 반해서 미수는 구성요건에 의해 금지된 규범을 직접적으로 침해한 것이라 할 수 있다.

한편 **음모**(Komplott)란 **일정한 범죄 실현을 위해 2인 이상이 합의하는 것**을 말한다. 그러므로 단순한 범죄의사의 교환이나 표명만으로는 음모라 할 수 없다. 음모는 실행의 착수 이전의 2인 이상의 준비행위이므로, 범죄수행의 위험성에 있어서는 예비행위와 차이가 없으므로 동일하게 처벌하고 있다.

예비와 음모의 구별기준에 관해서는, ① 음모는 예비에 선행하는 범죄단계라는 견해와[77](판례) ② 음모는 **심리적 준비행위**이고, 예비는 **물적 준비행위** 혹은 **심리적 준비행위 이외의 준비행위**라는 견해[78] 및 ③ 음모를 예비의 하나로 보는 견해의 대립이 있다.

단독예비의 경우에는 음모를 생각할 수 없으므로 제②설이 타당하다.

Ⅱ. 예비죄의 법적 성격

예비죄의 법적 성격에 대하여는 기본범죄에 대한 예비죄의 관계와 예비행위의 실행행위성을 인정할 것인가가 문제된다. 예비죄의 법적 성격을 어떻게 이해할 것인가에 따라 예비죄의 미수와 공범 및 죄수문제에 대한 결론을 달리 하게 된다.

---

77) 이형국, 연구, 470면; 정성근/박광민, 370면; 정영석, 216면.

78) 김일수/서보학, 546면; 배종대, 531면; 신동운, 534면; 오영근, 538면; 이재상/장영민/강동범, 424면; 이정원, 295면; 임 웅, 341면.

1. 기본범죄에 대한 관계

(1) 견해의 대립

예비죄의 기본범죄에 대한 관계에 대하여는 세 가지 견해가 대립된다.

1) 발현형태설

예비는 **기본범죄의 발현형태**로 독립된 범죄유형이 아니라, **기본범죄의 수정적 구성요건**에 불과하다는 견해이다. 효과적인 법익보호를 위하여 필요한 경우에 미수 이전 단계까지 구성요건을 확장한 기본범죄의 수정적 구성요건이 예비죄라는 견해이다. **우리나라 다수설**[79]의 입장이다.

2) 독립범죄설

예비죄는 기본범죄의 수정형식이 아니라 독립된 범죄유형이라는 견해이다. 예비죄는 기본범죄와는 독립하여 그 자체가 불법의 실질을 갖춘 범죄인 점에서 단순히 기본범죄의 수정형식이 아니라 독립된 범죄라는 견해이다.[80]

3) 이 분 설

예비죄를 기본범죄의 발현형태의 경우와 독립범죄인 경우로 구분하여 파악하는 견해이다. 독일의 다수설이 비독립적인 형태의 예비와 실질적으로 다른 범죄의 예비에 해당하는 일정한 행위를 독립된 범죄로 처벌하는 형식을 예비로 구별하거나, 일본이 통화위조예비죄를 규정한 것을 독립예비죄라고 설명하는 견해가 여기에 해당한다.

(2) 비 판

형법도 범죄단체조직죄(제114조), 아편등소지죄(제205조), 음화소지등죄(제244조)를 독립된 범죄로 처벌하는 규정을 두고 있다. 형법은 이를 예비죄로 규정하고 있는 것이 아니라 완전히 독립된 별개의 범죄로 규정하고 있다. 독립범죄설은 예비죄가 "…죄를 범할 목적으로 예비한 자는"이라고 규정되어 있고, 처벌도 독립적으로 규정되어 있다는 점을 근거로 한다.

그러나 미수가 기본범죄의 수정형식이라면 예비죄는 그 이전 단계이므로 더욱더 독립된 범죄로 볼 수 없고, 예비죄의 규정형식은 오히려 예비죄가 기본범죄의 발현형

---

79) 박상기, 334면; 신동운, 537면; 오영근, 541면; 이재상/장영민/강동범, 424면; 이형국, 263면; 임웅, 342면; 정성근/박광민, 372면.

80) 김일수/서보학, 548면; 배종대, 533면; 권문택, 연구 211면.

태임을 나타낸 것으로 볼 수 있다. 그러므로 예비죄는 **기본범죄의 발현형태에 불과하**다고 해야 한다.

2. 예비죄의 실행행위성

예비죄를 기본범죄와는 별개의 독립적인 범죄로 보는 독립범죄설에 의하면 예비죄의 실행행위성이 당연히 인정된다. 그러나 기본범죄의 수정적 구성요건의 발현형태로 보는 발현형태설에 의하면 긍정설과 부정설이 대립된다.

(1) 긍 정 설

긍정설은 ① 기본범죄에 대해서만 실행행위성을 인정하는 것은 실행행위 개념의 상대적·기능적 성격을 무시한 것이고, ② 예비죄도 기본적 구성요건에 대한 **수정적 구성요건**이므로 실행행위성을 인정할 수 있다는 견해이다. **다수설**의 입장이다.[81]

(2) 부 정 설

부정설은 실행행위란 기본범죄에 대한 정범의 실행행위에 한정되므로, 실행의 착수 이전의 예비행위의 실행행위성을 인정할 수 없고, 또한 예비행위는 무정형, 무한정이므로 실행행위의 개념을 인정할 수 없다는 견해이다.[82]

생각건대 예비죄의 실행행위성을 긍정한다고 하여 예비의 미수, 예비의 종범까지 당연히 인정해야 하는 것은 아니다. 예비죄에 있어서 실행행위란 예비행위 자체의 실행행위성을 의미하기 때문에 긍정설이 타당하다고 생각된다.[83]

Ⅲ. 예비죄의 성립요건

예비죄가 성립하기 위해서는 주관적 요건으로 **예비의 고의와 기본범죄를 범할 목적**이 있어야 하며, 객관적 요건으로는 실행의 착수에 이르지 않는 **객관적 준비행위**가 있어야 한다.

---

81) 이재상/장영민/강동범, 426면; 안동준, 206면; 손해목, 824면; 정성근/박광민, 373면.
82) 오영근, 542면; 이형국, 269면; 임 웅, 344면.
83) 이재상/장영민/강동범, 426면.

1. 주관적 요건

(1) 예비의 고의가 있어야 한다

예비의 고의가 있어야 한다. 그러므로 과실에 의한 예비, 과실범의 예비죄는 성립할 수 없다. 예비의 고의가 무엇인가에 대하여는 견해가 대립된다.

1) 예비고의설

예비의 고의란 기본범죄에 대한 고의가 아니라 준비행위에 대한 고의를 의미한다는 견해이다.[84] 즉 **준비행위 자체에 대한 인식**을 요한다는 견해[85]이다. 이 견해는 ① 예비행위와 기본범죄 사이에는 질적인 차이가 있고, ② 예비행위 자체에 대한 고의가 있어야 예비행위에 그친 자에게 책임을 물을 수 있으며, ③ 예비죄가 "…죄를 범할 목적으로"라고 하여 목적범으로 규정하고 있는 점은 준비행위 자체에 대한 인식을 요한다고 해석해야 하는 근거이다.

2) 실행고의설

예비의 고의를 실행의 고의, 즉 **기본적 구성요건에 관한 고의**를 의미한다고 해석하는 견해[86]이다. 이 견해는 ① 예비는 미수와 같이 수정적 구성요건이며, ② 예비, 미수, 기수는 행위의 일련의 발전단계이므로 고의의 내용은 동일하다고 해야 하며, ③ 실행의 고의와 준비행위의 고의를 구별할 수 없고, ④ 기본범죄를 고려하지 않은 준비행위에 대한 인식은 무의미하다는 점을 근거로 한다.

3) 결 어

예비죄는 기본범죄의 발현형태에 불과하지만 예비의 실행행위성을 인정하는 이상 준비행위에 대한 인식이 필요하고, 기본범죄에 대한 인식은 목적의 내용이 되므로 **예비고의설**이 타당하다.

(2) 기본범죄를 범할 목적

예비죄는 단순한 고의 외에 기본범죄를 범할 목적이 요구되는 **목적범**이다.

예비죄에 있어서 기본범죄를 범할 목적에 대한 행위자의 인식의 정도에 대하여

---

84) 대판 2009. 10. 29, 2009도7150.

85) 김일수/서보학, 550면; 배종대, 465면; 손해목, 827면; 오영근, 546면; 이재상/장영민/강동범, 426면; 임 웅, 345면.

86) 박상기, 335면; 이형국, 263면; 정성근/박광민, 374면; 진계호, 315면.

는, ① **확정적 인식이 필요하다는 견해**[87]와 ② **미필적 인식으로 족하다는 견해**의 대립이 있다. 후자의 견해는 목적범[88]에 있어서도 행위자의 구성요건적 행위로 목적이 실현되고 별도의 행위가 필요 없는 **'단절된 결과범'**의 경우에는 **확정적 인식**이 필요하지만, 예비죄와 같은 목적범은 기본범죄가 실현되어야 목적이 달성되는 **'단축된 2행위범'**으로서 제3자나 행위자의 별도의 행위가 있어야 목적이 실현되므로 **미필적 인식으로** 족하다는 견해[89]이다.

목적범의 경우에는 기본범죄를 범할 목적에 대한 확정적 인식이 필요하다는 견해가 타당하다.

2. 객관적 요건

객관적인 준비행위가 있을 것을 요한다.

(1) 외적 준비행위

범죄의 실행을 목적으로 하는 준비행위로서 실행의 착수에 이르지 않아야 한다. 예비행위는 외부적 준비행위로서 단순한 범죄계획이나 의사표시 또는 내심의 준비행위만으로는 예비행위라 할 수 없다. 예비행위의 수단이나 방법에는 제한이 없으므로 무정형, 무한정이라 할 수 있다.

예비행위는 특정한 범죄의 실현을 위한 준비행위라는 것이 객관적으로 명백해야 하므로, 기본범죄의 실현에 객관적으로 적합한 행위여야 한다. 즉 계획된 범죄를 실현함에 적합한 조건이 되는 행위여야 한다.

그러므로 결과발생이 객관적으로 불가능한 예비, 즉 **불능예비는 예비가 될 수 없다.**

(2) 물적 예비와 인적 예비

예비는 물적 준비행위에 제한된다는 견해도 있으나, 외부적 준비행위는 물적 준비행위이건 인적 준비행위이건 불문한다.[90] 인적 준비행위라 하더라도 심리적인 준비

---

87) 배종대, 534면; 이재상/장영민/강동범, 427면; 이형국, 연구, 483면; 임 웅, 345면.

88) 목적범 중 단절된 결과범으로는 내란죄(제87조, 국토를 참절하거나 국헌을 문란하게 할 목적으로…), 출판물에 의한 명예훼손죄(제309조, 사람을 비방할 목적으로…) 등이 해당하고, 단축된 2행위범으로는 각종 위조죄(제207조, 제214조, 제225조, 231조, 제238조, 행사할 목적으로…), 무고죄(제156조, 타인으로 하여금 형사처분 또는 징계처분을 받게 할 목적으로…), 추행 등 목적 약취유인죄(제288조, 추행, 간음, 결혼 또는 영리의 목적으로…), 음행매개죄(제242조. 영리의 목적으로…) 등이 해당한다.

89) 손해목, 827면; 권문택, 551면.

행위 외에는 예비행위가 된다. 예컨대 범죄를 위한 물건구입, 장소답사, 장물을 처분할 사람을 확보하는 행위, 알리바이를 위한 대인접촉 등이 이에 해당한다.

(3) 자기예비와 타인예비

자기예비란 범죄자 스스로 또는 타인과 공동하여 실행행위를 할 목적으로 준비행위를 하는 경우를 말한다. 이에 대하여 **타인예비**란 타인의 실행행위를 위하여 예비행위를 하는 경우를 말한다.

여기서 **타인예비를 인정할 것인가**에 대하여는 견해의 대립이 있다.

긍정설은 자기예비와 타인예비 모두 예비에 포함된다는 견해이다. 그 근거로는, ① 타인예비도 법익침해의 실질적 위험성이 자기예비와 차이가 없으며, ② '죄를 범할 목적으로…'라는 개념에는 타인예비도 포함된다고 해야 하며, ③ 타인예비인 교사의 미수도 예비로 처벌하는 점에 비추어 보면 타인예비도 포함된다고 해석된다는 것이다.

부정설은 타인예비는 예비에 포함되지 않는다는 견해로서 **우리나라의 다수설**[91]의 태도이다. 그 근거로는, ① 타인예비는 타인이 실행에 착수할 때는 공범에 해당함에도 불구하고 이를 예비에 포함시킬 때에는 정범행위의 단계에 따라 타인예비가 정범이 되기도 하고 공범이 되기도 하는 불합리를 초래하며, ② 법익침해 면에서 타인예비를 자기예비와 같이 평가할 수 없고, ③ 형법의 '죄를 범할 목적으로…'라는 규정은 일본형법의 '죄에 공할 목적으로'라는 규정과 달리 예비자 스스로 실행할 의사가 필요하다는 것을 의미한다.

생각건대 타인예비를 포함한다고 해석하게 되면 예비죄의 성립범위가 지나치게 확대되며, 또한 정범과 공범은 구별되어야 하므로 타인예비를 부정하는 부정설이 타당하다고 생각된다.[92]

---

90) 김일수/서보학, 550면; 배종대, 535면; 손해목, 828면; 오영근, 544면; 이재상/장영민/강동범, 428면; 이형국, 연구 475면; 임 웅, 345면; 정성근/박광민, 374면.

91) 박상기, 335면; 배종대, 466면; 임웅, 346면; 정성근/박광민, 375면.

92) 이재상/장영민/강동범, 429면.

Ⅳ. 관련문제

1. 예비죄의 공범

기본범죄가 실행의 착수에 이르지 않은 예비죄에 있어서 공동정범과 교사범 및 방조범을 인정할 수 있는가? 예비죄의 공동정범이란 2인 이상이 공동으로 범죄를 실행할 것을 준비하는 행위를 하다가 실행의 착수에 이르지 않은 가벌적인 예비에 그친 경우에 공동정범이 가능한가라는 문제이고, 예비죄의 교사범과 종범이란 정범을 교사·방조하였으나 정범이 예비에 그친 경우에 예비죄의 교사범이나 종범 성립이 가능한가라는 문제이다.

(1) 예비죄의 공동정범

예비죄의 공동정범이 성립가능한가에 대하여, ① **긍정설**은 예비행위의 실행행위성을 긍정하는 다수설의 입장으로서 당연히 예비죄의 공동정범을 긍정하게 된다. 예비죄의 성격에 관하여 독립범죄설이 아니라 발현형태설을 취하더라도 예비죄 자체의 실행행위성은 인정해야 하므로 예비죄의 공동정범을 인정하는 **긍정설이 타당**하다.[93]

② **부정설**은 예비죄의 실행행위성을 부정하는 입장에서는 공동정범은 실행의 착수 이후에 성립하므로 실행의 착수 이전인 예비단계에서는 공동정범의 성립을 부정하게 된다.

(2) 예비죄의 교사범과 종범

공범독립성설에 의하면 예비죄의 교사범과 종범은 그 자체가 **교사 또는 종범의 미수**로 처벌되게 된다. 그런데 형법은 공범의 종속성을 인정하고 있으므로 공범종속성설에 의하면 예비죄의 교사범과 종범의 성립이 가능한가가 문제된다.

1) 예비죄의 교사범

예비죄의 교사범 처벌에 대하여는 형법 제31조 제2항에 "교사를 받은 자가 범죄실행을 승낙하고 실행의 착수에 이르지 아니한 때에는 **교사자와 피교사자를 음모 또는 예비**에 준하여 처벌한다"고 규정하고 있으므로 문제가 되지 않지만, 문제는 **예비죄의 종범 성립이 가능한가**이다.

---

93) 김일수/서보학, 553면; 박상기, 336면; 배종대, 536면; 신동운, 544면; 오영근, 548면; 이재상/장영민/강동범, 431면; 이형국, 268면; 임 웅, 346면; 정성근/박광민, 378면.

2) 예비죄의 종범

예비죄의 종범성립이 가능한가에 대하여는 견해가 대립된다. **긍정설**은 ① 정범이 예비죄로 처벌되므로 공범을 종범으로 처벌하는 것은 공범종속성설의 당연한 귀결이고, ② 예비죄도 각칙에 규정되어 있으므로 예비죄의 실행행위성을 인정할 수 있으며, ③ 예비와 미수의 구별은 공범의 성립에 영향이 없다는 점을 근거로 들고 있다.

이에 반해 **부정설**은 ① 예비죄는 미수에서와 같은 실행행위성이 없으며, ② 방조의 방법에 제한이 없고 예비의 정형성도 없으므로 예비의 종범을 처벌하는 것은 처벌이 부당하게 확대되며, ③ 예비의 종범을 처벌하는 것은 법 감정에도 크게 반한다는 것을 근거로 든다.

판례는 일관되게 **부정설**의 입장을 취하고 있다.

2. 예비죄의 미수와 예비죄의 죄수

(1) 예비죄의 미수

예비죄의 미수가 가능한가에 대하여는, ① 예비는 실행의 착수 이전이므로 예비죄의 미수란 불가능하다는 **부정설**(소극설)[94]과 ② 처벌하는 규정이 없지만 이론상 가능하다는 **긍정설**(적극설)[95]이 대립되고 있다.

생각건대 예비행위의 실행행위성을 인정한다고 하여 미수를 긍정해야 하는 것은 아니다. 예비는 실행의 착수이전에 성립하는 미수의 전(前)단계이므로 예비죄의 미수는 불가능하다는 **부정설이 타당**하다.

(2) 예비죄의 죄수

예비행위가 실행에 착수하여 미수가 되고, 나아가 기수가 된 경우에는 기본범죄의 미수 또는 기수와 예비죄는 **보충관계**에 있으므로, 예비죄는 성립하지 않고 기본범죄의 미수 또는 기수만 성립한다.

또한 수개의 예비행위가 있을 때에는 전체로서 하나의 예비행위에 불과하므로, 하나의 예비죄만 성립한다.

---

94) 박상기, 337면; 손해목, 836면; 이재상/장영민/강동범, 431면; 임 웅, 348면.

95) 이형국, 266면.

제 7 장 공범이론

제 1 절 공범이론

Ⅰ. 공범의 의의

1. 공범과 범죄의 참가형태

형법각칙의 구성요건은 원래 1인이 범죄를 실행하는 것을 예상하고서 규정을 하였다. 하나의 범죄를 단독으로 범하는 경우를 **단독범**(Alleintäterschaft)이라 하고, 2인 이상이 협력하여 범죄를 실행하는 경우를 **범죄참가형태**(Beteiligungsformen)라고 한다.

그런데 형법은 총칙 제2장 제3절에서 공범이라는 제목으로(정범과 공범으로 고치는 것이 좋다) **공동정범**(제30조), **교사범**(제31조), **종범**(제32조) 및 **간접정범**(제34조)을 규정하고 있다. 형법이 공범이라는 제목 하에 공동정범과 간접정범을 포함하여 규정하고 있는 것은 정범은 단독정범만을 의미한다는 전제에서 출발한 것이라 할 수 있다.

그러므로 형법이 공범이라고 규정한 형식은 하나의 범죄에 다수인이 참가하는 형태를 규정한 것으로 이해하여 **공동정범과 간접정범을 포함**하여 교사범 및 종범을 공범으로 이해할 때는 이를 **광의의 공범**이라 한다.

그러나 공동정범과 간접정범을 공범에 포함시키는 것은 타당하다고 할 수 없으므로, 형법의 공범에 관한 규정은 공범에 관한 규정이 아니라 하나의 범죄에 다수인이 참가하는 형태에 관한 규정이라 할 수 있다. 그러므로 형법의 공범에 관한 규정은 실제로 정범과 공범에 관한 규정을 의미하므로 입법론으로는 공범이라는 표제를 정범과 공범으로 고치는 것이 타당하다고 할 수 있다.[1)]

범죄의 참가형태에 따라 정범과 공범으로 나누어진다. **정범**(Täterschaft)이란 범죄

1) 이재상/장영민/강동범, 432면.

를 스스로 실행하고 불법구성요건의 객관적 요소와 주관적 요소를 충족한 자를 말하며, 이에는 **직접정범**과 **간접정범** 및 **공동정범**이 있다. 이와 달리 **공범**(Teilnahme)이란 타인의 범죄를 교사 또는 방조하여 타인인 정범이 범하는 범죄에 가담하는 **가담범**이다. 이러한 의미에서 정범의 범죄에 가담하는 가담범인 교사범과 종범을 **협의의 공범** 또는 **고유한 의미의 공범**이라고도 한다. 일반적으로 공범이라고 부를 때는 협의의 공범인 교사범·종범을 의미한다.

2. 공범의 입법형식

공범을 형법전에 규정하는 입법형식에는 다음과 같은 두 가지의 방식이 대립되고 있다.

(1) 분리방식

범죄구성요건의 실현에 참가하는 형태에 따라 정범과 공범을 분리하여, 각칙의 구성요건을 총론의 공범이론에 의해 보충하게 하는 방법을 분리방식(differenzierende Lösung)이라 한다.

(2) 단일정범체계

정범과 교사범 및 종범과의 구별을 포기하여 **구성요건실현에 인과적으로 기여한 자**를 모두 정범으로 파악함으로써 정범과 교사범 및 종범의 구별을 포기하고, 정범의 행위기여의 정도에 따라 형벌의 정도를 정하는 방식을 단일정범체계(Einheitstäter-system)라고 한다.

단일정범체계를 주장하는 근거로는, ① 정범과 공범을 구별할 기준이나 종범이 정범에 비하여 형이 가벼워야 하는 근거가 불명확하고, ② 형법이 교사범도 정범과 동일한 형으로 처벌하고 있고 종범과의 관계에서도 양형에서 구별한다면, 구태여 이를 분리하여 규정할 필요가 없다는 점 등을 들고 있다.

그러나 단일정범체계는, ① 법치국가적 형법은 전형적인 구성요건적 행위를 명시하고 이를 실현한 자와 이에 가담한 자를 구별할 이론적, 체계적 기준을 명백히 할 것을 요구함에도 불구하고, 법익침해에 인과적으로 기여한 자를 모두 정범으로 보는 것은 죄형법정주의에 위배되므로 법치국가적 형법의 기초에 배치된다고 할 수 있다.

② 법익침해를 야기하는 모든 행위기여를 정범으로 이해할 경우에는 구성요건의 특수한 행위반가치가 의미를 잃게 되어, 신분범에 있어서 신분 없는 자나 자수범에

있어서 자수로 실행하지 않는 자도 정범으로 이해하게 된다.

③ 교사의 미수나 방조의 미수도 정범의 미수에 해당되어 가벌성의 부당한 확대를 가져온다.

생각건대 우리 형법이 공범 속에 공동정범과 교사범 및 종범을 구별하여 규정하고 있는 것은 **분리방식**을 취하고 있음이 명백하므로 단일정범체계를 우리 형법이 취했다고 볼 여지가 없다고 하겠다. 다만 과실범에 있어서는 공범의 성립이 불가능하므로 단일정범개념이 적용될 수 있다.[2)]

형법이 분리방식에 의하여 공범을 규정하고 있는 이상, 정범과 공범을 구별하고 정범과 공범의 출현형태를 살펴보는 것이 **공범론**의 과제이다.

3. 필요적 공범

(1) 의 의

한 사람이 실현할 것을 예상하여 규정된 구성요건을 수인이 협력 가공하여 실현한 경우를 **임의적 공범**(zufaellige Teilnahme)이라 한다. 형법총론의 공범은 임의적 공범을 의미한다. 이에 대하여 구성요건 자체가 이미 2인 이상의 참가자의 행동을 전제로 성립하는 범죄를 **필요적 공범**(notwendige Teilnahme)이라 한다. 이에는 교사, 방조뿐만 아니라 필요적 공동정범도 포함된다. 그러므로 필요적 공범이란 필요적 범죄참가형태(notwendige Beteiligungsformen)라 할 수 있다.

(2) 필요적 공범의 종류

필요적 공범에는 집합범과 대향범이 있다.

1) 집 합 범

다수인이 동일한 방향에서 같은 목표를 향해 공동으로 작용하는(Konvergenz－delikte) 범죄, 즉 다수인의 집합에 의한 군중범죄를 말한다. 이에는 ① **소요죄**(제115조): 참가자 모두에게 동일하게 법정형이 부과된 경우와, ② **내란죄**(제87조): 참가자의 범죄참가형태에 따라 법정형에 차이를 두는 경우가 있다.

이와 달리 특수절도죄(제331조), 특수강도죄(제334조), 특수도주죄(제146조) 등과 같이 1인에 의하여도 범죄는 성립하지만, 2인 이상이 합동하여 참가하는 경우에 형이 가중되는 **합동범도 필요적 공범인가**가 문제된다.

---

2) 이재상/장영민/강동범, 434면.

이에 대하여는, ① **부진정 필요적 공범설**이라는 견해[3)]와 ② **필요적 공범**이라는 견해[4)] 및 ③ **공동정범의 특수한 경우**라는 견해[5)]의 대립이 있다.

생각건대 합동범은 다수인의 가담을 필요로 한다는 점에서는 필요적 공범이지만 다수인이 가담하는 모든 경우를 포함하지 않는 점에서 필요적 공범과는 성질을 달리한다. 그러므로 합동범은 2인 이상이 공동정범으로 참여하는 것을 필요로 하는 **공동정범의 특수한 경우**에 해당한다고 해석하는 견해가 타당하다.

2) 대향범(Begegnungsdelikte)

대향범이란 2인 이상의 대향적 협력에 의해 성립하는 범죄를 말한다.

이에는 ① 간통죄(제241조), 아동혹사죄(제274조) 등과 같이 쌍방의 법정형이 동일한 경우와, ② 뇌물죄의 수뢰죄(제129조)와 증뢰죄(제133조), 배임수재와 증재죄(제357조)에서와 같이 법정형이 서로 다른 경우 및 ③ 음화 등 반포·판매·임대죄(제243조), 범인은닉죄(제151조)와 같이 대향자의 일방만을 처벌하는 경우가 있다.

(3) 공범규정의 적용문제

1) 필요적 공범의 경우

필요적 공범일 때는 대향범이든 집합범이든 참가자에 대한 처벌규정이 형법각칙에 별도로 있으므로, 임의적 공범을 전제로 한 형법총칙의 **공범에 관한 규정은 적용될 여지가 없다.**[6)]

2) 필요적 공범에 대한 외부관여자의 경우

그러나 필요적 공범의 외부에서 관여하는 행위에 대하여 공범규정의 적용이 가능한가가 문제된다. 이에 대하여는 집합범과 대향범으로 나누어 살펴볼 필요가 있다.

가. 집합범의 경우 소요죄, 내란죄와 같은 집합범의 경우에 있어서 외부에서의 자금제공, 정보제공, 가입권유 등을 했을 경우에는 당연히 공범은 성립된다고 할 수 있다. 그러나 집단범죄시 그 구성원이 아닌 이상 **공동정범의 성립은 불가능하고,** 교

3) 배종대, 550면; 진계호, 351면.

4) 오영근, 602면; 임 웅, 381면.

5) 김일수/서보학, 635면; 안동준, 225면; 이재상/장영민/강동범, 435면; 이형국, 306면; 정성근/박광민, 493면.

6) 대판 2001. 12. 28, 2001도5158(약사법위반죄 사건); 대판 2002. 7. 22, 2002도1696; 대판 2007. 10. 25, 2007도6712; 대판 2011. 4. 28, 2009도3642; 대판 2014. 1. 16, 2013도6969; 대판 2017. 6. 19, 2017도4240.

사범·종범규정은 적용된다고 해야 한다.[7)]

나. 대향범의 경우 뇌물죄와 같은 대향범의 경우에는 각 대향자에 대한 외부에서의 관여자에게는 공범규정이 적용된다고 해야 한다. 예컨대 수뢰자나 증뢰자에게 관여한 제3자는 관여의 정도에 따라 교사범·종범은 물론 공동정범도 성립가능하다고 해야 한다. 다만 대향범이 진정신분범일 경우, 예컨대 뇌물죄에 있어서 수뢰자에게 공무원신분이 없는 경우에는 형법 제33조 본문이 적용되고, 대향자 중 처벌규정이 없는 일방의 경우에는 그 일방에 관여한 행위는 문제되지 않는다고 해야 한다.

Ⅱ. 정범과 공범의 구별

처음에 정범과 공범의 구별문제의 중점은 공동정범과 종범을 구별하는 데 있었다. 그러나 이 문제는 거기에 그치는 것이 아니라 ① 공동정범과 간접정범의 정범성을 확정하고, ② 교사범이나 종범과의 구별을 위한 기준이 되며, ③ 정범과 협의의 공범과의 관계, 즉 공범의 종속성 내지 독립성문제를 해결하기 위한 논리적 전제가 된다.

공범이란 정범에 대한 개념이다. 말하자면 다수인이 관여하는 범죄형태는 정범이 아니라면 공범이 되기 때문에 정범개념이 먼저 확정되어야 한다. 이를 공범에 대한 **정범개념의 우위성**이라 한다.

1. 정범의 개념

정범에는 공동정범·단독정범, 그리고 간접정범도 정범에 포함된다는 점에 대하여는 다툼이 없다. 정범의 개념을 어떻게 이해할 것인가에 대하여는 형법에 명문의 규정이 없고, 이에 대하여는 종래 제한적 정범개념이론과 확장적 정범개념이론이 대립하여 논의되어 왔다.

(1) 제한적 정범개념이론

제한적 정범개념이론(die Lehre vom restriktiven Täterbegriff)에 의하면, 범죄란 구성요건에 의해 결정되므로 정범(Täterschaft)은 **구성요건에 해당하는 행위를 스스로 실행한 자**이고, 공범이란 **구성요건 이외의 행위로 결과발생**에 조건을 준 자를 의미한다는 견

7) 대판 2014. 12. 11, 2014도11515.

해이다.

이 견해에 의하면 협의의 공범인 교사범이나 종범은 특별한 처벌규정이 없으면 처벌받지 않게 되지만, 형법 제31조(교사범)와 제32조(종범)에 의하여 처벌되기 때문에, 결국 공범이란 정범의 처벌을 확장하는 **형벌확장사유**(Strafausdehnungsgrund)에 불과하다고 보게 된다. 또한 제한적 정범개념이론은 정범과 공범에 대하여 구성요건에 해당하는 행위를 실행한 정범과 이에 대한 교사 또는 방조를 객관적으로 구별할 수 있다고 보기 때문에 일반적으로 정범과 공범의 구별에 관하여 **객관설의 입장**을 취하게 된다.

(2) 확장적 정범개념이론

확장적 정범개념이론(die Lehre vom extensiven Täterschaft)은 **조건설**을 이론적 기초로 하여 결과발생에 기여한 모든 조건은 동등하다고 보아, 구성요건적 결과발생에 조건을 설정한 자는 모두 정범이라는 견해이다.

이에 따르면 교사범이나 종범도 정범과 동일하게 처벌되어야 하지만, 교사범과 종범은 공범규정에 의해 특별 취급되며, 따라서 공범규정은 정범의 처벌범위를 축소하는 **형벌축소사유**(Strafeinschränkungsgrund)가 된다. 확장적 정범개념에 의하면 객관적 구성요건요소에 의해서는 정범과 공범을 구별할 수 없게 되므로 **주관설**에 의해 정범과 공범을 구별하게 된다.

(3) 비　판

확장적 정범개념이론은 전통적인 제한적 정범개념이론에 의하면 간접정범도 공범이 된다는 문제점을 해결하기 위하여 주장된 이론이다. 그러나 확장적 정범개념이론에 의하면 다음과 같은 문제점이 있다.

① 형법각칙의 대부분의 구성요건에는 **특수한 행위자적 요소**가 규정되어 있지 않은데, 이 이론에 의하면 구성요건적 결과발생에 기여한 자는 모두 정범이 되어 정범개념이 지나치게 확장되므로 **형법의 보장적 기능을 해치게 되고, 나아가 죄형법정주의에도 반하게 된다.**

② 이 이론에 의하면 교사범이나 종범도 정범이 되므로 정범과 동일하게 처벌되어야 한다. 그렇다면 형법이 교사범은 정범과 같은 형으로 처벌한다는 특별규정(제31조 1항)을 둘 이유가 없게 되고, 나아가 종범의 형을 정범의 형보다 감경한다(제32조 제2항)는 근거도 미약하게 된다.

또한 각칙에 정범의 요소로 특수한 신분을 규정하고 있는 진정신분범에 있어서 신분이 없는 자는 정범이 될 수 없지만 공범이 될 수는 있다(제33조). 이 경우에 공범은 형벌확장사유로 볼 수밖에 없고 확장적 정범개념이론에 의해서는 이를 설명할 수 없게 된다.

따라서 확장적 정범개념이론은 **형법의 규정과도 일치하지 않는 견해**이다.

생각건대 제한적 정범개념이론이 기본적으로 구성요건에서 규정하고 있는 행위를 중심으로 정범개념을 찾으려는 기본적인 입장은 타당하지만, 지나치게 객관적 요소에 의해서만 정범과 공범을 구별하기 때문에 구성요건요소의 전부 또는 일부를 실행하지 않은 간접정범이나 공동정범의 정범성을 인정할 수 없게 되므로 그 구별기준에 대한 재검토가 필요하다.

2. 정범과 공범의 구별기준

정범과 공범의 구별기준에 대하여는 크게 객관설과 주관설 및 행위지배설이 대립한다.

(1) 객 관 설

1) 형식적 객관설

형식적 객관설이란(die formell-objektive Theorie)이란 구성요건적 행위를 직접 실행한 자가 정범이며, 실행행위 이외의 방법으로 조건을 제공한 자는 공범이라는 견해이다. 이 견해는 **제한적 정범개념이론**에 입각하고 있는 견해로서 정범의 성립범위가 가장 좁게 된다. 이에 의하면, 예컨대 갑과 을이 병을 살해할 의사로 갑은 병을 움직이지 못하게 붙잡고 있는 동안 을이 병을 칼로 찔러 살해한 경우에, 을은 살인죄의 정범이나 갑은 공범이 되게 된다.

그러나 형식적 객관설은, ① **구성요건적 행위**와 **구성요건적 사실을 실현하는 행위**를 구별하지 못하고, 전자에 대해서만 정범성을 인정하는 오류를 범하고 있다. 위의 사례의 경우에도 살인죄의 구성요건은 '사람을 살해하는 행위'이므로, 이때의 살해행위란 '살인을 실현하기 위하여 필요한 모든 행위'를 말하며 살해행위(칼로 찌르는 행위)만을 의미하는 것은 아니다.

② 이 견해는 스스로 실행행위를 행하지 않는 **간접정범**이나 **조직범죄**의 배후조종자를 정범으로 인정할 수 없게 되는 결함이 있다.

형식적 객관설은 이러한 근본적인 결함으로 인해 현재 이 견해를 따르는 자는 없다.

2) 실질적 객관설

행위가담의 위험성의 정도에 따라 정범과 공범을 구별하는 견해이다. 실질적 객관설(die materiell–objektive Theorie)은 객관적 기준에 의하여 정범과 공범을 구별하는 일체의 입장을 말하며, 이 견해는 다시 무엇을 실질적인 기준으로 삼느냐에 따라 필연설과 동시설로 나누어진다.

가. 필 연 설 필연설(Notwendigkeitstheorie)이란 결과발생에 필연적으로 기여한 자는 정범이고, 그렇지 않은 자는 공범이라는 견해이다. 인과관계에 있어서 **원인설**의 입장에 입각한 견해라 할 수 있다. 법익침해에 우세한 영향을 미쳤으면 정범이고, 그렇지 않으면 공범이라는 **우세설**(Überordnungstheorie)도 이 아류에 속한다.[8)]

그러나 이 견해는, ① 결과발생에 기여한 조건 중 원인이 되는 조건과 그렇지 않은 조건을 구별하는 것은 불가능하고, 또한 자연과학적 기준을 법률적 판단의 기초로 삼는 오류를 범하고 있으며, ② 정범과 공범의 구별기준을 인과관계에서 구하는 것은 범죄행위의 사회적 의미를 간과하고 있다는 비판이 있다. 즉 범죄행위의 사회적 의미는 인과관계의 우열에 있는 것이 아니라 행위수행의 방법이나 목적적 요소도 중요한 의미를 가지기 때문이다.

③ 또한 이 견해는 공동정범과 종범을 구별하는 이론에 불과하고, 간접정범과 교사범을 구별하는 데는 도움이 되지 못한다는 비판을 받고 있다. 즉 이 견해에 따르면 타인으로 하여금 범죄를 실행하도록 결의하게 한 교사범은 언제나 정범이 되기 때문이다.

나. 동 시 설 행위수행의 시간적 연관을 기준으로 행위시에 가담한 자는 정범이고, 그 전이나 후에 가담한 자는 공범이라는 견해가 **동시설**(Gleichzeitlichkeits–theorie)이다.

이 견해에 따르면, ① 문서위조 시 펜과 잉크를 빌려준 자는 정범이 되고, 갑과 을이 공모하여 병을 살해한 경우에 범죄현장으로 병을 유인한 갑은 종범이 되어버린다. ② 또한 이 견해에 따르면 간접정범의 정범성도 설명할 수 없게 된다는 비판을 면할 수 없게 된다.

---

8) 그 외에도 주된 원인인가 종된 원인인가에 따른 구별방법(포이어바흐: Feuerbach)과 결정적 조건인가 아닌가에 따른 구별방법(리프만: Liepmann) 등이 있다.

결국 객관설은 정범과 공범을 구별하는 데 있어서 행위자의 주관적 요소와 범죄계획 등을 전혀 고려하지 않은 점에서 행위의 사회적 의미를 제대로 파악하지 못했다는 근본적인 오류가 있다. 그러나 실질적 객관설이 정범과 공범의 구별에 관한 실질적인 판단기준을 찾고자 한 점이 나중에 록신(C. Roxin)이 주장하는 **행위지배설의 기초**가 되었다고 할 수 있다.

(2) 주 관 설

주관설(subjektive Theorie)은 결과발생에 기여한 모든 조건의 동가치성을 인정하는 **조건설을 전제**로 하는 견해이다. 즉 결과발생에 조건을 제공한 점에서는 정범과 공범이 동일하지만 주관적 요소에 의해 구별이 가능하다는 견해이다. 이에는 고의설과 목적설이 있다.

1) 고의설(dolus theorie)

고의에 의해 정범과 공범을 구별하는 견해로써, **의사설**이라고도 한다. 즉 고의설은 정범의사(Täterwillen, animus auctoris)로 행위한 자는 정범이고, 여기에서 정범의사란 행위시에 자기의 범죄로 실현하고자 하는 의사를 말한다. 그리고 공범이란 공범의사(Teilnahmewillen, animus socii)로 행위한 자를 말하며, 공범의사란 타인의 범죄로서 행위를 야기하거나 촉진하고자 하는 의사를 말한다. 독일에서는 베히터(Wächter), 휄쉬너(Hälschner), 빈딩(Binding), 나글러(Nagler), 부리(Buri)에 의하여 발전되었고 독일제국재판소(Reichsgericht)의 대표적 판례로 **목욕통사건**(Badewannenfall)[9]을 들 수 있는데, 이는 나중에 독일연방재판소(BGH)의 판결에도 영향을 미쳤다. BGH가 주관설을 따른 대표적인 경우로는 **스타쉰스키사건**(Staschinskyfall)[10]을 들 수 있다.

그러나 고의설에 대한 비판으로는, ① 고의설도 결과발생에 기여한 모든 조건의 동가치성을 주장하는 조건설을 전제로 하지만 조건설은 결과귀속에 관한 이론이며, 정범과 공범의 구별문제는 범죄참가자의 참가형태에 따른 법적 평가의 문제이므로 이는 구별되어야 한다. 또한 ② 고의설이 정범의사와 공범의사에 따라 정범과 공범을

9) RG. 74, 85, 독일제국재판소(RG)는 사생아 생모의 부탁을 받고 영아를 목욕통에 빠뜨려 익사케 한 사건으로 피고인은 공범의사로 행위하였으므로 종범이며, 생모가 정범이라고 판시하였다.

10) BGHSt. 18, 87. 피고인 스타쉰스키(Staschinsky)가 소련 KGB의 밀명을 받고 소련에서 망명한 정치인 2명을 살해한 사건으로 연방재판소는 살해행위를 소련 KGB가 계획하고 지시했으므로 KGB의 책임자나 간부가 정범이고, 스타쉰스키는 방조범에 불과하다고 판시하였다(스타쉰스키 사건).

구별하지만, 이는 이미 그 전제인 정범이나 공범의 개념을 전제로 해서만이 정범의사와 공범의사를 알 수 있으므로 순환논리에 빠져버리게 된다.

2) 목 적 설

목적설(Zwecktheorie)은 행위자의 행위시의 목적 또는 이익에 따라 정범과 공범을 구별하는 견해로 **이익설**이라고도 한다. 즉 이 학설은 자기의 목적 또는 이익을 위하여 행위를 하는 자는 정범이고, 타인의 목적 또는 이익을 위하여 행위를 하는 자는 공범으로 보는 입장이다.

그러나 이 학설에 대하여는, ① 자기의 이익 또는 타인의 이익을 명백히 구별할 수 없고, ② 이익설에 의하면 촉탁살인(제252조 제1항), 촉탁낙태(제269조 제2항), 제3자를 위한 사기(제343조 제2항), 공갈(제350조 제2항), 배임(제355조 제2항) 등의 행위는 모두 타인의 이익을 위한 행위이므로 공범이 성립하게 되지만, 정범이 없이 공범만 성립한다는 것은 부당하며, 형법이 이 경우를 독립된 범죄로 규정하고 있으므로 형법의 태도와도 일치하지 않는다.

③ 또한 이익설에 의하면 타인의 이익을 위해 예컨대 남편과 불화중인 처의 부탁을 받고 남편을 살해한 경우에도 종범에 불과하다고 하게 된다.[11)]

그러므로 목적 또는 이익은 행위자의 주관적 요소 내지 동기에 불과하고 정범과 공범의 구별기준이 될 수 없다. 행위자의 행위는 단순한 의사의 징표에 불과한 것이 아니라 의사의 실현에 있고, 이는 주관적 측면과 객관적인 측면을 전체적으로 고려하여 판단해야 함이 옳을 것이다. 따라서 주관설은 주관적인 측면에만 중점을 두고 이해함으로써 행위의 사회적 의미를 제대로 파악했다고 할 수 없다.

(3) 행위지배설

정범과 공범의 구별에 관하여 **주관적 요소와 객관적 요소의 결합을 시도하는 견해**가 행위지배설(Tatherrschaftslehre)이다. 즉 행위지배설은 주관적 요소와 객관적 요소로 형성되는 행위지배라는 개념을 정범과 공범을 구별하는 기준으로 삼는 이론이다. 이에 의하면 **행위지배란 '구성요건에 해당하는 사건진행의 장악'**, 즉 **'사태의 핵심형상을 지배하는 것'**을 말한다. 그러므로 이 학설에 따르면 사태의 핵심형상을 계획적으로

---

11) BGHSt. 8, 393. 피고인이 남편과 불화 중인 부인의 부탁을 받고 부인의 남편을 도끼로 살해한 사건이다. BGH는 타인의 이익을 위하여 행위한 때에도 정범이 된다고 하여 종래의 RG. 74, 84.의 판결을 변경하였다(남편도끼촉탁살해사건).

조종하거나 공동으로 형성하는 행위지배를 통하여 그의 의사에 따라 구성요건을 실현하거나 저지할 수 있는 자는 정범이고, 자신의 행위지배에 의하지 않고 행위를 야기하거나 촉진하는 자를 공범이라고 한다.

행위지배라는 말은 헤글러(Hegler)가 처음 사용하였지만, 오늘날과 같은 의미로 처음 사용한 것은 1933년 로베(Lobe)에 의해서이다. 그는 정범이란 자기범행을 범하려는 의사를 그의 지배하에 조종하고 실행하는 자로서, 이는 주관적 요소와 객관적 요소의 종합으로 이루어져 있다고 하였다. 이후 벨첼(Welzel)은 행위지배의 개념을 정범의 중심요소로 보아 '목적적 행위지배'(finale Tatherrschaft)가 정범의 일반적 요소이고, 구성요건적 고의는 행위지배의 요소라고 하였다. 그리고 행위지배의 요소가 되는 고의는 목적성과 동일하므로 목적적 행위지배가 있는 정범과 그렇지 않은 공범의 구별도 고의범에서만 문제된다고 하였다.

그러나 목적적 행위지배를 고의와 같은 의미로 이해할 경우에 목적적 행위지배설에 의하면 교사범이나 종범도 고의가 있으면 목적적 행위지배가 있게 되므로 정범과 공범을 구별할 수 없게 된다. 그러므로 목적적 행위론자인 마우라흐(Maurach)도 행위지배란 고의에 의해 포섭된 구성요건적 행위의 장악을 의미한다고 하여 주관적 요소에 객관적 요소를 가미하는 입장을 취하고 있고, 스트라텐베르트(Stratenwerth)도 행위지배의 내용으로 주관의 객관화가 필요하다고 주장한다.

행위지배설에 의한 정범개념은 제한적 정범개념을 기초로 한다. 그러므로 정범이란 구성요건에 해당하는 행위를 실행한 자이며, 구성요건에 해당하는 행위란 주관적인 행위자의 의사와 객관적인 실행행위의 의미연관체로 이루어져 있다. 따라서 정범과 공범을 구별하는 데 있어서는 행위자의 주관적인 행위조종의사와 객관적인 행위가담의 정도를 고려해서 판단해야 하는 것이다.

행위지배설에서 말하는 행위지배라는 개념은 **정범현상의 지도개념**에 불과하고 모든 정범현상에 다 적용될 수 있는 기술적인 정범표지가 아니다. 정범현상의 지도개념인 행위지배의 개념을 정범유형에 따라 보다 구체화한 사람은 록신(Roxin)이다. 그는 정범의 행위지배유형을 실행지배와 의사지배 및 기능적 행위지배로 나누고 있다.

1) 실행지배

구성요건요소를 스스로 유책하게 실현한 직접정범은 타인의 이익을 위하거나 또는 다수인이 가담하더라도 구성요건에 해당하는 행위를 직접 지배했으므로 정범이 된다. 이 범위에서 행위지배설은 **형식적 객관설**과 동일한 결론이 된다. **직접정범**에 있어서 행위지배의 형태는 **실행지배**로 나타난다.

2) 의사지배

타인을 도구로 이용하여 범죄를 실현하는 간접정범에 있어서의 행위지배는 의사지배(Willensherrschaft)의 형태이다. 간접정범은 타인을 도구로 이용하여 구성요건적 행위를 실현하지만, 자기의 의사와 계획에 따라 피이용자를 이용하는 경우이고 타인의 행위는 간접정범의 행위의 인과적 과정에 불과하다. 이와 같이 간접정범은 **우월성**(Übergewicht) 내지 **의사지배**에 의해 정범성이 인정된다.

3) 기능적 행위지배(funktionelle Tatherrrschaft)

공동정범의 행위지배는 분업적으로 구성요건을 실현하는 경우이다. 즉 공동의 결의에 의하여 **분업적 역할분담**을 통하여 구성요건을 실현하는 경우이다. 공동정범은 기능적 행위지배에 의하여 각자가 공동의 행위지배를 가진 정범이 된다.

따라서 망을 보는 자나 범죄계획을 수립하고 조종하는 범죄집단의 배후조종자도 정범이 될 수 있게 된다.

(4) 결 론

정범과 공범의 구별은 객관적·주관적 요소를 종합적으로 고려한 행위지배설에 의하여 판단해야 한다. 따라서 정범과 공범은 **객관적인 행위가담**과 **주관적인 의사관여의 정도**에 따라 구별되어진다. 그러므로 **정범**이란 **사태의 핵심 형상을 지배하여 구성요건을 실현하려는 자**이고, **공범**이란 이러한 행위지배 없이 **타인의 범죄를 야기하거나 촉진하는 자**라고 할 수 있다.

그러나 모든 범죄에 있어서 행위지배가 정범요소가 되는 것은 아니다. **자수범**[12)]

12) **자수범**이란 행위자 자신만이 직접적으로 구성요건을 실현할 수 있는 범죄를 말한다. 따라서 자수범일 경우에는 타인을 생명있는 도구와 같이 이용하는 간접정범이나 공동정범의 성립은 불가능하게 된다. 그런데 어떤 범죄를 자수범으로 볼 것인가에 대하여는 **형식설(문언설)**, **거동범설**, **실질설(법익보호표준설, 이분설)** 및 **3분설**의 대립이 있다. **문언설**은 개별 구성요건의 문언에 의하여 국외자의 행위는 구성요건을 충족할 수 없게 규정되어 있는 범죄를 자수범이라고 보는 견해이다. **거동범설**은 마우라흐가 결과범과 거동범을 구별하여 거동범이 자수범이라는 견해이다. **실질설**은 법익보호의 관점에서 자수범을 진정자수범과 부진정자수범으로 구별하고, 범죄의 실질이 법익침해인 경우에는 누구든지 이를 실현할 수 있으므로 원칙적으로 자수범이 되지 않지만, 특수한 의무침해를 정범표지로 요구하는 법익침해적 범죄인 위증죄나 군무이탈죄 등은 부진정자수범에 해당한다고 한다. 이에 반하여 법익침해가 아니라 행위비난에 범죄의 실질이

의 경우에는 행위자가 자수로 실행행위를 할 것이 요구되므로 **자수성**이 정범요소가 되고, **의무범**의 경우에는 **특수한 의무침해**에 정범요소가 있다고 해야 한다. 이에는 신분범과 과실범이 해당한다.

Ⅲ. 공범의 종속성

협의의 공범인 교사범이나 종범은 정범을 교사 또는 방조하여 정범으로 하여금 범죄를 실행하게 함으로써 성립하는 범죄이다. 이때 공범의 교사행위나 방조행위가 정범에 독립하여 범죄가 성립하는가 또는 정범에 종속하여 성립하는가가 문제된다. 이를 공범의 종속성의 문제라 하며, 이에는 공범종속설과 공범독립성설이라는 학설의 대립이 있다.

1. 공범종속성설과 공범독립성설

(1) 공범종속성설

공범종속성설은 공범은 정범의 행위에 가담하는 데 불과하므로 공범은 정범에 종속한다는 견해이다. 이때 공범이 정범에 종속한다는 것은 정범의 처벌에 종속된다는 것이 아니라, 정범이 성립하는 것을 전제로 공범이 성립한다는 것을 의미한다. 말하자면 공범의 종속성이란 공범성립에 있어서 정범성립에의 종속성을 의미한다.

객관주의 범죄이론에 근거한 공범이론인 공범종속성설에 의하면, 공범이 성립하기 위해서는 적어도 정범이 실행에 착수했을 것을 요건으로 하므로 미수범의 공범성

있는 경우에 이를 진정자수범이라고 보는 견해이다. 진정자수범은 다시 행위자형법적 범죄(음행매개죄 등)와 법익침해없는 행위관련적 범죄(수간, 동성간의 성교, 간통죄 등)로 나누고 있다. 이 견해에 따르면 준강간, 준강제추행죄(제299조), 피구금부녀간음죄(제303조), 업무상비밀누설죄(제317조), 간통죄(241조), 위증죄(제152조), 군형법상 군무이탈죄(제30조) 등이 자수범에 해당한다.

3분설에 의하면, ① 정범의 신체적 가담을 요구하는 범죄(준강간죄, 준강제추행죄, 피구금부녀간음죄, 계간 등), ② 신체가 아니더라도 일신적인 인격적 행위를 요구하는 범죄(업무상비밀누설죄, 간통죄), ③ 소송법 및 기타 법률에 스스로의 행위를 요구하는 범죄(위증죄, 군무이탈죄)를 자수범이라고 보는 입장이다. 허위공문서작성죄가 자수범인가에 대하여 통설은 허위공문서작성죄의 간접정범인 공정증서원본부실기재죄를 처벌하는 규정이 있으므로 이를 긍정하나, 반대설은 진정신분범의 당연한 결과로 보고 있다.

립은 가능하나, **공범의 미수**는 있을 수 없게 되며, 공범과 간접정범을 엄격히 구별하게 된다.

(2) 공범독립성설(주관주의 범죄론)

공범독립성설은 공범은 정범성립에 종속되는 것이 아니라 독립하여 성립한다는 견해이다. 이에 의하면 범죄는 반사회성의 징표이고 공범은 교사행위 또는 방조행위에 의해 그것이 표출되었으므로 정범성립과 관계없이 독립하여 성립하기 때문에 공범은 타인의 행위를 이용하여 자기 범죄를 행하는 **단독정범**에 불과하게 된다.

결국 공범독립성설에 의하면 공범은 정범의 성립과는 별개로 독자적으로 성립하므로 미수범의 공범은 물론 공범의 미수도 미수범으로 처벌해야 하며, 또한 교사범의 경우에 피교사자의 책임능력 유무에 관계없이 교사범이 성립하므로 교사범과 간접정범을 구별할 필요가 없게 된다. 교사범과 구별하여 간접정범의 개념을 인정하는 것은 공범종속성설의 결함을 시정하기 위한 노력에 불과하므로 **간접정범도 공범에 포함**시켜야 한다는 입장을 취하게 된다.

(3) 비 판

공범독립성설을 주장하는 근거로, 공범종속성설이 타인의 범죄성이나 가벌성에 의해 자기행위의 가벌성을 인정하는 사상에 근거하고 있는데, 이는 근대형법의 기본원리인 **'개인책임의 원칙'** 또는 **'자기책임의 원칙'**에 위배된다는 점을 들고 있다.

그러나 ① 공범종속성설을 취한다고 하여 공범의 가벌성과 범죄성이 정범의 불법행위에 의해 결정되는 것은 아니다. 왜냐하면 정범의 불법행위에 대한 공범의 가담행위는 공범 자신의 불법행위이기도 하기 때문이다.

② 공범의 처벌근거에 관해 정범의 책임에 가담하는 책임가담설을 취하지 않는 한 공범 자신의 책임에 따라 처벌되므로, 공범종속성설을 인정한다고 하여 자기책임의 원칙에 반한다고 할 수 없다.

③ 형법의 태도는 공범의 종속성을 전제로 하고 있다. 교사범에 관하여는 제31조 제1항에 "타인을 교사하여 죄를 범하게 한 자"라 하며, 종범에 관하여는 제32조 제1항에 "타인의 범죄를 방조한 자"라고 규정하고 있다. 이러한 규정들은 공범은 정범의 존재를 전제로 하고 있음을 의미한다.

또한 형법이 피교사자가 승낙하지 않거나 승낙한 후 실행에 착수하지 아니하는 경우에는 예비·음모에 준하여 처벌한다는 **교사의 미수**에 관한 규정(제31조 제2, 3항)

을 둔 것은 공범독립성설을 취했다고 볼 수 없다.

그러므로 형법의 해석에 있어서도 공범의 종속성을 인정하는 **공범종속성설**이 타당하며, 이는 우리나라 **통설**[13]과 **대법원 판례**의 입장이기도 있다.[14]

2. 종속성의 정도

공범종속성설을 취하는 경우에도 다시 종속성의 범위를 어디까지 인정할 것인가가 문제된다. 이에 관하여 마이어(M. E. Mayer)는 4가지 유형으로 분류하고 있다. 먼저 종속형식의 내용을 살펴보고, 다음으로 형법 해석상 가장 타당한 종속형식이 무엇인가를 검토하기로 한다.

(1) 종속형식

1) 최소한 종속형식

정범이 구성요건에 해당하기만 하면 공범이 성립한다고 보는 입장으로, 정범의 행위가 위법하거나 유책하지 않더라도 공범이 성립할 수 있게 된다. 그러나 이 견해에 따르면 위법하지 않은 행위를 교사한 때에 정범은 범죄가 성립하지 않지만 공범만은 성립할 수 있게 되므로 사실상 공범독립성설과 같은 결론이 되어 부당하다.

2) 제한적 종속형식

정범의 행위가 구성요건에 해당하고 위법하면 공범이 성립한다는 견해이다. 우리나라의 **다수설**이고 독일 형법이 규정하고 있는 종속형식이다.[15] 정범의 유책하지 않은 불법행위만 있어도 공범이 성립할 수 있으므로, 책임무능력자를 교사한 경우에도 피교사자의 불법행위만 있으면 교사범이 성립할 수 있게 된다.

3) 극단적 종속형식

정범의 행위가 구성요건에 해당하고 위법·유책한 행위를 한 경우, 즉 정범이 범죄성립요건을 충족할 수 있는 행위를 해야만 공범이 성립할 수 있다고 보는 종속형식

---

13) 김성천/김형준, 493면; 박상기, 374면; 배종대, 554면; 손해목, 1048면; 신동운, 604면; 유기천, 281면; 이재상/장영민/강동범, 446면; 이형국, 309면; 임 웅, 391면; 정성근/박광민, 500면.

14) 대판 1970. 3. 10, 69도2492, "종범의 범죄는 정범의 범죄에 종속하여 성립하는 것이므로 사기방조죄는 정범인 본범의 사기 또는 사기미수의 증명이 없으면 사기방조죄도 성립할 수 없다"; 동지 대판 1974. 6. 25, 74도1231; 대판 1978. 2. 28, 77도3406; 대판 2000. 2. 25, 99도1252.

15) 독일 형법 제26조와 제27조에는 교사범과 종범이 성립하기 위하여 정범은 "고의에 의하여 범한 위법한 행위임을 요한다"고 규정하고 있다.

이다. 종래의 독일의 입법형식이었고 일본에서는 통설의 입장이다.

4) 최극단적 종속형식

정범이 범죄성립요건과 가벌성의 요건을 갖추어야만 공범이 성립한다고 보는 종속형식을 말한다. **확장적 종속형식**이라고도 한다. 이에 의하면 정범의 신분관계에 따른 형의 가중, 감면이 공범에게도 영향을 미치게 되므로 오늘날 이 견해를 주장하는 학자는 거의 없다.

(2) 종속성의 정도

공범의 정범에의 종속성의 정도에 관한 네 가지 종속형식 중에 어떤 종속형식이 형법해석상 타당한가가 문제된다. 최(초)극단적 종속형식과 최소한 종속형식은 종속성의 정도가 지나치거나 미약하여 타당하지 않으므로 오늘날 이러한 입장을 취하는 학자들은 없다.

형법해석상 공범의 종속정도에 대하여는 극단적 종속형식을 취하고 있다고 보는 견해[16]와 제한적 종속형식을 취하고 있다는 견해가 대립하고 있다.

극단적 종속형식을 취하고 있다고 보는 입장에서는, ① 형법 제31조의 "타인을 교사하여 죄를 범하게 한 자"와 제32조의 "타인의 범죄를 방조한 자"라는 규정의 문언의 의미는 정범의 완전한 범죄성을 전제로 한 것이라고 보아야 하며, 또한 ② 형법 제34조 제1항의 규정은 책임능력 또는 책임조건이 결여된 경우에 간접정범이 성립한다는 명문의 규정이므로, 이때에는 교사범의 성립을 부정하게 된다. 따라서 이러한 규정들이 공범의 종속형식에 관하여 형법이 극단적 종속형식을 채택하고 있다는 점을 나타내는 근거가 된다고 한다.

그러나 ① 형법 제31조 제1항이나 제32조 제1항과는 달리, 제31조 제3항에 의하면 피교사자가 승낙하지 않은 경우에 교사자만을 처벌하도록 규정하고 있는데 이는 극단적 종속형식과 일치하지 않는다. 또한 범죄라는 개념도 상대적으로 이해하면 정범이 구성요건에 해당하고 위법한 행위를 하면 정범의 책임유무에 관계없이 공범이 성립할 수 있다. 따라서 공범의 처벌근거도 정범의 책임에 가담하는 것이 아니라 정범의 불법행위를 야기·촉진하는 데 있으므로 제한적 종속형식을 취하는 것이 개인책임의 원리에도 부합된다.

② 정범에게 책임능력 또는 책임형식으로서의 고의·과실이 결여된 경우에 간접

---

16) 신동운, 614면; 오영근, 658면; 정영석, 235면.

정범이 성립한다고 하여 공범의 종속형식을 극단적 종속형식을 취했다고 볼 수는 없다. 왜냐하면 책임능력자를 교사 또는 방조하는 경우에도 타인을 생명 있는 도구로 이용하여 자기의 범죄를 실현하는 경우에는 간접정범이 되지만, 이와 달리 교사범으로서 사주행위를 한 경우에는 공범이 성립할 수 있기 때문이다.

③ 또한 고의·과실이 없는 자를 교사·방조한 때에는 공범이 성립할 수 없다는 것을 근거로 극단적 종속형식이 타당하다고 주장한다. 그러나 고의·과실을 책임형식으로 보는 인과적 행위론에 의하면 이러한 주장은 타당하지만 이를 구성요건요소로 보는 경우에는 제한적 종속형식과도 모순되지 않는다.

따라서 형법 해석상으로도 공범은 정범에 종속되며, 종속성의 정도는 **제한적 종속형식**을 취하고 있다고 보는 입장이 타당하다.[17]

3. 공범의 처벌근거

교사와 방조행위는 규범에 위반한 행위이지만 정범에 의한 구성요건실현행위를 야기하거나 촉진했다는 점에서 처벌되는 구성요건에 해당하지 않는 행위이다. 구성요건에 해당하지 않는 공범의 행위를 처벌하는 처벌근거를, 특히 그 종속성과의 관계에서 밝히는 것이 공범의 처벌근거에 관한 문제이다. 공범의 처벌근거에 대하여는 다음과 같은 견해의 대립이 있다.

(1) 견해의 대립

1) 책임가담설

공범의 처벌근거는 공범에 의해 야기된 법익침해에 있는 것이 아니라 공범이 정범을 유책하게 범죄에 휘말려 들게 하여 정범을 타락시켰다는 점에 있다는 견해이다. 즉 공범은 정범에 의한 법익침해 때문이 아니라 공범의 행위가 정범에 대한 침해가 되기 때문에 처벌받는다는 것이다. 이 견해는 공범의 종속형식에 관하여 극단적 종속형식에 입각한 견해이다.

그러나 책임가담설은 개인책임의 원칙에 반할 뿐만 아니라, 오늘날 공범의 종속형식에 관해 제한적 종속형식을 취할 경우에 책임 없는 정범에 대한 공범의 성립도

17) 김성천/김형준, 494면; 김일수/서보학, 633면; 박상기, 375면; 배종대, 555면; 손해목, 1053면; 안동준, 222면; 이재상/장영민/강동범, 449면; 이정원, 309면; 이형국, 312면; 임 웅, 393면; 정성근/박광민, 502면; 조준현, 317면.

가능하다고 해석하게 됨으로써 이 견해는 설득력을 잃게 되었다.

2) 불법가담설

공범의 처벌근거는 정범으로 하여금 위법한 행위를 **야기** 또는 **촉진**하도록 한 점에 있으며, 공범의 불법은 각칙의 구성요건의 금지규범에 위반하는 것이 아니라 공범이 정범의 사회적 일체성을 해체하여 법적 평온을 파괴하는 데 있다고 보는 견해이다. 불법가담설은 책임가담설을 제한적 종속형식에 의해 변형시킨 이론이라 할 수 있다. 이 견해에 의하면 진정신분범에 대한 비신분자의 공범성립도 가능하게 된다.

그러나 불법가담설에 의하면 교사범의 처벌근거에 대하여는 설명할 수 있어도 종범의 처벌근거로는 적합하다고 할 수 없으며, 정범의 사회적 일체성은 그 개념이 모호할 뿐만 아니라 사회적 일체성의 해체를 법익침해라고 하는 경우에 공범의 처벌범위가 왜 유책한 정범의 행위에 의존하게 되는가를 설명할 수 없다는 비판을 받는다.

3) 순수야기설

공범의 불법성을 정범의 불법에서 찾지 않고 공범 그 자체의 불법성, 즉 **공범구성요건**을 인정하여 공범불법의 독자성을 인정하려는 견해를 순수야기설이라 한다.[18] 공범은 정범의 가담범이 아니라 공범 스스로 법익을 침해하며, 공범의 반가치는 정범행위에 대한 법익침해의 방향을 제시하는 데 있다고 한다.

그러나 순수야기설이 공범의 독자적인 불법요소를 명백히 하려 한 점에서는 의의가 있으나, ① 공범의 종속성을 인정하는 것은 형법의 태도와 일치하지 않으며, 또한 ② 불법은 행위반가치와 결과반가치로 이루어져 있는데 공범의 경우에 정범의 실행행위가 없는 경우에는 공범의 행위반가치만으로도 처벌할 수 있다고 하는 것은 타당하다고 할 수 없다.

4) 종속적 야기설

공범의 처벌근거를 정범의 범행을 야기 또는 촉진한 점에 있고, 공범불법의 정도와 근거는 정범불법에 의존한다는 견해[19]이다. 이 견해는 공범의 독자적인 불법요소를 무시하고 공범종속성설에 따라 순수야기설을 수정한 이론이라 할 수 있으므로 수

18) 슈미트호이저(Schmidhäuser)와 뤼더선(Lüderssen)에 의하여 주장된 이론이다.

19) 김성천/김형준, 496면; 박상기, 337면; 배종대, 557면; 손해목, 1060면; 안동준, 224면; 이재상/장영민/강동범, 450면; 이정원, 310면; 이형국, 314면; 조준현, 321면.

정된 야기설이라고도 한다. 독일의 통설이며, 이를 야기설 또는 촉진설이라고도 한다.

5) 혼합적 야기설

혼합적 야기설(混合的 惹起說)은 순수야기설과 종속적 야기설을 절충한 견해로서, 공범의 불법의 일부는 정범의 행위에서 유래한다는 점에서 종속적이지만 동시에 자신에 의한 법익침해적 성격을 지닌다고 보는 견해이다.[20] 이를 종속적 법익침해설이라고 한다.

이에 대하여 혼합적 야기설을 취하면서, 공범은 법익침해라는 결과반가치에 있어서는 정범에 종속하고, 행위반가치는 공범 자신의 행위에서 독자적으로 인정된다는 견해를 행위반가치·결과반가치구별설[21]이라고 한다.

(2) 결 어

현재 우리나라에서는 불법가담설과 책임가담설 및 순수야기설을 주장하는 학자는 찾아볼 수 없다. 그러면 종속적 야기설과 혼합적 야기설 중 어느 학설이 타당한가가 문제된다.

혼합적 야기설은 종속적 야기설에 의하면 비신분자가 진정신분범의 공범이 될 수 있도록 규정하고 있는 형법 제33조의 본문이나 기도된 교사의 처벌근거, 불가벌적인 필요적 공범, 함정수사의 불가벌성을 설명할 수 없기 때문에, 공범 스스로의 불법을 인정해야 한다는 것을 근거로 한다.

그러나 ① 형법 제33조의 본문은 오히려 종속적 야기설에 의할 때 더 잘 설명할 수 있으며, ② 형법이 기도된 교사를 미수로 처벌하지 않고 예비·음모에 준하여 처벌하는 것은 오히려 종속적 야기설과 일치하고, ③ 공범의 교사·방조행위는 규범위반이지만 구성요건에 해당하는 행위를 했다고 할 수는 없으며, 공범의 이러한 행위가 정범의 구성요건적 행위와 관련이 되었을 때에 처벌받으므로 공범은 정범의 불법에 종속된다고 하지 않을 수 없다. 공범의 행위가 규범에 위반하였다고 할지라도 그 자체로는 구성요건에 해당하지 않기 때문에 불법이라 할 수 없고, 공범의 불법은 정범의 불법에 가담하는 데 있다고 해야 한다. 따라서 공범의 처벌근거에 대하여는 종속적 야기설이 타당하다고 생각된다.[22]

---

20) 김일수/서보학, 630면; 오영근, 663면.

21) 임 웅, 396면; 정성근/박광민, 505면; 진계호, 551면.

22) 이재상/장영민/강동범, 451면.

제 2 절 간접정범

Ⅰ. 간접정범의 의의

1. 개 념

간접정범(mittelbare Täterschaft)이란 **타인을 도구로 이용하여 자기의 범죄를 실행하는 자**를 말한다. 형법은 제34조 제1항에, "어느 행위로 인하여 처벌되지 아니하는 자 또는 과실범으로 처벌되는 자를 교사 또는 방조하여 범죄행위의 결과를 발생케 한 자는 교사 또는 방조의 예에 의하여 처벌한다"라고 규정하여, 간접정범(間接正犯)의 정범성을 명문화하고 있다.

2. 간접정범의 본질

간접정범은 타인을 이용하여 범죄를 실행한다는 점에서는 교사범과 유사하지만, 행위자 자신에 의해 구성요건을 실현하는 통상적인 정범인 **직접정범**과는 구별된다. 이와 같이 간접정범이란 정범과 공범의 한계선상에 있는 개념으로 간접정범을 인정할 것인가? 인정한다면 그 범위를 어떻게 할 것인가에 대하여는 정범이론과 공범이론에 따라 결론이 달라진다.

이른바 ① **확장적 정범개념이론**에 의하면 구성요건적 결과발생에 기여한 자는 모두 정범이 되므로 형법의 **공범규정은 형벌축소사유**가 되며, 간접정범은 당연히 정범이 되므로 간접정범의 개념을 특별히 인정할 필요가 없다.

그러나 ② **제한적 정범개념이론**에 의하면 스스로 구성요건적 행위를 한 자만이 정범이 되므로 형법의 **공범처벌규정은 형벌확장사유**가 되며, 간접정범도 일종의 공범이 된다.

한편 범죄이론과 관련하여 ① **객관주의 범죄이론**은 공범의 종속성을 인정하기 때문에 피이용자의 가벌성을 전제로 하지 않는 간접정범은 공범과 엄격히 구별된다고 보는 반면에, ② **주관주의 범죄이론**은 공범독립성설에 입각하여, 종래의 공범종속성설에 의하면 간접정범이란 피교사자가 처벌받지 않을 때에는 교사자도 처벌되지 않는 결함을 구제하기 위해 만들어낸 불필요한 개념에 불과하므로 간접정범은 당연히 공범의 개념에 포함된다는 입장을 취하게 된다.

그런데 **전통적인 제한적 정범개념이론**에 의하면 간접정범은 정범이 될 수 없고, 또한 피이용자가 책임이 없기 때문에 공범도 성립하지 않게 되어 처벌할 수 없게 되는 불합리성이 발생하게 된다. 이러한 점을 구제하기 위하여 정범은 아니지만 정범과 같이 취급하는 간접정범이라는 개념을 만들어 낸 것으로 이해하였다. 따라서 간접정범이란 교사범이 성립하지 않은 경우의 대용품에 불과하다고 보았다. 공범의 종속형식에 관하여 제한적 종속형식을 취하면 교사범의 성립범위가 확대됨으로써 간접정범은 축소되게 된다.

그러나 정범이 아님에도 불구하고 정범과 같이 처벌하는 것은 죄형법정주의에 반할 뿐만 아니라 정범과 공범과의 관계에 관하여는 정범개념의 우위성에 의하여 정범개념이 먼저 정립되어야 한다.

간접정범이 정범인가 공범인가에 대하여는 **정범설**과 **공범설**의 대립이 있다. 공범설의 근거로는, ① 형법 제34조 제1항이 교사 또는 방조행위라고 규정하고 있고, ② 교사 또는 방조의 예에 의해 처벌하도록 규정하고 있는 점과, ③ 간접정범은 공범종속성설에 의할 경우에 협의의 공범이 성립하지 않는 불비점을 보완하기 위해 만든 제도라는 점을 들고 있다.

그러나 ① 교사 또는 방조행위는 이용행위의 형태를 규정한 것에 불과하며, ② 간접정범이 정범인가 공범인가는 처벌을 어떻게 하는가에 있는 것이 아니라 본질적으로 정범성의 표지를 구비하고 있는가에 따라 결정해야 하고, ③ 공범이 성립하지 않는 경우의 보완책으로 마련된 제도를 간접정범으로 볼 것이 아니라 본질적으로 정범인가 공범인가에 따라 구별함이 타당하다고 생각된다.

그러므로 형법 제34조의 규정에도 불구하고 간접정범을 본질적으로 정범이라고 이해하는 **정범설**이 **통설**이며[23] 타당하다고 생각된다.

간접정범의 정범성을 인정하기 위한 이론적 근거에 대하여는 여러 가지 견해가 주장되었다.

---

23) 김성천/김형준, 516면; 김일수/서보학, 576면; 박상기, 406면; 배종대, 607면; 손해목, 949면; 안동준, 239면; 이재상/장영민/강동범, 453면; 이정원, 321면; 이형국, 341면; 임 웅, 428면; 정성근/박광민, 508면; 조준현, 331면.

(1) 도구이론

마이어(M. E. Mayer)가 주장한 도구이론(Werkzeugstheorie)은 사람이 기구나 동물을 이용하여 실행행위를 하는 것처럼 **사람을 도구로 이용하는 경우**를 말한다고 보는 견해이다. 이 견해는 왜 사람을 동물과 같이 취급하는가에 대한 합리적인 설명이 어렵고, 또한 피이용자의 성격에 따라 간접정범의 정범성을 밝히려 한 것은 잘못이라는 비판을 피하기 어렵다.

(2) 인과관계론의 입장

인과관계론(Kausalitätstheorie)에 의하여 간접정범의 정범성의 본질을 해명하려는 견해이다. 이에는 조건설과 원인설이 있다. ① **조건설**은 주관적 공범론과 결합하여 간접정범은 정범의 의사로 행위를 하였기 때문에 정범이라고 보는 견해이다. ② **원인설**은 객관적 공범론과 결합하여 결과발생의 원인을 제공했기 때문에 정범이라는 견해이다.

이 이론은 인과관계에 의하여 정범성을 설명하려고 한 오류와 인과론 자체의 모순으로 인해 간접정범의 정범성을 제대로 설명할 수 없게 된다.

(3) 구성요건론의 입장

① **제한적 정범개념이론**에 의하더라도 간접정범은 생활용어례 또는 생활개념상 스스로 실행행위를 한 것과 **동일하게 평가**할 수 있다는 견해(베링: Beling, 플레겐하이머: Flegenheimer) 또는 이용자의 피이용자에 대한 **우월성** 때문에 정범이 된다는 견해(헤글러: Hegler)가 있다.

② **확장적 정범개념이론**에 의하면 간접정범은 당연히 정범이라는 견해 등이 있으나 모두 간접정범의 정범성을 설명하는 데는 충분하지 않다.

(4) 결 어

간접정범의 핵심은 이용자가 피이용자를 **생명 있는 도구**와 같이 이용하는 데에 있다. 그러므로 간접정범의 정범성의 본질은 이용자가 **피이용자의 의사를 계획적으로 조종함으로써 피이용자에 의한 사건진행을 주도적으로 지배·장악**하는 데 있다. 따라서 간접정범의 정범성의 본질은 이용자에 의한 실행행위자에 대한 **의사지배**(Willens-herrschaft)에 있다고 보아야 한다. 간접정범에 의한 의사지배란 **우월적 인식과 의사에 의한 피이용자의 행위지배**를 의미한다.

II. 간접정범의 성립요건

형법은 제34조 제1항에서 “어느 행위로 인하여 처벌되지 아니하는 자 또는 과실범으로 처벌되는 자를 교사 또는 방조하여 범죄행위의 결과를 발생한 자는 교사 또는 방조의 예에 의하여 처벌한다”고 하여 간접정범의 성립요건에 대하여 규정하고 있다. 이를 분설해 보면, 간접정범이 성립하기 위해서는 ① 어느 행위로 인하여 처벌되지 아니하는 자 또는 과실범으로 처벌되는 자를 피이용자로 하여, ② 이러한 피이용자에 대한 교사 또는 방조행위가 있을 것을 요구하고 있다. 이를 구체적으로 살펴보면 다음과 같다.

1. 피이용자의 범위

어느 행위로 처벌되지 아니하는 자란 범죄의 구성요건해당성, 위법성 또는 책임이 없으므로 인하여 범죄가 성립하지 않는 경우에 해당하는 자를 말한다. 종래에는 공범의 종속형식에 따라 어느 행위로 인하여 처벌되지 않는 자의 범위가 달라진다고 보았다.

그러나 정범개념의 우위성에 입각하여 간접정범의 성립범위를 검토할 때에는 이용자에게 행위지배가 있었느냐가 문제되며, 공범의 종속형식에 의하여 직접적으로 영향을 받을 성질의 것은 아니라고 보아야 한다.[24] 따라서 책임 없는 자를 이용하는 경우에 있어서 제한적 종속형식에 따르면 교사범이 성립하지만, 이 경우에도 정범개념의 우위성에 의한 피이용자에 대한 의사지배가 있다면 간접정범이 성립할 수도 있게 된다.

(1) 구성요건에 해당하지 않는 행위를 이용하는 경우

1) 객관적 구성요건에 해당하지 않는 도구

이용자의 기망 또는 강요에 의해 피이용자가 자살·자상한 경우이다. 이 경우에는 피이용자의 행위는 살인죄 또는 상해죄의 객관적 구성요건해당성이 없고, 이용자의 피이용자에 대한 의사지배가 인정되어 이용자는 살인죄 또는 상해죄의 간접정범이 된다.

---

24) 이재상/장영민/강동범, 455면.

2) 고의 없는 도구

피이용자의 행위가 객관적 구성요건에는 해당하지만 구성요건적 고의가 없는 경우에도 간접정범이 성립한다. 예컨대 의사가 고의 없는 간호사를 시켜 독약을 주사하게 하여 살해한 경우, 밀수품이 들어있는 가방인줄 모르는 자를 이용하여 여행용가방을 운반하게 하여 밀수하는 경우, 경찰공무원이 부하직원으로 하여금 허위공문서작성 및 동행사를 하도록 한 경우 등이 이에 해당한다.

또한 피이용자가 구성요건적 착오로 인하여 고의가 조각되는 경우에도 동일하다.[25] 고의가 없는 이상 과실유무는 간접정범의 성립에 영향이 없다. 형법은 명문으로 과실범으로 처벌되는 자를 이용하는 경우에도 간접정범이 성립한다고 규정하고 있다.

3) 신분 또는 목적 없는 고의 있는 도구

진정신분범에 있어서 신분과 목적범에 있어서 목적이 결여된 자를 이용하는 경우에 이것들이 구성요건요소이므로 '신분 없는 고의 있는 도구' 또는 '목적 없는 고의 있는 도구'를 이용한 자에 대하여도 **간접정범의 성립을 인정**할 수 있다. 이때에는 피이용자의 행위가 구성요건해당성이 결여되어 있으므로 이용자를 공범으로 처벌할 수 없기 때문이다.

이와 같이 고의 있는 도구를 이용하는 경우에는 행위지배설에 의한 의사지배가 있다고 보기 어려우므로 간접정범의 성립을 인정하기 어려운 점이 있으나, 신분범의 경우에는 신분 있는 자에게만 법규범의 명령·금지가 부과되므로 **규범적·심리적 행위지배** 또는 **사회적 행위지배**가 있으므로 간접정범이 성립한다.

신분 없는 고의 있는 도구로는 예컨대 공무원이 그 정을 모르는 처를 이용하여

---

25) 대판 1996. 10. 11, 95도1706(경찰서 보안과장이 음주운전자를 바꿔치기 하여 이를 모르는 부하직원으로 하여금 음주운전 적발보고서를 작성하도록 한 경우에는 허위공문서 작성 및 동 행사죄의 간접정범의 죄책을 진다); 대판 1997. 4. 17, 96도3376(내란죄에 있어서 국헌문란의 목적 없는 피이용자를 이용한 경우에 간접정범을 인정하고 있다); 대판 2011. 5. 13, 2011도1415(공문서의 작성권한이 있는 공무원의 직무를 보좌하는 사람이 그 직위를 이용하여 행사할 목적으로 허위의 내용이 기재된 문서 초안을 그 정을 모르는 상사에게 제출하여 결재하도록 하는 등의 방법으로 작성권한이 있는 공무원으로 하여금 허위의 공문서를 작성하게 한 경우에는 허위공문서작성죄의 간접정범이 성립한다); 대판 2017. 5. 17, 2016도13912(보조 직무에 종사하는 공무원이 허위공문서를 기안하여 허위임을 모르는 작성권자의 결재를 받아 공문서를 완성한 때에는 허위공문서작성죄의 간접정범의 죄책을 진다).

수뢰한 경우에는 신분 없는 고의 있는 도구로서 **수뢰죄의 간접정범**이 성립한다. 이때 뇌물인 줄 알고서 수뢰한 처인 경우에는 남편과 더불어 수뢰죄의 공동정범이 된다.

또한 행사할 목적으로 그 목적을 모르는 자로 하여금 위폐를 그리게 하는 경우, 피이용자는 목적 없는 고의 있는 도구로서 이용자는 **통화위조죄의 간접정범**이 성립한다.

판례도 내란죄에 있어서 국헌문란 목적 없는 피이용자를 이용한 경우에 **내란죄의 간접정범**을 인정하고 있다.[26]

이에 대하여 독일의 록신(Roxin)교수는 신분 없는 고의 있는 도구 이용시에는 행위지배와 관계없이 의무위반에 의해 간접정범이 성립하지만, 목적 없는 고의 있는 도구 이용시에는 간접정범이 성립하지 않는다는 입장을 취한다.

우리나라에서도 ① 신분 없는 고의 있는 도구를 이용한 때에는 간접정범이 성립하지만, 목적 없는 고의 있는 도구를 이용한 경우에는 직접정범 또는 공범이 성립한다는 견해[27]와, ② 고의 있는 도구를 이용한 때에는 어느 경우에도 간접정범이 성립하지 않는다는 견해[28]가 있다.

생각건대 신분 또는 목적 없는 고의 있는 도구를 이용하는 때에는 피이용자가 신분 또는 목적이 없을 때에는 공범종속성에 의하여 이용자는 신분범이나 목적범의 공범이 될 수 없고, 또한 직접정범이 될 수 있는 요소도 갖추지 못하므로, 이 경우에는 이용자의 피이용자에 대한 **규범적·심리적 행위지배**에 의해 **간접정범**이 성립한다고 보아야 한다.

다만 신분 없는 고의 있는 도구를 이용하고 이용자와 피이용자 사이에 기능적 행위지배가 있다고 볼 수 있는 경우에는 공동정범이 성립될 여지가 있다. 그 이유는 형법 제33조에 의해 비신분자도 신분범의 공동정범이 될 수 있기 때문이다.

(2) 구성요건에 해당하지만 위법하지 않은 행위를 이용하는 경우

구성요건에 해당하지만 적법하게 행위하는 도구를 이용한 경우에도 간접정범이 성립한다.

1) 국가기관의 적법한 행위이용

국가기관의 적법한 행위를 이용하는 경우로, 예컨대 범죄사실의 허위신고로 적법

26) 대판 1997. 4. 17, 96도3376.
27) 김일수/서보학, 578, 580면; 박상기, 414면.
28) 임 웅, 434–435면.

한 영장에 의해 구속된 경우에는 **체포감금죄의 간접정범**이 성립하게 된다. 허위의 채권으로 민사소송을 제기하는 **소송사기**도 국가기관을 이용한 **사기죄의 간접정범**의 한 형태이다.

2) 정당방위상황을 고의로 초래케 한 경우

정당방위상황을 고의로 초래하는 경우로, 예컨대 갑이 을을 살해하기 위해 을을 사주하여 병을 공격하도록 하고, 병의 정당방위행위를 이용하여 을을 살해한 경우에, 이용자인 갑은 **을과 병을 모두 도구로 이용한 살인죄의 간접정범**이 성립된다.

그러나 만약 병이 방위의사가 결여된 살해행위를 한 때에는 정당방위가 성립하지 않으므로, 병은 살인죄의 정범이 되고 갑은 병의 행위를 지배하지 못하였으므로 살인죄의 간접정범이 성립되지는 않는다.

3) 긴급피난

타인의 긴급행위를 이용한 경우에도 간접정범이 성립한다. 예컨대 낙태에 착수한 임부가 자신의 생명에 위험이 발생함으로써 의사를 찾아가 자신의 생명을 구하기 위한 낙태수술을 한 경우에 의사의 긴급피난을 이용한 임신부(姙娠婦)는 **낙태죄의 간접정범**이 된다.

다만 임부의 자초위난의 경우에도 긴급피난이 가능하다는 입장에서는 임부도 긴급피난에 의하여 낙태죄의 위법성이 조각될 수 있다.

(3) 구성요건에 해당하고 위법하지만 책임 없는 피이용자를 이용하는 경우

공범의 종속형식에 관하여 극단적 종속형식을 취하는 입장에서는 이 경우에 항상 간접정범이 성립하게 된다. 그러나 제한적 종속형식을 취하고 있다고 볼 때에는 피이용자에게 책임이 없을 때에는 공범의 성립이 가능하므로 이용자를 교사범 또는 종범으로 처벌할 수 있게 된다. 그러나 이 경우에도 이용자에게 정범의 요소를 지닌 때에는 간접정범의 성립을 인정할 수 있다. 따라서 피이용자에게 책임이 없을 경우에 간접정범과 공범의 성립을 어떻게 구별할 것인가가 문제된다. 이때에 이용자에 의한 피이용자를 책임 없는 도구로서 **우월한 의사지배**에 의하여 이용한 경우에는 간접정범이 성립한다고 할 수 있다.

피이용자에게 책임이 없는 경우로 다음과 같은 경우를 들 수 있다.

1) 책임능력 없는 도구

형사미성년자·정신이상자와 같은 책임무능력자를 이용하는 경우에는 원칙적으로

간접정범이 성립한다. 즉 이용자가 이러한 피용자의 책임무능력상태를 인식하고 이를 이용한 경우이다. 그러나 피이용자가 책임무능력자라 하더라도 사물의 시비에 대한 변별능력이 있는 때에는 이용자는 교사범이 성립된다.

2) 책임 없는 도구

피이용자가 회피불가능한(정당한 이유있는) 법률의 착오에 빠져 있고, 이용자가 피이용자의 법률의 착오를 야기했거나 이를 인식하고 이용한 때에는 간접정범이 성립한다.

그러나 이용자가 피이용자의 착오를 알지 못한 때에는 공범이 성립할 뿐이다.

3) 자유 없는 도구

피이용자의 형법 제12조에 의한 강요된 행위 또는 상관의 명령에 의한 행위를 이용한 행위는 피이용자가 자유 없이 행동하는 도구에 불과하므로 이용자는 간접정범이 된다. 그러나 이 경우에도 피이용자에게 자발적 의사가 있는 때에는 공범성립이 가능하다.

(4) 구성요건에 해당하고 위법하며 유책한 피이용자를 이용한 경우

간접정범은 피이용자가 구성요건에 해당하지 않거나 위법하지 않고 책임이 조각되는 경우에 성립할 수 있으며, 피이용자가 구성요건에 해당하고 위법하며 유책한 실행행위를 한 경우에는 이용자가 간접정범이 될 수 없다. 따라서 인적처벌조각사유가 있는 피이용자를 이용한 경우에 이용자는 공범이 성립될 뿐이다.

그런데 최근에는 책임 있는 피이용자를 이용한 때에도 이용자에게 일정한 경우에 간접정범을 인정할 수 있는가가 문제되고 있다. 즉 유책한 실행정범을 이용한 이용자의 피이용자에 대한 의사지배가 정범의 실행지배에 우월한 때에는 간접정범이 성립한다는 이론이다. 이른바 "정범배후의 정범이론"이 그것이다.

이 이론은 랑에(Lange)에 의해 주장되어, 록신(Roxin)이 일반화하였고 독일에서는 통설의 입장이기도 하다. 여기에는 다음과 같은 3가지 유형이 있다.

1) 회피가능한 금지착오

피이용자가 회피가능한 금지착오에 빠진 경우에 책임설에 의하면 피이용자는 고의범으로 처벌된다. 회피가능한 금지착오에 빠진 피이용자를 이용한 경우에도 이용자는 간접정범이 성립할 수 있다는 것이 독일의 통설이다. 피이용자의 금지착오가 회피가능했느냐 여부는 사실적·심리적 관점에서 이용자의 피이용자에 대한 행위지배에

영향을 미칠 수 없으므로, 교사범과 간접정범의 구별은 실질적 위법성의 인식에 따라 구별해야 한다는 것이다.

2) 구체적 행위의미의 착오

여기에 해당하는 경우로는, ① 값비싼 칸딘스키(Kandinski)의 그림이나 도자기를 모조품으로 속여 손괴한 경우(불법과 책임의 양에 대한 기망)와, ② 갑이 을을 살해하려는 것을 알고 병을 현장에 보내어 갑이 병을 살해한 경우(객체의 착오 야기)가 있다.

②의 객체의 착오의 경우에는 불법이나 책임에 영향을 줄 수는 없지만 객체의 변경으로 인하여 구성요건적 불법의 성질이 전혀 다르므로 이용자는 간접정범이 성립한다는 것이다.

3) 조직적 권력구조를 이용한 범죄실행

국가적으로 조직된 범죄의 경우에 피이용자는 도구에 불과하고 이용자는 권력조직의 구조에 의하여 범죄를 실행하는 것이므로, 실행자의 정범성과 관계없이 이용자는 **독자적인 행위지배**를 갖는다는 것이다. 록신은 이를 **조직지배**라 하였다.

이와 같이 형법의 해석에 있어서도 정범배후의 정범이론을 받아들어야 한다는 견해[29]도 있다. 그러나 형법은 제34조에 의하면 고의범으로 처벌되는 자를 이용하는 자는 간접정범이라고는 할 수 없으므로 **정범배후의 정범이론**은 우리나라에서는 받아들일 수 없다. 따라서 책임 있는 피이용자를 이용한 때에는 **공범**이 성립하거나 **공동정범**이 될 수 있다고 해야 한다.[30]

2. 이용행위

(1) 교사 또는 방조행위

간접정범도 정범이므로 피이용자를 이용하여 구성요건을 실현하는 행위를 해야 한다. 형법은 "교사 또는 방조하여 범죄행위의 결과를 발생케 할 것"을 요구하고 있다. 여기서 **교사 또는 방조**는 교사범에서의 교사나 방조범에서의 방조의 의미와는 달리 **사주(使嗾)** 또는 **이용의 의미**로 해석해야 한다. 간접정범에서는 피이용자에게 범죄를 결의하게 하거나 이미 범의를 가진 자를 원조하는 것은 원칙적으로 생각할 수 없

---

29) 김일수/서보학, 582면; 박상기, 421면; 손동권, 411면; 손해목, 961면.

30) 배종대, 615면; 신동운, 654면; 이재상/장영민/강동범, 461면; 이정원, 313면; 이형국, 347면; 임웅, 432면; 정성근/박광민, 517면.

기 때문이다.

그러나 이용행위에는 교사 또는 방조의 방법이 포함된다. 외관상 방조행위의 방법으로 관여한 때에도 행위의 실행이 이용자의 의사에 지배된 경우에는 간접정범이 성립한다. 예컨대 을이 타인에게 가져다 줄 커피에 갑이 독약을 탄 경우를 들 수 있다.

(2) 결과의 발생

구성요건에 해당하는 결과의 실현이 필요하다. 간접정범의 실행의 착수시기는 이용자가 피이용자를 이용하기 시작한 때이다. 결과가 발생하지 아니한 때에는 간접정범의 미수가 되고, 실행의 착수시기는 **이용자가 피이용자를 이용하기 시작한 때**이다.

따라서 예컨대 독약이 든 소포를 피해자에게 송부한 때, 방화하기 위하여 휘발유를 뿌린 때에 실행의 착수가 있다고 보아야 한다.

Ⅲ. 간접정범의 처벌

1. 처 벌

형법은 간접정범에 대하여 “교사 또는 방조의 예에 의하여 처벌한다”고 규정하고 있다. 따라서 간접정범의 이용행위가 교사에 해당할 때는 정범과 동일한 형으로 처벌하며, 종범에 해당할 때에는 정범의 형보다 감경한다.

형법은 객관주의 범죄론에 따라 간접정범의 개념을 인정하면서, 처벌은 주관주의 범죄론에 따르는 절충적 입장을 취하고 있다. 간접정범은 정범이므로 공범으로 처벌하는 현행 형법규정은 입법론상 부당하다고 할 수 있다.[31] 형법 개정법률안에서는 간정정범을 정범으로 처벌하고 있다.

2. 간접정범의 미수

형법 제34조 제1항에 범죄행위의 결과를 발생하게 한 자는 교사 또는 방조의 예에 의하여 처벌한다고 규정하고 있으므로, 간접정범의 미수도 공범의 예에 의하여 처벌할 것인가가 문제된다.

만약 간접정범의 미수도 공범의 예에 의하여 처벌할 때에는 피이용자가 범죄의

31) 김일수/서보학, 585면; 박상기, 430면; 배종대, 619면; 손해목, 964면; 이재상/장영민/강동범, 462면; 이형국, 347면; 정성근/박광민, 519면.

실행을 승낙하고 실행의 착수에 이르지 않은 경우(**효과없는 교사**), 또는 범죄의 실행을 승낙하지 않은 때(**실패한 교사**)에는 교사의 경우에만 **예비 또는 음모에 준하여 처벌**하여야 한다(제31조 제2, 3항).

그러나 형법이 범죄행위의 결과를 발생하게 한 자를 교사 또는 방조의 예에 의하여 처벌하도록 규정하고 있으므로 공범의 예에 의한다는 것은 간접정범의 경우에도 **결과가 발생한 경우에 한한다**고 보아야 한다.

따라서 제34조가 적용되는 것은 제31조 제1항과 제32조뿐이다. 간접정범에 있어서 실행의 착수는 이용자의 이용행위에 의해 이미 개시되었으므로 실행의 착수 이후를 예비 또는 음모에 준하여 처벌할 수는 없다. 따라서 간접정범의 미수의 경우에는 공범의 예에 의해 처벌할 것이 아니라 **간접정범의 미수**로 처벌해야 한다.[32)]

Ⅳ. 관련문제

1. 간접정범과 착오

간접정범과 착오에 관하여는 ① 간접정범이 **피이용자의 성질**에 대하여 착오가 있었던 경우와, ② **피이용자가 실행행위**에 대하여 착오한 경우가 문제된다.

(1) 피이용자의 성질에 대한 착오

피이용자의 성질에 대한 착오에는 다음의 두 가지 경우가 있다.

1) 피이용자가 책임능력자, 즉 악의(고의) 있는 도구를 책임무능력자로 오인한 경우

① 피이용자의 성질에 대한 착오의 경우에도 정범은 이용자의 주관을 표준으로 판단해야 하고, 이용자가 정범의사로 피이용자를 이용하기 때문에 **간접정범이 성립**한다는 견해[33)](정범과 공범의 구별에 관해 주관설의 입장)가 있으나, ② 피이용자가 악의의 도구인 때에는 이용자에 의한 피이용자에 대한 의사지배가 있었다고 볼 수 없으므로 간접정범이 성립하지 않고 **공범이 성립**할 뿐이라는 견해[34)]가 타당하다.

---

32) 김일수/서보학, 586면; 박상기, 430면; 배종대, 619면; 손해목, 968면; 이재상/장영민/강동범, 440면; 정성근/박광민, 519면.

33) 손해목, 623면; 유기천, 296면; 진계호, 413면.

34) 김일수/서보학, 587면; 박상기, 423면; 배종대, 620면; 신동운, 656면; 오영근, 702면; 이재상/장영민/강동범, 463면; 임 웅, 439면; 정성근/박광민, 520면.

2) 책임무능력자인 피이용자를 책임능력자로 오인한 경우

이용자가 피이용자를 책임능력자로 오인하고 교사 또는 방조한 경우이므로, 간접정범은 성립하지 않고 **공범이 성립**할 뿐이라는 점에 대하여는 이견이 없다.

(2) 피이용자의 실행행위에 대한 착오

이용자가 피이용자의 실행행위에 대하여 착오의 경우에는 **착오론의 일반이론**에 의하여 해결해야 한다. 예컨대 갑이 정신병자인 을을 이용하여 병을 살해하도록 하였는데 을의 착오로 정을 살해한 경우에 법정적 부합설에 의하면 갑은 **살인죄의 간접정범**이 된다.

또한 피이용자가 간접정범이 기도한 범위를 초과하여 실행한 때에는 **초과부분에 대해서는 간접정범이 책임을 지지 않는다**. 그러나 간접정범이 그 결과에 대하여 미필적 고의가 있었거나 결과적 가중범의 경우에 중한 결과를 예견할 수 있었던 때에는 그러하지 아니하다.

2. 간접정범의 한계

(1) 신분범과 간접정범

행위 주체가 일정한 신분을 요하는 범죄를 신분범이라 한다. 진정신분범에 있어서 신분 없는 자는 신분 있는 자와 같이 **진정신분범의 공범 또는 공동정범**이 될 수 있을 뿐이다(제33조). 신분 없는 자는 신분 있는 자를 이용하여 **진정신분범의 간접정범**이 될 수 없다는 것이 **통설**의 태도이다.

그런데 형법 제34조에 '간접정범은 교사 또는 방조의 예에 의하여 처벌한다'라고 규정하고 있으므로 제33조의 공범과 신분에 관한 규정이 적용되어, 비신분자도 간접정범으로 신분범을 범할 수 있다고 이해하는 견해[35]도 있다.

그러나 형법 제33조는 비신분자가 신분자와 함께 신분범의 공동정범 또는 교사범·종범이 될 수 있다는 의미이지 비신분자 단독으로 신분범의 정범이 될 수 있다는 의미는 아니다. 따라서 진정신분범인 수뢰죄는 비공무원이 공무원을 이용하여 단독으로 **수뢰죄**의 간접정범이 될 수 없고, 마찬가지로 진정신분범인 **횡령죄**나 **배임죄**의 간접정범도 될 수 없다.

---

35) 유기천, 135면; 진계호, 587면.

(2) 자수범과 간접정범

1) 자수범의 의의

자수범(自手犯)이란 **정범 자신이 직접 구성요건적 행위를 실행해야 실현할 수 있는 범죄**를 말한다. 즉 정범 자신의 자수에 의해서만 구성요건적 불법이 실현되는 범죄이다. 그러므로 자수범에 있어서는 타인을 이용하여 범죄를 실현하는 간접정범이나 타인과 공동으로 범죄를 실현하는 공동정범의 성립은 불가능하게 된다. 말하자면 **자수범이란 간접정범이나 공동정범의 형태로 범죄실현이 불가능한 범죄**를 말한다.[36] 따라서 자수범을 이용한 자는 교사범 또는 방조범이 될 수 있을 뿐이다.

2) 자수범의 인정여부와 이론적 근거

종래 자연과학적 인과론이나 확장적 정범개념이론에 의하여 자수범의 개념이 부정된 바 있지만, 오늘날에 와서는 실정법의 해석상 자수범의 개념을 긍정하는 견해가 지배적인 견해가 되었다.

가. 부정설의 근거 부정설은 간접정범의 형태로 범죄실현이 불가능한 범죄라는 의미에서 자수범을 인정할 것인가 여부는 실정법을 떠나서 논할 수 없다는 전제하에서, 형법 제34조에 '간접정범은 공범의 예에 의한다'라고 규정하여 제33조를 적용하게 함으로써 자수범은 현행법상 인정할 수 없다는 견해이다.[37]

나. 긍정설의 근거 이와 달리 긍정설은 ① 간접정범도 정범인 이상 신분 없는 자가 진정신분범의 간접정범이 될 수 있다고 해석할 수는 없으며, ② 형법 제33조의 규정에도 불구하고 형법각칙의 개별구성요건의 해석상 행위자 스스로의 실행에 의해서만 불법이 실현되는 범죄를 부정할 수 없으므로 긍정설의 입장이 타당하다.

오늘날에 와서는 자수범을 인정하는 긍정설이 지배적인 견해이고, 어떤 범죄가 자수범이 되는가, 즉 자수범의 이론적 근거와 적용범위에 대하여는 다시 견해가 대립한다.

3) 자수범의 이론적 근거

가. 문언설(文言說) 문언설(Wortlauttheorie)이란 개개 구성요건의 문언의 의미에 비추어 보아 국외자의 행위로는 구성요건을 충족할 수 없게 규정되어 있는 범죄를

---

36) 자수범(eigenhändige Delikt)이란 말은 Beling에 의해 처음 사용되었고, 범죄 중에서 범인의 인격과 밀착되어 있기 때문에 자수(自手)에 의해 실행되어야 성립하는 범죄를 말한다.

37) 차용석, 간접정범(형사법강좌Ⅱ), 717면.

자수범으로 보는 견해이다. 범죄의 자수성을 구성요건의 체계적·합목적적 해석에 의하여 판단하지 않고 법률의 문언을 기준으로 한다는 점에서 **'형식설'**이라고도 한다. 예컨대 살인죄와 같은 경우에는 타인을 이용한 간접정범이 가능하지만 간통죄와 같은 성범죄는 행위자 자신이 직접 실현해야 하므로 간접정범에 의해 범할 수 없는 자수범이라는 견해이다.

그러나 ① 법률규정에 의해 형식적으로 자수범을 결정할 수 없을 뿐만 아니라 그 기준이 되는 문언도 명확하지 않으며, 또한 ② 언어는 다양한 의미를 가지므로 정범과 공범을 구별하는 기준이 될 수 없다. 따라서 문언설은 타당하다고 할 수 없다.

나. 거동범설 거동범설(Körperbewegungstheorie)은 결과범과 단순거동범을 구별하여 단순거동범을 자수범으로 보는 견해이다. 즉 구성요건충족이 결과발생을 요하지 않고 일정한 거동만으로 성립하는 범죄가 자수범이며, 이때에는 간접정범과 공동정범의 성립이 애당초 배제된다는 것이다. 그러나 거동범의 불법내용의 중점은 행위 그 자체, 즉 거동에 있지만 거동범 모두가 자수범인 것은 아니므로 이 견해도 타당하다고 할 수 없다. 예컨대 주거침입죄(제310조 제1항), 공무원자격사칭죄(제118조) 등은 거동범이지만 자수범이 아니므로 간접정범의 성립이 가능하다고 보아야 한다.[38] 거동범은 사회적으로 비난할 상태를 야기했거나 추상적 위험범으로서 결과와 간접적으로 연결될 때에만 처벌되기 때문이다.

다. 법익표준설(이분설) 법익표준설은 법익보호의 관점에서 자수범을 진정자수범과 부진정자수범으로 구별하여, 행위자 형법적 범죄와 법익침해 없는 반윤리적 행태범죄를 **진정자수범**으로, 법익침해가 있지만 정범에게는 특수한 의무침해를 전제로 하기 때문에 간접정범의 형태로 범할 없는 범죄를 **부진정자수범**[39]으로 분류하는 견해로서 **이분설**이라고도 한다. 독일의 록신(Roxin)이 주장하였다.[40]

(가) 진정자수범 진정자수범에는 '행위자 형법적 범죄'와 '법익침해 없는 반

38) 김일수/서보학, 569면.

39) 자수범을 실질적 자수범과 형식적 자수범으로 분류할 수도 있다. 전자는 범죄의 성질상 일정한 주체의 실행행위에 의해서만 성립할 수 있는 범죄로서 진정신분범, 목적범, 진정부작위범, 단순거동범 및 형식범이 여기에 해당하며, 후자는 법률이 일정한 범죄유형을 독립된 개별구성요건의 간접정범형태로 규정함으로써 법률상 간접정범의 범행형식이 달리 성립할 수 없는 경우를 말하며 공정증서원본 등의 부실기재죄(제228조)가 여기에 해당한다.

40) Roxin, LK §25 Rdn. 35; 김일수, 한국형법Ⅱ, 253면; 신동운, 1636면.

윤리적 행위관련적 범죄'가 있다.

i) **행위자 형법적 범죄**란 개별적인 행위가 문제되는 것이 아니라 **행위자의 생활태도** 내지 **행위자의 인격**과 관련된 범죄로서 본인이 행위하지 않으면 행위지배가 있다고 할 수 없는 범죄를 말한다. 성매매방지법상 성매매행위 장소제공·알선, 상습도박 등 상습범(제246조 제2항) 등이 이에 해당한다.

ii) **법익침해 없는 반윤리적 행위관련적 범죄**란 행위로 인해 법익침해는 없지만 행위자가 스스로 행한 도덕적으로 비난받는 행위, 즉 **행위의 반윤리성** 때문에 처벌되는 범죄를 말한다. 성매매방지법상 성매수행위, **계간**(鷄姦: 동성간의 성교; 유사강간의 한 유형으로 군형법 제92조의2와 독일형법 제175조), **수간**(獸姦: 짐승과의 성교; 독일형법 제175의 b), **간통죄**(구형법 제241조)가 이에 해당한다.

(나) 부진정 자수범 법익을 침해하지만 **정범의 일신전속적인 특수한 의무침해**[41]를 전제로 하기 때문에 행위자의 자수적 실행만이 가능하고 간접정범에 의해서는 범할 수 없는 범죄를 부진정자수범이라고 하며, **도주죄**(제145조), **위증죄**(제152조), **허위공문서작성죄**(제227조), **군무이탈죄**(군형법 제30조), **적진으로의 도주죄**(군형법 제33조)가 이에 해당한다고 한다.

그러나 법익표준설이 ① 법익침해가 없는 범죄를 진정자수범이라고 하는 것은 타당하지 않다. 간통죄나 근친상간은 행위의 반도덕성 때문에 처벌되므로 자수범이라고 하지만, 이러한 범죄를 처벌하는 것은 행위의 반도덕성 때문만이 아니라 혼인제도나 성적 자기결정권 등의 일정한 법익을 보호하기 위해서이다. 따라서 법익침해의 결여를 자수성의 실질적 기준이라고 할 수는 없다. 또한 ② 법익침해가 없는 범죄를 자수범이라 할 수 없는 점에서 법익침해가 있는 범죄를 부진정자수범이라 구별하는 것은 잘못이므로 자수범을 진정자수범과 부진정자수범으로 구별하는 것은 무의하다고 할 수 있다. ③ 그 밖에 이분설은 오늘날 법익침해 없는 풍속범죄나 성범죄의 비범죄화 사상과도 조화하기 어렵고,[42] 행위의 반윤리성이나 의무자체가 자수범의 실질적 기준이 될 수 없다는 비판을 면하기 어렵다.[43]

---

41) 정범의 범위와 자격에 제한이 없는 일반범에서는 누구든지 금지된 행위 및 결과를 지배함으로써 정범이 될 수 있는데, 이를 신분범이나 의무범 또는 자수범에 비해 특별히 '지배범'이라 부른다. 행위지배의 형태에는 록신에 의하면 행위지배, 의사지배, 기능적 행위지배가 있다.

42) 임 웅, 394면.

43) 배종대, 546면.

라. 삼 분 설 개별구성요건의 체계적·합리적 해석에 따라 자수범 여부를 판단해야 한다는 입장으로서 독일의 헤르츠베르크(Herzberg)가 주장하였다.[44] 자수범의 판단기준으로 아래의 3가지를 기준으로 하기 때문에 이를 삼분설이라고 하며 우리나라 다수설의 입장이다.[45]

즉 자수범은 ① 정범 자신의 **신체적 가담**이 요구되는 범죄로서, **준강간·준강제추행죄**(제299조), 피구금자간음죄(제303조 제2항), 계간죄(鷄姦: 구군형법 제92조), 혼인빙자간음죄(구형법 제304조) 등이 여기에 해당하고, ② 반드시 행위자의 신체적 행위가 아니라도 행위자의 **일신적·인격적 행위**를 요구하는 범죄로서, **명예훼손죄**(제307조), **모욕죄**(제311조), **업무상비밀누설죄**(제317조), **간통죄**(구형법 제241조)가 여기에 해당하며, ③ 범죄 자체의 성질 때문이 아니라 **소송법 기타 다른 법률**에 의하여 행위자 스스로의 실행행위를 요구하는 범죄로서 **위증죄**(제152조), **군무이탈죄**(군형법 제30조)가 여기에 해당한다는 것이다.

(3) 결 어

생각건대 자수범이란 행위자에 의한 직접적인 실행지배만이 가능하고 타인에 의한 의사지배나 기능적 행위지배가 불가능한 범죄라는 점을 특색으로 한다.

그런데 이분설은 특히 진정자수범에 있어서 상습 등 행위자의 특성이나 반윤리성에 두고 자수범을 판단하기 때문에 자수성이 필요한가를 판단하는 실질적 기준으로는 부적합하며, 또한 삼분설도 행위자의 자수적 실행을 중심으로 자수범을 판단하는 점에서는 정당하나, 그 기준 중에서 행위자의 신체적 거동이 아닌 행위자의 인격적 행위 또는 인격적 태도표현은 제3자에 의한 의사지배형태로도 가능하기 때문에 자수범이라 할 수 없다. 예컨대 명예훼손죄·모욕죄·업무상비밀누설죄 등은 간접정범에 의해서도 실현 가능하기 때문이다. 그리고 삼분설에서 말하는 형법 이외의 법률에 의하여 행위자의 자수적 실행행위를 필요로 하는 범죄라는 기준도 결국 행위자의 신체적 가담을 필요로 하는 범죄라는 기준에 포함시킬 수 있다. 그러므로 **자수범**이란 범죄의 특성에 따르든 법률에 의하든 간에 **'행위자의 자수적 신체적 가담'**에 의해서만 행해질 수 있는 범죄만을 의미한다고 보는 입장이 타당하다. 이 입장에 따른 우리 형

44) Herzberg, Eigenhändige Delikte, ZStW 82(1970), S. 913ff.

45) 배종대, 547면; 안동준, 247면; 이재상/장영민/강동범, 467면; 임 웅, 394면; 정성근/박광민, 525면.

법 및 특별형법상 자수범으로는 **위증죄, 도주죄, 허위공문서작성죄, 군무이탈죄, 성매매방지법위반행위, 부정수표단속법상의 허위신고죄**(동법 제4조)[46] 등이 해당된다.

그러나 준강간·준강제추행죄(제299조)는 간접정범의 성립이 가능한 지배범이고, 피구금자간음죄(제303조 제2항)는 의무범적인 진정신분범으로서 자수범이 아니라고 보는 입장이 타당하다고 생각한다.[47]

한편 **허위공문서작성죄**(제227조)를 통설[48]은 자수범으로 보고 있으나, 이를 자수범으로 보지 않고 진정신분범의 당연한 결론으로 이해하는 소수설[49]도 있다. 생각건대 허위공문서작성죄는 진정신분범인 동시에 공문서작성권자의 일신적 행위를 필요로 하므로 자수범이며, **공정증서원본부실기재죄**는 허위공문서작성죄의 간접정범을 처벌하기 위한 규정으로 이해하는 통설의 입장이 타당하다.

V. 특수교사·방조

제34조 제2항에 "자기의 지휘·감독을 받는 자를 교사 또는 방조하여 전항의 결과를 발생하게 한 자는 교사인 때에는 정범에 정한 형의 장기 또는 다액의 1/2까지 가중하고, 방조인 때에는 정범의 형으로 처벌한다"고 규정하고 있다.

타인을 지휘·감독할 지위에 있는 자가 피지휘·감독자를 교사·방조한 것은 **비난가능성**이 더 크다는 이유로 형을 가중하고 있다. 공무원의 직무상의 범죄에 대하여 형을 가중하는 경우도 같은 취지이다.

여기서 교사 또는 방조의 성질에 관하여는, '전항의 결과를 발생하게 한 자'를 ① **범죄행위의 결과를 발생케 한 것**으로 해석하여, 이를 **특수교사·방조에 관한 규정**으로 보는 견해[50]와, ② **특수간접정범에 관한 규정**으로 이해하는 견해[51]가 있다.

---

46) 부정수표단속법 제4조의 허위신고죄에 있어서 발행인이 아닌 자는 허위신고죄의 주체가 될 수 없고, 허위신고의 고의 없는 발행인을 이용하여 간접정범의 형태로 허위신고죄를 범할 수도 없다(대판 1992. 11. 10, 92도1342; 대판 2003. 1. 24, 2002도5939; 대판 2007. 3. 15, 2006도7318; 대판 2014. 1. 23, 2013도13804).

47) 김일수/서보학, 571면. 반대로 이를 자수범으로 보는 견해로는 박상기, 82면; 배종대, 548면; 이재상/장영민/강동범, 468면; 정성근/박광민, 524면.

48) 김일수/서보학, 589면; 임 웅, 442면; 정성근/박광민, 526면.

49) 이재상/장영민/강동범, 468면.

50) 남흥우, 256면; 이건호, 196면; 황산덕, 262면.

그러나 ③ 제34조 제2항이 교사 또는 방조하여 전항의 결과를 발생하게 한 자라 규정하고 있고, 제34조 제1항도 교사 또는 방조한 자라고 규정한 점에 비추어볼 때, **특수공범 및 특수간접정범에 관한 규정으로 보는 견해**[52]가 타당하다고 생각된다.

또한 자기의 지휘·감독을 받는 자란 법령에 근거하여 지휘·감독을 받는 자는 물론이고 사실상 지휘·감독을 받고 있으면 족하다. 따라서 공장주가 직원을 이용하거나, 집주인이 가정부를 이용하는 경우에도 여기에 해당한다.

입법론적으로는 자기의 지휘감독을 받는 자를 이용했다고 하여 자유형을 가중해야 할 이유가 없으며, 나아가 이용자가 피이용자를 이용하는 행태인 교사와 방조에 따라 형에 차이를 둔 입법태도도 타당하다고 할 수 없다.

제 3 절 공동정범

Ⅰ. 공동정범의 의의와 본질

1. 공동정범의 의의

공동정범에 관하여 형법 제30조는 "2인 이상이 공동하여 죄를 범한 때에는 각자를 그 죄의 정범으로 처벌한다"고 규정하고 있다. 공동정범이란 2인 이상이 공동하여 죄를 범한 경우이다. 공동행위자가 분업적으로 협력하여 구성요건을 실현하는 경우에 그 전체에 대하여 책임을 지게 된다. 공동정범의 정범성이란 분업적 행위실행과 기능적 역할분담의 원칙에 근거한다. **행위지배설**에 의하면 공동정범이란 공동의 결의 아래 분업적으로 역할을 분담하여 공동으로 행위를 지배한다는 **'기능적 행위지배'**가 공동정범의 정범의 특수성으로 인정되고 있다.[53]

---

51) 김성천/김형준, 527면; 김일수/서보학, 590면.

52) 박상기, 431면; 배종대, 626면; 손해목, 981면; 신동운, 633면; 유기천, 136면; 이재상/장영민/강동범, 469면; 이형국, 350면; 정성근/박광민, 528면.

53) 대판 2011. 11. 10, 2010도11631; 대판 2018. 4. 19, 2017도14322-전원합의체(형법 제30조의 공동정범은 공동가공의 의사와 그 공동의사에 의한 기능적 행위지배를 통한 범죄 실행이라는 주관적·객관적 요건을 충족함으로써 성립하므로, 공모자 중 구성요건행위를 직접 분담하여 실행하지 않은 사람도 위 요건의 충족 여부에 따라 이른바 공모공동정범으로서의 죄책을 질 수 있다).

이와 같이 공동정범의 특성은 기능적인 역할분담에 의한 공동의 행위지배에 있으므로 단독정범 또는 간접정범과 구별된다. 다른 공동행위자의 행위를 자기를 위하여 이용하였다는 점에서 간접정범의 특수한 경우 또는 유사한 성질을 지녔다고 할 수 있으나, 분업적인 역할분담에 의하여 전체계획을 지배하는 것이므로 이용자의 피이용자의 의사지배를 통한 단독적 행위지배인 간접정범과는 명백히 구분된다.

2. 공동정범의 본질

(1) 범죄공동설과 행위공동설

수인이 공동하여 행하는 것이 무엇을 의미하는가에 대하여는 범죄공동설과 행위공동설이 대립되고 있다. 역사적으로는 광의의 공범에 관한 본질론으로 프랑스 형법학에서 유래하여 공범은 무엇을 공동으로 하는가라는 문제로 다루어졌던 것이다. 그러나 협의의 공범인 교사범이나 종범은 정범이 성립하는 경우에 종속하여 성립하므로 정범과 공범 간에는 공범관계가 성립될 여지가 없으므로 범죄공동설과 행위공동설의 대립은 공동정범이란 무엇을 공동으로 하는가라는 **공동정범에 고유한 문제**이지 광의의 공범의 본질에 관한 논의라고 할 수 없다.

범죄공동설은 수인이 한 개의 구성요건 또는 특정한 범죄를 공동으로 행하는 것을 의미한다고 봄으로써 **객관주의 범죄론**의 입장인 데 반하여, **행위공동설**은 수인이 한 개의 구성요건 또는 특정한 범죄를 공동으로 행하는 것이 아니라 자연적 의미의 행위를 공동으로 하여 범죄를 수행하는 것을 의미한다고 보기 때문에 범죄를 반사회성의 징표로 이해하는 **주관주의 범죄론**의 입장이다.

(2) 범죄공동설과 행위공동설의 차이

범죄공동설과 행위공동설에 따라 공동정범의 성립범위가 달라진다.

1) 행위공동설에 의하면 수개의 범죄사실일지라도 자연적 의미의 행위를 공동으로 하면 공동정범이 성립한다. 그러므로 갑과 을이 공모하여 갑은 병을, 을은 정을 살해한 경우에도 공동정범이 성립한다. 그러나 **범죄공동설**에 의하면 이종(異種)이나 수개의 구성요건 사이의 공동정범은 인정하지 아니한다. 따라서 갑과 을의 범죄사실은 분리하여 검토하게 된다.

2) **행위공동설**은 한 개의 범죄사실의 일부분에 속한 사실을 공동으로 행한 경우에도 공동정범의 성립을 인정한다. 예컨대 갑이 강간의 고의를 가지고 폭행한 후 강

간하기 전에 지나가던 을이 그 사정을 알고 강간에만 가담한 경우와 같이 **승계적 공동정범**의 경우에도 공동정범의 성립을 인정한다.

그러나 **범죄공동설**에 의하면 공동정범은 성립하지 않고 **방조범**에 불과하게 된다.

3) 행위공동설에 의하면 고의를 달리하는 경우, 예컨대 갑과 을이 공모하여 병을 폭행하였지만 갑은 상해의 고의로 을은 살인의 고의를 가진 이른바 **부분적 공동정범**이나 **과실범의 공동정범**, 및 **고의범과 과실범의 공동정범**도 인정한다.

그러나 범죄공동설에 의하면 공동가공의 의사, 즉 특정범죄에 대한 고의의 공동을 요하므로 이러한 경우에 공동정범의 성립을 인정할 수 없게 된다.

(3) 비　판

우리 형법이 제30조에 "2인 이상이 공동하여 죄를 범한 때"라는 규정의 의미를 '2인 이상이 공동하여 특정한 범죄를 실행하는 것'으로 이해하여 범죄공동설을 취하고 있다고 보는 입장과 이를 '2인 이상이 행위를 공동하여 죄를 범한 때'라는 의미로 이해하여 행위공동설을 취하고 있다고 이해하는 견해의 대립이 있다. **대법원은 행위공동설**의 입장을 취하고 있다.

공동정범이 성립하기 위해서는 **공동가공의 의사**와 **공동가공의 사실**이 있어야 한다는 데는 이견이 없다. 이때 공동가공의 범위를 같은 구성요건이나 범죄사실에 제한하거나 다른 고의지만 행위를 공동으로 하는 부분적 공동정범의 인정여부, 그 외에도 한 개의 범죄사실의 일부를 승계한 승계적 공동정범이나 과실범의 공동정범의 성립여부 등이 문제된다.

오늘날에는 행위공동설의 입장에서도 전법률적·사회적 의미의 행위의 공동이 아니라 구성요건적 행위의 공동으로 공동정범의 성립범위를 제한하려고 하고 있다.

범죄공동설의 입장에서도 부분적 공동정범, 승계적 공동정범, 과실범의 공동정범을 주장하는 견해도 있게 되므로 점차 행위공동설과 실제적인 측면에서의 차이가 축소되고 있다.

Ⅱ. 공동정범의 성립요건

공동정범이 성립하기 위해서는 **공동가공의 의사**라는 주관적 요건과 **공동가공의 사실**이라는 객관적 요건이 필요하다.

1. 공동가공의 의사—주관적 요건

공동가공의 의사 내지 공동의 의사란 공동정범에 있어서 기능적 행위지배의 본질적 요건이다. 공동의사로 인해 기능적으로 역할이 분담된 개별행위이지만 전체적인 행위에 대한 책임을 인정할 수 있게 된다.

판례는 공동가공의 의사란 **공동의 의사로 특정한 범죄행위를 하기 위해 일체가 되어 다른 사람의 행위를 이용하여 자기의 의사를 실행에 옮기는 것**을 내용으로 해야 한다고 하여, 밀수해오면 팔아달라는 제의를 받고 승낙하거나,[54] 물건을 훔쳐오면 사주겠다고 하는 경우,[55] 밀항을 위한 여권위조행위에 가담하는 경우,[56] 피해자 일행을 한 사람씩 나누어 강간하자는 피고인 일행의 제의에 아무런 대답도 하지 않고 따라 다니다가 자신의 강간 상대방으로 남겨진 여성에게 일체의 신체적 접촉도 시도하지 않은 채 다른 일행이 인근 숲 속에서 강간을 마칠 때까지 이야기만 나눈 경우[57]에는 공동의 의사를 인정할 수 없다고 판시하였다.

(1) 동 시 범

공동의 의사가 없이 2인 이상이 동시에 실행행위를 한 경우에는 동시범에 불과하며 공동정범이 아니다. 동시범은 **단독정범**이 시간적으로 결합된 것에 불과하므로 각자는 자기가 실행한 행위에 대하여 책임을 지는데 그친다. 이를 형법은 **'독립행위의 경합'**이라고 하여, 형법 제19조에 "동시 또는 이시의 독립행위가 경합하여 결과발생의 원인된 행위가 판명되지 아니한 때에는 각 행위를 미수범으로 처벌한다"고 규정하고 있다.

(2) 편면적 공동정범

공동의 의사란 **2인 이상이 공동으로 수립한 행위계획에 따라 죄를 범할 의사**를 말한다. 그러므로 공동정범은 역할분담과 공동작용에 대한 **'상호이해'**가 있어야 한다. 그런데 편면적 공동정범은 이러한 상호이해가 없이 편면적으로 한 사람에게만 공동의 의사가 있고 다른 사람에게는 없는 경우이므로 공동정범이 성립할 수 없다.[58]

---

54) 대판 2000. 4. 7, 2000도576.
55) 대판 1997. 9. 30, 97도1940.
56) 대판 1998. 9. 22, 98도1832.
57) 대판 2003. 3. 28, 2002도7477.
58) 대판 1985. 5. 14, 84도2118.

(3) 공동의사의 방법

공동의 의사는 공동행위자 상호간에 공동으로 죄를 범한다는 데 대한 **상호이해** 내지 의사연결이 있어야 한다. 공동행위자간의 상호이해는 반드시 명시적인 의사표시를 요하지 않고 묵시적인 의사연락이나 **간접적 또는 포괄적인 의사연락이나 인식**이 있으면 족하다.[59)]

(4) 승계적 공동정범

1) 의 의

공동의사의 성립은 실행행위 전에 있음을 요하지 않는다. 공동의사의 성립시기에 따라, 공동행위 이전에 공동의사가 성립하는 '**공모공동정범과**', 공동행위시에 성립하는 '**우연적 공동정범**' 및 공동의사가 행위도중, 즉 실행행위의 일부를 종료한 후 완료전(기수전)에 성립하는 '**승계적 공동정범**'으로 구별된다.

2) 승계적 공동정범의 성립가능성

범죄공동설에 의하면 공동정범이 성립할 수 없고, 전체범죄에 대한 방조가 될 뿐이라고 한다. 승계적 공동정범은 공동의 의사의 성립시기에 관한 문제로서 공동의 의사가 사전에 성립할 것을 요하지 않는 이상 실행행위의 도중에 공동의 의사가 발생한 경우에도 **공동정범이 성립**하지 않을 수 없다.

3) 승계적 공동정범의 성립범위

승계적 공동정범은 선행자와 후행자간의 공동의사가 기수전에 이루어지고 후행자가 실행행위의 일부를 분담한 경우에는 **공동정범의 성립**이 가능하다. 이때 공동정범의 성립범위와 후행자의 책임이 문제된다.

가. 적 극 설 선행자의 행위를 이해하고 이를 이용하려는 인식과 의사연락을 근거로 **후행자에 대해서는 전체행위에 대하여 공동정범을 인정하는 견해**이다. 독일 연방법원이 가중절도사건과 관련하여 선행자가 행한 사정을 인식하고 인용하면서 범죄전체에 대한 상호이해를 하고 공동정범으로 가공한 후행자에게는 전체범죄에 대한 책임이 귀속된다고 판시한 이래로 종래 독일에서는 통설적 지위를 차지하고 있었던 견해이다.

나. 소 극 설 후행자에 대하여는 그가 **가담한 이후의 행위에 대해서만 공동정범을 인정하는 견해**이다. 이 견해는 후행자의 행위가 선행자에 의해 이미 행하여진 행

---

59) 대판 1997. 2. 14, 96도1959; 대판 2012. 8. 30, 2012도5220; 대판 2013. 8. 23, 2013도5080.

위의 원인이 될 수 없고, 선행자의 행위에 대한 추인 또는 사후고의를 인정할 수 없으며, 또한 선행자에 의해 이미 행해진 결과에 대하여 후행자의 행위지배를 인정할 수 없다는 점을 근거로 들고 있다. 소극설이 현재 독일에서는 **다수설**을 차지하고 있고, **우리나라 판례**[60]의 태도이기도 하다.

다. 사 견 적극설은 자기책임의 원칙에 반하므로 승계적 공동정범에 있어서 후행자는 개입 이후의 공동실행행위에 대해서만 공동정범의 성립을 인정하는 **소극설**이 타당하다고 생각된다.

(5) 과실범의 공동정범

과실범의 공동정범이란 2인 이상이 공동하여 과실로 과실범의 구성요건적 결과를 야기한 경우에 과실범의 공동정범이 성립될 수 있는가라는 문제이다.

이는 공동정범의 성립요건인 공동의사의 내용을 어떻게 이해할 것인가라는 문제이다.

예컨대 갑과 을이 의사연락 하에 야수로 오인하고 발포하였으나 사람이 총탄에 맞아 사망한 경우나 옥상에서 갑과 을이 물건을 나르다가 떨어뜨려 지나가던 행인 병이 사망한 경우가 여기에 해당한다. 과실범의 공동정범의 성립을 인정할 것인가에 대하여 긍정설과 부정설이 대립한다.

1) 긍정설의 입장

가. 행위공동설 행위를 공동으로 하면 고의범과 과실범의 공동정범, 과실범의 공동정범, 고의를 달리하는 **공동정범의 성립**을 인정하게 된다.

나. 공동행위주체설 공동행위주체로서 실행행위를 분담한 경우에는 과실결과에 대해서도 공동정범이 성립한다는 견해이다. 그러나 이 견해는 과실결과에 대해 공동의사연락이 없으므로 공동행위주체를 인정하는 것은 논리상 비약이다.

다. 기능적 행위지배설

과실범의 공동정범은 공동의 의사연락이 필요 없고, 주의의무위반의 공동과 기능적 행위지배가 있으면 과실범의 공동정범도 인정하는 견해이다. 독일에서는 과실범은 기능적 행위지배가 없으므로 공동정범의 성립이 불가능하며 이 경우를 **동시범**으로 보고 있다.

라. 과실공동 · 행위공동설 과실범의 공동정범은 의사연락이 필요 없고, 주의

---

60) 대판 1982. 6. 8, 82도884; 대판 1997. 6. 27, 97도163; 대판 2007. 11. 15, 2007도6336.

의무위반의 공동과 행위공동이 있으면 과실범의 공동정범을 인정하는 견해이다.[61]

2) 부정설의 입장

가. 범죄공동설 특정한 범죄를 공동으로 해야만 공동정범의 성립을 인정하게 되므로, 특정한 범죄에 대한 고의의 공동이 필요하다. 따라서 과실범의 공동정범이나 고의범과 과실범의 공동정범은 부정하게 된다.

나. 목적적 행위지배설 정범이 되기 위해서는 범죄의사와 목적적 행위지배가 있어야 하므로 과실범의 공동정범은 부정하게 된다.

다. 기능적 행위지배설 공동정범은 공동의 결의에 의한 기능적 행위지배를 의미하므로 과실범의 공동정범을 부정하게 된다. 과실의 공동이 있을 경우에는 각자를 **동시범**으로 취급해야 한다는 입장을 취하게 된다.[62]

3) 결 어

과실범의 공동정범을 인정할 실익이 없고 이를 인정하는 것은 처벌의 부당한 확대를 가져온다.

이에 대하여 긍정설은 첫째, 다수인의 과실행위로 인하여 결과가 발생하였으나 인과관계가 불명확한 경우, 둘째, 다수인의 공동행위와 결과 사이에 인과관계의 확정이 가능한 경우를 고려해 보면 정당한 귀속관계의 인정을 위하여 필요하다고 주장한다.

생각건대, 과실범의 공동정범이 성립하기 위해서는 공동의 결의에 의한 기능적 행위지배가 있어야 하는데, 과실행위의 공동만 있고 공동가공의 의사가 없으므로 과실범의 공동정범은 성립할 수 없으며, 각자를 동시범으로 취급함이 타당하다고 생각한다.

2. 공동가공의 사실—객관적 요건

공동실행의 사실이란 **구성요건적 실행행위를 공동**으로 함에 있어서 역할을 기능적으로 분담해야 한다는 것이다. 예컨대 강도죄 또는 강간죄에 있어서 폭행에 가담한 자는 스스로 재물을 취거하거나 간음하지 아니한 때에도 강도죄 또는 강간죄의 공동정범이 된다.[63]

---

61) 이재상/장영민/강동범, 481면.

62) 김일수, 487면; 박상기, 395면; 이형국, 595면; 배종대, 573면; 허일태, 192면.

63) 대판 2010. 1. 28, 2009도10139; 대판 2012. 4. 26, 2010도2905.

공동정범이 되기 위해서는 **기능적으로 역할을 분담**해야 한다.

그러므로 공모자를 현장에 데려다 준 경우, 절도 또는 강도를 공모하고 다른 공모자가 취득한 장물을 운반한 경우, 다른 공모자가 도피할 수 있도록 차동차를 대기시킨 경우, 장물을 처분하는 역할만을 한 경우에 있어서도 실행행위의 분담이 있다고 할 수 있다. 대법원은 망을 보는 자도 **실행행위를 분담**한 것으로 보아 공동정범으로 인정하고 있다.

공동가공의 사실은 구성요건적 행위를 공동으로 할 것을 요구하지 않고, **예비행위를 공동**으로 하는 경우에도 인정하고 있다. 즉 범죄계획을 수립하고 실행을 지휘한 범죄집단의 수괴는 범죄현장에 있지 않더라도 교사나 방조에 그치는 것이 아니라 공동정범으로서 실행행위를 기능적으로 역할을 분담했다고 할 수 있다.

(1) 공모공동정범

공동가공의 사실이 공동정범자 모두에게 필요한가에 대하여 공모공동정범을 인정할 것인가가 문제된다. 공모공동정범이란 2인 이상의 자가 공모하여 그 중 일부가 범죄의 실행에 나아가고 실행행위에 참가하지 않은 공모자도 공동정범이 성립할 수 있다는 이론이다.

일본판례는 지능범에서 출발하여 실력범(방화, 살인, 절도, 강도 등)으로 공모공동정범을 확대하여 인정하고 있다. 공모공동정범을 인정할 것인가에 대하여는 긍정설과 부정설이 대립한다.

1) 긍 정 설

가. 공동의사주체설 일본의 草野에 의해 **수인이 공동목적을 실현**하기 위해 일심동체가 되어 있으면 공동의사의 주체가 되고, 그 중 일부에 의해 실행되고 공모자는 실행행위를 분담하지 않더라도 공동정범이 된다는 견해이다. 이것은 마치 민법상 조합원의 채무에 대하여 조합이 책임을 지는 것과 같다는 것이다. **우리나라 대법원 판례와 일본 판례**의 입장이다.

그러나 이 견해는 공동정범을 공동의사주체로 보면서 책임은 공동의사주체의 개인에 대하여 부담지우는 것은 **자기책임의 원칙**에 반하게 되며, 실행행위를 분담하지 않은 자에게 공동정범으로 책임을 지우는 것은 **개인책임의 원리**에도 반하게 된다. 또한 공모자 일부의 실행행위가 있으면 다른 공모자는 공동정범이 되므로 공동정범의 종속성을 인정하는 결과가 된다. 나아가 정범과 공범을 역할의 중요성에 따라 구별하므로 그 기준이 명백하지도 않다는 비판을 면할 수 없다.

나. 간접정범유사설 공모공동정범은 공모자는 타인의 행위를 이용하여 공동정범을 실행하는 것이므로 간접정범에 유사하게 공모자에게 공동정범을 인정할 수 있다는 견해이다. 일본의 판례와 우리 대법원 판례의 상당수도 이 입장을 취하고 있다.

다. 적극이용설 범죄실현에 주동적 역할을 한 자는 정범으로 처벌할 필요성이 있다는 전제에서 출발하여, 공범자의 적극적 이용행위를 실행행위자와 가치적으로 동일시 할 수 있는 때에는 공동정범으로 인정할 수 있다는 견해이다.

2) 부 정 설

기능적 행위지배설에 의하면 범죄실행의 모의만으로는 실행행위의 분담이 없으므로 공동정범의 성립을 부정하는 부정설이 타당하다. 실행행위를 분담한 때에만 공동정범이 성립하므로 실행행위를 분담했다고 할 수 없는 공모자는 가공의 정도에 따라 교사 또는 방조의 책임을 질 따름이다.

3) 공모공동정범의 논거

가. 공모공동정범의 필요성에 대한 논의 실행행위자를 지배하여 정신적·물질적으로 지배·조종하는 배후거물인 **지배적 공모공동정범**과 상호 공동의사를 형성하고 이에 따라 실행행위의 일부를 담당하는 경우인 **분담형 공모공동정범**의 경우에는 정범으로 처벌하는 것이 합리적이라는 점을 근거로 들고 있다.

이에 대하여 공동정범은 교사범이나 종범과 같은 형으로 처벌되며, 합동범에 관한 규정이나 제34조의 특수교사·방조에 관한 규정이 있는 이상 공모공동정범을 별도로 인정할 필요가 없다는 주장도 강하게 제기되고 있다.

나. 공모공동정범의 이론적 근거 공동정범에 있어서 실행행위의 분담이란 기능적 행위지배이론에 의하여 설명될 수 있다. 특히, 공모공동정범에 있어서 실행행위를 분담하지 않은 공모자의 경우에도 범죄를 조직하고 지휘하며 **범죄 전체계획의 중요한 기능을 담당**했다고 볼 수 있는 경우에는 공동정범으로 처벌하는 것이 가능하다고 하게 될 것이다.

4) 공모공동정범의 성립요건

공동의 의사 이외에 **공동가공의 사실**이 있어야 한다. 공모자 중에 1인은 실행행위에 착수해야 한다. 그리고 공모자는 **공모에 의한 기능적 행위지배**가 있어야 하므로 공모의 의사결합만으로는 기능적 행위지배를 했다고 볼 수 없다.

5) 공모관계로부터의 이탈

공모공동정범에 있어서 공모관계로부터 이탈한 자를 공동정범으로 처벌할 수 있는가가 문제된다.

① 다른 공모자가 **실행에 착수하기 이전에 이탈한 경우**와, ② **실행에 착수한 이후에 이탈한 경우**로 나눌 수 있다. 전자는 **공모공동정범이 성립하는가의 문제**이며, 후자는 **공동정범과 중지미수의 문제**이다.

①의 경우에 판례는 **공동정범이 성립하지 않는다**고 판시하고 있다.[64] 이는 이탈자의 종전의 가공과 다른 공모자 사이에 인과관계가 없어진다는 것을 근거로 한다. 공동의사주체설이나 간접정범유사설에 의하면 당연한 결론이다. 그러나 기능적 행위지배설에 의할 때는 **이탈한 공모자가 담당한 기능적 행위지배를 제거**해야만 공동정범이 성립하지 않는다고 보아야 한다. 왜냐하면 이탈한 공모자가 평균적인 공모자의 일원일 때에는 기능적 행위지배가 해소된다고 할 수 있으나, 주모자일 때에는 다른 공모자에게 강한 영향을 미치므로 이를 제거하기 위한 진지한 노력이 필요하기 때문이다.

②의 경우에 다른 공모자가 실행에 착수한 이후에는 공모자가 이탈하더라도 다른 공범자가 기수에 이른 때에는 공모자도 **기수로 처벌**된다고 한다.[65]

Ⅲ. 공동정범의 처벌

1. 공동정범의 처벌

공동정범은 각자를 그 죄의 **정범**으로 처벌한다(제30조 제1항). 따라서 갑과 을이 병을 살해하기로 공모하고 각각 발포하였으나 갑이 쏜 총탄에 맞아 병이 사망한 경우에도 갑과 을은 다 같이 살인죄의 기수로 처벌된다.

공동정범은 **공동의사의 범위 내**에서만 성립한다. 그러므로 공동정범 가운데 1인이 공동의사의 범위를 초과하여 실행한 때에는 그 초과부분은 공동정범이 아니라 단독정범이 된다. 그런데 **판례**는 강도의 공동정범 중 다른 공동자가 **강도살인**을 범한 경우에 강도살인죄의 공동정범이 성립되고,[66] 절도의 다른 공동정범이 준강도를 범한 경

---

64) 대판 1986. 1. 21, 85도2371; 대판 2008. 4. 10, 2008도1274; 대판 2010. 9. 9, 2010도6924; 대판 2015. 2. 16, 2014도14843.

65) 대판 2002. 8. 27, 2001도513; 대판 2011. 1. 13, 2010도9927.

66) 대판 1984. 2. 28, 83도3162.

우에 **준강도죄**의 공동정범을 인정하고 있다.[67]

그러나 공동정범은 공동의사의 범위를 초과하여 성립할 수는 없으므로 다른 공동자에게도 최소한 미필적 고의가 필요하다고 해야 한다.[68]

판례는 **결과적 가중범의 공동정범**에 관하여도 **행위공동설의 입장**에서 기본행위의 공동이 있는 이상 다른 공동자도 결과적 가중범의 책임을 진다고 한다. 그러나 결과의 발생을 예견할 수 있었을 때에는 공동정범이 성립할 수 있으며, 과실의 공동이 요구되어진다. 예컨대 상해치사죄의 경우 상해행위라는 기본행위의 공동이 있으므로 다른 공동자도 **상해치사죄**의 공동정범으로 처벌된다.

2. 공동정범과 신분

공동정범도 정범이므로 신분관계로 성립될 범죄, 즉 진정신분범에 있어서는 공동정범의 각자가 그런 일정한 사회적 신분을 가질 것이 필요하다. 그러나 형법 제33조는 "신분관계로 인하여 성립될 범죄에 가공한 행위는 신분관계가 없는 경우에도 전3조의 규정을 적용한다"고 하여, 비신분자 단독으로는 진정신분범의 정범이 될 수 없으나 신분자와 공동하여 신분범을 범할 수 있도록 하고 있다.

그러므로 **수뢰죄**나 **허위공문서작성죄**의 비신분자도 신분자와 공동정범이 될 수 있으며, 횡령죄의 비점유자도 점유자와 공동으로 **횡령죄**의 공동정범이 될 수 있다.

그러나 공동정범이라고 하여 공동자 모두를 같은 형으로 처벌해야 하는 것은 아니다. 공동정범 중에 신분관계로 인해 책임조각사유나 처벌조각사유가 발생하는 경우에는 신분 있는 자에게만 그 사유가 적용된다. 따라서 타인과 공동으로 타인의 존속을 살해한 자는 **보통살인죄**로 처벌되고, 타인과 공동으로 타인의 존속의 재물을 절취한 경우에 타인은 친족상도례의 규정이 적용되어 형이 면제되지만 신분관계가 존재하지 않는 공동자는 **특수절도죄**로 처벌된다.

3. 공동정범과 착오

공동정범의 착오에 관하여는 사실의 착오이론이 그대로 적용된다. 따라서 공동정범 중에 일부가 동일한 구성요건의 객체의 착오를 한 경우에 다른 공동정범의 고의를

---

67) 대판 1967. 6. 20, 67도598; 대판 1972. 1. 13, 72도2073.

68) 이재상/장영민/강동범, 494면.

조각하지 않는다. 예컨대 갑과 을이 공동으로 병을 살해하기 위해 갑이 망을 보고 있는 동안 을이 정을 병으로 오인하여 살해한 경우에 갑도 살인죄의 공동정범이 된다.

제4절 교 사 범

Ⅰ. 교사범의 의의

교사범(Anstiftung)이란 타인으로 하여금 범죄결의를 하여 실행하게 한 자를 말한다. 형법 제31조 제1항에는 "타인을 교사하여 죄를 범하게 한 자는 죄를 실행한 자와 동일한 형으로 처벌한다"고 하여 교사범에 대하여 규정하고 있다. 교사범은 스스로 기능적 역할분담을 통하여 행위지배를 하는 공동정범과 구별되며, 처벌되지 않거나 과실범으로 처벌되는 자를 이용하여 범죄를 범하는, 즉 의사지배를 통해 실행행위를 간접적으로 실행하는 간접정범과는 구별된다. 교사범은 타인을 이용하는 점에서는 간접정범과 유사하다. 그러나 교사범은 정범을 전제로 하는 점에 있어서 구별된다.

교사범의 실행의 착수는 피교사자, 즉 정범이 실행에 착수해야 성립한다.

또한 교사범은 협의의 공범이지만, 타인에게 범죄의 결의를 생기게 하였다는 점에서 타인의 범죄결의를 전제로 그 실행을 유형·무형적으로 돕는 데 지나지 않는 종범과 구별된다.

교사범의 처벌근거는 정범에게 범죄의 원인을 주고 범죄실행을 야기하였다는 데 있다.

교사는 넓게는 범죄결의에 영향을 주는 일체의 행위를 말한다. 사람을 매개하여 간음하게 한 자의 행위나 타인을 교사하여 자살하게 한 자의 행위도 교사행위라 할 수 있지만, 형법각칙에 음행매개죄(제242조), 자살관여죄(제252조 제2항)라는 특별구성요건이 존재하므로 형법 제31조의 교사에는 포함되지 않는다.

Ⅱ. 교사범의 성립요건

교사범이 성립하기 위해서는 ① 교사자의 교사행위와 ② 정범의 실행행위가 필요하다.

1. 교사자의 교사행위

(1) 교사행위

1) 교사행위의 의의

교사행위란 **타인에게 범죄의 결의를 가지게 하는 것**을 말한다. 따라서 이미 피교사자가 범죄결의를 가졌을 때에는 방조 또는 교사의 미수에 불과하게 된다. 그러나 피교사자의 범죄결의가 확고하지 않거나 막연히 범죄계획을 가지고 있을 정도인 때에도 교사는 성립될 수 있다.

문제는 피교사자가 가지고 있는 범죄결의와 **다른 방법으로 범죄실행을 결의하게 하는 것**을 교사라 할 수 있느냐이다. 말하자면 피교사자가 원래 결의하고 있던 범죄보다 **중한 범죄나 가중적 구성요건을 결의하게 하여 실현하는 경우**이다.

이 경우에는 ① 전체범죄에 대한 방조와 초과부분에 대한 교사의 상상적 경합이라는 견해, ② **전체범죄에 대한 교사범 성립이 가능하다는 견해,**[69] ③ 중한 범죄가 다른 범죄일 때는 교사범이 되지만 단순한 가중적 구성요건일 때는 방조범이 될 뿐이라는 견해[70]가 대립한다.

생각건대 피교사자의 결의보다 중한 범죄를 실행하게 한 때에는 원래의 결의와 다른 불법내용을 가진다고 할 수 있으므로 전체범죄에 대한 교사가 성립한다고 봄이 타당하다.

따라서 절취할 것을 결의한 자를 강취하도록 교사한 경우나 상해결의를 한 자를 살해하도록 교사한 경우, 그리고 강도를 결의하고 있는 자에게 흉기를 휴대하고 특수강도를 하도록 교사한 경우에는 전체범죄에 대한 교사범이 성립하여, 강도·살인·특수강도의 교사범이 성립한다고 해야 한다.

그러나 이와 반대로 피교사자가 결의하고 있는 범죄보다 **경미한 범죄를 결의하도록 한 경우**에는 방조는 가능하지만 교사는 성립할 수 없다. 따라서 상해를 결의하고 있는 자를 교사하여 폭행을 실행하도록 한 경우에는 교사범은 성립하지 않고 종범이 성립할 수 있다. 교사행위가 위험감소를 초래했으므로 객관적 귀속이 부정되기 때문

69) 김일수/서보학, 639면; 배종대, 628면; 안동준, 249면; 이재상/장영민/강동범, 497면; 임 웅, 449면; 정성근/박광민, 561면; 조준현, 338면.

70) 박상기, 433면; 손해목, 1067면; 오영근, 671면.

이다.

2) 교사행위의 수단

교사행위의 수단에는 특별한 제한이 없다. 피교사자로 하여금 범죄를 결의하게 하도록 영향을 미칠 수 있는 방법이면 충분하다. 따라서 명령·지시·설득·애원·유혹·위협·이익제공 등 그 수단은 묻지 않는다.

그러나 강요·위력·기망에 의할 때는 간접정범이 성립할 수 있으므로 이때는 교사행위가 성립될 수 없다. 교사의 방법은 명시적·직접적 방법이 아닌 **묵시적인 방법**으로도 할 수 있다. 예컨대 대리시험 응시자의 시험장 입장을 교사한 자는 **주거침입죄의 교사범**이 성립한다.[71)]

판례는 ① 피해자를 정신이 들도록 때려주라고 한 것은 **상해의 교사**이고, ② 절도범으로부터 수회에 걸쳐 장물을 취득해온 자가 드라이버를 1개 사주면서 열심히 일하라고 한 것은 **절도의 교사**이며, ③ 부정임산물의 제재를 업으로 하는 자에게 해태상자를 만들어달라고 하면서 도벌자금을 제공한 때에는 **산림법위반죄의 교사이고,**[72)] ④ 무면허 운전으로 사고를 낸 사람이 동생을 경찰서에 대신 출두시켜 피의자로 조사받도록 한 행위는 범인도피죄의 교사행위가 성립하지만,[73)] 이와 달리 ① 단순히 연소자에게 밥값을 구하여 오라고 말하는 것만으로는 절도교사에 해당하지 않는다고 판시하였다.[74)]

그러나 단순히 **범죄를 유발할 수 있는 상황**을 만드는 것만으로는 교사행위라 할 수 없다. 예컨대 갑이 을의 처 병을 살해할 의사로 병이 그 정부와 성교하고 있는 현장으로 을이 가도록 하여 현장을 목격한 을이 격분하여 병을 살해한 경우에는 살인죄의 교사에 해당한다고 할 수 없다. 또한 교사는 수인이 공동으로 하거나 연쇄적인 교사도 가능하다. 그러나 교사는 **특정한 범죄에 대한 결의**를 가지게 해야 하므로, 막연히 죄를 범하라는 것과 같이 범죄일반을 교사하는 것을 교사라 할 수 없다. 그러면 '손을 좀 봐주라'고 하는 정도였다면 교사라고 할 수 있는가? '손을 좀 봐주라'는 의미는 일반적으로 폭행 또는 상해에 대한 교사라고 이해될 수 있으므로 특정범죄에 대한 교사가 있다고 볼 수 있다.

---

71) 대판 1967. 12. 19, 67도1281(위계에 의한 공무집행방해죄의 교사범도 성립한다).

72) 대판 1969. 4. 22, 69도255.

73) 대판 2006. 12. 7, 2005도3707.

74) 대판 1984. 5. 15, 84도418.

3) 부작위에 의한 교사 또는 과실에 의한 교사는 가능한가?

부작위 또는 과실에 의한 교사가 가능한가에 대하여는 견해가 대립한다. 통상적으로 교사행위는 작위에 의하여 이루어진다. ① **부작위에 의한 교사**에 대하여는 가능하다는 긍정설도 있으나, 부작위에 의한 교사는 법적으로 불가능하다는 **부정설**이 타당하다. 왜냐하면 교사행위는 정범의 심리에 작용하여 범죄결의를 일으키게 하는 것이 필요한데, 부작위에 의해서는 정범의 범죄결의를 야기할 수 없기 때문이다.

② **과실에 의한 교사**가 가능한가에 대하여는 **긍정설**[75]도 있다. 이 입장에서는, 예컨대 의사가 부주의로 독극물을 의약품으로 오인하여 간호사에게 교부하여 환자가 복용함으로써 사망한 경우를 과실에 의한 교사범이라고 한다. 그러나 교사는 타인에게 특정한 범죄에 대하여 결의를 일으키게 하는 것이므로 교사자의 고의에 의해서만 가능하며 과실에 의한 교사는 불가능하다는 **부정설**[76]이 타당하다.

(2) 교사자의 고의

교사자의 고의는 **정범에게 범죄의 결의**를 가지게 하고 **정범이 범죄를 실행할 고의**를 의미한다. 따라서 교사자의 고의는 **교사의 고의**와 **정범의 고의**도 가져야 하므로 **'이중의 고의'**를 요한다고 할 수 있다. 이때의 고의는 미필적 고의도 포함된다.

1) 고의의 내용

교사자의 고의는 **특정한 범죄**와 **특정한 정범자**에 대한 인식이 **구체적인** 것이어야 한다. 그러므로 교사자는 **특정한 범죄**와 **특정한 정범**에 대한 **인식**이 있어야 한다. 교사자는 피교사자(정범)와 반드시 대면하여 교사할 필요는 없고 정범이 다수이더라도 특정되면 족하다.

또한 교사자는 정범에 의하여 행해질 특정한 범죄에 대한 고의가 있어야 한다. 따라서 정범의 행위가 **구성요건에 해당하고 위법한 행위를 하게 된다는 상황**에 대한 인식이 필요하다. 정범이 신분범일 때에는 신분이 구성요건요소이므로 교사자는 **정범의 신분**에 대한 **인식**도 당연히 필요하게 된다. 그러나 정범이 행할 범죄의 일시, 장소, 방

75) 이 견해에 따르면, 예컨대 의사가 부주의로 독극물을 의약품으로 오인하여 간호사에게 교부한 것을 간호사가 환자에게 복용케 하여 사망한 경우를 과실에 의한 교사라 하고 있다. 그러나 이 경우에는 간호사 이 사실을 알고 독약을 환자에게 복용시킨 때에는 간호사는 살인죄의 정범이 되고, 의사는 살인죄의 교사범이 아니라 업무상과실치사죄가 성립할 뿐이다.

76) 김일수/서보학, 640면; 박상기, 434면; 배종대, 628면; 손해목, 1072면; 신동운, 618면; 오영근, 667면; 이재상/장영민/강동범, 499면; 이형국, 353면; 정성근/박광민, 564면.

법 등은 교사자의 고의의 내용에 반드시 필요한 요소는 아니다. 또한 정범의 가벌성에 대한 인식도 불필요하다.

2) 미수의 교사

교사자의 고의는 **범죄의 완성, 즉 구성요건적 결과를 실현할 의사**여야 된다. 따라서 교사자가 **미수의 교사**(피교사자의 행위가 미수에 그칠 것을 예견하면서 교사하는 경우)에 그치게 할 의사를 가졌음에 불과할 때는 교사의 고의를 인정할 수 없다. 즉 교사의 미수는 처벌되지만 미수의 교사는 처벌되지 않는다.

미수의 교사란 피교사자의 행위가 미수에 그칠 것을 예상하면서 교사하는 경우를 말한다. 예컨대 갑이 금고에 돈이 없는 것을 알면서 을에게 절취할 것을 교사한 경우, 병이 정에게 상해하도록 교사하면서 상해하려는 순간에 이를 제지하여 상해를 하지 못하게 할 의사로 교사한 경우가 여기에 해당한다. 미수의 교사는 수사기관이 범죄를 사주하여 기수에 이르기 전에 피교사자를 체포하는 **함정수사**의 문제이며, 여기에서는 함정수사의 형사책임과 관련하여 문제된다.

미수의 교사의 가벌성에 대하여는 견해가 대립한다.

제1설(가벌설)은 교사자의 고의는 피교사자인 정범이 범죄의 실행행위로 나온다는 것을 인식하거나 또는 범죄실행의 결의를 일으킬 의사로 족하다고 보는 견해로, 교사의 고의가 있고 정범의 실행행위가 미수에 그쳤으므로 교사의 미수와 마찬가지로 가벌적이라는 견해[77]이다.

제2설(불가벌설)은 교사의 고의는 구성요건적 결과발생에 대한 인식 내지 구성요건적 결과실현의 의사인데, 이러한 인식과 의사가 없는 미수의 교사에 대하여는 **교사의 고의를 인정할 수 없다**는 견해이다. **통설**[78]의 입장이다.

판례도 함정수사를 교사범의 한 형태로 보고 있다. 함정수사란 수사기관이 사술이나 계략 등으로 범죄를 유발케 하여 범죄인을 검거하는 수사방법을 말하는 것이지만, 이미 범행을 결의하고 있는 자에게 범행의 기회제공이나 범행을 용이하게 한 데 불과한 것은 함정수사라 할 수 없다고 판시하였다. 미수의 교사는 교사자가 구성요건적 결과실현에 대한 고의가 없는 경우이므로 **결과발생에 대한 미필적 고의**가 있는 때

---

77) 남흥우, 238면.

78) 김성천/김형준, 536면; 김일수/서보학, 641면; 박상기,434면; 배종대, 630면; 손동권, 457면; 신동운, 621면; 안동준, 251면; 오영근, 669면; 이재상/장영민/강동범, 500면; 이정원, 341면; 이형국, 352면; 임 웅, 447면; 정성근/박광민, 565면; 조준현, 338면.

에는 이미 미수의 교사가 아니다.

한편 미수의 교사와 관련하여 교사자는 **미수의 교사를 했는데 피교사자가 기수에 이른 경우**에는 이를 어떻게 처리해야 하느냐가 문제된다.

이에 대하여는 **결과발생에 대한 교사자의 과실유무**에 따라 **과실책임**을 질 뿐이다. 예컨대 살인미수를 교사하였는데 살인기수의 결과가 발생한 경우에 정범은 살인죄가 성립하나 살인미수의 교사자는 과실이 있는 경우에 과실치사죄가 성립할 뿐이지 살인죄의 교사범이 성립되지는 않는다.

또한 교사자의 예상과는 달리 **다른 구성요건적 결과가 발생한 경우**, 예컨대 교사자가 살인미수를 교사하였는데 상해의 결과가 발생한 경우에도 교사자의 과실유무에 따라 결과에 대한 **과실책임**을 질 뿐이다.

교사자는 범죄완성의 의사를 가져야 하며, 미수에 그칠 의사를 가졌을 때는 교사의 고의를 인정할 수 없기 때문이다.

2. 피교사자의 실행행위

(1) 피교사자의 결의

교사자에 의하여 피교사자가 범죄실행을 결의하여야 한다. 교사자가 교사했지만 피교사자가 범죄실행을 결의하지 아니한 때, 즉 범죄실행을 승낙하지 아니한 때에는 교사범은 성립하지 않고, 교사자는 형법 제31조 제3항에 의하여 **예비 또는 음모**에 준하여 처벌한다.[79)]

그러므로 교사행위와 피교사자의 범죄결의 사이에는 인과관계가 있어야 한다. 따라서 이미 범죄를 결의하고 있는 자에게 교사한 경우에도 교사자는 예비 또는 음모에 준하여 처벌된다. 그러나 교사자의 교사에 이해 피교사자의 범죄결의가 필요하므로 **과실범에 대한 교사**는 불가능하며, 과실범으로 처벌되는 자를 이용하는 자에 대하여 형법은 간접정범으로 처벌하고 있다.

(2) 피교사자의 실행행위

피교사자의 실행행위가 필요하다. 피교사자가 승낙을 하고 실행에 착수하지 않은

---

79) 대판 2013. 9. 12, 2012도2744(교사자의 교사행위에도 불구하고 피교사자가 범행을 승낙하지 아니하거나 피교사자의 범행결의가 교사자의 교사행위에 의하여 생긴 것으로 보기 어려운 경우에는 이른바 실패한 교사로서 형법 제31조 제3항에 의하여 교사자를 음모 또는 예비에 준하여 처벌할 수 있을 뿐이다).

때에는 제31조 제2항에 의하여 예비, 음모에 준하여 처벌된다.

교사행위와 피교사자의 실행행위 사이에도 인과관계가 필요하다. 적어도 실행행위에 착수해야 한다. 피교사자가 실행에 착수하지 않으면 예비, 음모에 불과하다.

정범의 실행행위는 주관적·객관적 구성요건요소가 충족되고 불법해야 하지만, 책임이 있을 것을 요하는 것은 아니다.

Ⅲ. 교사의 착오

교사범에 있어서 착오문제는 1) **실행행위의 착오**와 2) **피교사자에 대한 착오**로 나눌 수 있다.

1. 실행행위의 착오

교사자의 교사내용과 피교사자의 실행행위가 일치하지 않는 경우로서 1) **교사내용보다 적게 실행한 경우**와 2) **교사내용 이상으로 실행한 경우**로 나누어 검토해 보기로 한다.

(1) 교사내용보다 적게 실행한 경우

교사자는 **피교사자가 실행한 범위에서 책임**을 진다. 예컨대 특수강도를 교사받은 자가 강도죄를 범한 경우나 살인죄를 교사받은 자가 살인미수에 그친 경우에는 강도죄 또는 살인미수의 교사범이 된다.

그러나 예외적으로 피교사자가 실행한 범위에서 책임을 진다고 할 수 없는 경우도 있다.

예컨대 강도를 교사했으나 피교사자가 절도를 한 경우에는 **절도의 교사범**이 되기도 하지만, 강도의 교사에 대하여는 형법 제31조 제2항의 **교사의 미수**에도 해당하게 된다. 따라서 이때는 **양죄의 상상적 경합**이 되므로 형이 중한 **강도예비·음모죄**로 처벌된다고 보아야 한다.[80)]

(2) 교사내용 이상으로 실행한 경우

피교사자의 초과부분에 대하여는 원칙적으로 책임을 지지 않는다. ① **질적으로 초과할 경우**와 ② **양적으로 초과할 경우**로 나누어 검토할 필요가 있다.

---

80) 이재상/장영민/강동범, 502면.

1) 질적 초과

① 피교사자가 교사받은 범죄와 실행한 범죄가 전혀 다른 경우, 즉 질적 초과의 경우에는 교사자는 피교사자의 범죄에 대하여 책임을 지지 않는다.

예컨대 상해를 교사했는데 절도를 행한 경우, 강도를 교사했는데 강간을 한 경우에는 교사자는 피교사자의 범행에 대하여 책임이 없지만, 교사한 범죄에 대한 예비·음모가 성립되어 상해를 교사한 경우는 처벌되지 않으나 강도를 교사한 경우에는 강도 예비·음모가 되어 처벌된다.

② 그러나 본질적인 질적 차이가 없을 때는 교사범이 성립한다. 예컨대 사기를 교사했는데 공갈을 한 경우, 공갈을 교사했는데 강도를 한 경우에는 공갈죄 또는 강도죄의 교사범이 성립한다.

2) 양적 초과

교사한 범죄와 실행한 범죄가 구성요건을 달리하나 공통적 요소를 포함하고 있는 '양적 초과'의 경우에는 교사자는 초과부분에 대하여는 책임을 지지 않는다.

예컨대 절도교사를 했으나 강도행위를 한 경우에는 절도교사죄가 성립하고, 상해 또는 중상해의 교사를 했으나 살인행위를 한 경우에는 상해죄 또는 중상해죄의 교사범의 책임을 진다. 사망의 결과에 대한 교사자의 과실이 있는 때에는 상해치사죄가 성립한다.[81)]

결과적 가중범의 경우에는 교사자의 과실여부에 따라, 교사자에게 과실이 있을 때만 상해치사 또는 폭행치사죄의 교사범으로서 책임을 지게 된다.

피교사자의 실행행위의 착오와 교사의 관계에 관하여는 착오에 관한 일반이론이 적용된다. 피교사자의 객체의 착오는 법정적 부합설에 따라 해결하게 되면 구체적 사실의 착오의 경우에는 교사자의 고의에 영향을 미치지 않게 된다.

2. 피교사자에 대한 착오

피교사자의 책임능력유무에 대한 인식은 교사범의 고의의 내용에 포함되지 않으므로, 이에 대한 착오는 교사범의 고의를 조각하지는 않는다. 다만 이때는 정범의 요소가 구비될 수 있는가가 문제된다.

그러므로 피교사자를 책임능력자로 알았으나 책임무능력자인 경우, 책임무능력자

81) 대판 2002. 10. 25, 2002도4089.

인 줄 알았으나 책임능력자인 경우에는 모두 **교사범이 성립**할 뿐이다.

Ⅳ. 교사범의 처벌

교사범은 정범과 동일한 형으로 처벌한다(제31조 제1항). 이것은 교사범이 실행행위에 가담하지는 않았지만 정범에게 범죄결의를 야기하게 한 것이 범행에 **결정적인 동인** 내지 **추진력**으로 작용했다는 사실을 고려한 것이다. 여기서 말하는 동일한 형이란 **법정형**을 말한다.

자기의 지휘·감독을 받는 자를 교사한 **특수교사**의 경우에는 정범에 정한 형의 장기 또는 다액의 2분의 1까지 가중한다(제34조 2항).

진정신분범에 있어서 비신분자도 진정신분범의 교사범이 될 수 있다. 그러나 신분자가 비신분자를 교사한 때에는 **진정신분범에 대한 간접정범**이 성립할 뿐이다.

또한 **부진정신분범**에 있어서 가감적 신분은 신분자에게만 영향을 미치며 공범에게는 미치지 않는다(제33조 단서). 예컨대 갑이 을을 교사하여 을의 부 병을 살해한 때에는 을은 존속살해죄의 정범이지만 갑은 보통살인죄의 교사범이 되며, 이와 달리 갑이 을을 교사하여 갑의 부 정을 살해하게 한 때에는 갑만 존속살해죄의 교사범이 되고, 을은 보통살인죄의 정범이 성립된다.

Ⅴ. 관련문제

1. 교사의 교사

교사의 교사에는 보통 다음의 두 가지를 생각할 수 있다.

첫째, 갑이 을에게 병을 시켜서 정을 살해하도록 교사하는 경우와

둘째, 갑이 을에게 정을 살해하도록 교사하였는데, 을이 다시 병에게 정을 살해하도록 교사하는 경우이다.

교사의 교사를 **정범에 대한 '간접교사'**라 한다. **교사의 교사** 내지 간접교사에 대하여는 ① 형법에 명문규정이 없으므로 가벌성을 부정해야 한다는 견해도 있으나, ② 형법이 '타인을 교사하여 죄를 범한 자'라고만 규정하고 있으므로 교사의 교사도 여기에 해당하는 것으로 보아 교사범으로 처벌해야 한다는 견해(**처벌설**)가 타당하다. **대법**

원도 교사의 교사를 처벌함으로써 **처벌설**의 입장을 취하고 있다.

2. 연쇄교사

교사가 수인을 거쳐 순차적으로 계속되는 경우, 즉 재간접교사 및 그 이상의 교사의 교사를 **'연쇄교사'**(連鎖敎唆)라 한다. 간접교사를 인정하면서도 연쇄교사는 인정할 수 없다는 견해도 있지만, 연쇄교사도 교사범으로 처벌되어야 한다고 보는 통설의 입장이 타당하다.[82)]

3. 교사의 미수

교사범은 죄를 실행한 정범과 동일하게 처벌된다. 피교사자가 미수에 그친 때에는 교사자도 미수범의 책임을 지게 된다.

교사의 미수에는 ① 교사자의 교사행위가 실패한 경우, ② 교사행위에는 성공했으나 피교사자가 실행에 착수하지 않은 경우, ③ 피교사자가 실행에 착수했으나 미수에 그친 경우가 포함된다. 여기서 ③의 경우는 **'좁은 의미의 교사의 미수'**로서 교사자와 피교사자는 미수범으로 처벌되고 별다른 문제가 없다.

그러나 ①과 ②의 경우에는 정범이 실행에 착수하지 않은 경우이므로 교사행위에 대한 처벌이 문제된다. 여기서 ①의 경우를 **'실패한 교사'**라 하고, ②의 경우를 **'효과 없는 교사'**라 하며, 이 둘을 합쳐서 **'기도된 교사'**라고 한다. 그리고 **'실패한 교사'**에는 피교사자가 승낙하지 않거나 피교사자가 이미 범죄를 결의하고 있는 경우에도 여기에 해당하며, **'효과 없는 교사'**에는 피교사자가 승낙은 했으나 아무런 행위를 하지 않은 경우와 피교사자의 행위가 예비·음모에 그친 경우 및 실행에 착수했으나 불가벌적인 미수에 그친 경우도 포함된다.

'기도된 교사'를 교사의 미수로서 처벌할 것인가에 대하여는 공범종속성설과 공범독립성설에 따라 달라진다. **공범종속성설**에 의하면 정범이 기수에 이르거나 적어도 실행에 착수해야만 교사범이 성립하므로, 기도된 교사는 피교사자의 실행의 착수가 없으므로 교사의 미수를 인정할 수 없게 된다.

이에 반하여 **공범독립성설**은 공범의 가벌성은 정범과 독립하여 성립하므로 기도된 교사는 교사의 미수로서 교사한 범죄의 미수범이 성립하게 된다. 그런데 형법은

82) 김일수/서보학, 646면.

기도된 교사의 가벌성을 인정하는 점에서는 공범독립성설의 입장을 취하나, 이를 교사의 미수로 처벌하지 않고 **예비·음모**에 준하여 처벌하는 것은 공범종속성설의 입장을 반영한 것이다. 따라서 형법의 규정은 **절충설**의 입장을 취했다고 할 수 있다.

제 5 절 종 범

Ⅰ. 종범의 의의

종범(從犯)이란 정범을 방조(幇助)한 자를 말한다. 여기서 방조란 정범의 **실행행위를 용이**하게 하거나 **법익침해를 강화·촉진**하는 것을 말한다. 즉 종범은 이미 범죄결의를 하고 있는 정범의 범죄결의를 강화하거나 그 구성요건실행을 쉽게 하기 위하여 조언을 하는 경우를 말하므로, 아직 범죄를 결의하지 아니한 자에게 새로이 범죄결의를 유발시키는 교사범과는 구별된다. 종범은 정범의 실행행위에 가담하므로 가담범으로서 협의의 공범에 해당하나 행위지배가 없다는 점에서 정범이 아니다.

정범의 범죄실행을 방조하는 방법에는 **언어방조**(지적·정신적 방조)와 **거동방조**(기술적·물질적 방조)가 있다. 여기서 언어방조는 교사범과 구별해야 하고, 거동방조는 공동정범과 구별해야 한다.

공동정범과 종범의 구별에 관하여는 정범과 공범의 구별에 관한 이론이 그대로 적용되어 **주관설**과 **객관설**로 나누어지고, 객관설은 다시 **형식적 객관설**과 **실질적 객관설**로 나누어진다. **형식적 객관설**에 의하면 구성요건에 해당하는 행위를 한 자가 공동정범이고 그 이외의 방법으로 방조한 자를 종범이라 하며, **실질적 객관설**에 의하면 구성요건의 실현에 중요한 행위를 하였으면 공동정범이고, 경미한 행위를 한 경우에는 종범이라고 한다.

그러나 공동정범과 종범의 구별은 **기능적 행위지배설**에 따라 공동참가자 상호간에 분업적 역할분담에 의한 기능적 행위지배가 있으면 공동정범이고 행위지배가 없으면 종범이라고 보아야 한다.

그리고 형법각칙 상에 방조행위가 특별구성요건으로 규정되어 있는 경우로는 **도주원조**(제147조), **아편흡식 등 장소제공**(제201조 제2항), **자살방조**(제252조 제2항) 등을 들 수 있다. 이들은 방조행위가 독립된 별개의 구성요건으로 규정되어 있으므로, 형법 제32조의 종범규정이 적용되지 않게 되는데 이 점은 교사범의 경우와 마찬가지이다.

Ⅱ. 종범의 성립요건

종범이 성립하기 위해서는 ① 종범의 방조행위와 ② 정범의 실행행위가 있어야 한다.

1. 종범의 방조행위

(1) 방조행위의 방법과 태양

방조행위란 정신적 또는 물질적으로 정범의 실행행위를 돕는 것을 말한다. 방조의 방법에는 제한이 없으므로 **물질적인 방조**(거동)이든 **정신적인 방조**(언어적 방법)이든 불문한다.[83]

'물질적인 방조'란 범행도구나 장소를 제공하거나 범죄자금을 제공하는 것과 같이 **유형적·물질적인 방법에 의한 방조행위**를 말한다. **'정신적인 방조'**란 범죄에 대한 조언·격려와 같은 정신적·무형적인 방조행위를 말한다. 범죄에 필요한 정보제공이나 범죄에 대한 두려움을 없애주는 등의 방법으로 정범의 범죄실행의 결의를 강화시키는 경우도 정신적 방조에 포함된다. 또한 장물처분을 약속하거나, 범행의 알리바이를 증명해주겠다고 약속하는 것도 정신적인 방조에 해당한다.

판례가 방조행위에 해당하는 것으로 본 경우로는, ① 운전면허 없는 자에게 승용차를 제공하여 무면허운전을 하게 한 경우,[84] ② 대학생들의 시청기습점거시위현장에서 사진촬영을 한 행위,[85] ③ 신탁부동산을 불법하게 매각하는 것을 알면서 매수자를 소개하는 행위[86]등을 들 수 있다.

---

83) 대판 2007. 4. 27, 2007도1303; 대판 2010. 4. 29, 2010도1374(형법상 방조행위는 정범의 실행행위를 용이하게 하는 직접, 간접의 모든 행위를 가리키는 것으로서 그 방조는 유형적, 물질적인 방조뿐만 아니라 정범에게 범행의 결의를 강화하도록 하는 것과 같은 무형적, 정신적 방조행위까지도 이에 해당한다).

84) 대판 2000. 8. 18, 2000도1914.

85) 대판 1997. 1. 24, 96도2427.

86) 대판 1988. 3. 22, 87도2585.

(2) 방조행위의 시기

방조행위는 정범의 실행행위 착수 이후에만 가능한 것이 아니라 그 이전인 **예비행위를 방조**한 때에도 정범이 실행에 착수한 때에는 방조행위가 될 수 있다.[87] 예컨대 범죄장소에 가지 않고 범죄결의를 강화하게 한 경우나 낙태수술을 하는 병원의 주소를 가르쳐주는 경우 등이 이에 해당한다. 대부분의 **정신적 방조**가 여기에 해당한다.

또는 방조행위는 정범의 실행행위가 완료된 뒤에도 결과가 발생하기 전에는 가능하다. 이에 대하여는 반대의 견해[88]도 있지만, 정범이 완성되어 기수가 된 뒤에도 범행의 **실질적 종료** 전까지는 종범의 성립이 가능하다고 보는 것이 옳다.[89]

따라서 정범이 방화하여 건물이 불타고 있는데 휘발유를 뿌려 그 건물이 전소하도록 한 경우, 감금된 자가 계속 감금되어 있도록 내버려 둔 경우, 절도범을 추격하는 피해자를 막아서 절도범의 도주를 도와주는 행위 등은 방조행위가 될 수 있다.

그러나 범죄가 종료된 이후에는 종범이 성립할 수 없다.[90] 그러므로 범죄가 종료된 이후에 범인을 은닉하거나 증거를 인멸하는 것은 사후공범이 아니라 독립된 범죄유형인 범인은닉죄(제151조)나 증거인멸죄(제155조)에 해당한다.

(3) 부작위에 의한 방조

방조행위는 작위에 한하지 않고 부작위에 의한 방조도 가능하다. 부작위에 의한 방조가 성립하기 위해서는 종범이 **보증인적 지위**에 있어야 한다.

예컨대 교도관이 수형자의 절도행위를 방치한 경우, 백화점 직원이 가짜상품판매나 진열행위를 방치한 경우, 법원공무원이 입찰보증금횡령사실을 알고도 방치한 경우 등이 부작위에 의한 방조에 해당한다.

(4) 방조행위의 인과관계

방조행위와 정범의 실행행위 사이에 어떤 관계가 있어야 하느냐에 대하여는 견해가 대립한다. 이는 방조의 인과관계의 문제라고 할 수 있으며, 즉 **방조행위가 정범의 구성요건실현에 대하여 원인이 되어야 하는가**라는 문제이다. 이에 대하여는 크게 부

---

87) 대판 1996. 9. 6, 95도2551; 대판 2009. 6. 11, 2009도1518; 대판 2013. 11. 14, 2013도7494.

88) 정영석, 249면.

89) 이재상/장영민/강동범, 510면.

90) 대판 2009. 6. 11, 2009도1518(종범은 정범의 실행행위 전이나 실행행위 중에 정범을 방조하여 그 실행행위를 용이하게 하는 것을 말하므로 정범의 범죄종료 후의 이른바 사후방조를 종범이라고 볼 수 없다).

정설과 긍정설로 나누어진다.

1) 부 정 설

부정설은 방조행위가 **정범의 실행행위를 용이**하게 했으면 족하고, **정범의 실행행위의 원인이 될 필요는 없다**는 견해이다. 이를 **'촉진설'**이라고도 한다.

부정설의 근거로는, ① 형법이 정범을 방조한 자를 종범으로 처벌하고 있고, ② 정범에 의하여 야기된 결과가 종범에게 귀속될 수는 없으며, ③ 종범의 가벌성은 정범에서 필요로 하는 인과관계와 관계가 없다는 점을 들고 있다.

종범은 정범에 대한 결과발생의 위험성을 증대하는 행위에 불과하다고 보는 **'위험증대설'**(비인과적 위험증대설)과 종범을 위험범으로 이해하여 방조행위가 구성요건에 의하여 보호되는 보호법익에 대한 추상적 또는 추상적·구체적 위험을 야기하면 종범으로 처벌된다는 **'위험범설'**도 부정설에 속한다.

그러나 부정설에 의하면 기도된 방조의 가벌성도 인정하지 않을 수 없어 종범의 처벌범위가 부당하게 확대된다는 비판을 피할 수 없게 된다.

2) 긍 정 설

긍정설은 종범의 **방조행위가 정범의 범죄에 대하여 인과관계**가 있어야 하며, 적어도 **정범의 범죄실행의 수단이나 방법에 영향을 미쳐야 한다는 견해**이다.

그 근거로 ① 공범의 처벌근거는 타인의 불법을 야기 또는 촉진한 데 있으므로 공범이 정범의 실행행위에 아무런 원인이 되지 않으면 그 처벌근거가 없게 되며, ② 부정설은 공범의 종속성과 정면으로 배치될 뿐만 아니라, ③ 정범의 구성요건실현에 영향을 미치지 못한 촉진행위를 방조범의 기수로 처벌할 때는 가벌적인 방조의 기수와 처벌되지 않는 기도된 방조와의 구별이 불가능하게 된다는 점에서 긍정설이 타당하다. 긍정설은 인과관계의 내용이 무엇인가에 관하여 다시 두 가지 입장이 대립된다.

가. 결과야기설(합법칙적 조건설) 방조행위가 결과를 공동으로 야기해야 하며, 그러기 위해서는 방조행위와 정범의 실행행위 사이에는 인과관계가 있어야 한다는 견해이다. **방조행위의 인과관계**는 방조행위가 정범에 의한 법익침해를 가능하게 하거나 강화하여 정범의 범죄실행을 용이하게 한다는 의미에서의 **'합법칙적 연관'**이 있으면 족하다고 한다.[91]

나. 기회증대설(인과적 위험증대설) 방조행위가 정범의 실행행위의 기회를 증대

---

91) 배종대, 642면; 이재상/장영민/강동범, 512면; 이형국, 363면; 임 웅, 461면.

시킨 경우에 종범이 성립한다는 견해이다. 인과관계와 위험증대가 모두 필요하다는 견해[92]이므로 '인과적 위험증대설'이라고도 한다.

3) 검 토

종범의 방조행위는 정범의 실행행위 또는 그 결과와 합법칙적 연관이 있으면 족하다고 해야 한다.

그러므로 예컨대 갑이 을에게 흉기를 제공했으나, 을이 그 흉기를 사용하지 않은 경우에 물질적 방조는 성립하지 않지만, 흉기제공행위가 갑에 대한 정신적 방조로 작용한 때에는 종범이 성립한다고 해야 한다. 다만 이 경우에도 정범의 실행행위와 직접 관련이 없는 행위를 도와준 데 불과할 때에는 방조행위라 할 수 없다.

판례는 ① 간첩이란 정을 알면서 숙식을 제공하거나 심부름으로 안부편지나 사진을 전달하거나 무전기를 매몰하는데 망을 보아준 행위,[93] ② 입영기피를 결의한 자에게 '잘되겠지 몸조심하라'하고 악수를 한 행위,[94] ③ 웨이터가 미성년자를 홀 입구까지 안내한 행위 등은 방조행위로 볼 수 없다고 판시하였다.[95]

(5) 종범의 고의

1) 고의의 내용

종범의 고의는 정범의 실행을 방조한다는 데 대한 인식, 즉 방조의 고의와 정범의 행위가 구성요건에 해당하는 행위라는 데 대한 인식, 정범의 고의가 필요하다. 말하자면 이중의 고의가 필요하다.[96]

방조의 고의가 필요하므로 과실에 의한 방조는 있을 수 없다. 또한 정범의 고의가 필요하므로 종범은 정범이 실현하고자 하는 범죄의 구체적인 내용까지는 아니더라도 본질적 내용에 대한 인식은 필요하다.

2) 미수의 방조

종범의 고의는 범죄완성의 고의가 필요하기 때문에 미수의 방조는 방조행위가 될 수 없다. 따라서 정범의 범죄가 실현될 수 없는 수단을 제공하는 경우에도 미수의 방조가 되어 방조행위가 될 수 없다. 예컨대 낙태를 의뢰받은 약사가 효과 없는 약을

92) 김일수/서보학, 650면; 박상기, 457면; 손해목, 1095면; 신동운, 638면; 정성근/박광민, 583면.

93) 대판 1967. 1. 31, 66도1661.

94) 대판 1983. 4. 12, 82도43.

95) 대판 1984. 8. 21, 84도781.

96) 대판 2011. 12. 8, 2010도9500; 대판 2012. 6. 28, 2012도2628.

낙태약으로 교부한 경우에는 낙태의 방조라 할 수 없다.

3) 편면적 종범

종범이 성립하기 위해서는 종범에게 종범의 고의와 정범의 고의가 있으면 족하며, 정범과 종범간의 의사의 일치는 불필요하므로 **'편면적 종범'**이 가능하다. 이것은 **편면적 공동정범**이 인정되지 않는 것과 구별된다.

2. 정범의 실행행위

(1) 종범의 종속성

정범의 실행행위가 있어야 한다. **정범의 실행행위는 구성요건에 해당하고 위법한 행위**일 것이 요구된다. 그러므로 정범의 실행행위가 불법해야만 종범이 성립할 수 있다. 그리고 정범은 고의범이어야 한다. **과실범에 대한 방조**는 간접정범이 성립할 수 있을 뿐이다.

(2) 실행행위의 정도

정범이 기수나 처벌되는 미수에 이를 것을 요한다. 교사범과는 달리 종범의 미수에 대하여는 규정이 없다. 즉 효과 없는 방조와 실패한 방조에 대한 처벌규정이 없다.

그러므로 공범종속성설에 의하면 방조의 미수뿐만 아니라 예비·음모도 처벌할 수 없고, 정범이 예비단계인 때에는 **예비의 종범**도 성립할 수 없다.

Ⅲ. 종범의 처벌

종범의 형은 정범의 형보다 감경한다(제32조 제2항). 이것은 종범의 불법내용이 정범보다 경하고, 종범의 책임은 정범의 책임보다 경하기 때문에 필요적으로 형을 감경하도록 규정하고 있다.

정범이 미수에 그친 경우에는 종범은 **이중으로 감경**될 수 있다. 여기서 감경되는 형은 선고형이나 처단형이 아니라 **법정형에 대한 감경**이다.[97] 따라서 정범에게 책임조각사유, 형벌감면사유가 있을 경우에는 정범의 선고형보다 종범의 선고형이 중할 수 있다.

법률의 규정에 의하여 종범에 대하여 정범과 동일한 형을 과하도록 규정하고 있

---

97) 대판 2002. 12. 24, 2002도5085; 대판 2015. 8. 27, 2015도8408.

는 경우로는 **간첩방조**(제98조 제1항), **관세법위반**(제271조 제1항) 등이 있다. 이러한 범죄는 방조행위에 대하여 독자적으로 처벌하는 규정이므로 종범에 대한 필요적 감경의 예외로서 종범의 감경규정이 적용되지 않게 된다.[98]

자기의 지휘·감독을 받는 자를 방조하여 결과를 발생하게 한 자는 정범의 형으로 처벌한다(제34조 제2항). 즉 **특수종범**의 경우에는 형은 가중되어 정범과 같은 형으로 처벌된다.

종범에 대하여도 공범과 신분에 관한 규정인 형법 제33조가 적용된다. 따라서 신분없는 자도 진정신분범의 종범이 될 수 있으며, 부진정신분범에 있어서는 비신분자는 보통범죄의 종범이 된다.

또한 종범은 공동정범이나 교사범과 보충관계에 있다. 따라서 종범이 기능적 행위지배나 교사행위로 나아간 때에는 공동정범이나 교사범이 성립될 뿐이다.

Ⅳ. 관련문제

1. 종범의 착오

종범의 착오에 관하여는 원칙적으로 **교사의 착오**에 관한 이론이 그대로 적용된다. 따라서 정범의 **양적 초과**에 대하여는 종범은 그 초과부분에 대하여 책임을 지지 않지만, 결과적 가중범의 경우에 결과를 예견할 수 있었으면 **결과적 가중범의 종범**이 성립한다.

그러나 정범의 **질적 초과**에 대하여는 **종범의 미수**가 되어 교사범에 있어서 교사의 미수와는 달리 종범은 언제나 처벌받지 않게 된다.

그리고 정범이 **적게 실행한 경우**에는 종범은 정범의 실행범위 안에서 처벌된다.

2. 종범의 종범, 교사의 종범, 종범의 교사

(1) 종범의 종범

종범의 종범은 **종범에 대한 방조**에 그치는 것이 아니라 **정범에 대한 간접방조** 내지 **연쇄방조**가 되어 **종범**이 성립하게 된다. 종범에 대한 종범이 종범의 방조행위를 용이하게 하겠다는 의사만을 가진 때에도 그것으로 인해 정범이 도움을 받는다는 것을

98) 대판 1978. 9. 26, 78도2052.

알았다고 해야 하며, 방조의 고의는 그것으로 족하다고 해야 한다.

(2) 교사의 종범

교사의 방조에 대하여는 처벌할 수 없다는 견해[99]도 있으나, 교사의 방조도 정범에 대한 방조로 볼 수 있으므로 처벌될 수 있고, 이때에도 정범이 실행에 착수해야 한다. 따라서 정범이 실행에 착수하지 아니한 기도된 교사에 대한 방조는 처벌되지 않게 된다.

(3) 종범의 교사

구형법에서는 종범에 준한다는 규정이 있었지만 현행법에는 없다. 그러나 이러한 규정이 없더라도 종범의 교사는 실질적으로 정범을 방조한 것이므로 종범으로 보아야 한다.

제6절 공범과 신분

Ⅰ. 공범의 의의

하나의 범죄를 한 사람이 단독으로 실행하는 것을 단독범이라 하며, 두 사람 이상이 협력하여 실행하는 경우를 다수인의 범죄참가형태라고 한다. 이러한 다수인의 범죄의 참가형태에는 정범과 공범이 있으며, 정범개념은 법적 구성요건에서 출발한다. 이때 정범이란 스스로 범죄를 실행하고 불법구성요건의 주관적·객관적 요소를 충족시킨 자를 말한다.

그리고 공동정범과 간접정범은 모두 스스로 범죄를 행한 자로서 정범의 한 유형에 해당하므로, 스스로 범죄를 행하지 않는 좁은 의미의 공범인 교사범 또는 방조범과는 구별된다. 따라서 공동정범과 간접정범의 본질은 정범의 한 형태에 불과하다고 할 수 있다.

그런데 협의의 공범(교사범 또는 종범)이란 이러한 정범의 구성요건실현에 가담하여 정범의 불법을 야기 또는 촉진하는 데 본질이 있다. 따라서 공범은 정범에 종속성을 지닌다고 할 수 있으며, 이때 공범의 종속성의 정도는 정범의 불법에 종속함을 의미

99) 남흥우, 268면; 황산덕, 287면.

하고 책임까지 종속하는 것은 아니므로 형법은 **제한적 종속형식**을 취하고 있다고 해야 한다.

그런데 **공범의 종속성이론**이 일관되게 적용될 수 있는가에 의문이 제기되는 것이 공범과 신분의 문제이다. 즉 신분이 범죄의 성립이나 형의 가감에 영향을 미치는 경우에 신분 있는 자와 신분 없는 자 사이에 공범관계에 있을 때 이것을 어떻게 처리해야 하는가가 문제된다.

공범과 신분에 관하여 형법은 제33조에 "신분관계로 성립될 범죄에 가공한 행위는 신분관계 없는 자에게도 전3조의 규정을 적용한다. 다만 신분관계로 인하여 형의 경중이 있는 경우에는 중한 형으로 벌하지 아니한다"고 규정하고 있다.

이 규정의 의미에 대하여 제33조 본문은 **공범의 종속성 내지 연대성**을 나타내고, 단서는 **공범의 독립성 내지 책임의 개별성**을 규정한 것으로 설명하기도 한다. 공범과 신분에 관한 문제를 다루기 위해서는 먼저 신분범의 본질에 대한 해명이 이루어져야 한다.

Ⅱ. 신분범의 의의와 종류

1. 신분의 의의

범죄의 성립이나 형의 가감에 행위자의 신분이 영향을 미치는 범죄를 **'신분범'**이라 한다. 이때의 신분이란 일반적으로는 남녀의 성별, 내외국인, 친족관계, 공무원 신분뿐만 아니라 일정한 범죄행위에 대한 범인의 인적 관계인 특수한 지위나 상태를 말한다는 것이 통설과 판례의 입장이다.

이와 같이 신분이란 **범죄에 관한 특별한 인적 표지**로서 다음 세 가지 내용을 포함한다.

첫째, **범인의 인적 성질**(성별, 연령, 국적, 심신장애, 친족관계 등과 같은 육체적·정신적·법적 특성)과, 둘째, **범인의 인적 관계**(공무원, 의사 등과 같은 사람의 사회적 지위), 셋째, **범인의 인적 상태**(영업성, 업무성, 상습성 등과 같이 인적 성질이나 인적 지위를 포함하지 않는 사람의 특수한 상태)를 말한다. 이러한 신분은 반드시 계속성을 요구하지 않으며, 신분은 행위와 관련되는 것이 아니라 **행위자관련적 요소**이다.

따라서 주관적 불법요소인 고의·목적 및 동기는 신분이 아니므로, 이러한 요소에 대하여는 공범의 종속성이 적용된다.

그런데 판례는 모해위증죄를 가중적 신분범으로 보아 모해의 목적이 있는 자가 목적 없는 자를 교사하여 위증하게 한 때에는 **모해위증교사죄**가 성립한다고 판시하고 있으나,[100] 모해의 목적은 행위요소이므로 신분범이 아니라고 보는 것이 옳다.[101] 따라서 위증교사죄가 성립한다고 함이 옳다.

2. 신분의 종류

(1) 형식적 기준에 의한 분류

1) 구성적 신분

신분이 범죄의 성립요건인 경우에 이를 구성적 신분이라 한다. 이러한 범죄를 **진정신분범**이라 한다. 즉 위증죄(제152조)에 있어서 법률에 의하여 선서한 증인, 수뢰죄(제129조)에 있어서 공무원 또는 중재인, 허위진단서등의 작성죄(제233조)에 있어서 의사, 한의사, 치과의사 또는 조산사, 업무상비밀누설죄(제317조)에 있어서 의사·한의사·치과의사·약제사·약종상·조산사·변호사·변리사·공인회계사·공증인·대서업자 및 그 보조자, 횡령죄(제355조 제1항)에 있어서 타인의 재물을 보관하는 자, 배임죄(제355조 제2항)에 있어서 타인의 사무를 처리하는 자의 신분이 여기에 해당한다.

2) 가감적 신분

신분이 없어도 범죄는 성립하지만, 신분에 의해 형벌이 가중되거나 감면되는 경우를 말한다. 이러한 신분을 가감적 신분이라 하며, 이러한 범죄를 **부진정신분범**이라 한다. 존속살해죄(제250조 제2항)·업무상횡령죄(제356조 제1항)에 있어서 업무상의 지위는 형벌가중적 신분이고, 영아살해죄(제251조)에 있어서 직계존속은 형벌감경적 신분이다.

---

100) 대판 1994. 12. 23, 93도1002, 판례는, "(1) 형법 제152조 제1항과 제2항은 위증을 한 범인이 형사사건의 피고인 등을 '모해할 목적'을 가지고 있었는가 아니면 그러한 목적이 없었는가 하는 범인의 특수한 상태의 차이에 따라 범인에게 과한 형의 경중을 구별하고 있으므로, 이는 바로 형법 제33조 단서 소정의 "신분관계로 인하여 형의 경중이 있는 경우"에 해당한다고 봄이 상당하다. (2) 피고인이 갑을 모해할 목적으로 을에게 위증을 교사한 이상, 가사 정범인 을에게 모해의 목적이 없었다고 하더라도, 형법 제33조 단서의 규정에 의하여 피고인을 모해위증교사죄로 처단할 수 있다"고 판시하고 있다. 이 판결에 대하여는 한상훈, '형법상 목적·동기와 형법 제33조의 신분'(형사판례의 연구 1), 686면 이하 참조.

101) 이재상/장영민/강동범, 518면.

3) 소극적 신분

신분으로 인하여 범죄가 성립하지 않거나 형벌이 조각되는 경우를 **소극적 신분**이라 한다.

소극적 신분은 다음과 같이 세 가지 유형으로 나눌 수 있다. 즉 ① **불구성적 신분**과 ② **책임조각신분** 및 ③ **형벌조각신분**이 그것이다.

예컨대 의료행위를 하는 의사나 변호행위를 하는 변호인의 신분은 의료법위반이나 변호사법위반에 있어서 위법성이 배제되는 **불구성적 신분**(不構成的 身分)이고, 14세 미만자인 형사미성년자의 신분은 **책임조각신분**이며, 또한 범인은닉죄(제151조)나 증거인멸죄(제155조)에 있어서 친족·동거하는 가족이라는 신분은 책임을 배제하는 **책임조각신분**에 해당하고, 친족상도례(제328조)에 있어서 친족의 신분은 **형벌조각신분**이라 할 수 있다.

(2) 실질적 기준에 의한 분류

불법의 연대성과 책임의 개별성을 고려하여, 신분을 공범에게 연대적으로 작용하는 **위법신분**과 신분을 가진 자에게만 개별적으로 작용하는 **책임신분**으로 실질적 기준에 의해 분류하는 견해[102]이다. 오스트리아 형법 제14조가 불법신분과 책임신분으로 분류하는 방식과 일치하는 분류방식이다.

즉 신분이 정범행위의 법익침해성을 근거지우거나 조각하는 기능을 가진 경우에는 그것이 구성적이든 가감적이든 불문하고 공범에게 연대적으로 작용하는 **위법신분**이고, 신분이 행위자에 대한 책임비난과 관련되는 때에는 그것이 구성적이든 가감적이든 불문하고 그 신분을 가진 자에게만 개별적으로 작용하는 **책임신분**이라는 견해이다.

그러나 이 견해는 ① 신분을 위법신분과 책임신분으로 구별하는 것 자체가 명백하지 않고, ② 이러한 분류방법에 따를 경우에는 형법 제33조의 규정과도 일치하지 않는다는 비판을 면할 수 없다.

예컨대 자기낙태죄(제269조 제1항)의 임부, 간수자 도주원조죄(제148조)의 간수자, 업무상횡령죄(제356조)의 업무자, 직권남용죄(제123조 내지 제125조)의 공무원의 신분은 위법신분인지 책임신분인지가 명확하지 않고, 또한 가감적 위법신분에 가담한 신분 없는 자에게 위법의 연대성을 인정하여 신분범의 가중된 형으로 처벌하는 것은 제

102) 정성근/박광민, 594면; 박양빈, 공범과 신분(고시연구 1991. 6), 48면.

33조 단서의 규정에도 배치되기 때문이다.

Ⅲ. 형법 제33조 본문의 해석

형법 제33조 본문은 "신분관계로 인하여 성립될 범죄에 가공한 행위는 신분관계가 없는 자에게도 전3조의 규정을 적용한다"고 규정하고 있다. 이 규정은 신분범에 있어서 신분 없는 자가 단독으로 신분범의 정범이 될 수는 없지만 공동정범이나 교사범 및 종범은 될 수 있다는 의미이다.

1. 신분관계로 성립될 범죄의 범위

제33조 본문의 신분범은 진정신분범만을 의미하느냐 부진정신분범도 포함되느냐가 문제된다.

(1) 진정신분범만을 의미한다는 견해

본문의 "신분관계로 성립될 범죄"란 신분관계로 인하여 범죄가 성립하는 경우를 의미하므로, 이 규정을 구성적 신분, 즉 진정신분범에 대한 규정으로 이해하는 견해로서 통설의 입장이다.[103] 아울러 제33조 단서는 부진정신분범의 성립과 과형에 관한 규정이라고 한다.

(2) 부진정신분범도 포함한다는 견해

본문은 진정신분범과 부진정신분범의 성립근거를 규정하고, 단서는 부진정신분범의 과형을 규정한 것이라는 견해이다.[104]

이 견해는 ① 본문을 진정신분범에게만 적용된다고 해석하면 부진정신분범에 대하여는 공범성립의 근거규정이 없게 되고, ② 제33조 단서규정은 부진정신분범의 과형에 대해서만 규정하고 있는 점이 명백하므로, 본문을 진정신분범에 제한해서 적용해야 할 근거가 없어졌다는 점을 근거로 들고 있다.

생각건대 ① 본문을 부진정신분범의 근거규정으로 보면 진정신분범에 대하여는 과형에 관한 규정이 없게 되고, ② '신분관계로 성립될 범죄'라고 규정하고 있으므로

---

103) 박상기, 467면; 배종대, 652면; 손해목, 1111면; 이재상/장영민/강동범, 520면; 이형국, 390면; 황산덕, 289면.

104) 신동운, 685면; 진계호, 401면.

구성적 신분, 즉 진정신분범에 대한 규정이라고 해석함이 옳다.

2. '전3조를 적용한다'는 의미

신분관계로 성립될 범죄에 가공한 행위는 신분관계 없는 자에게도 공동정범과 교사범 및 종범에 관한 규정을 적용한다는 의미이다. 이 규정은 정범에게 신분이 있는 한 비신분자도 협의의 공범인 교사범과 종범이 성립될 수 있다는 점에서는 다툼이 없다. 문제는 비신분자가 진정신분범의 공동정범 또는 간접정범이 될 수 있는가이다.

(1) 공동정범의 문제

구 형법에서는 "신분없는 자라 할지라도 또한 공범으로 한다"고 규정함으로써 과연 공동정범도 포함되는지가 문제되었다. 그러나 형법은 "전 3조의 규정을 적용한다"고 규정함으로써 이 문제를 입법적으로 해결하였다고 할 수 있다. 즉 공동정범(제30조)과 교사범(제31조) 및 종범(제32조)에도 적용되어 비신분자는 신분자와 더불어 진정신분범의 교사범과 종범은 물론 공동정범도 될 수 있음을 명문화하였다.

따라서 허위공문서작성죄나 수뢰죄, 횡령죄 등의 진정신분범에 있어서 비신분자도 신분자와 함께 공동정범이 될 수 있다.

(2) 간접정범의 문제

형법은 간접정범을 교사 또는 방조의 예에 의하여 처벌하도록 규정하고 있다. 비신분자의 교사 또는 방조에 대하여 적용되는 제33조 본문이 간접정범에도 적용되어 신분 없는 자도 신분범의 간접정범이 될 수 있느냐가 문제된다. 예컨대 아내가 공무원인 남편에게 뇌물을 의례적인 선물로 오인하여 수령하도록 하여 취득한 경우에 아내에게 수뢰죄의 간접정범을 인정할 수 있는가라는 문제이다.

1) 긍 정 설

형법 제34조가 간접정범을 공범의 예에 따라서 처벌하도록 규정하고 있으므로, 공범과 신분에 관한 규정은 간접정범에도 적용된다는 견해이다.[105]

2) 부 정 설

형법 제33조는 비신분자가 신분자와 함께 진정신분범의 공동정범이 될 수 있음을 특별히 규정한 것에 불과하고, 비신분자가 단독으로 진정신분범의 정범이 될 수 있다는 의미는 아니다. 따라서 비신분자가 신분자를 이용하여 진정신분범의 간접정범

105) 유기천, 135면; 차용석, 공범과 신분(고시연구 1986. 5), 35면.

이 될 수는 없다는 **부정설이 타당**하다. **통설**의 입장이기도 하다.[106]

3. 신분자가 비신분자에 가공한 경우

제33조 본문은 비신분자가 신분자에게 가공한 경우에 적용되는 규정이다. 문제는 신분자가 비신분자에게 가공한 경우도 포함되는가에 있다. 예컨대 공무원이 비공무원을 교사하여 뇌물을 수수한 경우나 의사가 간호사를 교사하여 허위진단서를 작성한 경우도 포함되는가이다.

이에 대하여는 신분자가 비신분자의 행위에 가공한 때에도 신분관계로 성립될 범죄에 가공한 것으로 보아 적용되어야 한다는 견해도 있으나, 진정신분범에 있어서 신분은 구성요건요소이므로 비신분자의 행위는 구성요건해당성이 없다. 따라서 신분자가 비신분자를 이용하여 진정신분범을 범한 때에는 **신분 없는 고의 있는 도구를 이용**한 경우에 해당하여 **간접정범**이 성립하므로 제33조 본문은 적용될 여지가 없다. 예컨대 공무원인 남편이 아내를 이용하여 뇌물을 수수하게 하는 경우에는 **수뢰죄의 간접정범**이 성립하고, 의사가 간호사를 이용하여 허위진단서를 작성하게 한 경우에는 **허위진단서작성죄의 간접정범**이 성립하게 된다.

Ⅳ. 제33조 단서의 해석

형법 제33조 단서는 "신분관계로 인하여 형의 경중이 있는 경우에는 중한 형으로 벌하지 않는다"고 규정하고 있는데, 이때 신분관계로 인하여 형의 경중이 있는 경우란 가감적 신분을 말하므로 단서는 **부진정신분범의 과형에 관한 규정**이고, 이것이 **교사범과 종범 및 공동정범에도 적용**된다는 점에 대하여는 다툼이 없다.

문제는 단서규정이 부진정신분범의 공범성립의 근거가 될 수 있는가, 그리고 "중한 형으로 벌하지 아니한다"는 문언의 의미를 어떻게 해석할 것인가에 있다.

가중적 신분의 경우에는 단서규정의 적용에 어려움이 없으나, **감경적 신분**의 경우에는 견해의 대립이 있다. 즉 단서가 "중한 형으로 벌하지 않는다"고 규정하고 있으므로 비신분자는 항상 경한 형으로 처벌한다는 견해와 **제33조의 단서는 책임의 개별**

106) 김일수/서보학, 660면; 박상기, 466면; 배종대, 655면; 손해목, 1112면; 이재상/장영민/강동범, 522면; 이형국, 371면, 임 웅, 474면: 정성근/박광민, 598면.

화를 규정한 것으로 가중사유와 마찬가지로 감경사유도 언제나 신분자 일신에 한하고 공범에 미치지 않는다는 다수설의 대립이 그것이다.

그리고 제33조의 단서는 신분자가 비신분자에 가공하여 부진정신분범을 범한 경우에도 적용된다.

1. 공범의 성립과 과형의 근거

통설은 단서를 부진정신분범의 공범성립과 과형에 대한 근거규정으로 이해한다. 그러므로 비신분자와 신분자가 공동정범을 범한 경우에 신분자는 부진정신분범이고 비신분자는 보통범죄의 공동정범이 되며, 비신분자가 신분자를 교사 또는 방조하여 부진정신분범을 범한 경우에는 비신분자는 보통범죄의 교사범 또는 종범이 되지만 신분자는 부진정신분범의 정범이 된다고 한다.[107]

이에 반하여 **판례와 소수설**[108]은 **제33조 본문을 진정신분범과 부진정신분범의 공범성립의 근거규정**으로 이해하여, 부진정신분범에 있어서도 비신분자는 제33조 본문에 의해 부진정신분범의 공범이 되지만, 그 **과형만은 단서에 의해 결정**된다고 이해한다.

판례를 살펴보면, ① 처가 아들과 공동으로 남편을 살해한 경우에 처에게 존속살해죄의 공동정범을 인정하고 있고,[109] ② 공무원이 업무상 배임을 한 경우에 비공무원이 가공한 경우에도 업무상배임죄의 공동정범을 인정하였으며,[110] ③ 은행원과 공모하여 업무상배임죄를 범한 경우에 제33조 단서에 의해 배임죄로 처단하였고,[111] ④ 상호신용금고의 임원이 아닌 자가 임원과 공모하여 상호신용금고법위반죄를 범한 경우에 제33조 단서에 의해 배임죄로 처벌한 경우[112]가 여기에 해당한다.

범죄의 성립과 과형은 불가분의 관계에 있다.

단서가 비신분자를 중한 형으로 벌하지 아니한다고 규정한 것은 **책임의 개별화원칙**을 선언한 것이다. 공범독립성설에 의하면 당연한 원칙규정이다. 공범종속성설에 의하더라도 제한적 종속형식에 따르면 당연한 규정이다. 부진정신분범에 있어서 가감

107) 김일수/서보학, 661면; 박상기, 469면; 배종대, 655면; 손해목, 1111면; 유기천, 307면.

108) 신동운, 685면; 오영근, 719면; 정영석, 271면.

109) 대판 1961. 8. 2, 4294형상284.

110) 대판 1961. 12. 28, 4294형상564.

111) 대판 1986. 10. 28, 86도1517.

112) 대판 1997. 12. 26, 97도2609.

적 신분은 신분이 책임요소로서 기능하는 경우이고, 공범이 정범의 책임에 종속되는 것은 아니기 때문이다.

2. "중한 형으로 벌하지 아니한다"의 의미

책임개별화 원칙을 규정하고 있는 단서는 비신분자를 중한 형으로 벌하지 아니한다고 규정하고 있다.

그런데 신분에는 **감경적 신분**과 **가중적 신분**이 있다.

가중적 신분의 경우에는 비신분자는 신분범의 공범이 아니라 보통범죄의 공동정범·교사범 또는 종범이 되므로 **책임개별화**가 이루어진다. 예컨대 갑과 을이 을의 부(父)인 병을 공동으로 살해한 경우에 갑은 보통살인죄, 을은 존속살해죄의 공동정범이 된다. 또한 갑이 을을 교사·방조하여 을의 부(父) 병을 살해한 때에도 을은 존속살해죄의 정범이 되지만 갑은 보통살인죄의 교사범·종범이 성립된다.

그러나 **감경적 구성요건**인 경우에 문제가 발생한다. 예컨대 갑이 직계존속인 을의 영아살해에 가담한 경우에 영아살해죄의 공범으로 처벌할 것인가 또는 보통살인죄로 처벌할 것인가가 문제된다.

이에 대하여 비신분자는 언제나 경한 죄로 처벌해야 한다는 견해[113)]도 있으나, 제33조 단서규정이 **책임개별화의 원칙**을 규정한 것이므로 **가감적 신분범**에 있어서 신분은 일신에 한정되며 공범에게는 미치지 않는다고 보는 통설[114)]의 태도가 타당하다. 따라서 갑은 보통살인죄로 처벌된다.

3. 신분자가 비신분자에게 가공한 경우

본문이 비신분자가 신분자에 가공한 때에만 적용되는 데 반해서, 단서는 비신분자가 신분자의 범죄에 가공한 경우뿐만 아니라 신분자가 비신분자의 범죄에 가공한 때에도 적용되어야 한다는 점에 대하여는 이견이 없다.

따라서 갑이 을을 교사하여 갑의 부(父)인 병을 살해한 경우에 을은 보통살인죄의 정범이지만 갑은 존속살해죄의 교사범으로 처벌되어야 한다.

---

113) 신동운 694면; 오영근, 722면; 황산덕, 291면; 권문택, 791면.

114) 김일수/서보학, 661면; 박상기, 470면; 배종대, 656면; 안동준, 266면; 유기천, 307면; 이재상/장영민/강동범, 525면; 정성근/박광민, 601면.

V. 관련문제

1. 소극적 신분과 공범

제33조 본문과 단서는 구성적 신분과 가감적 신분에 대하여만 규정하고, 신분이 범죄의 성립 또는 가벌성을 조각하는 소극적 신분에 대하여는 아무런 규정이 없다.

따라서 **소극적 신분과** 공범의 관계는 **공범의 종속성이라는 일반이론에 의해 해결해**야 한다.

(1) 불구성적 신분과 공범

불구성적 신분을 가진 자의 범죄에 신분 없는 자가 가공한 때에는 신분자에게는 범죄가 구성되지 않으므로 비신분자의 범죄도 성립하지 않는다.

그러나 신분자가 비신분자의 범죄에 교사범 또는 종범으로 가공한 때에는 그 범죄의 공범이 된다. 또한 신분자와 비신분자가 공동정범이 된 때에는 그 범죄는 성립한다. 예컨대 의사가 무면허자에게 의료행위를 하도록 하는 경우에 의사는 **무면허의료행위의 공동정범**이 된다.

(2) 책임조각신분 또는 형벌조각신분과 공범

책임조각신분 또는 형벌조각신분을 가진 자와 비신분자가 **공동정범관계**일 때에는 신분자는 책임이 조각되거나 형벌이 조각되어 처벌되지 않지만, **비신분자는 처벌**된다. 신분자의 범죄를 비신분자가 교사 또는 방조한 때는 신분자는 처벌되지 않지만, **비신분자는 그 죄의 교사범 또는 종범으로 처벌**된다.

다만 책임조각신분을 가진 자를 교사 또는 방조한 비신분자에게 **의사지배**가 인정되면 **간접정범**이 될 수 있다.

신분자가 비신분자를 교사 또는 방조한 때에도 신분자는 책임 또는 형벌이 조각되지만, 비신분자는 그 죄의 정범으로 처벌받게 된다.[115)]

형벌조각신분의 신분자가 비신분자를 교사 또는 방조한 때에는 신분자에게 형벌이 조각되지 않는다는 견해도 있으나, 제한적 종속형식에 의하는 한 구별할 이유가 없으며 이는 친족상도례에 관한 제328조 제3항의 규정과도 일치하지 않기 때문에 신분자는 책임 또는 형벌이 조각된다고 이해하는 견해가 타당하다.

---

115) 대판 2017. 4. 7, 2017도378(의료인이 비의료인의 의료기관 개설행위에 공모하여 가공한 경우, 구 의료법 제87조 제1항 제2호, 제33조 제2항 위반죄의 공동정범에 해당한다).

2. 입법론적 검토

형법 제33조는 입법론적으로 재검토가 필요하다.

(1) 제33조 본문에 대한 검토

우선 제33조 본문이 진정신분범에 가공한 비신분자의 공범성립에 대하여만 규정함으로써 비신분자를 신분자와 같은 형으로 처벌하는 것에는 의문이다. 왜냐하면 진정신분범에 있어서는 신분자의 특수의무가 불법내용을 이루므로 비신분자를 신분자와 동일하게 처벌해야 할 이유가 없기 때문이다. 따라서 비신분자에 대하여는 신분자보다 형을 감경하도록 개정할 필요가 있다.

다음으로 본문 후단에 "전 3조의 규정을 적용한다"고 하여 비신분자가 진정신분범의 공동정범이 될 수 있도록 규정하고 있는데, 이것은 진정신분범에 있어서 구성적 신분은 정범적격이 있지만 비신분자는 정범적격이 없으므로 공동정범이 될 수 없다고 함이 옳다.

따라서 제33조 본문을 "신분관계로 성립될 범죄에 신분 없는 자가 교사 또는 방조한 때에는 그 형을 감경할 수 있다"로 개정하는 것이 바람직하다고 생각된다.

(2) 제33조 단서에 대한 검토

제33조의 단서가 부진정신분범의 책임을 개별화한 것은 타당하다. 그러나 단서규정이 가감적 신분만을 규정하고 있으므로 소극적 신분에 대하여도 함께 규정할 필요가 있다. 또한 단서 후단이 "중한 형으로 벌하지 아니한다"고 규정함으로써 비신분자는 언제나 경한 형으로 처벌되는 것으로 해석할 소지가 있다. 따라서 단서 규정은 "신분관계로 형이 가중, 감경 또는 조각되는 범죄에 신분 없는 자가 가공한 때에는 그 사유는 신분 있는 자에게만 적용된다"고 규정함이 타당하다. 형법개정안은 "신분에 의하여 형의 경중이 있는 경우에 신분 없는 자는 통상의 형으로 처벌한다"고 규정하고 있다.[116]

116) 이재상/장영민/강동범, 528면.

제3편

죄수론 및 형벌론

제1장 죄 수 론

제1절 죄수이론

Ⅰ. 죄수론의 의의

범죄의 수가 한 개인가 여러 개인가에 관한 논의를 **죄수론**(Konkurrenzlehre)이라 한다. 공범론이 한 개의 범죄에 다수인이 참가하는 범죄형태인데 반해, 죄수론(罪數論)은 범죄에 참가한 행위자가 범한 **범죄의 수**를 말한다. 형법각칙의 구성요건은 원칙적으로 범죄주체로서 참가한 행위자가 한 개의 행위로 한 개의 구성요건을 실현했을 때에 적용되는 것을 예상하여 규정하고 있으며, 예외적으로는 수개의 행위로 한 개의 구성요건을 실현하는 경우를 규정하고 있다.

그러나 한 개 또는 수개의 행위를 통하여 동일한 구성요건을 수회 충족하는 경우 또는 수개의 구성요건을 실현하는 경우에 이를 어떻게 처벌할 것인가에 대하여는 형법각칙에 아무런 규정을 두고 있지 않다. 따라서 형법총론의 죄수론에서 범죄의 수를 확정하는 문제는 형벌을 부과하기 전에 모든 범죄에 있어서 선결과제이므로 일죄인가 수죄인가에 관한 논의는 범죄론과 형벌론을 연결하는 필수적인 연결과정이라 할 수 있다.

그런데 죄수론과 관련하여 형법총칙은 제2장 제5절에서 경합범이라는 표제하에 제37조부터 제40조에 걸쳐서 **경합범과 상상적 경합범**만을 규정하고 있을 뿐이다. 따라서 죄수론에서는 행위자가 한 개 또는 수개의 행위로 같은 구성요건을 수회 실현하거나 수개의 구성요건을 실현하는 경우에 일죄인가 수죄인가라는 문제뿐만 아니라 이를 어떻게 처벌해야 하는가에 관한 문제도 함께 다루어지게 된다. 이런 점에서 죄수론은 **범죄론**과 **형벌론** 모두에 관련있는 양자의 **중간에 위치한 이론**이라 할 수 있다.

II. 죄수결정의 기준

1. 견해의 대립

범죄의 수를 어떻게 정할 것인가, 즉 일죄와 수죄를 결정하는 기준에 대하여는 행위표준설, 법익표준설, 의사표준설 및 구성요건표준설의 대립이 있다.

(1) 행위표준설

행위표준설은 **객관주의 범죄론**의 입장에서 행위를 표준으로 하여 행위가 하나면 범죄도 하나이고, 행위가 수개면 범죄도 수개라는 견해이다. 이 견해에 따르면 연속범은 수죄이지만, 상상적 경합범은 일죄가 된다.

판례는 강간과 추행의 죄[1]에 대하여 원칙적으로 행위표준설에 입각하고 있고, 공갈죄,[2] 도로교통법위반죄[3]에 있어서도 **행위표준설**에 입각하고 있다.

이 견해에 대하여는 수개의 행위로 1개의 범죄를 실현하는 경우와 1개의 행위로 수개의 구성요건을 실현하는 경우를 설명하지 못한다는 비판이 제기된다.

(2) 법익표준설

범죄행위로 인하여 침해되는 보호법익의 수 또는 결과의 수에 따라 죄수를 결정하는 견해이다. 이 견해에 의하면 수개의 행위에 의하여 1개의 법익을 침해하면 일죄이지만, 1개의 행위에 의하여 수개의 법익을 침해하거나 수개의 결과를 발생시킨 경우에는 수죄가 되고, 수개의 행위에 의하여 1개의 법익을 침해하면 1개의 죄가 된다. 따라서 이 견해에 따르면 상상적 경합은 **실질적으로 수죄**이나 **처벌상 일죄**로 취급하게 된다. 판례는 포괄일죄 중 연속범의 경우 이외에는 **법익표준설**을 취하고 있다고 볼 수 있다.[4]

---

1) 대판 1982. 12. 14, 82도2422(미성년자 의제강간 또는 미성년자의제강제추행죄는 행위시마다 한 개의 범죄가 성립한다).

2) 대판 1958. 4. 11, 4290형상360.

3) 대판 2002. 7. 23, 2001도6281(무면허운전으로 인한 도로교통법위반죄에 있어서는 … 사회통념상 운전한 날을 기준으로 운전한 날마다 1개의 운전행위가 있다고 보는 것이 상당하므로 운전한 날마다 무면허운전으로 인한 도로교통법위반의 1죄가 성립한다고 보아야 할 것이고, 비록 계속적으로 무면허운전을 할 의사를 가지고 여러 날에 걸쳐 무면허운전행위를 반복하였다 하더라도 이를 포괄하여 일죄로 볼 수는 없다).

4) 대판 1979. 7. 10, 78도840; 대판 2001. 12. 28, 2001도6130; 대판 1991. 6. 25, 91도643; 대판 2010. 4. 29, 2010도2810.

그러나 이 견해에 대하여는 수개의 법익침해가 1개의 범죄를 구성하는 것을 설명하지 못한다는 비판이 제기되어진다.

법익표준설은 보호법익과 법익주체와의 관계에 따라 보호법익을 **전속적 법익**과 **비전속적 법익**으로 구별하고, 생명·신체·자유·명예와 같은 피해자의 인격과 결부된 법익인 전속적 법익에 대하여는 법익주체마다 1개의 범죄가 성립하므로 예컨대 1개의 행위로 수인을 살해하거나 상해한 경우에는 수개의 살인죄나 상해죄가 성립하지만, 사회적 법익인 사회의 평온이라는 비전속적 법익에 대한 범죄인 방화죄에 있어서는 수개의 건조물을 연소시킨 경우에도 1개의 방화죄만 성립한다. 그러나 개인적 법익에 대한 죄 중에서도 비전속적 법익인 재산죄의 경우에는 관리자의 수에 상응하게 범죄가 성립한다고 한다.[5)]

판례가 법익표준설에 입각하고 있는 예로는, ① 위조통화를 행사하여 재물을 불법영득한 때에는 위조통화행사죄와 사기죄의 **경합범**이고,[6)] ② 수인에게 개별적으로 기망행위를 하여 각각 재물을 편취한 경우에는 포괄일죄가 아니라 피해자별로 독립된 사기죄가 성립하며,[7)] ③ 강도가 동일한 장소에서 동일한 방법으로 시간적으로 접속된 시간에 수인의 재물을 강취한 경우에는 **수개의 강도죄**가 성립하며, 폭행·협박이라는 수단이 공통으로 이루어진 경우에는 **상상적 경합**이 되지만,[8)] ④ 동일한 장소에서 가족에게 폭행, 협박하여 재물을 탈취한 때는 1개의 강도죄가 성립한다고 판시하고 있다.[9)]

---

5) 대판 1970. 7. 21, 70도1133.

6) 대판 1979. 7. 10, 79도840(위조통화행사죄와 사기죄는 그 보호법익을 달리하고 있으므로 위조통화를 행사하여 재물을 불법영득한 때에는 위조통화행사죄와 사기죄의 양죄는 경합범의 관계에 있다).

7) 대판 2001. 12. 28, 2001도6130(수인의 피해자에 대하여 각별로 기망행위를 하여 각각 재물을 편취한 경우에는 범의가 단일하고 범행방법이 동일하더라도 각 피해자의 피해법익은 독립한 것이므로 이를 포괄일죄로 파악할 수 없고 피해자별로 독립된 사기죄가 성립한다).

8) 대판 1991. 6. 25, 91도643(강도가 동일한 장소에서 동일한 방법으로 시간적으로 접착된 상황에서 수인의 재물을 강취하였다고 하더라도, 수인의 피해자들에게 폭행 또는 협박을 가하여 그 들로부터 그들이 각기 점유관리하고 있는 재물을 각각 강취하였다면 피해자들의 수에 따라 수개의 강도죄를 구성하는 것이고, 다만 강도범인이 피해자들의 반항을 억압하는 수단인 폭행·협박행위가 사실상 공통으로 이루어졌기 때문에, 법률상 1개의 행위로 평가되어 상상적 경합으로 보아야 될 경우가 있는 것은 별 문제이다).

9) 대판 1996. 12. 30, 96도1285(그러나 가족에게 폭행·협박하여 집안에 있는 재물을 탈취한 때에

(3) 의사표준설

의사표준설은 **주관주의 범죄론**의 입장으로서 행위자의 **범죄의사의 수**에 따라 죄수를 결정해야 한다는 입장이다. 이 견해에 따르면 **상상적 경합**이나 **연속범**의 경우에도 **단일한 범죄의사 하에 동종행위를 반복**할 때에는 포괄일죄에 해당하게 된다.

판례가 수회에 걸쳐서 뇌물수수행위를 하는 것은 수뢰죄의 포괄일죄에 해당하고,[10] 폭행과 강간행위가 불과 1시간 전후에 이루어진 것이기는 하나 강간의 범의를 일으킨 것이 폭행 후의 다른 상해범행의 실행 중이었음이 인정되는 이상 폭행사실은 별개의 독립한 죄를 구성하지만,[11] 소유자를 달리하는 여러 필지의 임야를 훼손한 경우에도 단일하고 계속된 범죄의사가 인정되는 이상 임산물단속에 관한 법률위반의 포괄일죄가 된다[12]고 판시한 것은 의사표준설의 입장을 취하고 있는 경우이다.

그러나 의사표준설에 대하여는 ① 범죄의사에 따라 죄수를 결정하는 것은 범죄의 정형성을 무시하는 결과가 되고, ② 하나의 범죄의사를 가졌다고 하더라도 다수의 범죄결과가 발생한 때에는 일죄라고 할 수 없다는 비판이 제기된다.

(4) 구성요건표준설

죄수를 **초법률적·자연적 방법**이 아니라 **법률적 구성요건충족**의 문제로 이해하여 구성요건을 1회 충족하면 일죄이고 수개의 구성요건에 해당하면 수죄라는 견해이다. 이 견해에 따르면 상상적 경합은 본래 수죄이나 과형상 일죄로 취급될 뿐이며, 또한 하나의 범죄의사를 가졌다고 하더라도 다수의 구성요건적 결과가 발생한 때에는 일죄가 아니라 수죄라는 입장을 취하게 된다.

판례가 예금통장과 인장을 절취한 행위와 저금환급금수령증을 위조한 행위는 각각 별개의 범죄구성요건을 충족하는 행위라고 한 경우,[13] 조세포탈범과 법인세포탈범 및 부가가치세포탈범은 각 과세연도나 사업연도 및 과세기간마다 1죄가 성립하는 것이 원칙이지만, 이러한 조세포탈액이 1년간 일정액 이상일 때는 특정범죄가중처벌 등에 관한 법률 제8조 제1항에 해당하는 일죄에 해당하고, 또한 특정범죄가중처벌 등에 관한 법률 위반행위는 1년 단위로 하나의 죄를 구성하며 그 상호간에는 경합범 관계

는 1개의 강도죄가 성립한다고 한다).

10) 대판 1999. 1. 29, 98도3584; 대판 2000. 6. 27, 2000도1155; 대판 2008. 12. 11, 2008도6987.

11) 대판 1983. 4. 12, 83도304.

12) 대판 1983. 3. 8, 83도122.

13) 대판 1968. 12. 24, 68도1510.

에 있다고 한 경우[14] 등은 구성요건표준설에 입각하고 있는 경우이다.

그러나 이 견해에 의하더라도 구성요건을 몇 번 충족했느냐를 결정하는 것이 쉽지 않고, 또한 1개의 행위에 의하여 같은 구성요건을 수회 충족한 경우에 일죄인가 수죄인가를 명백히 할 수 없다는 점에서 비판을 받고 있다.

2. 검 토

범죄는 객관적 요소와 주관적 요소로 이루어져 있으므로, 범죄의 수도 법익침해 내지 위험이라는 결과와 행위라는 객관적 요소나 범죄의사라는 주관적 요소의 어느 한 요소만으로는 그 의미를 제대로 파악할 수 없다. 따라서 법익표준설과 의사표준설은 타당하다고 할 수 없다. 또한 범죄는 구성요건에 해당하는 행위이므로 자연적·사실적 의미의 행위를 의미하는 행위만으로는 범죄의 수를 확정하기가 어려우므로 행위표준설도 타당하다고 할 수 없다.

그런데 형법은 죄수와 관련하여 제40조에 상상적 경합범이란 표제하에 "1개의 행위가 수개의 죄에 해당하는 경우에는 가장 중한 죄에 정한 형으로 처벌한다"고 규정하고, 제37조에는 경합범이란 표제하에 "판결이 확정되지 아니한 수개의 죄 또는 금고 이상의 형에 처한 판결이 확정된 죄와 그 판결확정 전에 범한 죄를 경합범으로 한다"고 규정함으로써 법문상 죄수를 결정하는 데 있어서 행위가 최소한의 죄수결정의 기준이 됨을 나타내고 있다. 그리고 여기에서 말하는 행위란 **자연적·현실적 의미의 행위**가 아니라 구성요건적 관점에서 평가한 구성요건적 행위를 의미하므로 죄수결정의 기준은 **구성요건표준설**이 타당하다고 생각된다. 따라서 자연적 의미에서는 수개의 행위라 하더라도 구성요건적으로 평가된 법적 의미에서는 1개의 행위가 될 수 있다.

그런데 행위표준설의 입장에서 말하는 행위의 의미를 구성요건적 행위를 의미한다고 이해할 경우에 구성요건표준설과의 실질적인 차이는, 1개의 행위로 수개의 구성요건을 실현한 **상상적 경합**과 수개의 행위로 1개의 구성요건을 실현한 **포괄일죄, 법조경합**의 경우에 일죄인가 수죄인가에 있으며, 1개의 행위로 1개의 구성요건을 실현한 경우(단순일죄)나 수개의 행위로 수회 또는 수개의 구성요건을 실현한 경우(수죄)에는 차이가 없게 된다.

하나의 폭탄투척행위로 사람을 살해하고 재물을 손괴한 상상적 경합의 경우에

14) 대판 2000. 4. 20, 99도3822; 대판 2000. 11. 10, 99도782; 대판 2001. 3. 13, 2000도4880.

법적 의미에서 살인죄와 손괴죄의 수죄가 성립한다고 평가되는 것이지 '살인과 손괴죄'라는 일죄가 성립한다고 볼 수는 없다. 또한 수개의 행위로 1개의 구성요건을 실현한 법조경합의 경우에도 1개의 구성요건을 실현했으므로 법적 의미에서는 일죄에 해당한다고 보는 것이 옳다. 그러므로 죄수결정의 표준으로는 구성요건표준설이 타당하며, **상상적 경합**에 대하여 **실질적으로 수죄**이지만 **과형상 일죄**로 이해하는 입장이 지배적인 학설[15]이기도 하다.

그런데 구성요건표준설에 의하여 죄수를 결정할 때에도 구성요건적 행위의 충족횟수를 정하는 데 있어서는 **범죄의사**와 **법익**을 떠나서 판단할 수 없다. 즉 1개의 행위로 1개의 구성요건을 실현하면 일죄이고, 1개의 행위 또는 수개의 행위로 수개의 구성요건을 실현하면 수죄(상상적 경합범, 실체적 경합범)이지만, 이때에는 범죄의사와 법익도 고려하여 구성요건적 행위의 충족횟수가 정해진다고 할 수 있다.

결국 죄수결정의 표준은 구성요건표준설에 의하여 최종적으로 판단되지만, 그 전제가 되는 구성요건적 행위를 판단하기 위해서는 구체적 사건에 따른 범죄의사나 법익도 고려하여 종합적으로 판단된다고 할 수 있다. 판례가 구체적 사건에 따라 여러 표준에 의하여 죄수를 결정한 것도 이러한 입장에 서 있다고 볼 수 있다.[16]

아래에서는 **일죄**(법조경합과 포괄일죄)와 **수죄**(상상적 경합과 경합범)의 요건을 검토하면서, 어느 요소를 어떻게 고려할 것인가에 대하여 검토해보기로 한다.

Ⅲ. 수죄의 처벌문제

수죄에 해당할 경우에 이를 어떻게 처벌할 것인가에 대하여는 각국의 입법에 따라 그 입장이 다르다. 이에 적용되는 기본원칙에는 **병과주의**와 **흡수주의** 및 **가중주의**가 있다.

---

15) 김일수/서보학, 692면; 배종대, 665면; 손해목, 1141면; 이재상/장영민/강동범, 533면; 이형국, 427면; 임 웅, 568면.

16) 대판 2014. 1. 23, 2013도12064; 대판 2010. 12. 9, 2010도10451; 대판 2002. 7. 18, 2002도669 - 전원합의체; 대판 2000. 7. 7, 2000도1899(상상적 경합은 1개의 행위가 실질적으로 수개의 구성요건을 충족하는 경우를 말하고, 법조경합은 1개의 행위가 외관상 수개의 죄의 구성요건에 해당하는 것처럼 보이나 실질적으로 일죄만을 구성하는 경우를 말하며, 실질적으로 일죄인가 또는 수죄인가는 구성요건적 평가와 보호법익의 측면에서 고찰하여 판단하여야 한다).

1. 병과주의

각 죄에 정한 형을 병과하는 주의를 말한다. 영미법이 취하고 있다. 병과주의에 의하면 자유형 중에 유기형을 병과하는 경우에는 실제로 무기형과 같은 효과를 초래하므로 이것은 형벌의 성질을 변경하는 결과가 되며, 병과주의는 개개의 형을 가산하는 것이므로 자유형뿐만 아니라 벌금형에 있어서도 분리된 개개의 형보다 고통을 주므로 정당한 형벌이 될 수 없다는 비판이 있다. 형법은 **경합범**에 있어서 각 죄에 정한 형이 **무기징역이나 무기금고 이외의 이종(異種)의 형**인 때에만 병과주의를 채택하고 있다.[17)]

2. 흡수주의

수죄 중에서 가장 중한 죄에 정한 형으로 처단하고 다른 경한 죄에 정한 형은 여기에 흡수되는 주의를 말한다. 형법은 경합범 가운데 중한 죄에 정한 형이 **사형, 무기징역** 또는 **무기금고**인 때에는 흡수주의를 취하고 있다(제38조 제1항 제1호). 이것은 가장 중한 죄에 정한 형이 사형 또는 무기징역이나 무기금고인 때에 다른 형벌을 가중하거나 병과하는 것은 지나치게 가혹하기도 하고 형벌의 목적을 달성하는데 아무런 의미도 없기 때문이다.

흡수주의는 경한 죄에 정한 형의 하한이 중한 죄에 정한 형의 하한보다 높은 때에 경한 죄의 하한 이하로 처벌할 수 있느냐와 관련하여 각 죄에 정한 형의 결합을 요구하는 **결합주의**로 나타난다.[18)]

3. 가중주의

수죄에 대하여 하나의 **전체형**을 선고하는 주의를 말한다. 가중주의는 통상 가장 중한 죄에 정한 형을 가중하는 방법으로 이루어진다. 스위스형법[19)]과 오스트리아 형법[20)]은 상상적 경합과 경합범에 관하여 가중주의를 채택하고 있다. 우리 형법은 독일 형법과 마찬가지로 **경합범**에 대해서만 원칙적으로 **가중주의**를 채택하고 있다.[21)] 즉

17) 형법 제38조 제1항 제3호 참조.
18) 이재상/장영민/강동범, 535면.
19) 스위스형법 제68조 참조.
20) 오스트리아 형법 제28조 참조.
21) 형법 제38조 제1항 제2호 참조.

각 죄에 정한 형이 사형 또는 무기징역이나 무기금고 이외의 동종의 형인 때에는 가장 중한 죄에 정한 장기 또는 다액에 그 2분의 1까지 가중하되 각 죄에 정한 형의 장기 또는 다액을 합산한 형기 또는 액수를 초과할 수 없다. 다만 과료와 과료, 몰수와 몰수는 병과할 수 있다.

제2절 일 죄

Ⅰ. 서 론

범죄의 수가 1개인 것을 일죄(一罪)라 한다. 일죄는 1개의 구성요건을 일회 충족하는 경우를 말한다. 일죄의 대표적인 경우는 1개의 행위로 1개의 구성요건을 충족하는 경우이다. 그러나 1개 또는 수개의 행위로 수개의 구성요건을 충족했지만 구성요건 상호간의 관계에 따라 1개의 구성요건만 적용되거나, 수개의 구성요건을 충족하는 행위를 포괄하여 일죄를 구성하는 경우도 있다. 전자를 법조경합이라 하고, 후자를 포괄일죄(包括一罪)라 한다.

따라서 일죄에는 **단순일죄**와 **포괄일죄**, 그리고 **과형상 일죄**이지만 **실질적으로 수죄**인 **상상적 경합**이 있다.

Ⅱ. 법조경합

1. 법조경합의 본질

법조경합(法條競合)이란 1개 또는 수개의 행위가 외관상 수개의 구성요건에 해당하는 것처럼 보이나 형벌법규의 성질상 하나의 형법법규만 적용되고 다른 형법법규의 적용을 배제하여 일죄만 성립하는 경우를 말한다. 이는 적용되는 형법법규의 내용이 다른 형법법규의 내용을 완전히 포섭함으로써 수개의 구성요건을 적용하는 것은 **이중평가**라는 부당한 결과를 초래하기 때문이다.

법조경합은 외관상 수개의 구성요건에 해당하는 것처럼 보이지만 실질적으로 한 개의 구성요건만 적용된다는 점에서 상상적 경합이나 실체적 경합과는 구별되며, 이

러한 의미에서 법조경합을 '**외관상 경합**' 또는 '**부진정 경합**'이라 부르기도 한다.[22)]

2. 법조경합의 태양

법조경합의 태양은 특별관계·보충관계·흡수관계·택일관계의 4가지의 유형으로 분류하는 것이 지배적인 견해[23)]이나 택일관계를 제외시키는 견해[24)]도 있다.

택일관계란 양립되지 않는 두 개의 구성요건 사이에 그 일방만이 적용되는 관계에 있는 법조경합으로서 절도죄와 횡령죄, 강도죄와 공갈죄의 관계를 들 수 있다. 택일관계에 대하여는 외견상으로도 하나의 범죄만 성립하기 때문에 법조경합이 아니라는 견해도 있다. 또한 횡령죄와 배임죄의 관계에 대하여는 택일관계라고 보는 견해와 특별관계로 보는 견해의 대립이 있다.

그 외에 법조경합은 1개의 행위일 경우에만 성립한다는 견해도 있으나, 수개의 행위가 외형상 수개의 구성요건에 해당하는 것처럼 보이지만 실질적으로 1개의 범죄만 성립하는 경우에도 가능하기 때문에 1개의 행위에 제한할 필요가 없다. 예컨대 불가벌적 사후행위의 경우에 수개의 행위가 있지만 1개의 범죄만 성립하기 때문이다. 이러한 의미에서 보면 법조경합은 **외견상의 상상적 경합**과 **외견상의 실체적 경합**이라 할 수 있다.

(1) 특별관계

외관상 경합하는 형벌법규 상호간에 어느 구성요건이 다른 구성요건의 모든 요소를 포함하고 그 외의 다른 요소를 구비해야 성립하는 경우를 특별관계라고 한다. 구성요건 상호간에 특별관계에 있게 되면 '특별법은 일반법에 우선한다'는 원칙에 의해 특별법만 적용되고 일반법은 적용되지 않는다. 특별관계의 대표적인 경우로는 **가중적 구성요건 또는 감경적 구성요건**과 **기본적 구성요건**과의 관계이다.

예컨대 존속살해죄·영아살해죄·촉탁살인죄와 살인죄, 특수폭행죄와 폭행죄, 특수절도죄와 절도죄, 강도죄와 절도죄·폭행죄·협박죄, 상해치사죄와 상해죄·과실치사죄는 특별관계에 있다. **결합범**이나 **결과적 가중범**도 그 내용인 범죄에 대하여 특별관

---

22) 실질적으로 법조가 경합하지 않으므로 법조경합이라 부르는 것보다 법조단일이라는 표현이 정확하다는 지적이 있다(이재상/장영민/강동범, 536면).

23) 신동운, 728면; 오영근, 775면; 유기천, 313면; 임 웅, 560면; 정성근/박광민, 617면; 정영석, 281면; 진계호, 418면.

24) 이재상/장영민/강동범, 537면.

계에 있다. 특별관계가 성립되기 위해서는 특별형벌법규의 구성요건이 일반형벌법규의 구성요건의 내용을 포함하고 법익을 같이할 것이 요구된다.

판례는 ① 개정 전 도로교통법 제74조(현행법 제151조: 업무상과실·중과실재물손괴죄)는 업무상과실·중과실자동차파괴죄(형법 제189조)에 대하여 특별관계가 아니며,[25] ② 주식회사의 외부감사에 관한 법률 제20조는 공인회계사법 제20조, 제12조에 대하여 특별관계가 될 수 없고,[26] ③ 자동차관리법 제71조(부정사용금지), 제78조(자동차등록증부정사용 등)는 공기호부정사용죄(형법 제238조)와 특별관계가 아니며,[27] ④ 성폭력범죄의 처벌 등에 관한 특례법 제10조 제1항과 구 아동·청소년의 성보호에 관한 법률 제7조 제5항, 제2항은 특별관계가 아니라고 판시하였다.[28]

(2) 보충관계

외관상 경합하는 형벌법규 상호간에 어떤 형벌법규가 다른 형법법규의 적용이 없을 때 보충적으로 적용되는 관계를 보충관계라고 한다. 보충관계는 여러 형벌법규가 같은 법익에 대하여 서로 다른 침해단계에 적용될 경우에 인정된다. 즉 '기본법은 보충법에 우선한다'는 원리에 의하여 보충법의 적용이 배제된다.

보충관계는 **법률의 규정** 또는 **형벌법규의 의미연관의 해석**에 의하여 인정된다. 전자를 **명시적 보충관계**라 하고 후자를 **묵시적 보충관계**라고 한다.

형법에 규정되어 명시적 보충관계가 인정되는 범죄로는 간첩죄(제92조) 등에 대하여 일반이적죄(제99조), 또한 현주건조물 등에의 방화죄(제164조)와 공용건조물 등에의 방화죄(제165조)에 대하여 일반건조물 등에의 방화죄(제166조), 일반물건방화죄(제167조) 등이 여기에 해당된다.

묵시적 보충관계는 형벌법규의 의미연관의 해석에 의하여 다음의 두 가지 경우에 인정된다.

1) 경과범죄

보충관계는 **경과범죄** 또는 **불가벌적 사전행위**의 경우에 인정된다. 같은 법익에 대한 범죄실현에 있어서 앞 단계의 범죄는 다음 단계의 범죄에 대하여 독자성을 잃는다. 따라서 예비는 미수와 기수에 대하여, 미수는 기수에 대하여 보충관계에 있다.

---

25) 대판 1983. 9. 27, 82도671.

26) 대판 1993. 6. 22, 93도498.

27) 대판 1997. 6. 27, 97도1085.

28) 대판 2012. 8. 30, 2012도6503.

또한 보충관계는 서로 다른 구성요건 사이에도 보충관계가 인정될 수 있다. 즉 상해죄는 살인죄에 대하여, 위험범은 침해범에 대하여, 유기죄는 살인죄에 대하여 보충관계가 인정된다. 이러한 보충관계가 인정되기 위해서는 여러 단계의 범죄실현이 하나의 범죄의사에 의한 것이어야 하고, 또한 경과범죄는 다음 단계의 행위보다 중대한 불법내용이어서는 안 된다. 예컨대 **강도미수는 절도기수와 보충관계**에 있는 것은 아니다.[29]

2) 가벼운 침해방법

같은 법익에 대한 침해의 경우에 무거운 침해방법과 가벼운 침해방법 사이에는 보충관계가 인정된다. **종범**은 교사범과 정범에 대하여, **교사범**은 정범에 대하여 보충관계에 있다. 따라서 종범이 교사행위를 한 경우에는 교사범으로만 처벌되며, 나아가 공동정범이 된 경우에는 공동정범으로만 처벌된다. 부작위범은 작위범에 대하여, 과실범은 고의범에 대하여 보충관계에 있다.

(3) 흡수관계

어떤 구성요건에 해당하는 행위의 불법과 책임내용이 다른 구성요건에 포섭되어 그 유죄판결에 전체과정의 반가치가 완전히 포함되었지만 특별관계나 보충관계가 인정되지 않는 경우를 **'흡수관계'**라고 한다.

흡수관계는 흡수법의 구성요건이 피흡수법의 구성요건을 당연히 포함하는 것이 아니라는 점에서 특별관계와 구별되고, 서로 다른 범죄가 전형적으로 결합된 것이라는 점에서 보충관계와 구별된다. 즉 흡수관계는 1개 또는 수개의 행위가 수개의 구성요건을 실현하였지만 '전부법은 부분법을 폐지한다'는 법 원리에 따라 **전부법**만 적용되는 경우이다.

흡수관계에는 다음과 같이 두 가지 경우가 있다.

1) 전형적 또는 불가벌적인 수반행위

행위자가 특정한 범죄를 실현하는데 있어서 그 범죄실현과 필연적으로 결합되어 있지는 않지만 일반적·전형적으로 결합되어 있는 행위로서 그 행위만으로 다른 범죄의 구성요건을 충족하게 되지만, 특정한 주된 범죄에 비하여 전형적으로 수반되는 행위의 **불법성이 경미**하므로 이를 별도로 고려하지 않는 경우를 **전형적 또는 불가벌적 수반행위**라고 한다.

29) 이재상/장영민/강동범, 539면.

예컨대 살인죄에 수반된 재물손괴행위, 낙태죄와 부녀자의 신체에 대한 상해행위,[30] 자동차절도와 그 속의 휘발유절도, 도주죄에 수반하여 수형자가 수의를 입은 채로 도주하는 행위, 상해를 가하면서 행한 협박행위,[31] 사문서위조에 수반되는 인장위조행위[32] 및 감금의 수단으로 폭행·협박한 경우의 감금죄에 대한 폭행죄·협박죄 등은 특정한 범죄에 대한 **전형적인 수반행위**로서 흡수관계에 있다. 그 밖에도 향정신성의약품을 수수한 후에 이를 소지하는 행위도 **불가벌적인 수반행위**이다.[33]

그러나 수반행위가 일반적인 범위를 넘어서 고유한 불법내용을 가질 때에는 흡수관계가 되지 않고 양 죄는 상상적 경합이 된다.

2) 불가벌적 사후행위

가. 의 의 범죄에 의하여 획득한 이익을 확보하거나 사용·수익·처분하는 사후행위가 구성요건에 해당하는 경우에도 이미 주된 범죄에 의하여 평가된 행위이기 때문에 별도로 범죄를 구성하지 않는 경우를 **'불가벌적 사후행위'**라고 한다.

예컨대 절도범이 절취한 재물을 손괴하더라도 별도로 손괴죄가 성립하지 않는 경우를 들 수 있다. 이와 같이 불가벌적 사후행위는 주된 범죄행위와 사후행위가 법익침해에 관하여 단일한 평가를 받는다는 점에 특색이 있다.

불가벌적 사후행위의 성질에 대하여는, ① 보충관계로 보는 견해, ② 실체적 경합에 해당하지만 인적 처벌조각사유라고 보는 견해도 있으나, ③ **흡수관계로 보는 견해**[34]가 타당하다. 왜냐하면 사후행위는 그 자체가 위법하고 유책한 행위이지만 그것은 주된 범죄가 전제하거나 예상하는 행위이고, 주된 범죄가 의미를 갖기 위해 일반적으로 범해져야 한다는 점에서 주된 범죄와 전형적인 연관이 있기 때문이다.

나. 요 건 불가벌적인 사후행위가 되기 위해서는 다음과 같은 요건이 구비되어야 한다.

(i) 사후행위가 **범죄의 구성요건에 해당**하여야 한다. 예컨대 절도범이 절취한 재물을 소비한 때에는 횡령죄나 장물죄의 구성요건에 해당하지 않기 때문에 처벌되지 않

30) BGHSt. 28, 11. 낙태를 실행하기 위한 상해 또는 중상해는 낙태죄에 흡수된다.

31) 대판 1976. 12. 14, 76도3375.

32) 대판 1978. 9. 26, 78도1787.

33) 대판 1990. 1. 25, 89도1211.

34) 김일수/서보학, 682면; 박상기, 493면; 배종대, 746면; 손해목, 1130; 안동준, 310면; 이재상/장영민/강동범, 541면; 이형국, 422면; 정성근/박광민, 621면.

는 것이지, 불가벌적 사후행위라고 할 수 없다.

(ii) 사후행위는 **주된 범죄와 보호법익을 같이하고 침해의 양을 초과하지 않아야 한다.**

① 사후행위가 다른 사람의 새로운 법익을 침해한 때에는 가벌적인 행위가 된다. 예컨대 절도·횡령·사기한 재물을 손괴하거나 횡령물의 반환을 거부하거나, 장물인 자기앞수표를 현금 대신 교부하는 것[35]은 불가벌적인 사후행위이지만, 절취 또는 편취한 예금통장으로 은행에서 현금을 인출하거나 절취한 신용카드로 물품을 구입한 때에는 사기죄 등의 별개의 죄를 구성하게 된다.[36]

이와 관련하여 재산죄로 취득한 재물을 처분하는 것이 불가벌적인 사후행위가 될 수 있느냐가 문제된다. 절취한 재물을 처분하는 행위가 새로운 법익을 침해하는 경우에는 가벌적인 행위이지만,[37] 횡령한 재물을 처분하는 경우에는 별죄를 구성하지 않는다.[38]

그러므로 부동산명의수탁자가 신탁부동산에 근저당설정등기를 하였다가 후에 그 말소등기를 신청함과 동시에 다시 소유권이전등기를 경료한 경우에 나중의 행위는 먼저 이루어진 횡령죄의 불가벌적 사후행위로서 다시 횡령죄가 성립되지는 않는다.[39]

② 피해자와 법익이 동일하더라도 사후행위가 **주된 범죄에 의해 침해된 법익을 초과한 때에는 가벌적이다.** 예컨대 절취한 문서를 이용해 피해자의 재물을 편취하거나

---

35) 대판 1993. 11. 23, 93도213; 대판 2008. 1. 17, 2006도455(신고없이 물품을 수입한 본범이 이를 취득·양여하는 행위는 불가벌적 사후행위로서 별개의 범죄를 구성하지 않는다); 대판 2015. 9. 10, 2015도8592(종친회 회장이 위조한 종친회 규약 등을 공탁관에게 제출하는 방법으로 갑 종친회를 피공탁자로 하여 공탁된 수용보상금을 출급받아 편취하고, 이를 종친회를 위하여 업무상 보관하던 중 반환을 거부하여 횡령한 경우 새로운 법익의 침해를 수반하지 않는 불가벌적 사후행위에 해당한다).

36) 대판 1997. 1. 21, 96도2715.

37) 대판 1980. 10. 14, 80도2155(절취한 전당표로 전당포에 가서 전당물을 편취하는 경우에는 새로운 법익을 침해하므로 사기죄에 해당한다). 대판 1980. 11. 25, 80도2310(절도범이 장물을 제3자를 기망하여 자기 것인 양 처분하여 이익을 얻은 경우에 사기죄가 성립한다).

38) 대판 1978. 11. 28, 78도2175.

39) 대판 2000. 3. 24, 2000도310; 대판 1999. 11. 26, 99도2651; 대판 2010. 2. 25, 2010도93; 그러나 대법원은 2013. 2. 21, 2010도10500－전원합의체 판결에 의하여 위와 같은 행위도 새로운 법익침해의 위험을 추가시키거나 법익침해의 결과를 발생시킨 것이므로 특별한 사정이 없는 한 불가벌적 사후행위로 볼 수 없고, 별도로 횡령죄를 구성한다고 하여 종래의 입장을 변경하였다.

절취한 재물을 피해자에게 다시 매각한 때에는 **절도죄와 사기죄의 실체적 경합**이 된다.

③ 주된 범죄는 재산범죄인 경우가 보통이지만 여기에 제한되지 않는다. 그러므로 국가적 법익인 국가기밀을 탐지·수집하여 간첩죄를 범한 자가 국가기밀을 적국에 누설하는 행위(국가기밀누설죄)는 간첩죄의 불가벌적인 사후행위이다.[40)]

(iii) 주된 범죄에 의해 행위자가 처벌받아야만 불가벌적인 사후행위가 되는 것은 아니다. 따라서 주된 범죄가 공소시효의 완성 또는 소송조건의 결여로 공소가 제기되지 않는 때에도 사후행위는 불가벌이다.

그러나 주된 범죄가 범죄성립요건이 결여되었거나 범죄의 증명이 없기 때문에 처벌되지 않는 경우 사후행위는 처벌될 수 있다. 사후행위가 주된 범죄행위보다 반드시 가벼워야 하는 것도 아니다.

(iv) 사후행위가 제3자에 대한 관계에 있어서는 불가벌적인 사후행위가 되지 않는다. 제3자에게는 처벌받는 주된 범죄가 없기 때문이다. 따라서 사후행위에 관여한 **공범은 처벌**될 수 있다.[41)]

(4) 택일관계

택일관계란 두 개 이상의 구성요건이 동시에 성립할 수 없고 어느 하나의 범죄에 해당하면 다른 범죄는 성립할 수 없는 관계를 말한다. 예컨대 타인의 재물을 영득하는 행위는 절도죄와 횡령죄 및 점유이탈물횡령죄 중 어느 하나에만 해당할 수 있고 두 개의 범죄에 동시에 해당할 수 없는 경우를 말한다.

강도죄와 공갈죄를 택일관계로 보는 견해[42)]도 있으나, 강도죄의 구성요건 내용은 공갈죄의 구성요건 내용을 모두 포함하고 있기 때문에 특별관계로 보는 것이 옳다.[43)]

작위범과 부작위범, 고의범과 과실범은 동시에 성립할 수 없기 때문에 택일관계로 볼 수 있다.[44)]

택일관계는 외형상으로도 하나의 범죄만이 성립된다는 것을 이유로 법조경합의 한 유형으로 보지 않는 것이 근래에는 다수설의 입장이지만, 법조경합의 개념을 어느

---

40) 대판 1982. 4. 27, 82도285.

41) 이재상/장영민/강동범, 543면.

42) 이재상/장영민/강동범, 513면.

43) 오영근, 693면.

44) 오영근, 693면. 이를 같은 법익에 대한 가벼운 침해방법으로 보아 보충관계로 보는 견해도 있다(이재상/장영민/강동범, 515면).

행위에 대하여 일견 적용될 가능성이 있는 법 규정이 수개 있는 것과 같은 외형이 존재하지만 사실은 하나의 법 규정만 적용되고 다른 법 규정을 배제하는 경우라고 이해한다면 택일관계도 법조경합의 한 유형으로 보는 것이 옳다.[45)]

3. 법조경합의 효과

법조경합의 경우에 배제된 법률은 적용되지 않고 행위자는 적용된 법률에 정한 형으로 처벌되므로 배제된 법률은 판결주문이나 이유에 기재하지 않는다.

법조경합의 경우에는 배제된 법률의 범죄내용이 적용되는 법률에도 완전히 고려되지만, 이와 달리 상상적 경합의 경우에는 경합되어 부가되는 법률의 범죄내용이 추가되어 평가된다는 점에서 차이가 있다.

또한 법조경합에 있어서 배제되는 법률은 적용되는 법률의 일부를 형성하므로 제3자는 배제되는 범죄에 공범으로 가담할 수 있다. 따라서 제3자가 특히 가중적 구성요건을 인식하지 못한 경우에는 기본적 구성요건에 대한 고의가 있으면 그 범위에서 공범이 된다. 예컨대 존속살해죄에 있어서 갑이 그의 직계존속인 병을 그 사실을 모르는 친구 을의 도움 하에 살해한 경우에 갑은 존속살해죄의 정범이고 을은 보통살인죄의 종범이 된다.

적용되는 범죄가 친고죄이고 고소가 없는 경우에, 고소가 전체행위에 대한 것인 때에는 일반법에 의한 처벌도 불가능하지만, 부가된 불법요소에 관한 것인 때에는 그 부분만 처벌이 불가능하게 된다.[46)]

행위자가 적용되는 법률에 의하여 유죄판결을 받지 아니할 경우에는 원칙적으로 배제된 법률이 적용될 수 있다. 그러나 이로 인하여 법조경합의 목적에 반할 때에는 그렇지 않다. 불가벌적 사후행위가 여기에 해당한다.

III. 포괄일죄

1. 포괄일죄의 의의

포괄일죄란 구성요건을 충족하는 수개의 행위가 있음에도 불구하고 이를 수죄로

45) 오영근, 693면; 임 웅 560면.

46) 이재상/장영민/강동범, 544면.

보지 않고 수개의 행위를 포괄하여 1죄가 성립하는 경우를 말한다. 포괄일죄는 개별적으로도 구성요건을 충족하는 수개의 행위를 포괄하여 1개의 구성요건을 충족하는 경우이므로 **본래적으로 일죄**라는 점에서 1개의 행위가 수개의 구성요건을 충족함으로써 실질적으로 수죄이지만 **과형상 일죄**인 **상상적 경합**과 구별된다. 또한 1개 또는 수개의 행위가 외관상 수개의 구성요건에 해당하는 것처럼 보이지만 실질적으로는 1개의 형법법규에 해당하여 일죄인 점에서는 **법조경합**과 유사하지만, 포괄적으로 평가되는 수개의 행위가 개별적으로도 구성요건을 충족한다는 점에서 구별된다. 나아가 포괄일죄가 독자적으로도 구성요건을 충족하는 수개의 행위가 있다는 점에서는 **실체적 경합**과 유사하지만, 포괄적으로는 1개의 구성요건에 해당하여 일죄만이 성립한다는 점에서 실질적으로 수죄인 실체적 경합과 구별된다.

죄수는 범죄행위의 구성요건충족의 횟수에 의해 결정되며, 이때의 행위란 자연적 의미의 행위가 아니라 **구성요건적 행위**를 의미한다. 그런데 1개의 구성요건이 수개의 행위의 결합으로 이루어져 있거나, 구성요건의 성질상 동종행위의 반복이 예상되는 경우, 수개의 행위가 이미 완성된 범죄의 위법상태를 유지하는 데 불과한 경우에는 수개의 행위가 법적 의미에서는 1개의 구성요건적 행위가 되어 일죄에 불과하게 된다. 즉, **수개의 행위를 전제로 하는 범죄인 결합범** 및 **계속범**이 이에 해당한다.

또한 같은 법익에 대하여 시간적·장소적으로 접근한 수개의 행위가 같은 의사로 반복된 경우에도 포괄일죄로 인정하고 있다. **접속범**, **연속범**, **집합범**이 이에 해당한다.

2. 포괄일죄의 태양

포괄일죄의 태양에는 **결합범·계속범·접속법·연속범** 및 **집합범**이 있다.

(1) 결 합 범

결합범이란 개별적으로 독립된 범죄의 구성요건에 해당하는 수개의 행위가 결합하여 1개의 죄를 구성하는 경우를 말한다. 예컨대 강도죄는 폭행·협박죄와 절도죄, 강도살인죄는 강도죄와 살인죄, 강도강간죄는 강도죄와 강간죄의 결합범이다.

결합범은 결합된 범죄와 특별관계에 있지만 수개의 실행행위가 결합하여 포괄적으로 1개의 범죄를 완성하므로 **포괄일죄**가 된다.[47] 결합범은 그 일부에 대한 실행행위의 착수는 전체에 대한 실행의 착수가 되고, 일부에 대한 방조는 전체에 대한 방조

47) 결합범은 포괄일죄가 아니라는 견해도 있다(임 웅, 566면).

가 된다.

간첩죄, 범죄단체조직죄, 통화위조죄 등과 같이 구성요건이 동일한 구성요건의 반복실현을 예상하고 있는 범죄의 경우에 반복된 수개의 행위는 포괄일죄가 된다.

(2) 계 속 범

계속범이란 구성요건적 행위가 기수에 도달한 이후에도 일정한 기간 동안 위법상태가 계속 유지될 수 있는 형태의 범죄를 말한다. 위법상태가 없어질 때까지 범죄는 실질적으로 종료되지 않는다. **주거침입죄, 퇴거불응죄, 감금죄** 등이 여기에 해당한다. 예컨대 며칠 동안 감금된 피해자가 탈출하는 것을 다시 붙잡아 감금한 경우에 위법상태를 유지하기 위한 행위이므로 포괄하여 1개의 감금죄가 성립한다.

계속범은 상태범 또는 즉시범과 대비되는 개념이다. **상태범** 내지 **즉시범**이란 범죄가 기수에 이르게 되면, 즉시 범죄행위는 계속되지 않고 범죄행위에 의하여 초래된 위법상태만이 존재하는 형태의 범죄를 말한다.

판례에 의하면 **직무유기죄는 계속범**이나, 내란죄, 학대죄, 횡령죄, 폭력행위 등 처벌에 관한 법률의 범죄단체조직죄, 국가보안법상 이적단체구성 및 가입죄, 도주죄, 군형법상 무단이탈죄(제30조), 잠입죄, 무허가도로점용죄 등은 즉시범 내지 상태범이다.

도주죄는 즉시범으로서 범인이 도주행위를 하여 간수자의 지배를 이탈한 상태에 이르렀을 때에 기수가 되고, 이와 달리 법률에 의하여 구금된 자를 탈취하거나 도주하게 한 자는 도주원조죄에 해당하며, 이미 구금된 장소를 벗어난 도주범죄자의 도피를 도와주는 행위는 도주원조죄가 아니라 범인은닉·도피죄(제151조)에 해당된다.

(3) 접 속 범

1) 의 의

동일한 법익에 대하여 수개의 행위가 불가분적으로 접속하여 행하여지는 것을 접속범이라 한다. 즉 단독의 행위에 의해서도 구성요건충족이 가능한 경우에 수개의 행위가 동일한 기회에 동일한 장소에서 불가분하게 결합되어 구성요건적 결과가 발생한 경우를 말한다.

예컨대 절도범이 동일한 기회에 재물을 수회 반출하여 자동차에 싣는 행위, 동일한 기회에 부녀를 수회 간음한 경우, 한 장의 문서에 동일한 사람의 명예를 훼손하는 수개의 사실을 적시하는 경우 등이 여기에 해당한다.

시간적·장소적으로 밀접한 행위가 단일한 범죄의사 하에 수개의 행위가 행해지는 것이므로 포괄하여 일죄가 성립한다. 예컨대 동일한 사람에게 같은 기회에 여러 차례에 걸쳐서 상해를 가하거나 칼로 찔러서 살해한 경우에 1개의 상해죄 또는 살인죄가 성립하는 것과 동일하다.

접속범이 되기 위해서는 ① 단일한 범의를 가지고, ② 시간적·장소적으로 직접 접속하여 행해져야 하며, ③ 동일한 법익에 대하여 반복된 행위가 있어야 한다.

행위자의 수개의 행위가 다른 법익을 침해하거나, 전속적 법익에 있어서 주체를 달리하는 법익침해가 있을 때에는 불법의 양적 증가에 불과하다고 할 수 없으므로 포괄일죄가 되지 않는다.

(4) 연 속 범

연속범이란 연속한 수개의 행위가 동종의 범죄에 해당하는 경우를 말한다. 연속한 수개의 행위가 반드시 구성요건적으로 일치할 필요가 없으며, 시간적·장소적 접착성도 요구하지 않으므로 접속범과도 구별된다.

일본 구형법은 연속범에 관하여 규정하고 이를 과형상 일죄로 취급하였다. 예컨대 상점점원이 연속하여 상점주인의 재물을 절취하는 것을 연속범이라 하여 과형상 일죄로 처벌하였다. 그러나 전후 개정을 통해 일본형법은 연속범 규정을 폐지하였다.

연속범의 죄수를 어떻게 할 것인지에 대하여는 견해가 대립한다. 즉 동일한 의사와 동일한 방법으로 동일한 법익에 대한 침해를 계속하는 행위에 대하여는,

① 포괄일죄라는 견해,[48] ② 접속범과는 달리 수죄로 경합범이라는 견해,[49] ③ 연속범을 단일행위에 의한 포괄일죄로 볼 수는 없으나 처분상의 일죄로 취급해야 한다는 견해[50]가 대립한다.

연속범이란 역사적으로 독일 형법이 18세기 이래로 학설과 판례에 의해 법적인 단일행위의 특수한 경우를 인정한 이후로, 명문의 규정은 없지만 오늘날까지 널리 적용되어온 개념이다. 그러나 연속범을 일죄로 하는 것은 연속범을 수죄로 보아 경합범의 예에 따라 전체형을 정하게 된다면 모든 행위의 성격을 개별적으로 파악해야 하므

48) 김성천/김형준, 581면; 김일수/서보학, 690면; 박상기, 479면; 배종대, 751면; 손동권, 502면; 손해목, 1135면; 오영근, 783면; 이재상/장영민/강동범, 547면; 이형국, 425면; 임 웅, 563면; 조준현, 349면.

49) 신동운, 738면; 안동준, 313면; 이정원, 447면; 정영석, 282면.

50) 황산덕, 299면.

로 법관에게 양형결정에 있어서 지나치게 큰 부담을 주는 소송경제적인 측면과 양형에 있어서 피고인에게 지나치게 불리한 결과를 초래한다는 점 때문이다.

한편 연속범은 개별행위가 독자적으로 범죄구성요건을 충족하기 때문에 이들 연속적인 범죄행위를 포괄하여 일죄로 하는 것은 범죄자에게 너무 특혜를 주는 것이므로 정당한 형벌의 이념이나 실질적 정의에 반하므로 연속범개념을 인정해서는 안 된다는 견해가 대두하고 있다.

그러나 독일의 통설과 판례도 일정한 요건 하에서 연속범을 포괄일죄로 인정하고 있으며, 우리 대법원도 일관되게 연속범을 포괄일죄로 판시하고 있다.[51]

2) 요　　건

우선 연속범이 되기 위해서는 개별행위가 독자적으로 구성요건에 해당하고 위법하며 유책해야 하며, 친고죄의 경우에는 고소가 있어야 한다. 또한 포괄일죄에 있어서는 고소의 분리가 가능하므로 고소권자는 일부에 대해서만 고소할 수 있기 때문이다. 공소시효의 경우도 마찬가지이다.

연속범이 성립하기 위해서는 단일하고도 계속된 범의 하에서 동종의 범행을 일정기간 반복하여 행하고 그 피해법익이 동일해야 한다. 즉 연속범이 성립하기 위해서는 ① 범의의 단일성이라는 주관적 요건과, ② 범행방법의 동종성, ③ 시간적 제약성, ④ 피해법익의 동일성이라는 객관적 요건이 구비되어야 한다.

51) 대판 1960. 8. 3, 4293형상64(수개의 업무상 횡령행위는 그것이 피해법익이 단일하고 또 범죄의 태양을 동일히 하고 단일범의의 발현에 기인하는 일련의 행동이라고 인정될 때에는 포괄하여 1개의 범죄라고 인정함이 타당하다); 대판 2000. 1. 21, 99도4940(단일하고도 계속된 범의아래 동종의 범행을 일정기간 반복하여 행하고 그 피해법익도 동일한 경우에는 각 범행을 통틀어 포괄일죄로 볼 것이고, 수뢰죄에 있어서 단일하고도 계속된 범의 아래 동종의 범행을 일정기간 반복하여 행하고 그 피해법익도 동일한 것이라면 돈을 받은 일자가 상당한 기간에 걸쳐 있고, 돈을 받은 일자 사이에 상당한 기간이 끼어 있다 하더라도 각 범행을 통틀어 포괄일죄로 볼 것이다); 대판 2002. 7. 12, 2002도2029(사기죄에 있어서 동일한 피해자에 대하여 수회에 걸쳐 기망행위를 하여 금원을 편취한 경우, 그 범의가 단일하고 범행방법이 동일하다면 사기죄의 포괄일죄만이 성립한다 할 것이다); 대판 2006. 2. 23, 2005도8645(사기죄에 있어서 동일한 피해자에 대하여 수회에 걸쳐 기망행위를 하여 금원을 편취한 경우, 그 범의가 단일하고 범행 방법이 동일하다면 사기죄의 포괄일죄만이 성립한다); 대판 2015. 10. 29, 2015도10948(동일한 피해자에 대하여 수회에 걸쳐 기망행위를 하여 금원을 편취하였는데 범의가 단일하고 범행 방법이 동일한 경우 사기죄의 포괄일죄가 성립한다).

가. 객관적 요건

(가) 피해법익의 동일성 피해법익이 동일해야 한다. 따라서 절도죄와 주거침입죄, 감금죄와 상해죄 사이에는 피해법익이 다르므로 연속범이 될 수 없다. 또한 동일한 법익을 침해한 경우에도 생명·신체와 같은 **일신전속적인 법익**을 침해한 경우에는 법익주체가 다르기 때문에 연속범이 될 수 없다. 따라서 수인에 대하여 연속적으로 살인·상해·강간·낙태를 한 경우에는 수죄의 실체적 경합범이지 연속범으로서의 포괄일죄가 아니다.

개별적인 행위가 **원칙적으로 동일한 구성요건에 해당**해야 하지만, 이때의 동일한 구성요건이란 형법상 동일한 금지에 기초했는가의 문제이지 단순히 형법상 조문이 같아야 한다는 의미가 아니므로 **기본적 구성요건과 가중적 구성요건, 기수와 미수 사이에는 연속범이 가능**하다. 그러므로 절도와 절도미수 및 특수절도가 연속관계에 있을 때에는 연속범으로서 1개의 특수절도가 성립한다.[52] 예컨대 갑이 대학도서관 사물함의 물건을 절취하고자 기회를 엿보고 있다가 대학생 을이 명품가방을 사물함에 넣고 가는 것을 보고 이를 절취하려고 시도하다가 화장실에 갔다 오던 을에게 발각되자 도주한 후, 다시 기회를 엿보다가 다른 사물함을 열어 가방과 책을 훔친 후 다시 잠긴 사물함을 송곳으로 자물쇠를 부수고 가방을 절취한 경우에는 연속범으로서 1개의 **특수절도죄**만 성립한다.

그러나 절도죄와 횡령죄, 절도죄와 강도죄, 공갈죄와 준강도죄, 문서위조죄와 문서손괴죄 사이에는 피해법익이 다르므로 연속범이 성립할 수 없다.

(나) 침해의 동종성 개별적 범죄실행은 그 **침해방법이 유사**해야 한다. 따라서 죄질이 다른 **고의범 상호간**이나 **고의범과 과실범**의 연속범은 있을 수 없다. 그러나 **작위범과 부작위범, 정범과 공범** 사이의 연속범에 대하여는 **부정설**[53]과 **긍정설**[54]이 대립한다. 긍정설은 예컨대 갑과 을이 수회에 걸쳐 소매치기를 하고 다니던 중 어느 한

---

52) 대판 1975. 5. 27, 75도1184(세 번의 특수절도, 두 번의 특수절도미수, 한 번의 야간주거침입절도, 한 번의 절도사실 등 7가지 사실이 상습적으로 반복한 것으로 볼 수 있다면 이러한 경우에는 법정형이 가장 중한 상습특수절도죄에 나머지 죄를 포괄시켜 하나의 죄만 성립한다.); 대판 1976. 5. 25, 76도1124; 대판 2003. 2. 28, 2002도7335(직계존속인 피해자를 폭행하고, 상해를 가한 것이 존속에 대한 동일한 폭력습벽의 발현에 의한 것으로 인정되는 경우, 그 중 법정형이 더 중한 상습존속상해죄에 나머지 행위들을 포괄시켜 하나의 죄만이 성립한다).

53) 배종대, 166-167면; 이재상/장영민/강동범, 549면.

54) 오영근, 701면.

범행에서 갑이 을의 소매치기를 방조한 경우에 갑을 특수절도의 연속범과 절도의 방조범의 경합범으로 다루게 되면, 갑이 그 범행에서 소매치기의 실행행위를 하였다면 특수절도죄의 연속범이 되는 것과 균형이 맞지 않기 때문이라고 한다. 생각건대 정범과 공범 사이에는 연속범이 성립할 수 없다는 부정설이 타당하다. 왜냐하면 연속범이 되기 위해서는 객관적으로 법익침해방법이 유사해야 할 뿐만 아니라 행위자에게 동종의 범죄를 연속적으로 실현하고자 하는 정범고의가 필요한데 공범고의를 가진 경우에는 연속범이 될 수 없기 때문이다. 판례가 장물취득죄와 상습장물알선죄가 포괄일죄의 관계가 있다고 한 것은 연속범을 인정한 경우라 할 수 있다.[55)]

연속범이 되기 위해서는 법익침해방법의 동종성 내지 유사성이 요구되지만, 여기서 범행의 객체나 실행의 목적이 동일할 필요는 없다.

(다) 시간적·장소적 계속성 개개의 행위는 **시간적·장소적으로 계속성**이 있어야 한다. 말하자면 동일한 관계를 이용했다고 볼 수 있어야 하며, **시간적 근접성**이 있어야 한다. 예컨대 범죄와 범죄 사이에 시간적으로 장기간이 지나서 9개월 이상이 되거나,[56)] 또는 장소적으로 다른 도시에서 무전취식행위가 이루어진 경우에는 연속범이 될 수 없다.[57)]

장소적 근접성에 대하여는 반대 견해도 있다. 예컨대 절취한 신용카드로 여러 도시에서 사용한 경우를 들 수 있다. 판례도 계속된 범의 하에 여러 차례 신용카드 부정사용행위를 한 경우에 이를 포괄하여 **1개의 신용카드부정사용죄**의 **포괄일죄**로 판시하고 있다.[58)]

나. 주관적 요건 주관적 요건으로는 **범의의 단일성**이 인정되어야 한다. 범의의 단일성의 의미에 대하여는 **전체고의설**과 **계속적 고의설**의 견해가 대립한다.

① 행위자가 사전에 행위의 시간·장소·피해자 및 범행방법을 포함한 행위전체의 결과를 인식하고 이를 개별적 행위에 의하여 단계적으로 실현할 것을 결의하는 경

55) 대판 1975. 1. 14, 73도1848(상습장물취득죄만 성립한다).

56) 대판 1982. 11. 9, 82도2055.

57) 대판 2007. 3. 15, 2006도9042(공직선거법 제106조 제1항에서 정한 호별방문죄로 기소된 사안에서 갑의 집을 방문한 것은 을의 집과 병의 집을 방문한 때로부터 3개월 내지 4개월 전이고, 정의 집을 방문한 것은 을의 집과 병의 집을 방문한 때로부터 다시 6개월 내지 7개월 후로서 시간적 간격이 매우 크므로 시간적 근접성이 있다고 하기는 어렵다).

58) 대판 1996. 7. 12, 96도1181(이 경우에는 절도죄와 신용카드부정사용죄의 실체적 경합이 된다); 대판 2016. 10. 27, 2016도11318.

우의 **전체고의**를 의미한다는 견해[59]와 ② 동종의 범행으로 동일한 법익을 침해하려는 의사, 즉 **계속적 고의** 내지 **범의의 계속성**으로 족하다는 견해가 그것이다. 대법원은 후자의 입장이다.

전체고의를 의미한다고 보는 견해에 의하면 치밀하고 계획적인 범죄인에게 순간 범인보다도 특혜를 주는 결과가 되므로 범의의 단일성은 범의의 계속성으로 족하다고 보는 후자의 입장이 타당하다. 따라서 개개의 행위가 서로 계속적으로 **심리적 연관**을 가지면 족하므로, 행위자가 범죄행위를 종료한 후에 다시 반복할 것을 결의한 **연쇄고의의 경우**에도 연속범을 인정할 수 있게 된다.

판례가 **범의의 단일성**을 인정하지 않아 포괄일죄가 아니라고 판시한 예로는, ① 신용협동조합의 전무가 **수개의 거래처**에 부당대출을 하여 업무상배임죄를 범한 경우(특정경제범죄가중처벌법위반),[60] ② 일정한 기간 **다수인**을 상대로 신용카드로 자금융통행위를 한 경우(신용카드업법위반),[61] ③ 컴퓨터로 음란물을 제공한 행위로 서버컴퓨터가 압수된 이후 동종의 제2범행을 한 경우[62] 등이다.

3) 연속범의 처리

가. 실체법상의 효과 연속범은 구성요건이 다른 때에는 **가장 중한 죄로 처벌**된다. 따라서 미수와 기수인 때에는 기수로, 절도와 특수절도의 경우에는 특수절도죄로 가중적 구성요건이 적용되어 처벌된다. 다만 경한 죄의 기수와 중한 죄의 미수가 연속된 때에는 양 죄의 상상적 경합이 되어 그 중 중한 죄로 처벌된다.

나. 소송법상의 효과 연속범은 **소송법상으로도 일죄**가 된다. 포괄일죄에 있어서 공소시효는 최초의 범죄행위가 종료된 때부터 진행하며, 일부 행위의 공소시효가 완성되었거나 고소가 없는 때에도 다른 행위의 처벌에는 영향을 미치지 않는다. 포괄일죄에 있어서 **공소사실의 특정**은 그 범죄의 일부를 형성하는 개개의 행위에 대하여 공소사실이 구체적으로 특정되지 않더라도 그 전체범행의 시기와 종기, 범행방법, 피해자나 상대방, 범행횟수나 피해액의 합계 등을 명시하면 공소사실이 특정되었다고 할 수 있으며, 연속범에 있어서 유죄판결의 기판력은 판결 이전에 범한 모든 행위에

---

59) 독일의 학설과 판례의 입장이다. 우리나라에서 이를 지지하는 견해로 서보학, 연속범이론에 대한 형법적 고찰(정성근교수화갑기념논문집, 1997), 613면 참조.

60) 대판 1997. 9. 26, 97도1469.

61) 대판 2001. 6. 12, 2000도3559.

62) 대판 2005. 9. 30, 2005도4051.

미친다. 따라서 연속관계에 있는 범행에 대하여 공소가 제기된 때에는 **면소판결**을 해야 한다.[63]

(5) 집 합 범

1) 집합범의 개념 및 종류

집합범이란 **다수의 동종행위가 단일한 의사에 의하여 반복되지만 포괄하여 일죄를 구성하는 경우**를 말한다. 여기에 해당하는 범죄로는 **영업범·직업범 및 상습범**이 있다.

'영업범'이란 행위자가 반복적인 행위를 통해 수입을 얻는 형태의 범죄, 즉 **영업행위의 일환으로 행해지는 불법적인 행위를 통해 수익을 얻는 범죄**를 말하며, **'직업범'**이란 범죄행위의 반복이 **행위자의 경제적·직업적 활동의 일환으로 이루어지는 범죄**를 말하고, **'상습범'**이란 **행위자의 범죄습벽에 의하여 범해지는 범죄**를 말한다.

2) 집합범의 법적 성격

집합범의 법적 성격에 대하여는 **포괄일죄**라는 견해와 **경합범**이라는 견해의 대립이 있다.

전자는 집합범에 있어서 행위자의 영업성·직업성 및 상습성이 수개의 독립행위를 포괄하여 하나의 행위로 통일하는 기능을 가지므로 집합범은 **포괄일죄**라는 견해[64]로서 **지배적인 견해**이며, 이는 영업범[65]과 상습범[66]을 포괄일죄로 판시하고 있는 **판례의 입장**이기도 하다.

이에 대하여 후자는 행위자의 생활태도 내지 내심적 의사의 동일성이라는 상습성이나 영업성만으로 수개의 독립적인 개별범죄행위를 포괄일죄로 처리하는 것은 특수한 범죄에너지를 가진 범죄인에게 부당하게 특혜를 주는 것이므로, 이를 경합범으

---

63) 대판 1971. 2. 23, 70도2612.

64) 김일수/서보학, 689면; 배종대, 662면; 손해목, 1138면; 신동운, 686면; 유기천, 315면; 이재상/장영민/강동범, 551면; 임 웅, 565면; 정성근/박광민, 619면; 조준현, 350면.

65) 대판 1984. 2. 28, 83도3313(의료법상 무면허의료행위는 그 범죄의 구성요건의 성질상 동 범행의 반복이 예상되는 것이므로 반복된 수개의 행위는 포괄적으로 한 개의 범죄로 처단된다); 대판 2001. 8. 21, 2001도3312(약국개설자가 아님에도 단일하고 계속된 범의 하에 일정기간 계속하여 의약품을 판매하거나 판매할 목적으로 취득함으로써 약사법 제35조 제1항에 위반된 행위를 한 경우 이는 모두 포괄하여 일죄를 구성한다); 대판 2010. 5. 13, 2010도2468(영리를 목적으로 무면허 의료행위를 업으로 하는 자가 일부 돈을 받지 아니하고 무면허 의료행위를 한 경우에도 보건범죄단속에 관한 특별조치법 위반죄의 1죄만이 성립한다).

66) 대판 2000. 2. 11, 99도4797; 대판 1999. 11. 26, 99도3929; 대판 2012. 8. 17, 2012도6815.

로 취급해야 한다는 견해[67]이다.

생각건대 ① 집합범은 연속범보다 범죄의사, 피해법익, 행위라는 측면에서 더욱 밀접한 행위들로 이루어져 있으므로 연속범을 포괄일죄로 취급하면서 집합범을 경합범으로 취급하는 것은 균형이 맞지 않으며, ② 상습범이나 영업범은 범죄의 성질상 수개의 범죄행위를 할 것을 예상하여 법정형을 정할 때 형량을 높게 정하였기 때문에 이를 다시 경합범으로 가중하는 것은 입법취지에도 맞지 않고, ③ 나아가 다수의 범죄행위를 예상하여 규정되어 있는 영업범을 경합범으로 취급하게 되면 불법한 영업행위 중 일부만이 처벌된 경우에 다른 행위에 대하여는 일사부재리의 원칙이 적용되지 않게 되어 다시 처벌되므로 피고인에게 지나치게 불리한 결과를 초래하게 된다. 따라서 집합범을 포괄일죄로 취급하는 **판례와 지배적인 학설의 입장**은 타당하다.

3. 포괄일죄의 처리

(1) 실체법상의 효과

포괄일죄는 **실체법상 일죄**이다. 구성요건을 달리하는 수개의 행위가 포괄일죄에 해당하는 경우, 즉 동종의 범죄를 실현하는 연속범일 때에는 **가장 중한 죄**만 성립한다. 예컨대 행위자가 절도죄와 특수절도죄를 연속적으로 범한 경우에는 특수절도죄만 성립한다.

또한 포괄일죄에 있어서 개개의 범죄행위가 형의 변경이 있는 법 개정 전후에 걸쳐서 행해진 경우에는 범죄실행 종료시의 **신법이 적용**된다.[68]

특경법 제3조, 특가법 제2조 등과 같은 형사특별법 중에 범죄로 취득한 이득액을 기준으로 형벌을 정하는 경우에 이때의 이득액은 단순일죄의 이득액이나 포괄일죄가 성립하는 경우의 이득액의 합산액을 의미하며, 경합범으로 처벌될 수죄의 각 이득액을 합한 금액을 말하는 것은 아니다.[69]

그리고 포괄일죄의 일부에 가공한 공범은 **자신이 관여한 이후의 범행**에 대해서만 책임을 지고, 그 가담정도에 따라 공동정범·교사범 또는 종범이 성립한다.

---

67) 박상기, 484면; 안동준, 317면; 이정원, 480면; 이재상/장영민/강동범, 551－552면; 이형국, 연구2, 486면.

68) 대판 1998. 2. 24, 97도183; 대판 2009. 4. 9, 2009도321.

69) 대판 2000. 7. 7, 2000도1899.

(2) 소송법적 효과

포괄일죄는 소송법상 1죄로 처리되기 때문에 공소시효는 최종의 범죄행위가 종료한 때부터 진행한다.[70] 포괄일죄의 중간에 **다른 종류의 죄의 확정판결**이 끼어있는 경우에도 그 죄는 2죄로 분리되지 않고 확정판결 후인 최종의 범죄행위시에 완성된다.[71]

그러나 상습성으로 인해 포괄일죄가 되는 중간에 **동종의 죄에 대한 확정판결**이 있을 때에는 **포괄일죄는 확정판결 전후로 분리**되게 된다.[72]

또한 상습범으로 포괄일죄의 관계에 있는 여러 개의 범죄사실 중 일부에 대하여 유죄판결이 확정된 경우에, 그 확정판결의 **사실심판결선고 이전**에 저질러진 나머지 범죄에 대하여 새로이 공소가 제기되었다면 그 새로운 공소는 확정판결이 있었던 사건과 동일한 사건에 대하여 다시 제기된 데 해당하므로 이에 대하여는 면소판결을 해야 하는바, 다만 이러한 법리가 적용되기 위해서는 전의 확정판결에서 당해 피고인이 상습범으로 기소되어 처단되었을 것을 필요로 한다.[73]

포괄일죄에 있어서 **공소제기의 효력**이나 **판결의 기판력**은 사실심리의 가능성이 있는 **항소심 판결 선고 전**까지 범하여진 다른 사실에도 미치므로, 그 사실에 대하여 별도로 공소가 제기된 경우에는 **면소판결**을 해야 한다.[74] 확정된 공소사실이 포괄일죄로 기소되었느냐 또는 단순일죄로 기소되었느냐는 묻지 아니한다.[75]

---

70) 대판 2002. 10. 11, 2002도2939; 대판 2015. 10. 29, 2014도5939; 대판 2015. 9. 10, 2015도7081.

71) 대판 2002. 7. 12, 2002도2029(사기죄에 있어서 동일한 피해자에 대하여 수회에 걸쳐 기망행위를 하여 금원을 편취한 경우, 그 범의가 단일하고 범행 방법이 동일하다면 사기죄의 포괄일죄만이 성립한다 할 것이고, 포괄일죄는 그 중간에 별종의 범죄에 대한 확정판결이 끼어 있어도 그 때문에 포괄적 범죄가 둘로 나뉘는 것은 아니라 할 것이고, 또 이 경우에는 그 확정판결 후의 범죄로서 다루어야 한다); 대판 2001. 8. 21, 2001도3312.

72) 대판 2000. 2. 11, 99도4797(상습사기사건) 원래 실체법상 상습사기의 일죄로 포괄될 수 있는 관계에 있는 일련의 사기 범행의 중간에 동종의 죄에 관한 확정판결이 있는 경우에는 그 확정판결에 의하여 원래 일죄로 포괄될 수 있었던 일련의 범행은 그 확정판결의 전후로 분리되고, 이와 같이 분리된 각 사건은 서로 동일성이 있다고 할 수 없어 이중으로 기소되더라도 각 사건에 대하여 각각의 주문을 선고하여야 한다.

73) 대판 2004. 9. 16, 2001도3206(전원합의체 판결).

74) 대판 1990. 5. 22, 89도1984; 대판 1983. 4. 26, 82도2829.

75) 대판 2004. 9. 16, 2001도3206 – 전원합의체(상습범으로서 포괄적 일죄의 관계에 있는 여러 개의 범죄사실 중 일부에 대하여 유죄판결이 확정된 경우에, 그 확정판결의 사실심판결 선고 전에 저질러진 나머지 범죄에 대하여 새로이 공소가 제기되었다면 그 새로운 공소는 확정판결이

제3절 수 죄

I. 상상적 경합

1. 상상적 경합의 본질

(1) 의 의

한 개의 행위가 수개의 죄에 해당하는 경우를 말한다. 예컨대 1개의 폭탄을 던져 수명을 살해한 경우나 1개의 폭탄을 던져 한 사람을 살해하고 다른 사람을 상해하며 가옥을 파괴한 경우 등이 여기에 해당한다. 이와 같이 1개의 행위에 대하여 수개의 법적 평가가 이루어지는 경우가 **'상상적 경합'**이다. 상상적 경합의 경우에는 한 개의 행위에 의해 실현된 수개의 죄가 명시된다는 점에서 상상적 경합은 **정리기능**을 가졌다고도 한다.

그런데 상상적 경합이 일죄인가 수죄인가에 대하여는 **일죄설**과 **수죄설**이 대립한다. 전자는 행위표준설과 의사표준설에 따른 결과이며, 후자는 구성요건표준설이나 법익표준설에 따른 결과이다. 생각건대 형법이 제40조에 "한 개의 행위가 수개의 죄에 해당하는 경우에는 가장 중한 죄에 형으로 처벌한다"고 규정하고 있으므로, 상상적 경합은 **실질적으로 수죄**이지만 **과형상 일죄**라는 견해가 타당하며, 우리나라의 지배적인 견해[76]이기도 하다.

그런 점에서 상상적 경합은 **법조경합 및 경합범과 구별**된다. 1개의 행위인 점에서는 법조경합과 같으나 수죄인 점에서 다르고, 수죄인 점에서는 경합범과 같지만 한

있었던 사건과 동일한 사건에 대하여 다시 제기된 데 해당하므로 이에 대하여는 판결로써 면소의 선고를 하여야 하는 것인바(형사소송법 제326조 제1호), 다만 이러한 법리가 적용되기 위해서는 전의 확정판결에서 당해 피고인이 상습범으로 기소되어 처단되었을 것을 필요로 하는 것이고, 상습범 아닌 기본 구성요건의 범죄로 처단되는 데 그친 경우에는, 가사 뒤에 기소된 사건에서 비로소 드러났거나 새로 저질러진 범죄사실과 전의 판결에서 이미 유죄로 확정된 범죄사실 등을 종합하여 비로소 그 모두가 상습범으로서의 포괄적 일죄에 해당하는 것으로 판단된다 하더라도 뒤늦게 앞서의 확정판결을 상습범의 일부에 대한 확정판결이라고 보아 그 기판력이 그 사실심판결 선고 전의 나머지 범죄에 미친다고 보아서는 아니 된다).

76) 김일수/서보학, 697면; 배종대, 760면; 손해목, 1141면; 유기천, 332면; 이재상/장영민/강동범, 553면; 이형국, 427면; 임 웅, 569면; 진계호, 424면.

개의 행위인 점에서는 수개의 행위를 요구하는 경합범과 다르다. 그러나 상상적 경합이 일죄인가 수죄인가는 구조적인 문제에 불과하고 실제적으로 의의가 있는 것은 아니다.

(2) 견련범(牽連犯)과 상상적 경합

형법은 과형상 일죄로서 상상적 경합을 규정하여, 일본형법이 상상적 경합과 견련범(일본 형법 제54조)을 인정하고 있는 것과는 다르다.

견련범이란 1개의 행위가 수개의 죄에 해당하거나 **범죄의 수단 또는 결과인 행위가 수개의 죄명에 해당하는 경우**를 말한다. 예컨대 주거침입과 절도·강도·강간·살인이나, 문서위조와 위조문서행사·사기 등의 관계가 여기에 해당한다. 일본 형법은 수개의 죄 사이에 **객관적인 견련관계**와 **범죄수단과 결과라는 밀접한 인과관계**가 있을 때에만 견련관계를 인정하고 있다. 따라서 살해 후 사체를 유기한 경우, 불법 소지한 총포·도검을 사용하여 살인·강도 등의 행위를 한 경우, 불법 감금 후 강간한 경우에는 견련관계를 부정하고 있다.

그러나 우리 형법에는 견련범에 관한 규정이 없다. 따라서 견련범에 대하여는, ① 범죄의사와 행위의 단일성이 인정되는 범위 내에서 **상상적 경합**으로 보아야 한다는 견해, ② 의사의 단복에 따라 **상상적 경합** 또는 **경합범**으로 보아야 한다는 견해, ③ **경합범**에 불과하다는 견해가 대립한다.

생각건대 이른바 견련범에 해당하는 경우에는 원칙적으로 **경합범**이 성립되고, 예외적으로 **의사의 단일성**과 **행위의 동일성**이 인정되는 범위에서 **상상적 경합**이 될 수 있다고 보아야 한다.

2. 상상적 경합의 요건

상상적 경합이 성립하기 위해서는 **1개의 행위**와 **수개의 죄**라는 요건이 필요하다.

(1) 행위의 단일성

1) 행위단일성의 기준

행위의 단일성에 대하여 판례가 사물자연의 상태에서 **사회통념상 1개의 행위**라고 볼 수 있는 경우,[77] 즉 **자연적 의미의 행위단일성을 의미한다는 견해**[78]도 있으나, 이에

77) 대판 1987. 7. 21, 87도564.(연명문서를 위조하는 행위는 수개의 문서위조죄가 성립되어 형법 제40조의 상상적 경합에 해당한다); 대판 2011. 1. 13, 2010도9330(피고인 등이 피해자들을 유

따르면 행위의 수를 결정할 기준이 불명확하고 그 범위가 확대될 위험도 있다. 또한 행위자의 의사를 기준으로 1개의 행위를 결정하는 것도 정의의 관념에 반한다. 따라서 행위의 단일성은 법적 개념이며 침해된 구성요건과의 관계에서 정해진다고 할 수 있다. 이런 의미에서 1개의 행위란 **구성요건적 행위가** 1개임을 의미한다는 견해[79]가 타당하다.

그러나 행위가 수개인 경우에는 실체적 경합범이나 포괄일죄가 된다.

2) 실행행위의 완전동일성

구성요건적 실행행위가 완전히 동일할 때에는 언제나 1개의 행위가 된다. 1개의 폭탄투척행위로 살인·상해·재물손괴의 결과가 발생한 때는 1개의 행위이다.

1개의 행위란 객관적인 실행행위의 동일성이 인정되는 경우를 말하며, 주관적인 요소가 기준이 되지는 않는다. 따라서 동일한 목표 또는 동기 하에 수개의 행위를 한 경우에는 수개의 행위이다. 절도와 이를 위한 도구절취행위는 별개의 행위이다.

또한 실행행위가 같은 이상 **고의범과 과실범도 1개의 행위가 될 수 있다.** 따라서 재물손괴의 고의로 폭탄을 던져 재물을 손괴하고 과실로 사람을 살해하는 때에도 1개의 행위이다.

수개의 부작위범 사이에도 상상적 경합이 가능하다. 이때에는 부작위의 동일성이 아니라 기대되는 행위의 동일성이 문제된다. 예컨대 소방공무원이 자기 집의 화재를 진압하지 않은 경우나 수상안전요원이 물에 빠진 두 사람을 구하지 않아 익사한 경우 등을 들 수 있다.

그러나 **작위범과 부작위범 사이에는 상상적 경합이 있을 수 없다.** 이 경우는 실행행위의 동일성을 인정할 수 없기 때문이다.

3) 실행행위의 부분적 동일성

실행행위의 부분적 동일성이 인정되어도 1개의 행위가 된다. 따라서 상상적 경합은 수개의 죄의 구성요건을 충족하는 행위가 완전히 같을 것을 요하지 않고 부분적으로 일치하는 경우에도 인정된다.

가. 결 합 범 결합범 또는 결과적 가중범에 있어서 실행행위의 일부가 같으

인하여 사기도박으로 도금을 편취한 행위는 사회관념상 1개의 행위로 평가하는 것이 타당하므로, 피해자들에 대한 각 사기죄는 상상적 경합의 관계에 있다).

78) 정성근/박광민, 628면; 정영석, 284면.

79) 이재상/장영민/강동범, 555면; 임 웅, 568면(사회적, 형법적 행위표준으로 결정해야 한다는 견해).

면 **상상적 경합**이 인정된다. 예컨대 현주건조물에 방화하여 사람을 살해하거나 상해한 때에는 **현주건조물방화치사죄**(제164조 제2항)와 **살인죄** 또는 **현주건조물방화치상죄와 상해죄**의 상상적 경합이 될 수 있다.

그런데 대법원은 위의 경우에 현주건조물방화치사죄만 성립하고, 다만 **존속살해죄와 현주건조물방화치사죄**는 **상상적 경합**이 될 수 있다고 판시하고 있다.[80)]

나. 목 적 범 실행행위의 일부분은 실행의 착수부터 실질적 종료까지의 행위를 의미한다. 따라서 예비행위는 동일성만으로는 상상적 경합이 될 수 없지만, 범죄의 형식적 종료인 기수와 실질적 종료 사이에는 상상적 경합이 가능하다. 특히 목적범에 있어서는 목적이 달성되기 전까지 1개의 행위가 될 수 있다. 따라서 **사문서위조죄와 위조사문서행사죄 및 사기죄**는 **상상적 경합관계**에 있다고 해야 한다.[81)]

그러나 **대법원**은 **위조사문서행사죄나 위조통화행사죄와 사기죄**,[82)] **문서위조죄와 동행사죄**[83)]는 **경합범관계**에 있다고 판시하고 있다.

다. 계 속 범 주거침입죄, 감금죄, 도로교통법위반(음주운전)과 같은 계속범과 그 중에 범한 죄에 대하여 상상적 경합을 인정할 수 있느냐가 문제된다.

실행행위의 동일성은 **동시성**만으로 족하지 않기 때문에 주거침입의 기회에 범한 명예훼손이나 강간은 별개의 행위이다. 또한 **강도, 강간, 절도**를 하기 위해 주거에 침입한 경우에도 행위의 단일성이 인정되지 않으므로 **경합범**이 된다.[84)] 다만 행위의 단일성이 인정되지 않지만 절도행위의 상습성으로 인해 가중처벌되는 상습절도의 경우에는 **상습절도죄**(특정범죄가중처벌 등에 관한 법률 제5조의4 제1항 위반)**의 1죄만이 성립**하고 **주거침입죄도 여기에 흡수**된다고 보아야 한다.[85)] 또한 감금죄가 강간 또는 강도

---

80) 대판 1996. 4. 26, 96도485(형법 제164조 후단이 규정하는 현주건조물방화치사상죄는 그 전단이 규정하는 죄에 대한 일종의 가중처벌 규정으로서 과실이 있는 경우뿐만 아니라, 고의가 있는 경우에도 포함된다고 볼 것이므로 사람을 살해할 목적으로 현주건조물에 방화하여 사망에 이르게 한 경우에는 현주건조물방화치사죄로 의율하여야 하고 이와 더불어 살인죄와의 상상적 경합범으로 의율할 것은 아니며, 다만 존속살인죄와 현주건조물방화치사죄는 상상적경합범 관계에 있으므로, 법정형이 중한 존속살인죄로 의율함이 타당하다).

81) 이재상/장영민/강동범, 557면.

82) 대판 1979. 7. 10, 79도840.

83) 대판 1983. 7. 26, 83도1378.

84) 대판 1983. 4. 12, 83도422.

85) 대판 1983. 6. 28, 83도1068.

의 수단이 된 때에는 1개의 행위로 인한 경우이므로 양죄는 **상상적 경합**이 될 수 있다.[86)]

대법원은 **무면허운전(도로교통법위반)과 업무상과실치사상죄의 관계**에 대하여 **실체적 경합관계**가 성립한다고 판시하고 있다.[87)] 그러나 감금죄와 강간죄에 대한 관계와 마찬가지로 도로교통법위반의 내용이 동시에 과실의 내용을 이룬 때에는 **실행행위의 부분적 동일성**이 인정되므로 **상상적 경합**이 된다고 보아야 한다.[88)]

라. 연결효과에 의한 상상적 경합 수개의 구성요건적 행위의 부분적 동일성에 관하여는, 이른바 연결효과에 의한 상상적 경합을 인정할 수 있는가, 즉 **2개의 독립된 행위가 제3의 행위에 의하여 연결되어 서로 상상적 경합이 될 수 있느냐**가 문제되며, 학설은 긍정설과 부정설이 대립한다.

(가) 긍 정 설 연결하는 제3의 행위의 불법내용이 다른 2개의 행위에 비하여 경하지 않을 것을 조건으로 2개의 범죄 사이에 **상상적 경합을 인정**해야 한다는 견해이다.[89)] **독일 다수설**의 태도이다.

그 논거로는 ① 연결효과에 의한 상상적 경합을 인정하지 않을 경우에 **제3의 행위를 이중평가**하는 결과가 되고, ② 제3행위의 불법내용이 2개의 범죄보다 경한 때에는 경한 범죄 때문에 중한 두 개의 범죄가 상상적 경합이 되는 것을 피해야 한다는 점을 들고 있다.

(나) 부 정 설 서로 다른 2개의 행위가 다른 행위에 의하여 1개의 행위가 될 수 없다고 보는 견해이다.[90)] 그 이유는 ① 경합범으로 처벌해야 할 범죄를 제3의 행위 때문에 상상적 경합으로 처벌하는 것은 정당한 처벌이라 할 수 없고, ② 연결하는 범죄의 경중에 따라 다른 두 개의 행위가 상상적 경합이 되거나 실체적 경합이 된다고 보는 것은 설득력이 없다는 것이다.

부정설이 타당하다고 생각한다. 그리고 수개의 구성요건적 행위의 부분적 동일성이 있는 경우에 있어서 이중평가를 피하면서 정당한 처벌이 가능하도록 하기 위해서는, 2개의 행위를 실체적 경합으로 가중한 후에 그것과 상상적 경합관계인 제3의 행

---

86) 대판 1983. 4. 26, 83도323.
87) 대판 1972. 10. 31, 72도2001.
88) 이재상/장영민/강동범, 558면.
89) 김일수/서보학, 701면; 배종대, 763면; 이형국, 428면; 임 웅, 571면; 정성근/박광민, 641면.
90) 박상기, 492면; 손해목, 1145면; 오영근, 811면; 이재상/장영민/강동범, 559면.

위를 비교하여 중한 형으로 처벌하는 것이 타당하다고 생각된다.[91]

판례는 허위공문서작성죄와 동행사죄, 공도화변조죄와 동행사죄가 실체적 경합관계에 있다는 전제에서 이들 범죄와 수뢰후부정처사죄가 상상적 경합관계에 있는 때에는, 허위공문서작성죄와 동행사죄가 실체적 경합관계에 있다고 할지라도 수뢰후부정처사죄와 대비하여 중한 죄에 정한 형으로 처벌하여야 하고,[92] 공도화변조죄와 동행사죄의 관계에서도 같은 취지로 판시하고 있다.[93] 이것은 판례가 연결효과에 의한 상상적 경합을 인정하지 않으면서 처벌에 있어서는 이를 긍정하는 것과 같은 효과를 인정한 것이라 할 수 있다.[94]

(2) 수개의 죄

1개의 행위가 수개의 죄에 해당해야 한다. 수개의 죄가 이종인가 동종인가에 따라 이종의 상상적 경합과 동종의 상상적 경합으로 나눌 수 있다. 이종의 상상적 경합이 성립할 수 있다는 점에 대하여는 이견이 없으나, 문제는 동종의 상상적 경합이 가능한가에 있다.

주관설 내지 의사표준설에 의하면 동종의 상상적 경합은 단순일죄에 불과하다고 보게 되나, 구성요건표준설 내지 법익표준설에 의하면 상상적 경합이 가능하다고 하게 된다.

생각건대 동종의 상상적 경합도 원칙적으로 가능하지만 피해법익과의 관계를 고려하여 판단해야 한다.

1) 전속적 법익

생명, 신체, 자유, 명예 등은 전속적 법익이므로 수개의 죄에 해당한다. 국가적 법익 또는 사회적 법익 가운데서도 개별적 고유가치를 가진 범죄는 수개의 죄에 해당한

---

91) 이재상/장영민/강동범, 559면.

92) 대판 1983. 7. 26, 83도1378.

93) 대판 2001. 2. 9, 2000도1216.(형법 제131조 제1항의 수뢰후부정처사죄에 있어서 공무원의 수뢰 후 행한 부정행위가 공도화변조 및 동행사죄와 같이 보호법익을 달리하는 별개범죄의 구성요건을 충족하는 경우에는 수뢰후부정처사죄 외에 별도로 공도화변조 및 동행사죄가 성립하고 이들 죄와 수뢰후부정처사죄는 각각 상상적 경합관계에 있다고 할 것인바, 이와 같이 공도화변조죄와 동행사죄 상호간은 실체적 경합범 관계에 있다고 할지라도 상상적 경합관계에 있는 수뢰후부정처사죄와 대비하여 가장 중한 죄에 정한 형으로 처단하면 족한 것이고 따로 경합범 가중을 할 필요가 없다).

94) 이재상/장영민/강동범, 559면.

다. 따라서 1개의 고소장으로 수인을 무고한 경우, 수인에 대하여 위증을 교사한 경우, 수인의 공무원에게 증뢰한 경우, 수인의 공무집행을 방해한 경우 등은 **상상적 경합**이 성립한다. 또한 공무원이 취급하는 사건에 관하여 청탁 또는 알선을 할 의사와 능력이 없음에도 청탁 또는 알선을 한다고 기망하고 금품을 교부받은 경우에는 **사기죄**와 **변호사법 위반죄**가 상상적 경합관계가 된다.[95]

2) 비전속적 법익

법익주체의 수에 따라 재산죄의 경우에도 상상적 경합이 성립한다는 견해도 있으나, 재산적 법익에 대하여는 1개의 행위가 있는 이상 **1개의 범죄가 성립**할 뿐이다. 다만 **강도죄**나 **공갈죄**와 같이 개인의 전속적 법익을 동시에 보호해야 할 범죄의 경우에는 **상상적 경합이 가능**하다.

또한 비전속적 법익인 **공공의 법익**에 있어서도 **동종의 상상적 경합은 성립할 수 없다**. 따라서 1개의 행위로 수개의 건조물을 방화한 때에는 1개의 방화죄만 성립할 뿐이다.

3. 상상적 경합의 법적 효과

(1) 실체법적 효과

상상적 경합의 경우에는 **가장 중한 죄**에 정한 형으로 처벌한다(제40조). 상상적 경합은 실질적으로 수죄이나 과형상(처분상) 일죄이므로 1개의 형으로 처벌하되, 가장 중한 형으로 처벌하도록 하고 있다.

여기서 가장 중한 형은 법정형을 의미하므로, 예컨대 살인죄와 손괴죄가 상상적 경합인 때에는 살인죄에 정한 형으로 처벌하게 된다.

상상적 경합에 있어서 형의 경중은 형법 제50조에서 정한 바에 따르면 족하므로, 실체적 경합범의 경우에 징역과 금고를 동종의 형으로 간주하여 징역형으로 처단하게 한 형법 제38조 제2항의 규정은 적용되지 않게 된다.[96]

형의 경중을 비교하는 데 있어서는 **중점적 대조주의**와 **전체적 대조주의**가 대립한다. 전자는 중한 형만 대조하면 족하다고 함에 반하여, 후자는 두 개 이상의 주형 전체에 대하여 대조가 필요하다는 입장이다.

95) 대판 2006. 1. 27, 2005도8704.

96) 대판 1976. 1. 27, 75도1543.

문제는 중한 죄의 법정형의 하한이 경한 죄의 법정형의 하한보다 경한 경우에 경한 죄의 법정형의 하한보다 가벼운 형으로 벌할 수 있느냐에 있다.

생각건대 상상적 경합은 실질적으로 수죄이므로 **전체적 대조주의**가 타당하다고 생각된다. 따라서 **수죄의 법정형 중 상한과 하한이 모두 중한 형에 의해 처단**해야 하고,[97] 경한 죄에 병과형 또는 부가형이 있을 때에는 이를 병과해야 할 것이다.

이런 점에서 보면 상상적 경합에 대한 법적 효과는 순수한 흡수주의가 아니라 **결합주의**와 같은 결과를 가져온다.

예컨대 **강도강간미수**(무기 또는 10년 이상의 징역)와 **강도상해죄**(무기 또는 7년 이상의 징역)가 상상적 경합관계에 있는 경우에는 **강도강간미수죄**에 정한 형으로 처벌하기로 하고 유기징역을 선택한 다음 미수감경과 작량감경을 하여 그 처단형의 범위를 정함에 있어서 경한 강도상해죄에서 정한 유기징역의 하한에 작량감경한 범위(3년 6월 이상의 징역)를 벗어날 수 없게 된다.

(2) 소송법적 효과

상상적 경합은 과형상 일죄이고 실질적으로 수죄라는 점이 소송법적 효과에 명백히 반영된다.

1) 과형상의 일죄

상상적 경합관계에 있는 **수개의 죄 중 일부에 대하여 확정판결이 있는 때**에는 그 **전부에 대하여 기판력이 발생**하고,[98] 일부에 대한 공소제기는 그 전부에 대하여 효력이 미친다. 수개의 죄 가운데 일부가 무죄인 때에는 판결주문에 무죄를 선고할 필요가 없고, 판결주문에서 무죄를 선고하였다고 하여 판결에 영향을 미친 위법이 있다고 할 수 없다.[99]

2) 실질적인 수죄

상상적 경합은 **실질적으로 수죄이므로 모든 범죄사실과 그 적용법조를 기재**해야 하고, 일부분이 무죄인 때에는 그 **이유를 설시**해야 한다. 친고죄에 있어서 **고소와 공소시효**도 개별범죄마다 따로 판단해야 한다. 따라서 상상적 경합관계에 있는 죄 중 일부가 친고죄인 경우에 그 죄에 대한 고소 또는 고소취소가 있는 때에도 다른 비친고죄

97) 대판 1984. 2. 28, 83도3160; 대판 2008. 12. 24, 2008도9169; 대판 2012. 6. 28, 2012도3927.

98) 대판 1990. 1. 25, 89도252.

99) 대판 1983. 8. 23, 83도1288; 1982. 9. 28, 82도1656.

의 처벌에는 영향을 미치지 않는다.

II. 경 합 범

1. 경합범의 본질

경합범이란 판결이 확정되지 아니한 수개의 죄 또는 금고 이상의 형에 처한 판결이 확정된 죄와 그 판결확정 전에 범한 죄를 말한다(제37조).

경합범은 수개의 행위로 인한 수개의 죄를 토대로 한다. 따라서 비록 동일한 장소에서 동일한 방법으로 순차적으로 수인을 상해하거나 살해한 경우에는 수개의 독립된 행위에 의하여 발생한 수죄가 되므로 **경합범**이 된다. 수개의 독립된 행위가 법조경합이나 포괄일죄에 해당하지 않은 경우이므로 이를 **실체적 경합** 또는 **실재적 경합**이라 한다.

판례도 수개의 독립된 행위가 보호법익과 구성요건을 달리하는 범죄에 해당할 경우에는 실체적 경합범이 된다고 판시하고 있다.[100)]

경합범은 **동일한 행위자가 수죄를 실현한 경우**이므로 각기 실현된 수죄의 형을 **병과**하는 것이 이론적으로는 타당하다. 그러나 병과주의는 유기자유형의 성질을 변경하는 결과를 초래하고, 형벌의 효과도 단순히 그 기간에 비례하는 것이 아니라 누진적이기 때문에 병과한 형은 정당한 형이 될 수 없다는 점 등을 근거로 형법은 원칙적으로 **가중주의**를 택하고 있다.

경합범이 성립하기 위해서는 **수개의 행위로 수개의 죄를 실현했다는 실체법적 요건** 이외에 수개의 죄가 **하나의 재판에서 같이 평가될 가능성**이 있어야 한다. 이것은 형법 제37조에서 판결이 확정되지 아니한 수개의 죄 또는 금고 이상의 형에 처한 판결이

---

100) 대판 2000. 7. 7, 2000도1899(방문판매 등에 관한 법률 제45조 제2항 제1호는 "누구든지 다단계판매조직 또는 이와 유사하게 순차적·단계적으로 가입한 가입자로 구성된 다단계조직을 이용하여 상품 또는 용역의 거래없이 금전거래만을 하거나 상품 또는 용역의 거래를 가장하여 사실상 금전거래만을 하는 행위를 하여서는 아니된다."고 규정하고 있어서 그 행위 자체를 사기행위라고 볼 수는 없고, 그러한 금전거래를 통한 형법 제347조 제1항의 사기죄와 방문판매 등에 관한 법률 제45조 제2항 제1호의 위반죄는 법률상 1개의 행위로 평가되는 경우에 해당하지 않으며, 또 각 그 구성요건을 달리하는 별개의 범죄로서, 서로 보호법익을 달리하고 있어 양죄를 상상적 경합관계나 법조경합관계로 볼 것이 아니라 실체적 경합관계로 봄이 상당하다); 대판 2010. 2. 11, 2009도12627.

확정된 죄와 그 판결확정 전에 범한 죄를 경합범으로 한다고 규정한 것도 이러한 의미이다. 전자를 **동시적 경합범**이라 하고, 후자를 **사후적 경합범**라 할 수 있다.

2. 경합범의 요건

형법은 제37조에 **동시적 경합범**과 **사후적 경합범**을 규정하고 있다.

(1) 동시적 경합범의 요건

판결이 확정되지 아니한 수개의 죄를 말한다. 동시적 경합범이 되기 위해서는 아래의 요건이 필요하다.

1) 수개의 행위로 수개의 죄를 범할 것

여기서 수개의 행위란 실행행위의 단일성이 인정되지 않은 경우를 말한다. 예컨대 동일인으로부터 수회에 걸쳐 재물을 편취한 경우,[101] 횡령을 교사한 후 장물을 영득한 경우,[102] 주거에 침입하여 강간한 경우,[103] 사람을 살해하고 사체를 유기한 경우,[104] 예금통장을 강취하고 예금청구서를 위조한 다음 이를 은행원에게 제출하여 돈을 대출받은 경우[105] 등이 여기에 해당한다.

2) 수개의 죄는 모두 확정판결이 없을 것

판결의 확정이란 판결이 상소 등 통상의 불복방법에 의하여 다툴 수 없는 상태인 것을 말한다. 유·무죄 등의 확정판결 이외에 이것과 동일한 효력을 가진 경우를 말하며, 실질적으로는 일사부재리의 효력을 가진 재판이 확정된 경우를 의미한다. 따라서 경합범 중 1죄가 확정되고 다른 일죄의 부분만 파기환송된 경우[106]나 원래 동시적 경합범이었으나 그 중 1죄만이 기소되어 확정판결이 있은 때에는 경합범관계가 될 수 없다.

3) 수개의 죄는 동시에 판결할 것

수개의 죄가 모두 판결이 확정되지 아니한 죄일지라도 그것이 동시에 판결될 상태에 있지 않으면 동시적 경합범이 될 수 없다. 추가기소의 경우에 병합심리 된 때에

---

101) 대판 20004. 6. 25, 2004도1751.
102) 대판 1969. 6. 24, 69도692.
103) 대판 1988. 12. 13, 88도1807.
104) 대판 1984. 11. 27, 84도2263.
105) 대판 1991. 9. 10, 91도1722.
106) 대판 1974. 10. 8, 74도1301.

만 동시적 경합범이 될 수 있다. 따라서 1심에서 별도로 판결된 수죄일지라도 항소심에서 병합심리한 때에는 동시적 경합범이 된다.[107] 그러나 별도로 기소되어 각 범죄별로 심리되고 있는 죄를 법원이 반드시 병합심리하여야 하는 것은 아니다.[108]

(2) 사후적 경합범의 요건

금고 이상에 처한 판결이 확정된 죄와 그 판결확정 전에 범한 죄를 사후적 경합범이라 한다. 예컨대 갑이 순차적으로 범한 A, B, C, D, E의 5개 죄 중에 C죄에 대한 판결이 확정된 때에 A, B, C죄가 사후적 경합범이 된다. 이때 C죄에 대한 확정판결 후에 범한 D, E죄는 별도의 동시적 경합범이 된다. 그러나 여기서 A, B, C(사후적 경합범)죄와 D, E죄, 즉 확정판결 전후의 죄는 서로 경합범이 되지 않는다.

제37조 후단에 사후적 경합범을 인정하고 있는 것은 판결확정 전에 범한 죄는 그것이 법원에 알려졌을 경우에는 당연히 경합범으로 처벌되었을 것이므로, 법원에 알려지지 않았다는 이유로 불리하게 처리되어서는 안되기 때문이다.[109]

1) 확정판결의 범위

여기서 확정판결은 **금고 이상의 형**에 처해져야 한다. 따라서 벌금형이나 약식명령, 즉결심판에 의하여 확정된 재판은 여기서의 확정판결이라 할 수 없다.[110] 그러나 금고 이상에 처하는 판결이 확정된 이상 그 선고유예나 집행유예가 확정된 경우에도 판결이 확정된 죄에 해당한다. 판결의 유예기간이 경과하여 형의 선고가 실효되거나 면소된 것으로 간주되는 경우, 확정판결의 죄에 대하여 일반사면이 있는 경우도 확정된 죄에 해당한다. 금고 이상의 판결이 확정된 죄란 수개의 죄 중 어느 죄에 대하여 확정판결이 있었던 사실 자체를 말한다.

2) 확정판결 전에 범한 죄

판결이 확정된 죄와 그 판결의 확정 전에 범한 죄가 사후적 경합범이 된다. 판결확정 전에 범한 죄라고 할 경우에 **판결확정 전의 의미**를 어떻게 이해할 것인가에 대하여 견해가 대립한다. 이에 대하여 ① **당해 재판이 확정되기 전까지**라는 견해, ② **구두**

---

107) 대판 1972. 5. 9, 72도597.

108) 대판 1971. 1. 26, 70도2560.

109) 이재상/장영민/강동범, 565면.

110) 종래에는 확정판결의 범위에 제한이 없어 벌금형이나 약식명령이 확정된 때에도 사후적 경합범이 된다고 통설과 판례는 해석하였으나, 2003년 형법개정에 의하여 확정판결의 범위는 금고 이상의 형에 처한 판결로 제한되었다.

변론 종결시까지라는 견해도 있으나, ③ 판결의 기판력이 최종의 사실심인 항소심 판결선고 시를 기준으로 하므로 확정판결 전에 범한 죄란 항소심 판결선고 이전에 범한 죄를 의미한다고 보는 견해가 타당하다. 입법론적으로는 재검토가 필요하다.[111)]

3) 죄를 범한 시기

죄를 범한 시기는 범죄의 종료시를 기준으로 한다. 계속범의 경우에는 중간의 확정판결에 영향을 받지 않고 사후적 경합범이 되지 않는다. 연속범 등의 포괄일죄의 경우도 계속범과 마찬가지이다. 따라서 포괄일죄의 중간에 확정판결이 있을지라도 그 범죄는 확정판결 후에 종료되었으므로 그 판결확정 전에 범한 죄가 될 수 없다.[112)]

3. 경합범의 처분

(1) 동시적 경합범의 처분

경합범을 동시에 판결할 때는 다음과 같이 처벌한다.

1) 흡수주의

가장 중한 죄에 정한 형이 사형 또는 무기징역이나 무기금고일 때에는 가장 중한 죄에 정한 형으로 처벌한다(제38조 제1항 제1호). 가장 중한 형이 사형 또는 무기형인 때에는 여기에 다른 형을 가중하거나 병과하는 것은 무의미할 뿐만 아니라 가혹하기 때문에 흡수주의를 채택하고 있다.

2) 가중주의

각 죄에 정한 형이 사형 또는 무기징역이나 무기금고 이외의 동종의 형인 때에는 가장 중한 죄에 정한 장기 또는 다액에 2분의 1까지 가중하되, 각 죄에 정한 형의 장기 또는 다액을 합산한 형기 또는 다액을 초과할 수 없다. 다만 과료와 과료, 몰수와 몰수는 병과할 수 있다. 이 경우에 징역과 금고는 동종의 형으로 간주하여 징역형으로 처벌한다.[113)] 유기징역은 50년을 넘지 못한다.

형법은 사형 또는 무기징역이나 무기금고가 아닌 동종의 형에 대하여 가중주의 원칙을 채택하여 단일형을 선고하도록 규정하고 있다. 여기서 가중한다는 의미는 경합범의 각 죄에 선택형이 있는 때에는 그 중에서 처단할 형의 종류를 선택한 후 가장

111) 이재상/장영민/강동범, 566면.

112) 대판 1997. 10. 10, 97도1834; 대판 2001. 8. 21, 2001도3312; 대판 2002. 7. 12, 2002도2029.

113) 대판 2013. 12. 12, 2013도6608.

중한 죄에 정한 형의 장기 또는 다액의 2분의 1까지 가중한다는 의미이다.[114)]

3) 병과주의

각 죄에 정한 형이 무기징역이나 무기금고 이외의 **이종(異種)의 형**인 때에는 병과한다. 여기서 이종(異種)의 형이란 유기자유형과 벌금 또는 과료, 벌금과 과료, 자격정지와 구류 같은 이종의 형을 말한다. 형법은 이종의 형에 대해서만 예외적으로 병과주의를 취하고 있다. 이것은 1죄에 이종의 형을 병과할 때에도 적용된다고 보아야 한다.[115)]

(2) 사후적 경합범의 처분

1) 형의 선고

경합범 중 판결을 받지 아니한 죄가 있는 때에는 그 죄와 판결이 확정된 죄를 동시에 판결할 경우와 **형평을 고려**하여 그 죄에 대하여 형을 선고한다. 이 경우 그 형을 **감경 또는 면제**할 수 있다(제39조 제1항).

판례는 "피고인에게 집행유예의 전과 이외에 사기죄의 징역형 전과가 있고 모두 형법 제39조 제1항의 규정에 따라 '판결이 확정된 죄'에 해당하는 경우, 원심판결이 형법 제39조 제1항의 법령적용을 설시함에 있어서 단지 판결서에 위 사기죄 전과의 기재를 누락하였다는 사정만으로 원심이 위 규정에 정한 형평의 고려를 다하지 아니한 것으로 위법하다고는 할 수 없다"고 판시하고 있다.[116)]

형법은 사후적 경합범의 경우에 그 죄에 대해서만 형을 선고하도록 하면서, 그 형을 감경 또는 면제할 수 있도록 규정하고 있다.

사후적 경합범의 처벌에 관한 각국의 예를 살펴보면, ① 동시적 경합범과 같이 하나의 **전체형**을 선고하는 방법(독일 형법 제55조), ② 판결이 확정된 죄와 판결을 받지 아니한 죄를 합하여 **전체형을 정하고 추가형을 선고**하는 방법(오스트리아 형법 제40조), ③ 판결을 받지 아니한 죄에 대해서만 형을 정하고 **동시적 경합범에 비해 불리한 양형을 금지하는 방법**(스위스 형법 제68조), ④ 판결을 받지 아니한 죄에 대해서만 형을 선고하되 그 형의 집행은 **경합범의 예**에 의하도록 하는 방법(일본 형법 제51조) 등이 있다. 우리 형법은 종래 일본 형법과 같은 입장이었으나, 2005년 7월 29일 형법개정

114) 대판 1971. 11. 23, 71도1834.

115) 대판 1955. 6. 10, 4287형상210.

116) 대판 2006. 3. 23, 2005도9678.

에 의하여 **스위스 형법과 같은 태도**를 취하게 되었다.

따라서 판결을 받지 아니한 죄에 대한 형을 선고함에 있어서는 형법 제38조의 동시적 경합범의 형의 선고범위를 벗어날 수 없다고 하겠다. 그러므로 확정된 판결의 형이 사형 또는 무기징역이나 무기금고에 해당할 때에는 형을 면제하고, 동종의 형이 선고된 때에는 이미 선고된 형을 포함한 형이 중한 죄에 정한 장기 또는 다액의 2분의 1이나, 각죄에 정한 형의 장기 또는 다액을 합산한 형기 또는 액수를 초과하여 형을 선고할 수는 없다.

2) 확정판결 전후에 범한 죄

중간에 확정판결이 있는 전후에 범한 죄는 경합범이 아니다. 따라서 이 경우에는 두 개의 주문에 의하여 형을 선고해야 한다.

예컨대 갑이 범한 A, B, C, D, E 5죄 중 C죄에 대하여 확정판결이 있는 때에는 A, B죄와 C죄는 경합범이고 D, E죄도 경합범이지만, A, B, C죄와 D, E죄는 경합범이 아니므로, 법원은 가령 A, B죄에 대하여 징역 1년, D, E죄에 대하여 징역 1년에 처한다고 판결해야 한다.[117] 이 경우에는 경합범에 관한 규정이 적용될 여지가 없고 두 개의 형이 병과되는 것이므로 두 개의 형의 합계가 어떤가는 문제되지 않는다. 그러므로 소년범죄의 경합범의 경우에 있어서 두 단기형의 합계가 5년을 초과하여도 소년법 제60조 제1항의 단서에 반한다고 할 수 없다.[118]

3) 형의 집행과 경합범

경합범에 의한 판결의 선고를 받은 자가 경합범 중의 어떤 죄에 대하여 **사면 또는 형의 집행이 면제**된 때에는 다른 죄에 대하여 다시 형을 정한다(제39조 제3항). 이 규정은 경합범에 대하여 1개의 형이 선고되었을 때에 적용된다. 여기서 '다른 죄에 대하여 다시 형을 정한다'는 것은 다른 죄에 대하여 **형의 집행부분**만을 다시 정한다는 의미이다. 이 경우에 형의 집행에 있어서는 이미 집행한 형기를 통산한다(동조 제4항).

---

117) 대판 1967. 6. 20, 67도701.

118) 대판 1983. 10. 25, 83도2323 [소년범에 대하여 형법 제37조 후단의 경합범에 해당한다 하여 2개의 형을 선고하는 경우에 그 단기형의 합계가 징역 5년을 초과하더라도 이는 소년법 제54조 제1항 단서(현행 제60조 제1항 단서)의 규정에 저촉된다고 볼 수 없다]. 소년법 제54조 제1항(현행 제60조 제1항)에 '소년이 법정형으로 장기 2년 이상의 유기형에 해당하는 죄를 범한 경우에는 그 형의 범위에서 장기와 단기를 정하여 선고한다. 다만, 장기는 10년, 단기는 5년을 초과하지 못한다'고 규정하고 있다.

제 2 장 형벌과 보안처분의 이론

제 1 절 형벌의 종류

Ⅰ. 서 론

1. 형벌의 의의

범죄에 대한 법률적 효과로서 형사적 제재에는 형벌과 보안처분이 있다. 형벌이란 범죄에 대한 법률상의 효과로서 형사책임을 전제로 하여 범죄자에 대하여 국가가 과하는 법익박탈처분이다. 따라서 형벌이란 국가에 의하여 과해지는 공형벌(公刑罰) 내지 국가적 형벌이므로 어떠한 경우에도 사인은 형벌을 가할 수 없다. 또한 형벌은 범죄자의 이미 과거에 행해진 범죄행위에 대한 법률효과로서의 제재이지만, 형벌부과대상은 이러한 범죄행위가 아니라 범죄행위를 범한 범죄자이고 형벌의 범위도 책임의 범위 내에서 과해진다(책임주의원칙).

그러나 보안처분은 과거의 범죄행위에 대하여 과해지는 법익박탈처분인 형벌과는 달리, 범죄자의 장래의 범죄적 위험성을 기초로 하여 장래의 범죄발생을 예방하기 위한 처분이라는 점에서 구별된다.

범죄에 대한 법률효과로서의 형벌은 그 법익박탈처분의 내용에 따라 생명형(사형), 자유형(징역·금고·구류), 명예형(자격상실·자격정지), 재산형(벌금·과료·몰수)으로 나눌 수 있다.

2. 형벌의 종류

형법이 규정하고 있는 형벌의 종류에는 사형·징역·금고·자격상실·자격정지·벌금·구류·과료·몰수의 9종이 있다(제41조).

II. 사 형

1. 의 의

(1) 개 념

수형자의 생명을 박탈하는 것을 내용으로 하는 형벌을 말한다. 생명을 박탈하는 형벌이므로 **생명형**이라고도 하며, 형벌 중 가장 중한 형벌이라는 의미에서 **극형**이라고도 한다.

(2) 사형의 집행방법

사형의 집행방법은 나라마다 다르며, 그 방법으로는 교수형, 총살형, 참수형, 전기살, 가스살, 주사살, 석살 및 교살 등이 있다.

우리나라의 사형집행방법은 일반인에 대하여 **교수형**을, 군인에 대하여 **총살형**을 집행하도록 규정하고 있다. 즉 형법에 사형은 교도소 내에서 교수하여 집행하며(제66조), 군형법에 군인을 비롯한 군형법의 적용을 받는 자에 대하여는 총살형으로 집행하도록 규정하고 있다(군형법 제3조).

(3) 사형범죄의 범위

사형을 법정형으로 규정하고 있는 법률에는 형법 이외에도 각종 특별법이 있다. 이 경우에 사형만을 법정형으로 규정하고 있는 범죄도 있고, 사형과 자유형을 선택형으로 규정하고 범죄도 있다.

① 형법이 **절대적 법정형**으로 사형만을 규정하고 있는 범죄는 여적죄(제93조)뿐이고, ② **상대적 법정형**으로 사형과 자유형을 선택형으로 규정하고 있는 범죄로는 내란죄(제87조), 내란목적살인죄(제88조), 외환유치죄(제92조), 모병이적죄(제94조), 시설제공이적죄(제95조), 시설파괴이적죄(제96조), 간첩죄(제98조), 폭발물사용죄(제119조), 방화치사죄(제164조), 살인죄(제250조), 강간 등 살인죄(제301조의2), 인질살해죄(제324조의4), 강도살인죄(제338조), 해상강도살인·치사·강간죄(제340조)가 있다.

그 외에 특별법에 사형을 규정하고 있는 범죄로는 "폭력행위 등 처벌에 관한 법률"에 의한 범죄단체조직죄(제4조), "특정범죄가중처벌 등에 관한 법률"에 의한 약취유인죄(제5조의2)·도주차량운전자(동조의3)·상습강도(동조의4)·강도상해·강도강간의 재범(동조의5)·통화위조(제10조) 등이 있고, "국가보안법" 및 "보건범죄단속에 관한 특별조치법"(제2조 제1항 제3호, 제3조 제1항 제3호, 제3조의2)에도 사형을 규정하고 있다.

1995년 개정형법에 의해 사형규정이 신설된 범죄로는 강간살인죄, 인질살해죄이며, 사형규정이 삭제된 범죄로는 현주건조물 등 일수치사죄(제177조), 교통방해치사죄(제188조), 음용수혼독치사죄(제194조), 강도치사죄(제338조) 등이 있다.

2. 사형제도에 대한 찬반논의

사형제도에 대한 찬반논의가 있으나, 헌법재판소와 대법원은 이를 우리 헌법에 합치하는 제도로 보고 있다. 즉 대법원은 "헌법 제12조 제1항에 의하면 형사처벌에 관한 규정이 법률에 위임되어 있을 뿐 그 처벌의 종류를 제한하지 않고 있으며, 현재 우리나라의 실정과 국민의 도덕적 감정 등을 고려하여 국가의 형사정책으로 질서유지와 공공복리를 위하여 형법 등에 사형이라는 처벌의 종류를 규정하였다 하여 이것이 헌법에 위반된다고 할 수 없다."[1]고 하거나, "사형은 인간의 생명 자체를 영원히 박탈하는 극형으로서 그 생명을 존치시킬 수 없는 부득이한 경우에 한하여 적용되어야 할 궁극의 형벌이므로, 사형을 선택함에 있어서는 범행의 동기, 태양, 죄질, 범행의 수단, 잔악성, 결과의 중대성, 피해자의 수, 피해감정, 범인의 연령, 전과, 범행 후의 정황, 범인의 환경, 교육 및 생육과정 등 여러 사정을 참작하여 죄책이 심히 중대하고 죄형의 균형이나 범죄의 일반예방적 견지에서도 극형이 불가피하다고 인정되는 경우에 한하여 허용될 수 있다"[2]는 사형존치론의 입장을 일관되게 취하고 있다.

(1) 사형폐지론

사형폐지론을 최초로 주장한 사람은 1764년 '범죄와 형벌'이라는 저술을 통하여 앙샹레짐의 잔혹한 형벌을 비난한 이탈리아의 형법학자 베까리아(Beccaria)이다. 그는 형벌이 일반인에게 위하적 효과를 갖는 것은 잔혹성이나 엄격성에 있는 것이 아니라 확실성에 있고, 사형은 인간본성에 따라 곧 잊혀지므로 무기형이 오히려 위하력(威嚇力)이 있다고 주장하였다.

오늘날에 와서 사형은 인간의 존엄과 가치를 보장하는 헌법과 일치할 수 없고, 형사정책적으로도 합리적인 형벌이 될 수 없다는 점을 근거로 여전히 사형폐지론이 강하게 주장되고 있으며, 현재 전세계적으로 서구제국과 남미국가의 대부분이 사형제

1) 대판 1991. 2. 26, 90도2906.

2) 대판 1995. 1. 13, 94도2662.

도를 폐지하고 있다. 포루투칼(1867년), 스위스(1937년),[3] 독일(1949년), 오스트리아(1950년), 영국(1969년), 스페인(1975년), 프랑스(1981년) 등이 사형폐지국에 해당한다.

사형폐지론의 논거를 구체적으로 살펴보면 다음과 같다.

① 사형은 복수심에 근거한 야만적이고 잔혹한 형벌이며, **인간의 존엄과 가치**의 전제가 되는 생명권을 침해하는 형벌이어서 헌법에 어긋나므로 허용될 수 없다.

② 사형은 만약 **오판**으로 인해 형이 집행된 경우에는 회복할 수 없는 형벌이 되어 무고한 시민의 생명을 무자비하게 박탈하는 결과를 초래한다.

③ 사형은 **위하적 효과**가 적다는 것이다. 이는 사형폐지국가인 독일이나 스위스 등의 경우에 사형에 해당하는 중죄 발생률이 사형폐지전이나 사형존치국에 비하여 많이 발생해야 하나 실제로는 그렇지 않다는 것이다.

④ 사형은 범죄인에 대한 **개선과 교육이라는 형벌의 목적**에 부합하지 않는 원시적이고도 무의미한 형벌에 불과하다.

(2) 사형존치론

사형폐지론이 인간의 기본적 인권과 생명권 보장을 주장한 계몽주의에서 비롯되었지만 로크, 루소, 블랙스톤, 칸트 등 대부분의 계몽사상가들은 사형폐지를 주장하지 않았다. 오늘날에 와서도 사형존치론이 여전히 주장되고 있고, 사형폐지 국가에서도 중범죄에 대한 효과적인 대책을 위해 사형제도의 부활을 주장하는 견해도 나오고 있다.

미국을 비롯하여(사형을 폐지한 주도 있지만 아직까지 사형을 존치하고 있는 주가 많다) 중국이나 일본 등이 대표적인 사형존치국가이다.

사형은 형벌의 목적이 **응보와 위하**에 있고, 일반의 법의식에 의해 자명하고도 필요한 형벌로 인정되고 있다는 점을 이론적 근거로 사형존치론을 주장하고 있다.[4] 사형존치론의 구체적인 근거를 살펴보면 다음과 같다.

① 사형의 **위하적 효력**을 부정할 수 없다. 사형을 예고하는 것은 죽음에 대한 두려움으로 인해 범죄에 대한 강력한 억제력을 가진다. 사형의 위하력(威嚇力)에 대한 통계가 없다는 것을 근거로 이를 부정할 수는 없다.

② 형벌의 본질이 응보인 이상 극악무도한 범죄인에 대하여 사형을 선고하는 것은 범죄에 대한 사회의 도덕적 분노의 표현이며, 법적 안정성을 위해서도 필요하고

3) 스위스는 전시에 한해 군형법에 의하여 사형이 인정되고 있다.
4) 유기천, 349면; 이재상/장영민/강동범, 576면; 정성근/박광민, 656면.

적절한 형벌이다. 사형이 인간의 존엄과 가치를 침해하는 것은 아니다.

③ **사회의 법의식**이 사형을 요구하는 경우에는 사형은 적절하고 필요한 형벌이다.

(3) 결 어

사형폐지론이 이상적인 이론이고 이를 주장하는 학자[5]도 증가하고 있다. 사형존폐론의 문제는 사형제도가 헌법에 위배되는가, 즉 인간의 존엄과 가치에 위배되는가의 문제와 다음으로 범죄와의 관계나 피해자의 생명의 가치도 고려해야 한다. 헌법재판소[6]는 사형을 위헌이라 볼 수 없다는 결정을 하였으며, 대법원도 같은 태도를 취하고 있다.[7] 사형폐지론자 중에는 가석방 없는 종신형제도를 도입해야 한다는 견해[8]도 있으나, 독일 연방재판소는 가석방 없는 종신형 제도는 오히려 인간의 존엄과 가치를 부정한다는 이유로 헌법에 위배된다는 결정을 한 바 있다.[9]

사형제도는 그 범위를 엄격히 제한하여 그 범위에서 사형제도를 존치시킬 것인가 여부를 판단해야 한다. 오늘날 사형존치론자들도 현행 사형범죄의 범위를 축소하고 그 집행을 제한해야 한다는 점에서는 대체로 같은 의견을 나타내고 있다.[10]

생각건대, 사형의 위하력과 형사사법적 정의(응보) 및 현재의 피해자와 국민의 법감정 고려라는 관점에서 피해자의 생명권을 침해한 반인륜적인 극악무도한 범죄에 대하여는 책임주의와 일치하는 범위 내에서 지극히 제한된 범죄에 한하여 사형제도는 유지되어야 하지만, 종신구금제도 등 사형제도 폐지를 위한 보다 인류보편애에 기초한 대체방안의 모색이 필요하다.

3. 사형제도의 개선

사형제도를 존속시키는 경우에는 사형범죄의 범위를 축소시키고 사형선고와 집행을 개선해야 할 필요가 있다.

(1) 사형범죄의 축소

현재 법정형을 사형으로 규정한 범죄가 지나치게 확대되어 있다. 재산범죄나 과

---

5) 김성돈, 749면; 김일수/서보학, 733면; 배종대, 786면; 오영근, 844면; 이정원, 499면; 이형국, 444면; 임 웅, 588면; 진계호, 665면.

6) 헌재결 1996. 11. 28, 95헌바1.

7) 대판 1991. 2. 26, 90도2906.

8) 임웅, 587면.

9) BverfGE 45, 187(1977).

10) 박상기, 506면; 손동권, 624면; 이재상/장영민/강동범, 576; 정성근/박광민, 656면.

실범, 결과적 가중범에 대한 사형은 폐지되어야 한다.

또한 반역죄를 제외한 국가적 또는 사회적 법익에 대한 죄에 대해서도 사형규정을 폐지하는 것이 바람직하다.

(2) 사형선고와 집행의 제한

사형선고를 제한하기 위하여 사형 선고시에는 법관 전원일치를 요하거나(스위스 군형법 제146조), 사형선고에 신중을 기해야 한다는 규정을 두는 방법이 있다. 그러나 전자는 소수의견이 다수의견을 지배한다는 비판이 있고, 후자는 그 실효성에 의문이 있다.

사형집행을 제한하는 방법으로 중국의 사형집행유예제도를 도입하여 일정 기간 동안 사형집행을 유예하고 유예한 기간이 경과한 후에 무기형으로의 전환을 가능케 하자는 주장도 있다.[11] 우리나라도 1997. 2. 30을 마지막으로 사형의 확정판결을 받은 사형수는 있으나 사형집행은 20년이 넘도록 이루어지지 않았으므로 국제엠네스티에서는 실질적 사형 폐지국으로 분류되고 있다.

Ⅲ. 자 유 형

1. 자유형의 의의

자유형이란 수형자의 신체적 자유를 박탈하는 것을 내용으로 하는 형벌을 말한다.

형법에는 징역·금고 및 구류라는 3종의 자유형을 규정하고 있다. 자유형은 범죄인에게 자기반성과 새로운 인격형성을 하도록 한다는 점에서 보호기능을 가지고, 또한 범죄인의 명예를 저하시키는 효과를 초래하며, 뿐만 아니라 노역을 하게 함으로써 국가재정에 도움을 주는 부수적 효과도 지니고 있다.

그러나 자유형의 주된 목적은 교정교화를 통한 범죄인의 건전한 **사회복귀**에 있다. "형의 집행 및 수용자의 처우에 관한 법률" 제1조에도 자유형의 집행이 여기에 있음을 천명하고 있다.

11) 정성근/박광민, 656면.

2. 형법상의 자유형

(1) 징 역

징역이란 수형자를 교도소 내에서 구치하여 정역에 복무케 하는 것을 내용으로 하는 형벌로서 자유형 가운데 가장 중한 형벌이다. 징역에는 무기징역(無期懲役)과 유기징역(有期懲役)이 있으며, 무기징역은 종신형(終身刑)이지만 20년이 경과하면 가석방이 가능하다(제72조 제1항 참조). 유기징역은 1개월 이상 30년 이하로 한다. 다만 형을 가중하는 때에는 50년까지로 한다(제42조). 유기징역은 형기의 3분의 1을 경과한 후 행정처분으로 가석방할 수 있다.

(2) 금 고

금고(禁錮)란 수형자를 교도소 내에 구치하여 자유를 박탈하는 것을 내용으로 하는 형벌로서 정역(定役)에 복무하지 않는다는 점에서 징역과 구별된다(제68조). 다만 금고형 또는 구류형(拘留刑)은 수형자의 신청에 따라 작업이 부과될 수 있다(형의 집행 및 수용자처우에 관한 법률 제67조). 금고는 과실범 또는 정치범과 같이 구금자의 명예를 존중할 필요가 있는 범죄자에게 과해지는 **명예적 구금**이고, 징역형이 명예를 저하시키는 구금이라는 점에서 대비된다. 금고에도 무기와 유기가 있고, 그 형기는 징역과 동일하다.

(3) 구 류

구류는 수형자를 교도소 내에 구치하는 것을 내용으로 하는 자유형이지만, 그 기간이 **1일 이상 30일 미만**이라는 점에서 징역이나 금고와 구별된다(제46조). 구류는 형법에서는 예외적으로 적용되고,[12] 주로 경미범죄를 처벌하는 경범죄처벌법이나 기타 개별 법률에 규정되어 있다.

구류는 형사소송법상의 **구금**(拘禁)이나 환형처분으로서의 **노역장유치**(勞役場留置)**와 구별**된다. 구금은 형사절차상 신병확보와 증거물확보를 위한 강제처분이고, **환형유치**(換刑留置)는 벌금이나 과료를 납부하지 않은 수형자를 일정한 기간 동안 노역장에 강제유치하는 **대체자유형**(代替自由刑)에 불과하다. 노역장 유치기간은 벌금은 1일 이상 3년 이하이고, 과료는 1일 이상 30일 미만이다(제69조 제2항).

---

12) 폭행죄(제260조), 과실상해죄(제266조), 협박죄(제283조) 등이 이에 해당한다.

3. 자유형제도의 개선

(1) 자유형의 단일화 문제

징역과 금고를 구별한 것은 정치범과 같은 양심범이나 과실범은 비파렴치범이므로 정역에 복무케 하지 않는 명예적 구금을 할 필요가 있다는 데서 유래한다. 독일과 오스트리아의 형법은 징역과 금고를 형의 집행에 의하여 구별하는 것은 불가능하고, 징역은 수형자의 사회복귀를 저해하는 형벌이며, 나아가 징역이 금고보다 더 강한 억제력을 지니지 않는다는 점 등을 이유로 형사정책상 별 의미가 없다고 보아 자유형을 단일화하였다. 우리나라에서도 자유형을 단일화해야 한다는 주장이 지배적인 견해이다.[13)]

생각건대 ① 징역형이 지닌 수형자의 재사회화에 저해되는 요소를 제거하고 사회복귀를 촉진시키기 위해서는 단일자유형이 적합한 수단이며, ② 징역과 금고를 과할 범죄를 구별하는 것이 불가능하고, ③ **명예적 구금**은 노동을 천시하는 역사적 유물이며 노동을 신성시할 때는 정역을 과하는 것이 수형자의 명예를 손상한다고 할 수 없으며, ④ 형 집행의 실제에 있어서도 금고수형자의 대부분이 신청에 의하여 노역에 종사하고 있는 점 등을 고려해볼 때 단일자유형이 타당하다고 생각된다. 따라서 현행 징역, 금고, 구류의 3종의 자유형을 하나의 자유형으로 단일화하는 방법이 바람직하며, 또한 독일 형법처럼 30일 미만의 단기 자유형을 폐지하자는 견해[14)]도 있으나 자유형의 탄력적 운용과 교정효과를 고려해 오스트리아 형법처럼 1일 이상의 자유형도 가능하도록 개정하는 방안이 타당하다고 생각된다.

(2) 단기자유형의 제한

아울러 자유형의 집행은 교도소라는 제한된 공간에서의 수형자들의 부정적 문화 형성과 부정적 가치관의 오염으로부터 자유로울 수 없게 되어 출소 후에 사회적응에 부정적 영향을 미치게 된다. 특히 **단기자유형**이라 불리어지는 **6개월 이하의 자유형**은 수형자의 건전한 사회복귀에 오히려 역효과를 초래하고 혼거구금 등으로 인해 범죄에 감염되기가 쉽다. 따라서 단기 자유형은 가급적으로 제한되는 것이 바람직하다.

---

13) 김일수/서보학, 736면; 박상기, 507면; 배종대, 790면; 손해목, 1181면; 안동준, 333면; 이재상/장영민/강동범, 580－581면; 이형국, 446면; 정성근/박광민, 659면.

14) 이재상/장영민/강동범, 581면.

또한 단기자유형의 제한은 교정당국으로 하여금 자유형 집행의 부담을 덜게 됨으로써 다른 수형자들의 재사회화 노력에 집중할 수 있게 된다는 장점도 있다.

따라서 6개월 이하의 단기 자유형은 제한하고 이에 대한 대체수단으로 선고유예나 집행유예 또는 벌금형을 선고하면서, 사회내처우로서의 수강명령이나 사회봉사명령을 강화함으로써 수형자의 재사회화를 도모하는 방안이 더 효과적일 것이다. 그러나 범죄자의 성행에 따라서는 단기 자유형인 구금적 처우가 필요한 경우도 있으므로 획일적으로 단기자유형을 폐지하는 것은 바람직하지 않다고 생각되며, 범죄자의 성행에 따라 시설내처우와 사회내처우가 탄력적으로 운용될 수 있도록 양형의 합리화가 요구되어진다고 하겠다.

Ⅳ. 재 산 형

1. 재산형의 의의

재산형이란 범인으로부터 일정한 재산을 박탈하는 것을 내용으로 하는 형벌을 말한다.

이에 대하여 형법은 벌금과 과료 및 몰수의 3종을 규정하고 있다. 재산형, 특히 벌금은 공형벌이 아닌 **개인적 배상제도**로서의 성질을 지닌 **배상금 또는 속죄금의 형태**로 인정되어 오던 것을 **국가형벌**로서 규정한 것이다. 18세기에는 경미범죄나 이익취득범죄에 대한 적절한 형벌로서의 역할을 했으나 19세기에 들어와서는 일반적인 형벌로 정착되었다.

2. 벌금과 과료

(1) 벌금형의 의의

벌금형(罰金刑)이란 범죄인에 대하여 일정한 금액의 지불의무를 강제적으로 부담하게 하는 것을 내용으로 하는 형벌로서 재산형 중에서 가장 중한 형벌이다. 벌금은 일정한 금액의 지불의무를 부담시키는 데 그치며, 재산권을 일방적으로 국가에 귀속시키는 효과는 발생하지 않는다는 점에서 몰수와 구별된다. 단기자유형의 제한으로 인해 실제로 현재 벌금형이 가장 많이 적용되고 있는 형벌이다.

벌금형 제도의 장점으로는 ① 수형자에 대한 자유형의 집행으로 인한 폐해를 없애고, ② 현대 복지사회에 있어서 재산박탈은 삶의 질에 실질적으로 가장 크게 영향을 미치므로 자유형보다 오히려 더 적절한 형벌이라는 점에 있다.

벌금형 제도의 단점으로는 ① 수형자의 경제적 능력에 따라 그 효과가 달라지며, ② 벌금형의 집행은 수형자 가족에게 직접적으로 영향을 미치므로 형벌의 일신전속성에 위배되고, ③ 경제적인 능력이 있는 자에게는 일반예방이나 특별예방의 효과를 기대할 수 없다는 점 등이 문제점으로 지적되고 있다.

(2) 벌금형의 내용

벌금은 5만원 이상으로 하며 감경하는 경우에는 5만원 미만으로 할 수 있다. 벌금의 상한에는 제한이 없는데, 이를 **총액벌금제도**라고 한다. 벌금형의 양정에 관하여는 특별한 규정이 없으므로 양형규정인 형법 제51조가 그대로 적용된다. 벌금은 판결확정일로부터 **30일 이내에 납입**하여야 하며, 벌금을 납입하지 아니한 자는 1일 이상 3년 이하의 기간 노역장에 유치하여 작업에 복무하게 한다. 다만 벌금을 선고할 때에는 동시에 그 금액을 완납할 때까지 노역장에 유치할 것을 명할 수 있다(제69조).

(3) 노역장 유치와 유치일수의 공제

벌금 또는 과료를 선고할 때에는 납입하지 아니하는 경우의 유치기간을 정하여 동시에 선고하여야 한다. 선고하는 벌금이 1억원 이상 5억원 미만인 경우에는 **300일 이상**, 5억원 이상 50억원 미만인 경우에는 **500일 이상**, 50억 이상인 경우에는 **1,000일 이상**의 유치기간을 정하여야 한다(제70조). 벌금 또는 과료의 선고를 받은 자가 그 일부를 납입한 때에는 벌금 또는 과료액과 유치기간의 일수에 비례하여 납입금액에 상당한 일수를 제한다(제71조).

한편 **"벌금미납자의 사회봉사 집행에 관한 특례법"**에 의하면 300만원 이하의 벌금형이 확정된 벌금 미납자의 신청이 있는 경우에 법원은 검사의 청구에 의하여 **사회봉사를 허가**할 수 있으며, 노역장 유치기간에 상응하는 사회봉사기간을 산정해야 한다(동법 제4, 6조 참조).

(4) 벌금형제도의 개선

벌금형의 중요성에 비추어 효과적인 벌금형제도를 위해 다음과 같은 제도개선이 필요하다.

1) 일수벌금제도의 도입

형법이 채택하고 있는 총액벌금제도는 ① 벌금액 산정의 기준을 제시하지 못하며 벌금액의 산정에 경제사정을 고려할 것을 강제할 수는 없으므로 가난한 자에게는 대체자유형의 집행에 의하여 단기 자유형으로의 전환을 강제하고, 부자에게는 형벌의 목적을 달성할 수 없게 할 뿐만 아니라 ② 벌금형이 행위자의 불법과 책임을 정확히 표현할 수 없다는 비판을 받고 있다.

따라서 북유럽제국에서 채택하고 있는 **일수벌금형**(日數罰金刑)**제도를 도입할 필요**가 있다. 이 제도는 **일수**(日數)와 **일수정액**(日數定額)을 분리하여 일수는 수형자의 불법과 책임에 따른 일반적 양형규정에 의해 정함으로써 대체자유형의 문제를 해결하고, 일수정액은 피고인의 경제사정에 따라 달리 결정함으로써 합리적이고도 정당한 벌금형을 정할 수 있게 하는 제도이다.

2) 벌금분납제도의 도입

벌금형이 대체자유형으로 전환하는 것을 방지하기 위하여, 벌금의 납입가능성을 고려하여 일시적으로 벌금형을 납입할 수 없다고 인정될 때에는 벌금의 분납제도를 도입하는 것이 바람직하다.

3) 벌금형에 대한 집행유예제도의 도입

형법개정 전에는 벌금의 선고유예는 인정하였으나 집행유예는 인정하지 않았다. 그러나 자유형의 집행유예를 인정하면서 그보다 경미한 벌금형의 집행유예를 인정하지 않는 것은 죄형의 균형에도 맞지 않고 형사정책적으로 벌금형의 집행유예를 부정해야 할 이유가 없다.

형법개정으로 2018년 1월 7일부터 **500만 원 이하의 벌금형에 대하여도 1년 이상 5년 이하의 집행유예**를 할 수 있게 되었다(제62조 제1항). 또한 300만원 이하의 벌금미납자에 대하여는 **"벌금미납자의 사회봉사 집행에 관한 특례법"**(2009. 9. 26. 시행)에 의해 벌금미납자가 사회봉사를 검사에게 신청하고 검사의 청구에 의해 법원의 허가를 받아 사회봉사를 이행함으로써 벌금을 납부한 것으로 간주하는 제도[15]를 시행해오고 있다.

4) 벌금형 적용범위의 확대

경미범죄에 대하여는 법정형을 징역형만으로 규정하고 있는 범죄에 대하여 벌금

---

15) 벌금 미납자의 사회봉사 집행에 관한 특례법 제13조에는'이 법에 따른 사회봉사를 전부 또는 일부를 이행한 경우에는 집행한 사회봉사시간에 상응하는 벌금을 낸 것으로 본다.'고 규정하고 있다.

형을 선택형으로 규정하여 그 적용범위를 확대할 필요가 있다.

1995년 형법개정시 직권남용죄, 공무집행방해죄, 무고죄, 허위공문서작성죄, 사문서위조죄, 자격모용에 의한 사문서작성죄, 존속상해죄, 존속폭행죄, 존속유기죄, 체포감금죄, 명예훼손죄 등에 대하여 **벌금형을 선택형으로 추가**하였다.

그 밖에 도주죄, 분묘발굴죄 등의 경미범죄에 대해서는 벌금형을 선택형으로 규정하는 것이 바람직하다고 생각한다.

(5) 과　　료

과료(科料)란 범죄인에 대하여 일정한 금액의 지불의무를 강제적으로 부담하게 하는 것을 내용으로 하는 형벌로서 가장 경미한 재산형을 말한다. 벌금이 5만원 이상의 재산형인데 비해, 과료는 경미한 범죄에 대하여 부과되며 원칙적으로 2천원 이상, 5만원 미만의 재산형이라는 점에서 양자는 구별된다(제47조). 과료는 경범죄처벌법이나 행정형법에 많이 규정되어 있는 재산형으로서 형법에 과료가 규정되어 있는 범죄로는 과실치상죄, 점유이탈물횡령죄를 들 수 있다.

과료는 또한 과태료와도 구별된다. 과태료는 행정상의 제재이나 과료는 형사상의 제재인 점에서 구별된다. 따라서 과료를 납입하지 아니한 자는 1일 이상 30일 미만의 기간 노역장에 유치하여 작업에 복무하게 한다(제69조). 과료를 선고할 때에는 납입하지 아니하는 경우의 유치기간을 정하여 선고하여야 한다(제70조).

3. 몰수제도

(1) 몰수의 의의

1) 몰수의 개념

몰수란 범죄의 반복의 위험방지와 범죄로 인한 부당한 이득을 금지하기 위하여 범죄행위와 관련된 재산을 박탈하는 것을 내용으로 하는 재산형을 말한다. 몰수는 원칙적으로 다른 형벌(주형)에 부가하여 과해지는 **부가형**이다. 따라서 주형을 선고유예하는 경우에 몰수나 추징의 선고유예도 가능하지만, 주형을 선고유예하지 않으면서 몰수와 추징에 대하여만 선고유예할 수는 없다.[16] 다만 행위자에게 유죄의 재판을 아니할 때에도 몰수의 요건이 있는 때에는 몰수만을 선고할 수 있다(제49조 단서). 따라서 **주형**을 선고유예하는 경우에도 몰수의 요건이 있는 때에는 몰수만을 선고할 수 있다.

16) 대판 1988. 6. 21, 88도551.

2) 몰수의 종류

몰수에는 **필요적 몰수**와 **임의적 몰수**가 있다. 형법상 몰수는 임의적 몰수를 원칙으로 한다(제48조). 따라서 몰수 여부는 법관의 자유재량에 의한다.[17)]

이와 달리 필요적 몰수는 법률에 반드시 몰수하도록 규정하고 있는 경우인데, 예컨대 뇌물에 관한 죄에 있어서는 범인 또는 그 정을 아는 제3자가 받은 뇌물 또는 뇌물에 공할 금품은 필요적 몰수의 대상이 된다(제134조 참조).

3) 몰수의 법적 성질

몰수의 법적 성질에 관하여는 ① 형법이 재산형으로 규정하고 있으므로 형식적으로는 재산형의 일종이지만 실질적으로는 **대물적 보안처분**[18)]에 해당한다고 해석하는 견해가 다수설이다.[19)] 즉, 몰수는 범죄반복의 위험을 예방하고 범죄로 인한 부정한 이익을 방지하기 위한 대물적 보안처분이라는 것이다. 이와 달리 몰수는 ② 형벌과 보안처분의 중간에 위치한 독립한 제재라는 견해[20)]와 ③ 재산형으로 이해하는 견해[21)]도 있다.

그러나 몰수는 그 대상에 따라 행위자 또는 공범의 소유에 속하는 물건에 대한 몰수는 재산형으로서의 성질을 가지지만, 제3자의 소유에 속하는 물건에 대한 몰수는 대물적 보안처분의 성질을 각기 달리 가진다고 보는 견해[22)]가 타당하다.

대법원은 형법이나 변호사법상의 몰수나 추징은 범죄행위로 인한 부정한 이득을 박탈하게 함으로써 부정한 이익을 보유하지 못하게 하는 제도이므로 **대물적 보안처분의 성질**을 지녔다고 이해하지만, 이와 달리 마약류관리에 관한 법률,[23)] 관세법, 특경

---

17) 대판 1971. 11. 9, 71도1537; 대판 2002. 9. 4, 2000도515; 대판 2013. 2. 15, 2010도3504; 대판 2013. 5. 23, 2012도11586(형법 제48조 제1항 제1호에 의한 몰수는 임의적인 것이므로 그 몰수의 요건에 해당되는 물건이라도 이를 몰수할 것인지의 여부는 일응 법원의 재량에 맡겨져 있다 할 것이나, 형벌 일반에 적용되는 비례의 원칙에 의한 제한을 받는다).

18) 몰수를 대물적 보안처분으로 규정하고 있는 입법례로는 스위스 형법(제58조)과 이탈리아 형법(제240조) 등을 들 수 있다.

19) 배종대, 792면; 손해목, 1187면; 유기천, 355면; 이형국, 449면; 정성근/박광민, 663면.

20) 김일수/서보학, 741면; 손동권, 537면.

21) 오영근, 859면.

22) 박상기, 513면; 신동운, 771면; 이재상/장영민/강동범, 586면; 임 웅, 594면.

23) 대판 2010. 8. 26, 2010도7251; 대판 2001. 12. 28, 2001도5158; 대판 2000. 9. 8, 2000도546; 대판 1997. 3. 14, 96도3397.

법상 재산국외도피행위, 외국환관리법위반[24)]에 따른 몰수에 대하여는 범죄사실에 대한 **징벌로서의 성격**을 갖는다고 판시함으로써 **몰수의 대상에 따라 재산형 또는 대물적 보안처분의 성질**을 지닌다는 입장을 취하고 있다, 또한 몰수 또는 추징의 범위에 대해서도, 전자의 경우에는 **보유하고 있는 이익을 추징**하고, 후자의 경우에는 **이득을 취득하지 않은 경우에도 추징**을 명하여야 한다는 태도를 취한다.[25)]

(2) 몰수의 대상

몰수의 대상은 다음에 기재한 물건의 전부 또는 일부이다. 여기서 물건이라 함은 **유체물**에 한정되지 않고 **권리나 이익도 포함**된다.[26)]

1) 범죄행위에 제공하였거나 제공하려고 한 물건

범죄행위의 수단이나 도구가 되는 물건을 말한다. 예컨대 범죄행위에 제공된 칼이나 권총, 범죄행위에 제공된 자금 등이 이에 해당한다. 피해자를 사기도박으로 유인하기 위해 제시한 수표는 몰수의 대상이 될 수 있다.[27)] 그러나 관세법상 허위신고한 경우에 허위신고죄의 대상이 된 물건은 허위신고죄의 범죄행위자체에 제공되는 물건이라 할 수 없으므로 몰수할 수 없다.[28)] 또한 체포될 당시에 미처 송금하지 못하고 소지하고 있던 자기앞수표나 현금은 장차 실행하려고 한 외국환거래법 위반의 범행에 제공하려는 물건일 뿐, 그 이전에 범해진 외국환거래법 위반의 '범죄행위에 제공하려고 한 물건'으로는 볼 수 없으므로 몰수할 수 없다

여기서 "범죄행위에 제공하려고 한 물건"이란 범죄행위에 사용하려고 준비하였으나 실제로 사용하지 못한 물건을 말한다. 몰수가 부가형이므로 "범죄행위에 제공하려고 한 물건"을 몰수하기 위해서는, 그 물건이 유죄로 인정되는 당해 범죄행위에 제공하려고 한 물건이어야 한다.[29)]

2) 범죄행위로 인하여 생하였거나 이로 인하여 취득한 물건

범죄행위로 인하여 산출된 물건을 말한다. 예컨대 문서위조죄에 있어서 작성된 위조문서, 도박행위로 인해서 취득한 금품, 불법 벌채한 목재[30)] 등이 여기에 해당한다.

---

24) 대판 1998. 5. 21, 95도2002.

25) 이재상/장영민/강동범, 586면.

26) 대판 2004. 5. 28, 2004도1442.

27) 대판 2002. 9. 24, 2002도3589; 대판 2006. 12. 8, 2006도6400; 대판 2013. 5. 24, 2012도15805.

28) 대판 1974. 6. 11, 74도352.

29) 대판 2008. 2. 14, 2007도10034.

30) 대판 1969. 5. 27, 69도551.

그러나 구외국환관리법 제18조에 따라 등록하지 아니한 미화는 그 행위 자체에 의하여 취득한 물건이 아니므로 몰수할 수 없다.[31] 또한 부동산의 소유권을 이전받을 것을 내용으로 하는 계약(1차 계약)을 체결한 자가 그 부동산에 대하여 다시 제3자와 소유권이전을 내용으로 하는 계약(전매계약)을 체결한 것이 부동산등기 특별조치법 제8조 제1호의 위반행위에 해당하는 경우, 전매계약에 의하여 제3자로부터 받은 대금은 위 조항의 처벌대상인 '1차 계약에 따른 소유권이전등기를 하지 않은 행위'로 취득한 것이 아니므로 형법 제48조에 의한 몰수나 추징의 대상이 될 수 없다.[32]

3) 전 2호의 대가로 취득한 물건

예컨대 절취한 장물을 매각하여 취득한 금전이나 불법 어획한 수산물을 매각한 금액 등이 여기에 해당한다. 몰수의 대상은 범죄행위와 관련된 것이어야 한다. 몰수의 대상은 반드시 압수[33]되어 있는 물건에 제한되지 않으므로 수사기관이 압수하였다가 피고인에게 환부한 물건도 몰수할 수 있다.[34]

(3) 몰수의 요건

몰수를 하기 위해서는 몰수물이 범인 이외의 자의 소유에 속하지 아니하거나, 범죄 후 범인 이외의 자가 그 정을 알면서 취득한 물건일 것을 요한다.

1) 범인 이외의 자의 소유에 속하지 아니할 것

범인 이외의 자의 소유에 속하는 물건은 몰수할 수 없다. 따라서 부실기재된 등기부, 허위신고에 의하여 작성된 가호적부, 허위기재 부분이 있는 공문서, 장물, 국고에 환부하여야 할 국고수표, 매각위탁을 받은 엽총 등은 몰수할 수 없다.

또한 범인 이외의 자의 소유에 속하지 않는 물건에는 범인소유의 물건 외에도 **무주물**이나 **소유자불명의 물건**도 포함된다. 공범이 소유하는 물건은 범인소유의 물건에 해당하고,[35] 공범이 기소중지된 경우에도 공범소유의 물건을 몰수할 수 있다.

범인 이외의 자의 소유에 속하는 물건에 대한 몰수선고가 있는 때에는 피고인에 대한 관계에서 그 소지에 대한 몰수를 하는데 그치고 제3자의 소유권에는 영향을 미

---

31) 대판 1982. 3. 9, 81도2930; 대판 1991. 6. 11, 91도907.

32) 대판 2007. 12. 14, 2007도7353.

33) 압수란 형사절차상 법원 또는 수사기관이 증거물 또는 몰수할 것으로 사료하는 물건에 대한 점유를 강제취득하는 것을 말한다.

34) 대판 1977. 5. 24, 76도4001.

35) 대판 2000. 5. 12, 2000도745; 대판 2013. 5. 23, 2012도11586.

치지 않는다.[36)]

2) 범죄 후 범인 이외의 자가 그 정을 알면서 취득한 물건

범인 이외의 자의 소유에 속하는 물건에 대하여는 몰수할 수 없으나, 범죄 후 범인 이외의 자가 그 정을 알면서 취득한 물건인 때에는 몰수할 수 있다. 즉 범인 이외의 자가 제48조 제1항 각호에 해당하는 물건인 줄 알면서 취득한 경우를 말한다.

(4) 추 징

몰수의 대상인 물건을 몰수하기 불능인 때에는 그 가액을 추징하고, 문서, 도화, 전자기록 등 특수매체기록 또는 유가증권의 일부가 몰수에 해당하는 때에는 그 부분을 **폐기**한다(제48조 제2, 3항).[37)]

추징은 몰수의 대상물의 전부 또는 일부를 몰수하기 불가능한 경우에 몰수에 갈음하여 그 가액의 납부를 명령하는 **사법처분**이다. 몰수의 취지를 실현하기 위하여 인정된 제도라는 측면에서 **부가형**의 성질을 지닌다.[38)]

여기서 **몰수하기 불능한 때**라 함은 소비, 혼동, 분실, 양도 등으로 판결을 할 당시에 **사실상 또는 법률상 몰수할 수 없는 경우**를 말한다.

그러므로 뇌물로 받은 금원이나 수표를 소비한 후에 증뢰자에게 그에 상당한 금액을 반환한 경우에는 몰수할 수 없는 경우에 해당하여 그 가액 상당을 추징하여야 한다.[39)] 수인이 공모하여 뇌물을 수수한 경우에 몰수가 불능하여 가액을 추징할 때는

---

36) 대판 1970. 2. 10, 69도2051; 대판 2006. 11. 23, 2006도5586; 대결 2017. 9. 29. 자 2017모236.

37) 대판 1960. 3. 16, 4292형상858(지적등본의 기재를 변개한 경우에 동 등본중 변개한 부분은 공문서변조의 범죄행위로 인하여 생긴 것으로서 하인의 소유도 불허하는 것이므로 형법 제48조 제1항 제2호, 제3항에 의하여 이를 폐기할 것이다).

38) 대판 1979. 4. 10, 78도3098; 대판 2007. 1. 25, 2006도8663; 대판 2009. 6. 25, 2009도2807.

39) 대판 2008. 1. 18, 2007도7700(정치자금법에 의한 필요적 몰수 또는 추징은 위 법을 위반한 자에게 제공된 금품 기타 재산상 이익을 그들로부터 박탈하여 그들로 하여금 부정한 이익을 보유하지 못하게 함에 그 목적이 있으므로, 제공된 당해 금품 기타 재산상 이익이 그 행위자에게 귀속되었음이 인정된 범위 내에서만 추징할 수 있고, 정당에게 제공된 정치자금의 경우 그 정당의 구성원 등이 교부받은 금품을 제공한 자의 뜻에 따라 정당에 전달한 경우에는 그 부분의 이익은 실질적으로 그 행위자에게 귀속된 것이 아니어서 그 가액을 행위자로부터 추징할 것은 아니지만(대판 2004. 4. 27, 2004도482 참조), 금품을 현실적으로 수수한 행위자가 이를 정당에 실제로 전달하지 아니한 이상 위와 같은 법리가 적용된다고 할 수 없고, 한편 이러한 금품수수자가 자신의 개인 예금계좌에 돈을 입금함으로써 그 특정성을 상실시켜서 소비 가능한 상태에 놓았다가 동액 상당을 인출하여 금품제공자에게 반환하였다고 하더라도, 그 **가액 상당을 금품수수자로부터 추징함이 상당**하다고 할 것이다(대판 1996. 10. 25, 96도2022; 대판 1999. 1. 29,

개별적으로 추징하여야 하며, 개별적으로 그 가액을 알 수 없을 때에는 평등하게 분할한 금액을 추징하여야 한다.[40] 범죄행위로 취득한 주식의 가액을 추징하는 경우에 주식의 취득가액을 공제하는 것이 아니라 그 가액 상당액을 추징한다.[41]

추징가액의 결정기준에 대하여는 ① 범행당시의 가액에 의해야 한다는 **범행시설**과 ② 판결시를 기준으로 해야 한다는 **판결선고시설**[42]이 대립하나, 추징은 몰수물에 대한 몰수가 불능인 때에 비로소 가액을 추징하는 것이고, 몰수 자체가 범죄자의 부정한 수익박탈에 있으므로 몰수물의 범행시와 판결선고시의 가액변동을 감안하면 **판결선고시**를 기준으로 몰수물의 가액을 평가하여 추징하는 것이 합리적이라 생각된다.

V. 명 예 형

1. 명예형의 의의

명예형이란 범인의 명예 또는 자격을 박탈하는 것을 내용으로 하는 형벌을 말한다. 이를 **자격형**이라고도 한다. 형법이 규정하고 있는 명예형에는 자격상실과 자격정지가 있다.

2. 자격상실

일정한 형벌이 선고되면 그 형벌의 효력으로서 당연히 일정한 자격이 상실되는 것을 말한다. 형법상 자격이 상실되는 경우로는 사형, 무기징역 또는 무기금고의 판결을 받는 경우이다. 이때에 상실되는 자격으로는 ① 공무원이 되는 자격, ② 공법상

98도3584 참조).

40) 대판 2007. 11. 30, 2007도635(사행행위 등 규제 및 처벌특례법 제30조 제1항의 죄에 의하여 생긴 재산은 범죄수익은닉의 규제 및 처벌 등에 관한 법률(이하 '범죄수익법'이라고 한다) 제2조 제1호 [별표] 제7호, 제8조 및 제10조에 의하여 추징의 대상이 되고, 위 추징은 부정한 이익을 박탈하여 이를 보유하지 못하게 함에 그 목적이 있는 것이므로(대판 2007. 6. 14, 2007도2451 참조), 수인이 공동으로 사행행위 영업을 하여 이익을 얻은 경우에는 그 분배받은 금원, 즉 **실질적으로 귀속된 이익금만을 개별적으로 몰수·추징**하도록 하여야 하고, 그 분배받은 금원을 확정할 수 없을 때에는 이를 평등하게 분할한 금원을 몰수·추징하여야 한다(대판 2001. 3. 9, 2000도794 참조); 대판 2014. 5. 29, 2011도11233.

41) 대판 2005. 7. 15, 2003도4293.

42) 이재상/장영민/강동범, 589면; 같은 취지 대판 1991. 5. 28, 91도352; 대판 2008. 10. 9, 2008도6944.

의 선거권과 피선거권, ③ 법률로 요건을 정한 공법상의 업무에 관한 자격, ④ 법인의 이사, 감사 또는 지배인 기타 법인의 업무에 관한 검사역이나 재산관리인이 되는 자격이다(제43조 제1항).

3. 자격정지

(1) 의 의

일정한 기간 동안 일정한 자격의 전부 또는 일부를 정지시키는 것을 말한다. 자격정지에는 일정한 형의 판결을 받은 자에게는 당연히 그 자격이 정지되는 경우인 **당연정지와 판결의 선고에 의하여 자격이 정지되는 경우**가 있다.

(2) 자격의 당연정지

유기징역 또는 유기금고의 판결을 받은 자는 그 형의 집행이 종료되거나 면제될 때까지 ① 공무원이 되는 자격, ② 공법상의 선거권과 피선거권, ③ 법률로 요건을 정한 공법상의 업무에 관한 자격은, 그 형의 부수효과로서 당연히 정지되도록 규정하고 있다(제43조 제2항).

(3) 판결선고에 의한 자격정지

판결선고에 의하여 일정한 자격의 전부 또는 일부를 정지시키는 경우를 말한다. 자격정지기간은 1년 이상 15년 이하이다(제44조 제1항).

판결선고에 의한 자격정지는 단독으로 과할 수 있고, 다른 형과 병과할 수 있다. 자격정지형이 선택형일 때에는 확정판결이 있은 날부터 정지기간이 기산되지만, 유기징역 또는 유기금고에 자격정지를 병과한 때에는 징역 또는 금고의 집행을 종료하거나 면제된 날로부터 정지기간을 기산한다(제44조 제2항).

제 2 절 형의 양정

Ⅰ. 서 론

형법은 일정한 범죄에 대하여 일정한 종류의 형벌과 그 범위를 정해놓고, 그 범위 안에서 법원이 정당한 형벌의 종류와 양을 결정하여 선고하도록 규정하고 있다.

법관이 구체적인 사건에 대하여 범죄행위자에게 구체적인 형을 선고하는 것을 **형의 양정** 또는 **형의 적용**이라 한다. 형의 양정은 광의와 협의의 두 가지 의미로 사용되고 있다. **광의의 형의 양정**이란 형의 선고와 그 집행 여부까지도 결정하는 것을 의미하며, **협의의 형의 양정**이란 구체적인 사건에 적용될 형의 종류와 양을 결정하는 것을 말한다.

여기서는 협의의 형의 양정만을 살펴보기로 한다.

형의 양정은 형법의 양형규정에 근거하여 법원을 구성하는 법관에 의해 이루어진다. 형법은 형벌의 종류와 그 범위를 정해주고 법관은 양형조건에 기초한 그 판단재량에 의하여 정당한 형벌을 발견하여 이를 선고해야 한다. 법관의 자의나 정실 및 감정에 따른 불공정한 양정이 이루어진다면 이는 사법불신의 핵심적 문제일 것이다.

II. 형의 양정을 위한 3단계

구체적인 사건에 대하여 형의 양정이 이루어지는 과정은 다음과 같이 3단계를 거치게 된다.

1. 법 정 형

법정형이란 개개의 죄형법규에 규정되어 있는 형벌을 말한다. 법정형은 입법자가 불법구성요건의 내용에 따라 일반적으로 평가하여 규정하고 있는 형의 종류와 범위이다. 법정형은 법관이 형을 양정하는 데 있어서 제1차적으로 고려해야 하는 양형이론의 출발점이다.

입법적으로 법정형을 정하는 방법에는 다음과 같은 세 가지가 있다. 첫째, 죄형법규에 형벌의 내용을 정하지 않고 법관의 자유재량에 일임하는 방법으로서, 이러한 법정형을 **절대적 전단형**이라 한다. 이 방법은 형법의 보장적 기능을 침해하고 죄형법정주의에도 위배되는 위헌적인 입법으로서 절대적으로 허용될 수 없다.

둘째, 일정한 범죄에 대하여 형벌의 종류와 범위를 엄격히 규정함으로써 법관의 재량을 전적으로 부인하는 방법으로서, 이러한 법정형을 **절대적 법정형**이라 한다. 절대적 법정형은 법관에게 재량이 거의 없으므로 인권보장에 도움이 되기도 하나, 다른 한편으로는 구체적 타당성을 지닌 형을 정할 수 없다는 비판을 면할 수 없게 된다.

우리 형법의 **여적죄**(제94조)의 규정이 사형만을 법정형으로 규정하고 있는데, 그 대표적인 예다.

셋째, 법률에 일정한 종류의 형벌과 범위를 규정하고 그 범위 안에서 법관으로 하여금 구체적인 형을 정하도록 정하는 방법인데, 이러한 법정형을 **상대적 법정형**이라 한다.

우리 형법은 상대적 법정형을 원칙으로 하면서, 여적죄만을 절대적 법정형으로 규정하고 있다.

2. 처 단 형

처단형이란 법정형의 범위 내에서 구체적인 범죄에 따른 법률상의 가중·감경 및 재판상의 가중·감경을 고려하여 구체화한 형, 즉 구체적인 처단의 범위를 정한 형을 말한다. 처단형은 법정형에서 규정하고 있는 형종을 선택하고 그 형에 가중·감경사유를 고려하여 가중·감경을 한 형을 말하며, 처단형에 의해 선고형의 구체적인 양형 범위가 정해지게 된다.

예컨대 살인죄는 사형, 무기 또는 5년 이상의 징역이 법정형이다. 이때 법률상의 감경사유가 있는 경우에는 형법 제55조에 따라 법정형을 감경함으로써 단기 2년 6개월, 장기로는 10년 이상 50년 이하의 징역 또는 금고, 무기 또는 20년 이상 50년 이하의 징역 또는 금고가 처단형이 된다. 또한 사기죄의 경우에는 법정형이 10년 이하의 징역이나 2천만원 이하의 벌금이므로 이를 감경하면 5년 이하의 징역이나 1천만원 이하의 벌금이 처단형이 된다.

3. 선 고 형

선고형이란 법원이 처단형의 범위 내에서 구체적으로 형을 양정하여 당해 피고인에게 판결을 통해 선고하는 형을 말한다. 형의 가중·감경사유가 없을 때는 법원이 법정형의 범위 내에서 선고형을 결정하게 된다. 형의 양정이란 법원이 법정형과 처단형의 범위에서 구체적인 형을 선고하는 것을 말한다.

선고형에는 **정기형**과 **부정기형**이 있고, 부정기형은 다시 **절대적 부정기형**과 **상대적 부정기형**으로 나뉜다. 절대적 부정기형은 형기를 전혀 정하지 않기 때문에 죄형법정주의에 반하므로 허용되지 않는다. 그러나 상대적 부정기형은 형기를 장기와 단기로 구분하여 형을 선고하기 때문에 예외적으로 허용된다. 우리 형법은 정기형을 원칙으로 하고, 예외적으로 소년범에 한하여 소년법에 의하여 상대적 부정기형을 인정하고 있다(소년법 제60조).

Ⅲ. 형의 가중·감경

법정형에 대하여 필요한 형의 가중·감경에 의해 처단형이 정해진다. 선고형의 최종기준은 처단형이 되므로 처단형의 범위를 정하기 위해서는 형의 가중·감경에 대하여 살펴보아야 한다.

1. 형의 가중

형의 가중에 대하여는 법률상의 가중사유만을 인정하고 있다. 재판상의 가중사유를 인정하지 않는 것은 죄형법정주의의 당연한 귀결이라 할 수 있다. 이에는 일반적 가중사유와 특수한 가중사유가 있다.

(1) 일반적 가중사유

모든 범죄에 대하여 일반적으로 형을 가중하는 사유를 말한다. 형법총칙에 규정되어 있는 일반적 가중사유에는 ① 경합범가중(제38조), ② 누범가중(제35조), ③ 특수교사·방조(제34조 제2항)의 세 가지가 있다.

(2) 특수한 가중사유

형법각칙의 특별구성요건에 의해 형이 가중되는 사유를 말한다. 여기에 해당하는 경우로는 상습범가중,[43] 특수공무집행방해죄(제144조)와 특수체포·감금죄(제278조)의 가중이 있다.

2. 형의 감경

형의 감경에는 법률상의 감경과 재판상의 감경(작량감경)이 있다.

43) 상습범 가중규정이 있는 범죄로는 상습아편등에의 제조등(제203조), 상습상해·폭행 등(제264조), 상습체포·감금 등(제279조), 상습협박(제285조), 상습강간·추행 등(제305조의 2), 상습절도 등(제332조), 상습사기·공갈 등(제351조), 상습장물취득 등(제363조)을 들 수 있다.

(1) 법률상의 감경

법률상의 특별한 규정에 의하여 형이 감경되는 경우를 말한다. 법률상의 감경에는 일정한 사유가 발생하면 당연히 감경해야 하는 **필요적 감경**과 법원의 재량에 의하여 감경할 수 있는 **임의적 감경**이 있다. 형법총칙이 규정하고 있는 법률상의 감경에는 다음과 같은 사유가 있다.

1) 필요적 감경사유

필요적 감경사유에는 ① 심신미약(제10조 제2항), ② 농아자(제11조), ③ 중지범(제26조), ④ 종범(제32조 제2항)의 네 가지가 있다.

2) 임의적 감경사유

임의적 감경사유에는 ① 과잉방위(제21조 제2항), ② 과잉피난(제22조 제3항), ③ 과잉자구행위(제23조 제2항), ④ 미수범(제25조 제2항), ⑤ 불능미수(제27조 단서), ⑥ 자수 또는 자복(제52조 제1항), ⑦ 석방감경(제295조의2, 제324조의6)이 있다.

형법은 자수와 자복을 법률상의 감경사유로 규정하고 있다. 이것은 행위자에게 범행에 대한 개전을 장려하고 범죄수사를 용이하게 하기 위한 형사정책적인 고려에서 **임의적 감면사유**로 규정한 것이다(제52조). 외국에서 받은 형의 집행에 관해서는 종래에는 이를 임의적인 감경사유로 규정하였으나, 2015년 5월 28일 헌법재판소의 헌법불합치결정으로 2016년 12월 20일 형법을 개정하여 반드시 선고하는 형에 산입하도록 개정하였다.

자수(自首)란 범인이 자발적으로 수사기관에 자신의 범행사실을 신고하여 처벌을 구하는 의사표시를 하는 것을 말한다. 범행이 발각되거나 지명수배가 된 후라 하더라도 체포되기 전에 자발적으로 신고한 이상 자수에 해당한다.[44] 제3자를 통하여 자수할 수 있으나, 제3자를 통하여 자수의사를 수사기관에 전달하여 달라는 것만으로는 자수라 할 수 없다.[45] 또한 자수의 동기는 따지지 아니하지만, 죄의 뉘우침이 없는 자수는 진정한 자수라 할 수 없다.[46]

이와 달리 **자백**은 수사기관의 신문에 대하여 자신의 범죄사실을 인정하는 진술을 하는 것을 말한다.

44) 대판 1968. 7. 30, 68도754.
45) 대판 1967. 1. 24, 66도1662.
46) 대판 1994. 10. 14, 94도2130.

한편 **자복(自服)**은 해제조건부범죄, 즉 **피해자의 명시한 의사에 반하여 처벌할 수 없는 범죄(이른바 반의사불벌죄)**에 있어서 범인이 범죄피해자에게 자신의 범죄사실을 고백하는 것을 말한다. 그러나 해제조건부범죄가 아닌 경우에는 피해자를 찾아가 사죄한다고 하여 자복이 되는 것은 아니다. 자복은 법적으로 자수와 같이 취급되므로 **준자수(準自首)**라고도 한다.

자수와 자복은 **임의적 감면사유**이므로 법원의 재량에 의해 감면이 가능하며, 자수를 하였다고 하여 반드시 감면하여야 하는 것은 아니다.[47] 그러나 형법각칙 등 개별 법규에는 자수또는 자백을 필요적 감면사유로 규정하고 있는 경우도 있다. 내란죄와 외환죄, 위증죄와 모해위증죄, 무고죄 등이 여기에 해당한다.[48]

(2) 재판상의 감경

법률상의 감경사유가 없는 경우에도 법원은 범죄의 정상에 참작할 만한 사유가 있는 때에는 작량하여 그 형을 감경할 수 있다(제53조). 이를 **작량감경**이라 한다. 법률상 형을 가중·감경한 경우에도 작량감경을 할 수 있으며, 참작할 만한 사유에 관하여는 형법 제51조의 양형조건을 고려하여 판단하며, 작량감경도 법률상의 감경에 관한 제55의 범위에서만 가능하게 된다.

3. 형의 가중·감경례

형의 가중·감경의 방법과 정도 및 순서에 관한 준칙을 **형의 가감례**라고 한다.

(1) 형의 가중·감경의 순서

1개의 죄에 정한 형이 수종인 때에는 먼저 적용할 형을 정하고 그 형을 감경한다(제54조). 형을 가중·감경할 사유가 경합된 때에는 ① **각칙본조에 의한 가중**, ② **제34조 제2항의 가중**, ③ **누범가중**, ④ **법률상 감경**, ⑤ **경합범 가중**, ⑥ **작량감경**의 순으로 한다(제56조).

---

47) 헌재결 2013. 10. 24, 2012헌바278(자수를 임의적 감면사유로 규정한 형법 제52조 제1항이 헌법상 평등원칙에 반하지 않으므로 헌법에 위반되지 않는다).

48) 형법 제90조 제1항(… 실행에 이르기 전에 자수한 때에는 그 형을 감경 또는 면제한다), 제101조 제1항(… 실행에 이르기 전에 자수한 때에는 그 형을 감경 또는 면제한다), 제153조(… 공술한 사건의 재판 또는 징계처분이 확정되기 전에 자백 또는 자수한 때에는 그 형을 감경 또는 면제한다), 제157조(…공술한 사건의 재판 또는 징계처분이 확정되기 전에 자백 또는 자수한 때에는 그 형을 감경 또는 면제한다) 참조.

(2) 형의 가중·감경의 정도와 방법

1) 형의 가중 정도

유기징역 또는 유기금고를 가중하는 경우에는 **50년까지로** 한다(제42조 단서). 일반적 가중사유인 **특수교사·방조**(장기 또는 다액의 1/2가중, 방조는 정범의 형으로), **누범**(장기의 2배 가중), **경합범**(장기 또는 다액의 1/2가중)의 가중 정도는 개별적으로 규정되어 있다(제34조 제2항, 제35조, 제38조).

2) 형의 감경정도와 방법

가. 법률상의 감경정도와 방법 법률상의 감경은 다음과 같이 한다(제55조 제1항).

① 사형을 감경할 때에는 **무기 또는 20년 이상 50년 이하의 징역 또는 금고로** 한다. ② 무기징역 또는 무기금고를 감경할 때에는 **10년 이상 50년 이하의 징역 또는 금고로** 한다. ③ 유기징역 또는 유기금고를 감경할 때에는 그 형기의 2분의 1로 한다. ④ 자격상실을 감경할 때에는 7년 이상의 자격정지로 한다. ⑤ 자격정지를 감경할 때에는 그 형기의 2분의 1로 한다. ⑥ 벌금을 감경할 때에는 그 다액의 2분의 1로 한다. ⑦ 구류를 감경할 때에는 그 장기의 2분의 1로 한다. ⑧ 과료를 감경할 때에는 그 다액의 2분의 1로 한다.

또한 법률상의 감경사유가 수개 있는 때에는 거듭 감경할 수 있다(동조 제2항).

나. 작량감경의 정도와 방법 작량감경의 경우도 법률상의 감경례에 준하여 감경한다. 다만 법률상 감경과 달리 작량감경의 경우에는 수개의 작량감경사유가 있더라도 거듭 감경할 수는 없다.[49]

그러나 법률상의 감경을 한 후에 다시 작량감경은 할 수 있다. 또한 징역형과 벌금형을 병과하는 경우에는 특별한 규정이 없는 한 징역형에만 작량감경을 하고 벌금형에는 작량감경을 하지 않는 것은 허용되지 않는다.[50]

---

49) 대판 1964. 4. 7, 63도410.

50) 대판 1997. 8. 26, 96도3466; 대판 2006. 3. 23, 2006도1076; 대판 2011. 5. 26, 2011도3161 참조.

Ⅳ. 양 형

1. 양형의 의의

형의 양정 내지 양형이란 법정형에 형의 가중·감경 또는 작량감경을 한 처단형의 범위를 정하고 그 범위에서 구체적으로 선고할 형을 정하는 것을 말한다. 양형이란 법관의 자유재량이 아니라 법관이 양형기준에 따라 합리적으로 판단하여 결정하는 법적으로 구속된 재량이라 할 수 있다. 그런 관점에서 양형이란 법적용의 문제라고 할 수 있다.

2. 양형의 기준

형벌의 목적에 따라 양형도 결정되어야 한다. 형벌의 목적을 절충설에 의하여 책임과 예방이라고 할 경우에는 양형에 있어서도 **책임**뿐만 아니라 **예방**이라는 목적도 고려해야 한다. 그러나 이 경우에 있어서도 형벌을 지배하는 최고원리는 책임주의이므로 양형의 기초와 한계도 행위자의 책임이라 할 수 있다. 따라서 양형을 함에 있어서 일반예방 내지 특별예방이라는 형벌목적은 책임의 범위 안에서만 고려되어야 한다.

(1) 양형책임과 형벌근거책임의 구별문제

양형의 기초가 되는 양형책임이 범죄성립요건인 책임과 동의어인가에 대하여는 견해가 대립한다. 이에 대하여 책임은 불법을 기초로 하고, 책임이 있는 경우에 불법에 대한 비난을 의미한다는 측면에서 양자를 같은 의미로 이해하는 견해도 있다.

그러나 범죄의 성립요건인 책임은 행위자에 대한 비난가능성을 의미하지만, 양형책임은 행위에 대한 사회윤리적 불법판단의 경중을 결정하는 모든 요소의 총체, 즉 책임있는 불법을 의미하고, 여기에는 행위자의 범죄후의 태도도 포함되므로 양자는 구별되어야 한다. 즉 형벌근거책임과 양형책임은 서로 관련되지만 그 실질과 대상을 달리한다고 할 수 있다.[51]

(2) 양형에 있어서 책임과 예방

책임과 예방을 양형에 있어서 어떻게 고려할 것인가의 문제는 형벌의 기초가 되는 책임이 양형에 어떻게 작용하는가의 문제와 서로 연관이 있다. 아래에서는 이에 관한 범위이론과 유일형이론 및 단계이론을 살펴보기로 한다.

---

51) 이재상/장영민/강동범, 598면.

1) 범위이론과 유일형이론

범위이론이란 책임에 일치하는 정확한 형벌을 정할 수 없으므로 형벌은 그 하한과 상한에 있어서 책임에 적합한 범위가 있고, 그 범위에서 특별예방과 일반예방을 고려하여 형을 양정해야 한다는 이론이다.

이에 반하여 **유일형이론** 내지 **점형이론**이란 책임이란 항상 일정한 고정된 크기를 가진 것이므로 정당한 형벌이란 하나일 수밖에 없다는 이론이다. 책임과 일치하는 형벌은 유일하게 하나이지만 형벌의 목적으로 인해 수정되더라도 책임의 범위를 초과할 수 없다는 것이다.

그러나 이 이론은 책임과 정확하게 일치하는 형벌을 정한다는 것이 가설에 불과하며 현실적으로 불가능하다는 비판을 면하기 어렵다.

2) 단계이론

단계이론 내지 **위치가치이론**이란 양형의 결정단계에 따라 개별적인 형벌목적의 의의와 가치를 고려하여 형량과 집행여부를 결정해야 한다는 견해를 말한다. 즉 형량의 결정은 불법과 책임에 의하고, 형벌의 종류와 집행여부는 예방을 고려하여 결정해야 한다는 것이다.

그러나 이 이론은 형량을 결정함에 있어서 예방의 목적을 고려하지 않음으로써 양형에 있어서 형벌의 예방목적을 약화시켰다는 비판을 면할 수 없다.

생각건대 양형을 함에 있어서는 행위자의 책임과 예방을 고려해야 하고, 이러한 **형벌목적과 양형의 조건을 종합적으로 고려**하여 책임의 범위 내에서 형을 양정한다는 **범위이론이 타당**하다고 생각된다.

(3) 양형의 조건

형법은 양형을 함에 있어서 고려해야할 조건으로 다음과 같은 사항을 규정하고 있다(제51조). 양형은 행위자의 불법과 책임을 기초로 하여 예방목적을 고려하여 정해야 한다. 형법 제51조에 규정한 양형조건은 양형책임과 예방에 관한 사유를 포함하고 있다. 이러한 조건들은 형벌목적에 따라 순기능을 할 수도 있고 역기능으로 작용할 수도 있다.

1) 양형판단의 자료

가. 범인의 연령, 성행, 지능 및 환경 범인의 연령, 성행, 지능 및 환경은 범죄인의 사회복귀를 판단하는 데 중요한 의미를 가지는 **특별예방적 요소**이다.

나. 피해자에 대한 관계 범인과 피해자의 친족, 가족, 고용 기타 이와 유사한 관계를 말한다. 피해자와의 신뢰관계를 이용하여 죄를 범하거나 또는 보호의무를 저버리고 범행을 한 경우에는 형을 가중하는 요소가 된다. 그러나 범인과 피해자의 신뢰관계는 일반적으로는 형을 감경하는 요소가 된다. 결과에 대한 피해자의 태도도 양형의 참고자료가 된다.

다. 범행의 동기, 수단과 결과 범행의 동기는 행위자의 위험성이나 행위의 위험성을 판단하는 요소가 된다. 범행의 수단과 결과는 행위불법과 결과불법에 속하는 객관적 불법요소이다. 양형책임은 이러한 불법요소를 기초로 판단하게 된다.

라. 범행후의 정황

범행후의 뉘우침과 피해변상이나 피해회복을 위한 노력 등 범행후의 범인의 태도는 책임과 예방의 관점에서 중요한 의미를 가지므로 양형의 자료가 된다.

따라서 피고인이 범행을 부인하거나 묵비권을 행사하는 경우에는 양형에 있어서 불이익하게 작용할 수 있다.

2) 이중평가의 금지

법적 구성요건요소로 되어 있는 상황은 양형에 있어서 이중으로 평가해서는 안 된다는 것을 이중평가의 금지라 한다. 따라서 불법이나 책임을 구성요건요소로 하는 요소나 형의 가중·감경사유가 된 상황은 다시 양형의 자료로 사용되어서는 안 된다.

V. 형의 면제, 판결선고 전 구금과 판결의 공시

1. 형의 면제

형의 면제라 함은 **범죄는 성립하지만 형벌을 과하지 않게 되는 경우**를 말한다. 따라서 형의 면제도 **유죄판결의 일종**이다. 형의 면제는 **형의 집행의 면제**와 구별된다. 즉 후자는 확정재판 후의 사정으로 형의 집행이 면제되는 경우이지만, 전자는 확정재판 전의 사유로 인하여 형이 면제되는 경우이기 때문이다.

형의 면제에는 **필요적 면제**와 **임의적 면제**가 있다. 양자 모두 법률에 규정되어 있는 **법률상의 면제**이다. 재판상 면제는 인정되지 않는다.

형법이 인정하고 있는 일반적인 형의 면제사유로는 ① 외국에서 받은 형의 집행으로 인한 면제(제7조), ② 중지미수(제26조, 필요적 감면사유), ③ 불능미수(제27조, 임의적 감면사유), ④ 과잉방위(제21조 제2항, 임의적 감면사유), ⑤ 과잉피난(제22조 제3항, 임의적 감면사유), ⑥ 과잉자구행위(제23조 제2항, 임의적 감면사유), ⑦ 자수·자복(제52조 제1항, 임의적 감면사유)이 있다.

이상의 면제사유는 모두 감경과 택일적으로 규정되어 있고, 이 중 필요적 감면사유는 중지미수 뿐이고 그 밖의 사유는 모두 임의적 감면사유이다. 형법각칙 제328조 제1항에 직계혈족, 배우자, 동거친족, 동거가족 또는 그 배우자간의 권리행사방해죄에 대하여는 형을 면제하도록 규정하고 있으며, 절도죄를 비롯한 일반적인 재산범죄에는 이 규정이 준용되고 있다.

2. 판결선고전 구금일수의 통산

판결선고전 구금이란 범죄혐의를 받고 있는 자를 재판이 확정될 때까지 구금하는 것을 말한다. 이와 같이 **미결구금**은 형은 아니지만 자유형과 같은 효과를 지니기 때문에 형법은 판결선고전 구금일수에 대하여 그 전부를 유기징역, 유기금고, 벌금이나 과료에 관한 유치 또는 구류에 산입하도록 규정하고 있다(제57조 제1항).[52] 이 경우에 구금일수의 1일은 징역, 금고, 벌금이나 과료에 관한 유치 또는 구류의 기간의 1일로 계산한다(제57조 제2항).

미결구금일수는 통산형기에 전부 산입해야 한다. 따라서 항소심에서 무기징역형을 선고한 1심판결을 파기하고 유기징역형을 선고할 때에는 1심판결선고 전의 구금일수는 전부 산입하여야 한다.[53] 그러나 무기형에 대하여는 미결구금일수를 산입할 수 없다. 형법 개정 전에는 "전부 또는 그 일부"를 산입할 수 있도록 규정함으로써 법원의 재량을 인정하였으나, 2009년 6월 25일 헌법재판소의 위헌결정으로 이 부분은 효력이 상실되었다.[54]

3. 판결의 공시

판결의 공시란 피해자의 이익이나 피고인의 명예회복을 위하여 판결의 선고와 더불어 관보 또는 일간신문 등을 이용하여 판결의 전부 또는 일부를 공적으로 일반인

52) 2014. 12. 30. 법률 제12898호에 의하여 2009. 6. 25. 위헌 결정된 제57조 제1항을 개정('전부 또는 일부를' → '전부를')하였다.

53) 대판 1991. 10. 11, 91도1926.

54) 헌재결 2009. 6. 25, 2007헌바25(전원재판부).

에게 알리는 제도를 말한다. 형법은 다음의 두 가지 경우에 판결의 공시제도를 인정하고 있다.

(1) 피해자의 이익을 위하여 필요하다고 인정할 때에는 피해자의 청구가 있는 경우에 한하여 피고인의 부담으로 판결공시의 취지를 선고할 수 있다(제58조 제1항). 이는 피해자의 이익을 위한 제도이다.

(2) 피고사건에 대하여 무죄판결을 선고하는 경우에는 무죄판결 공시의 취지를 선고하여야 한다(동조 제2항). 개정형법이 무죄판결에 대하여는 반드시 일반인에게 공시하도록 함으로써 피고인의 명예회복이 이루어지도록 하였다. 다만, 무죄판결을 받은 피고인이 무죄판결공시 취지의 선고에 동의하지 아니하거나 피고인의 동의를 얻을 수 없는 경우에는 그러하지 아니하다(동조 제3항).

(3) 피고사건에 대하여 면소의 판결을 선고하는 경우에는 면소판결공시의 취지를 선고할 수 있다(동조 제4항).

제 3 절 누 범

Ⅰ. 서 론

1. 누범의 의의

(1) 누범의 개념

누범(累犯: Rückfall)이란 범죄를 누적적(累積的)으로 범하는 것을 말한다. 누범은 광의의 누범과 협의의 누범으로 나눌 수 있는데, 전자는 확정판결을 받은 범죄가 있는데 그 후에 다시 죄를 범한 경우를 말하고, 후자는 광의의 누범 중에서 형법 제35조의 요건을 구비한 경우, 즉 금고 이상의 형을 받아 그 집행이 종료되거나 면제를 받은 후 3년 내에 금고이상에 해당하는 죄를 범한 경우만을 말하며, 형법에 있어서 누범이란 이러한 협의의 누범을 의미한다.

(2) 누범의 법적 성질

누범에 대하여 형법은 그 죄에 정한 형의 장기의 2배까지 가중하도록 가중사유로 규정하고 있는데, 이러한 가중사유의 법적 성질에 대하여는 ① 양형에 관한 법률상의 **가중사유**로 이해하는 견해[55]와 ② 누범을 수죄로 보아 **죄수론에서 취급하는 견해**[56]가 대립한다.

생각건대 누범이 죄수론에 의하면 수개의 죄를 누적으로 범한 점에서 수죄가 되는 것은 분명하나, 누범에 있어서 전범은 그 자체가 심판의 대상이 되는 것은 아니므로 일반 죄수론과 구별되며, 또한 형법이 경합범과 누범을 각기 다른 절에서 규정하고 있는 점에 비추어보면 누범을 죄수론의 문제만으로 볼 수는 없다. 따라서 형법이 범죄론 속에서 누범에 관한 규정을 둔 입법체계에 비추어볼 때, 우리 형법의 해석으로는 누범에 관한 규정은 형식적으로는 죄수론의 문제이나 실질적으로는 **양형에 관한 법률상의 가중유형으로 이해하는 입장이 타당**하다고 생각된다.[57]

(3) 누범과 상습범과의 관계

누범이 범죄를 누적적으로 반복하여 범한다는 점에서는 상습범과 유사하다. 그러나 누범은 반복된 처벌을 의미하지만 상습범은 반복된 범죄행위에 의하여 징표된 행위자의 **특정한 범죄적 경향**을 의미하므로 양자는 개념상 구별된다. 견해에 따라서는 누범 중에서 사회적 위험성이 큰 것을 상습범으로 보아, 누범을 **보통누범**과 **상습누범**으로 분류하기도 한다.[58]

그러나 누범은 반드시 전과를 요건으로 함에 비하여 상습범은 전과가 있을 것을 반드시 요하지 않고, 또한 누범은 전과가 있으면 족하지만 상습범은 동일한 죄나 동질의 죄를 반복하는 것을 요건으로 하며, 나아가 누범은 **행위책임**의 측면에서 초범자보다 책임을 가중하는 데 비하여 상습범은 행위자의 상습성이라는 행위자의 습성에 기초하여 가중처벌하는 점에서 양자는 분명한 차이가 있다.

따라서 누범이 반드시 상습범이 되는 것도 아니고, 반대로 상습범이 항상 누범이 되는 것도 아니다. 형법이 누범을 형법총칙 편에서 규정하여 형을 가중하고 있고, 상습범을 형법각칙의 개별적 구성요건에 규정하여 가중하고 있는 것은 이러한 데서 연유한다. 따라서 상습범가중사유와 누범가중사유가 경합하는 경우에는 양자를 병과하

---

55) 김성돈, 777면; 김일수/서보학, 771면; 박상기, 528면; 안동준, 350면; 이재상/장영민/강동범, 602면; 정성근/박광민, 680면.

56) 손해목, 1157면; 오영근, 793면; 정영석, 290면; 진계호, 430면.

57) 독일 구형법 제48조, 스위스 형법 제67조, 오스트리아 형법 제39조는 누범을 양형에 관하여 규정하고 있고, 지배적인 학설도 동일하게 이해하고 있다.

58) 진계호, 430면.

여 적용할 수 있기 때문에 상습범에 대하여도 누범가중규정을 적용할 수 있다.

2. 누범가중의 위헌성여부 및 책임주의

누범에 대한 형의 가중은 서양에서는 로마법과 중세 독일법에서 유래하였고, 동양에서도 당률(唐律)이래로 초범에 비하여 무겁게 처벌하였다. 현재 우리나라를 비롯하여 오스트리아, 스위스, 일본 형법 등이 누범에 대한 형의 가중규정을 두고 있다.[59]

그러나 누범에 대한 형의 가중규정이 위헌규정은 아닌가, 형법상의 기본원칙인 책임주의에 배치되는 게 아닌가가 논란이 되고 있다. 이에 대하여 살펴보기로 한다.

(1) 누범가중규정과 위헌여부

누범에 대한 형의 가중은 헌법이 보장하는 **평등의 원칙**과 **일사부재리의 원칙**에 어긋나지는 않는지 문제된다.

1) 누범가중과 일사부재리의 원칙

누범가중은 전범(전과)을 이유로 형을 가중하는 것이므로 헌법 제13조 제1항이 규정하고 있는 일사부재리의 원칙에 위반하는 위헌규정이 아닌가가 문제된다. 그러나 누범가중은 전범을 다시 처벌하는 것이 아니라 전범에 대하여 형의 집행이 종료되거나 면제된 후에 다시재범(후범)을 범한 사실 때문에 가중처벌하는 것이므로 처벌대상은 전범이 아니라 후범이므로 일사부재리의 원칙에 어긋난다고 할 수는 없다.[60] 헌법재판소도 누범가중규정이 일사부재리의 원칙이나 평등의 원칙에 위배되지 않는다고 하여 합헌결정을 하였다.[61]

2) 누범가중과 평등의 원칙

누범가중은 전과를 이유로 형을 가중하는 것이므로 헌법상 사회적 신분에 의한 차별을 금지하는 평등원칙에 위배된다는 비판이 제기되고 있다. 그러나 누범가중은 피고인의 책임과 일반예방 및 특별예방이라는 형벌목적을 고려한 양형이므로, 법원이

---

59) 누범가중의 정도는 국가에 따라 그 죄에 정한 형기의 3분의1, 2분의1, 2배 등 다양하게 규정하고 있다.

60) 이재상/장영민/강동범, 604면; 대판 1970. 9. 29, 70도1656.

61) 헌재결 1995. 2. 23, 98헌바43(누범을 가중처벌 하는 것은 다시 범행을 하였다는데 있는 것이지 후범과 일괄하여 다시 처벌한다는 것은 아님이 명백하므로 누범에 대하여 형을 가중하는 것이 헌법상 일사부재리원칙에 위배하여 피고인의 기본권을 침해하는 것이라고는 볼 수 없다. 이는 합리적 근거있는 차별이어서 헌법상의 평등의 원칙에 위배되지 아니한다).

양형의 조건을 고려하여 누범을 무겁게 처벌하는 것은 불합리한 차별이라고 할 수 없다.[62] 대법원도 같은 입장을 취하고 있다.[63]

(2) 누범가중규정과 책임주의

누범가중을 하는 이유에 대하여 다수설은 이미 죄를 범한 자가 개전(改悛)하지 않고 재범을 했기 때문에 책임이 가중되고 행위자의 반사회적 위험성이 커지기 때문이라고 한다. 그러나 누범가중은 행위책임의 원리로는 설명할 수 없고 행위자책임의 원리로만 설명할 수 있다고 보는 견해[64]도 있다.

누범가중과 책임주의와의 관계를 재검토할 필요가 있다.

1) 누범가중의 근거

누범가중의 근거에 대하여 책임주의원칙에 비추어볼 때 책임에서 그 근거를 찾을 수밖에 없다. 그런데 형사책임을 **행위자책임** 또는 **인격책임**으로 이해할 때는 누범에 대한 책임가중의 근거를 쉽게 설명할 수 있다. 그러나 형사책임을 행위자책임 또는 인격책임으로 이해하는 경우에는 범죄 이외에 행위자의 인격도 책임판단의 대상이 되므로 책임주의를 무의미하게 만들어버린다.

따라서 누범가중의 근거는 행위책임에서 그 근거를 찾아야 한다. 즉 누범가중은 전판결에 의하여 부여된 금지의 충격을 강화된 범죄에너지에 의하여 극복하였다는 점에서 행위책임이 가중된 것이라고 보는 견해가 일반적이다. 그 밖에 누범가중은 누범의 재사회화에 단기 자유형보다 장기 자유형이 더 적합하다는 특별예방적인 고려도 그 배경이 되었다고 할 수 있다.

2) 누범가중과 책임주의의 조화문제

전판결의 경고에 대한 위반에 대하여 책임을 가중할 수 있는가가 문제된다. 전판결의 경고에 대한 위반은 누범이 특수한 범죄에너지로 죄를 범한 경우에만 문제삼을 수 있는데, 누범중에 의지박약자나 인격결함자의 경우에는 **판결의 경고기능**을 수용할 수 있는 능력이 결여되어 있기 때문에 이들에 대하여 판결의 경고기능을 이유로 형을 가중하는 것은 부당하다는 견해[65]도 있고, 누범은 형의 집행에 의하여 안정성이 더욱

62) 이재상/장영민/강동범, 604면.

63) 대판 1983. 4. 12, 83도420.

64) 유기천, 359면; 진계호, 432면; 손해목, 1160면.

65) Hanack, “Das juristische Konzept der sozialtherapeutischen Anstalt und der sonstigen maßregel im neuen Strafrecht”, S. 71.

약화되기 때문에 오히려 형을 감경해야 할 경우인데 불복종을 이유로 형을 가중하는 결과가 되므로, 국가나 사회가 형의 집행에 의하여 범죄인을 효과적으로 돕지 못하는 한 누범가중은 부당하다는 견해[66]도 있다.

누범에 대한 가중은 재범이 전범에 대한 판결의 경고기능을 무시한 것을 강하게 비난할 수 있을 때만 책임비난을 가중할 수 있다고 보아야 한다. 독일의 경우에는 '전 판결의 경고를 따르지 않은 것을 비난할 수 있는 때'라는 실질적 누범조항을 두어 누범가중의 범위를 축소시키고 있다.

누범가중과 책임주의를 조화하기 위해서는 누범이라 하여 무조건 형을 가중할 것이 아니라 재범에 의하여 책임비난이 가능할 때 형을 가중하도록 하는 입장이 타당하다고 생각된다.[67]

3. 누범에 대한 형사정책적 대책

누범, 특히 **상습누범**이 격증하므로 이에 대한 형사정책적 대책이 필요하다. 상습누범에 대한 대책으로는 ① 형의 가중, ② 부정기형의 선고, ③ 보안처분의 3가지 방법을 생각할 수 있다.

그런데 누범에 대한 형의 가중규정을 폐지해야 한다는 견해에는 ① 형사정책적으로 누범예방에 효과가 없으므로 형의 가중은 무의미하다는 견해[68]와 ② 형의 가중이 무의미하므로 특히 상습누범의 경우에는 **부정기형**이나 **보안처분**이 타당하다는 견해[69] 등이 있다.

이에 반해 누범에 대한 형의 가중을 지지하는 견해는 그 근거로 ① 초범에 비해 누범에 대하여 형을 가중하는 것은 국제적인 형사정책의 경향이고, ② 특별예방의 측면을 고려하면 누범자를 가중처벌하는 것은 누범자의 사회복귀에 오히려 유익하며, ③ 누범에 대한 형의 가중을 폐지하고 보안처분에 의해 누범을 처리하게 하면 보안처분에 과도한 부담이 된다. 따라서 전범에 따른 판결의 경고기능을 무시하고 이를 위반한 더 높은 비난이 가능한 누범자에게만 형을 가중하도록 누범자의 요건을 책임주의와 조화를 이루도록 실질화 할 필요가 있고, 누범자에 대한 형의 가중을 현행 장기

66) Baumann/Weber, S. 642.
67) 이재상/장영민/강동범, 607면.
68) 손해목, 1160면; 진계호, 432면.
69) 정영석, 291면.

2배까지 가중하는 것을 2분의 1까지 가중하도록 개정할 필요가 있으며, 나아가 보안처분제도를 입법화함으로써 누범가중에 대한 보충적 기능을 수행하도록 하는 방법이 타당하다고 생각된다.70)

II. 누범가중의 요건

형법 제35조 제1항에 '금고 이상의 형을 받아 그 집행을 종료하거나 면제를 받은 후 3년 내에 금고 이상에 해당하는 죄를 범한 자는 누범으로 처벌한다'고 규정하고 있다. 누범성립의 요건을 구체적으로 살펴보면 다음과 같다.

1. 금고 이상의 형의 선고(전범의 요건)

전범(前犯)의 형이 금고이상의 형이란 유기징역과 유기금고를 말한다. 사형과 무기징역 또는 무기금고는 금고 이상의 형이지만 여기에 해당하지 않는다. 다만 감형으로 유기징역이나 유기금고로 되거나, 또는 **특별사면** 또는 **형의 시효**로 그 집행이 면제된 때에는 누범의 요건이 충족될 수 있다.71) 그러나 자격상실, 자격정지, 벌금, 구류, 과료, 몰수에 해당하는 형을 선고받은 때에는 금고보다 가벼운 형벌이므로 처음부터 누범의 요건에 해당하지 않게 된다. 금고이상의 형을 선고받은 이상 형법 이외의 법률에 위반하더라도 상관이 없고, 고의범이든 과실범이든 불문한다.

또한 금고이상의 형의 선고는 유효해야 한다. 따라서 형의 선고효력이 상실되는 **일반사면**의 경우에는 누범의 전과가 될 수 없지만, **특별사면**에 의하여 형집행이 면제된 경우에는 누범가중을 할 수 있다.72)

집행유예를 선고받은 자가 그 선고의 실효 또는 취소 없이 유예기간을 경과한 때에도 형의 선고는 효력을 잃게 되므로 집행유예의 기간이 경과한 후에 다시 죄를 범하여도 누범이 되지는 않는다. **복권**은 형의 언도의 효력을 상실시키는 것이 아니라 형의 언도의 효력으로 상실 또는 정지된 자격을 회복시키는데 불과하므로 복권이 있다고 하더라도 그 전과사실은 누범가중사유가 된다. 벌금형의 미납으로 **대체자유형**인

70) 이재상/장영민/강동범, 607면.

71) 이재상/장영민/박광민, 608면; 정성근/박광민, 683면.

72) 대판 1986. 11. 11, 86도2004.

노역장에 유치되었다고 하더라도 누범가중사유가 되지는 않는다.

2. 형의 집행종료 또는 면제

전범으로 인해 선고된 형의 집행이 종료되거나 형집행의 면제를 받았을 것을 요건으로 한다. 형의 집행종료란 형기가 만료된 것을 말하며, 형의 집행이 면제되는 경우란 형을 선고하는 재판의 확정 후 그 집행을 받음이 없이 일정한 기간이 경과하여 형의 시효가 완성된 경우(제77조), 특별사면으로 형집행이 면제된 경우(사면법 제5조), 외국에서 형의 집행을 받았을 때(제7조) 등을 들 수 있다.

누범은 전범으로 인한 형의 집행이 종료되거나 면제되었을 것을 요건으로 하므로, 전형의 집행 전이거나 집행 중일 때에는 다시 죄를 범하여도 누범이 되지는 않는다.

따라서 금고이상의 형에 대하여 집행유예판결을 선고받고 그 유예기간에 있는 자는 형집행 전이거나 또는 미결구금일수의 산입에 의하여 형의 일부를 집행받은 데 불과하므로 유예기간 중에 죄를 범한 경우에는 누범이 될 수 없다.[73] 그러나 집행유예가 취소되어 징역형의 집행이 종료된 때에는 누범의 전과가 된다.

전범의 형을 집행 중이거나 집행정지 중인 때에 범한 죄는 누범이 될 수 없다. 따라서 복역중 교도소에서 범한 죄나 도주하여 범한 죄는 누범이라 할 수 없다. 가석방된 자가 가석방기간 중에 범한 죄도 누범이 될 수 없다. 가석방 처분을 받은 후 그 처분이 실효 또는 취소되지 아니하고 가석방기간을 경과한 때에는 형의 집행을 종료한 것으로 본다(제76조 제1항).

3. 금고 이상에 해당하는 죄(후범의 요건)

누범이 되기 위해서는 후범이 금고 이상의 형에 해당하는 죄일 것을 요한다. 이 때 금고 이상에 해당하는 죄의 의미에 대하여는 **법정형**이라는 견해도 있으나, **선고형**으로 보는 **다수설**[74]이 타당하다. 이것은 누범가중의 성립범위를 제한하고자 하는 입법취지에도 부합하기 때문이다. 판례도 선고형으로 보고 있다.

그리고 후범은 전범과 같은 죄거나 동종의 죄일 것을 요하지 않는다. **고의범이든**

---

73) 대판 1983. 8. 23, 83도1600.

74) 김성돈, 778면; 김일수/서보학, 775면; 박상기, 531면; 배종대, 820면; 손해목, 1164면; 이재상/장영민/강동범, 610면; 임 웅, 619면; 정성근/박광민, 684면.

과실범이든 불문한다. 입법론적으로는 고의범으로 제한하는 것이 타당하다고 생각된다.

4. 전범의 형집행종료 또는 면제 후 3년 이내에 범한 죄

후범은 전범의 형집행을 종료하거나 면제된 후 3년 이내에 행해져야 한다. 이를 **'누범시효'**라 한다. 이것은 일정한 기간의 경과로 인하여 전범의 형선고에 따른 경고기능이 상실되었다고 보기 때문이다.

따라서 전범에 대한 형선고 이전에 범한 죄[75]와 후범이 누범시효기간 3년 후에 행해진 경우에는 누범에 해당하지 않는다.

기간의 계산은 전범은 형의 집행이 종료된 날 또는 형집행의 면제를 받은 날이며, 금고이상에 해당하는 죄를 범한 시기는 실행의 착수시점을 기준으로 결정한다는 데에는 이견이 없다.[76] 다만 예비, 음모를 처벌하는 범죄에 있어서 이 기간 내내 예비, 음모가 있었을 때에는 누범의 요건을 충족한다.

후범은 죄를 범한 시기가 기준이 되므로 언제 처벌받는가는 문제되지 않는다.

상습범의 경우에 상습범의 일부가 누범 기간 내에 이루어진 이상 나머지가 기간 경과 후에 이루어졌다 하더라도 그 전부가 누범관계에 있다고 해야 한다. 그러나 후범이 수죄인 때에는 누범기간 내에 행해진 범죄에 대하여만 누범가중한다.

Ⅲ. 누범의 효과

1. 누범의 처벌

누범의 형은 그 죄에 정한 형의 장기의 2배까지 가중한다(제35조 제2항). 따라서 누범의 처단형은 그 죄에 정한 형의 2배까지가 된다. 다만 제42조 단서에 의하여 유기징역 또는 유기금고에 대하여 형을 가중하는 경우에는 50년까지로 한다(제42조 단서).

형법은 누범의 형에 대하여 장기만 가중하고 단기는 가중하지 않고 있다. 따라서 누범은 그 죄에 정한 형기의 단기에서부터 장기의 2배까지의 범위에서 처단된다고 할

---

75) 대판 1966. 12. 6, 66도1430.

76) 김일수/서보학, 776면; 박상기, 531면; 배종대, 820면; 이재상/장영민/강동범, 611면; 임웅, 620면; 정성근/박광민, 685면.

수 있다. 이때 누범으로 가중되는 형은 **법정형**을 의미한다.

누범에 대하여 **법률상 또는 재판상 감경**을 할 수 있느냐가 문제될 수 있으나, 이를 특별히 부정해야 할 이유가 없으므로 적용된다고 하겠다. 또한 **경합범**인 경우에는 각죄에 대하여 먼저 누범가중을 한 후에 경합범으로 처벌해야 하며, 상상적 경합인 경우에도 실질적으로 수죄이므로 각죄에 대하여 누범가중을 한 후 가장 중한 죄로 처단해야 할 것이다.[77]

2. 소송법적 효과

누범가중사유인 전과사실은 형벌권의 범위에 관한 중요한 사실이므로 **'엄격한 증명'**을 요한다는 점에서는 다툼이 없다. 그러나 이러한 전과사실을 유죄판결에 명시해야 하는가에 대하여는 견해의 대립이 있다.

즉, ① 전과사실을 형벌권의 범위를 정하는 범죄사실로 이해하는 견해[78]와 ② 범죄사실은 아니지만 중요사실이므로 판결에 명시해야 한다고 보는 견해,[79] ③ 그리고 범죄사실이 아니므로 진술에 대한 판단만 명시하면 족하다는 견해[80]가 그것이다.

생각건대 누범가중사유인 전과사실은 범죄사실은 아니지만 판결이유에서 판시한 사항이므로 범죄사실에 준하여 **유죄판결에 명시**해야 한다고 봄이 옳다. 대법원도 같은 입장이다. 전과사실은 범죄사실이 아니므로 불고불리의 원칙이 적용되지 아니하고 공소장에 기재되어 있을 것을 요하지도 않으며,[81] 또한 전과사실은 피고인의 자백에 의하여 인정하면 족하고, 이에 대하여 보강증거가 있어야 하는 것도 아니다.[82]

---

77) 형법 제56조의 가중감경의 순서를 보면 다음과 같다. 즉 1. 각칙본조에 의한 가중, 2. 제34조 제2항의 가중, 3. 누범가중, 4. 법률상의 감경, 5. 경합범가중, 6. 작량감경의 순이다.

78) 강구진, 형사소송법원론, 519면.

79) 김기두, 형사소송법, 303면; 이재상, 588면.

80) 정영석, 형사소송법, 313면; 백형구, 형사소송법강의, 756면.

81) 대판 1971. 12. 21, 71도2004.

82) 대판 1981. 6. 9, 81도1353.

Ⅳ. 판결선고 후의 누범발각

1. 제도의 취지

판결선고 후 누범인 것이 발각된 때에는 그 선고한 형을 통산하여 다시 형을 정할 수 있다(제36조). 이 규정은 피고인이 재판시에 전과사실을 은폐함으로써 누범가중을 면하고 재판확정된 후 누범인 것이 발각된 경우와 전과사실의 확정 때문에 재판이 지연되는 폐해를 방지하기 위해 재판확정 후에도 누범인 것이 발각된 때에는 이미 선고한 형을 가중할 수 있도록 하기 위해서이다. 그러나 이 규정은 피고인의 전과를 은폐한 경우뿐만 아니라 법관의 잘못으로 누범가중규정이 적용되지 않은 경우에도 해당한다고 보아야 한다.

다만 선고한 형의 집행이 종료하거나 그 집행이 면제된 때에는 누범인 것이 발각되더라도 다시 형을 정할 수 없도록 하였다. 이것은 이 경우에 다시 형을 가중하도록 하는 것은 피고인에게 너무 가혹하고, 또한 이미 형집행이 종료되거나 면제되어 자유를 회복한 범죄인의 현상태도 존중되어야 하기 때문이다.

2. 일사부재리의 원칙과의 관계

그러나 확정판결에 의하여 선고한 형을 형법 제36조에 의해 다시 가중 처벌한다는 것은 헌법이 보장하고 있는 일사부재리원칙에 위반하지는 않는지 문제된다.

이에 대하여 ① 본조는 이중심리의 위험이 있고 인권보장과 법적 안정성이라는 측면에서 입법론적으로 재고할 여지가 있지만, 확정판결 후 누범사실이 발각되어 새로운 사정에 기하여 가중형만을 추가하는 것은 **일사부재리의 원칙**에 저촉된다고 할 수 없다는 견해(**합헌설**)[83]와 ② 동일한 범죄에 대하여 새로운 사정만을 이유로 가중형만을 추가하는 것은 동일한 범죄를 거듭 처벌하는 것으로서 일사부재리의 원칙에 정면으로 배치된다는 견해(**위헌설**)[84]가 대립된다.

생각건대 누범전과의 확정판결 후 누범사실의 발견으로 인하여 형을 가중하는 것은 일사부재리의 원칙에 위배되는 새로운 처벌이고, 또한 형사소송법상 '의심스러

---

83) 정성근/박광민, 686면; 정영석, 294면.

84) 김성돈, 780면; 김일수/서보학, 777면; 배종대, 822면; 손해목, 1165면; 안동준, 354면; 이재상/장영민/강동범, 614면; 오영근, 797면; 임 웅, 622면.

운 때에는 피고인의 이익으로'라는 원칙에 근거하여 형벌권의 존부와 범위에 관한 거증책임은 검사가 부담하며, 나아가 진술거부권이 보장된 피고인이 누범전과를 은폐하였다고 하여 가중형을 추가하는 것은 자기에게 불이익한 진술을 강요하는 결과가 되어 형사소송법의 원리에도 반하므로 위헌설이 타당하다.[85)]

제4절 집행유예·선고유예·가석방

Ⅰ. 집행유예

1. 집행유예의 의의

(1) 의 의

집행유예(Strafaussetzung zur Bewährung)란 형을 선고함에 있어서 일정한 기간 동안 형의 집행을 유예하고 그 **유예기간을 경과한 때에는 선고한 형의 효력을 상실하게 하는 제도**를 말한다(제62조).

이 제도는 단기자유형의 집행으로 인한 폐해를 방지하고 피고인에게 형의 집행을 받지 않으면서 스스로 사회에 복귀할 수 있는 길을 열어주는 제도이다. 사회복귀사상이 강조되는 특별예방상의 한 제도이며, 현대 형사정책에 있어서 형벌제도의 중요한 개선책의 하나이다.

(2) 법적 성질

집행유예의 법적 성질에 대하여는 ① 형벌과 보안처분의 성질을 함께 지닌 **고유한 성질의 형사제재** 또는 형법의 제3의 길이라 할 수는 **독자적 제재**라고 해석하는 견해와 ② 집행유예에 보호관찰이 당연히 포함된다고는 할 수 없으므로 집행유예가 보안처분의 성질을 가진다고는 할 수 없고, 외래적 처우라는 의미에서 **특수성을 가진 형집행의 변형**으로 보는 견해가 대립한다.

85) 독일, 스위스, 오스트리아에는 이러한 규정이 없으며, 일본 형법도 이러한 규정이 일사부재리의 원칙에 위반한다는 이유로 폐지하였다.

2. 연혁과 입법례 및 장단점

집행유예는 영미에서의 probation에서 유래하는 제도이다. 미국에서는 1830년 이래로 probation제도가 나오게 되었는데, 이 제도는 형을 선고하지 않고 단순히 유죄판결만으로 피고인을 보호관찰에 부치는 것을 의미하는 제도였다. 이러한 영미의 보호관찰(probation)이 19세기 후반에 유럽에 도입되어 프랑스·벨기에식의 형의 집행을 유예한 후에 유예기간이 경과하면 형선고의 효력을 잃게 하는 **조건부판결제도**와 독일식의 형을 선고하고 유예기간이 경과하면 형집행을 면제하는 **조건부면제제도**라는 두 가지 형태로 나타나게 되었다. 우리나라의 집행유예제도는 전자의 조건부판결제도의 형태를 취했다고 할 수 있다.

영미의 probation은 형을 선고하지 않은 점에서 피고인의 명예와 사회복귀에 장점을 지니지만, 집행유예가 취소되는 경우에 선고받을 형이 불명확해지고, 행위책임보다는 행위 후의 태도에 의해 형이 결정된다는 단점이 있다.

이에 비해 조건부판결제도는 probation보다는 형이 선고되는 점에서 피고인에게는 불리하지만 유예기간의 태도 때문에 형이 가중될 위험은 없다는 장점이 있다. 영미의 probation제도는 유죄판결(conviction)과 형의 선고(sentence)를 분리시키는 소송절차에 따른 특수성에 기인하고, 행위책임을 기본으로 하는 법치국가원리에 비추어볼 때 조건부판결제도가 타당하다고 생각된다.

3. 집행유예의 요건

형법 제62조 제1항 본문에서는 집행유예의 요건에 대하여 기술하고 있다. 즉 "3년 이하의 징역이나 금고 또는 500만원 이하의 벌금의 형을 선고할 경우에 제51조의 사항을 참작하여 그 정상에 참작할 만한 사유가 있는 때에는 1년 이상 5년 이하의 기간 형의 집행을 유예할 수 있다"고 규정하여, 집행유예는 3년 이하의 징역이나 금고 또는 **500만원 이하의 벌금**의 형을 선고할 경우에 가능하며, 집행유예기간은 1년 이상 5년 이하의 범위에서 법원이 재량으로 할 수 있도록 하였다. 이 경우에 하나의 자유형 중 일부에 대하여 실형을, 나머지에 대하여 집행유예를 선고하는 것은 허용되지 않는다.[86)]

---

86) 대판 2007. 2. 22, 2006도8555(집행유예의 요건에 관한 형법 제62조 제1항이 형의 집행을 유예

그러나 형을 병과할 경우에는 그 형의 일부에 대하여 집행을 유예할 수 있다(제62조 제2항). 하나의 형의 일부에 대한 집행유예는 허용되지 않으나 형을 병과할 때는 그 일부에 대하여도 집행유예를 할 수 있도록 하고 있다. 따라서 하나의 판결로 두 개의 징역형을 선고하는 경우에 그 중 하나의 징역형에 대하여만 집행유예를 선고할 수 있다.[87)]

이 경우에 집행유예기간의 시기(始期)는 집행유예를 선고하는 판결의 확정일이 된다.[88)] 집행유예의 요건을 분설하면 다음과 같다.

(1) 3년 이하의 징역이나 금고 또는 500만원 이하의 벌금의 형을 선고할 경우

집행유예는 3년 이하의 징역이나 금고 또는 500만원 이하의 벌금의 형을 선고할 경우에만 집행유예가 가능하다. 따라서 벌금형을 선고할 때는 집행유예가 불가능하므로 벌금형의 미납으로 인한 노역장유치의 경우에도 집행유예를 할 수 없게 된다. 이 때의 형은 3년 이하의 선고형을 의미한다.[89)]

(2) 정상에 참작할 만한 사유가 있어야 한다.

정상에 참작할 만한 사유가 있어야 한다. 즉 집행유예를 하기 위해서는 형을 집행하지 않고 선고하는 것만으로도 피고인에게 경고기능을 수행함으로써 재범을 하지

할 수 있다고만 규정하고 있다고 하더라도, 이는 같은 조 제2항이 그 형의 일부에 대하여 집행을 유예할 수 있는 때를 형을 병과할 경우로 한정하고 있는 점에 비추어보면, 조문의 체계적 해석상 하나의 형의 전부에 대한 집행유예에 관한 규정이라 할 것이고, 또한 하나의 자유형에 대한 일부집행유예에 관하여는 그 요건, 효력 및 일부 실형에 대한 집행의 시기와 절차, 방법 등을 입법에 의해 명확하게 할 필요가 있어, 그 인정을 위해서는 별도의 근거규정이 필요하므로 하나의 자유형 중 일부에 대해서는 실형을, 나머지에 대해서는 집행유예를 선고하는 것은 허용되지 않는다).

87) 형법 제37조 후단의 경합범관계에 있는 죄에 대하여 형법 제39조 제1항에 의하여 따로 형을 선고하여야 하기 때문에 하나의 판결로 두 개의 자유형을 선고하는 경우 그 두 개의 자유형은 각각 별개의 형이므로 형법 제62조 제1항에 정한 집행유예의 요건에 해당하면 그 각 자유형에 대하여 각각 집행유예를 선고할 수 있는 것이고, 또 그 두 개의 자유형 중 하나의 자유형에 대하여 실형을 선고하면서 다른 자유형에 대하여 집행유예를 선고하는 것도 우리 형법상 이러한 조치를 금하는 명문의 규정이 없는 이상 허용되는 것으로 보아야 한다(대판 2002. 2. 26, 2000도4637; 대판 2001. 10. 12, 2001도3579).

88) 형을 병과할 때에 집행유예기간의 시기(始期)를 다른 징역형의 집행종료일로 하는 것은 위법하다(대판 2002. 2. 26, 2000도4637).

89) 독일 형법(제56조)과 오스트리아 형법(제43조)은 2년 이하의 자유형이고, 스위스 형법(제41조)은 18개월 이하의 자유형을 선고할 경우에만 집행유예를 할 수 있도록 규정하고 있다.

않을 것으로 판단되는 경우를 말한다. 이때 정상참작의 판단의 기준은 형법 제51조의 양형의 조건, 즉 피고인의 연령·성행·지능과 환경, 피해자에 대한 관계, 범행의 동기·수단과 결과, 범행 후의 정황을 종합적으로 판단하여야 한다. 판단의 기준시기는 판결시이다.[90)]

(3) 금고 이상의 형이 확정된 때부터 그 집행이 종료되거나 면제된 후 3년까지의 기간에 범한 죄가 아니어야 한다.

금고 이상의 형이 확정된 때부터 그 집행이 종료되거나 면제된 후 3년까지의 기간에 범한 죄에 대하여 형을 선고하는 경우에는 집행유예를 할 수 없다(제62조 제1항 단서).

여기서 금고 이상의 형이 확정된 때라 함은 실형이 확정되거나 형의 집행유예의 판결이 확정된 때도 포함된다.[91)] 따라서 실형이 확정되어 그 집행을 종료한 후 3년까지의 기간에 범한 죄의 경우나 집행유예 기간 중에 범한 죄에 대하여도 집행유예를 할 수는 없다.[92)]

집행이 종료되거나 면제된 후 3년까지의 기간에 범한 죄이므로 실형 또는 집행유예의 판결이 확정되기 전에 범한 죄에 대하여는 그 집행이 면제된 후 3년까지의 기간 내에 형을 선고하는 경우에도 집행유예를 할 수 있다.

집행유예의 기간이 경과하면 형의 선고는 효력을 상실하므로 그 후에 범한 죄에 대하여는 집행유예를 선고할 수 있다.

문제는 금고 이상의 형이 확정된 전과가 있는 자가 다시 죄를 범한 경우에 집행유예를 할 수 없도록 규정하고 있는 우리 형법규정은 과연 타당한가 여부이다. 전과가 재범위험성의 판단자료가 되지만 언제나 형을 집행해야 한다는 것은 타당하다고 할 수 없다. 독일과 오스트리아 형법은 자유형을 선고받은 전과를 집행유예의 결격사유로 규정하고 있지 않다. 특히 집행유예기간 중에 집행유예를 허용하지 않는 입법은 재검토를 요한다고 하겠다.

---

90) 이재상/장영민/강동범, 618면.

91) 대판 1971. 3. 9, 70누167.

92) 대판 1991. 5. 10, 91도473(형의 집행유예를 선고받고 그 유예기간이 경과되지 아니한 사람에게는 그 사람이 형법 제37조의 경합범관계에 있는 수죄를 범하여 같은 절차에서 동시에 재판을 받았더라면 한꺼번에 형의 집행유예를 선고를 받았으리라고 여겨지는 특수한 경우가 아닌 한 형의 집행유예를 선고할 수 없다).

4. 집행유예와 보호관찰 · 사회봉사명령 · 수강명령

형의 집행을 유예하는 경우에는 보호관찰을 명하거나 사회봉사 또는 수강을 명할 수 있다(제62조의2 제1항). 보호관찰기간은 집행을 유예한 기간으로 한다. 다만 법원은 유예기간의 범위 내에서 보호관찰기간을 정할 수 있다(동조 제2항).

보호관찰(probation, Bewährungshilfe)이란 범죄인의 **재범방지와 사회복귀를 촉진**하기 위하여 범죄인을 교정시설에 수용하지 않고 자유상태에서 지도·감독하는 사회내 처우의 한 형태를 말한다.[93] 보호관찰은 범죄인의 생활형성에 대한 지도·감독이 결합되어야만 효과가 있다.

사회봉사명령 또는 **수강명령**은 **집행유예기간 내**에 이를 집행한다(동조 제3항).

사회봉사명령은 유죄가 인정된 자에게 일정한 기간 내에 지정된 시간 동안 **무보수로 근로에 종사하도록 하는 제도**이며, 수강명령은 일정한 시간 동안 지정된 장소에 출석하여 강의, 훈련 또는 상담을 받도록 하는 제도이다. 사회봉사명령과 수강명령은 원상회복제도와 더불어 자유형에 대한 대체수단으로 등장한 자유박탈이 없는 형사제재로서 사회복귀를 위한 다양한 **사회내 처우의 일종**이라 할 수 있다. 사회봉사명령은 "보호관찰 등에 관한 법률" 제59조 제1항에 의해 500시간 내에서 피고인에게 시간단위로 부과될 수 있는 일 또는 근로활동을 말한다. 따라서 사회봉사명령으로 피고인에게 범죄행위행위를 뉘우치거나 그 범죄행위를 공개하는 취지의 말이나 글을 발표하도록 하는 내용이나 일정한 금전 출연을 통한 사회공헌계획을 성실히 이행하는 것을 내용으로 하는 것을 사회봉사명령은 허용되지 않는다.[94]

보호관찰과 사회봉사명령(community service order) 및 수강명령은 동시에 선고할 수 있다.[95]

---

93) 대판 1997. 6. 13, 97도703(보호관찰은 형벌이 아니라 보안처분의 성격을 갖는 것으로서, 과거의 불법에 대한 책임에 기초하고 있는 제재가 아니라 장래의 위험성으로부터 행위자를 보호하고 사회를 방위하기 위한 합목적적인 조치이므로, 그에 관하여 반드시 행위 이전에 규정되어 있어야 하는 것은 아니며, 재판시의 규정에 의하여 보호관찰을 명할 수 있다고 보아야 할 것이고, 이와 같은 해석이 형벌불소급의 원칙 내지 죄형법정주의에 위배되는 것이라고 볼 수 없다); 대판 2010. 9. 30, 2010도6403.

94) 대판 2008. 4. 11, 2007도8373

95) 대판 1998. 4. 24, 98도98(형법 제62조의2 제1항은 '형의 집행을 유예하는 경우에는 보호관찰을 받을 것을 명하거나 사회봉사 또는 수강을 명할 수 있다'고 규정하고 있는 바, 보호관찰과 사회

5. 집행유예의 효과

집행유예를 선고받은 후 그 선고의 실효 또는 취소됨이 없이 유예기간을 경과한 때에는 **형의 선고는 효력**을 잃는다(제65조). 형의 선고가 효력을 잃게 되므로 처음부터 형의 선고가 없었던 상태가 되어버린다. 다만 여기서 형의 선고의 효력이 상실된다는 의미이지 형의 선고가 있었던 사실 자체가 없어지는 것은 아니다.[96] 따라서 형의 선고에 의하여 이미 발생한 법률효과에는 영향을 미치지 않게 된다.

6. 집행유예의 실효 및 취소

(1) 집행유예의 실효

집행유예를 선고받은 자가 **유예기간 중 고의로 범한 죄로 금고 이상의 실형을 선고받아 그 판결이 확정된 때**에는 집행유예의 선고는 효력을 잃는다(제63조). 이 규정은 집행유예기간 중의 재범방지를 고려한 규정이다.

금고 이상의 실형이 선고되어야 하므로 금고 이상의 형이 선고된 경우에도 집행유예의 판결이 확정된 때에는 제외된다. 또한 유예기간 중의 범죄는 고의범에 한정되고, 집행유예기간 전에 범한 죄로 인하여 금고 이상의 실형이 확정된 때에도 집행유예는 실효되지 않는다.

(2) 집행유예의 취소

집행유예의 선고를 받은 후 제62조 제1항 단행의 사유, 즉 금고 이상의 형을 선고한 판결이 확정된 때부터 그 집행을 종료하거나 면제된 후 3년까지의 기간에 범한

봉사는 각각 독립하여 명할 수 있다는 것이지, 반드시 그 양자를 동시에 명할 수 없다는 취지로 해석되지는 아니할 뿐더러, 소년법 제32조 제3항, 성폭력범죄의 처벌 및 피해자보호 등에 관한 법률 제16조 제2항, 가정폭력범죄의 처벌 등에 관한 특례법 제40조 제2항 등에는 보호관찰과 사회봉사를 동시에 명할 수 있다고 명시적으로 규정하고 있는바, 일반 형법에 의하여 보호관찰과 사회봉사를 명하는 경우와 비교하여 특별히 달리 취급할 만한 이유가 없으며, 제도의 취지에 비추어 보더라도, 범죄자에 대한 사회복귀를 촉진하고 효율적인 범죄예방을 위하여 양자를 병과할 필요성이 있는 점 등을 종합하여 볼 때, 형법 제62조에 의하여 집행유예를 선고할 경우에는 같은 법 제62조의2 제1항에 규정된 보호관찰과 사회봉사 또는 수강을 동시에 명할 수 있다고 해석함이 상당하다).

이와 달리 보호관찰과 사회봉사명령 또는 수강명령은 독립하여 부과되어야 한다는 소수 견해도 있다(박상기, 549면).

96) 대판 1983. 4. 2, 83모8; 대판 2007. 5. 11, 2005누5756; 대판 2008. 1. 18, 2007도9405.

죄로 형을 선고받은 자라는 사유가 발각된 때에는 **집행유예의 선고를 취소**한다(제64조).

여기서 금고이상의 형을 선고한 판결이 확정된 때라 함은 실형뿐만 아니라 집행유예의 선고도 포함된다.[97] 이와 같은 사실이 집행유예를 선고한 후에 발각되면 집행유예의 취소사유가 되지만, 판결확정 전에 발견된 경우에는 집행유예를 취소할 수 없다.[98] 그리고 전과사실의 발각으로 인한 **집행유예의 취소**는 임의적이 아니라 **필요적**이다.

그러나 보호관찰이나 사회봉사 또는 수강을 명한 집행유예를 받은 자가 준수사항이나 명령을 위반하고 그 정도가 무거운 때에는 **집행유예의 선고를 취소**할 수 있다(제64조 제2항).[99]

Ⅱ. 선고유예

1. 선고유예의 의의

(1) 의 의

선고유예란 범죄의 정상이 경미한 범인에 대하여 일정한 기간 동안 형의 선고를 유예하고 그 **유예기간이 경과한 때에는 면소된 것으로 간주하는 제도**를 말한다(제59, 60조). 형법이 인정하고 있는 제재 중에 가장 가벼운 제재라 할 수 있다. 선고유예는 범죄인에게 처벌을 받았다는 인상을 주지 않고 범죄인의 재범방지와 사회복귀에 유용한 특별예방적 목적달성을 위한 제도이다.

역사적으로는 영국에서 1842년 경부터 행하여진 조건부석방제도에서 유래하고 영미

---

97) 대판 1983. 2. 5, 83모1.

98) 대판 2001. 6. 27, 2001모135(형법 제64조 제1항에 의하면 집행유예의 선고를 받은 후 형법 제62조 단행의 사유가 발각된 때에는 집행유예의 선고를 취소한다고 규정되어 있는바, 여기에서 집행유예를 선고받은 후 형법 제62조 단행의 사유 즉 금고 이상의 형의 선고를 받아 집행을 종료한 후 또는 집행이 면제된 후로부터 5년을 경과하지 아니한 자인 것이 발각된 때라 함은 집행유예 선고의 판결이 확정된 후에 비로소 위와 같은 사유가 발각된 경우를 말하고 그 판결확정 전에 결격사유가 발각된 경우에는 이를 취소할 수 없으며, 이때 판결확정 전에 발각되었다고 함은 검사가 명확하게 그 결격사유를 안 경우만을 말하는 것이 아니라 당연히 그 결격사유를 알 수 있는 객관적 상황이 존재함에도 부주의로 알지 못한 경우도 포함된다).

99) 집행유예의 취소에 관한 형법 제64조의 규정은 일사부재리의 원칙과 피고인의 진술거부권보장에 위배되고, 형사소송법상 거증책임의 일반원칙과도 조화하지 않는다는 비판이 있다(이재상/장영민/강동범, 623면 참조).

의 probation과 관련하여 발전되어 왔다. probation은 유죄의 판결만하고 형은 선고하지 않는데 반해, 선고유예는 유죄판결뿐만 아니라 선고할 형의 종류와 양을 정한다는 점에서 양자는 구별된다. 집행유예가 유죄판결과 형을 선고하고 그 형의 집행만을 유예한다는 점에서 선고유예와 구별된다. 요컨대 선고유예는 집행유예와 영미의 probation의 중간에 위치하는 제도라 볼 수 있다.

선고유예제도도 보호관찰제도와 결합함으로써 형사정책적 목적을 달성할 수 있다. 따라서 형법은 형의 선고를 유예하는 경우에 재범방지를 위하여 지도 및 원호가 필요한 때에는 보호관찰을 명할 수 있다고 규정하고 있다(제59조의2).

(2) 법적 성질

집행유예가 형집행의 변형으로서의 성질을 가지고 있음에 비하여, 선고유예는 형의 선고를 유예함으로써 형벌을 피하기 위한 제도이므로 형집행의 변형이라고는 할 수 없다. 또한 선고유예는 선고할 형을 미리 정해둔다는 점에서 장래의 범죄를 예방하기 위한 순수한 의미의 보안처분이라고도 할 수 없다. 선고유예는 책임과 형벌을 확정한 후 그 선고를 유예한다는 점에서 형법이 규정하고 있는 **고유한 제재수단**이라 할 수 있다.

2. 선고유예의 요건

선고유예의 요건으로는 다음의 사항이 갖추어져야 한다.

(1) 1년 이하의 징역이나 금고, 자격정지 또는 벌금의 형을 선고할 경우

형법은 1년 이하의 자유형과 자격정지나 벌금형을 선고하는 경우에 선고유예를 할 수 있도록 규정하고 있다. 여기서 선고유예를 할 수 있는 형이란 주형과 부가형을 포함한 처단형 전체를 의미하므로, 주형을 선고유예하는 경우에 부가형인 몰수나 추징도 선고유예할 수 있다.[100)]

그러나 형을 병과할 경우에는 형의 전부 또는 일부에 대하여 선고유예를 할 수 있다(제59조 제2항). 따라서 징역형과 벌금형을 병과할 경우에 징역형에 대하여 집행유예를, 그리고 벌금형만을 선고유예를 할 수 있다.[101)]

1년 이하의 징역이나 금고, 자격정지 또는 벌금형을 선고하는 경우인 이상 범죄

---

100) 대판 1980. 3. 11, 77도2027.

101) 대판 1976. 6. 8, 74도1266.

의 종류는 불문한다. 고의범과 과실범 여부도 따지지 않는다. 구류형이나 과료에 대하여는 선고유예를 할 수 없다.[102)]

(2) 개전의 정상이 현저할 것

개전(改悛)의 정상(情狀)이 현저하다는 것은 행위자에게 형을 선고하지 않더라도 **재범의 위험이 없다고 인정되는 경우**를 말한다. 그 판단기준은 형법 제51조에 규정된 양형조건을 종합적으로 고려하여 판단하고, 판단의 기준시기는 **판결시**가 된다.

문제는 피고인이 범죄사실을 부인하는 경우에도 선고유예를 할 수 있는가이다. 종전의 판례는 범죄사실을 부인하는 경우에는 피고인이 죄를 깊이 뉘우치지 않은 경우로서 개전의 정이 없으므로 선고유예를 할 수 없다는 입장[103)]을 취했으나, 전원합의체 판결을 통해 이를 변경하여 '개전의 정상이 현저한 때'를 반드시 피고인이 죄를 깊이 뉘우치는 경우만을 뜻하는 것으로 제한해석하거나, 피고인이 범죄사실을 자백하지 않고 부인할 경우에는 언제나 선고유예를 할 수 없다고 해석할 것이 아니라, 형을 선고하지 않더라도 피고인이 다시 범행을 저지르지 않으리라는 사정이 현저하게 기대되는 경우에는 피고인이 범죄사실을 부인하는 경우에도 선고유예를 할 수 있다고 판시하였다.[104)] 요컨대 범죄인에게 개전의 정이 현저한가 여부는 피고인이 범죄사실을 부인하는 경우에도 다른 양형의 조건을 종합적으로 참작하여 선고유예를 할 수 있다고 할 것이다.

(3) 자격정지 이상의 형을 받은 전과가 없을 것

선고유예는 행위자에게 불법과 책임이 현저히 경한 경우에 인정되는 제도이다. 따라서 자격정지 이상의 형을 받은 전과가 있는 자에 대하여는 선고유예를 할 수 없다(제59조 단서).

여기에서 **'자격정지 이상의 형을 받은 전과'**라 함은 자격정지 이상의 형을 선고받은 범죄경력 자체를 의미하는 것이고, 그 형의 효력이 상실된 여부는 묻지 않는 것으로 해석함이 상당하다. 따라서 형의 **집행유예를 선고받은 자**는 형법 제65조에 의하여 그 선고가 실효 또는 취소됨이 없이 정해진 유예기간을 무사히 경과하여 형의 선고가 효력을 잃게 되었다고 하더라도 형의 선고의 법률적 효과가 없어진다는 것일 뿐 형의

102) 대판 1993. 6. 22, 93오1.

103) 대판 1999. 11. 12, 99도3140; 1999. 7. 9, 99도1635.

104) 대판 2003. 2. 20, 2001도6138(전원합의체판결).

선고가 있었다는 기왕의 사실 자체가 없어지는 것은 아니므로, 형법 제59조 제1항 단서에서 정한 선고유예의 결격사유인 '자격정지 이상의 형을 받은 전과가 있는 자'에 해당하여 선고유예의 대상이 될 수 없다.[105)]

3. 선고유예와 보호관찰

선고유예를 할 경우에도 재범방지를 위하여 법원은 **보호관찰**을 명할 수 있다. 즉 형의 선고를 유예할 경우에 재범방지를 위하여 지도 및 원호가 필요한 때에는 보호관찰을 명할 수 있고, 이때 **보호관찰기간은** 1년으로 한다(제59조의2). 집행유예와는 달리 사회봉사 또는 수강을 명할 수 있는 것은 아니다.

4. 선고유예의 효과

선고유예의 판결을 할 것인가 여부는 법원의 재량에 속한다. 그러나 선고유예의 판결을 하는 경우에도 법원은 범죄사실과 선고할 형은 결정해야 한다. 그런 점에서 선고유예도 유죄판결이라 하겠다. 형의 선고유예를 받은 날로부터 2년을 **경과**하면 면소된 것으로 간주한다(제60조). 집행유예는 유예기간을 법원이 정하지만 선고유예 기간은 언제나 2년이다. 면소판결과 무죄판결은 구별된다. **면소판결**은 소송추행의 이익이 없을 때 없음을 이유로 소송을 종결시키는 형식재판이지만, **무죄판결**은 공소사실이 범죄성립요건을 충족하지 못하거나 범죄사실의 증명이 없는 경우에 선고하는 실체재판이다.

5. 선고유예의 실효

형의 선고유예를 받은 자가 유예기간 중 **자격정지 이상의 형에 처한 판결이 확정되거나 자격정지 이상의 형에 처한 전과가 발견된 때**에는 유예한 형을 선고한다(제61조 제1항).

유예한 형의 선고는 검사의 청구에 의하여 그 범죄사실에 대한 최종판결을 한 법원이 한다(형소법 제336조).

자격정지 이상의 형에 처한 전과가 발견된 때에도 유예한 형을 선고하도록 한 규

---

105) 대판 2007. 5. 11, 2005도5756.

정에 대하여는 집행유예의 취소와 마찬가지의 이유로 비판이 제기되고 있다.[106)]

보호관찰을 명한 선고유예를 받은 자가 보호관찰기간 중에 준수사항을 위반하고 그 정도가 무거운 때에는 유예한 형을 선고할 수 있다(제61조 제2항).

Ⅲ. 가 석 방

1. 가석방의 의의

(1) 의 의

가석방(Aussetzung des Strafrestes, bedingte Entlassung)이란 **자유형의 집행을 받고 있는 자가 그 행상(行狀)이 양호하여 개전(改悛)의 정(情)이 현저하다고 인정되는 때에는 형기만료 전에 조건부로 석방을 하고 일정한 기간을 경과한 때에는 형의 집행을 종료**한 것으로 간주하는 제도를 말한다(제72조, 제76조). 가석방은 일종의 **조건부 석방제도**이다. 가석방은 행형성적이 우수하고 재범의 위험성이 없는 수형자에 대하여는 형기만료 전이라도 사회복귀를 용이하게 하고 형집행에 있어서 수형자의 자발적이고 적극적인 노력을 촉진한다는 의미에서 특별예방사상을 형집행에 도입한 제도이다. 수형자의 사회적 적응을 목적으로 하는 사회내처우의 한 방안이다. 이 제도는 정기형제도가 지닌 일률적인 형집행제도의 단점을 보완하여 수형자의 행형성적과 행상에 따라 형집행에 있어서 탄력성을 부여함으로써 보다 합리적인 형집행이 가능하도록 한 제도이다.

가석방의 법적 성질은 **형집행작용**의 일부이고, 수형자의 사회복귀를 용이하게 하기 위하여 형집행의 일부를 포기하는 것이라고 할 수 있다.

(2) 연 혁

가석방제도는 1880년 오스트레일리아에서 유형(流刑)의 죄수에게 섬 안에 있을 것을 조건으로 허가장을 주어 석방하는 제도에서 유래한다. 이 제도는 영국을 거쳐 미국에 도입되었고, 19세기에는 유럽으로 전파되었으며, 현재 대부분의 국가가 이 제도를 채택하고 있다.

현재 독일, 스위스, 오스트리아, 덴마크, 이탈리아, 등에서도 보호관찰과 결합하여 이 제도를 시행하고 있다. 우리나라도 가석방된 자에게 대하여는 가석방기간 동안 반드시 보호관찰을 받도록 규정하고 있다(제73조의2).

---

106) 이재상/장영민/강동범, 627면.

2. 가석방의 요건

가석방은 가석방의 요건을 갖춘 경우에 교도소장이 가석방적격심사를 가석방심사위원회에 신청하여야 하며, 가석방심사위원회는 가석방적격여부를 심사하여 결정하고, 가석방 적격결정을 한 경우에는 5일 이내에 법무부장관에게 가석방허가신청을 하여야 하며, 법무부장관은 위원회의 신청이 적정하다고 인정하면 가석방신청을 허가할 수 있다(형의 집행 및 수용자의 처우에 관한 법률 제119－122조).[107] 가석방을 신청하기 위해서는 다음의 요건을 구비해야 한다(제72조).

(1) 징역 또는 금고의 집행 중에 있는 자가 무기(無期)에 있어서는 20년, 유기(有期)에 있어서 형기의 3분의 1을 경과한 후이어야 한다.

가석방은 징역 또는 금고의 집행 중인 자에 대하여만 인정된다. 문제는 벌금을 납입하지 않은 경우의 노역장 유치에 대하여 가석방이 허용되는가라는 점이다. 이에 대하여는 ① 벌금형에 대하여는 가석방이 허용되지 않으므로 이를 부정하는 견해와 ② 노역장 유치는 대체자유형이고 자유형을 선고받은 자에 비하여 벌금형을 선고받은 자를 불이익하게 처우해야 할 이유가 없으므로 이를 긍정하는 견해[108]가 대립한다. 부정설이 타당하다.

무기에 있어서는 20년, 유기에 있어서는 형기의 3분의 1을 경과해야 하며, 이때의 형은 선고형을 말한다. 다만 사면 등에 의하여 감형된 경우에는 감형된 형이 기준이 된다. 형기에 산입된 판결선고전 구금일수는 가석방에 있어서 집행을 경과한 기간에 산입한다(제73조 제1항).

(2) 행상(行狀)이 양호하여 개전(改悛)의 정(情)이 현저(顯著)해야 한다.

개전의 정이 현저하다는 것은 단순히 수형자가 크게 잘못을 후회한다는 것만을 의미하는 것이 아니고 다시 재범을 범하지 않으리라는 판단이 서는 경우를 말한다고 할 수 있다. 따라서 중대한 범죄를 범한 수형자라 하더라도 재범의 위험성이 없으면 가석방 대상이 된다고 보아야 한다.

---

107) 2007. 12. 21. 제정 공포된 '형의 집행 및 수용자처우에 관한 법률'은 2008. 12. 22.부터 시행되어 오고 있다.

108) 이재상/장영민/강동범, 629면.

(3) 벌금 또는 과료의 병과가 있는 때에는 그 금액을 완납해야 한다.

위의 요건을 구비한 경우에도 벌금 또는 과료의 병과가 있는 때에는 그 금액을 완납하여야 하고, 벌금 또는 과료에 관한 유치기간에 산입된 판결선고전 구금일수는 그에 해당하는 금액이 납입된 것으로 간주한다(제73조 제2항).

3. 가석방의 기간과 보호관찰

가석방기간은 무기형에 있어서는 10년, 유기형에 있어서는 남은 형기로 하되 그 기간은 10년을 초과할 수 없다(제73조의2 제1항). 가석방된 자는 가석방기간 중 보호관찰을 받는다. 가석방기간 중 보호관찰은 집행유예나 선고유예시의 보호관찰이 임의적인 것과는 달리 반드시 필수적이다. 다만 가석방을 허가한 행정관청이 필요가 없다고 인정한 때에는 그러하지 아니하다(동항 단서).

4. 가석방의 효과

가석방기간 중에는 형의 집행이 종료된 것이 아니므로, 가석방 기간 중에 다시 죄를 범하여도 누범이 되는 것은 아니다. 그러나 가석방의 처분을 받은 후 그 처분이 실효 또는 취소되지 아니하고 가석방기간을 경과한 때에는 형의 집행을 종료한 것으로 본다(제76조). 따라서 가석방기간의 종료로 형선고의 효력이 상실되는 것은 아니다.

5. 가석방의 실효와 취소

(1) 가석방의 실효

가석방 중 금고 이상의 형을 받아 그 판결이 확정된 때에는 가석방처분의 효력을 잃는다. 다만 과실로 인하여 형의 선고를 받았을 때에는 예외로 한다(제74조). 따라서 가석방 중의 고의범죄로 인하여 집행유예의 판결이 확정되면 가석방처분은 효력을 잃는다.

이것은 집행유예의 실효가 집행유예의 선고의 효력이 유예기간 중 고의로 범한 죄로 금고 이상의 실형을 선고 받아 그 판결이 확정된 때 집행유예의 선고가 효력을 잃는 것과는 구별된다. 집행유예의 실효는 실형의 확정판결이 있어야 하는 점에서 다르다.

(2) 가석방의 취소

가석방의 처분을 받은 자가 감시에 관한 규칙을 위배하거나, 보호관찰의 준수사항을 위반하고 그 정도가 무거운 때에는 가석방처분을 취소할 수 있다(제75조).

(3) 가석방의 실효 및 취소의 효과

가석방이 실효되거나 취소되었을 때에는 가석방 중의 일수는 형기에 산입하지 아니한다(제76조 제2항). 따라서 가석방이 실효되거나 취소된 경우에는 가석방처분을 받았던 자는 가석방 당시의 잔형기간을 다시 집행받아야 한다. 여기서 가석방 중의 일수란 가석방된 다음날부터 가석방이 실효되거나 취소되어 다시 구금되기 전날까지를 말한다.

제 5 절 형의 시효와 소멸

Ⅰ. 형의 시효

1. 형의 시효의 의의

형의 시효란 형의 선고를 받은 자가 재판이 확정된 후 형의 집행을 받음이 없이 일정한 기간을 경과함으로써 형의 집행이 면제되는 것을 말한다. 형사시효에는 **형의 시효**와 **공소시효**가 있다. 공소시효는 미확정된 **형벌소추권인 공소권을 소멸**시키는 형사소송법상의 제도이고, **형의 시효**는 **확정된 형벌권을 소멸**시키는 형사실체법상의 제도라는 점에서 구별된다. 공소시효에 대하여는 형사소송법에 규정되어 있다(형사소송법 제249조).

형의 시효제도의 근거는 일정한 시간의 경과로 인하여 형의 선고와 형집행에 대한 사회의식이 감소하였고, 또한 일정한 기간 동안 계속하여 형이 집행되지 않은 평온한 상태 그 자체를 존중하여 유지할 필요가 있다는 데에 있다

2. 시효의 기간

형의 시효는 형을 선고하는 재판이 확정된 후 그 집행을 받음이 없이 일정한 기간을 경과함으로서 완성된다. 형의 시효기간은 ① 사형은 30년, ② 무기의 징역 또는 금고는 20년, ③ 10년 이상의 징역 또는 금고는 15년, ④ 3년 이상의 징역이나 금고 또는 10년 이상의 자격정지는 10년, ⑤ 3년 미만의 징역이나 금고 또는 5년 이상의

자격정지는 7년, ⑥ 5년 미만의 자격정지·벌금·몰수 또는 추징은 5년, ⑦ 구류 또는 과료는 1년이다(제78조).

형의 시효는 판결이 확정된 날로부터 진행하며, 그 말일 오후 12시로 종료한다.

3. 형의 시효의 효과

형의 선고를 받은 자는 시효기간의 경과로 인해 **형의 집행이 면제**된다(제77조). 형의 선고 자체의 효력이 소멸되는 것은 아니고 형의 집행만이 면제되며, 별도의 재판을 필요로 하지 않고 당연히 형의 집행이 면제된다.

4. 형의 시효의 정지와 중단

(1) 형의 시효의 정지

형의 시효는 형의 집행유예나 정지 또는 가석방 기타 집행할 수 없는 기간은 진행되지 않는다(제79조). 여기서 '기타 집행할 수 없는 기간'이란 천재지변 기타 사변으로 인하여 형을 집행할 수 없는 경우를 말한다. 그러나 형을 선고받은 자가 도주하거나 소재불명으로 형을 집행할 수 없는 경우의 기간은 여기에 해당하지 않는다. 시효의 정지는 정지사유가 소멸하면 잔여시효기간이 진행한다는 점이 시효중단과 다르다.

형의 시효는 형이 확정된 후 그 형의 집행을 받지 아니한 자가 형의 집행을 면할 목적으로 국외에 있는 기간 동안은 진행되지 아니한다.

(2) 형의 시효의 중단

시효의 중단이란 판결이 확정된 날로부터 진행되는 시효가 사형·징역·금고와 구류에 있어서는 수형자를 **체포**함으로써 중단되며, 벌금·과료·몰수와 추징에 있어서는 **강제처분을 개시**함으로 인하여 중단된다(제80조).

따라서 검사의 명령에 의하여 집행관이 벌금형의 집행에 임하였으나 압류대상물건의 평가액이 집행비용에도 미치지 못하여 집행불능이 된 경우에도 벌금의 시효기간은 중단된 것이라고 해야 한다.[109] 수형자가 벌금형의 일부를 수형자 본인 또는 그 대리인이나 사자가 납부한 경우에는 벌금형의 시효는 중단되지만, 수형자 본인의 의사와는 무관하게 제3자가 이를 납부한 경우에는 시효는 중단되지 않는다.[110]

---

109) 대판 1979. 3. 29, 78도8.

110) 대결 2001. 8. 23, 2001모91(수형자가 벌금의 일부를 납부한 경우에는 이로써 집행행위가 개시

시효가 중단된 경우에는 시효의 정지와는 달리 다시 시효의 전기간이 경과되어야 시효가 완성된다.

Ⅱ. 형의 소멸

1. 형의 소멸의 의의

형의 소멸이란 **유죄판결의 확정에 의하여 발생한 형벌의 집행권을 소멸**시키는 것을 말한다. 형의 소멸은 형의 집행이 종료되거나, 가석방기간이 만료되거나, 형의 집행이 면제되거나, 형의 시효가 완성되거나, 범인이 사망하게 되면 형의 집행권이 소멸하게 된다. 형의 소멸은 유죄의 확정판결에 의하여 발생한 형의 집행권을 소멸시키는 제도이므로, 공소시효의 완성으로 검사의 형벌청구권을 소멸시키는 **공소권의 소멸**과는 구별된다.

형법은 형의 소멸 이외에도 **형의 실효**(失效)와 **복권**(復權)제도를 규정하고 있다.

형이 소멸되어도 전과사실은 그대로 남아 형선고의 법률상의 효과는 소멸되지 않게 되고, 이러한 전과사실로 인해 전과자가 실생활에 있어서 여러 가지 자격제한을 받게 된다. 형의 실효와 복권제도는 형이 소멸된 전과자에게 전과사실 자체를 말소시키고 자격을 회복시키는 제도로서, 범죄인의 갱생과 사회복귀를 용이하게 하는 데 그 목적을 두고 있다.

2. 형의 실효

(1) 재판상 실효

징역 또는 금고의 집행을 종료하거나 집행이 면제된 자가 **피해자의 손해를 보상하고 자격정지 이상의 형을 받음이 없이 7년을 경과한 때**에는 본인 또는 검사의 신청에 의하여 그 재판의 실효를 선고할 수 있다(제81조).

즉 재판상 실효의 요건은 ① 수형자 또는 검사의 신청이 있어야 하고, ② 신청대상이 되는 형은 징역형과 금고형에 한하며, ③ 피해자의 손해를 보상해야 하고, ④

된 것으로 보아 그 벌금형의 시효가 중단된다고 봄이 상당하고, 이 경우 벌금의 일부 납부란 수형자 본인이 스스로 벌금을 일부 납부한 경우, 즉 벌금의 일부를 수형자 본인 또는 그 대리인이나 사자가 수형자 본인의 의사에 따라 이를 납부한 경우를 말하는 것이고, 수형자 본인의 의사와는 무관하게 제3자가 이를 납부한 경우는 포함되지 아니한다).

자격정지 이상의 형을 받음이 없이 7년을 경과하였을 것을 요건으로 한다.

따라서 형의 집행종료 후 7년 이내에 집행유예의 판결을 받았을 경우에는 형의 실효를 선고할 수 없다.[111] 실효의 재판이 확정되면 형의 선고로 인한 법적 효과는 장래에 향하여 소멸된다. 따라서 과거의 형의 선고로 이미 상실된 자격이 소급하여 회복되지는 않는다.

(2) 형의 실효 등에 관한 법률에 의한 실효

'형의 실효 등에 관한 법률'에 의해 수형인이 자격정지 이상의 형을 받지 아니하고 형의 집행을 종료하거나 그 집행이 면제된 날부터 ① 3년을 초과하는 징역·금고는 10년, ② 3년 이하의 징역·금고는 5년, ③ 벌금은 2년을 경과한 때에는 그 형은 실효된다. 다만, 구류·과료는 형의 집행을 종료하거나 그 집행이 면제된 때에 그 형이 실효된다(같은 법 제7조).

또한 하나의 판결로 여러 개의 형이 선고된 경우에는 각 형의 집행을 종료하거나 그 집행이 면제된 날부터 가장 무거운 형에 대한 위의 형이 경과한 때에는 형의 선고는 효력을 잃는다. 그리고 위의 경우에 징역과 금고는 같은 종류의 형으로 보고 각 형기를 합산한다(같은 조 제2항).

3. 복 권

자격정지의 선고를 받은 자가 **피해자의 손해를 보상**하고 **자격정지** 이상의 형을 받음이 없이 **정지기간의 2분의 1을 경과한** 때에는 본인 또는 검사의 신청에 의하여 자격의 회복을 선고할 수 있다(제82조). 복권(復權)제도는 형의 선고로 정지된 자격을 자격정지기간 만료전에 조기에 회복시켜 사회복귀와 적응을 용이하도록 하는 데 있다.

Ⅲ. 형법상 기간의 계산

형기나 시효 등에 있어서 형법상 기간의 계산은 다음과 같은 방법에 의한다.

1. 기간의 계산

원칙적으로 기간의 계산방법은 연 또는 월로써 정한 기간은 **역수(曆數)에 따라** 계

---

111) 대판 1983. 4. 2, 83모8.

산한다(제83조). 즉 연 또는 월로 정한 기간은 일, 시, 분, 초에 의하여 정산하지 않고 연 또는 월을 단위로 계산하는 **역법적 계산방법**에 의하도록 하고 있다. 따라서 예컨대 3개월의 기간을 7월1일부터 계산한다면 9월 30일에 만료하게 된다.

2. 형기의 기산(起算)

형기는 판결이 확정된 날로부터 기산한다(제84조 제1항). 징역, 금고, 구류와 유치에 있어서는 구속되지 아니한 일수는 형기에 산입하지 않는다(제84조 제2항).

형의 집행과 시효기간의 초일은 시간을 계산함이 없이 1일로 산정한다(제85조). 석방은 형기종료일에 하여야 한다(제86조).

제 6 절 보안처분

I. 서 론

1. 보안처분의 의의

보안처분이란 범죄자의 재범위험성으로부터 사회를 방위하고 범죄자의 사회복귀를 촉구하기 위하여 특수한 교육·개선 및 치료가 필요한 자에 대하여 행하는 예방적 성질의 목적적 조치로서 **형벌 이외의 형사제재**(**형벌대체** 또는 **형벌보완**)를 말한다.

형벌이 범죄자의 과거의 불법과 책임을 전제로 하는 책임주의의 범위 내에서 부과되는 과거의 범죄행위에 대한 형사제재임에 반하여, 보안처분은 행위자의 장래의 범죄에 대한 사회적 위험성을 전제로 하여 특별예방적 관점에서 행해지는 **예방적 성격의 형사제재**라는 점에서 양자는 구별된다.

2. 보안처분의 연혁

보안처분제도의 필요성은 중세 시대부터 논의되어 왔으나, 형법에 본격적으로 나타난 것은 1893년 칼 슈토스(Carl Stoos)가 입안한 스위스 형법예비초안에서 유래한다. 아래에서는 클라인과 리스트 및 스토스의 보안처분의 내용을 연혁적으로 살펴보고, 마지막으로 우리나라의 보안처분제도에 대하여도 개괄해보기로 한다.

(1) 클라인의 보안처분

보안처분은 카로리나(Carolina) 형법전에서부터 등장하고 있으나 그 당시에는 부정기 보안구금에 불과하였다. 이후 형벌과 구별되는 보안처분을 최초로 주장한 사람은 클라인(E. F. Klein)인데, 그는 형벌은 행위책임에 비례하여 부과되지만 행위자의 위험성에 대하여는 보안처분이 필요하다고 주장하였다. 1794년 클라인에 의해 제정된 프로이센 일반란트법에는 부정기 보안구금을 받아들였지만 1799년에 이르러서는 다시 폐지되기에 이르렀다.

(2) 리스트의 보안처분

19세기 후반에 들어와 누범과 상습범 및 소년범의 격증과 자연과학의 발달에 따라 형벌의 목적은 범죄행위에 대한 **응보형**이 아니라 범죄자의 재범방지를 위한 특별예방적 목적이 되어야 한다는 **목적형**사상이 대두되게 되었다. 특히 리스트(Franz v. Liszt)는 '처벌해야 하는 것은 행위가 아니라 행위자이다'라고 하여, 형벌은 행위자의 사회적 위험성을 방지하기 위한 보안형벌이 되어야 한다고 하고, 형벌과 보안처분의 구별은 불필요하다고까지 하기에 이르렀다. 그의 목적형사상은 오늘날에 와서도 보안처분에 대한 이론적 기초가 되고 있다.

(3) 칼 스토스의 보안처분

현대적 의미의 보안처분은 1893년 스위스의 칼 스토스(Carl Stoos)의 형법예비초안에 의하여 비로소 실현되었다. 스토스는 이 초안에서 범죄예방을 위해서는 형벌만으로 불충분하므로 정신병자, 상습범, 노동기피자, 중독자 등을 그 원인에 따라 격리하고 개선·치료를 위해 보안처분을 형법에 도입하고자 하였다. 이른바 스토스안이라 불리는 이 초안은 고전적인 형벌체계를 유지하면서 리스트의 형사정책적 목표를 실현하고자 하였기 때문에, 이 초안의 영향을 받아 1933년 독일 형법이 보안처분을 받아 들였고, 오늘날 대부분의 국가에서도 보안처분이 형법 속에 편입되게 되었다.

(4) 우리나라의 보안처분제도

형법상 보안처분으로는 ① 선고유예시의 보호관찰(제59조의2), ② 집행유예시의 보호관찰과 사회봉사명령 또는 수강명령(제62조의2), ③ 가석방시의 보호관찰(제73조의2 제2항)이 있다. 형법 이외의 특별법상으로도 보안처분에 관한 규정을 두고 있다. 그 예로는 ① **소년법**은 소년에 대한 **보호처분** 규정을 두고 있고(소년법 제32조 이하), ② **보안관찰법**은 국가보안법 등의 정치범죄에 대한 보안관찰 규정을 두고 있다(보안관찰법 제3조 이하).[112] **보안관찰처분**에 대하여는 새로운 범죄를 요건으로 하지 않는 행정기관에 의한 행정작용으로서의 성질을 지니므로 범죄에 대한 형사제재인 보안처분이라고 할 수 없다는 견해[113]도 있으나, 재범예방을 위한 보안관찰처분은 피보안관찰자의 프라이버시권을 비롯한 각종 기본권 제한을 초래하므로 보안처분이라 할 수 있다. ③ 또한 **치료감호법**에서는 보안처분으로서 **치료감호**와 **보호관찰**에 대한 규정을 두고 있다(치료감호 등에 관한 법률 제2, 16, 32조).[114] 그 밖에도 특별법에 규정되어 있다.

한편 죄를 지은 사람으로서 재범 방지를 위하여 보호관찰, 사회봉사, 수강(受講) 및 갱생보호(갱생보호) 등 체계적인 사회 내 처우가 필요하다고 인정되는 사람을 지도하고 보살피며 도움으로써 건전한 사회 복귀를 촉진하고, 효율적인 범죄예방 활동을 전개함으로써 개인 및 공공의 복지를 증진함과 아울러 사회를 보호함을 목적으로 제정된 법률이 **"보호관찰 등에 관한 법률"**(이하 보호관찰법이라 함)이다.

이 법에 의해 보호관찰을 받을 대상자(**보호관찰대상자**)는 ① 보호관찰을 조건으로 형의 선고유예를 받은 자, ② 보호관찰을 조건으로 형의 집행유예를 받은 자, ③ 보호관찰을 조건으로 가석방 또는 임시퇴원된 자, ④ 소년법에 의해 보호처분을 받은 자, ⑤ 그리고 다른 법률에 의하여 보호관찰을 받도록 규정된 자이다(보호관찰법 제3조 제1항).

또한 이 법에 의하여 사회봉사 또는 수강을 하여야 할 자(**사회봉사·수강명령 대상자**)는 ① 형법 제62조의2의 규정에 의하여 사회봉사 또는 수강을 조건으로 형의 집행유예의 선고를 받은 자, ② 소년법 제32조에 따라 사회봉사명령 또는 수강명령을 받

---

112) 보안관찰법은 종래의 사회안전법을 대체한 입법으로 1989년 9월 16일부터 시행되어 오고 있으며 **보안관찰처분**이라는 보안처분만이 인정되고 있다. 보안관찰처분대상자는 형법상 내란·외환죄, 군형법상 반란·이적죄, 국가보안법상 특정범죄 또는 이와 경합된 범죄로 금고 이상의 형을 선고 받고 형기 합계가 3년 이상인 자로서 형의 전부 또는 일부의 집행을 받은 사실이 있는 자 중에서, 재범의 위험성이 있다고 인정할 충분한 이유가 있는 자이다. 보안관찰기간은 2년의 기간으로 부과되나 법무부장관은 검사의 청구가 있는 때 보안관찰심의위원회의 의결을 거쳐 기간을 갱신할 수 있다(동법 제3,5조). 보안관찰처분을 받은 자는 주거지 관할 경찰서장에게 신고하고, 재범방지에 필요한 지시를 받아야 한다.

113) 이재상/장영민/강동범, 637면.

114) 1980년 12월 18일 공포·시행된 사회보호법에 의해 보안처분이 우리나라에 본격적으로 도입되었다. 사회보호법에 의한 보안처분에는 보호감호·치료감호 및 보호관찰의 3종이 있었으나, 사회보호법이 2005. 8. 4. 폐지되어 현재는 그 대체입법으로서 치료감호법이 2005. 12. 21. 제정·공포되어 시행되고 있다.

은 자, ③ 다른 법률에 의하여 이 법에 의한 사회봉사 또는 수강을 받도록 규정된 자이다.

그 밖에도 이 법에 의하여 갱생보호를 받을 자(**갱생보호대상자**)란 형사처분 또는 보호처분을 받은 자로서 자립갱생을 위한 숙식제공, 여비지급, 생업도구·생업조성금품의 지급 또는 대여, 직업훈련 및 취업알선 등 보호의 필요성이 인정되는 자를 말한다.

Ⅱ. 보안처분의 종류와 성질

1. 보안처분의 헌법적 정당성의 근거와 지도원리

(1) 보안처분의 헌법적 근거

보안처분은 범죄자의 장래의 재범방지와 사회복귀를 용이하게 한다는 합목적성을 이유로 사람의 자유를 제한하는 제도이므로 인간의 존엄과 가치를 훼손하고 기본권을 침해한다는 비판이 있다. 그런데 헌법 제12조 제1항에는 '누구든지 법률과 적법한 절차에 의하지 아니하고는 처벌·**보안처분**을 받지 아니한다'고 규정하여, 보안처분에 대한 헌법적 근거규정을 두고 있다. 이 경우에 헌법에 의하여 보장된 개인의 자유는 사회적으로 제한된 자유이므로, 개인의 자유를 사회에 반하는 방법으로 행사할 때는 이에 대한 규제가 가능하다는 점에서 **기본권의 내재적 한계**가 있고, 보안처분의 정당성의 근거는 **법익교량사상에 근거**하고 있다고 할 수 있다. 즉 범죄자의 자유가 다른 사회공동체 구성원의 자유를 침해할 고도의 개연성이 있고, 타인의 자유보호와 범죄자의 자유제한이나 박탈을 비교형량하여 전체적으로 보아 타인의 자유보호가 더 중요한 가치를 가질 때에는 범죄자의 자유를 제한하는 보안처분을 감수해야 하기 때문이다.[115)]

(2) 보안처분의 지도원리

1) 비례성의 원칙

보안처분에는 책임주의 원칙이 적용되지 않는다. 그러나 보안처분도 헌법에 의하여 보장된 개인의 자유를 제한하는 제재이므로 일반적인 법원칙인 **비례성의 원칙**이

115) 그 외에도 보안처분의 정당성의 근거에 관하여는 '피처분자의 내적 자유의 결함(Welzel, Bockelmann)', '행위자의 사회적 위험성에 대한 긴급피난(Schönke/Schröder)', '인간의 자유의 사회적 구속성(Stree)', '인간의 자유남용에 대한 보호박탈', '자유남용에 대한 자유구속과 신체적, 정신적 결함있는 자에 대한 치료처우(Jescheck)'라는 견해 등이 있다.

적용되는 범위 내에서만 정당화된다고 할 수 있다. 즉 보안처분의 정도와 내용은 행위자에 의하여 이미 행하여진 범죄와 장래에 예상되는 범죄 및 위험성의 정도와 균형을 유지해야 한다.

2) 사법적 통제와 인권보장

보안처분은 법익박탈 내지 제한을 내용으로 함으로써 형벌과 동질적이며, 법률과 적법한 절차에 의하여 법원에 의하여 행해질 것이 요구된다고 하겠다. 또한 보안처분에 있어서도 형벌과 마찬가지로 죄형법정주의의 원칙이 존중되어야 한다.

2. 보안처분의 종류

(1) 대인적 보안처분과 대물적 보안처분

보안처분을 그 대상에 따라 대인적 보안처분과 대물적 보안처분으로 나눌 수 있다. **대인적 보안처분**이란 사람에 의한 장래의 범죄를 방지하기 위하여 특정인에게 선고하는 보안처분을 말하며, 사람의 자유를 제한·박탈하는 **치료감호나 보호관찰** 등이 이에 해당한다. 이와 달리 **대물적 보안처분**이란 범죄와 법익침해의 방지를 목적으로 물건에 대하여 행하는 국가적 예방조치로서, **몰수·영업장폐쇄·법인해산·선행보증**[116) 등이 여기에 해당한다.

(2) 자유박탈적 보안처분과 자유제한적 보안처분

대인적 보안처분은 다시 자유를 침해하는 정도에 따라 자유박탈적 보안처분과 자유제한적 보안처분으로 나눌 수 있다. **자유박탈적 보안처분**에는 상습범죄자에 대한 보호감호, 정신병자에 대한 치료감호, 중독자에 대한 금절치료감호, 노동혐기자에 대한 노역장감호 등이 있다. **자유제한적 보안처분**에는 보호관찰, 음주점출입금지, 운전면허박탈, 직업금지, 단종·거세,[117) 국외추방, 거주제한 등이 해당한다.

116) 선행보증(善行保證)이란 형의 집행유예나 가석방을 하는 경우에 상당한 금액 기타 유가증권을 보증금으로 제공하게 하거나, 보증인을 내세워 그 효과발생을 정지조건으로 하여 명하는 보안처분의 일종이다. 보증기간 중에 범죄를 범한 경우에는 보증금을 국고에 귀속시키거나, 피해자에게 배상하는데 충당하게 하고 사고 없이 그 기간을 경과하는 경우에는 공탁자에게 반환하게 된다. 결국 이 제도는 **보증금 몰수**라는 심리적 압박을 통하여 선행을 확보하려는 제도이다.

117) 단종(斷種; Sterilization))은 수술 등에 의해 생식능력을 없애는 것을 말하며, 거세(去勢; castration)란 생식능력뿐만 아니라 생식기관을 없앰으로써 성생활이 불가능하도록 하는 것을 말한다. 오늘날 단종의 경우에는 유전적 질환이 있는 경우 등에는 허용되나 거세는 비인간적 행위로 허용되지 않는다.

현행법상으로는 치료감호법에 의해 심신장애자 또는 미약·알코올 그 밖의 약물 중독자에 대한 치료감호와 보호관찰 등이 인정되고 있다.

3. 형벌과 보안처분과의 관계

(1) 입법주의

형벌과 보안처분이 동일한 행위자에 대하여 과해지는 경우에 양자의 관계를 어떻게 할 것인가에 대하여는 3가지의 입법주의가 있다.

1) 이원주의

형벌과 보안처분을 동시에 선고하고 양자를 중복적으로 집행하는 주의를 말한다. 이원주의는 형벌이 책임을 전제로 한 제재이고 보안처분은 장래의 위험성에 대책이므로 범죄에 의하여 표출된 **책임과 위험성**에 대하여 국가는 이중의 수단에 의하여 대처해야 한다는 것을 근거로 한다. 이원주의에 의하면 일반적으로 보안처분보다 형벌을 먼저 집행하는데, 그 이유는 ① 보안처분은 형벌을 보충하는 제도이며, ② 형벌은 정기(定期)이지만 보안처분은 부정기(不定期)라는 점 때문이다. 이원주의는 독일, 프랑스, 이탈리아, 네덜란드 등이 취하고 있는 입법태도이기도 하다. 현재는 폐지된 종래의 우리나라의 사회보호법상의 보호감호가 이러한 이원주의 입장이라 할 수 있다.

2) 일원주의

일원주의란 형벌 또는 보안처분 중 어느 하나만을 인정하거나 두 가지를 모두 인정하면서 그 중 하나만을 선택하여 적용하는 주의를 말한다. 이 입장의 근거로는 형벌과 보안처분은 본질적으로 대립되는 제도이지만 형벌목적은 동일하므로 사회적 위험을 지닌 범죄자의 재범방지와 사회복귀를 위해 형벌이 부적합한 경우에는 양자 중 어느 하나만을 적용해야 한다는 것이다. 영국, 벨기에, 덴마크, 스웨덴 등이 취하고 있는 입법태도이다.

3) 대체주의

형벌은 책임의 정도에 따라 선고되지만, 그 **집행단계에서 보안처분에 의하여 대체**되거나 **보안처분의 집행이 끝난 후에 형벌을 집행**하는 주의를 말한다. 대체주의는 ① 형벌에 우선하여 보안처분의 집행, ② 보안처분집행기간의 형기에의 산입, ③ 보안처분 후의 형집행의 유예가능성을 내용으로 한다.

대체주의는 ① 범죄자의 사회복귀를 위해서는 보안처분이 우선 집행되는 것이 합리적이며, ② 보안처분도 사실상 형벌과 같은 해악적 성질을 지니며, ③ 특별예방인 재범방지라는 형벌의 목적을 보안처분에 의해서도 달성할 수 있다는 점을 그 근거로 한다.

대체주의는 스위스 형법이 채택하고 있고, 독일 형법과 우리나라의 치료감호법상의 치료감호가 이러한 입장을 취하고 있다.

(2) 검 토

이원주의에 대하여는 다음과 같은 비판이 가능하다. 즉 ① 형벌과 보안처분은 이론적으로는 구별이 가능하지만 법익을 박탈·제한하는 처분이라는 점에서는 동일하며, ② 보안처분이 부정기라는 점에서 정기형보다 더욱 가혹한 처벌이 될 수 있고, ③ 형벌집행이 종료된 후에 보안처분을 다시 집행하는 것은 형벌의 특별예방적 목적에 오히려 반한다는 비판을 면할 수 없다.

한편 일원주의는 ① 형벌과 보안처분은 그 정당성의 근거와 본질에 있어서 구별되는데, 이를 동일시하여 행위자의 위험성 때문에 책임의 정도를 넘어 보안처분을 받게 하는 것은 국가형벌권 제한의 원리인 책임주의원칙에 배치되고, ② 한정책임능력자에게도 보안처분만을 선고하는 것은 책임무능력자와 동일하게 취급하므로 불합리하며, ③ 상습범에 대하여 부정기형을 선고하는 것은 형사정책적으로도 적절한 수단이라 할 수 없다는 비판을 피하기 어렵다.

따라서 형벌과 보안처분의 본질적인 차이를 인정하면서도, 형의 집행단계에서는 보안처분으로 대체하는 것을 허용하는 대체주의가 가장 적절한 방법이라 생각한다.

Ⅲ. 상습누범에 대한 형의 가중과 책임주의

1. 상습누범에 대한 대책

동종의 범죄에 대한 습벽이 있는 상습범, 특히 상습누범자에 대한 대책으로는 ① 형을 가중하는 방법과 ② 부정기형을 선고하는 방법, 그리고 ③ 보안처분을 하는 방법을 생각할 수 있다.

이에 대하여 먼저 영국과 미국 및 우리나라는 통상의 **형을 가중하는 방법**을 취하고 있다. 형법은 각칙에서 상습범에 대하여 각 본조에 정한 형의 2분의 1을 가중하고 있고, 특별법에서는 그 형을 다시 가중하는 입장을 취하고 있다(폭력행위 등 처벌에 관한 법률 제3조 제3항, 특정범죄가중처벌 등에 관한 법률 제5조의 4).

다음으로 상습범에 대하여 **상대적인 부정기형 선고**하도록 하고 있는 나라로는 그리스와 1974년의 일본 형법초안을 들 수 있다.

마지막으로 보안처분으로서 **보호감호**에 의하여 대처하는 방법이 있는데, 독일, 스위스, 오스트리아, 프랑스 형법이 이러한 태도를 취하고 있다. 상습누범의 책임의 범위를 넘는 안전과 보안의 목적은 보안처분에 의해서만 대처할 수 있기 때문이다.

우리나라는 1980년 이래로 사회보호법을 제정하여 상습범에 대한 대책으로서 형을 가중하는 방법과 더불어 보안처분으로서의 보호감호제도를 인정하여 왔다. 그러나 2005년 사회보호법상의 보안처분으로서의 보호감호는 구금인 형벌과 다름이 없으므로 형기가 종료된 피보호감호자를 이중처벌하는 결과를 초래하며, 또한 상습누범자 내지 상습범에 대하여는 무거운 형벌을 과할 수 있으므로 추가적인 형사제재가 불필요한데 과도하게 사회방위기능을 강조하여 행정처분인 보호감호에 의하여 피보호감호자의 자유를 한다는 점에서 사회보호법에 대한 헌법재판소의 위헌결정으로 이 법은 폐지되었다. 사회보호법 폐지 이후 오늘날 상습범 내지 상습누범에 대한 대책으로는 형을 더욱 가중하는 입장을 취하고 있으나, 상습범에 대한 새로운 대책으로 개선된 보호감호제도를 다시 도입하자는 견해가 꾸준히 제기되고 있는 실정이다.[118)]

2. 상습누범에 대한 형의 가중과 책임주의

사회보호법상 보호감호제도의 폐지에 따른 대체입법으로 상습누범자에 형을 가중하기 위해 특정범죄 가중처벌 등에 관한 법률 제5조의4(상습강·절도죄의 가중처벌)의 제6항을 신설하여 형을 가중하였고, 폭력행위 등 처벌에 관한 법률 제2조 제1항에서도 상습적으로 폭행·협박·주거침입 및 재물손괴의 죄를 범한 때에는 1년 이상의 유기징역을, 체포·감금·강요의 죄 등을 범한 때에는 2년 이상의 유기징역, 상해와 공갈의 죄를 등을 범한 때에는 3년 이상의 유기징역에 처하였다.

그러나 상습범죄자에 대하여 가중된 형벌을 과하는 것은 책임주의원칙에 위배되며, 형사정책적으로도 형벌의 효과를 기대할 수 없고, 죄형균형의 원칙에도 어긋난다.

헌법재판소도 상습누범에 대한 가중과 관련하여, "특정범죄 가중처벌 등에 관한

118) 이재상/장영민/강동범, 642면.

법률" 제5조의4 제1항이 헌법에 위반된다고 결정하였으며,[119] 또한 특정범죄 가중처벌 등에 관한 법률 제5조의4 제6항 중 "제1항 또는 제2항의 죄로 두 번 이상 실형을 선고받고 그 집행이 끝나거나 면제된 후 3년 이내에 다시 제1항 중 형법 제329조에 관한 부분의 죄를 범한 경우에는 그 죄에 대하여 정한 형의 단기의 2배까지 가중한다"는 부분이 죄형법정주의의 명확성의 원칙에 위배되어 위헌이라고 결정하였다.[120]

이에 따라 "특정범죄 가중처벌 등에 관한 법률"과 "폭력행위 등 처벌에 관한 법률"을 다시 개정하게 되었다. 상습범에 대한 보안처분으로서의 보호감호제도의 폐지에 대해서는, 근자에 상습성이 있고 재범의 위험성이 매우 높은 상습누범자로 한정하면서, 또한 종전에 문제되었던 보호감호제도를 개선하여 다시 이 제도를 도입할 필요성이 있다는 주장도 제기되고 있다.[121]

Ⅳ. 치료감호

1. 치료감호의 의의

치료감호란 심신장애자 또는 마약이나 알코올 등의 중독자 및 정신성적 장애자로서 재범의 위험성이 있는 경우에 치료감호시설에 수용하여 보호와 치료를 위한 조치를 행하는 보안처분을 말한다(치료감호등에 관한 법률, 제2, 9조). 치료감호는 심신장애자 또는 약물중독자로서 특수한 교육·개선 및 치료가 필요하다고 인정되는 치료감호대상자의 치료와 적절한 보호를 통해 재범을 방지하고 사회복귀를 촉진하는 것을 목적으로 하는 보안처분이지만, 그 중에서 특히 치료감호대상자의 치료에 중점을 두는 보안처분이라 할 수 있다.

현행 치료감호법은 구사회보호법이 이중처벌규정이라는 논란이 일자 이 법을 폐지한 대체입법으로서 2005. 8. 4. 제정·공포되어 시행되어 오고 있다. 이 법은 종래 사회보호법상의 치료감호보다 치료감호의 요건을 더욱 강화하여 ① 치료의 필요성을 요구하며, ② 치료감호를 청구하는 데 있어서도 정신과 등 전문의의 진단과 감정을 의

119) 헌재결 2015. 2. 26, 2014헌가16.

120) 헌재결 2015. 11. 26, 2013헌바343.

121) 이재상/장영민/강동범, 642면 참조. 독일의 경우 2004년 연방헌법재판소에서 기간제한이 없는 보호감호에 대하여도 합헌판결을 하였으나, 2009. 12. 17. 유럽인권재판소에서 보호감호는 형벌의 일종이므로 소급하여 처벌할 수 없다고 함으로써 2011년 5월 4일 사후적 보호감호에 대하여 위헌판결을 하였다. 이에 따라 2012. 11월 8일 독일은 보호감호에 관한 법률을 개정하였다.

무화하고, ③ 나아가 심신장애자와 중독자에 대한 치료감호시설 수용기간을 제한하여 치료감호대상자에 대한 인권침해적인 문제가 발생할 수 있는 장기간의 시설수용을 제한한 점에 특색이 있다고 하겠다.

2. 치료감호의 요건

치료감호의 요건인 치료감호대상자와 그 요건을 살펴보면 다음과 같다.

(1) 심신장애자

심신장애자로서 형법 제10조 제1항의 규정에 의하여 벌할 수 없는 심신상실자나 동조 제2항의 규정에 의하여 형이 감경되는 자인 심신미약자가 금고 이상의 형에 해당하는 죄를 범하고, 치료감호시설에서의 치료가 필요하고 재범의 위험성이 있다고 인정되는 때에는 치료감호에 처한다(치료감호법 제2조 제1항 제1호).

치료감호는 심신장애자에 대한 보안처분이므로 심신장애의 원인이 된 병적 정신상태로 인하여 금고 이상에 해당하는 죄를 범하여야 한다. 심신장애와 관계없이 죄를 범한 경우에는 치료감호의 대상이 되지 않는다.[122] 따라서 정신질환자나 명정자(酩酊者)와 같이 심신장애상태로 죄를 범한 경우에는 치료감호를 할 수 있으나, 다른 일반적인 질환자의 경우에는 여기에 해당하지 않는다. 치료의 필요성과 재범의 위험성이 요구된다. 치료의 필요성은 정신건강의학과 전문의 등의 진단 또는 감정을 참고하여 판단해야 하며, 재범의 위험성은 판결시를 기준으로 판단한다.

(2) 마약류 등 중독자와 알코올 중독자

마약·향정신성의약품·대마 기타 남용되거나 해독(害毒)작용을 일으킬 우려가 있는 물질이나 알코올을 식음(食飮)·섭취·흡입·흡연 또는 주입받는 습벽이 있거나 그에 중독된 자가 치료감호의 대상자가 된다.

(3) 정신성적 장애자

소아성기호증(小兒性嗜好症), 성적가학증(性的加虐症) 등 성적 성벽(性癖)이 있는 정신성적 장애자로서 금고이상의 형에 해당하는 성폭력범죄를 지은 자가 치료감호의 대상자가 된다.

치료감호대상자인 성폭력범죄로는 형법상의 강간 및 강제추행 등의 죄, 성폭력범죄의 처벌 등에 관한 특례법의 특수강도강간 및 특수강간 등의 죄, 아동·청소년의 성

122) 대판 1986. 2. 25, 85감도419.

보호에 관한 법률의 아동·청소년에 대한 강간·강제추행 등의 죄 등이다. 정신성적 장애인에 대하여 치료감호를 청구함에 있어서는 정신경강의하과 등의 전문의 등의 진단이나 감정을 참고하여야 한다. 다만 제2조 제1항 제3호에 따른 치료감호대상자에 대해서는 정신건강의학과 등의 전문의의 진단이나 감정을 받은 후 치료감호를 청구하여야 한다(제4조 제2항).

(4) 금고이상에 해당하는 죄를 범하여야 한다

여기서 말하는 금고이상에 해당하는 죄란 선고형이 아니라 법정형을 말한다. 형법 제10조 제1항 또는 제2항에 해당하는 심신장애자나 약물이나 알코올 중독자로서 금고이상에 해당하는 죄를 범해야 한다. 따라서 마약이나 알코올 중독자라고 하더라도 금고이상에 해당하는 죄를 범하지 않은 경우에는 치료감호대상자가 될 수 없다.

(5) 재범의 위험성이 있어야 한다.

재범의 위험성이란 치료감호대상자가 다시 죄를 범하여 법적 평온을 깨뜨릴 확실한 개연성이 있는 것을 말하며, 그 판단시기는 **치료감호의 판결시**를 기준으로 한다.

(6) 치료감호의 필요성이 있어야 한다.

치료감호의 필요성을 판단할 때에는 정신건강의학과 등의 전문의의 진단 또는 감정을 참고하여 판단해야 한다(동법 제4조 제2항). 다만, 정신성적 장애자에 대하여는 전문의의 진단이나 감정을 받은 후 치료감호를 청구해야 한다.

3. 치료감호의 내용

(1) 치료감호의 수용기간

심신장애자에 대한 치료감호시설에의 **수용은 15년을 초과할 수 없으며**(제16조 제2항). 심신장애자에 대한 치료감호는 정신장애자를 치료·개선하기 위한 처분이므로 치료가 종료될 때까지 그 기간을 미리 제한해서는 그 목적을 달성하기 어렵다. 그러나 그 치료감호기간이 지나치게 장기간 계속되는 것은 피치료감호자(치료감호의 선고를 받은 자)의 인권을 침해하는 것이다. 이러한 부작용을 막기 위하여 치료감호법은 수용기간을 제한하였다.

약물중독자에 대한 치료감호시설 수용기간은 **2년을 초과할 수 없다**(동조 제2항 단서). 정신질환자보다 약물중독자의 치료기간이 짧은 것을 고려한 규정이다. 특정 살인범죄자가 재범의 위험성이 있고 계속 치료가 필요하다고 인정되는 경우에는 법원은 치료감호시설의 장의 신청에 따른 검사의 청구로 3회까지 매회 2년의 범위에서 그 기간을 연장할 수 있다. 이 때 검사의 청구는 기간이 종료하기 6개월 전까지 하여야 하며, 법원의 결정은 기간이 종료하기 3개월 전까지 하여야 한다.

치료감호심의위원회는 치료감호만을 선고받은 피치료감호자가 그 집행개시 후 1년을 경과하거나, 치료감호와 형이 병과되어 형기 상당의 치료감호를 받은 자에 대하여는 상당한 기간을 정하여 그의 법정대리인·배우자·직계친족·형제자매에게 치료감호시설 외에서의 치료를 위탁할 수 있다(제23조 제1, 2항). 또한 피치료감호자에 대하여 그 집행개시 후 매 6월 종료 또는 가종료 여부를, 가종료 또는 가위탁된 피치료감호자에 대하여는 가종료 또는 치료위탁 후 매 6월 종료 여부를 심사·결정한다(제22조).

(2) 치료감호의 집행방법

피치료감호자에 대하여는 치료감호시설에 수용하여 치료를 위한 조치를 취한다(제16조 제1항). 또한 심신장애자와 약물중독자 및 정신성적 장애자는 특별한 사정이 없는 한 분리·수용해야 한다(제19조).

(3) 치료감호의 집행순서

치료감호와 형이 병과된 경우에는 치료감호를 먼저 집행하고, 이 경우에 치료감호의 집행기간은 형기에 산입한다(18조).

(4) 치료감호의 종료와 집행정지

치료감호는 수용기간의 종료 또는 치료감호심의위원회의 종료결정에 의하여 종료된다(제22조). 피치료감호자에 대하여 형의 집행정지사유의 하나에 해당하는 사유가 있을 때에는 검사는 치료감호의 집행을 정지할 수 있다(제24조).

V. 치료감호법상의 보호관찰

1. 치료감호법상의 보호관찰의 의의

치료감호법상의 보호관찰이란 치료감호가 가종료되거나 치료위탁된 피치료감호자를 감호시설 외에서 지도·감독하는 것을 내용으로 하는 보안처분을 말한다. 치료감호에 대한 대체 내지 보충수단적 성격을 지닌 **자유제한적 보안처분**이다.

치료감호의 경우에 적용되는 보호관찰도 '보호관찰 등에 관한 법률'에 의하여 보호관찰소와 보호관찰관이 지도와 감독을 담당한다.

치료감호법상의 보호관찰의 법적 성질은 형의 선고유예나 집행유예의 경우에 명해지는 보호관찰이나 가석방 기간 동안에 받게 되는 보호관찰과 그 성질이 같다.

2. 보호관찰의 적용범위

(1) 보호관찰이 개시되는 경우

치효감호법에 의하여 보호관찰이 개시되는 경우는 다음의 두 가지이다. ① 피치료감호자에 대한 **치료감호가 가종료**된 때, ② 피치료감호자가 치료감호시설 외에서의 치료를 위해 **법정대리인 등에게 위탁되었을** 때, ③ 치료감호심사위원회가 심사하여 보호관찰이 필요하다고 결정한 경우에는 치료감호기간이 만료되었을 때에 개시된다(치료감호법 제32조 제1항).

(2) 보호관찰의 확대필요성

범죄인을 자유상태에 두면서 사회적 원호에 의하여 생활형성을 지도, 감독하는 보호관찰은 치료감호시설에서 가출소한 자나 형의 집행유예, 선고유예 또는 가석방의 경우에만 적용되어야 할 보안처분은 아니다.

상습범 등에 대한 보호감호제도가 폐지되었으므로 장기의 자유형이 집행된 수형자에 대하여 재사회화라는 사회복귀를 용이하도록 하기 위해서는 보호관찰을 확대할 필요가 있다.

3. 치료감호법상 보호관찰의 내용

(1) 지도와 감독

보호관찰은 사회를 보호하고 범죄인의 사회복귀를 돕기 위하여 자유상태에 있는 피보호관찰자를 보호관찰기간 동안 지도·감독하는 것을 내용으로 한다. 따라서 피보호관찰자는 보호관찰 등에 관한 법률 제32조 제2항의 규정에 따른 준수사항을 성실히 이행하여야 하며, 치료감호심의위원회는 피보호관찰자의 특성을 고려하여 일반적 준수사항 외에 치료 그 밖에 특별히 준수해야 할 사항을 과할 수 있다(치료감호법 제33조).

(2) 치료감호법에 의한 보호관찰의 기간

피치료감호자에 대한 치료감호가 가종료된 경우 또는 피치료감호자가 치료감호시설 외에서의 치료를 위하여 법정대리인 등에게 위탁된 경우에는 보호관찰 대상자가 되며, 이때 보호관찰기간은 3년이다(제32조 제2항). 보호관찰이 종료되는 경우는 ① 보호관찰기간이 끝났을 때, ② 보호관찰기간 만료 전이라도 치료감호심의위원회의 치료감호의 종료결정이 있을 때, ③ 피보호관찰자가 다시 치료감호의 집행을 받게 되어 재수용되었을 때이다(동조 제3항).

그러나 피보호관찰자가 보호관찰기간 중 새로운 범죄로 금고 이상의 형의 집행을 받게 된 때에는 보호관찰은 종료되지 아니하며, 해당 형의 집행기간 동안 피보호관찰자에 대한 보호관찰기간은 계속 진행된다(동조 제4항). 또한 피보호관찰자에 대하여 동조 제4항에 따른 금고 이상의 형의 집행이 종료·면제되는 때 또는 피보호관찰자가 가석방되는 때에 보호관찰기간이 아직 남아있으면 그 잔여기간 동안 보호관찰을 집행한다(동조 제5항).

치료감호 이외의 보호관찰 등에 관한 법률에 의한 보호관찰의 기간을 살펴보면 다음과 같다. 즉 ① 보호관찰을 조건으로 형의 선고유예를 받은 자는 1년, ② 형의 집행유예를 받은 자는 그 유예기간, 다만 법원이 보호관찰기간을 따로 정한 경우에는 그 기간, ③ 가석방된 자는 형법 제73조의2 또는 소년법 제66조에 규정된 기간, ④ 가퇴원자는 퇴원일로부터 6개월 이상 2년 이하의 범위 내에서 심사위원회가 정한 기간, ⑤ 소년법에 의한 보호관찰의 보호처분을 받은 자는 단기 보호관찰기간은 1년으로 한다. 장기보호관찰기간은 2년으로 하며, 소년부 판사는 보호관찰관의 신청에 의하여 1년의 범위에서 한 번에 한하여 그 기간을 연장할 수 있다(소년법 제33조). 소년범에 대하여 보호관찰처분을 할 때에는 3개월 이내의 기간을 정하여 "보호소년 등의 처우에 관한 법률"에 따른 대안교육 또는 소년의 상담·선도·교화와 관련된 단체나 시설에서 상담·교육을 받을 것을 동시에 명할 수 있으며, 1년 이내의 기간을 정하여 야간 등 특정시간대의 외출을 제한하는 명령을 준수사항으로 부과할 수 있고, 특별교육을 명할 수 있다(동법 제32조의2).

찾아보기

(ㄱ)

(ㅋ)

(ㅌ)

(ㅍ)

〈저자약력〉

김신규

현 국립목포대학교 법학과 교수

부산대학교 대학원(법학박사)

독일 하이델베르크대학교 연구교수(1992－1994)

일본 나고야대학 객원교수(1996년)

한국비교형사법학회장, 한국법무보호복지학회장 역임(현 고문)

한국법학교수회 부회장, 한국형사소송법학회 고문

변호사시험, 사법시험, 행정고시, 경찰간부시험 등 출제·채점위원

전남경찰청 개혁자문위원장, 수사이의심사위원(현)

목포경실련 공동대표, 목포지역검찰실무연구회장, 목포지청형사조정위원

목포대학교 경영행정대학원장, 중앙도서관장. 법학연구소장

전라남도 행정심판위원, 소청심사위원, 목포해양심판원 비상임심판관 등 역임

〈주요저서 및 논문〉

인권법 강의(청목출판사), 형법총론(청목출판사), 형법각론(청목출판사)

뇌물죄에 관한 연구(한국형사정책학회)

공소사실의 특정(광주지방변호사회지)

상해죄의 동시범의 특례(한국형사법학회)

형법 제16조의 '정당한 이유'의 의미검토(한국형사법학회)

유죄협상제도에 대한 비판적 검토(미국헌법학회)

수사절차상 압수·수색규정에 대한 비판적 검토(한국비교형사법학회)

사이버 명예훼손·모욕행위에 대한 형사규제의 개선방안(한국비교형사법학회) 등

형법총론 강의

초판발행 2018년 8월 30일

지은이 김신규
펴낸이 안종만

편 집 김선민
기획/마케팅 이영조
표지디자인 조아라
제 작 우인도·고철민

펴낸곳 (주) 박영사
서울특별시 종로구 새문안로3길 36, 1601
등록 1959. 3. 11. 제300-1959-1호(倫)
전 화 02)733-6771
f a x 02)736-4818
e-mail pys@pybook.co.kr
homepage www.pybook.co.kr
ISBN 979-11-303-3264-2 93360

copyright©김신규, 2018, Printed in Korea

* 잘못된 책은 바꿔드립니다. 본서의 무단복제행위를 금합니다.
* 저자와 협의하여 인지첩부를 생략합니다.

정 가 38,000원